D1748047

Österreichische Architektur im 20. Jahrhundert
Band III/1

Herausgeber:
MUSEUM MODERNER KUNST WIEN

© 1990 Residenz Verlag, Salzburg und Wien
Alle Rechte, insbesondere das des auszugsweisen Abdrucks
und das der photomechanischen Wiedergabe, vorbehalten
Symbole: Birgit Jürgenssen
Papier: Euromatt 100 g von PWA-G Hallein Papier AG
Printed in Austria by F. Sochor, Zell am See
ISBN 3-7017-0635-2

Friedrich Achleitner

# ÖSTERREICHISCHE ARCHITEKTUR

im 20. Jahrhundert

Ein Führer in vier Bänden

BAND III/1
WIEN:
1.–12. BEZIRK

Residenz Verlag

# INHALT

| | |
|---|---:|
| Einleitung .................................................................................... | 7 |
| 1. Bezirk INNERE STADT ....................................................... | 9 |
| 2. Bezirk LEOPOLDSTADT ..................................................... | 85 |
| 3. Bezirk LANDSTRASSE ....................................................... | 113 |
| 4. Bezirk WIEDEN ................................................................... | 146 |
| 5. Bezirk MARGARETEN ........................................................ | 163 |
| 6. Bezirk MARIAHILF .............................................................. | 183 |
| 7. Bezirk NEUBAU .................................................................. | 200 |
| 8. Bezirk JOSEFSTADT .......................................................... | 218 |
| 9. Bezirk ALSERGRUND ........................................................ | 233 |
| 10. Bezirk FAVORITEN ........................................................... | 253 |
| 11. Bezirk SIMMERING .......................................................... | 288 |
| 12. Bezirk MEIDLING ............................................................. | 307 |
| Abkürzungen und Symbole ...................................................... | 329 |
| Nachwort .................................................................................. | 330 |
| Register .................................................................................... | 332 |
| Fotonachweis ........................................................................... | 347 |

# EINLEITUNG

Dieser Führer behandelt Architektur im weitesten Sinn des Begriffes und stellt den Versuch dar, die qualitative und charakteristische Bausubstanz Österreichs, die im 20. Jahrhundert entstand, zu erfassen und im Zusammenhang vorzustellen. Es geht dabei nicht ausschließlich um die Präsentation der sogenannten »Moderne«, sondern um die Erfassung vieler baugeschichtlicher Phänomene, soweit wir sie heute als Zeugen historischer Entwicklungen sehen. Es geht also nicht nur um Architektur im akademischen oder kunstgeschichtlichen Sinne, um Bauwerke, die das geistige Leben unserer Gesellschaft symbolisieren, sondern auch um Bauten des »gewöhnlichen Bedarfs«, von anonymen Baumeistern und Handwerkern hergestellt, soweit wir aus ihnen kulturhistorische Informationen ablesen können.

Aus dieser Motivation heraus kann sich der Architekturführer nicht nur mit dem Besonderen und Erlesenen beschäftigen (wie wir es in diesem Zusammenhang gewohnt sind), sondern er muß sich ebenso mit dem Typischen und Allgemeinen auseinandersetzen. Daraus ergeben sich auch zeitliche Grenzüberschreitungen, etwa in den Bereichen des Industriebaus oder des frühen Arbeiterwohnbaus, deren Spuren auch noch in die zweite Hälfte des 19. Jahrhunderts zurückverfolgt werden. Sie stehen teilweise als »präfunktionalistische« Bauten mit der Thematik unseres Jahrhunderts in einem innigen Zusammenhang. Weiters wurde versucht, über die Erfassung und Beschreibung von Einzelobjekten (die naturgemäß im Vordergrund steht) hinauszugehen, so daß dort, wo es sich um größere städtebauliche Zusammenhänge handelt, diese auch dargestellt und beschrieben werden.

Die Basis des Architekturführers bildet eine Objektliste mit den grundlegenden Informationen (Ort, Planungs- und Bauzeit, Entwerfer und Ausführender). Die Liste ist geographisch und thematisch geordnet, wobei die übergeordnete Gliederung in Wien, nach Bezirken, zunächst geographisch ist. Da die Wiener Bezirke etwa die Größe von österreichischen Landeshauptstädten besitzen, sind die Bauten innerhalb der Bezirke nach Sachgruppen geordnet, die immer in der gleichen Reihenfolge ablaufen und mit Symbolen (siehe Aufstellung) markiert sind. Innerhalb dieser Sachgruppen sind dann die Objekte nach Straßennamen (alphabetisch) und Hausnummern aufgelistet. Der Darstellung jedes Bezirks geht eine kurze Einleitung voraus, bei der auch die städtebauliche Entwicklung knapp beschrieben wird. Eine chronologische Darstellung der Gesamtentwicklung in den einzelnen Baukategorien kann naturgemäß erst im zweiten Teil des 3. Bandes erfolgen.

Für die Auswahl und Gewichtung der Objekte ist ausschließlich der Autor verantwortlich. Die Behandlung der Bauten und Ensembles, die von der einfachen listenmäßigen Erfassung bis zur Darstellung über mehrere Seiten reichen kann, bringt automatisch unterschiedliche Maßstäbe von Präsentation, deren Übergänge jedoch fließend sind: einerseits soll es möglich sein, beim Durchblättern des Bandes sich an Hand der Abbildungen schnell über die wichtigsten Bauleistungen zu informieren (touristischer Gebrauch), andererseits muß die Gelegenheit geboten werden, sich in einem Stadtteil mit der gesamten Substanz zu beschäftigen (etwa für Lehrer, Politiker, Bauherren etc.) und die wichtigsten Informationen dafür zu bekommen. Sicher ist es nicht möglich, diese lokalen Interessen von den übergeordneten oder sachbezogenen abzugrenzen; es soll nur ausdrücklich darauf hingewiesen werden, daß die Erfassung sehr vieler Bauten diesen lokalen Interessen dient und in diesem Sinne auch verantwortet wird. Ein ähnliches Problem existiert bei jenen Bauten, die nicht aus architektonischen, sondern etwa aus sozio-kulturellen oder anderen Gründen aufgenommen wurden und wo es vielleicht dem Benutzer des Buches schwerfällt, die eigentliche Bedeutung des Objektes sofort zu erkennen. In solchen Fällen steht dann meist das Typische im Vordergrund des Interesses und nicht die Besonderheit oder Einmaligkeit der künstlerischen Leistung. In diesem Sinne wurde zum Beispiel auf die Darstellung architektonisch fragwürdiger Großbauten verzichtet, da ihre denkbaren »zeittypischen Qualitäten« noch nicht erkannt werden können. Es wird ihnen aber im zweiten Teil des Bandes, in der Zusammenfassung, eine kritische Auseinandersetzung zuteil.

Durch die Fülle des gesammelten Materials war es möglich, innerhalb der Themengruppen Vergleiche anzustellen und Entwicklungen zu erkennen. Diese bildeten die Grundlage für die Auswahl, die natürlich die Sicht des Autors darstellt. Es ist auch klar, daß mit der zunehmenden historischen Distanz die Überschaubarkeit typologischer Entwicklungen leichter wird; das Besondere des Allgemeinen, um es paradox auszudrücken, wird erkenn- und beschreibbar. Dies ist jedoch für die Gegenwart unmöglich. Hier muß man sich damit begnügen, die außergewöhnlichen Leistungen zu erkennen und darzustellen, die Gefahr der Fehlinterpretation mit einschließend. Dieses Risiko wurde bewußt eingegangen, ja es ist sogar ein wesentliches Moment des Architekturführers, der sich nicht als ein unanfechtbares System von objektiven Wertungen versteht, sondern als Führer zu den Problemen der Architektur, was auch ihre Widersprüche und Konflikte umfaßt. Der Schwerpunkt der Texte liegt nicht auf der Analyse und Bewertung einzelner Objekte (sie wäre bei ihrer Fülle praktisch undurchführbar), die Darstellungen weisen vielmehr jeweils auf Teilprobleme der Architektur hin, die beim jeweiligen Objekt oder Ensemble im Vordergrund des Interesses stehen. Also kein Führer in erster Linie zu den Objekten, sondern zu Fragen der Architektur an Hand von Objekten. Das heißt auch, daß — ab einem gewissen Punkt der Annäherung an allgemeine Probleme — die Austauschbarkeit der Objekte besteht, wodurch sich eine Art von topographischer Vollständigkeit als unnötig erweist.

Bei einem Großstadtgebilde wie Wien stellt sich natürlich noch deutlicher als anderswo heraus, daß der Zugang zum Phänomen »Stadt« über die gebauten Objekte nur ein begrenzter oder sich begrenzender ist. Durch die Bindung an die Bauten (an das faktisch Vorhandene) ist auch der Zugang zur Geschichte nur ein bedingter und von Zufälligkeiten gelenkter. Ein Führer dieser Art bleibt am Sichtbaren, Überprüfbaren haften, und es würde die detaillierte Erforschung des Anschaubaren bei weitem überlasten, wenn man dazu das architekturgeschichtliche Netz oder gar die Komplexität der »unsichtbaren Stadt« mitzubeschreiben versuchen würde. Insoferne ist ein Architekturführer, der sich mit dem Baubestand beschäftigt, eben nur *ein* Zugang zur Stadt, der es riskiert, sie gar nicht zu erreichen.

Friedrich Achleitner

# 1. Bezirk: INNERE STADT

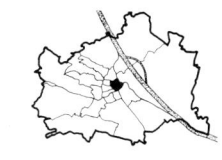

Der Bezirk INNERE STADT, heute noch von den Wienern »die Stadt« genannt, wird im Nordosten vom Donaukanal (ein 1869—75 regulierter Arm der Donau), im Osten und Süden vom größtenteils eingewölbten Wienfluß und im Nord- und Südwesten durch die sogenannte Zweierlinie, eine im Zuge der Ringstraßenplanung angelegte Lastenstraße, begrenzt. Der älteste Stadtkern, die Römerstadt, lag auf der Terrasse zwischen Tiefem Graben (Ottakringer Bach) und der Linie Kramer- und Rotgasse, dem Graben und der nördlichen Kante des Plateaus zwischen Maria am Gestade und der Ruprechtskirche. Dieses Gebiet wurde im Mittelalter überbaut und in Etappen nach Osten und Süden erweitert. Die Charakteristik dieses unregelmäßigen, von topographischen Gegebenheiten geprägten Stadtgrundrisses ist bis heute erhalten geblieben, verfestigt von den Standorten der Alten Burg (Am Hof), der Hofburg, zahlreichen Klosteranlagen und Adelssitzen, dem Komplex der Alten Universität, vieler Kirchen etc., gerahmt und durchzogen von Handwerker- und bürgerlichen Wohn- und Geschäftsgassen. Schon um 1850 wies der Bezirk eine hohe Konzentration von Gewerbebetrieben entlang der heutigen Geschäftsstraßen (Kohlmarkt, Tuchlauben, Graben, Kärntner Straße und Rotenturmstraße) auf.

Städtebaulich geprägt und in eine endgültige Fassung gebracht wurde die Innere Stadt allerdings erst durch die Anlage der Ringstraße (Wettbewerb 1858, Bauzeit 1865—85 mit Ausnahme des Stubenviertels), die anstelle des Glacis und der abgebrochenen Befestigungsanlagen in Form eines vier Kilometer langen »linearen Zentrums« um die Altstadt gelegt wurde. Diese städtebauliche Großtat entstand im Spannungsfeld von habsburgischer Restauration und großbürgerlichem Liberalismus, wobei letztendlich die baulichen Symbole des spät erwachten Wiener Bürgertums (einschließlich des neuentstandenen Geldadels) in der »Via triumphalis« zu dominieren schienen. Das vorwiegend mit Zinspalais aufgefüllte Layout der Prachtbauten mit entsprechenden Blickachsen und Platzsequenzen wurde gerade von diesem unter kulturellem Legitimationszwang stehenden jungen Stand der Industrie- und Finanzbarone getragen. Es blieb der Jahrhundertwende und den Jahren bis zum Ersten Weltkrieg vorbehalten, noch einige wesentliche städtebauliche Ergänzungen durchzuführen; nach dem Bau des Nadelwehrs in Nußdorf und der Errichtung der Galeriestrecke der Stadtbahn wurde das Profil des Donaukanals mit breiten Vorkais neu gestaltet und Anlagen, wie etwa ein Fischmarkt, geschaffen. Im Verein mit den filigranen Konstruktionen der Brücken entstand eine großstädtische Flanierzone besonderen Charakters. Mit der Einwölbung des Wienflusses von der Johannesgasse bis zur Schikanedergasse — ebenfalls im Zuge des Stadtbahnbaus (1894—1900) — entstand der Karlsplatz, das Trauma der Wiener Architekten und Stadtplaner, dessen Gestaltung als unlösbares Problem sie über siebzig Jahre beschäftigen sollte. Der künstlich geschaffene Platz (den Otto Wagner, nach einem Jahrzehnt intensiver und vergeblicher Planung, despektierlich eine Gegend nannte) sah sich mit einer (ursprünglich an einem Flußufer) schräg stehenden Karlskirche konfrontiert, deren diagonale Achse noch dazu durch den Bau der Oper verstellt und ihres Bezugspunktes, der Hofburg, beraubt war. Der Rand der über Nacht zu einem Platz zusammengebundenen bebauten Flußufer schien schier unendliche Variationen von Korrekturen zu provozieren, Unterteilungen oder Auffüllungen mit eingeschlossen.

Die heutige Form des Platzes läßt die zahlreichen städtebaulichen und anderen Wettbewerbe über Teilprobleme (1899, 1901, 1902, 1946, 1960, 1966, 1971) — abgesehen von der kaum überschaubaren Zahl von Einzelprojekten — gar nicht vermuten. In den sechziger und siebziger Jahren wurden in drei Haupt- und zwei Zwischengeschossen die Vernetzung bzw. Kreuzung von drei U-Bahnlinien (U1, U2, U4), einer Fußgängerpassage und dem vorhandenen Wienflußkanal vorgenommen. Die »Gestaltung« des Platzes war also nichts anderes, als ein großes Verkehrsbauwerk, das übermäßig an die Oberfläche drängte, mit einem »Stadtraum« ästhetisch zu versöhnen. Interessant ist, daß die Planungsphilosophie das Wort »Platz« eliminierte und nur mehr von spezifischen »urbanen Räumen« sprach, wobei sich das Relief des Geländes und die Bepflanzung endgültig von einer Platzvorstellung verabschiedeten. Damit kam letztendlich eine ökologische Sichtweise einer dezidiert technologischen zu Hilfe.

In der Folge der Wienflußeinwölbung um 1900, die zur Verlegung des Naschmarktes an die heutige Stelle führte, mußte auch der äußere Schwarzenbergplatz einer Gestaltung zugeführt werden; die heutige neubarocke Verbauung ist die letzte Selbstdarstellung einer auf die Katastrophe des Ersten Weltkrieges zudriftenden Kaiserstadt. Durch die Verlegung der Achse des Wienflusses unter der Lothringerstraße entstand für Friedrich Ohmann das Problem einer architektonischen Korrektur beim Torbau Johannesgasse mit dem dahinterliegenden Wienflußportal, dessen gestalterische Bravour zu den schönsten Beispielen einer »impressionistischen« Ufergestaltung führte. Die letzte größere städtebauliche Aufgabe im Bereich der Ringstraße bildete schließlich das Stubenviertel, wobei sich das »Regulirungs-Bureau« (unter der künstlerischen Leitung von Karl Mayreder) für den Entwurf von Otto Wagner entschied. Architektonisch konstatierte man von diesem letzten Abschnitt der Ringstraße — mit Ausnahme der Postsparkasse — einen Niedergang, was Loos sogar veranlaßte, von einem »fünfstöckigen Mährisch-Ostrau« zu sprechen.

Wer heute den Grundriß der Inneren Stadt genauer betrachtet, der wird entdecken, daß alle Neubauten nach der Jahrhundertwende im alten Stadtkern liegen. Das hängt einerseits damit zusammen, daß die Ringstraßenviertel zu dieser Zeit noch nicht erneuerungsbedürftig waren, andererseits ab der Mitte des 19. Jahrhunderts im Kernbereich regelmäßig Teilregulierungen durchgeführt wurden, die hauptsächlich — nach verkehrstechnischen, ökonomischen, hygienischen und ästhetischen Kriterien — in Straßenerweiterungen bestanden. So wurde im Laufe von dreißig Jahren etwa die westliche Front der Kärntner Straße (Verbreiterung von 9 auf 19 m) niedergelegt. Diese Teilregulierungen hat man 1895 mit dem »Regulirungsplan der Inneren Stadt« (Karl Mayreder) abgesegnet. Die Eingriffe waren nicht unbedeutend, so wurden u. a. folgende Korrekturen vorgenommen bzw. Durchbrüche gemacht: Verbindung Graben — Stephansplatz (1866), Neuer Markt — Operngasse (Tegetthoffstraße, 1874), Anlage der Jasomirgottstraße und der Brandstätte (1875) und Hoher Markt — Morzinplatz (Marc-Aurel-Straße, 1885). Ein radikaler Vorschlag war der Durchbruch Akademiestraße — Laurenzerberg (als Verkehrsentlastung der Kärntner Straße), wobei das Ensemble Ballgasse — Franziskanerplatz und der Heiligenkreuzerhof zerstört worden wären. Diese, merkwürdigerweise auch ästhetisch motivierte Regulierungswut hat, im Sog der Heimatschutzbewegung, auch die Diskussion um einen Denkmalschutz beschleunigt, so daß diese rigorose »Vollendung« eines Stadtplanungskonzeptes verhindert wurde. Eine Spur von diesem geplanten Durchbruch hat sich bei der Einmündung der Akademiestraße in die Krugerstraße erhalten: das Postamtsgebäude ist bereits als Eckhaus ausgebildet, die in einer schmalen Schlucht

stehende Fassade ist jedoch vom Nachbarhaus nie freigegeben worden.
In der Zwischenkriegszeit wurden, mit Ausnahme von kleineren Assanierungsbauten (aus einem Fonds zur Arbeitsbeschaffung, ab 1934) — etwa am Laurenzerberg oder am Dr.-Karl-Lueger-Platz — keine größeren städtebaulichen Eingriffe durchgeführt. Erst die Nachkriegszeit hat, bedingt durch die zahlreichen Bombenschäden, dieses Thema wieder aktualisiert. Durch die Zerstörung einer ganzen Häuserzeile am Franz-Josefs-Kai wurde die Ruprechtskirche freigelegt, bei der Stiege zur Maria am Gestade entstand ein besonders heikles Bebauungsproblem; das Thema Stephansplatz und die unglückliche Verbindung zum Graben wurde zwar gründlich, aber erfolglos diskutiert, und die Zerstörung des Philipphofes schuf einen eher undefinierten innerstädtischen Raum. Obwohl schon 1946 ein großer städtebaulicher »Wettbewerb Donaukanal« durchgeführt wurde, brachte erst der Bau der U-Bahn, die Neugestaltung der Galeriestrecke, die Möglichkeit einer Neuplanung des ganzen Franz-Josefs-Kais, wobei, durch die überlasteten Verkehrsflächen, nur im Bereich des Schwedenplatzes sich wieder urbanes Leben ansiedeln konnte. Eine typische Planungsidee der fünfziger Jahre stellen die Ring-Fußgängerpassagen dar (Opern-, Albertina-, Babenberger-, Bellaria- und Schottenpassage), die in den Jahren von 1952 bis 1964 als unterirdische, mehr oder weniger attraktive Schau- oder Geschäftspassagen ausgebildet wurden.

Die Architektur der INNEREN STADT, die im 20. Jahrhundert entstanden ist, kann man ohne Übertreibung als ein Konzentrat der österreichischen Architekturgeschichte bezeichnen, so daß es in diesem Zusammenhang sinnlos wäre, alle Namen jener Architekten anzuführen, die in dem Bezirk gearbeitet haben. Naturgemäß dominieren einerseits als Kategorie die öffentlichen und privaten Verwaltungs- und Bürobauten, andererseits aber auch die charakteristische Wiener Kleinarchitektur der Läden und Gaststätten. Obwohl die Bevölkerung des Bezirks seit 1890 (67.029 EW) kontinuierlich abgenommen hat (1900: 58.503, 1951: 34.654 und 1981: 19.393) ist die gefürchtete City-Bildung ausgeblieben. Im Gegenteil, in den letzten Jahren ist wieder eine leicht steigende Tendenz zu registrieren. Diese Tatsache hat nicht nur mit der Schaffung von qualitativem Wohnraum (Ausbau der Dachböden) zu tun, sondern auch mit der gewandelten Einstellung zum Wohnen in der Stadt.

# 1. BEZIRK

Am Hof 2, Österreichische Länderbank, BH: Niederösterreichische Eskompte-Gesellschaft, E: Ernst von Gotthilf, Alexander Neumann, A: Union Baugesellschaft, 1912—14

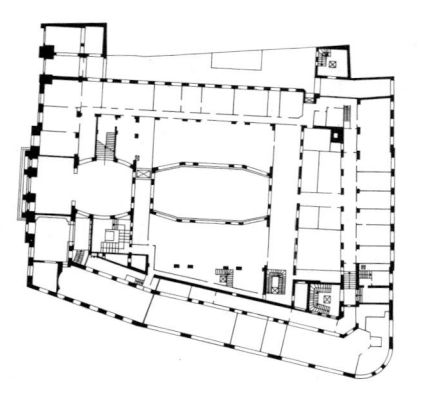

Die Architekten Gotthilf und Neumann waren ab 1910 die dominierenden Bankarchitekten Wiens. Es wäre naheliegend, ihre Arbeiten an diesem Gebiet mit den maßstabgebenden Bauten Otto Wagners zu vergleichen, das würde aber nur ihre typologischen Abweichungen und ihren deklarierten Traditionalismus in den Vordergrund stellen. Man kann diesen Bauten nur gerecht werden, wenn man sie im gesamten kulturellen Kontext konservativer, spätbürgerlicher Selbstdarstellung betrachtet — die in Wien kurz vor dem Ersten Weltkrieg ein vielfältiges, vitales Feld vorfand — und den Symbolen der Beharrung, der Dauer und Unveränderbarkeit mehr traute als den Zeichen des Fortschritts. Außerdem stand die Errichtung dieses Baus, an einem der geschichtsträchtigsten Plätze Wiens, im Zentrum des besonderen Interesses einer durch das Loos-Haus am Michaelerplatz aufgescheuchten Öffentlichkeit. Loos selbst bezeichnete den Vorgängerbau, das alte Kriegsministerium, als das »schönste sterbende Gebäude Wiens«. Mit der Fassade wurde dann auch versucht, die alte Prospektwirkung zum Platz hin, allerdings mit mehr Strenge und stärkerem Relief, also insgesamt mehr »Repräsentation«, zu wiederholen. Vom Portal führt die Hauptraumachse senkrecht in die Tiefe zum höhergelegenen, basilikalen Kassensaal, der jedoch nicht von oben (darüberliegender Festsaal), sondern über einen Lichtgaden und die glasgedeckten »Seitenschiffe« belichtet ist. Das Vestibül zum Festsaal wird über eine seitlich liegende Prunktreppe erreicht.

Während in den öffentlichen Räumen des Erdgeschosses alles in Marmor ausgeführt ist, empfangen den Gast im Obergeschoß dunkle Holzvertäfelungen. Auch der gerade renovierte Festsaal (mit Kasettendecke) ist ganz in Holz ausgestaltet. Obwohl das Haus in seinen Hauptraumgruppen großzügig und übersichtlich konzipiert ist, entstehen Schwierigkeiten mit der Orientierung. Das hat sicher auch etwas mit der starken Ausnutzung des beengten und unregelmäßigen Grundstücks zu tun. Ein vielleicht auch »psychologisches« Detail am Rande: der Arbeitsraum des Generaldirektors befindet sich im »Kirchenstöckl«, einem zur Kirche gehörenden angrenzenden alten Bauteil. Während der Bau zum Platz hin als Einheit erscheint, erhielt die Fassade in der Bognergasse eine »Parzellenteilung«, die jedoch innen keine Entsprechung hat. Die früher vermietete Geschäftsfront wurde in »freier Interpretation« zurückgeführt, im Inneren des Hauses verfolgt man auch eine generelle Tendenz der Wiederherstellung (E: Otmar Sekyra).

Am Hof 3—4, Kontrollbank, BH: Zentralbank Deutscher Sparkassen, E: Emil Hoppe, Otto Schönthal, Marcel Kammerer, A: Wiener Bau-Gesellschaft, 1912—15

Das Haus der ehemaligen »Zentralbank deutscher Sparkassen« hat eine bewegte Geschichte hinter sich. So war es im Ständestaat Sitz der »Vaterländischen Front«, dann des Gauleiters von Wien; seit 1955 Kontrollbank. Dieser mehrfache Widmungswechsel, aber auch die relativ geringe Trakttiefe sind der Grund dafür, daß das Haus heute innen total umgebaut ist. Lediglich im Direktionsgeschoß findet man noch prächtige Türumrahmungen und einen Torso von der Haupttreppe. Außen zeigt der Bau der Wagner-Schüler nur mehr seine Gliederungselemente, die Pilasterkapitäle und verschiedene Ornamente sind dem Krieg (oder späterer »Vereinfachung«) zum Opfer gefallen. Die eigenwilligen Konsolen im Sockelbereich lassen noch etwas von der ursprünglichen, kräftigen Sprache der Architektur erahnen. Der schmale, maskenartige Baukörper erfüllt aber noch seine städtebauliche Funktion als repräsentative Platzwand.

Dr.-Karl-Lueger-Platz 5, Amtshaus, BH: K. k. privilegierte wechselseitige Brandschaden-Versicherungs-Anstalt, E: Leopold Simony, A: Franz Breitenecker & Sohn, Betonbau: Ed. Ast & Co., 1902/03

Obwohl sich Simony, vor allem als Architekt des frühen Arbeiterwohnbaus, eher einer romantischen Architektursprache bediente, reagierte er hier betont großstädtisch, in einem fast Wagnerschen Sinne auf den Platz. Das Haus ist sowohl als Volumen (schichtenartiger Aufbau und abgerundete Ecken in den beiden Obergeschossen) als auch als Platzwand konzipiert. Die einmal vorhandenen Geschäfte im Erdgeschoß konnten sich wohl nicht halten, sie wurden zugemauert. Vielleicht wertet die U-Bahn den Lueger-Platz wieder auf.

Ebendorferstraße 1, Amtshaus, BH: Stadt Wien, E: August Kirstein, 1913—15

Die »Neugotik« wäre hier schon am Platz gewesen, aber kurz vor dem Ersten Weltkrieg ist der dritten Generation dieser Romantiker bereits der Atem ausgegangen. Übrig blieb ein knochentrockener Historismus mit Einschlüssen von Zeitgeist (secessionistisch beeinflußte Details), so daß der Bau vielleicht eher ein kulturhistorisches Abbild der Rathausbürokratie vor dem Ersten Weltkrieg darstellt. In den Arkaden wurde der »Eiserne Wehrmann« aufgestellt, das Dokument einer »Kriegsnägelaktion« als Hilfe für Soldaten, Kriegerwitwen und -waisen.

Elisabethstraße 12, »Böhler-Haus«, BH: Gebrüder Böhler & Co. AG, E: Roland Rainer, A: Porr AG und Wayss & Freytag, 1956—58

Das »Böhler-Haus« hatte, ähnlich dem Schwanzerschen Pavillon für die Weltausstellung in Brüssel (heute »Museum des 20. Jahrhunderts« im Schweizergarten), im Jahr 1958 eine bedeutende Signalwirkung. Die junge österreichische Architektur gab ein Lebenszeichen von sich, das den Dialog mit der internationalen Entwicklung anmeldete. Der Hintergrund dieser baukulturellen Situation kann wohl heute kaum mehr verstanden werden, da das Selbstver-

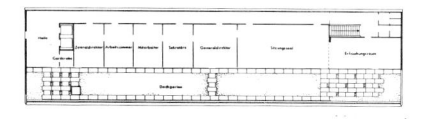

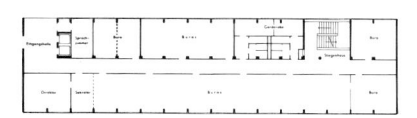

INNERE STADT

# 1. BEZIRK

ständnis unserer Architektur und ihre Rezeption von außen schon lange nicht mehr in Frage stehen. Dementsprechend selbstbewußt ist auch das Haus in seiner Beziehung zum Gründerzeitensemble konzipiert: die »Einfügung« reduziert auf die Einhaltung der Gesimshöhe und die Ausbildung des Sockelgeschosses, die allerdings als Umkehrung, als »schwebende Negativform« zu verstehen ist. Alles andere ist rationale, an technischer Perfektion orientierte Selbstdarstellung eines modernen und damals florierenden Unternehmens. Interessant noch, daß die Metall-Glas-Fassade (mit außenliegendem Sonnenschutz) sich der horizontalen Bänderung bedient, also eines Symbols der internationalen Architektur der dreißiger Jahre, eines damals bereits »historischen«, aber immer noch tragfähigen Zeichens für Fortschritt. Das ist auch durchaus im Sinne des Rainerschen Architekturkonzepts, das die Kontinuität der Moderne in den Mittelpunkt stellte. Das Bürogebäude ist eigentlich ein Erweiterungsbau des links liegenden Althauses; der schmale, zweihüftige Baukörper ist äußerst rationell organisiert. Die Direktion befand sich (Besitzerwechsel 1989) im penthouse-ähnlich auf- und zurückgesetzten Dachgeschoß mit Gartenterrasse.

## Felderstraße 2—4, »Felder-Haus«, BH: Stadt Wien, E: Erich Boltenstern, 1964

Das »Felder-Haus« — benannt nach dem Wiener Bürgermeister Cajetan Felder in der liberalen Ära — dokumentiert die allgemeine Unsicherheit der sechziger Jahre gegenüber dem Problem der architektonischen Einfügung: einerseits war der Historismus noch zu wenig geschätzt, um eine kostspielige Rekonstruktion zu rechtfertigen (was auch ein Geschoß weniger Ausnutzung gebracht hätte), andererseits hatte man schon zu viel Respekt vor dem Platzensemble, um wirklich eine neue Architektur zu wagen.

## Franz-Josefs-Kai 47, »Kaipalast«, BH: Heinrich Weiner, E: Ignaz Reiser, A: G. A. Wayss & Walland, 1911/12

Das Haus wurde als einer der ersten Wiener Eisenbetonbauten »gefeiert«, was sicher etwas übertrieben war. Neu war jedoch, im Bereich der Inneren Stadt, die radikale Sichtbarkeit der Betonstruktur nach außen, einschließlich der dominierenden Dachaufbauten, und die ebenso rigoros durchgeführte Skelettstruktur im Inneren. Obwohl es damals schon internationale, aber auch Wiener Vorbilder gegeben hätte (etwa die Hofseite des Loos-Hauses), wagte der Architekt noch nicht den Schritt zu einer neuen, konstruktiven Ästhetik. Trotzdem gehört das Haus entwicklungsgeschichtlich zu den interessanten Beispielen der Wiener Architektur nach der Jahrhundertwende.

## Friedrichstraße 7, BH: Österreichisches Verkehrs-Bureau, E: Heinrich Schmid, Hermann Aichinger, Statik: Leonhard Hartmann, A: Westermann & Co., 1922/23

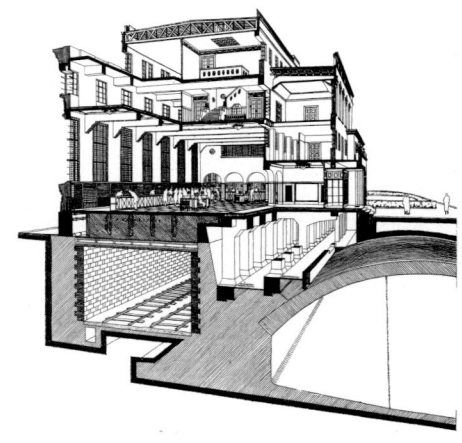

Ein ungeliebtes Objekt der Wiener Baugeschichte: es wurde ein Vierteljahrhundert später der Secession vor die Nase gesetzt und mußte mit seiner eher verbindlichen Villenarchitektur als ein Manifest des Rückschritts erscheinen, obwohl seine Entwerfer (Otto-Wagner-Schüler) zu dieser Zeit auf dem Sprung waren, zu den meistbeschäftigten Architekten im Wiener Volkswohnbau zu avancieren. Für die Wahl des Standortes war sowohl die tatsächliche als auch die symbolisch strategische Lage im Wiener Verkehrsnetz ausschlaggebend. Ja, der Bau sitzt sogar rittlings auf der Wiener Stadtbahn (U-Bahn), genaugenommen in Flächenstreifen auf dem 19,5 m weit gespannten Betongewölbe über dem Wienfluß, am Widerlager und schließlich auf dem Stadtbahntunnel. Aus dieser streifenartig parallelen Belastbarkeit der Fundamente ist erst die räumliche und konstruktive Konzeption des Bauwerks verständlich; der luftige Kassensaal liegt also direkt über dem Wienfluß, die niederen Gebäudeteile (zur Secession hin) kragen aus. Der Bau wurde als ein zwanzigjähriges Provisorium genehmigt, was praktisch der Garantieschein für einen langen Bestand war. Im Bereich der Halle gibt es einige neuere Ein- und Umbauten.

## Georg-Coch-Platz 2, Postsparkassen-Amtsgebäude, BH: K. k. Postsparkasse, E: Otto Wagner, A: Union Baugesellschaft, 1903—06 (1910—12)

Mit der »Kirche am Steinhof« gehört die »Postsparkasse« zu den zentralen Werken Otto Wagners im Zenit seines Schaffens. Sie ist nicht nur für das Werk Wagners ein Schlüsselbau, sondern überhaupt für die Wiener Moderne und die europäische Architektur der Jahrhundertwende. Obwohl der »Positivist« Wagner nie an einem Wiener Lokalkolorit interessiert war, also alles Heimattümelnde und Nationalistische verhöhnte, sind sein Universalismus in der Zusammenschau der Probleme, sein kosmopolitischer Ansatz und seine transformierte Dialektik von Barock und Aufklärung tief mit der Wiener Tradition verwurzelt. Dieses geistesgeschichtliche Konzentrat, das sich im Werk Wagners manifestiert, wird auch sichtbar in seiner ambivalenten Haltung zur Ringstraße, die ja in Wien nicht nur ein städtebauliches Konzept, sondern auch einen pluralistischen Stil historischer Mehrsprachigkeit bedeutet. Wagners großbürgerlicher Kulturbegriff war nicht nur an die humanistische Tradition, sondern ebenso an das liberalistische Fortschrittspathos gebunden, das die technische und wissenschaftliche Entwicklung, die »Anforderungen des modernen Lebens« kritiklos und optimistisch akzeptierte. Der Bau der »Postsparkasse«, die sich, neu gegründet, als ein besonders fortschrittliches Institut verstand, gab Wagner die Gelegenheit (nach einem unter 32 Teilnehmern gewonnenen Wettbewerb), seine programmatische Architekturdoktrin in einem repräsentativen Bauwerk auszudrücken. Es ist vielleicht ein Symbol für das vorletzte Jahrzehnt der Monarchie, daß das Geldinstitut an der Stelle der nach der Revolution von 1848 errichteten Kaiser-Franz-Josef-Defensionskaserne errichtet wurde. Das Grundstück, am mondänen Stubenring gelegen, war — im Vergleich mit den später entstehenden innerstädtischen Bankbauten — relativ groß. Außerdem konnte die Front des Gebäudes, über einen repräsentativen Platz hinweg, eine charakteristische »Prospekt-Beziehung« zur Ringstraße herstellen. Die Architektur der Fassade ist als vertraute Variation des Palastschemas, mit dem betonten Sockelgeschoß, den Mittel- und Seitenrisaliten, dem kräftigen Kranzgesims und den für die Ringstraßenbauten so charakteristischen Dachaufbauten, auf den ersten Blick traditionell. Lediglich die rationale Stapelung der Bürogeschosse verweist auf den neuen Inhalt des Monumentalbaus. Auf den zweiten Blick wird man aber mit zahlreichen ungewohnten Details konfrontiert, die ein neues Denken, eine ungewöhnliche Auseinandersetzung mit dem Material verraten. Allem voran der Behandlung der »Haut« (das Gebäude wurde von den Zeitgenossen als beschlagene Geldkiste rezipiert), die sich als leicht erkennbare Bekleidung durch die Art der Befestigung der Marmorplatten (bleifolienüberzogene Eisenbolzen mit Aluminiumkappen) deklariert. In das klare geometrische Netz sind die strengen Proportionen der Fenster integriert, so werden Geometrie und Präzision zu Symbolen für rationales Denken. Interessant ist aber, daß Wagner die strukturelle Ordnung der Metallknöpfe durch ornamentale Applikationen ergänzt, die zwischen dem historischen Fassadenkonzept und der konstruktivistischen Detailsprache eine Brücke schlagen. So wird, wienerisch, zwischen einer universalistischen Grundhaltung und einer positivistischen Wirklichkeitsbewältigung die Folie des versöhnlichen Ornaments (der Poesie) gelegt. Zentrum und Höhepunkt des Bauwerks ist zweifellos der glasüberdachte Kassensaal, dessen basilikale Raumfigur die Längs-

# 1. BEZIRK

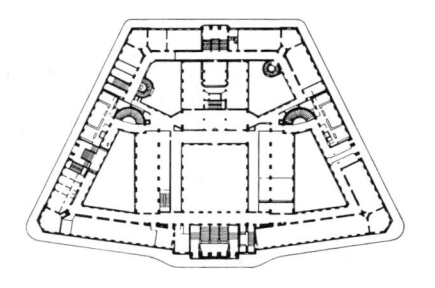

achse betont. Dieser nimmt, ein halbes Geschoß höher liegend, die gesamte Fläche des mittleren Hofes ein. Was sich außen bereits im Detail ankündigt, wird innen in Aluminium, Eisen, Glas und Glasbaustein voll entfaltet: es ist eine Architektur, die ihre Ästhetik von der Herstellung, dem Zusammenfügen, dem sichtbaren Aufbau der Konstruktion herleitet und das von den Funktionen abgehobene, gewissermaßen idealistische Gestaltungskonzept in den Hintergrund drängt. So können sogar Elemente der technischen Installation (wie die freistehenden zylindrischen Körper der Luftheizung) in das architektonische Konzept integriert werden. Trotz dieser radikalen Neubewertung aller Elemente, die ganz im Sinne des Wiener Positivismus stattfindet, wird die Harmonie des Ganzen garantiert, ja sie wird sogar aus den Bedingungen des »modernen Lebens« heraus gefeiert. Es ist bemerkenswert, daß diese im Zusammenhang mit einem Geldinstitut entwickelte Architektur auf die folgenden Wiener Bankbauten kaum eingewirkt hat. Die den Fortschritt symbolisierenden Inhalte, wie technische Präzision, Innovation in Material und Detail, Hygiene, Licht, Bequemlichkeit in Nutzung und Pflege, sind fast nur im Wiener Spitalsbau verbindlich geworden.

Die Postsparkasse wurde in zwei Bauetappen errichtet. Der Trakt auf der Seite der Dominikanerbastei (mit dem sehenswerten kleinen Kassensaal) entstand zwischen 1908 und 1912. Die Fuge zwischen den auch gestalterisch klar abgesetzten Bauteilen ist in der Rosenbursen- und in der Wiesingerstraße deutlich sichtbar. Die Postsparkasse wurde in den siebziger Jahren generalsaniert, teilweise adaptiert und umgebaut, in den repräsentativen Teilen renoviert (im Kassensaal Ergänzungen im Schalterbereich), der kleine Kassensaal wurde nach alten Vorlagen rekonstruiert (E: Sepp Stein).

INNERE STADT

# 1. BEZIRK

Herrengasse 12, BH: Živnostenská banca Praha, E: Franz Krásný, 1914

In der Wiener Innenstadt ergaben sich immer wieder unregelmäßige Grundstücke, die zu freistehenden Baukörpern führten, was für den Architekten eine besondere Herausforderung darstellte. Der Wagner-Schüler Krásný hat diese städtebauliche Sonderstellung voll genützt, so daß ein selbstbewußt wirkendes Bauwerk entstand. Die strenge Behandlung der Fassaden verweist noch auf den Lehrer, die Liebe zur eigenwilligen Form und zum Bauschmuck eher nach Prag. Das Portal im Erdgeschoß wurde 1938 von Hubert Gessner umgebaut, ohne jedoch die strukturellen Merkmale des Gebäudes zu stören.

Himmelpfortgasse 4—8, Erweiterung des Finanzministeriums, BH: Republik Österreich, E: Max Fellerer, Eugen Wörle, A: Hugo Durst, 1958/59

Die Geschwätzigkeit des postmodernen Jahrzehnts mußte auch eine Neubewertung der Bauten der fünfziger Jahre bringen. Was einmal mit der Not der Nachkriegszeit gerechtfertigt wurde, bekommt (unerwartet?) eine eigene Aussagekraft: es ist die ungekünstelte Rede, die ihre Vokabeln aus den »einfachen Verhältnissen« bezieht. Die Erweiterung des Finanzministeriums brachte zwar keinen aufregend neuen Ton in die Kärntner Straße oder Himmelpfortgasse, aber auch keinen falschen. Die schlichten Fassaden zeigen Würde, Armut wenn man will, aber nicht Ärmlichkeit. Die eigentliche Qualität bringt der quadratische Hof, der der innerstädtischen Situation abgerungen wurde. Heute, nach Jahrzehnten innerstädtischen Spekulantentums, ein Luxus, der mit urbaner Qualität zu tun hat.

Hohenstaufengasse 3, ehem. Amtsgebäude der k. k. privilegierten Österreichischen Länderbank, E: Otto Wagner, A: Ferd. Dehm & Olbricht, 1882—84

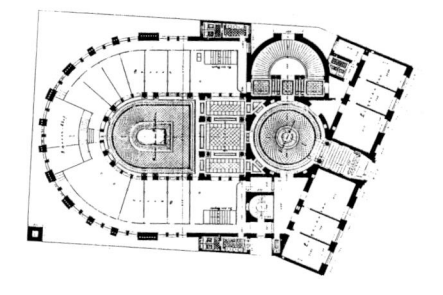

Die Wiener Architektur des 20. Jahrhunderts beginnt mit den Otto-Wagner-Bauten der achtziger Jahre. Noch fest im Korsett einer »freien Renaissance« (Palastfassade an der Straße, mit Hohenbergschem Zwischengeschoß, die zweigschossigen Geschäftssockel vorbereitet), werden im Büro- und Kassentrakt Eisen und Glas ausprobiert. Noch dominiert das historische Raumgerüst, das mit einer neuen, technoiden Folie hinterlegt wird. Im Hof tritt bereits eine entschlackte Struktur zutage. Das Neue kündigt sich durch einen bewußteren Umgang mit dem Licht an und mit Konstruktionen, die ein problemloseres Versetzen der Leichtwände in den um den Saal herumgeführten Bürogeschossen erlauben.

Hohenstaufengasse 10, BH: »Gisela-Verein« Versicherungs-Gesellschaft, E: Arnold Karplus, MA: Wilhelm Jelinek, A: Wiener Bau-Gesellschaft, 1915—17

Die Fertigstellung des Baus wurde von Wilhelm Jelinek überwacht, während Karplus noch »im Feld« war. Die frühen Arbeiten des Architekten (wie diese hier) zeigen eine merkwürdige Balance zwischen struktureller Klarheit (Biedermeierrezeption) und einem impressionistisch verdichteten Relief. Die Architektur steht also nahe der Heimatschutzbewegung, ohne das großstädtische Umfeld zu vergessen.

## Hoher Markt 10—11, »Anker-Hof«, BH: »Der Anker«, Gesellschaft für Lebens- und Rentenversicherung, E: Ernst von Gotthilf, Alexander Neumann, A: Wiener Bau-Gesellschaft, 1912—14

Der »Anker-Hof« besteht aus zwei Gebäudeteilen, die über den Bauernmarkt hinweg durch eine »Uhrbrücke« miteinander verbunden sind. Das Haupthaus wurde im Zweiten Weltkrieg innen total zerstört, wodurch auch ein repräsentativer Kassensaal in Verbindung mit der Haupttreppe verlorenging. Da es sich beim »Anker-Hof« im Gegensatz zu den Bankbauten der gleichen Architekten vorwiegend um einen Bürobau handelt, haben diese ein interessantes, rationelles Entwurfsmodell entwickelt: im Detail geplant und architektonisch ausformuliert wurden praktisch nur die äußere Hülle und der Kern der räumlichen Erschließung (mit Öffentlichkeitscharakter), alles andere wurde als frei disponible Zone behandelt. So verband sich präzise kalkulierte Repräsentation mit ökonomischer Anpassungsfähigkeit an sich ändernde Raumansprüche. Daß beim Hauptgebäude gerade der Kern zerstört wurde, ist ein unersetzbarer Verlust. Beliebtes Schauobjekt bis heute die »Anker-Uhr«, eine reine Jugendstilarbeit von Franz von Matsch (1911—17) mit zirka 2,5 m hohen Figuren, die historische Persönlichkeiten darstellen. Die Auswahl, von Marc Aurel bis Haydn, ist an einer Tafel am Gebäude abzulesen und stellt ein interessantes kulturhistorisches Dokument dar.

## Johannesgasse 4, Kaufmännisches Vereinshaus, BH: Wiener kaufmännischer Verein, E: Christian Ulrich, Rudolf Dick, A: Al. Schumacher, 1892/93

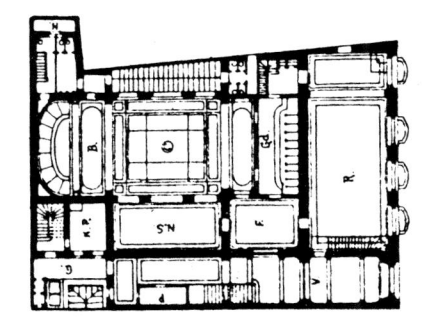

Der Bau stellt den »klassischen« Typ des Vereinshauses dar mit Versammlungsräumen, einer Kegelbahn und Gasthausküche im Kellergeschoß, einem geräumigen Veranstaltungssaal (mit Galerie und Seitenlogen) im Erdgeschoß, der für Versammlungen, Bälle und Theaterveranstaltungen benutzt wurde. Später haben sich das »Kleine Schauspielhaus« und »Die Komödie« eingemietet. Das heutige »Metro-Kino« wurde renoviert, zum Teil rekonstruiert (E: August Weisshaar) und gehört heute zu den schönsten Wiener Kinos. Das Haus zählt zu den frühen Beispielen des in den neunziger Jahren sich entwickelnden Wiener Neubarocks, allerdings in einer zurückhaltenden »bürgerlichen« Form.

## Krugerstraße 3, BH: Gremium der Wiener Kaufmannschaft, E: Ernst von Gotthilf, A: Karl Stigler, 1903/04

In der mit leichter Hand entworfenen Jugendstilfassade mit der eigenwilligen Behandlung des Kranzgesimses würde man nicht den späteren »Bank- und Versicherungsarchitekten« vermuten, der sich dann nur mehr in schweren, monumentalen Formen auszudrücken vermochte.

## Krugerstraße 13, Postamt 1015, BH + E + A: Karl Limbach, um 1900

Der Regulierungsplan für die Innere Stadt sah vor, die Akademiestraße (Argument: Verkehrsentlastung für die Kärntner Straße!) bis zum Schwedenplatz durchzubrechen. Damit wären der Franziskanerplatz, der Heiligenkreuzerhof und viele historische Häuser zerstört worden. Das Postgebäude zeigt das begonnene Vorhaben des Durchbruchs, das jedoch zum Glück nicht weitergeführt wurde.

## Lugeck 1, BH + A: Wayss & Freytag, E: Eugen Wörle, Bruno Doskar, 1961/62

Der Bau zeigt eine lapidare Bürohausarchitektur, die jedoch durch die Art der Bebauung in das Ensemble eingebunden erscheint. Die altstädtischen Bauhöhen wurden schon in der Gründerzeit verlassen.

## Mahlerstraße 6, Bürohaus, BH: Hotel Bristol, E: Oswald Haerdtl, A: Carl Auteried & Co., 1949

Das Haus ist ab dem 2. Stock ein Wiederaufbau; von Haerdtl wurde also unter Beibehaltung der alten Fensterachsen das Haus aufgestockt und die Entree neu gestaltet. Daraus erklärt sich auch das gekoppelte Fensterpaar in der Achse des Eingangs. Die Fassade ist ein gutes Beispiel für äußerste gestalterische Zurückhaltung, ohne jedoch den Anspruch auf Gediegenheit aufzugeben; gleichzeitig aber auch ein typisches, jedoch in der Qualität hervorstechendes Beispiel

1. BEZIRK

für die Vorstellung der Transformation einer Gründerzeitfassade, wie sie in der Nachkriegszeit oft gezwungenermaßen, aber auch freiwillig vorgenommen wurde.

Rathausstraße 1, Amtshaus und Rechenzentrum der Stadt Wien, BH: GESIBA, E: Harry Glück und Partner, A: IBG/WIBEBA, 1976—80

Die Ästhetik und »Verpackungstechnologie« des amerikanischen Hochhauses zeitverschoben, am falschen Ort und am falschen Objekt demonstriert? Der Bau erscheint für das historische Ensemble zu hoch und für die Gestaltungsmittel des Hochhauses zu niedrig. So mußte zwangsläufig die sichtbare Anstrengung der Architekten ins Leere gehen. Auch die »Plaza«, Rechtfertigung von Volumen und Höhe, geht leider über Wiener »amtliche Verhältnisse« nicht hinaus.

Renngasse 2, Länderbank, BH: K. k. privilegierte Österreichische Creditanstalt für Handel und Gewerbe, E: Ernst von Gotthilf, Alexander Neumann, A: Wilhelm Freisler, 1914—21

Das Haus gehört zu den letzten in der Serie der Geldinstitute und merkwürdigerweise auch zu den traditionellsten in seiner äußeren Erscheinung. Die Architekten haben an diesen städtebaulich bedeutenden Eckpunkt einen Renaissance-Palazzo gestellt, der nur durch das strukturell aufgelöste, aber visuell kräftig betonte Sockelgeschoß seine Widmung verrät. Das Erdgeschoß ist umgebaut (Kulturzentrum, E: Gustav Peichl, 1988), der Luftraum des alten Kassensaales wurde als Vortragssaal ausgebaut. Vergleicht man die Reste der Innenausstattung (etwa der Halle im Obergeschoß) mit der Länderbank oder der Creditanstalt, so würde man hier den älteren Bau vermuten. Das Kulturzentrum (Eingang Freyung) steht unter anderen Vorzeichen in ähnlich halbherzigem Verhältnis zur Secession her wie die Architektur des Altbaus. Peichl, Virtuose in technoider Ästhetik, scheint die harmonisierende Simulation pekuniärer Repräsentation nicht zu liegen. Es spricht für den architektonischen Frühling der Secessionisten, daß seine Aura nicht reproduzierbar ist.

Riemergasse 7, Gerichtsgebäude, BH: K. k. Niederösterreichische Statthalterei, E: Alfred Keller, A: Anton Schwarz, 1906/07

Das Gebäude, das die beiden Bezirksgerichte der Inneren Stadt und das Exekutionsgericht vereinigt, wurde in 18 Monaten auf der Jakoberhof-Liegenschaft erbaut (Erweiterung 1909—1911), wobei die Jacobergasse angelegt (und offenbar auch die Schreibweise geändert) wurde. Abgesehen von der baulichen Dichte der Anlage ist der Detailreichtum der Architektur bemerkenswert (bis zur teilweise erhaltenen Innenausstattung), der sich in einer eigenwilligen Weise, mit secessionistischen und »nationalromantischen« Anleihen, vom Historismus absetzt. Von den Räumen ist vor allem die (in Rekonstruktion befindliche) tonnengewölbte Auktionshalle sehenswert.

Schottengasse 1, BH: Allgemeine Depositenbank, E: Emil Ritter von Förster, A: Eduard Bauernfeld, 1892—94

Schottengasse 6—8, Creditanstalt-Bankverein, BH: Wiener Bankverein, E: Ernst von Gotthilf, Alexander Neumann, A: N. R. Bode, 1909—12

»Das bankhaus muß sagen: hier ist dein geld bei ehrlichen leuten fest und gut verwahrt«, schrieb Adolf Loos zu jener Zeit, als der Wiener Bankverein sein repräsentatives Haus am Ring errichtete. Daß er auch dieses Haus meinte, ist nicht einmal so unwahrscheinlich, denn er bedachte es bei seinen späteren »Stadtwanderungen« auch mit anderem Lob. Nach dem Verständnis der Zeit konnten die Inhalte Sicherheit, Beständigkeit, Solidität nicht nur mit den adäquaten Materialien Stein, Bronze und Hartholz, sondern auch mit kulturgeschichtlich resistenten Formen (vor allem aus der klassischen Tradition) ausgedrückt werden, vor allem, wenn es sich um collageartige Überlagerungen und prunkvolle Verdichtungen handelte. Die Architekten ließen auch wirklich an keinem Quadratzentimeter des Bauwerks Unsicherheiten aufkommen oder duldeten gar Risse in der hermetischen Welt totaler Repräsentation. Dabei ging es offensichtlich weniger um eindeutig lesbare Mitteilungen (oder haben wir die Sprache verlernt?) als um die Anwesenheit von genügend Mitteilung. Es hieße aber diese Architektur gründlich mißzuverstehen, wenn man in ihrem Hang zur Redseligkeit das eigentliche Charakteristikum sähe. Die eigenständige Qualität liegt in der räumlichen Konzeption, in der Logik und Anschaulichkeit der Raumbeziehungen und der sie darstellenden baulichen Struktur. Schon der prominente Bauplatz am Ring im Raster der inneren Stadterweiterung (es mußten bereits die ersten Ringstraßenhäuser weichen) sicherte adäquate Dimensionen. Das leicht verzogene Geviert ist durch zwei annähernd rechtwinkelig zueinander liegende und sich in einem Oktogon kreuzende Raumachsen organisiert. Das Erdgeschoß ist als übersichtlich strukturierter Großraum aufgefaßt, durch den eine passagenartig angelegte Haupthalle führt. Im Obergeschoß gliedert sich der Bau in eine klare Figur mit einem kreuzförmigen Mitteltrakt und einer umlaufenden »Randbebauung«, so daß vier gleichgroße Höfe entstehen, die über Glasdächer die im Erdgeschoß liegenden Arbeitsräume belichten. Loos lobte die Tatsache, daß sich hier das Publikum in einer weniger belichteten Zone aufhält, hingegen die Arbeitsräume optimal belichtet

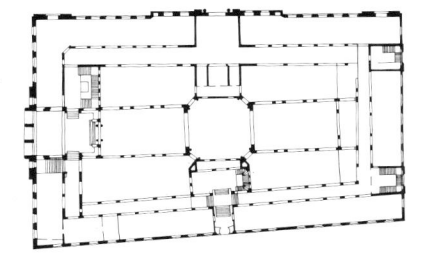

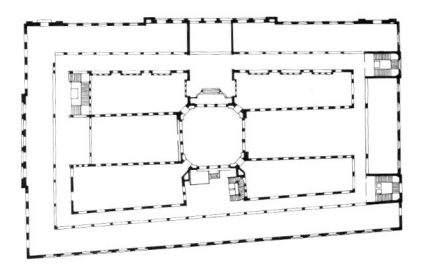

# 1. BEZIRK

sind. Bei der Postsparkasse sei es umgekehrt, dort stünde das schnell fluktuierende Publikum im gleißenden Licht, während die Arbeitsplätze hinter den Schaltern mangelhaft belichtet seien. Da in den oberen Geschossen die außenliegenden Trakte nur einhüftig organisiert sind, entsteht ein überaus großzügig angelegter hallenartiger Umgang, der ebenfalls über die Höfe gut belichtet ist. Ein interessantes Detail: der zweite Haupteingang am Schottenring wurde 1923 aus steuertechnischen Gründen (Stiegenabgabe) aufgelassen und die Treppe abgetragen. So erhielt das Oktogon im Direktionsgeschoß (Fest- und Versammlungssaal) ein geräumiges Foyer. Die Architektur insgesamt, die vor allem ihren sichtbaren Qualitätsanspruch durch eine Fülle gediegener Details stellt, ist summarisch nicht analysierbar. Sie ruft ein kaum klärbares Gemisch von Erinnerungen ab, nicht zuletzt auch an eine etwas eingedickte und merkantilisierte Secession. Der Beschauer wird permanent beruhigt, aber nicht in Ruhe gelassen. Wenn Architektur Zeitgeist widerzuspiegeln vermag, dann handelt es sich hier um einen perfekten Spiegelsaal einer Gesellschaft, die ihren Untergang zu dieser Zeit schon programmiert hat. Mehr als jede Beschreibung vermittelt dies die Liste der verwendeten Marmorsorten, die im Inneren Anwendung fanden: Kassensaal, Wände: Siebenbürger Orowitzer Marmor, Säulen: Untersberger Forellenmarmor, Fußboden: Laaser Marmor mit Forellenmarmor, Hauptstiege und Wände: Statuario venato; Direktionsvestibül, Sockel: Lünel-fleuri-Marmor, Wände: Biancone-Marmor, Pfeiler, Säulen: Paonazzo-Brecchiato; Direktionsstiege, Stufen: Laaser Marmor, Wände: Biancone-Marmor und Cipolino avorio; Generalversammlungssaal, Wände, Säulen: Giallo-di-Siena-Marmor; Direktionshallen: Eichenholzvertäfelung mit Biancone-Marmor. Die Materialliste wird ergänzt durch verschiedene Metalle (Bronze, Messing etc.), geprägtes Leder, Edelhölzer u. v. m.

## Schottenring 16, Wiener Börse (Wiederaufbau), E: Erich Boltenstern, Erich Schlöss, A: Universale Hoch- und Tiefbau AG., 1956—59

Der Brand von 1956 zerstörte die zentrale Säulenhalle und das Innere des Eingangstraktes am Schottenring. Nach einem beschränkten Architektenwettbewerb, der auch einen Vorschlag für ein Hochhaus im Hof brachte, entschied man sich für die gemäßigte Lösung Boltensterns, um einen großen Hof eine fünfgeschossige Bürozone und den Börsensaal in den 1. Stock im Kopftrakt an der Ringstraße zu legen. Es wurden jedoch bauliche Vorkehrungen für eine spätere Hofüberdachung oder eine Saalerweiterung getroffen. Die Architektur könnte man als eine sehr reduzierte, materiale sowie strukturale Weiterführung und Ergänzung des Bestandes bezeichnen, die erst bei den Hoffassaden Eigenständigkeit erlangt.

## Schottenring 30, »Ringturm«, BH: Wiener Städtische Versicherung, E: Erich Boltenstern, A: Universale Hoch- und Tiefbau-AG., 1953—55

Den »Ringturm« kann man städtebaulich als ein spätes Ergebnis jener jahrzehntelangen Auseinandersetzung um eine Weiterführung oder einen Abschluß der Ringstraße ansehen. Noch im Wettbewerb für die Donaukanalverbauung (1949) war dies, nach den Kriegsschäden im 2. Bezirk, ein Diskussionsschema. Da man einerseits gegenüber der Ringstraße noch relativ unempfindlich war, andererseits aber doch einen »Abschluß« wünschte, entstand eine zumindest erklärbare, wenn auch nicht verständliche Motivation für eine »städtebauliche Dominante«. Heute wirkt der Turm immer noch wie eine Herausforderung, die an verschiedenen Stellen des Donaukanals mit noch weniger Glück angenommen wurde. Der zweifellos nicht sehr inspirierte, in seiner Struktur jedoch ehrlich und etwas trocken wirkende Bau ist heute bereits ein »Zeitzeuge«, der auch »Zeitgeist« vermittelt und den man nur unverfälscht als solchen belassen sollte.

## Schubertring 5, Umbau und Rekonstruktion, BH: Girozentrale der österreichischen Sparkassen, E: Ernst Hiesmayr, A: Franz Pölz (Fassaden), Ed. Ast & Co., 1985—87

Die Umbau- und Rekonstruktionsarbeiten umfassen den ganzen Block, also nicht nur das ehemalige »Adelige Casino« (von Romano und Schwendenwein, 1866—68), sondern auch das dahinterliegende »Palais Gutmann«, das anschließende »Palais Ötzelt« und das dahinterstehende (Beethovenplatz 2) »Mietspalais Borckenstein«. Die Haupterschließungsachse liegt jedoch im »Casino«, das sich 1942 außen eine ideologische Vereinfachung und innen einen größeren Umbau gefallen lassen mußte. Die Arbeiten von Ernst Hiesmayr (die innen noch fortgeführt

INNERE STADT

werden) befaßten sich mit der Rekonstruktion der ursprünglichen Fassaden und einer völligen Neugestaltung des Entrees (mit großzügig ausgelegter Halle) sowie dem Ausbau des Dachgeschosses mit Direktionsspeiseräumen und einer als Wintergarten ausgebildeten Terrasse. Von Einzelheiten abgesehen (etwa dem von 5 auf 3 Achsen verkürzten Balkon auf der Ringseite) wirkt die rekonstruierte Fassade überzeugend, wenn sie auch im Eingangsbereich zur »Schürze« verfremdet wird, die gewissermaßen den historischen Auftakt für die architektonische Gegenwart liefert. Hiesmayrs Reaktion auf den Historismus ist eigenwillig, aber nie verletzend, die Formen suchen ein Äquivalent zur vergangenen Pracht; so wird der alten Polychromie eine Palette von seidigen Pastelltönen (Stucco lucido) gegenübergestellt, der eklektizistischen Formenvielfalt eine einfache Eleganz von Flächen und Volumen.

## Schubertring 10—12, BH: Schubertring-Bürohaus-Ges.m.b.H., E: Erich Boltenstern, A: Wiener Hoch- und Tiefbaugesellschaft, 1951—54

Das Haus der Veitscher Magnesitwerke-Actien-Gesellschaft gehört zweifellos zu den noblen und zurückhaltenden Bauten der frühen fünfziger Jahre an der Ringstraße: die Proportionen der Fenster, ihre zarte Rahmung, das ausgewogene Verhältnis von »Mauer und Loch«, die schlichte und präzise Ausbildung der Schaufensterzone (mit nach unten eingezogenen steinverkleideten Stützen) und die strukturelle Auflösung des Attikageschosses, das alles ist mit Kultur entworfen; eine Reduktion der architektonischen Mittel, die nicht ins Ärmliche umkippt, die aber auch nichts von den Zeitverhältnissen verschweigt. Es gehört zu dieser Art von Architektur, daß ein Foto eigentlich »nichts hergibt« und daß man auch vorbeigeht, weil es rundherum eben lauter zugeht.

## Schwarzenbergplatz 3, BH: Mobil Oil Austria, E: Georg Lippert und Partner, A: Ed. Ast & Co., 1980—83

Der vieldiskutierte Bau, der durch seinen Standort und seine städtebauliche Prospektfunktion grundsätzliche Probleme der Rekonstruktion im Ensemble aufgeworfen hat, enttäuscht vor allem in seiner Beziehung von »Alt« und Neu. Unabhängig davon, wie lupenrein eine Rekonstruktion des Kopfbaues möglich war, wird der Besucher schon hinter dem Portal verunsichert. Der Neubau imitiert alte Rohbaureste, die ungeniert in die »Gegenwart« weiterwandern, und das Neue kann sich schließlich nicht überzeugend vom »Neu-Alten« lösen.

## Schwarzenbergplatz 15, Zürich-Kosmos-Haus (Renovierung und Revitalisierung), E: Hans Puchhammer, 1980—86

Das »Palais Ofenheim«, 1868—70 von Romano und Schwendenwein als charakteristisches Ringstraßenpalais erbaut, wurde im Zuge seiner Geschichte immer wieder partiell umgebaut, wobei der Eingriff von 1931 (durch Ernst Epstein) der architektonisch interessanteste und jener von 1954 (durch Siegfried Theiss und Hans Jaksch) der baulich radikalste war. Die Renovierung und Revitalisierung von Hans Puchhammer konzentrierte sich auf die Einfahrtshalle und die Hauptstiege, die Generaldirektion und auf das Erd- und 1. Obergeschoß (Kunden- und Schadendienst) sowie auf den Hof. Die Arbeit spiegelt die ganze Komplexität unseres heutigen denkmalpflegerischen Verhaltens wider, das von der reinen Rekonstruktion über die freie Interpretation nicht ergänzbarer Teile bis zum gestalteten Kontrast durch heutige Lösungen reicht. Dabei wird in der historischen Substanz nicht nur das Original gesucht, sondern ebenso der qualitative Eingriff. So stellt sich schon im Eingangsbereich des Gebäudes die ganze ästhetische Spannweite der Umbaumaßnahmen dar, ja man hat den Eindruck, daß die Wiederherstellung der Durchfahrt, ihre räumliche und architektonische Qualität durch die filigranen, lichtdurchlässigen, hydropneumatisch angetriebenen Glas-Stahl-Tore erst sichtbar wird. Die unmittelbare Beziehung der alten und neuen Teile wird durch die Teilungen der Tore hergestellt, die gewissermaßen abstrahiert das Proportionssystem darstellen. Eine der schwierigsten Arbeiten war die Wiederherstellung der abgeschlagenen Hoffassaden, dabei ging es nicht nur um eine Rekonstruktion, sondern auch um die Neugestaltung der schon früher durch die Garagen radikal veränderten Sockelzone. Puchhammer gelang es hier durch das Auffinden eines Moduls (62,5 cm) eine neue, auch auf den Boden übergreifende flächig-räumliche Ordnung herzustellen. Bei der Ausstattung der Generaldirektion wurden auch Teile des Umbaus von Ernst Epstein mit einbezogen.

23

# 1. BEZIRK

**Stock-im-Eisen-Platz 3, »Equitablepalais«, BH: Versicherungsgesellschaft »Equitable«, E: Andreas Streit, A: Johann Lutz, 1887—91**

Eine Wiener Ausgabe des Bradbury-Building von Los Angeles? Zugegeben, ein wenig mehr Renaissance, noch mehr das Treppensteigen als der Aufzug im Vordergrund; europäischer, wenn auch von einer amerikanischen Versicherungsgesellschaft, und schließlich ein wenig früher erbaut.

**Stubenring 1, ehem. Kriegsministerium (heute Regierungsgebäude), E: Ludwig Baumann, A: Frauenfeld & Berghof, Karl Stiegler, 1909—13**

Der Wettbewerb für den Neubau des Kriegsministeriums (1908) galt unter der fortschrittlichen Architektenschaft als vertane Chance. Schließlich war gegenüber der Kopfbau der Postsparkasse als programmatischer Bau der Moderne bereits fertiggestellt. Das ärarische Selbstverständnis war weit davon entfernt, sich mit diesen Zielen zu identifizieren. Der Thronfolger Franz Ferdinand machte seinen Einfluß in Richtung »Maria-Theresianischen Stil« geltend, der Versuch einer restaurativen Staatsarchitektur auf dem Hintergrund des Barock, der als österreichischer Nationalstil akklamiert wurde. So betrachtet, ist das »Kriegsministerium« ein kulturgeschichtliches Beispiel ärarisch-bürokratischer Selbstdarstellung, in deren Dienst sich Ludwig Baumann in zunehmendem Maße stellte. Das Gebäude ist, unter Ausnutzung des großen unregelmäßigen Grundstücks, einfach organisiert: der Typus Schloß wird vom Typus Kaserne, und beide werden von der Typologie des repräsentativen Amtshauses überlagert.

**Stubenring 8—10, »Handelskammer«, BH: Niederösterreichische Handels- und Gewerbekammer, E: Ludwig Baumann, BL: Josef Meissner, A: Karl Stigler, G. A. Wayss & Co. und andere, 1905—07**

Das Haus der heutigen »Kammer der gewerblichen Wirtschaft« repräsentiert auf einem hohen Niveau die Verunsicherung der späten Historismus durch Otto Wagner und die Wiener Secession. Die räumliche Konzeption, vor allem das prächtige Treppenhaus mit den »Vestieren« im Direktionsgeschoß (einschließlich der solide ausgestatteten Säle) sind noch ganz im Geiste des Ringstraßenpalais entworfen; im Detail wagte man sogar reine Secession, wie die Leuchter, der Merkurkopf und einige Majoliken von Othmar Schimkowitz (aber auch Arbeiten anderer Künstler) beweisen. Obwohl das Haus gleichzeitig mit der Postsparkasse erbaut wurde (oder gerade deshalb?), nahm der Architekt eine dezidiert andere Haltung ein: Wagners modernes architektonisches Konzept machte Zugeständnisse an die Ringstraße, Baumanns traditionalistische Architektur näherte sich nur im Detail der Moderne an. Und das war die bessere Voraussetzung, später den Wettbewerb für das gegenüberliegende Kriegsministerium zu gewinnen.

**Tegetthoffstraße 7, BH: Riunione Adriatica di Sicurtà, E: Ludwig Baumann, A: A. Porr AG, 1911—13**

Vor der Zerstörung des Philipphofes auf dem dreieckigen Platz vor der Albertina war der Bau mit der Überbetonung des Ecks zur Ringstraße hin noch verständlicher. Heute hat die Figurengruppe mit der Weltkugel und der dominanten Eckkuppel keine Entsprechung mehr. Auffallend ist für Baumannsche Verhältnisse klare und rationale Gestaltung des Baukörpers, die die reiche Bekrönung kontrastiert, als wollte der Architekt die speziell in Triest versammelten kaufmännischen Tugenden von klarem Kalkül und emphatischer Weltoffenheit darstellen.

INNERE STADT

Uraniastraße 2, Bürohaus Nordstern, BH: Nordstern-Versicherungen, E: Siegfried Theiss, Hans und Walter Jaksch, A: Rella & Co., 1957—60

Ein typischer Entwurf aus der späten Wiederaufbauphase. Charakteristisch ist vor allem die konkave Ausformung des trapezförmigen Baukörpers zum Platz hin und die großzügig angelegte, geschwungene Haupttreppe.

Wipplingerstraße 4—6, BH: Dorotheum und Zentralsparkasse der Gemeinde Wien, E: Anton Potyka (MA: Hans Hülle, Hugo Potyka), A: Schlosser & Trost, 1953—56

Ungewöhnlich für die fünfziger Jahre ist der Versuch, noch einmal eine dezidierte Lösung für die vertikale Funktionstrennung einer Fassade zu finden und gleichzeitig Erinnerungen an einen prototypischen Bankbau (Postsparkasse) wachzurufen, also eine Lösung mit Blick auf die Wiener Tradition zu finden. Nach dem Bau der Hauptanstalt wurde von Karl und Eva Mang (1974/75) eine Zweigstelle eingerichtet.

Ebendorferstraße 8, Studentenkapelle, BH: Katholische Hochschulgemeinde, E: Ottokar Uhl, A: Herbert Lorenz, 1956/57

Es ist nur scheinbar ein Paradoxon, daß die entsymbolisierte Architektur im vorkonziliaren Aufbruch, mit ihrem Bekenntnis zur Würde der Armut, ihrer Offenheit und einfachen Dinglichkeit heute zu den symbolträchtigsten Aussagen der Nachkriegsarchitektur zählt und daß es hier wirklich gelungen ist, mit den Mitteln des Bauens, einer präzisen und ungeschmückten architektonischen Sprache ein Bekenntnis abzulegen. Die Arbeiten von Ottokar Uhl hatten in dieser Entwicklung eine zentrale und exemplarische Wirkung: der auf seine bauliche Struktur reduzierte Raum, die bedachte Verwendung von Licht und die auf ihren Leistungszusammenhang bezogenen, einfachen Gerätschaften und Einrichtungen geben der Handlung den größten Spielraum (auch im Sinne der Konzentration auf sie), präformieren gewissermaßen nur einen notwendigen, aber würdigen Rahmen. Spätestens seit Loos wissen wir, daß in einer Kultur der Geschwätzigkeit das Schweigen noch allemal seine Botschaft haben kann. Und wer sich heute, mit einem »postmodernen Wissen«, in einen solchen Raum begibt, wird von seiner Intensität, von der Dichte seiner Mitteilung überrascht sein. Vielleicht liegt auch darin der Grund, warum von einer neuen Generation, die von den Problemen der fünfziger Jahre nichts mehr wußte, liebevoll und im ursprünglichen Zustand wiederhergestellt wurde.

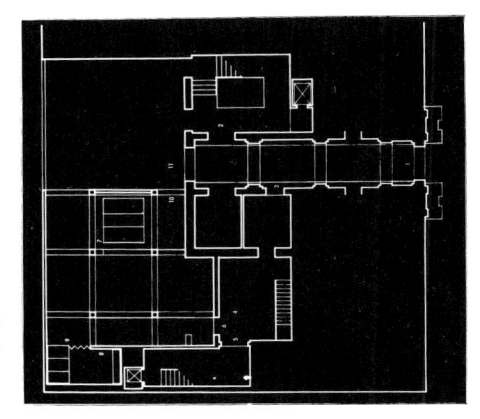

Freyung 6, Schottenstift, St.-Johannes-Kapelle, E: Clemens Holzmeister, A: Bruno Buchwieser, 1936

Die Johanneskapelle wurde 1936 von Clemens Holzmeister (A: Bruno Buchwieser) umgestaltet, wobei es sich um keine baulichen Eingriffe, sondern nur um die Gestaltung des Altarbereichs gehandelt hat. Das Altarbild von Karl Bodingbauer entstand zur gleichen Zeit, die übrigen Mosaiken wurden erst am Beginn der sechziger Jahre angebracht. Gleich neben der Kapelle, im Mausoleum (von Josef Kornhäusel) hat Robert Kramreiter einen neuen Abgang zur Krypta angelegt, in der 1959/60 von ihm ein Altarbereich gestaltet wurde. Das Relief am Block hat Rudolf Szyszkowitz entworfen.

Tegetthoffstraße 2, Kapuzinerkirche (Umbau), E: Ludwig Tremmel, Otto Wytrlik, 1933—36, Kapuzinergruft (Gartengruft), E: Karl Schwanzer, 1959/60

Die Fassadenneugestaltung stellt die freie Interpretation einer »Rückführung« auf einen nicht exakt bestimmbaren historischen Zustand dar (Fresken: Rudolf Holzinger,

25

# 1. BEZIRK

Von dem großen Wiener Denkmalbestand, auch aus dem 20. Jahrhundert, werden hier nur jene angeführt, die in einem baulichen oder architektonischen Zusammenhang entworfen wurden.

## Burgring, Burgtor, »Österreichisches Heldendenkmal«, E: Rudolf Wondracek, A: Karl Stigler und Alois Rous, Nachfolger A. Bügler und Franz Jakob, 1934

Das Burgtor ist, von der Wiener Bevölkerung kaum zur Kenntnis genommen, das österreichische »Völkerschlachtdenkmal«. Das »Österreichische Heldendenkmal«, das von Mai bis September 1934 errichtet wurde, war also ein Denkmal im Denkmal und das einzige Bauwerk im Ständestaat, das alle Attribute einer austrofaschistischen Architektur zeigt. Die »Vereinigung zur Errichtung eines österreichischen Heldendenkmals« bestand aus Personen der Militäraristokratie, des Bundesheeres, des Reichskameradschafts- und Kriegerbundes, der Vaterländischen Front, des Österreichischen Offiziersverbandes, der Bundespolizei, der Kirche, Wirtschaft etc.; den Ehrenschutz übernahmen Bundeskanzler Dr. Kurt Schuschnigg, Vizekanzler Ernst Rüdiger Fürst Starhemberg und Kardinal Erzbischof Dr. Theodor Innitzer. Für das monumentale »Ehrenmal für Altösterreichs Heldensöhne von 1618 bis 1918« bestand offenbar unter der Bevölkerung wenig Interesse, denn die Vereinigung konnte unter der zahlreichen Mitgliedern bei weitem nicht die Bausumme aufbringen (es wurde sogar der »Eiserne Wehrmann«, siehe Seite 13, wieder aktiviert), so daß die Bundesregierung und die Stadt Wien »trotz bewegter Zeit« mit größeren Spenden einspringen mußten. Der baukünstlerische Wettbewerb brachte 173 Einsendungen, wovon die Projekte Leo von Bolldorf, Max Fellerer und Eugen Wörle sowie Rudolf Wondracek in die engere Wahl kamen. Das Rennen machte schließlich Wondracek, der große Anstrengungen unternahm, das Burgtor äußerlich nicht zu verändern, andererseits aber mit geringen Mitteln eine Beziehung zum Ring und zum Maria-Theresien-Platz (durch betonte Seitenachsen zu den Reiterstandbildern) herzustellen. Wondraceks Idee war es, über dem Portal eine offene Ehrenhalle zu errichten, die über zwei in den Seitenflügeln liegende Monumentaltreppen erreicht wird.

Franz Fischer). Die Erweiterung der Kapuzinergruft (in mehreren Bauphasen seit 1622 entstanden), deren Überfüllung als entwürdigend empfunden wurde, hat Schwanzer als bewußte Nichtanbiederung an den historischen Baubestand vorgenommen und mit den »Mitteln der Zeit« zu lösen versucht. Die unterschiedliche Körnung der Schüttwände, das gegenläufig gestaltete Faltwerk der schalreinen Stahlbetondecke und die schweren eisernen Türen (von Rudolf Hoflehner) demonstrieren eindrucksvoll das Verständnis von zeitloser Würde im Jahrzehnt des zweiten Aufbruchs in die »Moderne«.

Nicht uninteressant ist die Argumentation des Architekten, wie überhaupt das Vokabular aller Beteiligten eine semantische Studie wert wäre. Wondracek im Erläuterungsbericht: ». . . Der Saal selbst, räumlich größer, als irgend eine Halle in den Seitenflügeln sein könnte, von edlen Proportionsverhältnissen der Länge und Breite, weist mit seinem atriumäßigen offenen Deckenabschluß ins Universum, mit dem der Begriff des Idealen und Erhabenen noch immer verbunden ist. Der Saal hat das idealste Dach, die schönste Decke: den Himmel. Die Helden des Weltkrieges, wie die aller Kriege, haben unter freiem Himmel gekämpft, sind unter freiem Himmel gefallen, sie sol-

INNERE STADT

len unter freiem Himmel geehrt werden.« In den Flügelbauten sind je eine Krypta (für Katholiken und andere Religionen) mit Nebenräumen eingebaut. Die Bildhauerarbeiten stammen von Wilhelm Frass, der bildnerische Schmuck des Ehrensaales (figürliche Darstellungen vom Dreißigjährigen Krieg bis zum Ersten Weltkrieg) von den Malern Herbert Dimmel und Leopold Schmid. Der Katholikentag 1984 hat an diesem Ort ein Kreuz (E: Gustav Peichl) zurückgelassen.

## Dr.-Karl-Renner-Ring, Denkmal der Republik, 1928

Die Fassung der drei Porträtbüsten, aufgestellt im Knick der Ringstraße, hat zweifellos auch architektonische Qualität. Die dargestellten sozialdemokratischen Politiker der Ersten Republik sind: Jakob Reumann (von Franz Seifert), Victor Adler (von Anton Hanak), Ferdinand Hanusch (von Mario Petrucci »frei nach Carl Wollek«). Das Denkmal wurde 1934 abgetragen und 1948 wieder aufgestellt.

## Dr.-Karl-Renner-Ring, Julius-Raab-Denkmal, E: Clemens Holzmeister, 1965—67

Das Denkmal ist in Form eines imaginären Tores in die Volksgartenumfriedung eingebunden und illustriert Holzmeisters Sinn für Räumlichkeit und monumentale Wirkung, ohne dem Detail eine besondere Beachtung zu schenken. Die bildhauerischen Arbeiten stammen von Toni Schneider-Manzell.

## Lugeck, Gutenberg-Denkmal, E: Max Fabiani, Skulptur: Hans Bitterlich, 1900

Fabiani erweist sich auch in der einfachen Gestaltung eines Denkmalsockels als Urbanist: die kommunikativ umlaufende »Bank« zeigt etwas von der lebensfreundlichen Selbstverständlichkeit mediterraner Denkmalkultur. Daß sich heute niemand mehr an diesem zum Parkplatz verkommenen Ort niederläßt, ist eine andere Sache.

## Makartgasse 2, Otto-Wagner-Denkmal, E: Josef Hoffmann, 1930

Das Denkmal wurde 1930 beim Burgtor (anläßlich der Werkbundtagung) errichtet, während des Zweiten Weltkrieges abgetragen und schließlich 1959 bei der Akademie (von Roland Rainer als Rektor) wieder aufgestellt. Der neun Meter hohe »einfache Steinpfeiler« (Sekler) stellt eine typisch Hoffmannsche Reduktion einer Triumphsäule mit einem in Augenhöhe angebrachten Schriftblock (Neugestaltung Oswald Haerdtl) dar. Diese äußerste Geometrisierung ist auch lesbar als eine Hommage auf den kämpferischen Rationalismus Otto Wagners und — für Hoffmann selbst — als Erinnerung an seinen provokanten Purismus in den Jahren vor und nach 1900.

## Rathauspark, Strauß-Lanner-Denkmal, E: Robert Oerley, Skulpturen: Franz Seifert, 1907

Das Denkmal gehört zu den liebenswürdigsten und räumlich eindrucksvollsten in der Wiener Monumentenfülle. Die etwas versteckt liegende Anlage mit dem zum Verweilen einladenden kleinen runden Platz (im Kreis aufgestellte Bänke) faßt durch eine gekrümmte, schön durchmodellierte Mauer die Figurengruppe, so daß eine intime Raumbeziehung zwischen Denkmal und Betrachter entsteht. Die versteckte Aufstellung hat ursprünglich Proteste ausgelöst (auch von Otto Wagner), heute kann man sie eher als Vorteil empfinden.

## Rathauspark, Dr.-Karl-Renner-Denkmal, E: Josef Krawina, Büste: Alfred Hrdlicka, 1965—67

Ein im Sinne der sechziger Jahre architektonisch problematisiertes Beispiel eines artifiziellen Raumes, von dem sich der eigentliche Gegenstand — die Porträtbüste — zu distanzieren scheint: gewissermaßen eine anschaubare Dialektik von räumlicher Fassung und Verweigerung.

27

1. BEZIRK

**Volksgarten, Kaiserin-Elisabeth-Denkmal, E: Friedrich Ohmann, Skulptur: Hans Bitterlich, A: Ed. Hauser, 1904—07**

Wenn Otto Wagner der große »Positivist« unter den Architekten der Jahrhundertwende war, so hat Friedrich Ohmann den Part des »Impressionisten« übernommen. Seine Arbeiten, etwa die Wienfluß-Ufergestaltung oder das Palmenhaus im Burggarten, sind Inkarnationen von Zeitgeist. Auch das Kaiserin-Elisabeth-Denkmal konserviert ein atmosphärisches Bild vom Fin de siècle: das Denkmal ist als eigene Raumsequenz in den Volksgarten eingebunden (mit dem Grundriß einer Kirche), so daß die Annäherung an die Skulptur sich in Raumschichten abspielt. Im »Querschiff« liegt ein Wasserbecken — die Spiegelung erzeugt eine leichte Bewegung — das Wasser als Lebens- und Todesmetapher. Der streng ästhetisierte Raum mit Achsen, Durchblicken, in Szene gesetzten Versatzstücken architektonischer Erinnerungen ist ein Ort der Ruhe und Kontemplation, eine »Gegenwelt« zu einem »rastlosen Leben«. Ohmann ist in seiner Konzeption des Denkmals sicher nicht bewußt so weit gegangen, ihm genügte, der Konvention entsprechend, der perfekt inszenierte, ästhetische Ort.

**①**

**Friedrichstraße 12, BH: Künstlervereinigung »Wiener Secession«, E: Joseph Maria Olbrich, 1897/98, Bauliche Erneuerung, E: Adolf Krischanitz, A: A. Millik & Neffe, 1981—86**

Das Vereins- und Ausstellungsgebäude der Vereinigung bildender Künstler »Wiener Secession«, allgemein SECESSION genannt, gehört zu den bestanalysierten und umfassendst dokumentierten Bauwerken Wiens. Im Zuge der letzten Generalrenovierung ist eine begleitende Forschungsarbeit geleistet worden, die nicht nur die Planungs- und Baugeschichte und deren zeitgenössische Rezeption, sondern auch die wechselvolle Chronologie permanenter Umbauten, schließlich der Zerstörung und des Wiederaufbaus sowie der Renovierungsversuche detailliert aufarbeitet und darstellt (Otto Kapfinger, Adolf Krischanitz: Die Wiener SECESSION, 1986); diese Arbeit liefert »nebenbei« ein knappes Jahrhundert Wiener Architekturdiskussion und spannt schließlich den Bogen zwischen einem konzeptionellen und einem rezeptionellen Schlüsselereignis der Wiener Architekturgeschichte. Die »Zwittergeburt zwischen Tempel und Magazin«, wie sich ein kritischer Zeitgenosse ausdrückte, sollte ursprünglich an der Wollzeile (heute Dr.-Karl-Lueger-Platz) errichtet werden, bis der im Spannungsfeld von Künstlerhaus und Akademie städtebaulich günstigere, bautechnisch jedoch schwierigere Platz an der Einmündung des Ottakringer Baches in den Wienfluß zur Verfügung stand. Olbrich bediente sich des bewährten Modells Kopfbau/Halle, wobei der »Kopf« die Repräsentation, die Darstellung des Inhalts übernahm und die innen nutzungsneutrale Halle die funktionale Komponente. Aber die rationalen Argumente erschienen nur vorgeschoben, es brannte das Feuer des »Heiligen Frühlings«; Olbrich: »Mauern sollten es werden, weiß und glänzend; heilig und keusch. Ernste Würde sollte alles umweben. Reine Würde, wie sie mich beschlich und erschauerte, als ich in Segesta vor dem unvollendeten Heiligthume stand!« In diesem Bau artikulierte sich der ganze geistige und künstlerische Aufbruch einer Generation, die noch an einer festgefügten bürgerlichen Bildungswelt rütteln konnte. Olbrich versammelte nicht nur die Symbole der Dauer

# INNERE STADT

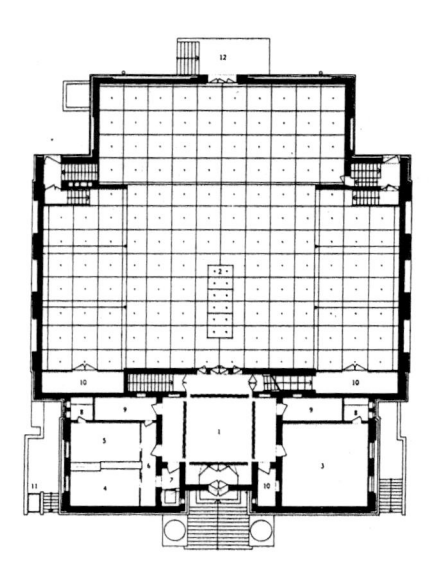

## 1. BEZIRK

(Quadrat, Kubus, Kreis, Kugel), sondern auch das mythologische und ikonographische Instrumentarium für die Inhalte Sieg, Unsterblichkeit, ewige Jugend (der Lorbeerbaum, den der Kopfbau durchdringt und bekrönt) oder die der Verwandlung, Erneuerung, Transzendenz (Schlange etc.), und er bediente sich, durch den Rückgriff auf eine archaische Geometrie, einer der Zeit unmißverständlichen Dialektik. Man darf nicht vergessen, daß 1897, in der Flut des Späthistorismus, in Wien nur die ersten Stadtbahnbauten Wagners existierten, so daß diese weiße Schachtel eine ungeheure Provokation darstellen mußte. So ist die vordergründig harte Geometrie des Baus als Antithese zum Historismus zu verstehen, wobei die These gewissermaßen in Form einer visuellen Harmonisierung, einer raffinierten Detailkultur, von Korrekturen im Sinne sensibler Sehgewohnheiten nachgeliefert wird. Kapfinger: »Es geht dabei darum, statt einer spannungslosen Regelmäßigkeit von Vertikalität, Horizontalität und Rhythmik sphärisch leicht verzerrte, dem ästhetischen Empfinden der menschlichen Wahrnehmung entgegenkommende und diese steigernde Formen zu erzielen...« So könnte man behaupten, daß die strenge Geometrie des Entwurfes, die »Überlagerung und Einschreibung von Quadratfiguren«, also die rationale Komponente, durch eine scheinbar versöhnliche (weil verständliche) Semantik relativiert und überlagert wird, die jedoch gerade durch ihre unmißverständliche Botschaft die Ungeheuerlichkeit des Erneuerungsanspruchs potenzierte. Diese komplexe Dialektik zwischen Geometrie und Organik, Fortschritt und »Rückkehr zum Ursprung«, plakativer Rationalität und psychologisierender Relativierung mit dem Instrumentarium der Harmonisierung und vorweggenommener »Dekonstruktion«, wurde durch Renovierung und Umbau nicht nur gesichert, sondern in einem neuen Wahrnehmungsfeld zugänglich gemacht. Krischanitz: »Positivistische Formen der Zuordnung von Ursache und Wirkung, Zweck und Mittel, Funktion und Form, Geschichte und Gegenwart mußten im Fall der Secession wegen zu geringer Distanzen, also mangels an sprachlicher Trennschärfe des Bestandsgefüges aufgegeben und durch eine mimetisch tastende, schichtenweise aufbauende Verfahrensweise ersetzt werden.«
Im Zuge der Sanierung des verrotteten Kellergeschosses konnte, durch die Herausnahme des in der Mitte liegenden Erdkernes, ein idealer Ort für den »Klimt-Fries« installiert werden, der symbolisch in die Basis des Bauwerks zurückgekehrt ist. Abgesehen von der Schaffung signifikanter Ausstellungsräume und eines Restaurants im Kellergeschoß, bestand die bauliche Erneuerung des Hauses aus »Rückgriffen« auf die alten Raumfiguren (Eingangshalle) und der Einbeziehung verwertbarer Veränderungen; so ist etwa der »Weg durchs Haus« über das Graphische Kabinett, die Galerie des Foyers und den Dachraum der großen Ausstellungshalle eine raumzeitliche Vernetzung mehrerer Bauphasen, wobei die erste, hinter »Schichten« verdeckt, in die Gegenwart hereingeholt wird. Durch den Umbau der SECESSION wurde nicht nur der »beruhigende, magische Gestus des Bauwerks wieder aktiv und präsent und steht für eine neuerliche, grundsätzliche Einschätzung... heutiger architektursprachlicher Möglichkeiten zur Diskussion«, sondern es wurde im Medium Architektur ein faszinierender Dialog mit dem Aufbruch ins 20. Jahrhundert eröffnet, der auch heute mehr in die Zukunft als in die Vergangenheit weist (Konsulenten: Johann G. Gsteu, Otto Kapfinger, Farbgestaltung: Oskar Putz, MA: Jürg Meister, Gudrun Engel, Norbert Lechner, Karl Peyrer-Heimstätt, Gerhard Schlager).

Minoritenplatz 1, Österreichisches Staatsarchiv, BH: K. u. k. Ministerium des k. u. k. Hauses und des Äußeren, E: Otto Hofer, A: Eduard Frauenfeld & Berghof, Eisenkonstruktion, Statik: Sigmund Wagner, A: Ignaz Gridl, 1899—1902

# INNERE STADT

Das ehemalige »Haus-, Hof- und Staatsarchiv« wurde im unmittelbaren Anschluß an das »Ministerialgebäude« (heute Bundeskanzleramt) im Zuge einer Freilegung der Minoritenkirche errichtet. Die äußere Erscheinung ist ganz dem auf Johann Lukas von Hildebrandt zurückgehenden Altbau angepaßt, so daß die neue Platzwand gegenüber der Kirche sich barock darstellt (Vorentwurf: Franz Pokorny). Für den Innenausbau des Archivs orientierte man sich am damals neuen »Magazinsystem« (Weimarer Haupt- und Staatsarchiv), dessen Vorteile gegenüber dem alten Saal- oder Galeriesystem in der Raumersparnis, Übersichtlichkeit, Ausbaumöglichkeit und besseren Zugänglichkeit (Sicherheit) bestanden. Nach Didier, Wehdorn und Zbiorzyk besteht die Konstruktion ». . . aus 96 genieteten Gitterstehern, die gleichzeitig die Vertikalträger der Aktengerüste bilden und im Keller auf mächtigen, mit Portlandzementmörtel gemauerten Ziegelpfeilern aufruhen. In Richtung der wachsenden Belastung, also vom Dach zum Erdgeschoß hin, vergrößern sich die Querschnitte der Steher und sind in den einzelnen Geschossen durch Diagonalstreben abgesteift. Die Steher tragen die eisernen Gitterroste, welche die Fußböden bilden, und gleichzeitig auch die waagrechten Aktenborde. Durch dieses System sind die Außenwände nicht belastet . . .« Das Magazin ist horizontal in einen größeren und einen kleineren Brandabschnitt unterteilt, vertikal in drei Räume, wobei der untere fünf Magazingeschosse aufnimmt, die beiden oberen (einschließlich des glasgedeckten durchlaufenden Saales im Dach) je drei. Das Glasdach wurde 1975 überdeckt, so daß die räumliche Wirkung beeinträchtigt ist. Der Bau ist insgesamt ein bedeutendes baugeschichtliches, aber auch kulturgeschichtliches Dokument. Nach Musil könnte man von einer perfekten, jedoch gegenläufigen Parallelaktion sprechen, deren psychologische Dimension ein anderer großer Altösterreicher analysieren müßte: die konventionelle, ja totale Tarnung eines futuristischen Inhalts, ein System der komprimierten Ordnung mit der Ästhetik des kommenden Jahrhunderts barock verpackt, eingemauert in eine inszenierte Vergangenheit. Aber der Inhalt ist ja tatsächlich die Vergangenheit Österreichs, hier ist ja das »Gedächtnis der Nation« gespeichert, würde der Architekt der Jahrhundertwende antworten, und er hätte uns dabei ertappt, daß uns die Ästhetik der Aufbereitung wichtiger erscheint als der Inhalt des Aufbereiteten.

## Weiskirchnerstraße 3, Museum für angewandte Kunst (Erweiterungsbau), E: Ludwig Baumann, 1907

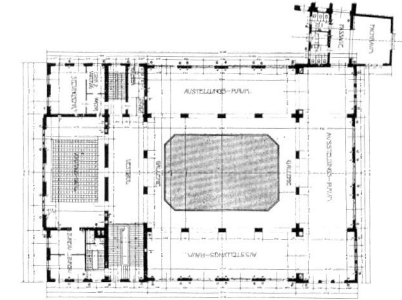

Durch die Verlegung des Wienflusses (im Zuge der Regulierung) wurde es möglich, auf dem aufgefüllten Terrain einen größeren Erweiterungsbau für temporäre Ausstellungen und einen fünfgeschossigen Kopfbau an der Weiskirchnerstraße (mit Foyer, Vortragssaal, Büro- und Wohnräumen) zu errichten. Baumanns Architektur kann man am besten mit dem Prinzip des »dekorierten Schuppens« erklären, das heißt durch die weitgehende Unabhängigkeit von Inhalt und äußerer Erscheinung. Während sich die Fassaden an den Ferstelschen Altbau anpassen, zeigt das innere Konzept, vor allem das der beiden übereinanderliegenden Ausstellungshallen, ein beachtliches räumliches und funktionales Denken. Die dreischiffige Halle im Erdgeschoß ist im Mittelfeld von oben belichtet, die darüberliegenden Räume erhielten dadurch einen hellen, hofartigen Kern, so daß sie beidseitig belichtet sind. Die innere Konzeption von Kopf- und Ausstellungsbau ist zwar außen ablesbar, sie wird aber durch die architektonische Einkleidung auf Kosten der Klarheit unterdrückt. Unbefriedigend wirkte bisher der trapezförmig zulaufende enge Straßenhof zwischen dem Alt- und dem Erweiterungsbau. Hier ist zu erwarten, daß durch die in Gang befindlichen Um- und Erweiterungsbauten (E: Sepp Müller, Peter Noever, 1988/89), durch einen transparenten Glas-Stahl-Verbindungsbau sich eine klärende Wirkung ergibt. Durch diesen letzten Ausbau entstehen vor allem Depoträume (in zwei Geschossen unter dem Museumsgarten), eine Buchhandlung Ecke Ring-Weiskirchnerstraße (E: SITE, Eingangslösung) und eine direkte Verbindung zum Garten (Tor, E: Walter Pichler).

31

# 1. BEZIRK

## Akademiestraße 13, Künstlerhaus-Kino, E: Alfons Hetmanek, 1947—49

Eine späte Arbeit des Wagner-Schülers mit dem Versuch, an die Architektur der späten dreißiger Jahre anzuschließen. Dominante Einbeziehung der Wandmalerei in Form von aufgespannten Leinwänden. Die linke Wand wurde von Rudolf Holzinger (Film und Theater), die rechte von Rudolf Eisenmenger (Künste) gemalt. Das stehende Paar an der linken Wand stellt den Maler und seine Frau Dorothea Zeemann dar.

## Annagasse 20, Kulturzentrum der Caritas Wien, BH: Erzdiözese Wien, E: Josef Krawina, A: Hofman & Maculan, 1957—61

Eine Auseinandersetzung mit dem schwierigen Thema Alt-Neu, wobei sich das Neue klar deklariert, einmal mit mehr Glück im Hof, einmal mit weniger im Treppenhaus. Die Architektur war zu dieser Zeit einerseits nicht mehr, andererseits noch nicht fähig, aus ihrem ästhetischen Selbstverständnis heraus mit einem Altbestand einen unmittelbaren Dialog aufzunehmen, dadurch entstanden automatisch Konfliktzonen.

## Augustinerstraße 1, Österreichisches Filmmuseum, Kinosaal, E: Peter Kubelka, 1989

Peter Kubelka hat schon 1970 seine noch weiter zurückliegende Idee vom »unsichtbaren Kino« (INVISIBLE CINEMA) realisiert: ein völlig dunkler (schwarzer) Raum, der vor der Vorführung nur durch die angestrahlte Leinwand (das Fenster der Erwartung) erhellt wird. Die Wiener Lösung ist insofern ein Kompromiß, als in New York auch die Sitze (eine Art von Ohrenfauteuils) abgeschirmt waren (Raum im Raum), also auch die Beziehung zum Nachbarn minimalisiert wurde, so daß in der Wahrnehmung nur mehr die Leinwand, also der Film existierte.

## Dr.-Karl-Lueger-Ring 2, Burgtheater (Wiederaufbau), BH: Bundesministerium für Handel und Wiederaufbau, E: Michel Engelhart, 1948—55

Zuschauerraum und Bühnenhaus wurden zunächst durch Bomben beschädigt, dann durch Artillerietreffer in Brand gesetzt (April 1945). Diese totalen inneren Zerstörungen machten es möglich, an ein neues Konzept von Zuschauerraum und Bühne zu denken, vor allem die akustischen Mängel und die schlechten Sichtverhältnisse (lyraförmiger Grundriß des Logentheaters) zu korrigieren. Den Wettbewerb unter zwölf geladenen Architekten gewann Michel Engelhart vor Oswald Haerdtl und Otto Niedermoser, weil er auf den Bestand die größte Rücksicht genommen hatte. Die Veränderungen im Zuschauerraum bestanden im Weglassen der in der Mitte liegenden Hofloge (Einführung von zwei Rängen mit seitlichen Festlogen), Verbesserung der obersten Galerie, Schaffung von getrennten Aufgängen etc. Der Vorschlag von Niedermoser, statt der Proszeniumslogen Beleuchtungskabinen einzurichten, wurde übernommen. Als akustische Maßnahme senkte man vor allem die Decke zur Bühnenöffnung hin um 6 m ab. Besondere Bedeutung wurde dem technischen Ausbau der Bühne zugemessen (E: Fritz Nordegg, A: Waagner-Biró), wobei es aus denkmalpflegerischen Gründen nicht möglich war, das Bühnenhaus zu vergrößern. Nordegg entwarf eine Zylinderbühne (21 m Durchmesser, 14 m Höhe) mit vier versenkbaren Podien und zwei horizontal verfahrbaren Bühnenwagen (12 x 4 m), also praktisch eine Hub-Schiebebühne, die in eine Drehbühne eingebaut ist und die außerdem 12,5% geneigt werden kann. Als ergänzende Maßnahmen wurden eine Vorbühnenmaschinerie, ein Rundhorizont und ein Schnürboden mit allen nur denkbaren technischen Finessen installiert. Die Architektur des Zuschauerraumes könnte man mit »reduzierter Anpassung« bezeichnen, halbherzig dem Historismus und unentschieden dem Neuen gegenüber.

## Dr.-Karl-Renner-Ring 3, Parlament (Wiederaufbau), BH: Republik Österreich, E: Max Fellerer, Eugen Wörle, 1955/56

# INNERE STADT

»Von den Fachleuten leider viel zu wenig beachtet, ist kürzlich im Parlament auch der große Plenarsaal fertiggestellt worden – inmitten der feierlichen Architektur Hansens ein Konzept aus modernem Geist, ein Saal der Arbeit, ernst und klar, fast durchsichtig, sachlich und höchst gediegen«, schrieb Roland Rainer 1956 anerkennend und bekannte sich damit zu einer architektonisch-denkmalpflegerischen Haltung, die (siehe Burgtheater und Staatsoper) zu dieser Zeit nicht selbstverständlich war. Das Parlamentsgebäude wurde im Februar 1945 fast zur Hälfte zerstört, vor allem das südseitig liegende ehemalige Herrenhaus. Die Grade der Zerstörungen legten entweder eine exakte Wiederherstellung, die unterscheidbare Ergänzung oder die abgelöste Neukonzeption nahe, wobei für den Plenarsaal der letztere Weg gewählt wurde. Den Entschluß, einen allen funktionalen (vor allem auch akustischen) Ansprüchen genügenden »Arbeitssaal« zu schaffen, erleichterte vielleicht die Tatsache, daß das nordseitig liegende ehemalige Abgeordnetenhaus nicht zerstört wurde und das Parlament (1. Nationalratspräsident Felix Hurdes) auch in denkmalpflegerischen Fragen im eigenen Kompetenzbereich entschied. Die Probleme der Neugestaltung des Saales bestanden vor allem in der Aufstellung der 192 Abgeordnetensitze (drehbare Polstersessel), dem Ausbau des Balkons mit Logen (Bundespräsident, Diplomatisches Corps, Ehrengäste, Bundesrat, Journalisten, Funk und Fernsehen) und in der Vergrößerung der Besuchergalerie (180 Sitz-, 60 Stehplätze). Eine eigene Atmosphäre und eine bis in die Gegenwart hereinreichende architektonische Aktualität besitzen der ehemalige Speisesaal (heute Cafeteria) mit den kreisrunden, kräftig gerahmten Reliefs von Alfred Soulek, das darunterliegende Abgeordnetenrestaurant (unbenutzt) und das »Chauffeurstüberl« mit den großformatigen Zeichnungen (auf Gipsplatten) von Franz Zülow.

## Heldenplatz, Ausbau der Neuen Hofburg, E: Friedrich Ohmann (1899—1907), Ludwig Baumann (1908—14)

Der Ausbau der Neuen Hofburg stand nach dem Tode von Karl Hasenauer (1894) unter einem sinkenden Stern. Franz Joseph I. hatte das Interesse am Bau verloren, gigantische Schwierigkeiten bei der Fundierung führten zu jahrelangen Verzögerungen, außerdem war an die Vollendung der Semperschen Idee vom »Kaiserforum« nicht mehr zu denken. Aber auch Projekte von Ohmann und Baumann, die sich mit einer teil- oder asymmetrischen »Sparvariante« beschäftigten, wurden nicht immer in die Auge gefaßt. Nach dem Rücktritt von Ohmann (der von seiner Planungstätigkeit nur den Umbau der Hofbibliothek 1904 publiziert hatte) beschäftigte sich Baumann auf den Ausbau des Corps de Logis (Arkadenhof, 1907), die Lösung der Prunkstiege im gekrümmten Mittelbau (ab 1907) und schließlich auf den Festsaaltrakt (heute Konferenzzentrum), der den Übergang zur Alten Hofburg herstellt und ab 1912 errichtet wurde, wobei sich die Ausfertigungsarbeiten bis über den Ersten Weltkrieg hinzogen.

## Karlsplatz 5, Theater »Die Komödianten«, BH: Kunstverein Wien, E: Atelier 21 (Khosrow Djafar-Zadeh, Norbert Polak), A: Odwody & Weidesch, 1970—74

Ein aus dem Geist der sechziger Jahre (Kernbegriffe: Flexibilität, Variabilität) entwickeltes Kleintheater mit einem leicht umbaubaren System, so daß alle nur denkbaren Raumkonstellationen und Beziehungen Publikum : Akteure hergestellt werden können.

## Opernring 2, Staatsoper (Wiederaufbau), BH: Republik Österreich, E: Erich Boltenstern, A: Universale Hoch- und Tiefbau AG, 1946—55

Auch die Staatsoper fiel in den letzten Kriegswochen 1945 einem Brand zum Opfer, wobei der Zuschauerraum, die Bühne und das beide verbindende Dach total zerstört wurden. Im Gegensatz zum Burgtheater wurde jedoch der Zuschauerraum (Logentheater mit Galerien) in der ursprünglichen Form belassen, größere Korrekturen gab es lediglich im Bereich der 3. und 4. Galerie, dort wurden der Balkon und Galerie, dort wurden die Säulen weggenommen und auch sonst die Sichtbedingungen durch Niveaukorrekturen verbessert. Selbstverständlich sind Änderungen im Hinblick auf die Sicherheit und Bequemlichkeit des Publikums (getrennte Aufgänge, vergrößerte Pausenräume und Garderoben, Terrassen etc.) und in einem fast noch größeren Umfang für die Sänger und das Orchester vorgenommen. So entstanden für das Publikum zusätzlich zwei große Pausensäle, wobei der »Marmorsaal« (E: Otto Prossinger, Felix Cevela) an der Operngasse und der »Gobelinsaal« (E: Ceno Kosak) an der Kärntner Straße liegt. Boltenstern beschäftigte eine ganze Reihe von Künstlern, unter denen Robert Obsieger, Hilde Schmid-Jesser, Rudolf Eisenmenger, Wander Bertoni und Heinz Leinfellner die bekanntesten sind. Der Architekt hat sich zum künstlerischen Konzept auch selbst geäußert: »Es ist eine Lösung, die außerhalb des Zeitgeschehens in der modernen Architektur liegt, ebensowenig aber ist es eine historische Rekonstruktion, am allerwenigsten jedoch ist es ein Kompromiß zwischen alt und neu.« Nun, heute könnte man die Oper als ein rekonstruiertes »architektonisches Gesamtkunstwerk« im Sinne des 19. Jahrhunderts unter den Bedingungen der fünfziger Jahre im 20. Jahrhundert bezeichnen. Boltenstern gelang eine größere Harmonisierung, die Gratwanderung zwischen Historismus und Moderne ist besser geglückt als an der Burg. Es erübrigt sich, heute die Frage zu stellen, ob die österreichische Architektur dieser Zeit eine bessere Alternative geboten hätte. Schließlich ging es um die Rettung eines kulturellen Symbols, und in diesem Sinne ist der Bau weniger ein architektonisches als ein gesellschaftliches »Gesamtkunstwerk«.

## Rotenturmstraße 20—22, Kammerspiele, E: Franz Freiherr von Krauss, Josef Tölk, 1910

Die ehemalige »Residenzbühne« wurde in das von Arthur Baron entworfene Haus eingebaut und konnte sich bis heute den räumlichen Charakter, bestimmt von der kräftigen Bogenstruktur, erhalten.

## Singerstraße 7, Österreichisches katholisches Bibelwerk (Mehrzweckraum), E: Atelier Igirien (Werner Appelt, Franz E. Kneissl, Elsa Prochazka), 1984

Ein Kabinettstück Wiener Einrichtungskultur in einem sehr schlicht gehaltenen Raum. Das »Mehrzweckzimmer« mit der Kombination von Verwendetem und Entworfenem, Placiertem und Beweglichem, mit dem Moscheen-Teppich und der zum Textil verfremdeten Gewölbfläche ist ein Raum der Kontemplation und des Gesprächs.

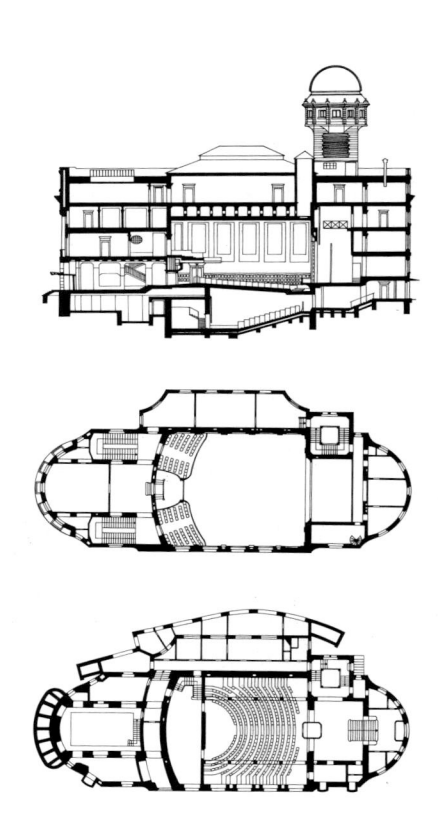

# 1. BEZIRK

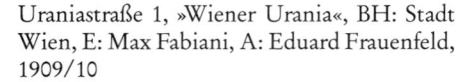

Uraniastraße 1, »Wiener Urania«, BH: Stadt Wien, E: Max Fabiani, A: Eduard Frauenfeld, 1909/10

Die »Urania« ist ein kultureller Mehrzweckbau, der gewissermaßen auf einem Abfallgrundstück der auslaufenden Ringstraßenbebauung entstanden ist, aber dadurch zum Gelenk wurde, das von einer städtebaulichen Raumqualität (eben jener der Ringstraße) in die ganz andere des Donaukanals überführt. Fabiani hat also auf eine einmalige Situation mit einem einmaligen Bauprogramm, mit einer einmaligen, unverwechselbaren Form geantwortet und dabei, so en passant, das Dampfermotiv in die Wiener Architektur eingeführt. Denn der Bau liegt hier tatsächlich wie ein »Flaggschiff der Volksbildung« vor Anker. Auch der verkappte Expressionismus in der Plastik des Baukörpers (Pozzetto) ist ein progressives Moment, könnte aber auch mit der in Schwung begriffenen Barockrezeption erklärt werden. Fabiani hatte bei der Konzeption des Baus durch die vielen Vertreter der Wissenschaften (Astronomie, Physik, Elektrotechnik, Chemie) erhebliche Schwierigkeiten, vor allem mußten auch die damit verbundenen volksbildnerischen Belange in einem relativ kompakten Baukörper organisiert werden. Genial ist die gegenläufige Verschränkung der Vortragssäle (850 und 298 Sitzplätze), die praktisch das Konzept des Loosschen Raumplans vorwegnahm. Der Bau hat sowohl die Konservativen als auch die Modernisten aufgeregt; der Grund lag zweifellos in der historisierenden Verpackung eines modernen Raumkonzepts, die andererseits wieder verräterisch genug war, die Abweichungen vom Konventionellen auszudrücken. Fabiani war

INNERE STADT

zu dieser Zeit Privatberater des Thronfolgers Franz Ferdinand und hatte so vielleicht die Auseinandersetzung von Tradition und Moderne in der speziellen Wiener Form besonders verinnerlicht. Jedenfalls ist der Bau auch ein überzeugendes Beispiel dafür, daß neue Gedanken nicht unbedingt einer neuen Sprache bedürfen und umgekehrt Konventionelles auch in neuen Kleidern erscheinen kann. Das Haus wurde 1927 umgebaut, 1935 ein Kassensaal angebaut, 1944 bombenbeschädigt, 1955—57 hat man die Sternwarte wieder instand gesetzt und den Vorbau noch einmal verändert (E: Otto Niedermoser).

Dr.-Karl-Lueger-Ring 1, Universitätsbibliothek (Umbau), BH: Bundesgebäudeverwaltung, E: Erich Boltenstern, 1964—69

Boltenstern hat vor allem die Eingangshalle neu gelöst, einen zweiten Lese- und einen Zeitschriftensaal und, hinter dem großen Lesesaal, einen Bücherspeicher angelegt.

Walfischgasse 11, »Moulin Rouge«, 1909 (?)

Las Vegas in Wien? Ein Holzbau auf Abruf an einer städtebaulich undefinierten Stelle angesiedelt, sozusagen eine innerstädtische Resteverwertung eines Grundstückes an der ehemaligen Basteikante, das der Raster der Ringstraßenüberbauung nicht tilgen konnte — ein Stück stadtgeschichtlichen Widerstands. Nicht nur der Bau, auch die Architektur hat provisorischen Charakter, ein wenig Bühnenbild, nach außen gekehrt, ein wenig Geheimnis der Schaubude. Über den Bau gibt es so gut wie keine Informationen. Ein 1909 vermerkter Anbau an das Haus Nr. 11 (BH und/oder A: Franz Quidenus) könnte das Entstehungsdatum sein. Gesichert ist, daß Carl Witzmann (1932) den Innenraum neu gestaltet hat.

Helferstorferstraße 5—9, »JURIDICUM«, Rechtswissenschaftliche Fakultät der Universität Wien, BH: Republik Österreich, E: Ernst Hiesmayr, MA: Hermann Kittel, Rudolf Prohazka, Wieslaw Susul, Reinhard Gallister, Statik: Kurt Koss, Fassade: Rolf Schaal, A: Industriebau Gesellschaft, 1968—84

Das »Juridicum« gehört zweifellos zu den wenigen architektonisch und konstruktiv anspruchsvollen Universitätsbauten in Österreich. Genaugenommen ist es eine lupenreine Konzeption aus dem Geist der sechziger Jahre, mit der innovativen Überlagerung von Raumkonzept und Bautechnologie. Das ökonomische Paradoxon liegt darin, daß eine zumindest aufwendig wirkende Hängekonstruktion gerade aus Kosten- und Raumersparnisgründen gewählt wurde. Diese Verschränkung von Logik und Vision führte auch zu einem städtebaulichen Solitär, der, ein weiteres Paradoxon, durch innerstädtische Raumverdrängung kommunikativen Raum schafft, sich also das in New York entwickelten »Wiedergutmachungsprinzips« bedient. Das heißt, der Bau handelt der konventionellen, urbanen Raumnutzung zuwider, indem er eine andere, neue, attraktive Innen-Außen-Qualität anbietet. Die vorgeschriebene Gesamtbauhöhe kann man gerade noch als in die Silhouette der Innenstadt eingebunden bezeichnen. Die konstruktive und wirtschaftliche Frage war die Placierung des Hörsaalgeschoßes: eine aus konstruktiven Gründen naheliegende Verlegung in das Dachgeschoß hätte zu anderen Dimensionen der Treppenhäuser und Liftanlagen geführt, die gewählte Situierung im 1. Kellergeschoß (die eine gute Kommunikation mit dem Erdgeschoßbereich und dem städtebaulichen Umfeld erlaubte) schuf das Problem der Belastung der Saaldecken und deren Dimensionierung. Die gewählte Konstruktion der Abhängung aller Geschoße brachte nicht nur den Gewinn einer stützenfreien, räumlich großzügigen Erdgeschoßzone, sondern eben ein zusätzliches Geschoß. Die Konstruktion besteht aus vier paarweise errichteten Stahlbetonkernen (mit je einem Treppenhaus) mit einem Querschnitt von 7,7 x 6,0 m und 39 m Höhe. Darüber sind vier Stahlfachwerke mit 52,8 m Stützweite und 8,7 m Höhe angelegt. »Diese Fachwerke sind durch Verbände in der Ober- und Untergurtebene zu einem torsionssteifen Raumtragwerk verbunden . . . An

35

# 1. BEZIRK

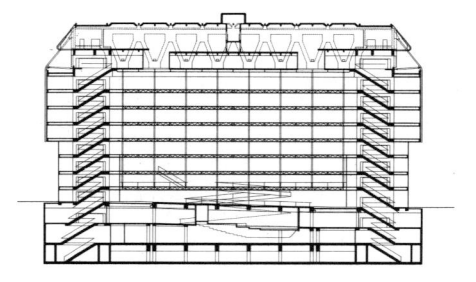

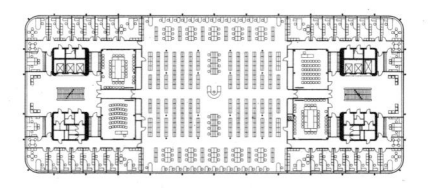

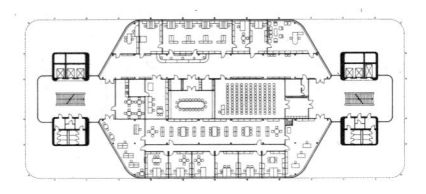

diesem Raumtragwerk sind die über dem Gelände liegenden Gebäudebereiche über stählerne Hängesäulen mit 6,6 m Abstand aufgehängt. Diese ragen beiderseits um ca. 7 m über die äußeren Stahlfachwerke vor. Die entlang der Außenfront des Gebäudes angeordneten Hängesäulen sind daher oberhalb des Daches des Gebäudes schräg nach innen zu den Obergurten der äußeren Stahlfachwerksträger geführt«. Es gibt also eine Dialektik der Problemstellung und der Problemlösung. Das »Juridicum« ist ein charakteristisches Beispiel dafür.

Oskar-Kokoschka-Platz 2, Erweiterungsbau der Hochschule für angewandte Kunst, BH: Republik Österreich, E: Eugen Wörle, Karl Schwanzer, A: G. H. Menzel, Hofman & Maculan, 1960—65

Der Erweiterungsbau, der in bezug auf räumliche Großzügigkeit, Nutzungsvariabilität und Bauphysik die Konkurrenz mit dem Altbau nicht zu bestehen vermag, ist in seiner rigorosen Haltung gegenüber dem Ensemble Hochschule/Museum in ostentativer Nutzbau, wobei diese Qualität wiederum nur unangefochten im ästhetischen Bereich eingelöst wird. Die Verwendung von Klinkermauerwerk als Ausfachung des Skeletts ist die einzige Verneigung vor Ferstel und Baumann, sie garantiert zumindest eine gewisse Übereinstimmung im funktionsbezogenen Ensemble.

Ballgasse 2, Handelsschule Allina, BH: Max Allina, E: Hans Mayr, Theodor Mayer, A: Josef Simony, 1912

Der als Privathandelsschule gebaute und später als Volksschule genutzte Bau hat eine für diese Funktion nicht gerade günstige, beengte innerstädtische Situation. Die Architekten (Hans Mayr war Wagner-Schüler) entwickelten aus der einseitigen Belichtung der Klassen ein Wagnersches Eckthema. Bemerkenswert auch die Eingangslösung (Bildhauer Willy Bormann) und die kräftige Strukturierung der Fassaden.

Rudolfsplatz 5b, Montessori-Kindergarten, BH: Gemeinde Wien, E: Franz Schuster, A: Karl Stigler & Alois Rous, 1929—31

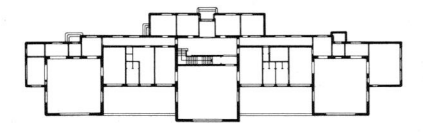

Das »Haus der Kinder«, vom Architekten in Zusammenarbeit mit der Leiterin L. E. Peller-Roubiczek im Geist der »Dottoressa Montessori« mit viel Engagement und Einfühlungsvermögen entworfen, hatte ursprünglich drei Gruppen und einen im Obergeschoß liegenden Ruhe- und Gymnastiksaal. Die nordwestliche Gruppe, mit einer Hauswirtschafts- und einer Spielnische, ist noch erhalten, der südöstliche Teil wurde 1951 vom Magistrat erweitert, so daß heute die Anlage (mit dem umgewidmeten Gymnastikraum) fünf Gruppen besitzt. In den Umbaubereichen ist leider das zukunftsweisende Konzept mit den räumlich differenzierten Gruppeneinheiten verlassen worden. Die Anlage würde als prototypische Pionierleistung zum sechzigjährigen Bestand eine sachgerechte und denkmalpflegerische Renovierung verdienen.

**H**

Dorotheergasse 9, Neurophysisches Institut, E: Boris Podrecca, MA: Sepp Horn, 1979—82

Die Einrichtung nimmt mit drei Funktionsgruppen, der medikamentösen Therapie (zwischen den beiden Ordinationen im Vordertrakt), der Entspannungstherapie und der physikalischen Therapie, nicht nur auf den historischen Bestand (Stadtpalais Starhemberg, 1733 von Matthias

INNERE STADT

Steinl) Bezug, sondern versucht auch formal das semantische Umfeld einer »klassischen Heilanstalt« zu realisieren. Veränderungen erzeugen jedoch bereits einen »archäologischen Wahrnehmungsfilter«, Symbole der Dauer kippen in die Zeugenschaft von Vergänglichkeit.

## Friedrichstraße, Wienflußsammelkanal, BH + E: Stadtbauamt Wien, 1906/07

Die Wiener Kanalanlage geht auf die Römerzeit zurück, das moderne System wurde 1831 mit dem rechten Hauptsammler am Wienfluß begonnen; um 1904 gab es bereits 757 km Straßenkanal (heute 1800 km) und 1162 km Hauskanäle (heute 4200 km). Da die Zugänglichkeit nur bedingt und die Darstellung in diesem Zusammenhang unmöglich ist, sei hier lediglich auf die Existenz dieser unterirdischen Stadt verwiesen. Es ist merkwürdig, daß sie erst durch den Film »Der dritte Mann« in das Bewußtsein der Wiener gedrungen ist, obwohl das Kanalsystem (vor allem die beiden Hauptsammler am Wienfluß) einmal einen Teil der Wiener Obdachlosen beherbergt hat. Emil Kläger konnte noch 1908 mit seinem Buch »Durch die Wiener Quartiere des Elends und des Verbrechens« eines der schlimmsten Kapitel der Wiener Sozial- und Wohngeschichte schreiben. Das damals neue Bauwerk hatte also die »Wohnqualität« manch oberirdischen Unterschlupfs eingeholt.

## Graben (vor dem Haus Nr. 22), Unterirdische Bedürfnisanstalt, BH: Gemeinde Wien, E: Viktor Luntz (?), A: Wilhelm Beetz, 1904/05

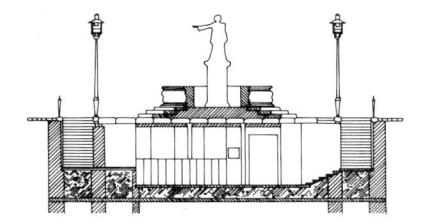

Laut Wiener Bauindustrie-Zeitung wurde Prof. Luntz für die »Mitwirkung« von der Gemeinde der Dank ausgesprochen. Also hat wahrscheinlich Luntz für die Anlage der Bedürfnisanstalt in Verbindung mit dem Brunnen einen Entwurf geliefert. Damit wäre bezüglich der architektonischen Autorschaft dieses kulturgeschichtlichen Hygiene-Baudenkmals etwas Licht in die Sache gebracht, und es muß nicht unbedingt Adolf Loos bemüht werden. Die technische Einrichtung lag in den bewährten Händen von Wilhelm Beetz, der mit seinem Patent der »eingeölten Pissoire mit Ölabschluß« schon zwei Jahrzehnte vor der Jahrhundertwende einen richtigen Hygiene-Feldzug eröffnete und Wien (vor Berlin) in eine mitteleuropäische »Führungsposition« brachte. Die keramische Ausstattung entspricht dem handwerklichen und ästhetischen Niveau der Zeit.

## Parkring/Weiskirchnerstraße, Klosettanlage, E + A: Wilhelm Beetz, um 1900

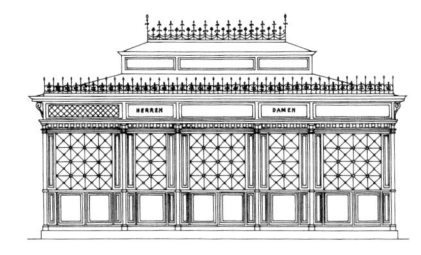

Die mit dem Staatspreis ausgezeichneten Beetzschen Bedürfnisanstalten (von 1883 bis 1905 wurden rund 140 Pißstätten in Wien errichtet) »beeinträchtigten« – nach einem zeitgenössischen Urteil – »infolge ihres schmucken Aussehens das Straßenbild nicht«. Heute sind diese »Anstalten« im Wiener Stadtbild selten geworden, als Zeugen eines hygienischen Fortschrittes verbreiten sie gegenüber der sich breitmachenden Verkleinstädterung und Rustikalisierung immer noch großstädtisches Flair. Wilhelm Beetz hat, aufbauend auf sein Patent des Ölurinoirs, neben dem »Wiener Pavillon-Pissoir« drei Typen von kompletten Klosettanlagen angeboten, von denen der Typ III (also der größte) noch am Parkring zu finden ist.

# 1. BEZIRK

Akademiestraße 2, BH: Alexander Erdödy, E + A: Alfred Rothermann, 1908/09

Am Gestade 2—4, »Concordia-Hof«, BH: Verein der Freunde des Wohnungseigentums, E: Max Fellerer, Eugen Wörle, Felix Hasenörl, A: Neue Reformbaugesellschaft, 1952—58

»Es ging hier nicht nur um einen zweckdienlichen Neubau, sondern auch um die Erhaltung und Reinigung einer räumlichen Situation, um ein kardinales Problem des modernhistorischen Städtebaus. Es ging um den gotischen Umraum der Kirche über der Stiege. Zum Wesen des gotischen Umraums gehört es, daß er auf das Bauwerk in seiner Mitte nur nahe und schmale Ausblicke gewährt und diese Ausblicke so auf die umliegenden Gassen derart verteilt, daß sich jeweils nur ein Teil, niemals das Ganze ... dem Auge darbietet ... Das Haus verzichtet von vornherein auf eine schmucke Persönlichkeit, im Gegenteil, es wollte alles, nur nicht mit jenem intimsten, fein geschmückten Kleinod der Wiener Gotik rivalisieren. Es wollte ihm dienen.« Dieser gekürzte Text von Max Eisler (für ein Projekt von Oskar Strnad, Josef Frank und Oskar Wlach an dieser Stelle), 1936 geschrieben, wurde 1957 zur Verteidigung dieser Verbauung von Stephan Simony zitiert. Das ist ein Beispiel dafür, wie differenziert in den fünfziger Jahren innerstädtische Bauprobleme diskutiert wurden. Obwohl die Verbauung einerseits das Grundstück maximal ausnützt, ist es andererseits doch so gestaltet, daß man es als eine Antwort auf den Ort verstehen kann. Der Hanakenbrunnen von 1937 (E: Hubert Matuschek, Architekt; Rudolf Schmidt, Bildhauer) wurde an der alten Stelle wieder aufgestellt.

An der Hülben 4, BH: Lorenz Waldmann, E: August Fondi, A: Janesch & Schnell, 1911

Bäckerstraße 18, BH: Matthilde Gotthart, E + A: Georg Demski, 1904

Bauernmarkt 21, BH + E + A: Anton Hein, 1910/11

Biberstraße 3, BH: Emanuel Fischel, E: Julius Goldschläger, A: Ferdinand Dehm & F. Olbricht Nachf., 1903

Biberstraße 4, BH: Heinrich Weiner, E: Jakob Gartner, A: Eduard Dücker, 1902

Biberstraße 5, BH: Lippowitz & Comp., E: Ludwig Schöne, A: Carl Mayer, 1901/02

Biberstraße 9, BH + E: Julius Goldschläger, A: Kramer, 1906

Biberstraße 10, BH: Ernst Weiss, E: Ludwig Fuchsik, A: Edmund Melcher, 1903/04

Biberstraße 15, BH: Sigmund Eisler, E: M. Löw, A: Franz Breitenecker, 1905

Biberstraße 26, BH: Jacob Kamsler, E: Viktor Siedek, A: Kupka & Orglmeister (?), 1903

Blutgasse 3—5, Sanierung Blutgassenviertel, BH: EKAZENT, E: Herbert Thurner, Friedrich Euler, 1956, 1960—66

Die Revitalisierung des Blutgassenviertels wurde noch bescheiden als »Sanierung« durchgeführt, obwohl im Wettbewerb von 1956 von der Schaffung einer »City« (mit entsprechenden Baumaßnahmen wie Volksheim, Tagesheimstätte, Kleinkinderhort etc.) die Rede war. Die Sanierung der Häuser Blutgasse 3—9 und Singerstraße 11a—c brachte durch die relativ hohen Kosten auch eine andere Bewohner- und Nutzerstruktur (Künstler wie Fritz Wotruba, Käthe Gold, Arztpraxen); lediglich das Haus Nikolaigasse 1 wurde als Neubau (Wiederaufbau) durchgeführt. Trotzdem war diese Sanierung, die auch wieder Geschäfte ins Viertel lockte, ein wichtiges Signal für die Neubewertung des Wohnens in der entleerten Innenstadt. Eine Fußgängerpassage durch das Haus Blutgasse 3 machte biedermeierliche Haustypologie und Wohnqualität wieder erlebbar. Dieses vorbildlich wiederhergestellte Pawlatschenhaus war einige Jahre der Sitz der Österreichischen Gesellschaft für Architektur, die dort auch Ausstellungen veranstaltete.

Bognergasse 3, »Zum Bogner«, BH: Carl Prinz, E: Franz Freiherr von Krauß, Josef Tölk, A: Ed. Ast & Co., 1901

INNERE STADT

Bognergasse 5, BH: Franz Josef Stiebitz, E: Julius Mayreder, A: Max Kaiser, 1902

Um die Jahrhundertwende wurde die ganze Häuserzeile zwischen Bogner- und Naglergasse abgebrochen und durch Neubauten ersetzt. Die »Demolierung des alten Kameelhauses« war der Firma Stiebitz eine Gedenkschrift mit Familien- und Firmengeschichte wert. Über den Neubau wurde leider nicht berichtet, auch nicht darüber, daß es von Josef Urban ein Vorprojekt gab. Das heute noch erhaltene Restaurant gehört zu den schönsten gastronomischen Interieurs aus der Zeit vor dem Ersten Weltkrieg.

Bognergasse 7, BH + A: F. Lederer & A. Schweinburg, E: Robert Prihoda, 1901/02

Bognergasse 9, »Zum weißen Engel«, BH: Alfred Liebenrock, E: Oskar Laske jun., A: Oskar Laske & Viktor Fiala, 1901/02

Von den Architekten, die beim Neubau dieser Häuserzeile beschäftigt wurden, ist zweifellos der Otto-Wagner-Schüler Laske (der sich später nur mehr der Malerei widmete) der prominenteste. Das schmale Haus zeigt einerseits eine prototypische Grundrißlösung (mit rundem Treppenturm), andererseits eine aus der Wagnerschen Dialektik entwickelte Fassade, die mit dem Kontrast zweier Prinzipien arbeitet: dem strengen geometrisch-proportionalen Aufbau wird ein bewegter floraler Dekor entgegengesetzt, wobei zwischen dem malerisch gerahmten Doppelgeschoß der Apotheke (Engel, Sonnenblumenfries, Äskulapschlangen) und den darüberliegenden vier Wohngeschossen ebenfalls dieser Kontrast ausgespielt wird. Das Haus gehört also zu den letztlich doch spärlichen Spuren, die reine Secession in Wien hinterlassen hat. Von besonderer Bedeutung ist, daß hier nicht nur das Haus, sondern auch noch die Einrichtung der Apotheke voll erhalten ist, wodurch das Haus einen besonderen Rang als Baudenkmal einnimmt.

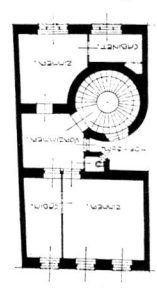

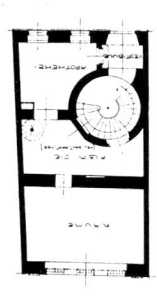

Bognergasse 11, BH: Frieda Neubauer, E: E. v. Schnizer, A: Schuhmacher, 1901/02

Börseplatz 7, BH: Benjamin Mauthner, Meisels und Leo Kerner, E: Hans Schneider, A: Detoma & Hechtl, 1912

Schneider, als Gemeinderat profilierter Gegner der Moderne (vor allem von Loos), baute zu dieser Zeit das Technische Museum und war am Höhepunkt seines Schaffens. Die klassizistischen Elemente (Giebel etc.) treten zugunsten einer betonten Plastik des Baukörpers, vor allem durch die Rundungen der Balkone und Erker, zurück. Die Ausbildung eines doppelten Geschäftssockels unterstreicht noch die großstädtische Wirkung des Hauses.

Brandstätte 4, BH: Friedrich Wittke, E: Siegfried Theiss, Hans und Walter Jaksch, Bruno Doskar, Norbert Schlesinger, A: Hugo Durst, 1956—60

Brandstätte 6 (siehe Wildpretmarkt 2—4)

Domgasse 8, BH: Julia Nell, E: Julius Nell, A: Ferdinand Schindler, 1914

Der schmale, tiefe Doppeltrakter illustriert die Brutalität des innerstädtischen Regulierungsplans um 1900: durch das (später?) vorgezogene Geschäftsgeschoß entstand zumindest eine kleine Terrasse.

Dominikanerbastei 4, BH + A: Donat Zifferer, E: Ernst von Gotthilf, 1903/04

Die detailreiche Fassade, die den konventionellen Mitteln erstaunliche Effekte abringt, zeigt, daß dem späteren »Bankenarchitekten« auch ein Weg in die Moderne offengestanden hätte.

# 1. BEZIRK

Dominikanerbastei 6, BH: Friedrich Pick, E: Theodor Bach (Wiener Bau-Gesellschaft), A: Schemfil & Jahn, 1904

Bachs Bauten, mit barockem Hintergrund entworfen, haben alle eine einprägsame Physiognomie, so als hätten sie für die Wiener Bau-Gesellschaft (deren Direktor er war) eine Corporate-Identity angestrebt.

Dominikanerbastei 10, BH + E + A: Anton Hein, 1907

Dominikanerbastei 19, BH + A: Allgemeine Österreichische Baugesellschaft, E: Ludwig Tischler, 1898

Eine für das Jahr 1898 erstaunlich klar und strukturell aufgebaute Fassade, die eigentlich die Ästhetik des Eisenbetonskelettbaus vorwegnimmt. Durch die Betonung eines »Hauptgerüstes« entstehen zwei strukturelle Ebenen. Die beiden Sockelgeschose sind stark verändert.

Dominikanerbastei 20, BH: Wendelin Kühnel, E: Julius Goldschläger, A: Josef Buchroithner, 1905

Dorotheergasse 5—7, »Westermannhäuser«, BH: E. A. Westermann & Co., E: Emil Hoppe, Otto Schönthal, Marcel Kammerer, A: Josef Spitzer, 1912

Die Grundrisse und Treppen der Häuser zeigen noch Wagnersche Disziplin und Großzügigkeit, die Fassaden aber schon eine sehr eigenwillige und auch eigenständige Auseinandersetzung mit dem engen Gassenraum. Das starke Relief der Fassaden (mit den Erkern) fängt das Streiflicht des Nachmittags ein, das Haus Nr. 7 reagiert auf die Architektur und den Maßstab des Nachbarhauses, während die beiden darüberlagernden Erkergeschosse schon von den räumlichen Dimensionen einer Großstadt »träumen«.

Dorotheergasse 6—8, BH: Österreichischer Bühnenverein, E: Hans Mayr, Theodor Mayer, A: Ed. Ast & Co., 1912

Das Haus mit dem legendären Café Hawelka stellt eine Variante der gemischten Großstadtnutzung (mit Veranstaltungsraum im Souterrain) dar.

Elisabethstraße 3 (siehe Friedrichstraße 4)

Ertlgasse 2, BH: Maria Anna von Ertlsche Stiftungsadministration, E: Ludwig Baumann, A: Allgemeine Österreichische Baugesellschaft, 1913

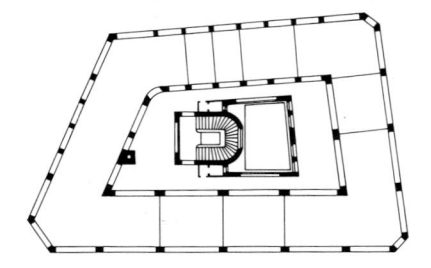

Die Entwicklung des Eisenbetonbaus zeigte eine schnelle Wirkung auf die Entwurfsmethoden einiger Architekten: nach Festlegung des konstruktiven Gerüstes, der Lage von Eingang, Treppe und Lichthof war das architektonische Thema nur mehr die Hülle, die Fassade. Baumann inszenierte geradezu den freistehenden Baukörper, das starke Kordongesims sicherte die Erinnerung an den vorangegangenen Maßstab der Innenstadt.

Falkestraße 1, BH + E + A: Felix Sauer, 1907

Falkestraße 3, BH: Ignaz Fischl, E: Julius Goldschläger, A: Carl Mayer, 1905

Falkestraße 6, BH: Adolf Wechsler, E: Julius Goldschläger (?), A: Carl Mayer, 1902

Im Dachgeschoß befindet sich die von Coop-Himmelblau entworfene Rechtsanwaltskanzlei Schuppich (siehe Seite 59).

Fleischmarkt 1 (siehe Seite 62)

INNERE STADT

Fleischmarkt 3—5, BH: »Steyrermühl« Papierfabriks- & Verlags-Gesellschaft, E: Arthur Baron, A: Rudolf Schoderböck, G. A. Wayss G.m.b.H., 1913

Nach der Jahrhundertwende entstand in Wien ein Bauboom von Verlags- und Druckereigebäuden, wobei sich auch in der Fassade eine eigene Typologie im Spannungsfeld von Rationalität und Repräsentation entwickelte. Das industriemäßige Design (Glas-Eisen-Blech-Elemente und -Erker) der Bürogeschosse diente einer fast plakativen Darstellung des Inhalts. Das Verlagshaus Steyrermühl, in den fünfziger Jahren »Pressehaus«, gehört zu den schönsten Beispielen dieser Art, deren Vorbilder man freilich in Berlin suchen muß.

Fleischmarkt 6, BH + E + A: Anton Hein, 1910/11

Fleischmarkt 7, BH: Julius Meinl, E: Max Kropf, A: Oskar Laske & Viktor Fiala, 1898/99

Eine zeitgenössische Fotografie zeigt nicht nur eine an Otto Wagner orientierte, streng organisierte Pfeilerfassade (wobei die Pfeiler als gleichwertige Flächenelemente behandelt sind), sondern auch eine für Wien ungewöhnliche »amerikanische« Verwendung der Fassade als Werbeträger. Während die Überlagen im Erdgeschoß und das Kordongesims dem Hausbesitzer vorbehalten blieben, wurden die Pfeiler des 1. Stockes vom Teppichhändler Adutt, die des 2. Stockes von der Militär-Feintuch-Fabrik Demuth besetzt. Die mit Pfeilerreliefs und Wappen (Hamburg, Triest, London) geschmückten drei oberen Geschosse waren wieder der Firma Meinl überlassen.

Fleischmarkt 14, BH: Ferdinand Dehm, E + A: Ferdinand Dehm & F. Olbricht, 1899

Fleischmarkt 28, BH + A: Wiener Bau-Gesellschaft, E: Theodor Bach, 1905

Franz-Josefs-Kai 3, BH: Brüder Schwadron, E: Julius Goldschläger, A: Victor Schwadron, 1904

Der Doppeltrakter hatte früher ein reich gestaltetes Portal für die Geschäftsräume der Brüder Schwadron. Das Gesims ist noch vorhanden. Die heutige Verkachelung zeigt eine entfernte Ähnlichkeit zur Fassade vom Haus Fleischmarkt 1, die ebenfalls von Schwadron ausgeführt wurde.

Franz-Josefs-Kai 5, BH: Hermann Stierlin, E: Hermann Stierlin, Hans Prutscher, A: Gieshammer & Co., 1904/05

Obwohl die Fassade nicht mehr den ursprünglichen Schmuck trägt (es fehlen zum Beispiel die Reliefs von tanzenden Figuren über dem Flach-Runderker — die Eulenkonsolen sind noch vorhanden), ist doch an verschiedenen Punkten die Hand von Hans Prutscher sichtbar. Besonders interessant ist die Gestaltung des Hausflurs mit der Marmorverkleidung, dem secessionistischen Brunnen und den Glasmosaiken von Hubert von Zwickle (A: Geyling). Trotzdem kann man sich hier die Bemerkung erlauben, daß der Wiener Jugendstil offenbar zu schwach war, um auch in die Typologie des bürgerlichen Wohnhauses einzugreifen: alle diese Häuser fallen, wenn ihr Dekor verschwunden ist, in die Grundrißkonventionen der Gründerzeit zurück.

Franz-Josefs-Kai 13, BH: Wilhelm Figdor, E: Eugen Ritter Felgel von Farnholz, A: Pittel & Brausewetter, 1911/12

Vermutlich das erste Haus in der Wiener Innenstadt, bei dem das reine Eisenbetonskelett mit dem konstruktiven Raster als Rahmenwerk, mit verglasten Flächen und durchlaufenden Parapeten nicht nur gezeigt, sondern zum alleinigen Thema der Fassade gemacht wurde.

41

# 1. BEZIRK

Friedrichstraße 4, BH: Rudolf Seidel, E: Hans Prutscher, A: Gustav Orglmeister, 1912

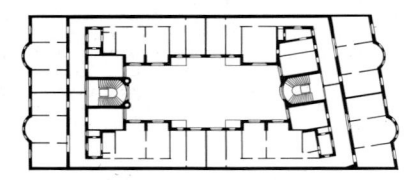

Ein besonders schön angelegter Doppeltrakter mit Hof und geschlossenen Seitenflügeln sowie einem Veranstaltungssaal (Opern-Kino) im Souterrain. Die klare Ordnung des Grundrisses überträgt sich auch auf die Fassaden, die mit beiden symmetrisch angeordneten Erkerachsen und den bekrönenden Giebeln (auf der Karlsplatzseite entfernt durch einen Dachaufbau) auch auf Fernwirkung konzipiert sind. Die Architektur repräsentiert jene »mit Secession angereicherte Biedermeierrezeption«, wie sie in Wien kurz vor, aber auch noch nach dem Ersten Weltkrieg sehr verbreitet war.

Graben 10, BH: »Der Anker«, Gesellschaft für Lebens- und Rentenversicherung, E: Otto Wagner, A: F. Olbricht, 1894/95

Mit dem »Anker-Haus« gelang Wagner ein für Wien entscheidender Schritt zur Typologie des multifunktionalen Großstadthauses, wobei die vertikale Schichtung (Geschäfte, Büros/Wohnungen, Atelier) als architektonisches Thema in den Vordergrund trat. Obwohl noch in Ziegel aufgemauert, nahm es schon die Strukturmerkmale des Eisenbetons vorweg (Pfeilerkonstruktion), nicht nur bei den beiden verglasten Geschäftsgeschossen (mit der vorgestellten Glaswand), sondern auch bei der »anonymen Stapelung« der Büro- und Wohngeschosse. Wenn auch die Verhältnisse und der Maßstab der Wiener Innenstadt noch die Erinnerung an die klassische Dreiteilung des Palastschemas erlauben, so sind doch bereits die Gesetze der modernen Großstadt bestimmend: der in Glas aufgelöste Gebäude-

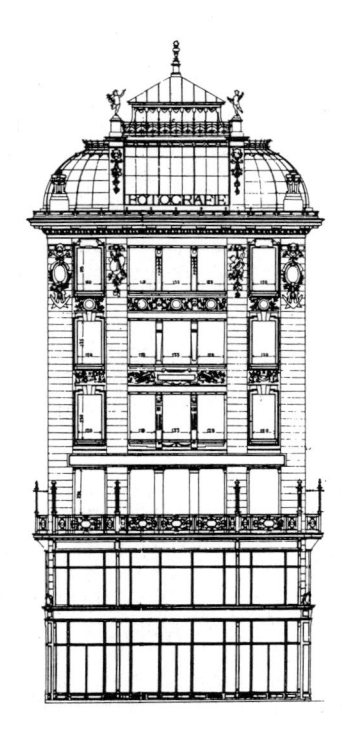

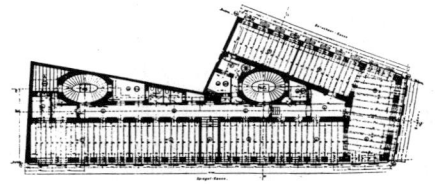

sockel wird zum Bestandteil des urbanen Lebens, die darüberliegenden Geschosse drücken die durch den Aufzug erreichte Egalität aus, und das konturenreiche, transparente Dachatelier ist, durch die dargebotene Qualität einer faszinierenden innerstädtischen Situation, eine Verneigung gegenüber dem Genius loci.

Graben 16, BH: S. u. W. Schallinger, E + A: Wilhelm Schallinger, Fassade: Pietro Palumbo, 1909—11

Das diagonal komponierte Haus ist durch den Abbruch des pavillonartigen Eckturmes in seiner Wirkung beeinträchtigt. Typologisch interessant ist, daß die verglasten Geschäftsetagen bereits in den 2. Stock reichen, so daß das Haus in der Höhe zweigeteilt ist und die eher an südlichen Jugendstil erinnernde Architektur wie über die Betonstruktur gestülpt erscheint. So mußten eigentlich bald die Zeitgenossen den »Überbau« gegenüber dem »Unterbau« als anachronistisch empfinden.

Graben 17, BH: Karl Ritter von Leon, E: Ernst von Gotthilf, A: Karl Stigler, 1904

Eine für den späteren, am klassischen Vokabular orientierten Bankenbauer bemerkenswert »wilde« Fassade, so als würde ihn der in Ungarn geborene Gotthilf-Miskolcy nicht nur an eine barocke Kleinstadt, sondern auch an seine Heimat erinnern. Der zweigeschossige Geschäftssockel orientiert sich eher am Portalbau des 19. Jahrhunderts. Die Charakteristik hat sich trotz der vielen Umbauten merkwürdigerweise erhalten.

Graben 29—29a, »Trattnerhof«, BH: Rudolf Kordes, Felix Sauer, E: Rudolf Krauß, A: Wayss & Freytag AG., 1911/12

Die Anlage war entsprechend dem alten Trattnerhof als ein Haus mit Durchgang geplant (daraus erklärt sich auch der Charakter der Gasse und die Bezeichnung »Trattnerhof«);

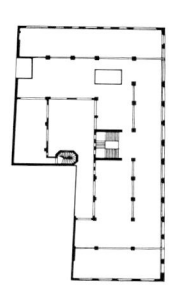

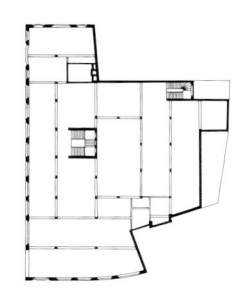

# INNERE STADT

dies mußte aber während des Baus zugunsten einer Gassenlösung geändert werden, was aufgrund der Bauweise als Eisenbetonskelett auch leicht möglich war. Bemerkenswert ist die rigorose Anwendung der neuen Konstruktion und die von den Architekten forcierte »Liberalität« der Wohnungsgrundrisse. Das starke Fassadenrelief mit dem engen Raster und den hochformatigen Fenstern ist etwas norddeutsch geraten.

Habsburgergasse 10, BH: Isidor Gehlbard's Erben, E: Friedrich Lindner, A: Franz Josef Hopf, 1913/14

Herrengasse 6—8, »Hochhaus«, BH: Österreichisches Creditinstitut, E: Siegfried Theiss, Hans Jaksch, Statik: Rudolf Saliger, A: N. Rella & Neffe Bau-AG., 1931/32

Die Bezeichnung »Hochhaus« wurde schon während der Bauzeit angezweifelt, für die Wiener ein Grund mehr, darauf zu beharren. Der Stahlskelettbau mit 16 Geschossen bildet das Eck einer Blockrandbebauung mit zwei Höfen, die sich mit der Hauptgesimskante an die Gassenprofile hält. Der Eckturm ist ab dem 12. Geschoß abgetreppt, die letzten beiden Etagen dienten als Café (aufgelassen). Wenn man von einigen großstädtisch-markanten Details absieht — wie etwa der zerstörten Rundvitrine Ecke Herren-/Fahnengasse — so beherrscht die stringent durchgehaltene Fenstertüren-Fassade die Physiognomie des Hauses. Die aus den Mitteln der Bundeswohnbauhilfe errichtete Anlage enthält, neben den Geschäftslokalen im Erdgeschoß und der darüberliegenden Büroetage, 120 Familienwohnungen und 105 sehr unterschiedlich große »Junggesellenwohnungen«. Das Stahlskelett steht auf einer 2,50 m dicken Stahlbetonfundamentplatte und ist mit Hohlziegeln ausgemauert und mit Korkplatten isoliert. Die Art der städtebaulichen Einbindung und die Gunst der Lage lassen den Bau im Stadtbild kaum in Erscheinung treten, so daß die Diskussion über den neuen Haustyp in der Wiener Innenstadt vertagt wurde. Das »Hochhaus« gehört zweifellos zu den interessanteren Wiener Bauleistungen der frühen dreißiger Jahre.

Himmelpfortgasse 2 (siehe Kärntner Straße 27)

Himmelpfortgasse 3, BH: Karl Georg Wolf, E: Titus Neugebauer, A: Oskar Laske & Viktor Fiala, 1899/1900

Jacobergasse 4, BH + E + A: Carl Gödrich & Co., 1909/10

Jasomirgottstraße 6—8, BH + E + A: Wilhelm Schallinger, 1911/12

Das Haus hat eine auf nahe Blickdistanz berechnete, schichtenweise aufgebaute Fassade und zeigt auch in den Details im Eingangsbereich einen hohen kunstgewerblichen Standard.

Kärntner Ring 2, BH: Julius Meinl AG. und Verein der Freunde des Wohnungseigentums, E: Josef Vytiska, Felix Hasenörl, A: Neue Reformbaugesellschaft, 1954—56

Ein Bau mit den charakteristischen Merkmalen eines »Wiederaufbaufunktionalismus«, der zur Entstehungszeit von der nachdrängenden Generation konzessionslos abgelehnt wurde. Gegenstimmen gab es nur von der älteren und gibt es heute vielleicht von der jüngeren Generation.

# 1. BEZIRK

Kärntner Straße 4, BH + A: Arnold Wiesbauer, Eduard Schweinburg, E: Oskar Czepa, 1914

Die Fassade mit den durchlaufenden Pfeilern und abgesetzten quadratischen Parapetfeldern variiert ein von Otto Wagner entwickeltes und von Plečnik verfeinertes Schema.

Kärntner Straße 11 (siehe Seite 65)

Kärntner Straße 16, BH + E: Karl Hofmeier, A: Moriz und Josef Sturany, 1894—96

Von der ehemals altdeutschen Fassade des Hotels Meißl & Schadn blieben nur mehr das »Arkadengeschoß« und das über die Bogenfenster hinweggehende Mosaik (»Orient und Okzident« von Eduard Veith) erhalten.

Kärntner Straße 20, BH: Ignaz Bittmann, E: Alois von Wurm-Arnkreuz, A: Josef Bittner, 1899

Wurm-Arnkreuz war ein schreibender und theoretisierender Architekt, der sich kämpferisch der Belange des Späthistorismus gegen die Moderne annahm. Seine Bauten zeigen, trotz der historischen Last, durchaus Eigenwilliges und Erfinderisches. Er scheint auch, wie dieses Beispiel zeigt, mit den Anforderungen für ein Großstadthaus zurechtzukommen. Später identifizierte er sich, aus seiner traditionalistischen Haltung heraus, konsequenterweise mit der Heimatschutzbewegung.

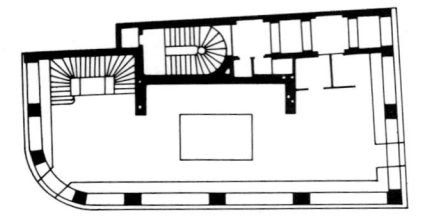

Kärntner Straße 24, BH: Wolf Josef zu Schwarzenberg, E: Friedrich Schachner, A: Stanislaus Hanusch, 1897

Schachner gehörte ebenfalls zu den konservativen Architekten, die gegen Wagner und seine Schule eine Front bildeten. Seine Architektur erscheint, wenigstens an diesem Beispiel, starrer als jene von Wurm-Arnkreuz.

Kärntner Straße 26—28, BH: Baugesellschaft des I. Allgemeinen Beamtenbauvereins, E: Alois von Wurm-Arnkreuz, A: Johann Matasek, 1893

Auch diese Häuser von Wurm-Arnkreuz zeigen Flagge: der fast expressive Duktus, das starke Relief der Fassaden, der hart angesetzte Eckerker verraten einen gewissen Sinn für Wirkungen im städtischen Raum.

Kärntner Straße 27, BH: Karl Hofmeier, E: Johann Walland, A: G. A. Wayss & Co., 1905/06

Adolf Loos bezeichnete diesen sehr frühen Eisenbetonskelettbau als das beste neue Wiener Haus. Wenn man von der polemisch-didaktischen Absicht einer solchen Aussage einmal absieht, so kann man doch ihre Ernsthaftigkeit nicht bezweifeln. Loos faszinierte sicher die absichtslose, baumeisterliche Rationalität, der in der Fassade ablesbar gewordene Charakter der Baustruktur, die ebenso lapidare Sichtbarkeit des nach vorne gelegten Treppenturmes und die Reihung der schmalen Fenster, die beliebige Raumunterteilungen erlaubt. Wenn er später beim Haus am Michaelerplatz all diese Dinge mit einer komplizierten Argumentation verdrängte, so hat dieses Haus hier vielleicht auch Erinnerungen an Chicago wachgerufen, an eine Architektur also, die unsentimental dem Leben der Großstadt zugewandt war.

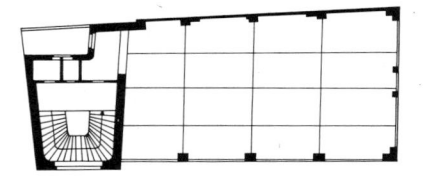

INNERE STADT

Kohlmarkt 1, BH: Georg Roth, E + A: Franz Roth, 1896

Kohlmarkt 9, BH: Dominik Artaria, E: Max Fabiani, A: Ludwig Hechtl, 1900—02

Die Fassade des Hauses, zehn Jahre vor dem Loos-Haus entworfen, gehört zweifellos zu den schönsten Erfindungen der Wiener Architektur um 1900. Unabhängig davon, ob das dominierende Fensterelement »englisch« ist oder nicht (Hevesi und Pozzetto halten es für eine Erfindung aus Tradition und Zeitgeist), die Art der Verwendung ist sicher wienerisch. Erhalten sind noch die vier steinverkleideten Wohngeschosse, mit der strengen Anordnung der Fenster sowie der angedeuteten Vorwegnahme der Wagnerschen Plattenbefestigung und dem schirmartig gespannten Kranzgesimse, das den Rücksprung des Baus (auf eine inzwischen imaginär gewordene Baulinie) in eine eigene Raumkategorie der Straße verwandelt. Der Trick, die geschoßteilenden Gesimse unter den Fensterkanten durchlaufen zu lassen, erzeugt einen eigenartigen Teleskopeffekt, der mit den bay-windows und dem Dachvorsprung auch als dynamischer Verweis auf die räumliche Konzeption des Hauses gelesen werden kann. Fabiani entwickelte auf der schwierigen Parzelle ein freies Netz räumlicher Beziehungen, ausgehend von einem polygonalen Hof und einem eiförmigen Treppenhaus, das die konventionellen Wiener Grundrißtypologien weit hinter sich ließ.

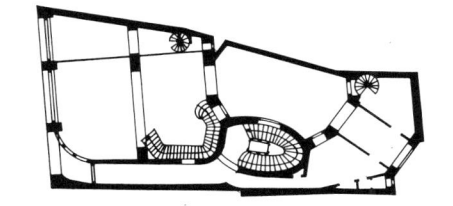

Kohlmarkt 12 (siehe Seite 69)

Kramergasse 13, »Luxury House«, um 1930

Ein stiller, leerstehender Zeuge einer frechen »Intervention« am schon lange verschwundenen Osttor des römischen Lagers (keine Unterlagen).

Krugerstraße 4, BH: Stift Lilienfeld, E: Titus Neugebauer, A: Oskar Laske & Viktor Fiala, 1900/01

Krugerstraße 8, BH + E: Wilhelm Stiassny, A: Josef Kohl jun., 1900/01

Laurenzerberg 1, BH: Alfred Wünsch, E: Friedrich Pietschmann, A: Wilhelm Philipp, 1908

Laurenzerberg 3, BH: Bunzl & Biach, E: Felix Angelo Pollak, A: Reform-Baugesellschaft, 1935

Dem zehngeschossigen Assanierungsbau mit 11 Geschäften und 40 Wohnungen ging der Abbruch eines in den Straßenraum vorgebauten Biedermeierhauses voran. Eine radikale Form der Stadtreparatur, die zumindest noch den Vorzug der gestalterischen Ehrlichkeit hatte.

Laurenzerberg 5, BH: Schwedenturmbürohaus-Ges.m.b.H., E: Eugen Wörle, Bruno Doskar, A: Hofman & Maculan, 1961/62

Das Haus wiederholt in einer anderen baukulturellen Situation die Prinzipien des Nachbarhauses Franz-Josephs-Kai 13. Die Ästhetik des Baukörpers ist bestimmt von der Struktur, aus der auch die sparsamen Details entwickelt sind.

Lichtensteg 2, »Zum Römertor«, BH: Georg Engelhardt, E: Heinrich Schmid, Hermann Aichinger, A: Allgemeine Baugesellschaft Porr, 1934/35

Ein ähnlicher Eingriff wie das Haus Kramergasse 13; durch die prominentere Situation noch mehr überformt, vor allem was den Übergang zur Rotgasse und den Anschluß

45

# 1. BEZIRK

an das Nachbarhaus betrifft. Auch hier wurde ein in die Rotenturmstraße und in den Lichtensteg vorspringendes Spätbiedermeierhaus abgebrochen.

## Liliengasse 3, E: Ignaz Reiser, 1913

Die Häuser der Liliengasse zeichnet das gleiche Gestaltungsprinzip mit dem zwei- bis dreigeschossigen, großzügig verglasten Geschäftssockel aus, der auch das visuelle Blickfeld des Gassenraumes bestimmt. Bei diesem Haus ist dieser »Sockel« zweigeschossig, mit kräftigen Rahmungen gestaltet, mit einem darüberliegenden, visuell vermittelnden Bürogeschoß und in die Mauerstruktur eingebundenen Öffnungen. Der Architekt spürte also den ästhetischen Konflikt zwischen diesen Funktionsbereichen und suchte eine Kollision zu vermeiden beziehungsweise eine harmonische Verbindung herzustellen. In dem Haus befindet sich die renommierte Galerie Würthle, die 1953 von Ferdinand Kitt und Carl Auböck sowie 1977/78 von Anton Schweighofer umgebaut wurde.

## Lugeck 4, BH + E: Franz Ritter von Neumann, A: Adolf Hofbauer, Josef Angerer, 1896/97

Das ehemalige Warenhaus Orendi, das den alten »Regensburger-Hof« (Niederlassung von Regensburger Handelsherren) ersetzte, ist ein typisches späthistoristisches Beispiel der Transformation eines vertrauten Elements in einem bestehenden Ensemble. Der viergeschossige Altbau hatte eine ähnliche, prospekthaft wirkende Erkerfassade mit hohem Walmdach. Der Neubau nahm mit sechs Geschossen das gleiche Motiv auf, akzentuierte es mit Erkertürmchen und verfremdete ihn mit den großen, dreigeschossigen Bogenfenster (Motivierung: Hintergrund für das Gutenberg-Denkmal!) so den Maßstab, daß die tatsächliche Grundstücksausnutzung gut kaschiert wurde. Der rationelle Grundriß, mit einem zentralen Versorgungskern und einem Kranz von frei disponierbaren Geschäftsräumen (über drei Geschosse), entsprach auch ganz den Vorstellungen einer modernen Warenhausnutzung.

## Michaelerplatz 2, BH: Graf Josef von Herberstein, E: Carl König, A: Oskar Laske & Viktor Fiala, 1897

Das »Palais Herberstein«, in dessen Vorgängerbau (im Palais Dietrichstein) das Literatencafé Griensteidl untergebracht war, entsprach mit seiner gestischen Rundung, dem starken, visuell griffigen Relief der Fassaden und der dominanten Eckkuppel (heute zerstört) ganz der ästhetischen Hermetik der Spätgründerzeit. Was allgemein als Anpassung an die Hofburg empfunden wurde, verurteilte zehn Jahre später Loos als Anmaßung. Gegenüber der Hofburg — dem Monarchen — hätte man zu schweigen, was just dieser wieder als Anmaßung empfand.

## Michaelerplatz 3, BH: Goldman & Salatsch (Leopold Goldman, Emanuel Aufricht), E: Adolf Loos, A: Ernst Epstein, 1909—11

Für den heutigen Betrachter des Loos-Hauses ist es kaum mehr nachvollziehbar, daß dieser Bau nicht nur die Empörung von Hof und Wiener Öffentlichkeit hervorrief, sondern auch zur behördlichen Einstellung führte und dem Architekten Magenproblemen bescherte. Wie viele Häuser der Innenstadt, die zwischen 1900 und 1910 erbaut wurden, beweisen, kann es nicht so sehr die neue Architektur gewesen sein, die der Proteste hervorrief, schon eher der Platz, auf den sie sich vorwagte. Loos' treuherzige Argumentation mußte angesichts der Hofburg doppelt provozieren, wenn er sich gegenüber dem aufblühenden Neubarock (dem »Maria-Theresianischen Stil«) auf den aufklärerischen Rationalismus und die josephinisch-biedermeierliche Tradition berief, die beide mit Hilfe eines archaischen Klassizismus zu Revolutionen geführt hatten. So besteht das Paradoxon der Wirkung des Loos-Hauses vor allem darin, daß er sich inmitten der Geschwätzigkeit des Späthistorismus auf die Bürgertugenden des Biedermeier berief und andererseits die bereits ausgebildeten Klischees der Moderne in Frage stellte, indem er den Bau in der »klassischen« Wiener Tradition zu verankern suchte. Es war die Dialektik von Traditionalismus und Modernismus und die hohe Sensibilität sprachlichen Phänomenen gegenüber, die den Freundeskreis um Loos (Karl Kraus, Peter Altenberg, Arnold Schönberg, Oskar Kokoschka, Georg Trakl) verbanden und die für die Zeitgenossen kaum zu verstehen waren. Loos errichtete einen reinen Eisenbetonskelettbau (nicht zuletzt auch mit dem Argument variabler Wohnungsgrundrisse), an dessen Erscheinungsform man sich schon in der Stadt gewöhnt hatte, aber er verbarg das Gerüst hinter einer Putzfassade, so daß nicht einmal mehr erkannt werden konnte, daß die vier Marmorsäulen nicht belastet sind. Der vielkritisierte Achsensprung, zwischen Säulen und Fensterpfeiler, hätte nachdenklich machen müssen, er war, wie die auf »Spalt gestellten« Monolithe, ein Zeichen für die tatsächlichen strukturellen Verhältnis-

INNERE STADT

# 1. BEZIRK

se. Während bei der strengen, unverzierten Putzfassade mit den ausgeschnittenen »Löchern« die geziemende bürgerliche Schweigsamkeit gegenüber dem Monarchen (und dem Staat) zur Drohgebärde verdichtet und auch so verstanden wurde, entfaltete sich im Sockel — zum Ärgernis der Modernen, die diesen gerade in Glas aufgelöst hatten — der volle Ernst der Repräsentation für einen unheiligen Zweck, ein Schneidergeschäft. Hier ging das klassizistische Wien mit der Welt, die für einen Herrenausstatter London war, einen Dialog ein, wobei Bekleidung als Ausdruck von Kultur akzeptiert wurde. Loos verpackte in den Sockel auch seine Erfindung des »Raumplans«, eine außen ablesbar inszenierte Räumlichkeit des Inneren, die zusätzlich für Verwirrung sorgte. Loos hat also mit seinem ernsten Haus, das in einer einfachen Polarität von Schweigen und Mitteilung die baukulturelle Situation von Wien um 1910 zu referieren scheint, in Wirklichkeit eine radikale Kritik dieser Situation hingebaut. Ja, er ging so weit, daß er im Hof den avantgardistischen Standard eines modernen Skelettbaus vorführte (mit dem eisernen Aufzugschacht), der einem Gropius oder Mies keine Schande gemacht hätte, während er an der Straßenfront die Linie einer biedermeierlichen Hauptgesimskante nachzeichnete, um sich nicht gegen den »Geist der Stadt« zu versündigen. Dieses Eintauchen in Geschichte ging aber nicht so weit, daß er etwa dem biedermeierlich empfundenen Baukörper auch Biedermeierfenster verpaßt hätte, er nahm großstädtische »Galgenfenster« (später von den Nazis als besonders dekadent verteufelt), weil sie gegenüber den alten Konstruktionen eine Verbesserung bedeuteten. Man darf aber auch nicht vergessen, daß das Loos-Haus den Schlußstein in einem Platzensemble bildet, das ab 1888 mit dem Bau des inneren Burgtortraktes, dem Abbruch des alten Burgtheaters, des »Stöckl« (drei Häuser auf dem heutigen Platz) und des Dreilauferhauses eine totale Veränderung erfahren hatte, und daß im Bewußtsein der Wiener die Anpassung an die Hofburg (Beispiel Palais Herberstein) im Vordergrund stand. Daß aber Loos mit seinem Eingriff die alten Elemente des Platzes, die Fassade der Michaelerkirche und des anschließenden josephinischen Hauses aufwertete, ja durch die Aufnahme des formalen Dialogs rettete, konnte angesichts der dynamischen Veränderung des Platzes noch nicht wahrgenommen werden.

Über das Haus gibt es, neben der zahlreichen Loos-Literatur, eine ausgezeichnete Monographie (Hermann Czech, Wolfgang Mistelbauer: DAS LOOSHAUS), in der die Baugeschichte des Hauses, die Analyse des Platzensembles und die öffentliche Diskussion genau dokumentiert sind. 1989 wurde durch Burkhardt Rukschcio eine Rekonstruktion des Inneren der Geschäftsetagen vorgenommen, die, über den verdienstvollen Versuch hinaus, wieder eine grundsätzliche Diskussion über die Möglichkeit und Sinnhaftigkeit eines solchen Unternehmens aufwirft. Loos stellt damit wieder einmal prinzipielle Fragen zur Architektur der Gegenwart, so wie sein Haus eine ständige Herausforderung bleiben wird.

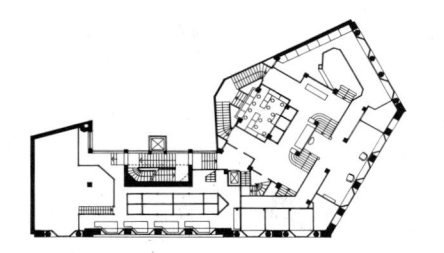

### Naglergasse 2, BH: Valentin Igler, E: Christian Ulrich, A: Josef Sturany, 1901

Der exponierte Kopfbau im Schnittpunkt von vier Gassenräumen und mit Sichtkontakt zum Graben hat offenbar den Architekten zu Überanstrengungen verleitet. Eines bringen aber die vielen Erker sicher — schöne Einblicke in eben diese Gassenräume.

### Neuer Markt 10, 11, BH: Dominik und Josef Wild, E: Arnold Heymann, A: Karl Stigler, 1897/98

Das Haus bringt eigentlich in Erinnerung, daß die »Deutsche Renaissance« oder deren Interpretation, der »Altdeutsche Stil«, in Wien nicht allzuviele Liebhaber fanden. So blieb das malerische Haus im eher ruhigen Ensemble des Neuen Marktes ein Fremdkörper. Der Umbau des Delikatessenladens wurde von Karl und Eva Mang (1959) durchgeführt.

### Neuer Markt 17, »Zum Herrnhuter«, E: Julius Mayreder, 1900

Das Haus bildet einerseits die nördliche Platzwand, andererseits führt es in die Seilergasse über. Daraus erklärt sich die frontale und die diagonale Symmetrieachse.

INNERE STADT

Opernring 1—5, »Opernringhof«, BH: Wiener Allianz Versicherungs-AG, AVA Automobil- und Warenkreditbank GmbH., E: Carl Appel, Georg Lippert, A: Universale Hoch- und Tiefbau AG., Hofman & Maculan, 1955—59

Nach heutigen Kriterien hätte der ausgebrannte und teilweise zerstörte »Heinrichhof« (von Theophil Hansen) wiederhergestellt werden müssen. Diese Reproduktion des Sondertyps »Großhof« (Verwaltung-, Wohn- und Geschäftsgebäude) mit verminderten Geschoßhöhen und rationelleren Grundrissen brachte natürlich eine bedeutend höhere Ausnutzung des wertvollen Grundstücks.

Opernring 11, BH + E + A: Ludwig Müller & Leopold Roth, 1912

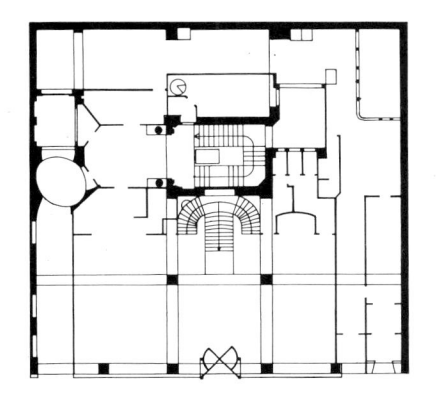

Das in Eisenbeton errichtete Haus zeigt im Erdgeschoß einen beachtlich schönen Grundriß mit einem interessant geführten Entree. In dem Haus befand sich das Café Eduard Sacher.

Opernring 19, E: Eugen Ritter Felgel von Farnholz, A: Robert Haupt, 1912

Von dem im »Modernen Stil, jedoch unter Vermeidung marktschreierischer Motive« (Lob von 1912) entworfenen Haus wurde vor allem und zu Recht die enorm schlanke Eisenbetonskelettkonstruktion hervorgehoben, die den Wohnungen (im gegebenen Bebauungsrahmen) eine optimale Freiheit der Unterteilung bietet. Die Fassade aus glattem und gestocktem Kunststein bricht mit ihrem Spiel von konkaven und konvexen Elementen aus der Statik der Ringstraßenfassaden aus, ohne sich zu ihnen in Kontrast zu setzen. Im Souterrain befand sich von Anfang an das Burgkino und daneben eine »Lustspielbühne«. Wenn man von den zeitbedingten Veränderungen der Ausstattung absieht, ist vor allem der Kinoraum mit Balkon in seiner kräftigen, vom Eisenbeton bestimmten Struktur erhalten.

Parisergasse 4, BH: Alfred Wünsch, E + A: Friedrich Pietschmann, 1907/08

Die starke Schichtung durch Putzstreifen im Sockelgeschoß wird in den Stockwerken mit einer ebenso betonten Schichtung durch Gesimse fortgesetzt; sehr eigenwilliges »vorstädtisches« Eingangsmotiv.

Passauer Platz 7, BH + A: Victor Schwadron, Emanuel Schweinburg, E: Franz Fröhlich, 1901

Petersplatz 11, »Zum Eisgrübl«, BH: Albert Freiherr von Hardt, E: Emil Bressler, A: Oskar Laske & Viktor Fiala, 1895—97

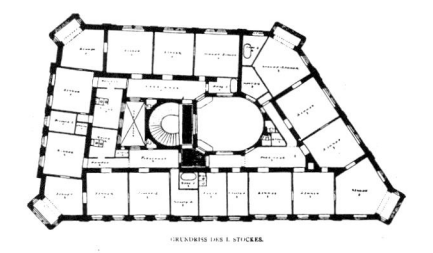

Hier wurde eine ganze Hausgruppe (einmal durch eine kleine Gasse, das »Eisgrübl«, getrennt) abgebrochen. Die radikale Ausnutzung, die meist, wie hier, zu einem unregelmäßigen, freistehenden Baublock führte, hat offenbar auch die Erfindungskraft der Architekten angespornt. Jedenfalls wurden im Grundriß die Vorteile eines Eckhauses (in Wien immer ein erstrebenswertes Ziel) potenziert. Die Erkerkanten des Blocks bieten schöne Aus- und Einblicke in den umliegenden Stadtraum.

Plankengasse 3, BH: Georg Edlauer, E: Karl und Wilhelm Schön, A: E. A. Westermann, 1914

Die kräftige Steinfassade mit der Pilasterordnung und dem wuchtigen Kordongesims zeigt einen bemerkenswerten Gegensatz zum ein Jahr früher erbauten Haus Nr. 4, das ebenfalls vom Atelier Schön eingereicht wurde.

49

# 1. BEZIRK

**Plankengasse 4, »Zum silbernen Brunnen«, BH: Albert Frankl, E: Karl und Wilhelm Schön, A: G. A. Wayss, 1912—14**

Das schmale Haus schließt wie ein Schild die beiden Hauszeilen Seiler- und Spiegelgasse ab. Gleichzeitig wird aber die dünne Raumschicht, vor allem an den Ecken, in eine transparente Struktur aufgelöst. Die bay-windows und der verglaste Erker drücken den Innenraum förmlich nach außen, so daß das konstruktive Gerüst aus Eisenbeton wie ein Korsett für das gefaßte Volumen erscheint. Durch das Hochziehen der verglasten Sockelgeschosse am Eck um drei weitere Etagen und die leichte Differenzierung des Attikageschosses entstand ein »atmender Baukörper« von vitaler Räumlichkeit. Auch das Entree zeigt eine ungewöhnliche Lösung. Das Haus wurde vom Atelier Schön eingereicht, wobei die wichtigsten Festlegungen bereits getroffen waren, eine Autorschaft von Robert Oerly ist nicht nachzuweisen.

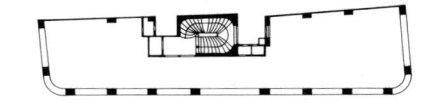

**Postgasse 11, BH: Wiener Bau-Gesellschaft, E: Theodor Bach, A: Friedrich Reichel, 1902/03**

**Postgasse 15, BH + A: Wiener Bau-Gesellschaft, E: Theodor Bach, 1902**

Das Haus bekam durch die abgeschrägte Einmündung des Fleischmarktes in die Postgasse eine zwar immer noch beengte, aber doch besondere Stelle im Ensemble: die daraus entstehende Prospektwirkung wurde vom Entwurf noch besonders betont.

**Postgasse 16, BH + A: Hugo Durst, E: Norbert Schlesinger, Bruno Doskar, 1958/59**

Vom 2. bis zum 4. Stock Büros, darüber Apartmentwohnungen: das Haus fällt vor allem durch seine ruhige, diszipliniert gestaltete Fassade auf, die als ein Ergebnis der Bauweise zu sehen ist. Die Fassadenplatten in einer einheitlichen Größe wurden als Schalung für den Schüttbeton verwendet, die Deckenstreifen sind durch eine dunklere Farbe markiert, die Fensterelemente reichen von der Decke bis zum Boden.

**Rabensteig 1, BH: Luise Obermüller, E + A: Adolf Zwerina, 1904**

**Rauhensteingasse 10, BH: Leopold Sturm, E + A: Pittel & Brausewetter, 1911/12**

Falls nicht die Planung delegiert wurde, ein für eine auf Eisenbeton spezialisierte Firma erstaunlich künstlerischer Entwurf. Die plastisch durchgestaltete »ondulierende« Fassade vermittelt zwischen zwei versetzten Hausfronten, die durch eine Verbreiterung der Rauhensteingasse entstanden.

**Riemergasse 6, E: Emil und Paul Hoppe, 1907**

Ohne post mortem einen Bruderzwist heraufbeschwören zu wollen, kann man sich bei diesem Haus nicht des Eindrucks erwehren, daß, obwohl Ansätze zu einer Wagnerschen Fassadengrammatik zu erkennen sind, der jüngere Bruder Emil (Wagner-Schüler) sich gegenüber dem älteren doch nicht ganz durchzusetzen vermochte.

**Riemergasse 8, BH: Gräfin Platen zu Hallermünde, E + A: Al. Schumacher, 1902**

**Riemergasse 9, BH: Stephanie Sucharipa, E: Eugen Ritter Felgel von Farnholz, A: Franz Zelenka, 1909**

Felgel, dem kurz vor dem Ersten Weltkrieg einige sehr schön konzipierte Stadthäuser gelangen, scheint hier noch mehr im Motivischen verhaftet zu sein.

**Riemergasse 10, BH: Peregrin Zimmermann, E + A: F. J. Bauer, 1894**

Riemergasse 11, BH + E + A: August Fondi, 1910/11

Eine interessante Variante der Doppelerkerfassade mit einer adäquat bewegten Attikaausbildung und einer dem Standard der Riemergasse angepaßten, also in die Putzarchitektur eingebundenen Ausbildung der zwei Geschäftsgeschosse. Aufmerksamkeit verdient auch das Entree mit steinerner Sitzbank und Pylonen.

Riemergasse 14, BH + E + A: Julius Müller, 1929—31

Wohl der letzte Bau des vor dem Ersten Weltkrieg vielbeschäftigten Architekten, mit den Merkmalen einer abgeschminkten Architektur, die aber die grundlegenden Gestaltungselemente nicht aufgibt. Sehenswert ist auch der getäfelte Hausflur.

Rosenbursenstraße 2, BH: Wendelin Kühnel, E: Julius Goldschläger, A: Josef Buchroithner, 1905

Rotenturmstraße 1—3, »J.-F.-Kennedy-Haus«, BH: Freunde des Wohnungseigentums, E: Georg Lippert, Viktor Mittag, A: Bruno Buchwieser, 1964—66

Rotenturmstraße 11, BH: Franz und Alex Thurn-Val-Sassina, E: Ludwig Richter, A: Olbricht, 1895

Rotenturmstraße 17, BH: Charles Cabos, E: Ludwig Tischler, A: Hermann Lederer, 1895/96

Rotenturmstraße 19, »Van-Swieten-Hof«, BH: Witwen- und Waisen-Societät des Wiener medicinischen Doktoren-Collegiums, E: Julius Deininger, A: Kupka & Orglmeister, 1895/96

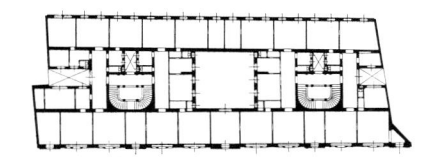

Der Vater des begabten Wagner-Schülers Wunibald Deininger war zwar in der Tradition verpflichteter Architekt, aber er brachte auch den Argumenten der Moderne (etwa im Streit um die Secession) viel Verständnis entgegen. Der Grundriß dieses klassischen Stiftungshofes verrät einen klaren, ordnenden Geist und die lange Straßenfront einen großstädtisch denkenden Architekten.

Rotenturmstraße 21, BH: Viktor Graf Dubsky, E: Victor Siedek, A: Karl Stigler, A. Rous, 1899/1900

Rotenturmstraße 27, BH + A: Friedrich Lederer & Alois Schweinburg, 1902

Rotenturmstraße 29, BH: F. Pringsheim, E: Carl Stephann, MA: August Belohlavek, A: Albert Schuhmacher, 1902

# INNERE STADT

Obwohl vor allem Belohlavek in seinen Arbeiten einen Hang zu barocker Sinnlichkeit und deftiger Plastizität verrät, weisen wenig Spuren auf eine Auseinandersetzung mit dem französischen Art Nouveau hin. Umso erstaunlicher ist diese Arbeit, die sich an einem markanten Punkt der Innenstadt provokant unwienerisch verhält. Die Formensprache ist bis in den Hausflur hinein »durchgehalten«.

Rotgasse 4 (siehe Rotenturmstraße 17)

Rudolfsplatz 6, BH: Wilhelm Max, E: Siegfried Kramer, A: Josef Falter, 1902

Salvatorgasse 6, BH: Richard und Oskar Siedek, E: Viktor Siedek, A: Karl Stigler, 1898

Salzgries 11, 13, »Bäringer-Hof«, BH: Josef Wilhelm Meinl, E: Eduard Lotz, A: Al. Schumacher, 1896

Salzgries 19 (siehe Passauer Platz 7)

# 1. BEZIRK

**Schönlaterngasse 8**, Sanierung, BH: EKA-ZENT-Realitätenverwertungsgesellschaft, E: Wolfgang und Traude Windbrechtinger, 1969—71

Die Sanierung, die gleichzeitig mit dem Haus Sonnenfelsgasse 17 durchgeführt wurde (unter erstmaliger Benützung von Förderungsmitteln nach dem Wohnungsverbesserungsgesetz), ergab durch Zusammenlegungen und Neuorganisation 14 gut ausgestattete Wohnungen zwischen 39 und 82 m². Vor allem ist es den Architekten gelungen, durch den Rückgriff auf alte Erschließungselemente (Pawlatschen, »Brücke«) und deren Neuinterpretation zur Aufwertung der Wohnungen und des Hofes beizutragen. Diese Sanierungen, die man heute als Revitalisierungen bezeichnen würde, waren impulsgebend für eine Neubewertung des Wohnens in der »Stadt«, womit bis heute in Wien immer noch der 1. Bezirk gemeint ist.

**Seilergasse 14**, BH: Markgraf Alexander Pallavicini, E: Alois von Wurm-Arnkreuz, A: Friedrich Leonhard, 1897

**Seilerstätte 18—20**, E: Heinz Gerl, 1902

**Seilerstätte 22**

Über das Haus konnten so gut wie keine baugeschichtlichen Unterlagen gefunden werden. Eine interessante Auskunft gibt jedoch Paul Harrer-Lucienfeld in seinem ungedruckten Werk »Wien — seine Menschen, Häuser und Kultur« (1947): Die bekannte Geschichte des »Schlosserhofes« reicht bis ins 15. Jahrhundert zurück; er war Bestandteil des »Unteren Zeughauses«, dann k. k. Trabantenleibgarde-Kaserne und wurde schließlich 1925 von der dem Großindustriellen und Heereslieferanten Bernhard Wetzler gehörenden »PATRIA«-Grundbesitz- und Verwaltungs-Ges.m.b.H. gekauft. Der Umbau des Gebäudes (nach Harrer-Lucienfeld wurden nur die Fassade und der Hausflur neugestaltet) soll aber erst von der »Nordischen Bank« veranlaßt worden sein; somit dürfte die eigenwillige Fassade, für die es in Wien keine Vergleichsbeispiele gibt, erst in den späten zwanziger Jahren entstanden sein. Der ärarische Doppeladler über dem Eingang ist demnach ein Relikt von der Vorgängerfassade.

**Seilerstätte 24**, Ärarialgebäude, BH: Dikasterialgebäudedirektion, E: Moritz Ritter von Decastello, 1905/06

Das Ärarialgebäude, das ein über damalige Normen hinausreichendes architektonisches Engagement signalisiert, erhielt jedoch seine »Weihe« erst durch das Portal der k. k. Hof- und Staatsdruckerei (E: Josef Hoffmann, 1907), wo die charakteristische Umrahmung mit getriebenen Kupferleisten noch sichtbar ist und sich hinter mehreren Farbschichten noch der polierte, schwarze schwedische Granit verbirgt.

**Singerstraße 2**, BH: Realia Immobilien Verwertungs-AG, E: Oswald Haerdtl, A: H. Rella & Co., 1952—56

Durch das gekappte, mit flachen Loggien besetzte Eck entsteht ein diagonaler Bezug zum nur mehr ideell vorhandenen Stock-im-Eisen-Platz. Die präzise proportionierten Mauer-Loch-Fassaden halten sich an die konventionelle Typologie mit zweigeschossigem Geschäftssockel und einer darüberliegenden Etage mit französischen Fenstern, so daß die Nutzungsschichtung noch ausgedrückt wird.

**Singerstraße 4**, BH: Arthur Soffer, E: Karl Hofmann, Felix Augenfeld, A: Kurt Klein, H. Schuster, 1936

Der Assanierungsbau zeigt sehr überzeugend, wie nahe die späten dreißiger Jahre architektonisch bei den fünfziger Jahren waren und umgekehrt.

Singerstraße 6, BH + E + A: Carl Gödrich, 1911

Singerstraße 8, BH: Albert Frankl, E: Rudolf Erdös, A: Schmidt, 1911

Der Bau schließt, bis zur Weihburggasse durchgehend, ähnlich scheibenartig das Geviert wie das Haus Plankengasse 4. Genaugenommen ist es eine dreigeschossige Geschäftszeile, die mit drei Geschossen Büros und Wohnungen überbaut ist. Der Architekt hat den Kontrast beider Funktionszonen durch eine rigorose Zäsur eher noch betont, so daß der oben draufsitzende Putzbau wie abgeschnitten erscheint. In der Plankengasse wurde dieser Konflikt durch die Verglasung der Eckräume bis zum Attikageschoß vermieden.

Singerstraße 10, BH: Albert Frankl, E: Karl und Wilhelm Schön, A: Wayss & Freytag, 1912

Dieses Haus zeigt das gleiche Problem wie das vorhergehende: die Architekten haben sich jedoch mehr angestrengt, zumindest einen strukturellen Zusammenhang herzustellen. Leider wurde durch die unsensible Erneuerung der drei verglasten Sockelgeschosse das Problem wieder verschärft.

Singerstraße 12, BH: Alexander Erdödy, E: Alfred Rothermann, Wilhelm Kotscher, A: Wayss & Freytag, 1912

Hier gelang zweifellos die beste Form der strukturellen Verbindung von Geschäfts- und Büro/Wohnetagen. Durch das starke Relief der oberen Etagen, das leichte Vortreten der großen Fensterelemente vor die Konstruktion und schließlich das Weiterführen der reinen Tragstruktur bis zum Boden (ohne vorgestellte Glasflächen) entsteht die ausgewogene, harmonische Wirkung.

Singerstraße 14, BH + A: Allgemeine Österreichische Baugesellschaft, E: Ludwig Tischler (?), 1899/1900

Singerstraße 27, BH + A: Adolf Rossi, E: Josef Beer, 1911

Wer die teilweise früher entstandenen Mietsvillen von Beer — etwa in Hietzing — kennt, würde bei diesem Bau nicht den gleichen Architekten vermuten.

# INNERE STADT

Spiegelgasse 8, BH: Rudolf Jäger, Ferdinand Leonhard, E: Ferdinand Leonhard, A: Rudolf Jäger, 1897

Spiegelgasse 10, BH: Rudolf Jäger, Ferdinand Leonhard, E: Ferdinand Leonhard, A: Rudolf Jäger, 1895

Spiegelgasse 15, BH: Josef Steiner, E: Siegfried Kramer, A: Oskar Laske & Viktor Fiala, 1910/11

Der Architekt versuchte durch die sichtbare Pfeilerstruktur und die kräftige Teilung der Glasflächen ein visuelles Äquivalent zu der sich darüber aufbauenden, fast neobarock wirkenden Fassade zu finden. Die optische Einheitlichkeit entsteht also durch graphische Verdichtung der Oberflächen der in Glas aufgelösten Geschäftsetagen.

Spiegelgasse 19, BH: Alfred Daum, E: Theodor Bach, Leopold Simony, A: Conrad Frauenfeld, 1901

Auch wenn Bach in Arbeitsgemeinschaft mit einem anderen Architekten nicht für die Wiener Bau-Gesellschaft entwarf, hat er offensichtlich seine zur Hermetik tendierenden Fassaden nicht verlassen. Die unmittelbare Beziehung zum Ort scheint eher die Hausbezeichnung »Zum Heiducken« herzustellen.

Spiegelgasse 21, BH + E + A: Georg Demski, 1900/01

Der Straßentrakter mit seitlichen Stutzflügeln und einem Ansatz zu einem Mitteltrakt zeigt, trotz der etwas überfrachteten, zum Jugendstil neigenden Fassade, eine klare Grundrißkonzeption. Die beiden, jeweils um einen kleinen Hof gelegten Wohnungen pro Geschoß sind nach dem Prinzip des »Berliner Zimmers« angelegt.

# 1. BEZIRK

Stadiongasse 6—8, BH: Managetta Stiftung, E: Otto Wagner, A: Dehm & Olbricht, 1882

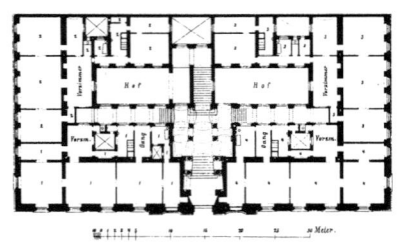

Natürlich sind die beiden Nobelmietshäuser Wagners in der typologischen Familie der Ringstraßenpalais angesiedelt und somit charakteristische Repräsentanten des gehobenen bürgerlichen Wohnens im 19. Jahrhundert. Unabhängig davon strahlen aber diese Bauten eine ästhetische Kraft aus, die bereits einen neuen Geist ankündigt: es ist dies eine fast fanatische Konzentration auf die wesentlichen Elemente einer architektonischen Komposition, auf die Minimum-Maximum-Relation der visuellen Wirkung und auf die wiederentdeckte Logik der Zuordnung der Teile, eingebunden in ein »Reinheitsgebot«, das neue Maßstäbe der intellektuellen Redlichkeit suchte.

Stallburggasse 2, BH + E: Arnold Heymann, A: Rudolf Hauk, 1910/11

Stubenring 14, BH + E: Jakob Gartner, A: Dücker & Olbricht, 1904

Stubenring 18, BH + E + A: Carl Mayer, 1900

Stubenring 20, BH: Alfons Herold, E: Alois von Wurm-Arnkreuz, A: Donat Zifferer, 1902

Stubenring 24, BH: Adolf Gallia, E: Jakob Gartner, A: Johann Melcher, 1902

Tegetthoffstraße 4, BH: M. Lampel, E: Siegfried Kramer, A: Orglmeister, 1909/10

Eine weitere Variation des gemischten innerstädtischen Haustyps mit zweigeschossigem, verglastem Geschäftssockel. Die nach vorne geholte Hauptpfeilerstruktur schafft einen visuellen Ausgleich zu der darüberliegenden, kräftig durchmodellierten Putzfassade. Die »Banco do Brasil« wurde 1980 von Burkhardt Rukschcio (Atelier Lippert-Burckhardt + Partner) eingerichtet und dabei auch die Portalzone in angepaßter Weise erneuert.

Tuchlauben 3, BH + E: Ernst Spielmann & Alfred Teller, A: Oskar Laske & Viktor Fiala, 1909/10

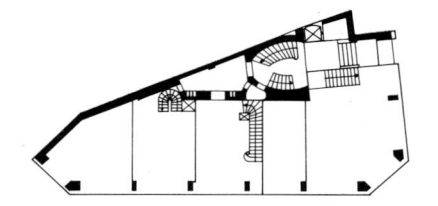

Die Architekten haben das schmale Haus (mit einer Frontlänge von 41 m) bewußt als visuellen Abschluß des Kohlmarktes (über den Graben hinweg) konzipiert und dabei die drei Portalgeschosse als Werbeträger (Firmenaufschriften) konzipiert. Bei den drei darüberliegenden, mit einem durchlaufenden Balkon abgesetzten Wohngeschossen wurden die Fenster bandförmig (Marmorgewände, Majoliken) zusammengefaßt.

Tuchlauben 7—7a, »Tuchlaubenhof«, BH: A. R. Hückel, E: Ernst Spielmann, Alfred Teller, A: Oskar Laske & Viktor Fiala, Eisenbeton: Rella & Neffe, 1912

»Ein interessantes und charakteristisches Stück großstädtischer Architektur«, schrieb »Der Bautechniker« respektvoll und lobte vor allem auch die kluge Dreiteilung des Bauareals, die nicht nur eine Fußgängerpassage zur »hellen Gasse« machte, sondern auch für die Trakte optimale Belichtungsverhältnisse schuf. Nach neuer Wiener Tradition wurden die Souterrains mit kleinen Sälen und einem Kino ausgestattet und die Trakte unterirdisch verbunden. Eine Spezialität der Architekten stellt die eigenwillig texturale Verwendung von Majolikaverkleidungen dar, die dem Bau heute noch etwas klinisch Sauberes und Unverbrauchtes geben. Die turmartig aufsteigenden, schmalen und abgerundeten Fassaden brachten natürlich einen neuen, bis heute riskanten Maßstab in das Ensemble. Die Zwillingssituation (ein Element bestätigt das andere) legitimierte jedoch bis zu einem gewissen Grad den Eingriff. Dagegen wirkt die »schwibbogenartige Übersetzung« bei der Seitzergasse wieder altstädtisch-versöhnlich. Das Haus wurde in der letzten Zeit umgebaut. Im Erdgeschoß gibt es empfindliche und unsensible Eingriffe. Wie elegant und großstädtisch die Portale einmal ausgesehen haben, kann man (noch) am Haus Nr. 7 studieren.

## Tuchlauben 8, BH: Eduard und Emanuel Schweinburg, E: Arnold Heymann, A: Kupka & Orglmeister, 1899

Ebenfalls eine innerstädtische »Zwickelverwertung«, die als Gelegenheit einer vollräumlichen Prachtentfaltung kräftig genutzt wurde.

## Tuchlauben 12, BH: Heinrich Mattoni, E: Karl Haybäck, A: Eduard Bauernfeld, 1902

## Tuchlauben 21, BH: Alfred und Otto Berger, E: Arnold Hatschek, A: Carl Mayer, 1905

## Weihburggasse 10—12, BH + E + A: Guido Gröger, 1911

Der Baumeister hatte hier nicht nur mit der Ungunst einer schmalen, total unregelmäßigen Parzelle zu kämpfen, sondern auch mit der Nordostlage der Straßenfassade in einer noch dazu sehr engen Gasse. Vielleicht erklärt sich daraus die fast gotische Strukturierung der Jugendstilfassade, sicher sind jedoch dadurch die flachen Bogenerker motiviert. Das Haus wurde in der Erdgeschoßzone ohne Verständnis verändert.

## Weihburggasse 11, BH + A: Allgemeine Baugesellschaft, E: Ludwig Tischler, 1899

## Wiesingerstraße 3, BH: Ignaz Kruszynski, E: Rudolf Krauß, A: Carl Riess, 1907/08

## Wiesingerstraße 6, BH + E: Jakob Wohlschläger, A: Dücker & Olbricht, 1905

## Wiesingerstraße 9 (siehe Franz-Josefs-Kai 3)

## Wildpretmarkt 1, »Zum roten Igel«, BH: Marie Weber, E: Max Fabiani, A: Carl Riess, 1905/06

Das Haus wurde von Fabiani nur überformt, der Entwurf stammt vom Baumeister Riess. Die sich vor allem im Bereich der oberen Geschosse verdichtenden Linien-, Rauten- und Straußenfedernornamente aus Stuck wurden 1945 zerstört, nur das Relief aus glasierten Platten, das alte »Igelhaus« darstellend, blieb am Erker erhalten. Fabiani wollte später das Haus nicht mehr als seine Arbeit anerkennen, seine Auseinandersetzung mit der Secession war wohl zu beiläufig ausgefallen und die Konkurrenz des gegenüberliegenden »Zacherl-Hauses« zu groß (Pozzetto). Die erhaltenen Stuckarbeiten im Hausflur geben übrigens einen Eindruck vom verlorengegangenen Fassadenschmuck.

# INNERE STADT

## Wildpretmarkt 2—4, »Zacherl-Haus«, BH: Johann Zacherl, E: Josef Plečnik, A: Ed. Ast & Co., 1903—05

Das »Zacherl-Haus« kann man wohl als das bedeutendste Werk der Wagner-Schule bezeichnen, wenn man darunter die kritische Auseinandersetzung mit dem Meister und die Überwindung seiner rationalistischen Doktrin versteht. Das Haus hat Peter Altenberg zum Schwärmen gebracht — »darin dürfen nur Dichter wohnen« —, und es war in der Tat ein energischer Schritt, der über das betont typologische Denken Wagners (gerade im innerstädtischen Kontext) hinausführte. Plečnik reagierte auf das unregelmäßige Zwei-Eck-Grundstück ähnlich wie Fabiani am Kohlmarkt; die Erschließung führt entlang der Feuermauer als rhythmisierte Raumsequenz wie eine »Sonde« ins Herz (ovales Treppenhaus), das von einer zentralen Position aus das Haus versorgt. Die freie Form des Grundrisses wird konterkariert und gleichzeitig strukturell organisiert von drei Eisenbeton-Stützenreihen, die auf einem etwa quadratischen Raster stehen. Das Haus hat zwei markante Schauseiten: eine kubisch-blockhafte auf der Seite des Wildpretmarktes und eine rund-dynamische auf dem Bauernmarktes, so daß die Polarität von Ruhe und Dynamik als plastisches Thema an einem Objekt (gewissermaßen als Interpretation des Standorts) abgehandelt wird. Aus diesen und auch anderen Überlegungen hat wohl Plečnik auch das Thema der »Haut« behandelt, wobei er, verglichen mit Wagner, zwar eine ebenso sichtbare Form der Befestigung fand, aber genaugenommen eine technisch intelligentere, nicht so vordergründige, geschmeidigere und durch den polierten Granit auch elegantere. Die Platten werden, ohne mit der Rückwand verbunden zu sein (Möglichkeit der Ausdehnung), von profilartigen Wülsten

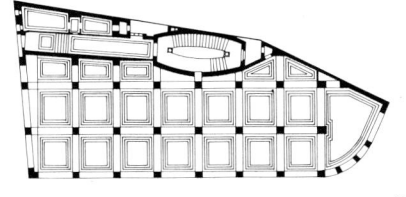

# 1. BEZIRK

gehalten, die in einem wechselnden Raster (a b a b..) verlegt auf jede Krümmung der Fassade zu reagieren vermögen. Die starke Dynamik der polierten, runden Front wird durch ein kräftiges Kranzgesims (mit Atlanten von Franz Metzner) noch betont. Besonders eindrucksvoll ist auch das Entree mit der kleinen Säulenhalle (ebenfalls polierte Granitzylinder) und dem mit Parketten getäfelten, ovalen Treppenhaus (ein metaphorischer Verweis auf das Gehen?) sowie dem rüsselförmigen Antrittskandelaber, wohl eine Hommage auf jene Insekten, deren Vertilgung den Reichtum des Hauses garantierte. 1985 hat Boris Podrecca (mit Schmutzer, Wettstein) ein Bekleidungsgeschäft eingerichtet, das räumlich auf den Bestand reagierte, aber zum Teil schon wieder verändert ist.

INNERE STADT

Wipplingerstraße 2, BH + A: Carl Holzmann, E: Julius Deininger, 1899

Die durch Kriegsschäden abgeräumte Fassade läßt nur mehr in Spuren erkennen, daß es sich um einen extrem dekorierten Jugendstilbau handelte. Obwohl Vater Julius als Architekt des Hauses aufscheint, ist anzunehmen, daß der secessionistische Dekor vom Sohn Wunibald stammt, der zu dieser Zeit bei Wagner studierte.

Wipplingerstraße 12, BH: Wiener Bau-Gesellschaft, E: Theodor Bach, A: Friedrich Reichel, 1900/01

Der Doppeltrakter mit anschließendem Seitentrakt und einhüftigem Hoftrakt weist eine schon von den Zeitgenossen bemerkte »originelle Fassade mit Hausteingliederung« auf. Das Charakteristische und physiognomisch Einprägsame liegt in der Irritation konventioneller Mittel oder in deren ungewöhnlicher Kombination, bei der die zaghaft verwendeten Jugendstildetails eigentlich keine Rolle spielen.

Wipplingerstraße 21, »Zum alten Babenberger-Stadttor«, BH: Josef von Baechle, E: Wilhelm Jelinek, A: Eduard Frauenfeld, 1900

Wipplingerstraße 23, BH: Christian Cabos, E: Ludwig Tischler, A: J. Barak, 1898

Wipplingerstraße 24–26, BH + E + A: Rudolf Demsky, 1906

Wollzeile 17, BH: Isidor Gehlbard, E: Eugen Ritter Felgel von Farnholz, A: Pittel & Brausewetter, 1911/12

Wenn man von den fein strukturierten Wohngeschossen mit drei flach gewölbten, durchgebundenen Erkern absieht, so versuchte hier Felgel eine eigenwillige Bindung (durch Bögen) an die beiden Geschäftsgeschosse. Das Thema des Übergangs wird gleichzeitig ein plastisches, das geschickt die Härte anderer Lösungen überwindet.

Wollzeile 19, BH: Isidor Gehlbard, E: Eugen Ritter Felgel von Farnholz, A: Pittel & Brausewetter, 1912

Wollzeile 28, BH: Wiener Bürgerladefonds, E: Albert H. Pecha, A: Carl Wanitzky & Co., 1900/01

Obwohl das Haus relativ einfach organisiert und als Mauerbau hochgezogen ist, gelang Pecha durch das risalitartige Vorspringen von drei Zimmerachsen und die flach eingebundenen, fast loggienartig ausgebildeten Balkons eine sehr kräftige Struktur, die die Wiener Maßstäbe und Konventionen um 1900 sprengt. Ein Haus, um Loos zu zitieren, dem man nicht vorwerfen kann, daß es nicht großstädtisch sei und wirke.

Wollzeile 33, BH: Nikolaus Jongebloed, E + A: Anton Gürlich, 1901

# 1. BEZIRK

### Fischerstiege 1—7, E: Hans Petermair, Otto Niedermoser, 1952—54

Bei den wenigen Gemeindebauten der Nachkriegszeit in der Innenstadt handelt es sich ausschließlich um die Schließung von Bombenlücken aus dem Zweiten Weltkrieg. Lediglich bei der Anlage Fischerstiege kann man von einer größeren Überbauung sprechen, die einerseits auf den bestehenden Altstadtgrundriß Bezug nahm, andererseits das Modell der »Wohnhöfe« akzeptierte.

### Johannesgasse 9—13, »Ginzkeyhof«, E: Ladislaus Hrdlicka, 1954/55

### Judengasse 4—6, Irene-Harand-Hof, E: Fritz Waage, 1951/52

Fritz Waage ist in der Zwischenkriegszeit durch betont sachlich-funktionale Bauten hervorgetreten; hier, auf ältestem Wiener Boden, hat er sich der Anonymität biedermeierlicher Baukultur angenähert.

### Führichgasse 1, Hotel Astoria, BH + E: Franz Mörtinger, A: Ed. Ast & Co., 1911/12

Portal und Halle wurden mehrfach verändert; in den Repräsentationsräumen im Obergeschoß findet man noch Spuren aus der Zeit der Erbauung beziehungsweise aus einer Phase der ersten Umgestaltung.

### Kärntner Ring 1, Hotel Bristol, BH + A: Wilhelm Schallinger, E: Ladislaus Fiedler, Pietro Palumbo, 1913

Das Hotel hat sich ab 1893 in den dafür adaptierten Häusern Kärntner Ring 7, dann 5 und 3 (nach Czeike) entwickelt, bis es zum Neubau der Eckhäuser an der Kärntner Straße kam, die auch noch heute das stadträumliche Erscheinungsbild bestimmen. Aus dieser Zeit sind das sehenswerte Treppenhaus und die ovale Halle erhalten. Nach 1955 der Auszug der amerikanischen Besatzer) wurden im Souterrain der Festsaal und der ovale Biedermeiersalon (unter der Halle) neu gestaltet (E: Otto Mayr), vermutlich auch der Blaue Salon, der Bristol-Salon im Mezzanin und das Restaurant (Einzug einer Kassettendecke) im Erdgeschoß. Vom Haus Kärntner Ring 3 wird nur das Mezzanin mitbenützt; dort befinden sich, neben einem repräsentativen Foyer, der Jettel-, Musik- und der Maria-Theresien-Salon. Das Mezzanin des Hauses Mahlerstraße 4 wurde 1948 von Oswald Haerdtl (im Zuge des Bürohausbaus Nr. 6) umgestaltet.

### Kärntner Ring 16, Hotel Imperial, ab 1873

Der Bau wurde 1863—65 als Palais für Philipp von Württemberg erbaut (E: Arnold Zenetti, Heinrich Adam), 1872—73 in das Hotel umgestaltet und 1928 aufgestockt. Eine von Josef Hoffmann und Oswald Haerdtl 1937/38 geschaffene Café-Einrichtung mit Terrasse an der Canovagasse ist leider (bis auf einen marmorgerahmten Mauerdurchbruch) verschwunden.

### Neuer Markt 3, Hotel Europa, BH: Wiener Städtische Wechselseitige Versicherungsanstalt, E: Erich Boltenstern, A: Pittel & Brausewetter, WIBEBA, 1957/58

### Postgasse 2, Dominikanerkloster, BH: Dominikaner Prediger Ordenskonvent, E: Kurt Klaudy, Anton Liebe, Georg Lippert, A: Wayss & Freitag, 1936/37

Der Neubau »Dominikanerhof« war städtebaulich der größte Eingriff, der (vermutlich mit Hilfe des Assanierungsfonds) in der Zeit des Ständestaates in der Inneren Stadt gemacht wurde. Dabei schuf man (nach dem Vorbild der Alten Universität) die Verlängerung Bäckerstraße — mit einer kleinen Ladenzeile im Hof — und schloß mit der ruhigen Fassade die Rückwand des Dr.-Karl-Lueger-Platzes in einer großzügigen Weise.

### Annagasse 18, Galerie, BH: Christian M. Nebehay, E: Herbert Thurner, Friedrich Euler, 1972/73

### Bäckerstraße 14, Kunsthandlung, BH: Julius Hummel, E: Hermann Czech, 1978—80

Manchmal schweigt die Architektur von Hermann Czech hartnäckig, auch wenn sie gefragt wird. Die kleinen Eingriffe dienen oft nur dazu, durch scheinbare Zufälligkeiten echte sichtbar zu machen oder überhaupt Konventionen zu relativieren. Czech: »Der zweite Raum erscheint durch den Fußboden älter, andererseits durch die Farbgebung der Wände wohnlicher. Es ist nicht richtig, daß für eine Galerie nur Weiß zulässig ist.«

### Börseplatz 3, Atelier, BH: Erich Baumann, E: Coop Himmelblau (Wolf D. Prix, Helmut Swiczinsky), MA: Fritz Mascher, Statik: Oskar Graf, A: Metallbau Treiber (Graz), 1985

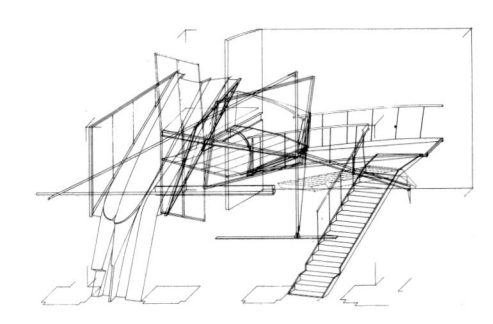

# INNERE STADT

Hermetik einer visuellen Welt fördert offenbar auch jene Art von Konzentration, die der Wiener im Café nun schon durch Jahrhunderte übt und die durch exakte Relais der Abschirmung sich unter Spannung hält. Es muß doch Punkte geben, an denen die Arbeit der Coop Himmelblau an die Wiener Kultur angekoppelt ist?

## Dorotheergasse 12, Galerie Metropol, BH + E: Christian Meyer, Georg Kargl, 1981/82 (Erweiterung: 1984)

Zarte Portale und ein in Schichten strukturierter, durch einen Spiegel verdoppelter Hauptraum, der in seiner Minimaldefinition die Erinnerung an die Halle der Postsparkasse zuläßt.

## Dorotheergasse 14, Galerie, BH: Helmut Klewan, E: Luigi Blau, 1970/71

Das Atelier mit 5 Meter Raumhöhe und drei Öffnungen zur Straße behandelt sehr unterschiedliche architektonische Themen: einmal die Beziehung Straße — Lokal, dann den sich daraus ableitenden, durch den Gebrauch steigernden Umgang mit dem Raum und schließlich die Psychologie der Nutzung durch einen Künstler. Die hohen Wände und das »Leben mit Bildern« waren Anlaß für die raumverdrängende Installation eines Aggregats aus Treppe, Brücke und Plattform, die mehr der Artikulation der dritten Dimension als der Kontemplation dient. Die dynamische Inszenierung (Coop: das formale Spannungsfeld raumöffnender Flächen und transversal verschränkter Linien) macht den Eindruck, als würde der Raum von der Straße angesaugt, um dann im Inneren deformiert, aufgelöst und an die Wand gedrückt zu werden. Eine Antithese zum Benjaminschen Futteral, ein autonomes Spannungsfeld, mit dem sich der Benutzer arrangieren kann, aber nicht muß? Der Bauherr wollte kein einlullendes Ambiente zur Arbeit, aber auch keinen — das ist die Überraschung — herausfordernden, animierenden oder inspirierenden Raum. Die laute Präsenz, das Knistern und Krachen im Beziehungsfeld nach außen (»abgestürzte Dächer, gefrorene Flügel«), die

Die Wiener Kultur der Raumökonomie ist hier in einer konzentrierten Form vorgeführt: der halbe Nirostastahlrahmen schließt den Sockel des Hauses und öffnet, durch das verglaste Eck mit Eingang, den ganz als Ausstellungsfläche nach außen gewendeten Raum. Die über eine Leiter erreichbare Galerie aus verzinktem Gitterrost, die Bücherwand als Klosettür, der nach außen geführte Bodenbelag etc. sind ambivalent eingesetzte Elemente eines ökonomisch und ästhetisch minimalisierten Raumkonzepts. Die puristische Materialverwendung wirkt in der Üppigkeit des Wiener Materialfetischismus wie ein Akt des Widerstands, dem nach zwanzig Jahren wieder mehr Verständnis entgegengebracht wird.

## Falkestraße 6, Dachaufbau (Rechtsanwaltskanzlei), BH: Martin und Walter Schuppich, Werner Sporn, Michael Winischhofer, E: Coop Himmelblau (Wolf D. Prix, Helmut Swiczinsky), PL: Franz Sam, MA: Max Pauli, Stefan Krüger, Karin Sam, Robert Hahn, Mathis Barz, Valerie Simpson, Statik: Oskar Graf, 1983, 1987/88

1. BEZIRK

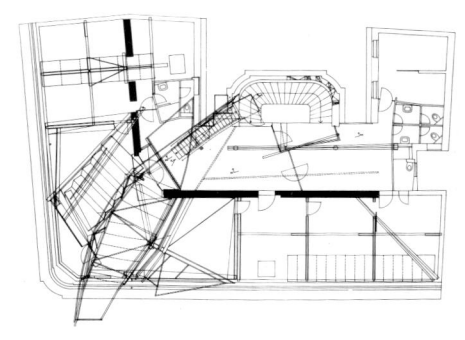

Es handelt sich um die ins Dachgeschoß verlegte Erweiterung einer im Mezzanin und 1. Stock liegenden Rechtsanwaltskanzlei, um einen größeren Sitzungssaal mit einigen kleineren Büros. Obwohl die Architekten metaphorische Spuren legen, sich aber ausdrücklich von den durch eine »Falkestraße« auslösbaren Assoziationen distanzieren, ist es ratsam, sich ohne Symbol- oder Bildvorstellung dem Objekt anzunähern, denn Assoziationen sind ohnehin nicht zu verhindern. Da ist zunächst ein inspirierter und inspirierender Raum, der seine visuelle Konsistenz durch Kräfte der Dynamik und ihre Auflösung zu bekommen scheint, der Ausblicke öffnet und verstellt, der flattert, tätschelt und in einer merkwürdigen Form aufgeregt beruhigend wirkt. Der Diagonalbogen der Hauptkonstruktion fährt tatsächlich wie ein Blitz durch den Raum, ausgelegt wie eine Vogelschwinge über das Nest hinaus. Während man sich im Sitzungsraum eindeutig im Inneren befindet und fühlt, führt der Weg durch das Entree über die Terrasse zu einem Innenraum-Außenraum-Wackeleffekt. Man wird auch innen gewahr, daß der Dachaufbau eine inszenierte Außenform ist, da geigt der Bogen wirklich auf, ob zum Vergnügen des auf den Dächern der Ringstraßenpalais dahindösenden Volks, sei dahingestellt. Obwohl sich die Architektur allen Gesetzen der Schwerkraft zu entziehen scheint, liefert sie, soweit sie sich in logisch erkennbaren Zusammenhängen deklariert, aufregende Punkte: etwa die Knoten der Aufhängung der alten Holzgesparre in den Büroräumen oder das den Diagonalbogen begleitende System

# INNERE STADT

von transparenten und geschlossenen, den Raum durcheilenden Flächen. Der Dachaufbau ist insofern auch eine »Architektur des Ortes«, als diese die luftige Situation über der Traufe eines Ringstraßenhauses zur Wirkung bringt und nicht nur ein Innenraum-, sondern auch ein neues Stadtraumerlebnis vermittelt.

## Lobkowitzplatz 1, Galerie bei der Albertina, E: Boris Podrecca, Ingrid Schmutzer, 1982/83

Die Galerie, mit dem liebenswürdig-kauzig wirkenden Portal aus dem Dunstkreis der Wiener Werkstätte, wurde im Obergeschoß von Boris Podrecca ausgestaltet: ein geräumiger, direkt belichteter »Vorraum« führt in den saalartigen Galerieraum mit preußischen Kappen, in dem eine Wand im Rhythmus der Decke mit noblen Schaukästen verbaut wurde. Eine zurückhaltende Arbeit, die die Dimensionen des Raumes bewahrt.

## Makartgasse 1, Galerie Art-Start, E: Gregor Wawrik, 1988

Die ganz auf Weiß, Schwarz und Grau reduzierte Galerie mit einer fahrbaren Treppe und einer selektiven Beleuchtung erinnert in ihrem stringenten (und intelligenten) Purismus an die aufmüpfige Architektur der fünfziger Jahre.

🛍

Diese Kategorie von architektonischen Leistungen entzieht sich zum Teil einer Darstellung in einem Führer: einerseits gibt es eine kaum überschaubare Fülle von Arbeiten, die außerdem einem starken Veränderungsdruck unterliegen, andererseits hat diese Art von architektonischer Kleinkunst eine große Tradition und ist seit jeher eine Spielwiese junger Talente, so daß sich auf diesem Gebiet viele Tendenzen ankündigen und manifestieren. So unterliegt diese Auswahl, abgesehen von dem Versuch der Dokumentation von prototypischen Arbeiten, einer gewissen Zufälligkeit und kann sicher nicht vollständig sein.

## Annagasse 5, Antiquariat, BH: Erhard Löcker, Walter Wögenstein, E: Hermann Czech, 1976/77

Man könnte die hier gewählte Gestaltungsmethode von Czech eine Art »Bauchladenprinzip« nennen, das Flächen und Nischen einer bestehenden Bausubstanz so geschickt nutzt, daß sie zu einem selbstverständlichen »Kleinensemble« (Vitrinen, Schau-Fenster und -Türen) komprimiert werden, aus dem letztendlich doch ein vorgeschobenes, autonomes System der Ausstellung und des Warenangebots entsteht.

## Babenbergerstraße 9, Reisebüro KUONI, E: Missing Link (Otto Kapfinger, Adolf Krischanitz), 1980

Ein — auch als Reaktion auf das Verkehrsbüro von Hollein — engagierter Entwurf, der sozusagen nicht durch Abbruch, aber durch verständnislosen Gebrauch verunstaltet wurde. Das überaus sensible System der Raumschichtung, der Dialog mit der bestehenden (asymmetrischen) Pfeilerstruktur, die durchkomponierte Raumsequenz vom Portal bis zur hinteren Bürozone, die auf »Kommunikationsinseln« aufgebaute Einrichtung: das alles ist mehr oder weniger noch erkennbar, aber durch »Benutzung« so zugedeckt, daß die Arbeit eigentlich nicht mehr besichtigt werden kann. Das Portal ist überhaupt durch Veränderungen stark deformiert.

## Bauernmarkt 10, Damenfriseur »Reny«, BH: Renate Kuchling, E: Helmut Gatterer, 1984

Das Portal zeigt eine subtile Auseinandersetzung mit den Resten einer aus dem Jahre 1912 stammenden Geschäftsfront (aus Labrador-Stein), die man auch als eine abweichende zeitgemäße Ergänzung ansehen könnte.

## Dorotheergasse 7, Teppiche Sailer (heute Tromayer), E: Anna-Lülja Praun, 1983

Ein für den Verkauf und die Ausstellung von Teppichen entworfenes Geschäft, das vor allem eine sehr intelligente Verwendung von herausdrehbaren und teilweise verschiebbaren Wänden zeigt, wodurch ein Vielfaches der normal zur Verfügung stehenden Hängefläche erreicht wurde. Das Portal ist als betretbare »Raumschicht« (zum ungestörten Betrachten der Exponate) ausgebildet, so daß man sich in den Innenraum begibt, ohne ihn zu betreten. Die architektonische Haltung von Anna-Lülja Praun steht in jener Wiener Tradition, die die Ästhetik nicht von der praktischen Leistung des Gegenstandes abzukoppeln versucht.

## Dorotheergasse 12, Einrichtungsgeschäft, BH: Möbel Dekor KG, E: Heinz Frank, 1968

Ein kleiner Geniestreich eines Außenseiters, bei dem man sich auch den Kopf anstoßen kann. Die Umkehrung eines gewohnten Prinzips, nämlich die Treppe zur Galerie nicht im hinteren Teil des Raumes anzuordnen, sondern als Bestandteil der Auslage zu konzipieren, gibt nicht nur dem kleinen Geschäft Tiefe, sondern auch dem Eingangsbereich einen besonderen räumlichen Akzent. Die zur Repräsentation neigende Portalzone wird in einer sympathischen Weise verdinglicht und als »Verkehrselement« mit dem Gehsteigverkehr auf Kommunikations- und Kollisionskurs gebracht.

# 1. BEZIRK

**Fleischmarkt 1, Geschäftshaus »Reinerhof«, BH:** Arnold Knedel, **E:** Arthur Baron, **A:** Barak & Czada, Eisenbeton: Wayss & Freytag und Meinong, Fassade: Brüder Schwadron, 1909/10

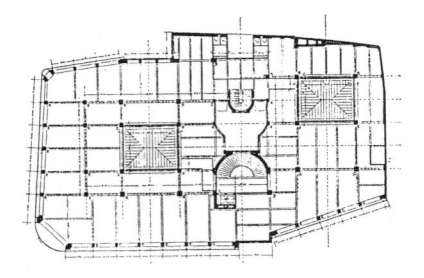

Das Haus mit der halbierten Nutzung (drei Geschosse Geschäfte, drei für Büros) stellte bereits um 1910 einen ausentwickelten Typ des innerstädtischen Geschäftshauses dar. Zur intensiven Nutzung gehört auch der Ausbau des Souterrains als Theater- und Veranstaltungsgeschoß. Der Eisenbetonbau läßt im Bereich der Geschäftsgeschosse die Skelettstruktur sichtbar, während die Obergeschosse eine brillant ausgeführte Flächenvfliesung mit dekorativen Mustern zeigen. Die durch einen Umbau erfolgte »Schließung« der Schaufensterzone im Erdgeschoß ist ein typologischer Fehler, die zylindrischen Wucherungen auf dem Dach sind nur als die Verbrämung eines entfesselten Dachausbaus zu werten. Das einst vornehme Haus ist architektonisch aus den Fugen geraten.

**Franz-Josefs-Kai 21, Zweigstelle Schwedenplatz, BH:** Zentralsparkasse der Gemeinde Wien, **E:** Wilhelm Holzbauer, **MA:** Arthur Duniecki, 1977

Bei der über drei Geschosse reichenden Zweigstelle wurde das räumliche Verbindungselement (die Wendeltreppe) zum Hauptmotiv des Eingriffs in die Gründerzeitfassade gemacht, gleichzeitig vermittelt es in das Innere der Bank.

**Gluckgasse 3, Goldschmied Stubhann, BH:** Manfred Stubhann, **E:** Eva Rubin, 1972/73

Das ganz auf Raumökonomie konzipierte Geschäft dringt asymmetrisch mit einer am Kristall orientierten Form (Auslagenvitrine) ins Blickfeld der Gasse vor.

**Graben 8, Herrenausstatter, BH:** Braun & Co., **E:** Arnold Hatschek, 1904

Abgesehen von der prachtvollen, späthistoristischen Treppe in obere Verkaufsgeschoß (mit der Diagonalverspieglung am Podest, so daß die Illusion einer barocken Konzeption entsteht), ist der streng organisierte, winkelförmige Raum visuell durch die Reihen tiefer Auslagenkojen bestimmt. An den Innenwänden wird dieser Rhythmus durch einen Wandverbau mit vorspringenden Kastenelementen unterstrichen. Von seltener handwerklicher und ästhetischer Qualität ist das ebenso kräftig rhythmisierte Portal aus dunklem Marmor mit den vorgesetzten »baywindows«, die die charakteristische räumliche Struktur des Geschäfts auch nach außen transportieren. Das signifikant ins Eck gesetzte Eingangsportal macht die Zweigeschossig-

keit des Ladens durch einen über beide Geschosse reichenden Pfeilerrahmen und eingesetzte, metallene Zier- und Schriftleisten voll sichtbar.

**Graben 12, Portal, BH:** Tilo Baumgartner, **E:** Luigi Blau, 1978/79

Das Portal wiederholt (sozusagen mit der Aufforderung zu einer verfeinerten Wahrnehmung) die alte Typologie des zweigeteilten Portals: des im Gesichtsfeld liegenden Schaufensters und der darübergesetzten Werbefläche, die sich an die größeren Distanzen des Stadtraumes wendet. Diese beiden Bereiche wurden in sich stark differenziert, in der Auslage durch Tiefen und Materialien, beim Schild durch Variationen der Schrift und das Informationssignal Füllfeder.

**Graben 13, Schneidersalon Kniže, E:** Adolf Loos, 1910—13

Das zweigeschossige Geschäft ist die einzige noch ganz erhaltene Arbeit von Adolf Loos aus dem noblen Bereich der »Herrenausstatter«. Darüber hinaus ist es ein besonders schönes Beispiel Loosscher Ikonographie und Einrichtungskultur, abgesehen von der meisterhaften Gestaltung einer durchlaufenden Raumsequenz, die sich mit einer

INNERE STADT

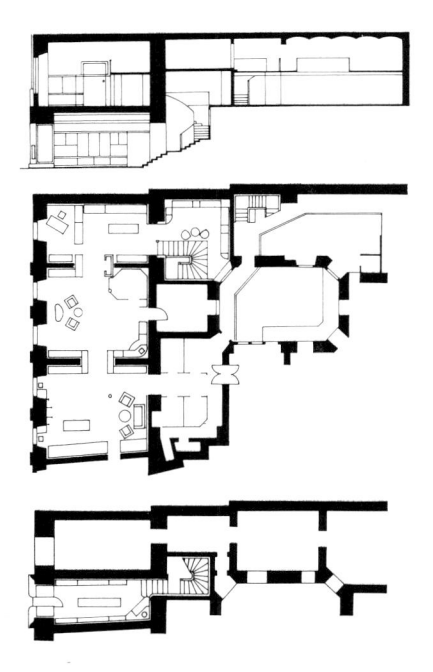

Schleife aus einer Tiefenbewegung im Erdgeschoß zu einer im rechten Winkel dazu liegenden Enfilade im Obergeschoß entwickelt. Loos' Gestaltungen gingen nie von ästhetischen Kriterien oder gar Formsystemen aus, sondern von der Alltagskultur eines gehobenen Bürgertums und ihren gesellschaftlichen Ritualen. Das Portal ist natürlich die Visitenkarte des Geschäfts, und es bedürfte nach Loos gar keiner Aufschrift (höchstens des Namens), um seine Dienste zu erkennen. Loos' Portale sind einerseits reprä-

63

# 1. BEZIRK

sentative, edle Rahmungen eines Entrees (polierter Marmor oder Granit, antike Formen oder nur Flächen bzw. Volumen betonend), andererseits räumliche Zonen der Information und Gebärden der Einladung (durchschreitbare Schaukästen, Vitrinen), die unmittelbar in das Rauminnere führen. Bei Knize bildet das Entree ein kleines Geschäft im Erdgeschoß, mit einem großen Vitrinenpult, dem charakteristischen Wandverbau und der Sitzkasse am Ende des Raumes, von wo aus (mit einem Zwischenpodest als Probierbereich) die einfach gewendelte, schmale Treppe nach oben führt; diese mündet in einen nur künstlich belichteten, eher definierten Schauraum, der die Atmosphäre eines Erste-Klasse-Salons auf einem Ozeandampfer besitzt und dessen vorderer Teil — vor dem Raum des Geschäftsführers — in die Enfilade zweier dahinterliegender Salons

übergeht. Diese beiden hohen Räume haben über ein Drittel in den Raum hereinragende Galerien, die als Arbeitsbereiche der im dritten Geschoß liegenden Werkstätten mitbenutzt werden. Unter den Galerien zugeordnete Funktionen vom Geschäft (Probierkabinen, Kasse) und eine Sitzgruppe. Interessant ist dabei, daß Loos einerseits offenbar versucht hat, durch Elemente der »hall« noble Privatatmosphäre zu erzeugen, andererseits aber den Räumen durch ihre visuelle Verschränkung (durch Vitrinen und Verspiegelungen, wodurch etwa der Effekt einer durchlaufenden Galerie entsteht) den Charakter repräsentativer Halböffentlichkeit zu geben. Wenn man bei dieser Raumfolge mit Recht von einer Sequenz, also einer bewußt gestalteten Abfolge sprechen kann, ist es für die Reihung der Räume ihre Verklammerung von großer Bedeutung (auf die Dietrich Worbs ausführlich hingewiesen hat). Diese Verklammerung geschieht entweder durch ein Ineinanderschieben verschiedener Elemente unterschiedlicher Raumzugehörigkeit (siehe beim Portal), wo der Innenraum gewissermaßen »verwundbar« in den öffentlichen Raum hinausgeschoben wird, oder in einem Egalisieren der Schwelle (siehe zwischen den Salons), indem durch Spiegelungen Raumgrenzen unterschiedlich aufgelöst und visuell miteinander verbunden werden (illusionistisch durchlaufende raumerzeugende Elemente, wie eben das Geländer der Galerien). Eine Sonderlösung gestattete sich Loos bei der gewendelten Treppe, wo durch einen Spiegel nicht nur ein Blick auf den oben oder unten liegenden Geschäftsbereich gewährt wird (auch eine Information über einen möglichen Gegenverkehr), sondern sich die Treppe selbst, durch die Spiegelung ihrer Richtungsänderung, »barock« inszeniert. Solchen Gratisluxus hat sich der »Ökonom« jederzeit geleistet, noch dazu wenn, wie in diesem Fall, auch ein Blick aus dem Raum des Geschäftsführers ins Lokal im Erdgeschoß mitgeliefert wurde. Abgesehen von diesen augenzwinkernden Tricks liegt die kulturelle Leistung bei dieser räumlichen Geschäftsgestaltung und Einrichtung in der atmosphärischen Gratwanderung zwischen repräsentativer Öffentlichkeit und nobler Privatheit: im Interieur, das nicht in die Unverbindlichkeit verfügbarer Konventionen abgleitet, sondern die Regelhaftigkeit »öffentlichen Handelns« in ein vielleicht nur simuliertes privates Bezugsfeld transformiert und sowohl den »Ausstatter« wie seinen Kunden in ein Szenario von Gediegenheit und Vertrautheit einbindet. Den das Geschäft verlassenden Kunden verstellen die Kassen nicht das Blickfeld.

Graben 14, Geschäft Hello (heute Reinhardt), BH: Seschka & Co., E: Rudolf L. Baumfeld, Norbert Schlesinger, 1933—35

Das Portal ist teilweise verändert, die Charakteristik mit der freigespielten Struktur und der zweigeschossigen Verglasung blieb jedoch erhalten.

Graben 16, BH: CIRO-Perlen GmbH., E: Carl Auböck, 1968

Graben 21, Kundenzentrum der Ersten österreichischen Spar-Casse, E: Roland Rainer, 1974/75

Rainer hat wohl bewußt der noblen biedermeierlichen Einfachheit des Hauses von Luigi Pichl (1835—38) seine eigene Ästhetik der Zurückhaltung entgegengesetzt, ohne sich aber in dieser Richtung besonders zu exponieren.

Graben 26, Juwelierladen »Schullin I«, BH: Schullin & Söhne (Graz), E: Hans Hollein, MA: Gerd Dinklage, A: Metallbau Treiber (Graz), 1972—74

Dieses Geschäft trennt — mehr als alle anderen Arbeiten Holleins — das Innere vom Äußeren, die Kommunikation mit der Öffentlichkeit und den eigentlichen Verkauf. Innen ist das Geschäft ganz »Futteral«, Ambiente kostbarer Stücke, außen ist es ganz Portal und Ausstellung, die auf zwei Assoziationsebenen führen: das polierte, in einem rechteckigen Raster verlegte Granit — über der Eingangstüre aufgebrochen — eine offene Stelle einer »ausgeflossenen Erzader«; die Metalltüre, an dieser Stelle weich verformt oder in eine Flußform übergehend, erinnert an die gleiche Herkunft des Metalls: hier wird also schon am Portal das Assoziationsfeld Schmuck eröffnet und auf das Bearbeitungsspektrum der Edelsteine und Metalle verwiesen. Die Grundlage der Gestaltung bildet aber der Holleinsche Gestaltungsdualismus — Raster und freie Form — der die

INNERE STADT

Hinter dem durch Ruhe und Zurückhaltung wirkenden Portal überschreitet man eine kleine, zarte Brücke über eine »Raumschlucht«: die Geschosse des Buchladens können nicht nur mit einem Blick überschaut werden, die dichtgepackten Etagen erhalten auch Licht und »Luft« als bewußt gestaltete Raumqualität.

### Graben 30, Konfiserie Altmann & Kühne, E: Josef Hoffmann, Oswald Haerdtl, 1932

Eines der wenigen Geschäfte aus den frühen dreißiger Jahren und das einzige von Josef Hoffmann und Oswald Haerdtl. Gleichzeitig handelt es sich um ein prototypisches Portal mit starkem Rahmen (Aluminium), einer exakten Halbierung in Schaufenster und Schild mit Firmenaufschrift (von einer kleineren Blockschrift in eine plumpere Antiqua verändert) und mit einer dazwischenliegenden ausziehbaren Plane. Dieses variable Element verschafft dem Portal einen vereinnehmbaren Freiraum mit Schatten, eine »Klimazone«, die Außen und Innen stärker verbindet. Eduard Sekler verweist darauf, daß hier die Architekten mehr Glas und Metall verwendet haben als bei früheren Arbeiten. Trotzdem dominiert beim Innenausbau das auf Hochglanz polierte Holz, bemerkenswert sind die zarten, oben auskragenden Verkaufsvitrinen. Leider haben sich im Laufe der Zeit historisierende Ergänzungen, also störende Elemente, eingeschlichen.

### Graben 27, Buchhandlung Frick, E: Michael Schluder, Hanns Kastner, 1988

geometrisierten nordamerikanischen Landschaften ebenso mit einschließt wie das berühmte Pflaster von Top Kapi, und der hier in klassische Zahlenverhältnisse (wie 1 : 4, 3 : 4 und 4 : 4) eingebunden wurde. Merkwürdig ist nur, daß dieses Portal mit seiner essentiellen Programmatik von Passanten kaum wahrgenommen wird: die Schaulustigen bleiben in der tiefen Nische vor dem Schaufenster stehen, ganz ihrer selektiven Wahrnehmung ausgeliefert. Und so soll es wohl auch sein.

### Hegelgasse 13, Gestaltung des Sockelgeschosses, BH: Renault-Automobil-Repräsentanz Karl Strakosch, E: Fritz Reichl, A: Hechtl & Comp., 1927

Eine interessante Gestaltung eines Sockelgeschosses, die einerseits an Arbeiten des Prager Kubismus, andererseits an expressionistische Architektur erinnert.

### Kärntner Ring 6, BH: Ottokar Stepanek, 1945

Das einfache, ausgewogene und tiefe Vitrinenportal soll aus dem Umfeld der Loos-Schule stammen. Es wurde 1945 von der Kärntner Straße an diese Stelle versetzt und 1988 von Michael Stepanek renoviert.

### Kärntner Ring 17, Internationale Apotheke, BH: F. Wisinger, Nachfolger Arnold Stumpf, 1910

Der symmetrische, genau im flachen Gebäudewinkel liegende Verkaufsraum war vor 1910 ein Kaffeehaus, in einer exponierten Lage am Ringstraßenkorso. Die Umbauarbeiten leitete Paul Hoppe, es ist jedoch nicht gesichert, ob auch die gediegene, zeittypische Einrichtung mit einem Wand-Regalsystem und dem Magazin-Balkon vom gleichen Architekten stammt. Das Portal wurde leider 1981/82 total verändert (Inf.: Spalt/Kapfinger).

### Kärntner Straße 11, Geschäftshaus, BH: Ludwig Zwieback & Bruder, E: Friedrich Schön, A: Moriz und Josef Sturany, 1895

Weitgehende Öffnung der Fassade bis in den dritten Stock, allerdings kräftig mit historisierender Architektur gerahmt. Das Haus entstand gleichzeitig mit dem Warenhaus Neumann von Otto Wagner.

### Kärntner Straße 12, Rauchwaren, BH: Grete Schwarzer, E: Ferry Kitt, um 1951/52

# 1. BEZIRK

Kärntner Straße 16, Rosenthal-Studio, E: Bruno Echerer, 1965/66

Kärntner Straße 17, Wahliss-Passage, BH: Porzellanhaus Ernst Wahliss, E: Coop Himmelblau (Wolf D. Prix, Helmut Swiczinsky), 1985/86

Eine schmale, tiefe Passage, die in das im Hoftrakt liegende Geschäft führt, könnte wohl kaum durch das Warenangebot genügend Aufmerksamkeit erregen. Die Gestaltung macht einen »visuellen Auftakt« beim Portal, der in eine gespannte Tiefenbewegung durch »Wandeln« übergeht. Dadurch bekommt die Länge des Ganges eine Art resistente Körperlichkeit, sie wird in ihrer Tiefe ausgelotet und gleichzeitig (auch durch ein Gefälle im vorderen Bodenbereich) visuell verkürzt.

Kärntner Straße 16, Rositta, BH: Treppel & Co., E: Josef Becvar, Viktor Ruczka, 1936

Das schmale, hohe und elegante Portal mit breitem, geschwungenem und poliertem Granitrahmen und den abgerundeten, schlanken Vitrinen stellt eine Variation zum Portal Knize von Adolf Loos dar. Über dem Sturz ist eine Sonnenplache eingebaut. Das Geschäft wurde um 1950 von Karl Schwanzer umgestaltet, aber auch diese Einrichtung ist nicht mehr vorhanden. Der Türknopf dürfte noch eine Spur von diesem Eingriff sein. (Inf.: Spalt/Kapfinger)

Kärntner Straße 19, Warenhaus Steffl (ehem. Neumann), E: Carl Appel, A: Universale Hoch- und Tiefbau AG, 1949/50

Der Architekt wollte in die in diesem Bereich relativ ruhige Front der Kärntner Straße mit der konkaven, großzügig verglasten Fassade des Kaufhauses eine Art Delle oder Störelement einbringen, um Aufmerksamkeit zu erzeugen. Diese Wirkung ist inzwischen abgeschwächt, nicht nur weil die Fassade in der unteren Hälfte zu ihrem Nachteil beträchtlich verändert wurde, sondern weil auch größere Glasflächen gewöhnliche Elemente im Stadtbild geworden sind. Trotzdem gehört das »Neumann« (das zunächst noch den Namen des von Otto Wagner erbauten und im Krieg zerstörten Kaufhauses übernahm) zu den interessanteren Wiener Bauten der Nachkriegsjahre.

Kärntner Straße 26, Glaswarengeschäft Lobmeyr, E: Alois von Wurm-Arnkreuz, 1895

Wurm-Arnkreuz war ein streitbarer Konservativer, der auch gegen die »Wagnerianer« zur Feder griff. Von ihm stammt das 1893 erbaute Haus, und das Portal Lobmeyr ist als der letzte Teil einer einst einheitlichen Auslagenzone zu sehen. Das dreigschossige Geschäft (im 2. Stock Glasmuseum und Glasgalerie) hat einen ebenfalls dreigschossigen »Peristyl-Hof« mit Oberlicht und gußeisernen Säulen und besitzt noch den zeitgenössischen Dekor.

Kärntner Straße 27, Damenmoden Hämmerle, E: Franz Kuzmich, 1985

Die zurückhaltende Gestaltung der Geschäftsetagen akzeptiert visuell nicht nur die gegebene Eisenbetonstruktur, sondern macht sie auch auf eine unaufdringliche Weise sichtbar.

Kärntner Straße 32, Zentrale der Wiener Landes-Hypothekenbank, E: Karl und Eva Mang, 1974

Das Portal des heute als Zweigstelle der Zentralsparkasse und Kommerzbank Wien geführten Lokals zeigt die ständige Auseinandersetzung der Architekten mit Gestaltungssystemen, die es erlauben, auf unterschiedliche bauliche Situationen zu reagieren. Auf die Fußgängerzone bezogen, ist das Angebot einer »Passage« eher als Ort des Verweilens gedacht.

Kärntner Straße 38, Juwelier, BH: Ludwig Slanina (heute CIRO), 1924

Das Geschäft wurde 1924 vom danebenliegenden, größeren Raum getrennt (dem aufgelassenen Juwelierladen der Brüder Zirner) und vermutlich, nach Neugestaltung des Portals (Untersberger Marmor), mit Teilen der alten Einrichtung ausgestattet. Der Architekt dieser zeittypischen, architektonisch eher als »Nachzügler« einzustufenden Arbeit ist leider nicht bekannt. (Inf.: Spalt/Kapfinger)

Kärntner Straße 40, ARCADIA Opera Shop, BH: Erhard Löcker GmbH., E: Hermann Czech, Stephan Seehof, 1989

# INNERE STADT

## Kohlmarkt 2, Warenhaus, BH: Gustav Pollak & Bruder, E: Friedrich Schön, A: Oskar Laske & Viktor Fiala, 1909

Der Architekt hat sich angestrengt, die schmale Baulücke und die damit gegebene Höhenentwicklung der Fassade als ein architektonisches Thema abzuhandeln: den nach oben kleiner werdenden Glasflächen (entsprechend ihrer Funktion als Schaufenster) und dem analog zunehmenden Wandflächenanteil aus poliertem Stein wirkt eine nach oben heller werdende Grautönung entgegen, so daß, mit Ausnahme des prächtigen Giebelabschlusses, die Fassade betont ausgewogen erscheint.

## Kohlmarkt 6, Geschäft Gebrüder Thonet, E: Karl und Eva Mang, 1971

Die Architekten haben ein in sich schlüssiges geometrisches System angewendet, das alle Variablen der Bausubstanz zu überspielen vermag. Das führt aber zu einer ästhetischen Hermetik, die nicht mehr — weder positiv noch negativ, weder integrativ noch konterkarierend — auf das Ambiente zu reagieren vermag. Vielleicht eine gewollte visuelle Resistenz mit entsprechender Werbewirkung durch formale Selbständigkeit.

## Kohlmarkt 7, Juwelierladen, BH: Schullin & Söhne, Graz, E: Hans Hollein, A: Metallbau Treiber (Graz), 1981/82

Ein Teil der metaphorischen Wirkung Holleinscher Arbeiten liegt in der Präzision der Unschärfe, in der Meisterschaft, mehrere Assoziationsebenen gleichzeitig zu bespielen. Hier wurde der Verkauf von Schmuckstücken in die Aura »sakraler« und »martialer« Simulationen eingebunden. Der Besucher wird mit der Gebärde der hochgehobenen Klinge, der »Überreichung des Schwertes«, eintretend »geadelt«: natürlich kippt symbolisch die Klinge in ein maßstabverfremdetes Schmuckstück um, natürlich darf auch der drohend-ausgleichende Effekt, die Assoziation von einem imaginären Schafott nicht fehlen. Im Inneren werden ein »Tabernakel«, eine »Ikonostase« und eine Wand von in Leuchter transformierter Hellebarden zu einem Ensemble höchster Exklusivität versammelt. Über diese Inszenierung gerät eigentlich eine kluge Raumdisposition in den Hintergrund: das Loch-Pfeiler-Portal wird in der Mitte (im Pfeiler) durchschritten, wodurch die Wiederholung des Motivs in der Mittelmauer (mit vollem Pfeiler) — also des Normalen — zur Abweichung von der Norm wird. Die Hauptgehlinie führt von der Mitte des Portals zur linken Öffnung der Mittelmauer und in gerader Linie (durch die Erweiterung des zweiten Raumes) zu einem Vorraum mit Wendeltreppe in das Obergeschoß. Durch dieses Ausschwenken aus der Struktur- und Raumsymmetrie und die Lage des Pultes entsteht eine fast selbstverständliche Zonierung von mehr öffentlichen und mehr dem internen Geschäftsbetrieb zugeordneten Flächen, die im hinteren Kundenraum (für zurückgezogenere Verkaufsgespräche) wieder aufgehoben wird. Es ist für Hollein selbstverständlich, daß das Thema »Wert« oder die Auratisierung von Schmuckgegenständen nicht nur im Formbereich aufgeladen, sondern auch in die Spannungsvielfalt sehr unterschiedlicher Materialien eingebunden wird.

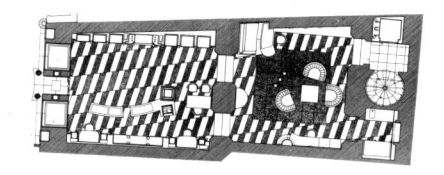

67

1. BEZIRK

Kohlmarkt 12, Kerzenladen Retti, BH: Marius Retti, E: Hans Hollein, A: Schlosserei Schwarz, 1964/65

Obwohl das Thema der Gestaltung von kleinen Läden in Wien weder ausgeschöpft noch in seiner Kontinuität unterbrochen war, stellte es der Kerzenladen auf eine neue Ebene der Diskussion. Hollein hat im Zuge der Technik-Euphorie nicht nur eine neue, an den Geräten der Raumfahrt orientierte Ästhetik entwickelt, er stellte vielmehr — was in Wien noch viel wirksamer war — die Rituale und Konventionen des Kaufens und Verkaufens auf den Kopf. Zu dieser Zeit hatte sich bereits jedes Erdgeschoß einer Kleinstadt in Glas aufgelöst, und die Kaufhäuser erfanden alle möglichen Tricks, die Schwellenbereiche zum Verschwinden zu bringen. In dieser Situation konzipierte Hollein sein verschlossenes Portal, einen »Schluff« von Eingang, zwei kleine Vitrinen in Augenhöhe, die in jeder Gehrichtung einen Hinweis auf das Innere erlaubten. Der schmale Eingang erweitert sich über der Tür zu einer liegenden, beidseitig abgerundeten Öffnung, so daß, mit Distanz wahrnehmbar, ein Zeichen entstand, das die Assoziation zum Gegenstand Kerze (mit Lichtschein) ebenso erlaubte wie zum Schlüsselloch, das jeden eindringenden Blick in einen voyeuristischen verwandelte. Wienerisch (im Sinne der Wiener Werkstätte) war auch die Ambivalenz zwischen Handwerks- und Industrieprodukt: die Formen hochpräziser Serienherstellung waren Einzelstücke, Hand-

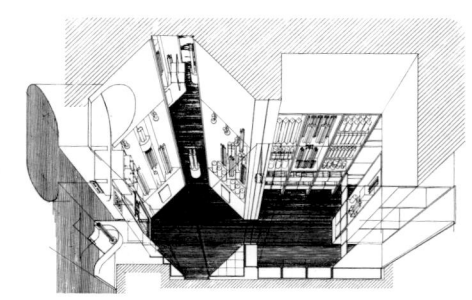

INNERE STADT

arbeit einer qualifizierten Schlosserwerkstätte. Ähnliche, einander konkurrierende und kontrastierende Verfahren wurden im Inneren des Ladens angewendet: so etwa die Raumgröße einer Trafik durch Unterteilung, Spiegelung etc. visuell vergrößert oder die Vorgänge des Ausstellens, Schauens, Kaufens und Lagerns funktionell auseinandergenommen und in eine attraktive Raumsequenz eingebunden. Der Besucher betritt einen oktogonalen Schauraum, der in der Querachse durch eine wechselseitige Spiegelung ins »Unendliche« erweitert wird — akzentuiert durch eine gebündelte Kugelleuchte — und in dem die Kerzen (als »Kunst- und Religionsersatz« in einem) entweder einzeln oder in Arrangements dargeboten werden. Erst nach Überwindung des »Schau-Raumes« kommt man in das Verkaufslager, wo es dann etwas anspruchsloser und für den Kunden gewohnter zugeht. Diese Beschreibung allerdings heute zu machen, ist reiner Historismus, denn inzwischen findet man, durch das vollgeräumte Geschäft, diese Ambitionen vielfach verdeckt oder überwuchert. Den in die polierte Aluminiumfläche eingeschnittenen Torschlitz flankieren zwei Stangen mit Kräuterbuschen, die Öffnung »ziert« ein Schild — das Schmuckbedürfnis hat sich Richtung Heurigen auf den Weg gemacht.

Kohlmarkt 12, Warenhaus, BH + A: Arnold Löffler, E: Siegmund Müller, 1912/13

Kohlmarkt 16, Buchhandlung Manz, E: Adolf Loos, 1912
Das Portal zeigt den besonderen Sinn von Adolf Loos für die Besetzung von öffentlichem Raum, indem er »privaten« anbietet. Hier wird der Teil einer Buchhandlung, ein nobles Interieur, auf die Straße gestellt und der Passant zum Verweilen eingeladen. Die breite, tiefe, beidseitig mit Schaufenstern besetzte Nische wird von einem flächig aufgebauten Portal (weißgeäderter schwarzer Marmor) mit in die Pfeiler eingelassenen Vitrinen und einer nach vorn geführten und »aufgestülpten« Milchglasdecke gerahmt. Das in Mahagoni ausgeführte dreiteilige Glaselement mit eingesetzter Mitteltür und die im gleichen Material gestaltete

zarte Quadratsprossenteilung der Decke suggerieren Innenraumatmosphäre oder zumindest ein Entree mit Interieurqualität.

Krugerstraße 17, Antiquitätengeschäft Monika Kaesser, E: Hermann Czech, 1985/86

Naglergasse 8, Münzhandlung, BH: Josef Wimmer, E: Gerd Schlögl, MA: Gerhard Steixner, 1980/81

Naglergasse 29, Einrichtungsgeschäft Henn, BH: Henn & Teichgräber, E: Matthäus Jiszda, 1974

Neuer Markt 8, Esprit-Shop, BH: Mairinger, E: Ettore Sottsas, Marco Zanini, 1987

Operngasse 8, Zweigstelle der Wiener Zentralsparkasse und Kommerzialbank, Wien, E: Artur Paul Duniecki, 1986/87

Opernring 6, Lauda-Air, E: Andrea Fink, MA: Andreas Biermayer, 1987/88

Opernring 10, ÖSPAG-Beratungszentrum, BH: Österreichische Sanitär-Keramik- und Porzellan-Industrie AG, E: Emmerich M. Donau, 1970/71

Renngasse 6—8, BENE-Schauräume, BH: Bene Büromöbel KG, E: Laurids Ortner (Haus-Rucker-Co), 1981

Auf den ersten Blick wirken die in Weiß gehaltenen Schauräume mit dem gleichmäßigen Rhythmus einer Fenster-Pfeiler-Maske an der Außenwand (einen Bürohausraster vorgebend) groß und weitläufig. Erst beim Begehen entdeckt man eine räumliche Feinstruktur, die durch unterschiedliche Niveaus, raumteilende Säulenreihen (mit rundem und quadratischem Querschnitt), eingehängte Bürogalerien, Wandelemente etc. unterschiedlichste Raumsituationen erzeugt, in denen die verschiedenen Möbelprogramme und praxisnahen Kombinationen aufgestellt werden können. 1989 wurden Umbauten und innere Erweiterungen der Galerien vorgenommen.

# 1. BEZIRK

## Schönlaterngasse 7, Antiquariat, BH: Georg Fritsch, E: Elsa Prochazka, 1985

Die Reihung von Schau-Fenstern (im ursprünglichen Sinne) und auf den Putz gesetzten Vitrinen unterstreicht den Charakter der Mauer-Loch-Fassade, ohne sich in die historisch undefinierte Versammlung von Einzelheiten der Fassade einzumischen. Das Innere der Buchhandlung wurde baulich nach dem Entwurf der Architektin gestaltet, die Einrichtung jedoch nicht ausgeführt.

## Schottenring 30, Filiale des Österreichischen Verkehrsbüros, BH: Alfred Sokol, E: Hans Hollein, MA: Egon Hentze, Gert Mayr-Keber, 1977/78

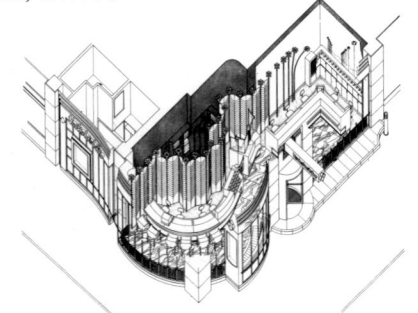

Hollein hat für seine Reisebüros unter der Betonung des kommunikativen Aspekts von Architektur ein »Szenario« entwickelt, das mit verschiedenen »Elementen, Objekten und Bereichsdefinitionen Bedeutungen vermitteln und Assoziationen in Gang setzen« sollte. Dieses Szenario garantiert ein Erscheinungsbild, das nicht auf »Formen, Farben, Schriften etc.« abgestützt ist, sondern auf »Grundtypen und Leitmotiven« (Pavillon, Paravent, Palme etc.). Daraus wurde auch ein »Manuale« entwickelt, mit dem andere Architekten im Sinne des Konzepts arbeiten konnten. Die Filiale im Ringturm hat einen flachen Eckraum mit einer langen Außenwand, der im Sinne des Verkaufs von »Träumen« inszeniert wurde und mit einem Trompe-l'œil-Wandgemälde (nach Schinkel) ein imaginäres Reiseziel simuliert.

## Schulerstraße 1—3, Zentralbuchhandlung, E: Wilhelm Schütte, 1957 (Portal 1961), Galerie, E: Fritz Weber, 1963/64

Der strenge Funktionalist Schütte hat sich beim Schild des Portals in etwas argloser Weise mit Kunst eingelassen und eine Flächenteilung im Sinne Mondrians oder von De Stijl versucht. Das Ausweichen von Primärfarben auf Furnierholztöne war vielleicht schon eine unbewußte Relativierung des riskanten Unterfangens.

## Schulerstraße 16, Verkaufslokal, BH: SECTION N, Warenhandel für Umweltgestaltung (Katharina Noever), E: Hans Hollein, MA: Gerd Dinklage, Helmut Grasberger, Helga Singer, 1971

Das stark vorspringende Eck an einer eher unbedeutenden Stelle der Innenstadt und die Gleichwertigkeit beider Zugangsseiten boten eine formale Raumerschließung mit, die Hollein, im Kontrast zur beiläufigen Außenerscheinung, gleich hinter dem freigelegten Hauseck zu instrumentieren begann. Dabei war ein Thema das diagonale Vordringen in die alte Mauerstruktur und das zweite der aus dieser Struktur entwickelte »Raumplan« mit einer an Loos erinnernden Spiralentwicklung nach oben. Das im Entree aufgehängte Raumgitter stellt einerseits das Muster der Raumgeometrie dar, andererseits ist es das konterkarierende Element, das der Diagonalbewegung erst Bedeutung verleiht. Die senkrecht zur Diagonale gelegten Streifen der Deckenbeleuchtung (eine Installation, die später in Mönchengladbach noch größere Bedeutung erlangte) führen unter anderem zu den »schönen Kollisionen« (Kapfinger/Krischanitz) mit der zwar dynamischen, aber doch in sich ruhenden und komprimierten Raumpackung.

## Seilergasse 3, Delarue & Co., E: Adolf Krischanitz, Otto Kapfinger, 1983/84

Das hinter einem historischen Portal wie ein »großes Schaufenster« gestaltete Geschäft mit dem verschiedene tradierte Formsysteme (Biedermeier, Jahrhundertwende und fünfziger Jahre) verarbeitenden Gestaltungsprinzip ist unter der Last eines wuchernden Warenangebots und dazugestellter Werbemöbel zusammengebrochen. Vielleicht ist das Geschäft ein Beweis dafür, daß die Wiener Einrichtungskultur der achtziger Jahre bereits eine solche Eigendynamik hatte, daß die nach anderen Werten orientierte Geschäftswelt nicht mehr Schritt halten konnte.

## Singerstraße 7, Alexander Classics (heute »Limelight«), E: Karl Brugger, 1984

Ein kleines Meisterstück in pfiffiger Raumausnutzung: alles, was ein Geschäft braucht, ist vorhanden (selbst ein Lager im Obergeschoß), und alles ist als absolute Minimaldefinition entworfen.

# INNERE STADT

Singerstraße 13, Antiquariat, BH: Walter und Inge Wögenstein, E: Gustav Pichelmann, 1980/81

Eine saubere Arbeit in der Nachfolge von Hermann Czech und darüber hinaus ein intelligenter Beitrag zur Turnovskyschen Philosophie des Mauervorsprungs: das symmetrische Portal mit dem rechtsseitigen Risalitvorsprung wechselt die dahinterliegende Raumaufteilung, also: der größere Geschäftsraum liegt rechts und der kleinere links.

Spiegelgasse 3, Bakalovits' Söhne, E: Emil Hoppe, Otto Schönthal, Marcel Kammerer, 1910/11

Eines der ganz seltenen spätsecessionistischen Geschäfte, das sich über die Ereignisse zweier Weltkriege hinweggerettet hat. Einerseits noch ganz in der Bildersprache der Jahrhundertwende verhaftet (konzentriert auf die schmale Schildzone und das auskragende, runde Vordach), ist andererseits die visuelle Entmaterialisierung schon so weit fortgeschritten, daß der Raum wie ein filigraner, völlig in den Hintergrund tretender Behälter des Ausstellungsgutes wirkt. Natürlich tragen die transparenten, lichtbündelnden und -zerstreuenden Glasgegenstände auch das Ihre zur »Auflösung« des Raumes bei.

Spiegelgasse 13, Herrenmodesalon P. C. Leschka & Co., E: Adolf Loos, 1923

Loos hat sich hier in seiner eigenen Tradition bestätigt. Das Portal wiederholt die im ersten Jahrzehnt des Jahrhunderts entwickelten Elemente. Unter Denkmalschutz stehend, soll es renoviert werden. Das Geschäft wurde bereits 1933 in das Haus Graben 16 verlegt.

Stephansplatz 10, Reisebüro City, BH: Österreichisches Verkehrsbüro (Alfred Sokol), E: Hans Hollein, MA: Egon Hentze, Gert Mayr-Keber, Wolfgang Schöfl, 1977/78

Für viele die interessanteste Arbeit von Hollein aus der Serie seiner Reisebüros. Nach Abbruch des Büros im Opernringhof ist sie es mit Sicherheit. Hier führt die in die Tiefe gehende Entwicklung von einem gedeckten Vorbereich (mit Außenschalter) über den eigentlichen Schaltersaal zu einem imaginären Außenraum (»Oase« genannt), der gleichzeitig als Innenraum die Verdichtung und Überlagerung verschiedener Symbole eines Inhalts darstellt: Sand, Wasser, Palmen und historisches Gemäuer sind Zeichen für oder Hinweise auf Israel, aber auch auf die arabische Welt.

Die in die Fassade als Emblem eingebundene transformierte ägyptische Säule verweist ebenfalls auf eine der ältesten und komplexesten Kulturen der Menschheit.

Stock-im-Eisen-Platz 4, »Haas-Haus«, BH: Kommerz Real, Wiener Städtische Wechselseitige Versicherungsanstalt und »Wiener Verein«, E: Hans Hollein, A: Hofman & Maculan, A. Porr AG, 1985—90

Sollte es nicht stutzig machen, daß man kurz vor der Fertigstellung des Baus kaum einen Menschen trifft, der das Haus akzeptiert? Auf gut wienerisch müßte man darauf mit dem Satz reagieren: »Na, so gut is es auch wieder nicht.« Dieser Sachverhalt wirft aber die Frage auf, ob es am Stephansplatz überhaupt möglich ist, ein Haus zu bauen, das von der Öffentlichkeit anerkannt wird. Das architektonische Problem des Stephansplatzes ist nicht so sehr der Dom (der ohnehin keine Vergleichsmaßstäbe zuläßt), sondern die Banalität der Häuserzeile vor dem Riesentor, die jede anspruchsvollere Architektur als aus dem Rahmen fallend erscheinen läßt. Und städtebaulich wird die hartnäckige Erinnerung an einen Stock-im-Eisen-Platz zum Handikap, der tatsächlich nur mehr in einigen Hausnummern existiert und ein unartikuliertes Platzgelenk hinterlassen hat, das nur die Illusion eines freien Blicks vom Graben zum Dom nährt, den »wirklich« nur einmal Rudolf von Alt mit getürkter Perspektive ins Bild gesetzt hat. Heute beggnen einander an diesem Ort das älteste Element der Stadt Wien und neueste, die abgerundete Südwestecke der Römerstadt mit der U-Bahn-Station, die beide mit ihrer unsichtbaren Existenz den Platz bestimmen. Demnach war es rein technisch nicht mehr möglich, an dieser Stelle korrigierend (im Sinne der Projekte von Josef Frank bis Johannes Spalt) einzugreifen, um wenigstens die Erinnerung an einen Stock-im-Eisen-Platz zu verfestigen. So gesehen, ist Holleins Erker noch die redlichste Antwort auf dieses Problem; ein Turm, wie in früheren Entwurfsphasen, hätte schon »zuviel« werden müssen. So stellt er jetzt von der Goldschmiedgasse her eine Beziehung zum Churhaus, und auch ein Blick aus der Kärntner Straße erlaubt die Erinnerung an das einst selbständige Platzgefüge. Die heutige Front des Hauses entspricht einerseits dem Ansatz zur Rundung der Römermauer, andererseits dem mitverwen-

# 1. BEZIRK

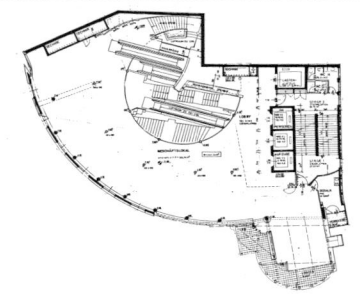

# INNERE STADT

deten Kellergeschoß des Vorgängerbaus, der, ab dem Erdgeschoß, wegen eines geplanten »Autobusbahnhofes«, zurückgesetzt war. Beim neuen Haas-Haus wird ein Gebäudetyp weiterentwickelt, den es in Wien schon seit über hundert Jahren gibt. Es ist dies das zur Hälfte als Geschäftshaus genutzte Gebäude mit darüberliegenden Bürogeschossen und einer gastronomischen Nutzung im Dachgeschoß und Souterrain. Hollein ging jedoch an Ort, bestärkt durch die ausgefallene Form des Grundstücks, nicht typologisch vor, sondern extrem topologisch; das heißt, die Bauform spiegel nicht nur die Merkmale des Ortes wider, sondern sie wirkt auch aktiv in ihren Beziehungen zum Umraum. Auftakt dieser Außenraumbeziehungen ist zweifellos das sogenannte »Atrium« (die anziehende fünfgeschossige Halle mit beachtlicher bildlicher Wirkung), das schon über die Raumschicht der Geschäfte hinweg eine Kommunikation mit dem Außenraum zuläßt. Das Haus selbst entfaltet über verschiedene Terrassen, dem zweigeschossig verglasten Restaurant und der darüberliegenden Aussichtsterrasse (mit phantastischem Rundblick), eine intensive Umraumbeziehung, es verwandelt sich von innen heraus zu einem Instrument selektiver und einprägsamer Stadtwahrnehmung, vor allem was das Erlebnis des Domes betrifft. Es wird einem bewußt, daß diese »das Szenario inszenierende« Konzeption auch einen beachtlichen qualitativen Schritt darstellt, der bisher bei innerstädtischen Bauten nicht gemacht wurde. So betrachtet, relativiert sich die Außenerscheinung des Hauses, bekommt die teilweise »Überformulierung« eine innere Logik, die zumindest auf ein detailreich entwickeltes Konzept der Anschaulichkeit verweisen kann. Bleibt also noch der Hauptgrund des visuellen Anstoßes, die Abtreppung der vom Graben herausführenden Fassade. Mich hat dieser Rückgriff auf eine ästhetisch kurzlebige Methode überrascht; sie ist auch insoferne ein theoretisches Problem, als es nicht tatsächlich um das Weiterführen und Auslaufen einer Putzarchitektur geht, sondern um deren Transformation in eine hochentwickelte Verkleidungstechnik, die man nicht so ohne weiteres mit der historischen Architektur der Graben-Fassaden in Beziehung bringt. Damit verbunden ist ganz eindeutig das Thema Holleinscher Architektur, das eines umgekehrten Schichtenaufbaus, bei dem ein technologisch jüngerer Teil von einem älteren umschlossen wird (Beispiel: Marmorsäule umschließt Chromstahlkern). Und der adäquate Kern des Gebäudes ist, schon auf Grund seiner räumlichen Transparenz, eben der Glaszylinder. Für sich betrachtet ist die aus Spluga verde hergestellte Marmorverkleidung eine beachtliche Leistung an handwerklicher Präzision und in einem gewissen Sinne ein Abschluß der im 19. Jahrhundert durch Semper ausgelösten Wiener Diskussion um das »Prinzip der Bekleidung«. Hier ist, im Gegensatz zur postmodernen Simulation von Steinarchitektur, eine klar ablesbare Haut geschaffen, deren Tektonik keine strukturellen Irrtümer aufkommen läßt.

Stubenring 24, ehem. Tonwarenabteilung, BH: N.Ö. Escompte-Gesellschaft (Portal), E: Cesar Poppovits, um 1928

Das eigenwillige Portal zum ehemaligen Empfangsraum einer Tonwarenabteilung brachte (nach Armand Weiser) einige technische Probleme, wobei die großen Öffnungen ein besonderes Hindernis darstellten; so wurden die drei Öffnungen verkleinert und nur die vierte, linke (heute Geschäft) als Auslage belassen. Das »Flächenornament mit plastischen Platten und Leisten« mit der kupferbraunen Lasur (aufgefrischt mit orange-zinnoberfarbenen Knöpfen) und dem mit »freiliegenden (grünen) Blättern« geschmückten Randprofil »ist insoferne auch ein bemerkenswerte Materialpräsentation, als das Ganze eher textile Assoziationen weckt«. Poppovits hat sich viel mit Baukeramik beschäftigt, vor allem an seinen Wohnbauten für die Gemeinde Wien (Modellierung der Elemente: Robert Obsieger).

Tegetthoffstraße 3, Boutique CM (Christa Metek), BH: Kaspar Ludwig Metek, E: Hans Hollein, MA: Fred Pointner, 1966/67

Nach dem Retti-Laden eine Auseinandersetzung mit dem Zeitgeist der sechziger Jahre: modulare Ordnung, Erweiter- und Veränderbarkeit, Kunststoff. Die Raumsequenz aus Hohlkörpern zugunsten eines von einer »Service-Zone« umgebenen Einraums, dessen geometrische Ordnung von den Kunststoffelementen bestimmt wird. Das Portal wurde auf eine Fläche reduziert, die wie eine Membran innen und außen trennt; diese ist Zeichen, Schaufenster und Portal in einem, die »Auslage« eine abgesetzte Farbfläche vom Boden. Hollein hat hier mit einer prototypischen Lösung das Thema für sich und andere »erledigt«, es hat im Ladenbau keine Rolle mehr gespielt.

# 1. BEZIRK

Tuchlauben 11, Portal Bohlinger & Huber (heute Trussardi), E: Josef Hofbauer, Wilhelm Baumgarten, 1930

Tuchlauben 20, Stoffgeschäft, BH: Böhm Ges.m.b.H., E: Alessandro Alvera, MA: Gorgona Böhm, 1983/84

Die einfache Struktur des gründerzeitlichen Eckraums mit Saalcharakter (einen inneren Kern umschließend) wurde durch zwei visuelle Systeme, mit frei stehenden unterschiedlich paarweise angeordneten Säulen und einem ebenso strukturierenden Lichtsystem (Hängeprinzip) in eine feinere, sensiblere Raumstruktur transformiert. Damit wurde die großzügige Wirkung beibehalten und ein engeres Beziehungsfeld zu den Waren hergestellt.

Walfischgasse 9, Geschäft Jin's, E: Luigi Blau, 1972

Wipplingerstraße 25, Kaffee-Geschäft, BH: G. Naber & Sohn, 1953

Ein charakteristisches Geschäft der fünfziger Jahre mit Mosaik-Portal (breiter Rahmen) und der in allen Details zeittypischen Einrichtung.

Am Hof 12, St. Urbani-Keller, BH: Carl Hipfinger, E: Humbert Walcher Ritter von Molthein, 1906

Ein echtes nationalromantisches Produkt, mehr süddeutsch als wienerisch, und hartnäckig mit dem Gerücht verbunden, daß hier auch Fritz von Herzmanovsky-Orlando die Hand ins Spiel hatte. Nun, Walcher war auch an den Arbeiten in der Burg Kreuzenstein beteiligt, so wäre eine Beziehung beider Architekten denkbar. Und eine geistige Verwandtschaft ist da, denn das Interieur ist tatsächlich mehr von kultur- als architekturgeschichtlichem Belang. Das Interessante an der »romanischen Einrichtung« (was immer das heißen mag) ist eigentlich die eher literarische Collage von Gegenständen, mit deren Hilfe man eine »mittelalterliche Taverne« simulieren wollte.

Bäckerstraße 4, KIX, BH: Heinz Altmann, Peter Drobnik, E: Oskar Putz, 1988

Ein ganz und gar unwienerisches Lokal, aber direkt aus der Wiener Schule des malerischen Konstruktivismus kommend. Also doch wienerisch im Sinne einer immerwährenden Opposition gegen das Wienerische. Der Raum stellt die malerische Auseinandersetzung mit einer Gründerzeitbaustruktur dar, indem diese teilweise aufgelöst, teilweise in ihrer visuellen Materialität bestätigt wird. Es gibt interessante Übergänge, unaufgelöste Punkte (Störungen) und wieder in sich logisch fortschreitende Partien. Insgesamt ein anregender Raum, kontemplativ, ein Bild, in das man sich hineinsetzen kann und das viele »Sitzpunkte« der Betrachtung erlaubt.

Bäckerstraße 14, Oswald & Kalb, E: Kurt Kalb, 1979

Kurt Kalb hat hier ein Lokal eingerichtet (ein ehemaliges Viktualiengewölbe), das die Czechsche Doktrin des ästhetischen Schweigens ohne Hintertür auf den Nullpunkt bringt. Über einen Vorraum mit Theke — weder Bar noch Schwemme — (mit dem anschließenden Fragment von einem Stüberl) zwängt man sich in die Trilogie von Sitzgwölb, Speiseraum und Stammtisch, die von geheimnisvollen Regeln des Zugelassenseins verwaltet wird. Die Normalität ist exklusiv, beiläufig radikal, ohne Spuren von Bedeutsamkeit aufkommen zu lassen.

Bauernmarkt 10, Imbiß-Café Wrenkh, E: Gregor Eichinger, Christian Knechtl, 1989

Die Ästhetik des Wiener Beisels in den saalhohen, kahlen Räumen von Gründerzeithäusern, mit dunklen Wandverkleidungen und einfachen Tischen, wurde hier in ein präzises Spiel mit scheinbar gewöhnlichen Elementen transformiert. Die Vertäfelung ist tapetenartig entmaterialisiert, der Glasvorhang steht wie eine Klinge im Raum, die Tische urgieren hartnäckig die fünfziger Jahre. Und es handelt sich überhaupt um kein Beisel: der Saal wirkt wie von der Straße ins Haus geschoben und die schräge Auslage wie ein Rechen, an dem die vorbeischwimmenden Touristen hängenbleiben sollen. Eine Generation, die die vermutlich nie erlebte Atmosphäre eines OK oder einer WÖK sucht und sie, wie sollte es auch anders sein, als ästhetisches Programm wiederbelebt.

Franziskanerplatz 3, »Kleines Café«, BH: Ernst Neuffer, Hanno Pöschl, E: Hermann Czech, 1970, 1973/74

Man sollte hier daran erinnern, daß Hermann Czech am Beginn der sechziger Jahre ein Restaurant in der Hofburg einrichtete (inzwischen zerstört), wobei er sich weitgehend des Vokabulars von Josef Hoffmann — bis zur Verwendung von Originalmustern — bediente. So gesehen war das »Kleine Café« das absolute Gegenteil, das auf Grund der Geringfügigkeit des ersten Umbaus und der bestehenden Sachzwänge in Form von verwinkeltem Mauerwerk andere Maßnahmen erforderte. Der erste Teil ein reines Stehcafé (der tieferliegende Raum), erst die Erweiterung zum Franziskanerplatz hin machte aus dem Zwang eine Methode, wobei hier die Vorgangsweise eines Adolf Loos die adäquatere war. Das »Sichtbarste« ist zweifellos die Verspiegelung der Rückwände der Sitzbänke, der Materialwechsel bei den Pfeilern, die durchhängenden Stürze; die perfekten Ungenauigkeiten und die ausgeknobelten Zufälligkeiten entschlüsseln sich erst nach längerem, unbequemem Sitzen. Czech ist hier etwas gelungen, das die Architektur normalerweise erst im hohen Alter geschenkt bekommt: eine Atmosphäre, die durch Zeitschichten entsteht, durch Ramponiertes und Überpinseltes, durch irgendwie Stehengebliebenes. Inzwischen sind diese Qualitäten durch die Patina legitimiert, die Kunst ist in den Alltag zurückgekippt.

## Freyung 2, Restaurant »Im Ferstel« (Passage), BH: Adolf G. Frank, E: Franz Kuzmich, 1981

Geschickte Ausnutzung einer bestehenden Raumstruktur mit geringen Mitteln. Die Beschränkung auf das alles dominierende Weiß gibt dem Raum Volumen und betont gleichzeitig seine einprägsame Gestalt.

## Graben 31, Kaffee-Bar Europe, E: Rudolf Vorderegger, 1951

Das Espresso, mit einer Kaffee- und Eisbar im Obergeschoß, ist noch mit den charakteristischen Details der frühen fünfziger Jahre erhalten (Renovierung und Umbau 1969).

## Kärntner Durchgang, American Bar (Loos-Bar), E: Adolf Loos, 1908

Adolf Loos entwickelte keine ästhetischen Systeme, daher sind seine Arbeiten auch nicht rekonstruierbar. Trotz intensivster Befragung von Zeit- und Augenzeugen durch Hermann Czech bei der Rekonstruktion des querliegenden Schild-Prismas konnte sich niemand mehr an die Farben der Glasteile erinnern oder es kamen einander ausschließende Aussagen. Aber wenn man das Portal auch im Original vor sich hätte, es würde uns noch genügend Rätsel aufgeben. Handelt es sich um eine Art von Erinnerungscollage, die Loos aus Amerika mitbrachte, um einen liebgewordenen Topos aus Chicago oder um in den Secessionisten zum Trotz erfundenes Unikum? Es wäre sicher nicht gerade logisch, in Amerika für eine Bar das Emblem der Staatsflagge zu verwenden, von der Doppelbezeichnung »American Bar« und »Kärntner Bar« ganz zu schweigen. Das Portal ist ikonographisch überhaupt zwischen Ein- und Zweideutigkeit, zwischen repräsentativer Solidität und vorlautem Chichi angelegt, als wollte es den dahinterliegenden Ernst, die auf ein paar Kubikmeter zusammengepreßte Monumentalität verbergen. Das Lokal ist jedenfalls eine Meisterleistung an Raumökonomie in der von Loos strapazierten visuellen Minimum-Maximum-Relation. Wenn man vom Portal absieht, für das nur drei Prachtstücke von Pfeilern aus Skyros-Marmor zur Verfügung standen (so daß einer diagonal durchgeschnitten werden mußte, um die beiden äußeren zu bekommen), besteht der dreijochige Innenraum mit den kräftigen Kassettendecken de facto nur aus vier Halb- und vier Viertelpfeilern, die eine dreiseitige Verspiegelung der Wandfelder nicht nur zu sechs Voll- und zwei Halbpfeilern macht, sondern den Raum als Teil einer großen Halle erscheinen läßt. Wichtig für die Wirkung dieser Spiegelungen ist nicht nur das auf den Millimeter exakte Versetzen der Spiegel, sondern das Hochziehen der Mahagonipaneele auf 2,30 Meter, also über Augenhöhe, und das Behandeln der vierten Wand (an der Außenseite) mit durchscheinenden Onyxplatten, so daß der simulierte Raum beidseitig begrenzt erscheint und in einer Richtung ins »Endlose« geht. Gerade das Zurücknehmen in eine denkbare Realität erzeugt die perfekte Illusion. Daß damit das Problem der indirekten Belichtung und Belüftung gelöst wurde, sei nur nebenbei erwähnt. Das Lokal wurde (mit Ausnahme des Glasschildes durch Her-

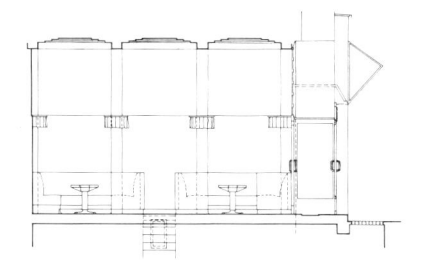

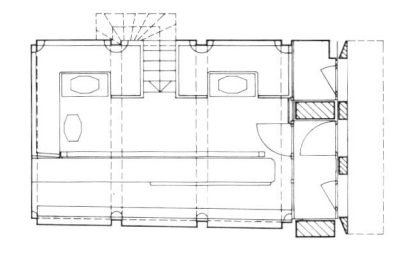

INNERE STADT

# 1. BEZIRK

mann Czech) 1989 von Burkhardt Rukschcio mit viel Einsatz renoviert, wobei einige freie Entscheidungen dem Architekten nicht erspart blieben. Das grüne Autoleder der Sitzbänke — ein ursprünglicher Wunsch von Loos, der zu seiner Zeit nicht erfüllt werden konnte — oder der breite Zitronenholzrahmen des kopierten Altenberg-Porträts (Gustav Jagerspacher) sind Interpretationen in einer Komplexität, die eben »logische Schlüsse« nur bedingt zuläßt und zur Diskussion in einem wiedergewonnenen »Sanctuarium« anregt (Foto um 1930, Zeichnung von Rukschcio).

## Kohlmarkt 5, Restaurant und Espresso Arabia, BH: Andreas Löcker, E: Oswald Haerdtl, 1950

Das »Arabia« war der spektakuläre Auftakt der Wiener Einbürgerung des Espressos; ein Akt, der dem grantelnden Wiener wieder einmal Untergangsstimmung verschaffte, obwohl es sich um einen äußerst lebensfreudigen, bunten, formenreichen und zukunftsorientierten »Stil« handelte. Das Lokal wurde im vorderen Bereich umgebaut, wobei nicht nur die Verkaufsvitrine ersetzt, sondern auch die Decke verändert und die charakteristische Malerei weggenommen wurde (E: Leopold Pretterhofer, 1967). Geblieben ist jedoch einiges von der Haerdtlschen Noblesse, vor allem was die mit Holz »gestaberlten« Wände betrifft.

## Kumpfgasse 7, »Santo spirito«, BH + E: Günter Rupp, 1981

# INNERE STADT

Eine augenzwinkernde »Postmoderne«, die den Zitaten weniger abverlangt, als sie vielleicht sagen könnten; ein paar Erinnerungen an Erinnerungen, Beschäftigung für die Augen, wenn sich nichts Interessanteres ein- oder danebenstellt.

## Löwelstraße 22, Café Landtmann, BH: Konrad Zauner, E: Ernst Meller, um 1924/25

Das aus den achtziger Jahren des vorigen Jahrhunderts stammende Kaffeehaus wurde nach dem Ersten Weltkrieg neugestaltet, wobei der große Saal von Ernst Meller gesichert ist. Der Ecksalon mit den Gipsfiguren als Wandreliefs verrät eine Nähe zur Wiener Werkstätte, die expressiven hölzernen Säulen im Entree stammen vom Bildhauer Hans Scheibner, 1929/30 (nach Wilfried Daim).

## Marco-d'Aviano-Gasse 1, »Reiss-Bar«, BH: Sparkling G.m.b.H., E: Coop Himmelblau (Wolf D. Prix, Helmut Swiczinsky), 1977

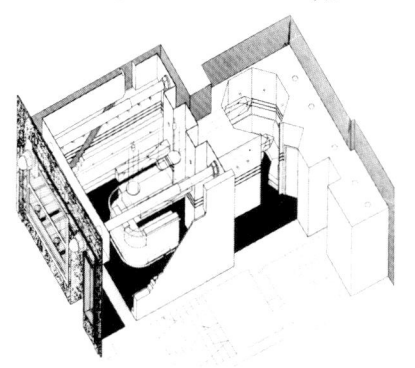

Offenbar war der Name »Reiss-Bar« inspirierender als die vorgefundenen Räumlichkeiten; so wurde die konstituierende Idee auch im Verbalen geboren und semantisch abgehandelt: für die fiktive Zahl von 66 Personen mußte der Raum in einer Richtung um 48 cm »gedehnt« werden, der entstandene Riß fordert nicht nur die teleskopartigen Schrauben (mehr Symbol der Dehnung als der Spannung), sondern auch eine Rechtschreibreform. Stoff genug für eine amüsierte Blödelei über Inhalte, der eine Form noch zu folgen vermag.

## Mölkerbastei 3, »Demmers Teehaus«, BH: Andreu Demmer, E: Luigi Blau, 1981

Das Teehaus, das inzwischen leider etwas verändert wurde, verbindet die Wiener Kultur der Raumnutzung mit einer sehr zurückhaltenden kritischen »Chinoiserie«: das gilt für die Holzarbeiten, für deren Dimensionierung und die Art der Verbindungen, die Teilungen der Fenster und Glaswände oder die Geländer und Möbel. Dabei ist es vor allem interessant, welch kleine Mengen von »ästhetischem Gewürz« genügen, um die Atmosphäre in eine leichte Exotik »hinüberkippen« zu lassen. Der hohe Raum und die Lage der Treppe und Galerie erlauben auch Assoziationen zum chinesischen Hofhaus. Diese Arbeit bringt einen weiteren Aspekt zum Thema Sprachlichkeit in die Wiener Architektur der Gegenwart.

## Rabensteig 5, Liederbar »Roter Engel«, E: Coop Himmelblau (Wolf D. Prix, Helmut Swiczinsky), MA: Joe Kollegger, 1980/81

»Roter Engel« als metaphorisches Bezugssystem für architektonische Fragmente — »die Flügel des Engels, die das Gewölbe durchschneiden« — aus verformtem Blech und Mauerwerk, Glasbausteinen etc. sind Installationen, die in die Kornhäuselsche Harmonie des Ensembles wie ein Blitz hineinfahren; nicht nur lesbar als Analogie zur Musik, aufgehängt an einer »zuckenden Tonlinie«, sondern auch als Haltung gegenüber einer hermetisch-harmonisierten Ästhetik. Die Eingriffe in die Bausubstanz sind tatsächlich substantiell, die Aufhängungen für die herausgenommenen tragenden Mauern befinden sich im 1. Stock. Umbau wird hier nicht, wie bei Czech, als Einstieg in eine Zeitsequenz verstanden, sondern eher als ein radikaler Transformationsprozeß, der durch Verletzungen die eigene Verletzlichkeit überspielt.

## Rathausplatz 1, Rathauskeller, E: Josef Urban, 1898/99

Von dem großen Ensemble an Sälen und Stüberln blieb nur mehr die Raumachse Rittersaal, Ratsherrn- und Augustinstüberl (früher Rathskeller, Rosenzimmer und Schwem-

# 1. BEZIRK

me) und das Ziehrer-Stüberl übrig. Alle anderen Räumlichkeiten wurden Mitte der sechziger Jahre und später einer neuen »gastronomischen Ästhetik« unterworfen. Bemerkenswert am historischen Rest ist eigentlich das malerische und ikonographische Programm, das, entsprechend dem bürgerlichen Selbstverständnis des späten 19. Jahrhunderts, in Sanges- und Festesfreude und in einer bemerkenswerten Geschichts-, Sagen- und Trinkfestigkeit bestand. Diese Welt festlicher Selbstverherrlichung eines Standes (im vermeintlichen Selbstverständnis der Stadt) hat sich in die neugotische Struktur des Hauses geschickt eingenistet, teilweise verunsichert durch die in diesen Jahren vital auftretende Secession. Das gigantische malerische und dekorative Programm wurde Heinrich Lefler übertragen, unter dessen Oberleitung dann Max Christian, Karl Gsur, Karl Haßmann, Richard Harlfinger, Julius Radl, Hans Ranzoni, Max Suppantschitsch und Karl Gottfried Wilda arbeiteten.

## Rotgasse 8, Restaurant KIANG, BH: Thomas Kiang, E: Helmut Richter, Richter-Gerngroß, 1984/85

»Architektur ist das, was es ist, es ist eine Tatsache — Tatsachen können wir nicht verstehen... Die Methode sei der ständige Zweifel, die Kontrolle, die Korrektur«, schreibt Helmut Richter, der auch für das Design des Restaurants verantwortlich zeichnet. Man könnte ergänzen: diese Methode ist hier abgehoben vom Inhalt, wenn man von den »Tatsachen« absieht, denen eben ein Restaurant unterliegt. Es gibt in der Tat kein ästhetisches System, das zur Interpretation tendiert, und es gibt schon gar nicht die verlockende Semantik, weder zum Chinesischen noch zum Wienerischen. Trotzdem führten aber »Zweifel, Kontrolle und Korrektur« zu einem geschlossenen Ganzen, das sich in den direkten Material- und Formbeziehungen legitimiert und das schließlich ein Interieur schuf, dessen Logik zwar nicht beschreibbar ist, aber man vor Ort als schlüssige »Tatsache« registrieren kann. Der apodiktisch vorgetragene Satz: »In der Architektur gibt es weder apodiktische noch allgemein gültige Sätze« führte jedenfalls zu einer apodiktisch präzisen Architektur, die hinter der oder durch die Materialität der Dinge eine Verdichtung erträumt, auch dann, wenn sie von ihren Erfindern nicht zugelassen wäre.

## Ruprechtsplatz 1, Restaurant »Salzamt«, BH: Monika Banicevic-Pöschl, Tale Banicevic, Denise Steiner-Herz, E: Hermann Czech, 1981 bis 1983

Bei der Beschreibung der Lokale wird einem bewußt, daß offenbar der Wiener Architekt nirgends so grundsätzlich wird wie beim Wirtshaus. Auch das »Salzamt« (versickerter Topos bürokratischer Hoffnungslosigkeit mit Monopolanspruch) ist ein architektonisches Manifest, dessen präzise Gewöhnlichkeit das Gewohnte zum artifiziellen System erhebt, das eben nur mit Akribie geplant werden kann. Czech strebte eine kommunikative Einrichtung an, wobei der Aufstellung der Tische und dem künstlichen Streulicht (in Form von niederen Lichtquellen, die nur auf Kandelabern möglich sind) eine besondere Funktion von »Trennung und Verbindung« der Tischgesellschaften zufällt. Die demonstrativ als lasiert bemalte Kastenrohre aufgehängte Luftleitung (Motto: Was man sieht, muß weniger funktionieren) unterstreicht die Charakteristik des langen Saals mit Gurtbögen, dessen räumliche Figur gleichzeitig durch subtile Methoden (leichte Ausbauchung aller Längslinien, etwas durchhängender Boden) visuell unterstrichen wird. Einer eigenen Philosophie entstammt das Entree mit Bar- und Kaffeehauscharakter, wobei die freistehende elliptische Bar ein leichtes Fluktuieren bei den Stehplätzen ermöglicht und auch im Gedränge ein »offenes System« bewahrt. Die venezianischen Luster sind eher zur Irritation des kritischen Beschauers als zur Beleuchtung aufgehängt, die verspiegelten Pfeilernischen bestrafen den sich Aussondernden durch eine endlose Widerspiegelung seiner Situation (Mitarbeiter: Johannes Gritzner, Paul Katzberger, Walter Gruss).

## Schönlaterngasse 8, »Wunderbar«, BH: Monika Pöschl, Eva Gerl, E: Hermann Czech, 1975/76

# INNERE STADT

Hier ist der Czechsche Dualismus vom handsamen, haptisch ausgeknobelten Barambiente und der kontemplativen visuellen Ebene besonders ausgeprägt: die »gotischen« Kreuzgewölbe simulieren als der »am leichtesten erkennbare Stil« Geschichte. Aus ökonomischen, aber auch aus Gründen der Inkongruenz mit den vorhandenen Gewölben sind die aufgehängten Holzgrate nur als archäologische Andeutungen verwendet, Prinzip: Die beste Simulation von Historizität ist der Hinweis — was prompt einen wohlwollenden Barbesucher bei der Eröffnung zur Bemerkung veranlaßte, Czech verstünde schon gar nichts von gotischen Gewölben. Heute ist die Spielebene für die Augen eingeraucht, das Simulierende mit dem Tatsächlichen zu einer Einheit verschmolzen; mancher mag noch die weiblichen und männlichen Waden der Polsterbankbeine entdecken. Geblieben ist eine brauchbare Bar ohne Wunder.

Singerstraße 7, »Deutsches Haus« (Hof), Planendach, um 1900

Die zart konstruierten, weit ausladenden Planendächer waren einst ein gewohntes Element in der Stadt des 19. Jahrhunderts. Heute ist dieser mikroklimatische Kastanienersatz bereits zu einer besonderen Seltenheit geworden.

Stubenring 24, Café-Restaurant Prückel, BH: Fritz Palouda, E: Oswald Haerdtl, 1955

Haerdtl, der besonders bei seinen Espressi durch eine virtuose Detailbeherrschung zum Spielerischen, ja Verspielten neigte, hat sich hier mit Großzügigkeit und Gelassenheit dem klassischen Typ des Ringstraßencafés angenähert: der winkelförmige Saal mit den raumhohen Fenstern wurde auf der Ringseite durch eine verspiegelte Wand illusionistisch verdoppelt, während die andere Seite in einen weiteren Raum (Spielzimmer) übergeht. Besonders interessant ist die optische Erweiterung des Eckbereiches durch Spiegel (gegenüber dem Eingang), hinter der sich eine tatsächliche Erweiterung in Form eines geschützten, intimeren Raumes befindet. Die kleinteilige Möblierung bildet zu den großen Linien des Raumes einen unterstreichenden Gegensatz.

Volksgarten, Restaurant und Tanzcafé, BH: Bundesministerium für Land- und Forstwirtschaft, E: Oswald Haerdtl, A: Karl Schramel, 1954—58

Das Volksgartenrestaurant und Tanzcafé (Vorentwurf 1948) ist einer der schönsten und charakteristischsten Bauten der fünfziger Jahre. Haerdtl hatte die Aufgabe, einen teilweise zerstörten klassizistischen Kaffeepavillon (Peter Nobile, 1823) — eine halbkreisförmige Kolonnade — in das neue Konzept einzubeziehen. Sie umfaßt heute, zum Volksgarten hin, eine Terrasse mit Tanzfläche. Auf der Ringseite liegt ein Atriumsaal als Café (mit üppiger Vegetation) und spiegelbildlich dazu eine ausgedehnte Bar mit dazwischenliegender Tanzfläche. Der in der Mitte liegende Eingang vom Ring her wurde aufgelassen und durch eine Theke ersetzt. Wenn man von kleineren Veränderungen absieht, ist das prächtige Interieur aus Marmor, Edelholzfurnieren, raffinierter Verwendung von Spiegeln, natürlichem und künstlichem Licht sowie gediegenem Mobiliar noch erhalten, vor allem aber die Atmosphäre und die Botschaft dieser Architektur von einer besseren und heiteren Zukunft.

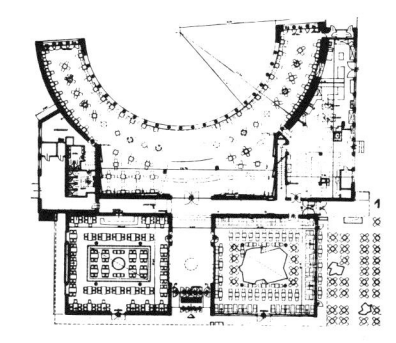

# 1. BEZIRK

## Burggarten, Palmenhaus, BH: K. k. Hofmeisteramt, E: Friedrich Ohmann, 1899, 1901 bis 1906

Das Palmenhaus im Burggarten, das in einem langwierigen Planungs- und Bauprozeß anstelle des abgebrochenen »Glashauses im Kaisergarten« als »Neuer Wintergarten« gebaut wurde, war sicher in der konstruktiven Entwicklung des Glashauses keine Pionierleistung. Genial war vielmehr die Einbindung in das bestehende Ensemble von Neuer Hofburg (deren Bauleitung Ohmann zu dieser Zeit innehatte), Nationalbibliothek und dem Palais des Erzherzogs Friedrich (Albertina), wobei Ohmann vielleicht einige abweichende Wünsche (wie etwa nach einem Gartensaal) entgegenkamen. Durch die Einführung von massiven, steingemauerten Risaliten schuf sich Ohmann die Gelegenheit, auf die starke Steinstruktur der Fassade der Neuen Hofburg zu reagieren, während die kupfernen Zeltdächer zur Nationalbibliothek »hinübergrüßen«; den Rhythmus der Attika der Albertina findet man in der Glasteilung des rechten Seitentrakts (zur Goethegasse hin) wieder. Abgesehen von diesen Detailverweisen zeigt das Palmenhaus einen kaum beschreibbaren Verschnitt von Späthistorismus, Barock und Moderne, wobei Ohmann, neben den strukturalen Entscheidungen, die detailreiche Polarität von Stein- und Glas-Eisen-Bau, aber auch das »Impressionistische« (unterstrichen durch einen sehr durchgestalteten bildhauerischen Schmuck) offenbar am Herzen lag. Ohmanns künstlerisches Temperament und seine mit einer hohen Zeichenkultur verbundene formale Erfindungskraft engagierten sich sehr bewußt in der Verwirklichung von Stimmungsqualitäten. Er ließ sich auf die Atmosphäre und auf die Träume des Fin de siècle ein, strebte also nicht nach der rationalen Schärfe eines Otto Wagner; seine Sensibilität lag im Reagieren, nicht im Entwurf »geschlossener Systeme«. So betrachtet, ist das Palmenhaus, auch in der Verwendung moderner Baustoffe — Glas und Eisen — eine poetische Collage aus sehr unterschiedlichen Elementen, wobei allerdings eine emotionalisierte Barockinterpretation Pate stand. Der Bau ist in seiner gestalterischen Komplexität einer der schönsten der Wiener Architektur der Jahrhundertwende — und seit 1980 wegen Baufälligkeit gesperrt. (Inf.: Claude Kühne, Johanna Rainer)

# INNERE STADT

Johannesgasse/Stadtpark, Wienflußportal, BH: Stadt Wien, E: Friedrich Ohmann, Josef Hackhofer, A: Narinelli & Faccanoni, 1903—06

Friedrich Ohmann hatte zunächst als »Hilfskraft« für die Wasserbauabteilung der Stadt Wien gearbeitet und wurde 1898, nach dem Tode von Rudolf Krieghammer (von dem ein allgemein geschätztes Vorprojekt für die Wienflußufergestaltung existierte), mit der Bearbeitung sämtlicher Hochbauten und Brücken im Bereich der Wienflußregulierung betraut. Ab diesem Zeitpunkt datiert auch die Zusammenarbeit mit Josef Hackhofer. Bis 1903 wurden das Wienflußaufsichtsgebäude in Hadersdorf-Weidlingau, die Hietzinger und die Schönbrunner Brücke sowie die Fassadentypen für die Betonbrücken geschaffen. Ab 1904 erfolgten die Detailplanung der Portalanlage Johannesgasse, der Gewölbeabschluß und die Wienflußterrassen im Stadtpark, Beleuchtungs- und Bepflanzungsanlagen, ein nicht ausgeführtes Grottenprojekt, die Milchtrinkhalle, die Stuben-, Marxer- und Radetzkybrücke sowie der Zollamtssteg. Außerdem wurden alle bestehenden Brücken saniert. Obwohl von seiten der Beamtenschaft (Stadtbaudirektor Franz Berger, AB: Ludwig Lepuschitz, BL: Franz Kindermann u.a.) die Arbeiten sehr unterstützt wurden, fehlte dem großen Bauvorhaben die politische Protektion. So konnte zwar der architektonische Brennpunkt, das Portal und der Gewölbeabschluß, mit der Ohmannschen barock-impressionistischen Vision von einer großstädtischen Parklandschaft mit Krämpfen baulich gerade noch fertiggestellt werden, zur Aufstellung der vorgeschlagenen Brunnenplastiken und zur Ausführung des Wasservorhangs (vor dem oft »überriechenden Loch«) kam es dann nicht mehr. Die Planer hatten auch ein schwieriges städtebauliches Problem zu lösen, da durch eine spätere Verschwenkung der Achse des Wienflusses diese mit der Achse der Lothringerstraße nicht mehr übereinstimmte und dieser Konflikt im Portal ausgeglichen werden mußte.

81

## 1. BEZIRK

**Freyung, Platz-Oberflächengestaltung, BH: Stadt Wien, E: Otto Häuselmayer, Statik: Wolfdietrich Ziesel, 1988/89**

Das Problem liegt unter der Erde in Form einer Großgarage für 600 Stellplätze; der ruhigen Pflasterung des Platzes, der Erhaltung der Oberflächengefälle, der Kaschierung der Abfahrt hinter einer besonders zart konstruierten Pergola (in der Bauflucht des ehemaligen Harrachschen Gartenpavillons) ist nur mehr die Bandbreite einer — wenn auch bedächtigen — Stadtkosmetik gestattet.

**Karlsplatz, ehem. Stadtbahnhaltestellen, E: Otto Wagner, 1898/99**

Die beiden ehemaligen Stadtbahnhaltestellen standen im Kreuzungspunkt der Achse der Karlskirche und der Akademiestraße auf der Ebene des Karlsplatzes und stellten gegenläufig die Abgänge zur Stadtbahn her. Durch den Neubau der U-Bahnstation und die totale Umgestaltung des Karlsplatzes im Konflikt zwischen technischem Großbauwerk und Rückgewinnung von »Natur«, wurden die beiden Pavillons zwar renoviert, aber aus ihrem Leistungszusammenhang gerissen und mit Neuwidmung ungefähr an der historischen Stelle wiedererrichtet. Denkmalpflegerisch ein Beispiel dafür, daß man zwar ein Objekt scheinbar in seiner physischen Substanz konservieren, es aber durch die Vernichtung des Sinnzusammenhangs zu einer Attrappe seiner selbst verwandeln kann. Wagner hat mit diesen beiden Stationsbauten den Höhepunkt seiner Dialektik von Zweck und Poesie, Konstruktion und Dekoration (innerhalb der Stadtbahnplanung) erreicht, wobei sein strenger Rationalismus fast mit dem secessionistisch geprägten Dekor in Konkurrenz geriet. Abgesehen von der stadträumlichen Bezugnahme zur Karlskirche und den Tonnen der Pavillondächer kleine Reverenzen gegenüber der den Platz beherrschenden Kuppel. Wagner hat hier jedenfalls versucht, seine Forderung an die Architektur der Zukunft selbst einzulösen: ». . . unser Gefühl muss uns aber heute sagen, dass die tragende und stützende Linie, die tafelförmige Durchbildung der Fläche, die grösste Einfachheit und ein energisches Vortreten von Konstruktion und Material bei der künftigen, neuerstehenden Kunstform stark dominieren werden«.

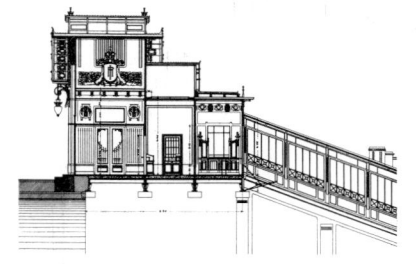

**Kärntner Straße, Fußgängerzone, E: Wilhelm Holzbauer, Wolfgang und Traude Windbrechtinger, 1972—78**

**Oskar-Kokoschka-Platz, Kleine Marxer Brücke, 1897—1900**

# INNERE STADT

Opernring/Kärntner Straße, Opernpassage, BH: Stadt Wien, E + BL: Stadtbauamt, AG: Adolf Hoch, 1952—55

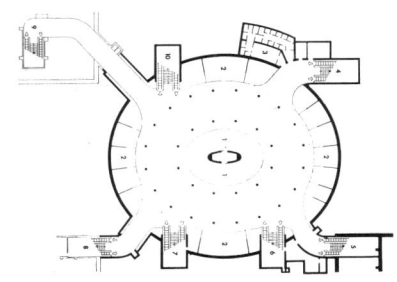

Die Opernpassage war der erste derartige Verkehrsbau im Bereich des Ringes bis zum Schottentor. Für die Anlage sprach die starke Frequenz der Kreuzung (täglich 90.000 Fußgeher) und die hohe Zahl der Verkehrsunfälle. Die Alternativen einer Unterfahrung des Ringes oder der Kärntner Straße wurden aus städtebaulichen Gründen ausgeschlossen. Mit der folgenden Verwandlung der Kärntner Straße in eine Fußgängerzone hätte sich zwar der Fahrverkehr wesentlich entschärft, aber der spätere U-Bahnknoten hat die Passagenlösung schließlich doch legitimiert. Die ellipsenförmige Anlage — konzipiert als »lichtdurchflutete Halle« — mit einer Achsenlänge von 56 x 51 m, um sich den Gehlinien gut anzupassen, zählt heute zu den unverwechselbaren Bauten der fünfziger Jahre, wobei nicht nur das Design von Konstruktion, Decke und Beleuchtung, sondern auch das in der Mitte liegende Espresso und der »Kranz« von 18 Geschäften zur besonderen Atmosphäre beitragen.

Schallautzerstraße, Zollamtssteg, BH: Stadt Wien, E: Friedrich Ohmann, Josef Hackhofer, 1903—06

Der Zollamtssteg, der durch den Bau des ehemaligen Kriegsministeriums (heute Regierungsgebäude) praktisch seine Funktion verloren hat (da der Weg durch das Gebäude versperrt wurde), ist nur mehr als ein städtebauliches Schmuckstück zu betrachten. Genaugenommen stellt die elegante Bogenkonstruktion die ästhetische Reparatur jenes ungelösten Punktes im regulierten Wienflußbecken dar, den die diagonal querende Stadtbahn hinterlassen hat. Zu beachten ist vor allem, daß der Steg, ganz im Sinne des damaligen Verständnisses von einer Brücke, in beiden Achsen (in der Fluß- wie in der Gehrichtung) als architektonisches Objekt mit starker Raumwirkung konzipiert ist.

Schottenring, Stationsgebäude der U4, BH: Wiener Stadtwerke-Verkehrsbetriebe, E: Architektengruppe U-Bahn (Wilhelm Holzbauer, Heinz Marschalek, Georg Ladstätter, Norbert Gantar), 1971—81

Beim Wettbewerb für die architektonische Ausgestaltung der U-Bahn (1970) waren die wesentlichen baulichen und konstruktiven Entscheidungen bereits gefallen, so daß es sich eigentlich nur mehr um eine mehr oder weniger selbständige Auskleidung handeln konnte. Es wurde aus dieser Not insofern eine Tugend gemacht, als man sich vorweg für ein »Raum-im-Raum-System« entschloß, das heißt durch

# 1. BEZIRK

eine Elementbauweise bei den Stationen eine unabhängige, abschirmende Raumhülle zu schaffen, die zu den roh belassenen Teilen der Fahrbereiche einen starken Gegensatz herstellte. In diesem Zusammenhang entschied man sich weiters (innerhalb des visuellen Leitsystems) für eine optische Einheitlichkeit der Linien (U 1 = rot, U 4 = grün etc.), wodurch es möglich wurde, für alle Raum- und Einbauelemente (Sitzbänke, Papierkörbe, Informationsvitrinen, Fahrkartenautomaten etc.) ein einheitliches Wandflächensystem herzustellen. Die schwierige Gestaltungs- und Koordinationsaufgabe lag vor allem darin, das Bausystem so flexibel zu gestalten, daß es sich auch an die bestehenden Stationen der U 4 anpassen konnte, beziehungsweise daß es möglich wurde, einen verträglichen Dialog von Neubau und Altbestand herzustellen. Bei den Stationen im Bereich des 1. Bezirks (also Schottenring, Schweden- und Stephansplatz — die Station Karlsplatz wurde von Kurt Schlauss betreut) handelt es sich um Neubauten, da die Otto-Wagner-Stationen der Kai-Linie im Krieg zerstört wurden. Die hier verwendeten Fotos zeigen einerseits den Eingangspavillon der Station Schottenring, andererseits eine Bahnsteigaufnahme von der Station am Stephansplatz. Die U-Bahn wird insgesamt noch in einem gesonderten Abschnitt im zweiten Teil des Bandes III behandelt.

## Schottentor, Verkehrsbauwerk, BH: Stadt Wien, E: Stadtbauamt, Innengestaltung: Kurt Schlauss, 1957—61

## Stadtpark, Stadtparksteg, BH: Stadt Wien und Zentralsparkasse und Kommerzbank der Gemeinde Wien, E: Hermann Czech, A: Waagner-Biró AG, Statik: Alfred Pauser, 1985/86

Czech hat sich gegenüber dem markanten Zollamtssteg zu einer »abweichenden Wiederholung« entschieden, wobei die Beschaffenheit und Lage des Vorkais die Logik der Konstruktion unterstreichen. Auch hier eine betonte Räumlichkeit der Brücke, die mit dem Durchhängen der Gehfläche und deren Ausbuchtung (in die Rahmen der Bögen als Steh- und Aussichtsfläche) besonders betont wird. Die alten Brückenwiderlager auf der Parkebene sollten »übergroße« Figuren aus Keramik aufnehmen, die aber bis jetzt nicht ausgeführt sind. (MA: Walter Michl, Wolfgang Podgorschek, Michael Loudon)

## Stadtpark, Kleine Ungarbrücke, BH: Stadt Wien, E: Stadtbauamt, A: Enrico Peregrini, Michele Calderai, Giuseppe Feltrinelli & Co., Eisenkonstruktion: Anton Biró, 1898 (Renovierung: 1978—80)

Die Brücke besteht aus sieben Trägern der ehemaligen Tegetthoffbrücke (Johannesgasse, 1870—72), wobei man auch die dekorativen Teile wieder verwendete.

## Uraniastraße, Radetzkybrücke, BH: Stadt Wien, E: Friedrich Ohmann, Josef Hackhofer, BL: Stadtbauamt, A: Enrico Peregrini, Michele Calderai, Giuseppe Feltrinelli & Co., Eisenkonstruktion: R. Ph. Waagner, 1899/1900

## Wipplinger Straße — Tiefer Graben, Hohe Brücke, BH: Stadt Wien, E: Josef Hackhofer, Statik: Karl Christl, BL: Stadtbauamt, A: Heinz Gerl, Eisenkonstruktion: Anton Biró, 1903/04

Die nur 15 m über dem Tiefen Graben gespannte Brücke war natürlich kein konstruktives Problem, ihre Erscheinung in der einmaligen topographischen Situation und die Verbindung der beiden Straßenebenen aber wohl ein architektonisches. Hackhofer entschied sich für eine totale Verkleidung des Tragwerks, wobei ihm, in Verbindung mit der Schaukastenwand, eine schöne Flächenstrukturierung gelang, die dann bei den vorkragenden Gehsteigen, den Geländern und Kandelabern in einen üppigen Jugendstil übergeht.

# 2. Bezirk: LEOPOLDSTADT

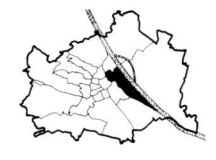

Es gehört zum Zynismus der Geschichte, daß gerade jener Bezirk nach Kaiser Leopold I. benannt wurde, in dem dieser die erste große Judenvertreibung anordnete (1670, Auflösung des Gettos mit 136 Häusern). Wenn man von der Brückenkopfsiedlung, dem Unteren Werd, der Vorstadt Jägerzeile (Ansiedlung der Hofjäger für die Praterauen, heute Praterstraße) und der westlich der Taborstraße zum Augarten hin liegenden Judenstadt absieht, bestand das Gebiet der Leopoldstadt aus jener wasserdurchzogenen Insel zwischen heutigem Donaukanal und der Alten Donau, die auch die Brigittenau, Zwischenbrücken und Teile von Aspern, Kaiser-Ebersdorf und Stadlau mit einschloß. Erst durch die Donauregulierung (1869—75), die Abtrennung der Brigittenau (1900, 20. Bezirk) und von Kaisermühlen (22. Bezirk) entstand das heutige Gebiet des Bezirks, das noch in Teilen die Charakteristik einer Insel bewahrt hat. Der bis zur Donauregulierung immer wieder von Naturkatastrophen heimgesuchte Stadtteil (Hochwässer, Eisstöße) war als Brückenkopfsiedlung und Vorstadt eng mit den Geschicken der Stadt verbunden, das heißt, es wurden auch Konflikte (siehe Juden) in die Vorstadt ausgelagert. So spielte die Leopoldstadt eine wichtige Rolle in der Wiener Sozialgeschichte, was etwa die 5000 Toten bei der Revolution von 1848 bestätigen. Unter vielen Massenveranstaltungen wurde zum Beispiel die erste 1.-Mai-Feier 1890 im Prater abgehalten.

Noch um die Jahrhundertwende war die Leopoldstadt mit über 144.000 Einwohnern nach Ottakring der bevölkerungsreichste Bezirk. Nach der Diktion der damaligen Statistiken waren 36 Prozent der Einwohner mosaischen Glaubens. Der Bezirk war und blieb durch seine geographische Lage und die späteren Bahnhöfe (Nordbahn ab 1838, Nordwestbahn ab 1868) ein Zuwandererbezirk mit einer starken Fluktuation der Bewohner.

Während sich bis zur Mitte des 19. Jahrhunderts das fächerförmig geteilte Siedlungsgebiet zwischen Donaukanal, Praterstern und Augarten auffüllte (1832 bestand die Bevölkerung, neben 220 Adeligen und 450 Beamten, überwiegend noch aus Küchengärtnern, Sattlern, Fischern und Schiffmeistern), kamen die großen städtebaulichen Impulse erst nach der Donauregulierung, der Weltausstellung (1873) und mit dem Bau der Bahnen und der Intensivierung der Donauschiffahrt (ab 1837). Die 1859 angelegte Verbindungsbahn (heute Schnellbahntrasse) teilte den Bezirk, wobei das im Segment zwischen Lassalle- und Nordbahnstraße liegende Bahngelände (heute »innerstädtisches Hoffnungsgebiet«) ein Zusätzliches leistete. Lediglich der ursprünglich »Donaustadt« genannte Keil zwischen Lassalle- und Ausstellungsstraße ist gegenüber den historischen Quartieren als planmäßig angelegter, allerdings aus hygienischen und ästhetischen Gründen früh kritisierter Stadtteil anzusehen. Der aus drei Achsen gebildete Praterstern (Prater- und Lassallestraße, Heinestraße — Hauptallee, Nordbahn- und Franzensbrückenstraße), der sich zumindest auf dem Stadtplan sehr großstädtisch ausnimmt, markiert in Wirklichkeit eine Grenze von alter Bezirksbebauung zum Prater und fächert so unterschiedliche Nutzungen wie gemischte Wohnquartiere, Bahnflächen, Vergnügungsparks (Wurstelprater), Parklandschaft und gehobenes »Cottage«, auf.

Die Leopoldstadt, in der Fläche mit 19,27 km² sechseinhalb mal so groß wie die Innere Stadt, lag von Anfang an im Spannungsfeld von ärmlicher Vorstadt und adeligem Erholungs- und Vergnügungsterrain. Die Grundlage dafür boten die ausgedehnten Aulandschaften, eben der Prater, dessen Hauptallee schon 1537/38 angelegt wurde, und der Augarten (entstanden 1650, für die Bevölkerung geöffnet durch Joseph II. 1775); die Verbindung von Augarten—Praterstern—Lusthaus bildet die große Nordwest-Südostachse, mit allerdings mehr symbolischer als verkehrstechnischer Bedeutung. Die viereinhalb Kilometer lange Praterhauptallee ist heute eine Spazier- und Flanierstraße. Eine Kette neuer Nutzungen wurde durch die Weltausstellung 1873 ausgelöst, die etwa auf dem heutigen Messegelände situiert war. Sie führte nicht nur zur baulichen Aufwertung einzelner Straßenzüge, zur Regulierung des Praters (auch in Zusammenhang mit der Donauregulierung), sondern auch zu einem Boom von Brückenbauten: Nordwestbahnbrücke, 1872; Reichsbrücke, 1872—76; Sophienbrücke, später Rotundenbrücke, 1872; Kaiser Josephs-Brücke, später Stadionbrücke, 1873; Augartenbrücke, 1873; Nordbahn- und Floridsdorfer Brücke, 1874. Das Ende der siebziger Jahre — nach dem Börsenkrach, der Pleite der Weltausstellung und dem Bismarckbesuch 1879 — wird auch als ein Entstehungsdatum des Wiener Antisemitismus angegeben, wobei es sich jedoch »nur« um eine öffentliche »Inthronisation« handeln konnte.

Schon in den sechziger Jahren entstanden Ideen, in der Leopoldstadt ethnographisch bestimmte Quartiere (etwa für Italiener) anzulegen und dies auch in der Architektur auszudrücken. Wenn man vom viel später entstandenen Dogenhof (einer privaten Verbeugung vor Venedig) absieht, dürfte aber diese Idee nur auf den in einen Vergnügungspark umgewandelten Kaisergarten gewirkt haben (nach dessen Verkauf an eine englische Gesellschaft, 1891), wo ein »Venedig in Wien« oder eine »Internationale Stadt« mit ägyptischen, japanischen und spanischen Straßenzügen errichtet wurde.

Der Prater zog auch schon im 19. Jahrhundert Sportstätten an, zunächst für die Galopper und Traber, Rennbahnen in der Freudenau und Krieau, ab der Jahrhundertwende den Radsport, bis schließlich in den späten zwanziger Jahren das Stadion und in der Nähe das Stadionbad gebaut wurden. Im Zusammenhang mit dem Wurstelprater und seinen Attraktionen entstanden auch viele Gastbetriebe und Ausflugscafés.

Ein trauriges Kapitel der Stadtplanung stellen die zahlreichen Entwürfe dar, die während des »Dritten Reiches« unter dem Motto »Wien an die Donau« durchgeführt wurden und die zur Auslöschung der Leopoldstadt führen sollten. Hier wäre die Tatsache der Vertreibung der Wiener Juden mit Prachtstraßen und Aufmarschplätzen zugedeckt worden. Die Bombenschäden des Zweiten Weltkrieges, die durch die Kämpfe in den letzten Kriegstagen, vor allem im Prater, noch bedeutend vermehrt wurden, gaben 1946 Anlaß zu einem groß angelegten »Wettbewerb Donaukanal«, wobei wieder (oder noch immer) Ideen, wie die Schließung der Ringstraße über das Zentrum der Leopoldstadt, auftauchten. Die späteren, ehrgeizigen Baumaßnahmen konzentrierten sich jedoch auf das Kanalufer, zum geringeren Vorteil dieses innerstädtischen Raumes.

In den fünfziger und sechziger Jahren wurde der Prater zu einem vielfältigen Naherholungsraum ausgebaut, wobei bestehende Einrichtungen erweitert (Stadion, Stadionbad) und neue (Radstadion, Sportplätze etc.) errichtet wurden. Die das Donauufer begleitende Spange — zwischen Vorgartenstraße und Handelskai —, traditioneller Standort für Industrie- und Verkehrseinrichtungen (Straßenbahnremise, Autobus-Großgarage), wurde schon in den zwanziger Jahren durch Wohnanlagen aufgewertet, eine Entwicklung, die bis heute, vor allem durch die Stadt, fortgeführt wurde. Ein soziokulturelles Phänomen eigener Struktur und Atmosphäre stellt heute der Mexiko-Platz dar, der zu einem in einer Grauzone angesiedelten Umschlagplatz für einen bunt gemischten

»Osthandel« wurde. Auslösender Faktor war die dort ausgebaute Station für die Donauschiffahrt.

Der Bau der U-Bahn im Zusammenhang mit der neuen Reichsbrücke, der Standort der UNO-City und des Austria-(Konferenz-)Centers, also der Ausbau der Achse Zentrum — Kagran, hat bereits zu einer Bewegung am Bodenmarkt geführt, die Weltausstellung von 1995 wird den Ausbau der Lassallestraße (mit dem Hintergrund des Nordbahngeländes) noch beschleunigen. Die Leopoldstadt zählt heute immer noch — nach Favoriten, Floridsdorf und Kagran — zu den einwohnerstärksten Bezirken Wiens. Durch die enorme Längsausdehnung, die ausgeprägten Verkehrslinien, die historischen Grünräume und die nach wie vor wirksame Insellage entstanden sehr unterschiedliche Wohnsituationen, die von mittelalterlichen Gassenstrukturen über gründerzeitliche Rasterquartiere bis zu nobleren Villenvierteln reichen. So wird die geographische Nähe zur »Stadt« mit einer psychologischen Ferne verknüpft, deren Barriere nicht nur der Donaukanal, sondern noch viel mehr die soziale und ethnographische Vielfalt darstellt. Aus dieser Aufgabenvielfalt ist auch die hohe Anzahl von Architekten zu erklären, die in der Leopoldstadt gebaut haben und von denen hier nur die bekanntesten erwähnt werden können. Von der Jahrhundertwende bis 1918: Arthur Baron, Bruno Bauer, Brüder Drexler, Heinrich Goldemund, Arnold Hatschek, Emil Hoppe (mit Marcel Kammerer, Otto Schönthal), Oskar Marmorek, Richard Modern, Franz Ritter von Neumann, Joseph M. Olbrich, Rudolf Perco (mit Georg Spielmann), Erwin Raimann, Ignaz Reiser, Friedrich Schön, Siegfried Theiss und Hans Jaksch, Otto Wagner sowie Eduard Zotter. Von 1918 bis 1945: Hubert Gessner, Erich F. Leischner, Otto Nadel, Konstantin Peller, Otto Prutscher, Franz Schacherl, Friedrich Schloßberg, Theodor Schöll, Otto Ernst Schweizer, Friedrich Tamms, Hans Adolf Vetter und Fritz Waage. Von 1945 bis heute: Carl Appel, Carl Auböck, Erich Boltenstern, Oswald Haerdtl, Adolf Hoch, Karl Raimund Lorenz, Wilhelm Schütte und Walter Stelzhammer.

## 2. BEZIRK

Engerthstraße 153—157, BH: Pensionsversicherungsanstalt für Angestellte, E: Kurt Hlaweniczka, Hannes Lintl, Statik: Emil Jacubec, A: Porr, Neue Reformbau, Hofman & Maculan, Mayreder, WIBEBA, 1977—81 (siehe Band III/2, Zusammenfassung)

Frachtenbahnhof Wien-Nord, BH: ADRIA, Internationale Speditions AG, E: Heinz Marschalek, Georg Ladstätter, A: Hofman & Maculan, 1985/86

Freudenauer Hafenstraße 8—10, BH: TRANS-NAUTIC Überseeschiffahrtsagentur, E: Heinz Marschalek, Georg Ladstätter, 1979—82

Der Entwurf ist noch unberührt von der kommerziellen Auswertung der »Postmoderne«, er orientiert sich eher an den Regeln des »Internationalen Stils« der dreißiger Jahre, vielleicht auch provoziert durch das extrem schmale Grundstück, das einen hohen, einhüftigen Baukörper verlangt. Der naheliegenden Metapher »Schiff« wurde ebenfalls widerstanden, hingegen ist die Vertikalität des Baukörpers durch Fluchttreppe und Aufzugturm betont.

Handelskai 265 (Mexikoplatz), Schiffahrtszentrum Wien, BH: Erste Donau-Dampfschiffahrts-Gesellschaft, E: Heinz Scheide, MA: Karl Zimmermann, BL: Josef Mladoschitz, Statik: Ernst Heintz, A: Julius Eberhardt, 1979—81

Das Gebäude besteht im wesentlichen aus den Einrichtungen für die Passagiere (Passagierhalle, Zollhalle, Reisedienst, Restaurant etc.) und dem handelskaiseitigen, mehrgeschossigen Verwaltungstrakt mit dem flußabwärts eingebauten Matrosenheim. Der Bau sitzt auf dem Hochwasserdamm (8 m über Wiener Niveau), dessen Krone durch eine Fußgängerpassage begangen werden kann. Die Architektur des Schiffahrtszentrums übernimmt vordergründig die Gestik einer »Dampferarchitektur«, ohne wirklich zu den Problemen einer echten Transformation vorzudringen.

Obere Donaustraße 49—53, »Liebermannhof«, BH: Wiener Städtische Wechselseitige Versicherungsanstalt, E: Erich Boltenstern, 1961—64

Praterstern / Lassallestraße, Hauptverwaltung IBM, E: Wilhelm Holzbauer mit Architektengruppe Hlaweniczka, Glück, Lintl und Lippert, A: ARGE Porr, Hofman-Maculan, Universale, Neue Reformbau-Ges.m.b.H., WIBEBA, 1989—92

Das Gebäude der Hauptverwaltung IBM ist das erste der zu erwartenden dichten Verbauung entlang der Nordseite der Lassallestraße und erhält als »Eckhaus« zum Praterstern eine besondere städtebauliche Bedeutung. Die Charakteristik eines eher weitläufigen Grünraumes, der boulevardartige Ausbau der Straße, die hohe Bauklasse (V und VI, maximal 26 bzw. 40 Meter) und schließlich die große Blocktiefe führen bei entsprechender Ausnutzung mit kleinen Büroräumen und langen Fensterfronten zu einem »Mischtyp« mit Straßenhöfen, den Holzbauer in einer signifikanten Weise löst: es ist dies eine Dialektik von Fassade und Block, von Fläche und Tiefe, von Begrenzung und Struktur, die auf Grund der konvergierenden Bedingungen eine Harmonisierung verlangen.

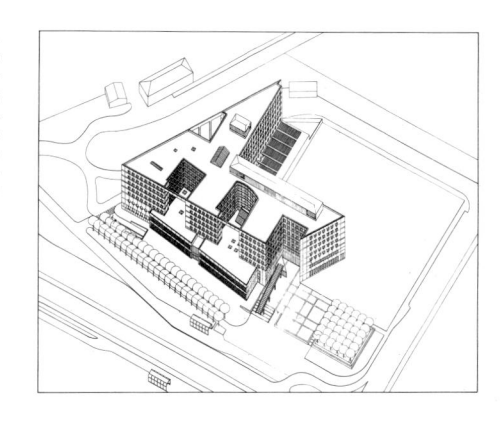

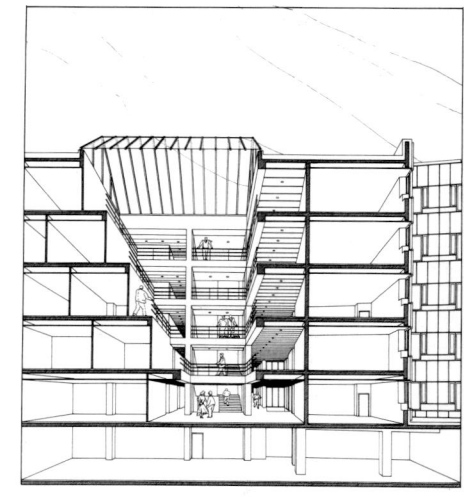

# LEOPOLDSTADT

**Praterstraße 1—7**, BH: Versicherungsanstalt der österreichischen Bundesländer, E: Georg Lippert, A: Universale Hoch- und Tiefbau AG, 1959—62

Dieses Bürogebäude hat als erstes den historischen Maßstab der leopoldstadtseitigen Kaiverbauung gesprengt und die spätere »städtebauliche Entwicklung« eingeleitet.

**Schoellergasse 6**, ÖMV-Verwaltungsgebäude, BH: Österreichische Mineralölverwaltungs AG, E: Carl Appel, 1958/59

Einer der wenigen architektonisch soliden Verwaltungsbauten der späten fünfziger Jahre, der fast prototypisch den ästhetischen Zeitgeist widerspiegelt.

**Taborstraße 13, Bürohaus mit Bankfiliale »Z«**, BH: Weilburg Wohnungseigentumsgesellschaft m.b.H., E: Heinz Marschalek, Georg Ladstätter, MA: A. M. Beck, G. Sterlich, H. Bechnau, A: Negrelli-Bau AG., 1977—80

Zweifellos engagiert entworfener Bürobau mit großzügiger zweigeschossiger Halle im Sockelgeschoß; die vordergründigen Verweise auf die Postsparkasse bleiben jedoch mißverständlich, da sie das von Otto Wagner behandelte Thema der Fassadenbekleidung zur reinen Dekoration verkümmern lassen.

**Weintraubengasse 22, Postamt 1020 Wien**, E: k. k. Bauleitung f. d. Neubau e. Telephonzentrale, 1900

Ein gut erhaltenes Beispiel eines Postamtsgebäudes aus der Jahrhundertwende, das auch noch ein hohes Niveau von »Beamtenarchitektur« zeigt.

**Am Tabor 5, Evangelische Kirche A. B.**, E: Siegfried Theiss, Hans Jaksch, 1912—26

Der Bau der Anlage wurde durch den Ersten Weltkrieg unterbrochen und in reduzierter und versachlichter Form fertiggestellt. Symmetrisch zum Pfarrhof (erbaut 1915) war in gleicher Größe ein Wohnhaus geplant, so daß vor der Apsis ein U-förmiger Hof entstanden wäre. Die Bebauung reagiert auf das dreieckige Grundstück in der Straßengabelung, an der auch die Portalfront der Kirche mit Vorhalle und flankierenden Türmen liegt. Zwischen Kirche und Pfarrhof war ein mächtiger Turm geplant, der jedoch überhaupt erst in den frühen sechziger Jahren in verkleinerter Form fertiggestellt wurde. Der Innenraum ist ein einfacher tonnengewölbter Saal mit einer halbkreisförmigen Apsis. Die Gesamterscheinung der Anlage orientiert sich an der süddeutschen Heimatschutzarchitektur.

**Böcklinstraße 52, Versammlungshaus der Kirche Jesu Christi (Mormonenkirche)**, E: Werner Schröfl, 1960/61

Der schlichte Bau entspricht in seiner positivistischen Ehrlichkeit der architektonischen Aufbruchstimmung der späten fünfziger Jahre. Im Erdgeschoß sind Verwaltungs- und Schulräume sowie ein Taufraum, im Obergeschoß liegt parallel zur Straße ein Vortragssaal und hofseitig eine etwas größere Kapelle, die mit ihren Lamellenwänden einen ebenso nüchternen Saalcharakter hat.

# 2. BEZIRK

Gaußplatz 14, »Notkirche«, E: Walter Reischl, A: Wenzl Hartl, 1948
Pfarrhof und Pfarrsaal, E: Engelbert Zobl, 1985/86

Der eindrucksvolle Kirchenraum hat den »Charme« einfacher Holzkirchen, die unter extremen Bedingungen von einer Gemeinde geschaffen wurden. Der Anbau versucht auch den Zugang räumlich aufzuwerten.

Machstraße 8, Hl.-Klaus-von-Flüe-Kirche, E: Erich Boltenstern und MA, A: Franz Katlein, 1961

Mexikoplatz, Pfarrkirche zum hl. Franz von Assisi, E: Viktor Luntz, August Kirstein, BL: Edmund Steinitzer, A: Josef Schmalzhofer (Schäfftner, Schottenberger), 1898—1913
Da Viktor Luntz bereits 1903 starb, wurde der in Teilen vorhandene Rohbau von August Kirstein übernommen, der auch noch im Entwurf einige Korrekturen im Sinne einer »geklärten, ernsten romanischen Formenwelt« vornahm. Luntz hatte sich zu sehr dem Geist der Frühgotik angenähert. Die Kirche, die mit ihrer Länge von 80 m und Breite von 44 m (4000 Personen) zu den größten Wiens zählt, repräsentiert am stärksten die formale Erstarrung des Wiener Kirchenbaus um die Jahrhundertwende. Immerhin beschäftigte diese Kirche schon Adolf Loos (Wettbewerb, 1898), und Otto Wagner baute, während ihrer Entstehung, seine Kirche am Steinhof.

Rustenschacherallee 14, Erlöserkirche am Schüttel, BH: Erzdiözese Wien, E: Karl Raimund Lorenz, Oktavian Orba, A: Kapsreiter, 1960—62

Taborstraße (bei Nr. 26), Julius-Ofner-Denkmal, E + A: Karl Wollek, 1931/32
Das 1954 wiederaufgestellte Denkmal bedient sich des Symbols des Sämanns für einen bedeutenden Sozialpolitiker. Oder ist das Verhältnis von Figur und Porträtbüste nur ein Symbol für den inhaltlichen Konflikt der Heldenverehrung im städtischen Raum am Beginn der dreißiger Jahre?

Hollandstraße 4, Collegium Hungaricum, BH: Volksrepublik Ungarn, E: Fritz Weber, Ernst Plojhar, 1961—63

Der neungeschossige Eckturm mit niederem Anschlußbau (Vortragssaal, Büros, Unterrichtsräume und Garçonnieren etc.) hat durch die Hochhausgruppe am Donaukanal seine städtebauliche Bedeutung als Entree zur Hollandstraße verloren. Die zurückgenommene Architektur aus noch ablesbaren konstruktiven Elementen, mit der leichten Betonung der Sockelzone, hat noch das schlichte Pathos eines realistischen Funktionalismus.

Scherzergasse 1a, Gustinus-Ambrosi-Museum, E: Georg Lippert, 1953

Die im Maßstab angenommene Baugruppe, mit erdgeschossigem Wohnhaus, Atelier, offener Säulenhalle und Ausstellungsbau, umschließt einen einseitig offenen Gartenhof. Durch die Lage des Pförtnerhauses entsteht ein Vorplatz zum Ausstellungsgebäude. Die Architektur reproduziert jenes Gemisch von Weihe und Bescheidenheit, die architekturgeschichtlich einen ideologisch verwischten Gebrauch von Heimatschutzarchitektur darstellt.

Böcklinstraße 1, Bildhauerateliers, BH: Akademie der bildenden Künste, E: Eduard Zotter (k. k. Bauleitung), A: Georg Löwitsch, 1912

Bei dem Ruhm, den die Architekturprofessoren Wagner und Ohmann zu dieser Zeit hatten, ist es verwunderlich, daß dieser Atelierbau der Akademie von einem Beamten geplant wurde. Das Ergebnis zeigt aber, daß damals auch die Beamten hochkarätige Entwerfer waren. Der Bau be-

# LEOPOLDSTADT

sticht durch seine Ruhe und Lockerheit, die sich vor allem in der freizügigen »englischen« Behandlung der Fassaden ausdrückt. Eine Architektur, wie sie vor allem von der bürgerlichen Heimatschutzbewegung propagiert wurde.

## Czerninplatz 3, Volksschule der Stadt Wien, E: Oswald Haerdtl, 1954/55

Trotz der ökonomischen Zwänge ein solider, räumlich gut organisierter und heute noch großzügig wirkender Schulbau. In den vier Geschossen des Treppenhauses »Figuration« benannte Fresken von Herbert Tasquil, die aus der zeitgenössischen »Kunst am Bau« durch Abstraktion und Spannkraft herausragen.

## Feuerbachstraße 1—3, Doppelvolksschule der Stadt Wien, E: Stadtbauamt, A: Matthäus Bohdal, BL: Karl Haubfleisch, 1910/11

## Kleine Sperlgasse 5, Realgymnasium, BH: Karl Geiringer, E: Jakob Reitzer, A: Ferdinand Schindler, 1910

Zuerst »Hotel New York«, ab 1933 ein Hospiz für die »Katholische Frauenorganisation«, ab 1960 Schule: alle diese Widmungen waren möglich in der Struktur und hinter der Fassade eines modernen Bürgerhauses um 1910.

## Große Mohrengasse 11—13, Zubau zum Krankenhaus der Barmherzigen Brüder, E: Franz Ritter von Neumann, A: Cajetan Miserowsky, 1903/04

Anbau an das von Carl von Hasenauer, Otto Hofer und Anton Schönmann 1883/84 errichtete Spital, das schon nach der provisorischen Fertigstellung zu klein war. Der Neubau, der nach einer zeitgenössischen Definition in »einfachem, ernstem und würdigem Barock« gehalten war, bestand aus einer Einsegnungshalle, Kapelle, Heizanlage, einem Speisesaal sowie Krankensälen und Depoträumen.

## Augarten, Flak-Türme, E: Friedrich Tamms, 1943/44

Die von Berliner Privatbaufirmen unter Aufsicht des Wiener Stadtbauamtes und der Leitung der »Deutschen Wehrmacht« aufgeführten Flak-Türme stellen im Wiener Stadtbild nicht nur unübersehbare, sondern in ihrer autonomen Art auch eindrucksvolle Bauwerke dar. Es ist klar, daß sich diese »Zeugen« einer kaum mehr vorstell- und beschreibbaren Zeit und ihrem menschenverachtenden Zynismus mit der historischen Distanz in eine »ästhetische Qualität« verwandeln, deren sich erhärtende Historizität immer mehr Interpretationsspielraum gibt. Sicher führt eine Beschreibung der (relativ simplen) Funktion zum Verständnis der Form, die eigentliche »Botschaft« einer aus den Fugen geratenen, pervertierten Zeit ist durch die mechanische Leistung nicht zu erklären. Das System ist kurz so zu beschreiben: Es gibt drei Standorte für die Flak-Türme, im Augarten, Arenbergpark und in der Stiftskaserne bzw. im Esterházy-Park. Eine Anlage besteht jeweils aus einem Feuer- oder Geschützturm und aus einem Leitturm. Aus Gründen der Meßtechnik mußten alle Plattformen auf der gleichen Höhe sein, dadurch entstand die unterschiedliche relative Höhe der Bunker. Die Türme sollten nicht nur der Luftabwehr, sondern auch dem Luftschutz dienen. Im Augartenbunker waren sogar Rüstungsbetriebe untergebracht. In den sechs Bunkern sollten 40.000 Menschen Schutz finden; sie hatten elektrische Aufzüge, eigene Strom- und Trinkwasserversorgung, Belüftungseinrichtungen, Heizungen etc. Mit Ausnahme vom Arenbergpark hatten die Geschütztürme einen sechzehneckigen Grundriß mit 8 Erkern für leichte Flakwaffen. Sie waren mit je 4 Zwillingsgeschützen bestückt (12,8 cm). Die Leittürme sind rechteckig, schmäler und haben 4 Plattformen an den Ecken. Die Besatzung bestand aus 240 Personen, davon 40 weibliche (Flak-Soldaten, Luftwaffenhelfer, Flakhelferin-

## 2. BEZIRK

nen und Angehörige des Reichsarbeitsdienstes). Das späte Einreichdatum für den Augartenbunker (14 Tage vor dem ersten Luftangriff auf Wien am 17. März 1944) legt die Vermutung nahe, daß die behördliche Genehmigung in einem Nachziehverfahren erfolgte. Der Prototyp für einen Flak-Turm wurde in Berlin schon im August 1942 fertiggestellt. Im September 1942 befahl Hitler auch in Wien Flak-Bunker zu bauen, die Standorte wurden von ihm selbst mit dem Gauleiter Baldur von Schirach festgelegt. Bei einer Lagebesprechung im »Führerhauptquartier« im März 1943 wurde das Wiener Konzept auf ein drittes Turmpaar erweitert, als Standort war zuerst die Roßauer-Kaserne vorgesehen, dann entschied man sich für den Augarten. Wenn ursprünglich nur zwei Anlagen gebaut werden sollten, widerlegt das die Vermutung, daß das die Innenstadt umschreibende Dreieck eine strategische Bedeutung hatte.

**Engerthstraße 257, Kühlhaus der Gemeinde Wien, E: Heinrich Goldemund, A: Ed. Ast & Co. und A. Porr, 1915/16**

»Da es sich beim Kühl- und Gefrierhaus um einen außerordentlich wichtigen Kriegsbau handelte, so mußte mit äußerster Beschleunigung die Verfassung des Entwurfes durchgeführt werden. Fünf Wochen nach dem mir vom Herrn Bürgermeister gewordenen Auftrag waren der Entwurf und die Vergebungsgrundlagen bereits so weit fertig, daß ...«, schrieb der Projektant und Stadtbaudirektor Goldemund. Der Bau hat ein Eisenbetonskelett (Stützenraster 4,5 m, mit Ausnahme des Mittelteiles) und eine Gesamtlänge von 108 m. Die strenge Struktur wurde jedoch durch »flankierende Maßnahmen« architektonisch eingekleidet — Mittelrisalit mit geschwungenem Giebel und Stadtwappen, barockisierendes Einfahrtstor, ein südöstlich angebautes, romantisches Maschinen- und Apparatehaus (zerstört) — so daß sich der »bedeutende Kriegsbau« eher gemütlich, bei den Nebenbauten wie ein behäbiger Gutshof ausnahm. Da der Bau auch unter großem Zeitdruck ausgeführt werden mußte, waren zeitweise bis 380 Arbeiter beschäftigt, davon zwei Drittel »Reichsitaliener«.

**Handelskai 269, Getreidespeicher, BH: Wiener Lager- und Kühlhaus AG, GU: Maschinenfabriks-AG. N. Heid (Stockerau), E + A: Karl Krepp, Friedrich Mahler und Albrecht Michler, Eisenbeton: A. Porr, 1911—13**

Bei diesem bedeutenden technischen Bauwerk, das lange Zeit die Wiener Stadtlandschaft an der Donau beherrschte, kann man heute nur mehr auf die historischen Dokumente verweisen. Immerhin haben zu den architektonischen Autoren die Otto-Wagner-Schüler Friedrich Mahler und Albrecht Michler gehört. Der heutige Umbau in ein Hotel (E: Requat & Reinthaller, 1986/87) gehört denkmalpflegerisch in die Kategorie der radikalen ökonomischen Strukturausnutzung (Umbau = billiger als Abbruch), die architektonisch jedoch der Zerstörung des Objektes gleichkommt. Noch mehr, der Umbau überkrustet die Struktur mit einer Semantik, die die Erinnerung an diesen großartigen Bau für immer verfälscht.

### Lassallestraße 19, Feuerwehrdepot, BH: Stadt Wien, E: Hubert Gessner, A: Carl Korn, 1925

Das mit dem »Heizmann-Hof« erbaute Feuerwehrdepot zeigt eine besonders schöne Einbindung der abweichenden Fassade in die Häuserfront: Die Garagentore begleiten ein breiter Architrav und eine gebundene Fensterreihe, der aufgesetzte Mittelerker bietet der horizontalen Bewegung einen kräftigen Halt.

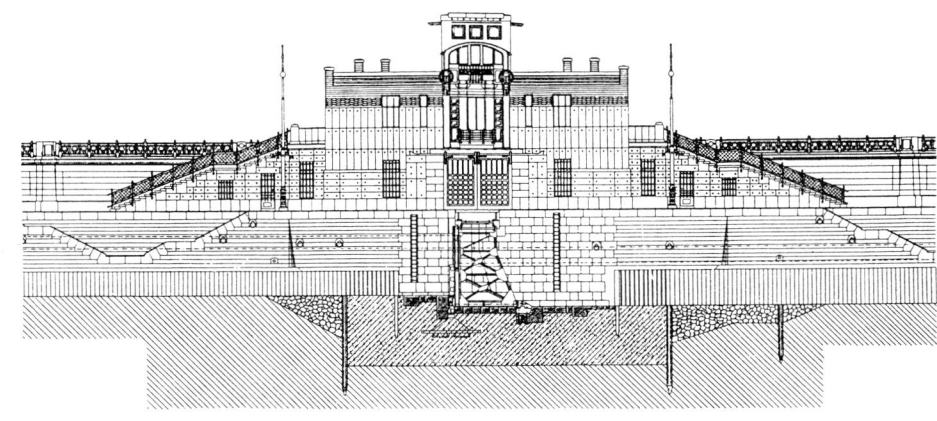

### Obere Donaustraße 26, Staustufe Kaiserbad, BH: Stadt Wien, E: Otto Wagner, A: H. Rella & Co., Eduard Frauenfeld & Berghof, 1904 bis 1908

Die heutige Anlage ist ein archäologischer Rest der einstigen Staustufe, von der nur ein ausgeräumtes und umgewidmetes Schützenhaus und eine demontierte Schleuseninsel übriggeblieben sind. Die Schleuse wurde 1945 durch Kriegseinwirkung zerstört und später nicht mehr in Funktion gesetzt. Im Schützenhaus befanden sich die maschinellen Hebevorrichtungen für die Schützen, Lagerräume für Schützentafeln und Personalräume. Der 1977/78 erfolgte Umbau (von Alois Machatschek) hat dem Bau endgültig jene ästhetische Radikalität genommen, die in der von Wagner betonten Dialektik von technischer Funktion und ästhetischer Einkleidung bestand. Er kontrastierte das Gerätehafte, etwa durch den Ausleger für den Kran, mit einer extrem proportionierten, fast manieristischen Flächenteilung (überhöhte Rechtecke) und einem symbolisierenden Ornament (»Donauwellen«), so daß sich dieses technische

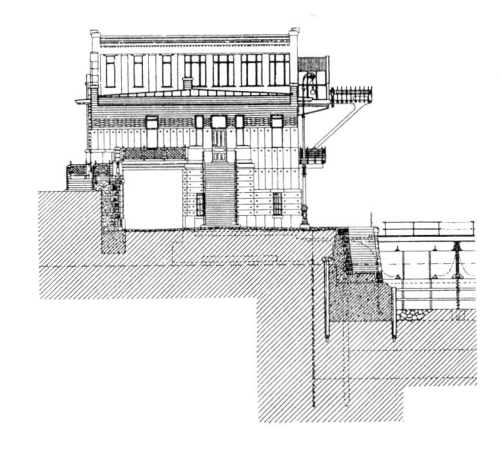

Bauwerk in der Stadtlandschaft wie ein prätentiöses und signifikantes Kunstobjekt ausnimmt. Es ist heute, aller Funktionen im Zusammenhang mit dem Donaukanal entkleidet, eines der wichtigsten Objekte der Uferlandschaft. Der Umbau in ein »Schulungsgebäude des Bundesamtes für Eich- und Vermessungswesen« (man hat eher den Eindruck einer privaten Nutzung) hat auch dazu geführt, daß (auf dem Niveau des Vorkais) die an der Futtermauer liegende große Öffnung, die für eine Uferstraßenbahn ausgespart wurde, heute durch ein nachempfundenes Fensterelement geschlossen ist, wodurch auch die von Wagner herausgearbeitete Beziehung des Bauwerks zu den Uferkanten verunklärt wurde. Es entbehrt nicht einer gewissen Ironie, daß ein mit höchster ästhetischer Intelligenz konzipierter Bau aus seinem Funktions- und Lebenszusammenhang gerissen wurde, als wäre er dazu aufgerufen, die Wagnersche Doktrin durch Wagner zu widerlegen.

## Volksprater, Riesenrad, E + A: Walter B. Basset, MA: Hitchins, 1896/97

Zum 50. Regierungsjubiläum Franz Josephs I. erwartete Wien eine besonders hohe Besucherzahl. Das war wohl der Grund für den Konstrukteur, Unternehmer und ehemaligen Marineoffizier Walter B. Basset of Watermouth, nach London und Blackpool auch in Wien ein Riesenrad zu errichten, und zwar im sogenannten Kaisergarten, in dem von Gabor Steiner geführten Vergnügungsetablissement »Venedig in Wien«. Das »Gigantic Wheel« hat eine Gesamthöhe von 64,75 m, 120 flexible Speichen und ein Gesamtgewicht von 430 Tonnen. Besonders bemerkenswert ist die 10,9 m lange Achse mit 0,5 m Durchmesser und 16,3 Tonnen Gewicht, die von den Stahlwerken W. Beardmore & Co. in Glasgow hergestellt wurde und deren Transport und Montage allein schon eine technische Meisterleistung war. Das Riesenrad wurde im Zweiten Weltkrieg schwer beschädigt, alle 30 Waggons sind verbrannt. Seitdem fährt es mit halber Kapazität, also mit 15 Waggons. Daß, neben dem »Steffl«, diese Melange aus technischer Bravour, einprägsamer Form und Hetz zum Wahrzeichen werden konnte, gehört zu den Symbolen der versöhnlichen Gegensätze dieser Stadt.

# LEOPOLDSTADT

Böcklinstraße 4, 6, BH, E + A: F. Krombholz & J. Schalberger, 1906

Böcklinstraße 8, BH: F. Krombholz, A: F. Krombholz & J. Schalberger, 1903

Böcklinstraße 12, BH, E + A: F. Krombholz & J. Schalberger, 1904

Eine spätgründerzeitliche Überbauung, von der Baufirma Krombholz & Schalberger dominiert: Wie locker man mit architektonischen Fragen umging, verrät das Haus Nr. 8, das, ein Jahr früher erbaut, eine viel modernere Architektur zeigt als die folgenden »Prunkbauten«.

Böcklinstraße 82, BH: Marie Witta, E: Max Döring, A: Martin Smid, 1912

Böcklinstraße 110, BH: Theodor Adler, E + A: Josef Sinnenberg, 1911/12

Ein in der Fachpresse publiziertes Haus, das mit seiner asymmetrischen Fassade, mit Erker und Giebel, Kritik am strengen System der Bebauung anzumelden scheint.

Feuerbachstraße 8, BH: Dora Kahne, E + A: Hermann Hornek, 1912

Floßgasse 4, BH: Marie Strasser, E: Oskar Marmorek, A: Arnold Barler, 1905

Beim Wiederaufbau 1957/58 vereinfachte Fassade: geändert wurden vor allem die markanten Verdachungen der Erker und die dekorative Verblechung des Giebels.

## 2. BEZIRK

Franzensbrückenstraße 16, BH: Max und Helene Engelhart, E: Brüder Drexler, A: Felix Sauer, Eisenbeton: A. Porr, 1912

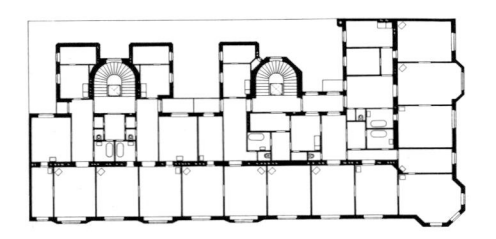

Extreme Grundstücksausnutzung, jedoch großzügig angelegte, von der Straße zum Hof durchgehende Wohnungen (zwischen 120 und 140 m²); gediegene architektonische und städtebauliche Behandlung des Baukörpers mit Eckerker und Ziergiebel an der Franzensbrückenstraße, ausgewogene, gut durchdetaillierte, eher die Horizontale betonende Fassaden.

Gredlerstraße 4, E: Arthur Baron, A: Karl Limbach, Eisenbeton: Adolf Baron Pittel, 1911

Eisenbetonskelettbau mit zwei Großwohnungen pro Etage; interessante Eingangslösung, Fassade vereinfacht. Die plastische Erscheinung des Baus ist besonders durch die städtebauliche Situation motiviert.

Große Sperlgasse 38, BH: Ignaz Rindler, E: Jakob Reitzer, A: Norbert Klang, 1912

Thema: Optimale Wirkung unter beengtesten städtebaulichen Verhältnissen. Das gekappte, durch Balkons betonte Eck klammert die eigenwilligen Fassaden zusammen.

Einen eigenen Effekt ergeben die im 4. Geschoß überbetonten Fensterverdachungen, die eine in die Fläche zurückgenommene »Kolossalordnung« andeuten.

Heinestraße 13, BH: Viktor und Maria Klima, E + A: Klima, 1912

Eine aus ornamentalen Versatzstücken zusammengesetzte Fassade, die jedoch durch das mittig liegende Loggia-Erker-Motiv eine beachtliche Wirkung im Straßenraum hat.

Karmelitergasse 5, Generalsanierung, BH: Hausgemeinschaft Karmelitergasse, E: Walter Stelzhammer, 1980—84

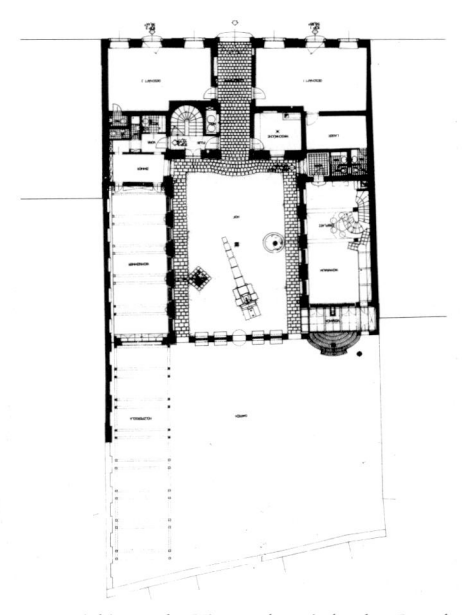

Durch den Ausbau eines alten Biedermeierhauses mit acht Kleinwohnungen wurden sechs Wohneinheiten mit Größen zwischen 90 und 150 m² geschaffen. Dies war nur möglich durch einen totalen Ausbau des Dachgeschosses. Der Umbau, der in engem Kontakt mit der Hausgemeinschaft durchgeführt wurde, bestand im wesentlichen aus zwei Kategorien von Eingriffen: Erstens wurde das alte Stutzflügelhaus an der Hofseite durch einen kleinen Gemeinschaftsbau ergänzt und durch eine Pfeilerreihe mit Torbogen geschlossen, so daß sich ein mehr geborgener Hof und ein eher offener Gartenbereich ergab. Die zweite Maßnahme betrifft den inneren Umbau, der über eine normale Sanierung weit hinausgeht: Hier wurden mit der alten Bausubstanz kontrastierende Räume und Raumzusammenhänge geschaffen, die, natürlich auch provoziert durch den Bestand, zum Teil eine absolut neue Wohnatmosphäre ergeben. »Generalsanierung« ist also eine leichte Untertreibung, es handelt sich um eine ziemlich radikale Uminterpretation einer alten Haus- und Wohntypologie.

Kurzbauergasse 5, BH, E + A: F. Krombholz & J. Schalberger, 1904

Dieses Haus ist noch ein typischer Bestandteil des ursprünglichen Ensembles, das insgesamt von einem überzogenen Repräsentationsbedürfnis bestimmt wurde (siehe Böcklinstraße 12).

LEOPOLDSTADT

Laufbergergasse 4, BH: Alma End, E + A: F. Krombolz & J. Schalberger, 1906

Die für das Baujahr etwas »sachliche« Fassade macht den Eindruck, später etwas reduziert worden zu sein. Wie dem auch sei, den opulenten Schmiedeeisenarbeiten ist ein erstaunliches Eigenleben gewährt.

Leopoldsgasse 47, BH: Bernhard Grünfeld, E: Carl Stephann, A: Johann Gasteiger, 1901

Der schmale, bis in die Große Sperlgasse durchreichende Bau zeigt nur mehr Spuren einer vermutlich einmal recht prächtigen Jugendstilfassade.

Marinelligasse 3, BH: k.k. Nordwestbahndirektion, E + A: Alois Simona, 1914

Fein durchdetaillierte Fassade mit spätsecessionistischen Elementen, die jedoch vom Geist der um die Jahrhundertwende einsetzenden Biedermeierrezeption geprägt ist.

Nestroyplatz 1, »Nestroy-Hof«, BH: Julius Schwarz, E: Oskar Marmorek, A: Carl Mayer, 1898/99

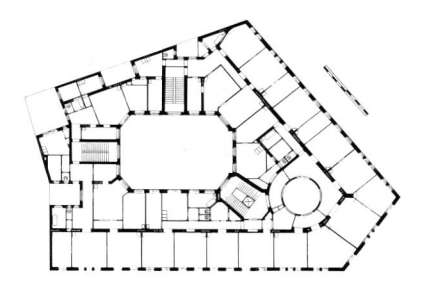

Charakteristischer, spätgründerzeitlicher »Hof« mit gemischter Nutzung (Wohnungen, Büros, Geschäfte, kleines Theater) und einer repräsentativen Erschließung über ein kreisrundes Foyer. Die räumliche Prachtentfaltung ist jedoch nur eine selektive, sie greift ordnend in ein ziemlich rigoroses Grundstücksausnutzungskonzept ein. Abgesehen von einigen Engstellen, die durch die extrem unregelmäßige Form des Grundstückes entstehen, wurden relativ variable Grundrisse versucht, was jedoch den eher saloppen Umgang mit der Raumaufteilung nicht entschuldigen soll. Städtebaulich hat der »Nestroy-Hof« nur eine schmale Schauseite, die sich dem Platz zuwendet.

Obere Donaustraße 79, »Donau-Hof«, BH: Rudolf Kreilisheim & Johann Giessl, E: Neumann Tropp, A: Diss & Co., 1913

Eine merkwürdig sperrig-trockene Architektur, die jedoch im Detail ganz reizvoll ist. Die Verkachelungen im Hausflur zeigen eine folkloristisch abgestützte Spätsecession.

Obermüllnerstraße 5, BH: Leopold Kammer, E: Jakob Reitzer, A: Hugo Schuster, 1913

Fein organisierte Fassade mit zweigschossigem Breiterker, sparsamer Verwendung spätsecessionistischer Ornamente und einer flachen, fast an Kornhäusel erinnernden Tektonik der Putzfelder.

Obermüllnerstraße 9, BH: Helene Fieber, E: Neumann Tropp, A: Josef Ganser, 1910

Paffrathgasse 5, BH: Dionys von Chalabany, E + A: August Scheffel, 1911

Praterstraße 9, BH: Rosa Horowitz, E: Jakob Reitzer, A: Pittel & Brausewetter, 1912

Der vom Architekten bewußt thematisierte Eckbau, mit einer turmartigen Betonung der schmalen Stirnseite (zylindrischer, tempelartiger Aufbau) und einem konsolengestützten Attikageschoß, signalisiert uns heute noch ein Verständnis für den Ort und die stadträumliche Situation des Bauwerks. Das städtebauliche Vakuum, das von den späteren Bauten erzeugt wurde, unterstreicht diese Qualitäten.

Praterstraße 25, »Fürstenhof«, BH: Arnold Mendel, Alois Stiassny, Georg Spielmann, E: Rudolf Perco, A: Ludwig Roth, 1913

Der von dem Otto-Wagner-Schüler Perco entworfene »Fürstenhof« (enthielt das Café gleichen Namens und die Rolandbühne) gehört zu den prachtvollsten Wohn- und Geschäftshäusern des Bezirks. Über dem dreigeschossigen,

## 2. BEZIRK

mittigen Doppelerker-Loggien-Motiv liegt ein kräftiges, stark plastisch betontes Attikageschoß, mit einer fast kubistischen Behandlung der Traufenzone. Die im Halbrelief ausgeführten Allegorien der »Vier Jahreszeiten« (von A. Canciani) stellen einen Konsens mit dem eher klassizistischen Duktus des Fassadenaufbaus her.

### Praterstraße 33, »Alliiertenhof«, BH: Julius Ritter Leon von Wernburg, E: Ludwig Tischler, A: Adolf Bererina, 1896

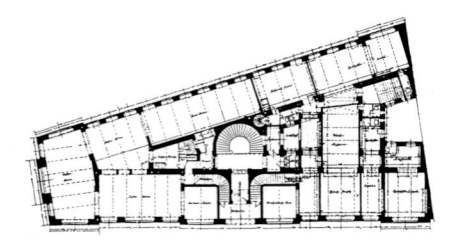

Solche städtebauliche Situationen stellen für einen Architekten immer eine Herausforderung dar. Die turmartig aufgeschichtete Stirnfront war früher von einer Kuppel bekrönt. Auch der Grundriß zeigt eine interessante Auseinandersetzung mit der Form des Grundstücks.

### Praterstraße 40, BH + E: Arnold Hatschek & Karl Gärber, A: F. Krombholz & L. Kraupa, 1911

### Praterstraße 48, BH: Gottlieb & Heller, E: Gottlieb Michal, A: Martin J. Blodnig, 1913/14

Strenge, gekachelte, wie auf einem Quadratlpapier von Josef Hoffmann entworfene Fassade. Die zarten, versetzten Balkons, über dem Sockel- und beim Attikageschoß durchlaufend, ergeben eine eigenartige, filigrane Körperlichkeit.

### Praterstraße 52, BH: Julius Steiner, E: Carl Stephann, A: R. Reichel, 1898

Das mit der Czernin-Passage errichtete Haus ist beim Wiederaufbau 1959 stark verändert worden. Interessante Ausbildung der Portalzone.

### Praterstraße 66, BH, E + A: Anton Lang, 1898

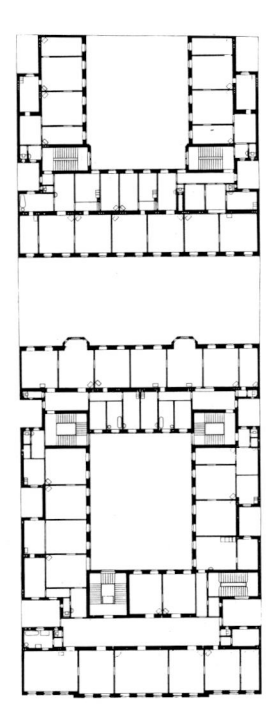

Diese spätgründerzeitliche Verbauung einer fast 100 m tiefen Parzelle ist sicher nicht aus architektonischen Gründen erwähnenswert. Interessant ist jedoch die Gratwanderung zwischen hoher Grundausnützung und dem Angebot relativ brauchbarer, nutzungsvariabler Großwohnungen unterschiedlicher Größen und Lage. Eine Sonderlösung zeigt der Straßentrakt des Vorderhauses: Durch das eigene repräsentative Treppenhaus und den rund 80 m² großen Flur ist sowohl die Teilung in einzelne Büros als auch die Vermietung einer Nutzungseinheit mit rund 350 m² Gesamtfläche möglich.

### Praterstraße 70, »Dogenhof«, BH: Maximilian Haas, E + A: Carl Caufal, 1896—98

Der »Dogenhof« gehört eher zu den architektonischen Kuriositäten der Jahrhundertwende: Er ist die einzige Spur jener Idee, einer italienischen Minorität in der Leopoldstadt ein eigenes Quartier zu errichten.

### Schrottgießergasse 1, BH: Emil Wehle, E: Richard Modern, A: Anton Schiener, 1910

Ein stattlicher bürgerlicher Bau, der die Bedeutung des »Eckhauses« voll ausdrückt: Das abgerundete, erkerbesetzte Eck wird von zwei Seitenrisaliten, deren Rundgiebel das Hauptgesims durchstoßen, gefaßt. Der Hausflur ist gekachelt und hat einen secessionistischen »Sargdeckelplafond«.

### Sebastian-Kneipp-Gasse 3, BH: Ignatz Rindler, E: Rudolf Weiser, A: Heinrich Fröhlich, 1911

Sehr kräftige, jedoch nach dem Kriege vereinfachte Fassade mit zwei erkerbesetzten Seitenrisaliten und einer in die Traufenzone schön eingebundenen Terrasse.

### Taborstraße 7, BH: Barbara Waldmann, E: Fritz Wanecek-Sommer, A: Lorenz Waldmann, 1912

# LEOPOLDSTADT

**Taborstraße 8—8b, Hotel und Wohnhausgruppe »Bau Central«, BH: Adolf Gelnay, E: Siegfried Theiss, Hans Jaksch, A: Ludwig Roth, 1914**

Während bei den Fassaden die großstädtische Variante der Biedermeierrezeption voll zum Tragen kam (mit Lünetten, flachen Dreiecksgiebeln etc.), befolgte man in der Bebauung noch die spätgründerzeitliche Vollausnutzung des »Terrains«.

**Taborstraße 36, BH: Lambert und Josefine Schmidt, E: Erwin Raimann, A: F. Krombholz & L. Kraupa, 1912**

Ein kleiner Geniestreich eines an sich unbekannten Architekten: Hier wird das meist in einem Fassadensystem verwendete Erkermotiv durch die Reihung selbst zum System erhoben. Eine ästhetische Reaktion auf eine Konvention, die man eben einfallen muß.

**Taborstraße 46a, BH: Ely Wasserstrom, E + A: Wenzel Rausch, 1909**

Durch Renovierung zerstört: Besonders die an Josef Hoffmann erinnernde Portalzone war von erlesener Qualität. Durch den Bankeinbau ist sie erst 1986 verschwunden.

**Tandelmarktgasse 8, BH: Ignaz Rindler, E: Rudolf Weiser, A: Hans Flicker, Anton Schäffner, 1912**

Eine ruhige, kräftige, rahmenartig aufgebaute Fassade mit einer über dem zweiten Geschoß durchlaufenden Balustrade, einem durch französische Fenster betonten Attikageschoß und beidseitigen, übereinanderliegenden Flacherkern.

**Venediger Au 7, BH: Hermann Winkler, E: Ignaz Reiser, A: Max Ott, 1909**

Der Straßenzug der Venediger Au stellt die westliche Begrenzung des einmal »Donaustadt« genannten spätgründerzeitlichen Quartiers dar. Die Häuser sind von unterschiedlicher Qualität, jedoch alle (zum Praterstern hin) auf Fernwirkung konzipiert.

**Vereinsgasse 6, BH: E. Tropp, E: Neumann Tropp, A: Martin J. Blodnig, 1914**

Strenge, spätsecessionistische Fassade mit beidseitigen Flacherkern und insgesamt guter Reliefwirkung. Die Fenster wurden leider teilweise ausgewechselt.

**Vorgartenstraße 190, BH: Rosa Löwenherz, E: Heinrich Kestel, A: Hermann Hornek, 1911**

Ein Haus, das die gebärdenreiche »Postmoderne« am heutigen Gemeindebau vorwegzunehmen scheint: Motive willkürlich, aber auch selbstbewußt arrangiert.

**Zirkusgasse 36, BH: Johann Nepomuk Stingl, E: Atelier Brüder Drexler, A: Felix Sauer, 1912**

Streng konzipierter Eckbau mit markiertem Attikageschoß und kräftig durchgezogenem Kranzgesims. Die ruhige Grunddisposition wird durch asymmetrische Elemente, wie Erker, etwas belebt.

**Eldersch-Platz 1—2, »Eldersch-Hof«, E: Ludwig Davidoff, 1930/31**

Durch die diagonale Einmündung der Ausstellungsstraße in die Vorgarten- bzw. Engerthstraße entstand ein Restdreieck, dem der Architekt mit der Bebauung folgte, dabei bildete er die beiden Ecken der aufgeschnittenen Dreiecksbasis als besondere Blickfänge aus.

**Engerthstraße 189—197, W-Anlage »E-Werksgründe«, E: Engelbert Eder, Anton Holtermann, Hugo Potyka, 1974**

Kammartige, in der Höhe gestaffelte Bebauung (bis 12 Geschosse), die mit der alten Hauszeile an der Engerthstraße ein etwas überdesigntes Hof-Freiraum-Ensemble ergibt. Die Wohnungen sind zum Teil über Mittelflure erschlossen. Die großen Sammelgaragen liegen am Handelskai.

**Engerthstraße 230, E: Josef Hahn, 1930/31**

**Handelskai 210, E: Hans Glaser, 1928/29**

Zurückhaltende, aber doch prägnante Ecklösung durch einen eingezogenen Turm, der durch versetzte Balkons von beiden Seiten gefaßt wird.

**Harkortstraße 3, E: Otto Nadel (MA 22), 1927**

**Harkortstraße 4, E: Otto Prutscher, 1928/29**

Zusammen mit dem Haus Nr. 3 eine Art Dialogsituation: Auf eine laute Frage wird leise geantwortet oder umgekehrt.

## 2. BEZIRK

### Jungstraße 15, »Wachauer-Hof«, E: Hugo Mayer (MA 22), 1923/24

Eine romantische, fast kleinstädtische Anlage, die auf Großstadtmaßstäbe hochgezogen wurde. Die Architektur ist mit der bewegten Dachlandschaft und den Biedermeiermotiven ganz dem Geist der Heimatkunst verpflichtet.

### Lassallestraße 40, »Lassalle-Hof«, E: Hubert Gessner, Hans Paar, Friedrich Schloßberg, Fritz Waage, 1924/25

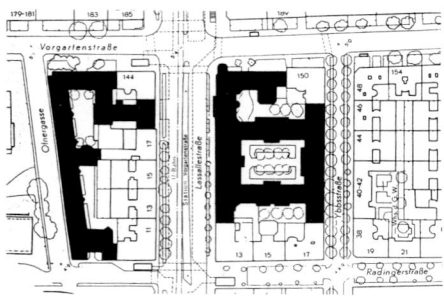

Der »wahre Volkspalast«, wie die Anlage auch in der Literatur genannt wurde, zeigt sehr deutlich zwei einander gegenläufige Entwurfsprinzipien: einerseits die Auffüllung einer gründerzeitlichen Bebauungsstruktur (mit grünen Höfen, aber immer noch dicht genug), andererseits eine betont gestische, auf große Blickdistanzen konzipierte Architektur, die mit dem Straßenraum großzügig umgeht und genauso monumentale Distanz wie intime Gebrauchsnähe (Geschäftsarkaden etc.) schafft. Der Turm mit Atelieraufbauten markiert für jene eine Schwelle, die sich von der Reichsbrücke der Stadt nähern oder sie, vom Praterstern kommend, verlassen.

### Marinelligasse 1, E: Leopold Schulz, 1926

Eine wohl ein wenig unverhältnismäßig stark betonte Straßenecke, die in Kombination mit einem Straßenhof ein städtebaulich kaum zu lösendes Problem schafft.

### Obere Augartenstraße 12—14, E: Karl Schmalhofer (MA 22), 1930/31

Der streng symmetrischen Anlage, mit dem durch einen Trakt geteilten Straßenhof (was diesen etwas entwertet), wird durch liebenswürdige, fast biedermeierliche Details mit Erfolg entgegengewirkt.

### Obere Donaustraße 97—99, »Georg-Emmerling-Hof«, E: Rudolf Hofbauer, Leo Kammel, Lisl Lachner, 1953—57

Der unbeholfenen Anlage, an einer allerdings städtebaulich sehr schwierigen Situation, ist es nicht gelungen, für die Donaukanalverbauung verbindliche Maßstäbe zu schaffen.

### Radingerstraße 9 (Vorgartenstraße 140—142), »Heizmann-Hof«, E: Hubert Gessner, 1925

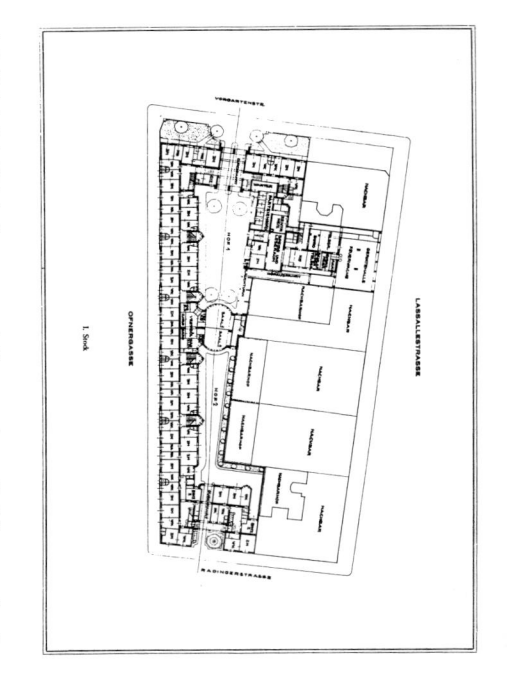

Obwohl weniger spektakulär als der »Lasalle-Hof«, ist der »Heizmann-Hof« ein besonders schönes Beispiel der Einbindung eines Gemeindebaus in ein bestehendes Gründerzeitensemble. Gessner bindet den langen, nur durch flache Spitzerker und Dachgauben gegliederten Block an drei Punkten an den Bestand an, wobei das breitere Eck an der Vorgartenstraße nicht geschlossen, sondern durch einen zweigeschossigen, besonders liebevoll gestalteten Torbau strukturell aufgelöst wird. Die Zufahrt von der Radingerstraße ist im Prinzip ähnlich, jedoch unauffälliger gelöst. Der ins Konzept eingebundene Bau der Feuerwehr wird an anderer Stelle besprochen (siehe Seite 93).

# LEOPOLDSTADT

Radingerstraße 21, E: Franz Zabza (MA 22), 1927

Auf den ersten Blick mutet der Bau mit den Bogenloggien etwas münchnerisch an, die kunstgewerblichen Details (etwa beim Hauseingang) führen aber wieder nach Wien zurück.

Schüttelstraße 3, E: Margarethe Schütte-Lihotzky, Wilhelm Schütte, A: Wilhelm Sedlar, 1956—59

Selbst so renommierten Architekten wie »den Schüttes« war es um 1955 nicht möglich, das starre System des Gemeindebaus zu durchbrechen.

Schüttelstraße 9, »Franz-Mair-Hof«, E: Franz Schacherl, 1931

Tandelmarktgasse 14, E: Konstantin Peller (MA 22), 1929/30

Vorgartenstraße 158—164, E: Carl Auböck, Carl Rössler, Adolf Hoch, 1959—62

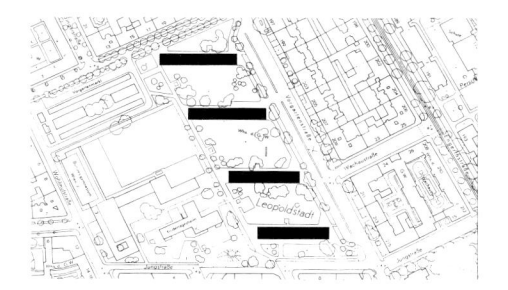

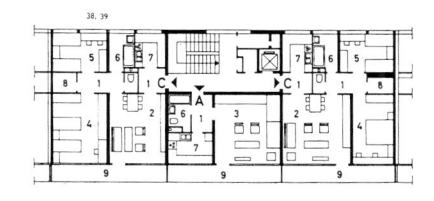

Die »Vorgartenstraße«, entstanden während der Tätigkeit Roland Rainers als Wiener Stadtplaner, war ein vielbeachtetes Zeichen eines Um- und Aufbruchs im Wiener sozialen Wohnbau. Die aus der alten Bebauungsstruktur herausgedrehten, nach Süden orientierten und freistehenden Blocks meldeten einen radikalen demokratischen Anspruch an: jede der Wohnungen sollte die gleichen Bedingungen der Lage, Besonnung, Durchlüftung etc. haben, eingebettet in einen neutralen Grünraum, in dem ein Kindergarten und (am Rande) ein das ganze Quartier versorgender Markt eingerichtet wurden. Die Wohnräume mit Loggien liegen alle gegen Süden, ebenso ungewöhnlich war (durch Auböck) die Einführung des »amerikanischen Grundrisses«, das heißt, daß der Schlafzimmerteil mit Bad über einen Zwischenflur vom Wohnzimmer aus betreten wurde. Heute ist die Anlage »eingewachsen«, und sie gehört sicher zu den besten Wohnmilieus der alten »Donaustadt«. Ihre Qualität entsteht zweifellos durch die dialektische Beziehung zum alten, vor allem gründerzeitlichen Baubestand, ihre kritische Alternative, später zum städtebaulichen System erhoben, hat selbst wieder kritische Alternativen produziert.

Wehlistraße 131—143, »Hubert-Hladej-Hof«, E: Erich Boltenstern, Karl Hartl, Ladislaus Hruska, Kurt Schlauss, 1948—50

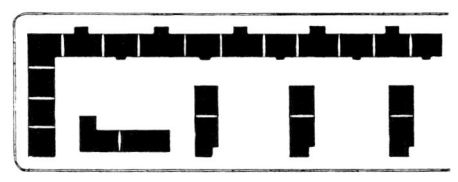

Die typische sechsgeschossige Nachkriegswohnanlage (ohne Aufzug) mit 299 Wohnungen und der charakteristischen Mischung von Blockrand- und offener Blockbebauung zeigt in den Wohnungsgrundrissen einige bemerkenswerte Ansätze: So gibt es etwa die geradlinige Raumverbindung Loggia-Wohnraum-Küche, von Außenmauer zu Außenmauer, die nicht nur Querlüftung, sondern auch eine gewisse räumliche Großzügigkeit bringt. Bad und WC sind getrennt vom Vorraum zugänglich.

Wehlistraße 136—148, BH: Stadt Wien, E: Abteilung für Hochbau und Gebäudeverwaltung der Städtischen Straßenbahnen, A: Union Baugesellschaft, 1913

Man kann die frühen Wohnanlagen für die Straßenbahner mit Recht als Vorläufer der Gemeindewohnbauten der Zwischenkriegszeit bezeichnen. Während die Wohnungstypen noch durchwegs dem Standard der Spätgründerzeit angepaßt waren (Zimmer-Küche-Wohnungen mit ca. 33 m², eigenes Klosett, jedoch größtenteils am Gang),

## 2. BEZIRK

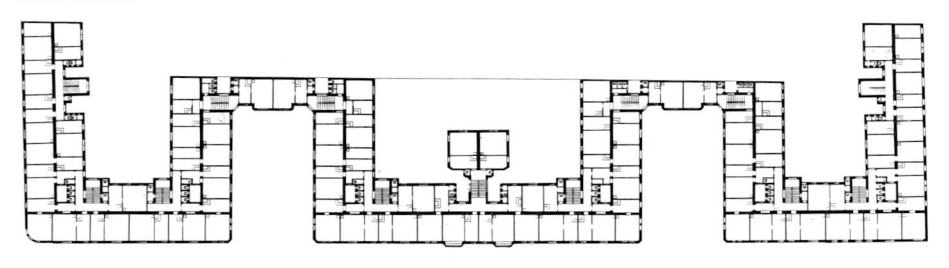

geschah städtebaulich bereits ein wesentlicher Schritt zur »Wohnanlage«. Im konkreten Fall sind die rund 330 Wohneinheiten in einem mäanderförmigen Block von rund 170 m Länge organisiert (mit zwei Straßenhöfen), die als städtebauliche Großform bereits eine beachtliche Signifikanz zeigen. Die Architektur ist, wenn man von bescheidenen spätsecessionistischen dekorativen Details absieht, eher dem Geist der Heimatschutzbewegung verbunden.

### Wehlistraße 305, E: Franz Schacherl, 1928—30

### Wehlistraße 309, E: Hans Adolf Vetter, 1928 bis 1930

Wenn man von dem besonders schönen Haus in der Werkbundsiedlung absieht, ist dies hier der einzige Gemeindebau, den Hans A. Vetter alleine geplant hat. Die strenge symmetrische Konzeption wird durch die Eckloggien relativiert, auch andere Teile, wie etwa beim Sockelgeschoß, wirken einer Monumentalisierung entgegen.

### Wohlmutstraße 14—16, E: Gustav Schläfrig, Hans Reiser, 1927/28

Eine besonders schwierige städtebauliche Situation, die durch zwei hinter einem Gebäudeeck miteinander verbundene Baulücken entstand. Die Architekten schlossen die Lücke an der Wohlmutstraße und machten auf dem vorhandenen Raum eine einhüftige »Block-Randbebauung«, die wie die Auskleidung der Baulücken wirkt und zwei miteinander verbundene Höfe entstehen ließ. Diese Maßnahme wird durch die zarten Arkaden, die von der Erlafstraße her einen Einblick gewähren, noch städtebaulich unterstrichen.

### Ybbsstraße 15—21, »Hermann-Fischer-Hof«, E: Otto Prutscher, 1928/29

Prutscher wiederholt die Methode von Gessner beim »Lassalle-Hof« und lüftet den Straßenraum durch einen in breiter Front zurückspringenden Mittelteil. Obwohl die Architektur gegenüber früheren Bauten sachlicher geworden ist, verzichtet sie nicht auf baukünstlerische Entscheidungen. Das Parteilokal im Erdgeschoß liefert dazu noch funktionelle Argumente.

### Ybbsstraße 31—33, E: Ferdinand Kaindl, 1927

### Ybbsstraße 40—42, E: Erich F. Leischner, 1927/28

Leischner gehörte zu den vielseitigsten und kreativsten angestellten Architekten des Magistrats. Seine Tätigkeit erstreckte sich von den Jahren vor dem Ersten Weltkrieg bis in die fünfziger Jahre. Er besaß nicht nur einen Sinn für signifikante Bauformen, sondern hatte auch eine besondere Liebe fürs Detail. Bei diesem Bau ist auch die Rückseite und die Hofgestaltung sehenswert.

### Böcklinstraße 27, BH: Rosa Gelb, E: Richard Esriel, A: Christof Jahn, 1928

Die an späte Bauten von Josef Hoffmann erinnernde Villa zeigt leider nur mehr Spuren ihrer ursprünglichen Gestalt. Ein später Bau von Esriel, der vor dem Ersten Weltkrieg im Zenit seines Schaffens stand.

### Böcklinstraße 53, BH: Valerie Schindler, E: Adolf Oberländer, A: Gustav Menzel, 1912

### Böcklinstraße 59, BH + E: Oskar Marmorek, A: Adolf Ambor, 1904

Die repräsentative Mietsvilla, mit einem an der Nordseite liegenden Treppenhaus und einem zentralen Hof, hatte je zwei Großwohnungen pro Geschoß. Ihre Zimmerfluchten waren jeweils um eine westlich und östlich des Hofes liegende Halle organisiert.

### Böcklinstraße 61, BH: Salo und Camilla Cohn, E: Oskar Marmorek, A: Hugo Schuster, 1908

### Kurzbauerstraße 10, BH: Baron Viktor von der Lippe, E: Franz Mörth, A: Wiener Baugesellschaft, 1933

Winkelförmiger Grundriß, turmartige Eckausbildung und geborgene, etwas erhöhte Terrasse auf der Gartenseite: Der Entwurf reagiert prononciert auf die Ecksituation des Grundstückes.

# LEOPOLDSTADT

**Aspernbrückengasse 1, Optiker, BH: Anton Kleemann, A: Anton Wagner (Portalbau), Ernst Schoderböck (Baumeisterarbeiten), 1950**

Der Entwerfer dieses Portals konnte leider nicht ausgeforscht werden. Die strenge Symmetrie, der kräftig profilierte Steinrahmen und die im gleichen Material ausgeführten Auslagensockel stellen eine für die frühen fünfziger Jahre sehr charakteristische Auffassung von »Portal« dar.

**Karmeliterplatz 1, Humanic-Geschäft, E: Karl Fuhry, 1981**

An die Architektur der dreißiger Jahre erinnernde Thematisierung des Gebäudeecks, die einerseits in einer formalen Betonung, andererseits in dessen räumlicher Auflösung besteht. Spielerischer Umgang mit Materialien, auch am Boden, und sinnvolle Verwendung des räumlichen Spiegeleffekts.

**Lassallestraße 34, BH: Erste Österreichische Spar-Casse, E: Fritz Waclawek, 1980—82**

**Lilienbrunngasse 3, BH: Hinz-Organisation, E: Manfred Rapf, 1985**

**Rotensterngasse 21, Umbau und Portalgestaltung Celus-Öfen, BH: Josef Schaller, Ofen- und Herdfabrik, E: Franz Zajicek, 1938**

Eine im Sinne der zweiten Wiener Biedermeierrezeption »klassische« Behandlung des Sockelgeschosses mit einer ausschließlichen Putzarchitektur. Zajicek verwendet hier in einer abgewandelten und strengeren Form die gestalterischen Elemente eines Josef Hoffmann (Flächenkannelierung, Rahmung etc.) und schafft so eine zwar zurückhaltende, aber nicht minder kräftige und selbstbewußte Portalzone.

**Taborstraße 20, ehem. Palmers-Filiale, E: Siegfried Theiss und Hans Jaksch, 1947—50**

Leicht abgewandelter Portaltyp, wie er von den Architekten Theiss & Jaksch nach dem Krieg für Palmers entwickelt wurde. Bemerkenswert ist die Reduktion der Komposition auf wenige, leicht lesbare Elemente, wie Tür, Fenster (Auslage), Sonnenschutz, gerahmte Werbefläche mit kleinem Firmenzeichen, und vor allem die durchgehende Verwendung des charakteristischen Palmers-Grün.

**Taborstraße 26, BH: Erste Österreichische Spar-Casse, E: Heinz Marschalek, Georg Ladstätter, Alfred Michael Beck, MA: Erich Petuelli, 1982/83**

**Taborstraße 59, Fleischhauerei Franz Pfaffl, A: Bernhard Erndt, vor 1936**

Vermutlich wurde das Portal von dem Hafnermeister ohne Architektenentwurf ausgeführt. Es wiederholt in einer selbständigen Form die in den dreißiger Jahren von der MIAG (blau-weiß) bzw. den Ankerbrotwerken (rotweiß) für die Filialen verwendeten Kachelportale, die in einer weithin sichtbaren Form Sauberkeit und Hygiene signalisierten und manchmal heute noch zu finden sind.

**Wolfgang-Schmälzl-Gasse 28, BH: Goldschmied Lang, E: Emilian Czermak, 1947**

Einfach und gediegen konzipiertes Portal, bei dem alle Funktionselemente deutlich ablesbar sind und mit dem vermutlich Adolf Loos seine Freude gehabt hätte. Alle Teile (einschließlich Rolladen, Oberlicht und des freistehenden Mittelpfostens) sind vom Gebrauch bestimmt; also insgesamt ein Laden, der noch nicht an den Gesetzen der Werbung deformiert wurde.

**Alliiertenstraße 16, BH: Severin Tesar, E: Ernst Epstein, 1908**

Ein in die Struktur der spätgründerzeitlichen Wohnbebauung eingebundener Fabriksbau, der sich zwar noch als solcher zu erkennen gibt, jedoch noch nicht ganz auf die konventionellen Mittel einer Wohnhausfassade verzichtet.

**Castellezgasse 36—38, »Neues Fabriksgebäude« der Mühlenbauanstalt und Maschinenfabrik Hoerde & Co., BH: Ludwig Lorenz Hoerde, E: Heinrich Schmidt (Bm.), A: Heinrich Ohrner, 1890**

Das »Neue Fabriksgebäude« war ursprünglich der markante Teil einer größeren Anlage, die sich von der Taborstraße 75 über die Lessinggasse bis zur Castellezgasse erstreckte (ab 1881). Der gut erhaltene Trakt mit seiner kräftigen Mauerstruktur (im zeitgemäßen »Renaissancestil«), die in ihrer lapidaren Großzügigkeit an das Kulissendepot von Gottfried Semper (Léhargasse) erinnert, gehört heute zu interessantesten Bestand von Industriebauten in der Leopoldstadt. (Inf.: Wehdorn/Georgeacopol).

103

## 2. BEZIRK

**Engerthstraße 151, Werkshalle, BH: Maschinenfabrik Ernst Krause, E: Heinrich Adam, A: Georg Parthilla, Eisenkonstruktion: R. Ph. Waagner, 1904/05**

Die Anlage wurde 1909–11 durch einen viergeschossigen Werkstättentrakt in Sichtziegelmauerwerk mit frei gezeigten eisernen Fensterüber- und Steinauflagen auf der Hofseite erweitert (E: Friedrich Schön, A: Georg Parthilla). Ein größerer Ausbau erfolgte 1937 (Werkshalle in Stahlbeton, E: Bruno Bauer) und schließlich 1976 (Statik: Wolfdietrich Ziesel). Die an der Straße liegende dreischiffige, basilikale Halle mit einer zarten Eisenkonstruktion, seitlichen Galerien, hochliegenden Fensterbändern und einer Lichtweite von 16,80 m (4,40 + 8,00 + 4,40) stellt noch einen Typ von Werkshalle vor, der durch den Kontrast von kräftiger Mauer (Hülle) und filigraner Innenkonstruktion neben der zeittypischen auch eine eigenständige architektonische Qualität besitzt (Inf.: Wehdorn/Georgeacopol).

**Engerthstraße 161–163, Papierfabrik Bunzl & Biach, Verwaltungsgebäude, E: Karl Jaray, A: G. Wayss, Beton- und Tiefbauunternehmen, 1928**

Schlichte, zum Mittelfeld stufenweise leicht zurückspringende Fassade, die mit durchlaufenden Parapetflächen stark horizontal gegliedert ist. Gute Renovierung.

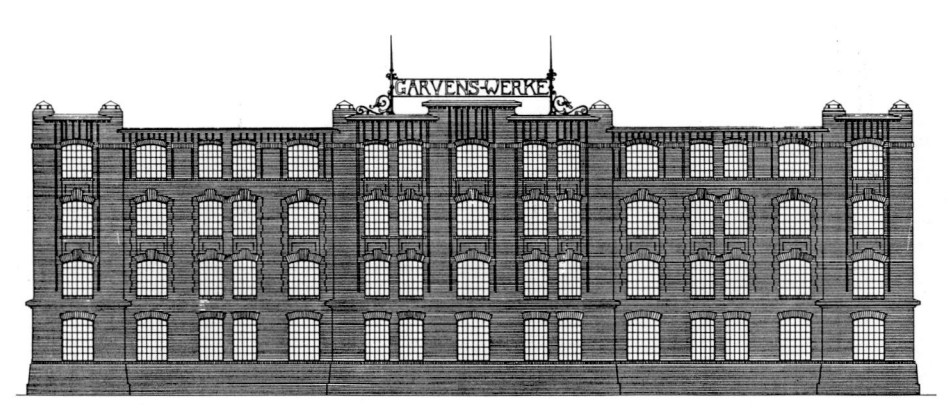

**Handelskai 130, Pumpenfabrik W. Garvens & Co., E: Friedrich Schön, ab 1904**

Die »Commanditgesellschaft für Pumpen- und Maschinenfabrikation W. Garvens & Co.« übernahm 1904 die seit 1896 bestehende Anlage der »Ersten Wiener Mörtel-Fabrik Hortig & Schreiber« und baute sie systematisch für die eigenen Produktionsbedürfnisse aus. 1904/05 wurde im Hof ein Fabrikationsgebäude errichtet (heute vorwiegend Bürogebäude, E: Friedrich Schön, A: Erste Österreichische Baugesellschaft), 1905 begann man mit der Adaptierung des am Handelskai liegenden Werkstättengebäudes, das schließlich 1907 zum großen viergeschossigen Fabriksgebäude ausgebaut wurde (E: Friedrich Schön, A: Karl Michna & Josef Herzberg). Während an der inneren Konstruktion noch die Bauphasen ablesbar sind, hat man sich in der Erscheinung zum Handelskai hin um eine repräsentative Einheitlichkeit bemüht, die den Bau heute noch zu einem markanten Element der rechten Donauuferverbauung macht (Lit.: Wehdorn/Georgeacopol).

**Handelskai 134, Maschinenfabrik Alexander Friedmann, E: Bruno Bauer, A: Karl Stieler, Alois Rous, 1913**

Dr. Bruno Bauer, über dessen Biographie soviel wie nichts bekannt ist, gehört zu den interessantesten österreichischen Industrieplanern des ersten Drittels unseres Jahrhunderts. Er bediente sich prinzipiell der damals neuen Technologie des Eisenbetons, entwickelte klare Baustrukturen und verband diese, im Sinne der ersten Klassizismus- und Biedermeierrezeption nach der Jahrhundertwende, mit einer ebenso einfachen wie signifikanten Architektur, die die strukturellen Merkmale des Bauwerks in die Fassade aufnahm und mit den sparsamsten Mitteln (wie Pfeiler, Gesims, Dreiecksgiebel) überformte. Den erfahrenen Industriebauer weisen aber auch technische Details aus, wie etwa das Einbetonieren von Montageschienen in alle Deckenbalken, die bis heute eine variable Nutzung erlauben. Abgesehen von einigen Zubauten, ist der aus einem Guß konzipierte Kern der Anlage noch gut erhalten.

**Handelskai 344, Autoreparaturwerkstätte Baumkirchner & Colloredo, E: Andreas Tröster, 1956/57**

Geschlossene, nach streng funktionellen Gesichtspunkten um einen Hof organisierte Anlage, deren Architektur ebenso Angemessenheit wie »Zeitgeist« vermittelt.

## Molkereistraße 1, Wiener Molkerei, E: Brüder Drexler (Josef und Anton), 1898—1901

Die schloßartig angelegte, jedoch in einer »einfachen Neurenaissance« gebaute Anlage ist durch zahlreiche Um- und Erweiterungsbauten, aber auch durch Kriegseinwirkung stark verändert, so daß heute nur mehr Teile der ursprünglichen Erscheinung sichtbar sind.

## Zirkusgasse 13, Buchdruckerei Gerin, BH: Paul Gerin, E: Christoph R. Ernst, A: Gustav Orglmeister, 1912

Eines der wenigen Werke des Otto-Wagner-Schülers Christoph R. Ernst. Diese hervorstechende und interessante Arbeit des damals 28jährigen Architekten stellt einen sichtbaren Konflikt zwischen der Doktrin des Lehrers (Hervortreten der Konstruktion etc.) und dem dekorativen Zeitgeist dar. Ernst versuchte der kräftigen Eisenbetonstruktur eine motivisch inspirierte Fassade mit einer Art flächiger Kolossalordnung zu geben, die vor die Struktur eine signifikante, eigenständige Folie legt, was im Sinne Wagners wieder einen Rückschritt bedeutet.

## Engerthstraße 267—269, Ferry-Dusika-Hallenstadion, BH: Gemeinde Wien, E: Kurt Koss und Ludwig Binder AG., A: Waagner-Biró (Dachkonstruktion), 1971—75

Das Wiener Hallenstadion war bei seiner Errichtung die größte mit einem Hängekegelschalendach ausgeführte Rundhalle (112 m Durchmesser, 10.000 m² frei überdachte Fläche, 5400 Zuschauer). Die Hallenaußenwand und die Tribünen bestehen vorwiegend aus Stahlbetonfertigteilen, die Knickung der Stützen ergibt bei den Tribünen den größten Durchmesser. Das Dach besteht aus einer auf Zug belasteten, zu einem Stück verschweißten, selbsttragenden Stahlblechmembran, die aus zwei verschieden nach innen geneigten Kegelstümpfen (112 und 60,60 und 18 m Ringdurchmesser) gebildet ist. Am äußeren Rand des Daches liegt ein kreisförmiger Druckring, auf der Innenseite ein Zugring. Um die Membran stabil zu halten, wurde in der Mitte ein Vorspanngewicht (Heiz- und Lüftungszentrale) angebracht. Obwohl es sich zweifellos um eine sehr wirtschaftliche und intelligente Hallenkonzeption handelt, wird diese nicht in einer adäquaten ästhetischen Form sichtbar.

## Meiereistraße, Stadionbad, BH: Gemeinde Wien, ab 1931

Das Stadionbad war zusammen mit der »Hauptkampfbahn« (Stadion) und der Radrennbahn ein Grundelement im späteren Ausbau des Sportzentrums »Wiener Prater«. 1931 wurde eine Anlage mit Schwimmbecken, Sprungbecken, hölzernen Tribünen und Umkleidehallen errichtet (E: Otto Ernst Schweizer). Nach dem Krieg wurde die zerstörte Anlage neu konzipiert (E: Theodor Schöll), 1948—50 entstanden die einen intimen Hof umschließenden Kabinenbauten (B), Personal- und Verwaltungsräume (C, D), Restaurant (E), Ladenstraße (H), Wasserturm (K), Werkstätten (L), Kegelbahn (M), eine Eisenbetontribüne für 2000 und eine Stehplatzanlage für 5000 Besucher. 1956/57 wurden von Schöll die Becken ausgebaut: Schwimmbecken (N), Sprungbecken mit 10-m-Turm (O), Badebecken (Q) und Kinderbecken (R); 1958 folgten schließlich noch das Wellenbad (P) sowie eine Filteranlage. Die letzte Ausbauphase von 1970—74 (E: Hubert Steinhauer) war von der bevorstehenden Olympiade bestimmt, sie betraf vor allem den Neubau des 50-m-Beckens, Wasserballbeckens und Sprungbeckens mit Sprunganlage (Innenlift), die axiale Erweiterung der Umkleidegebäude, die damit zusammenhängende Verlegung des Kassengebäudes und

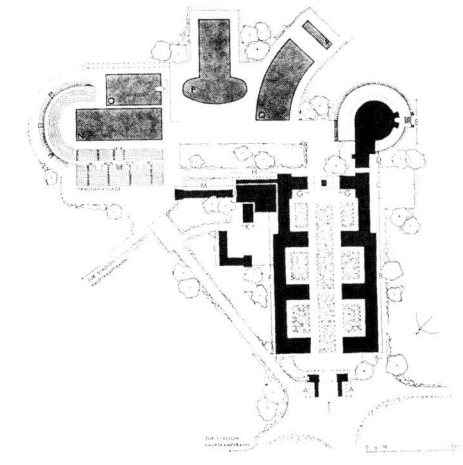

## 2. BEZIRK

schließlich die neue Tribünenanlage für das 50-m-Becken, den Einbau eines Pressezentrums, die Errichtung einer elektronischen Anzeigetafel und einer Flutlichtanlage. Von dem gut in die Praterlandschaft integrierten Stadionbad, das trotz seiner vielen Baustadien die Einheitlichkeit bewahrt hat, wurde, um die letzte Ausbauphase vor Ort überprüfen zu können, der Lageplan von 1958 abgebildet.

**Meiereistraße, Stadion, BH: Gemeinde Wien, E: Otto Ernst Schweizer, A: Carl Korn Bauges., 1929—31**
**Erweiterung, E: Theodor Schöll, A: Franz Jakob, 1956—59**
**Überdachung, E: Erich Frantl, A: VÖEST ALPINE, HEBAG (vorm. Wiener Brückenbau-AG), 1985/86**

Das Stadion gehört zu den wenigen bedeutenden Großbauten Wiens, deren Geschichte des stufenweisen Ausbaus auch von einem unter einem guten Stern stehenden Architekturgeschichte begleitet ist. Sicher hat die Konzeption des großen Karlsruher Architekten Otto Ernst Schweizer die strukturelle Möglichkeit einer organischen Erweiterung in sich getragen, aber es war auch das Verdienst des Wiener Architekten und Behrens-Schülers Theodor Schöll, daß er in den fünfziger Jahren diese »systemimmanenten« Möglichkeiten nutzte. Und schließlich war es ein weiterer glücklicher Umstand, daß die zuletzt notwendig gewordene Gesamtüberdachung zu einer Ingenieurleistung ersten Ranges führte, die den Bau nicht nur in einer funktional-konstruktiven, sondern auch in einer räumlich-architektonischen Form zu einem eindrucksvollen Abschluß führte. Kein Geringerer als der große Stahlbetonkonstrukteur Rudolf Saliger lieferte 1930 (als Konsulent der Gemeinde Wien) eine Beschreibung des Stadions, die in ihrer Präzision nicht übertroffen werden kann: »Das Tragwerk wird von 112 Bindern gebildet, die am Außenumfang in einem mittleren Abstand von 6 m liegen. Von der Gesamtzahl der Binder sind 22 als Doppelbinder ausgebildet ... Die große Grundfläche des Bauwerks machte naturgemäß die Anordnung von Dehnfugen notwendig ... Es sind zwei Systeme angeordnet worden. Eine Ringfuge, die den 30 m breiten Ring in zwei Ringteile zerlegt, von denen der äußere 19 m und der innere 11 m breit ist. Die senkrecht zum äußeren Umfang liegenden 22 Strahlfugen fassen Baumassen von 4:6 Ringfeldern zusammen, so daß der Abstand der Fugen 24—36 m beträgt. Im Ganzen ist daher die Baumasse in 22 x 2 = 44 voneinander ganz unabhängige Teile zerlegt ... Die inneren Rahmenbinder sind eingespannte, einstöckige, zweistielige Trapezrahmen ... Die äußeren Rahmenbinder sind eingespannte dreistielige Stockwerksrahmen...«

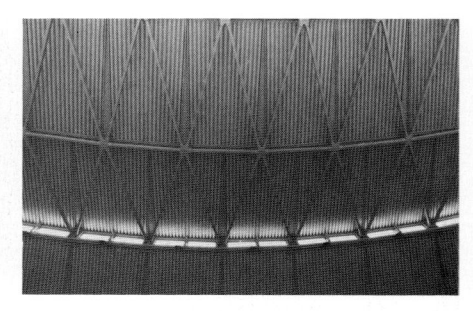

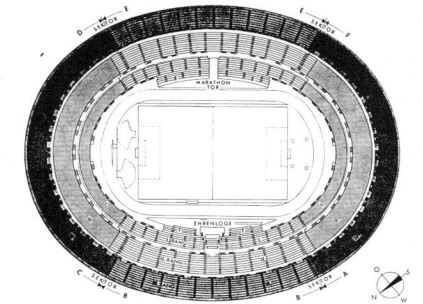

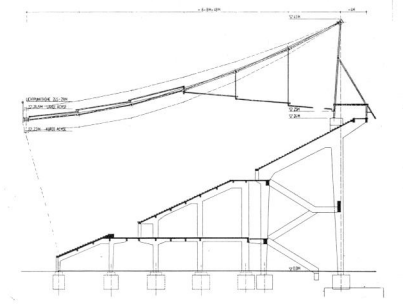

Otto Ernst Schweizer schuf nicht nur das Stadion, sondern legte auch das Grundkonzept für das Stadionbad fest, das später Schöll weiterführte. Interessant ist auch, daß er, um die geringe Höhe des Tribünenringes (14 m) in der Praterlandschaft wirksamer zu machen, in der Längsachse des Stadions zur Hauptallee hin einen glockenförmigen Spiegelteich anlegte, der jedoch nach der Erweiterung der Tribünen in einen Parkplatz umgewandelt wurde. Die 1956—59 durchgeführte Erweiterung des Stadions um einen Tribünenring (17 m breit und 24 m hoch) erhöhte das Fassungsvermögen von 51.462 auf 94.585 Besucher. Die Rangtribüne mit 112 Tragelementen ist ebenfalls eine Stahlbeton-Rahmenkonstruktion mit einer darüberliegenden, den Stufen entsprechenden Faltplattendecke. Bei dieser letzten Erweiterung hat man von der Nutzung des Hohlraumes unter den Tribünen abgesehen, die im Altbau die Räume mit der Zeit undicht und unbrauchbar wurden. Im Rahmen der Umbaumaßnahmen hat man auch Räum-

LEOPOLDSTADT

## 2. BEZIRK

lichkeiten für Ehrengäste, vor allem für die Presse, eingerichtet und eine Flutlichtanlage mit 4 Stahlrohrgittermasten mit 50 m Höhe geschaffen.
Die 1985/86, mit einem 50 m zur Stadionmitte auskragenden elliptischen Dachring durchgeführte Gesamtüberdachung (277 x 223 m) gehört zu den weitgespanntesten der Welt. Ausschlaggebend für eine Gesamtüberdachung war, daß sie billiger angeboten werden konnte als eine fünfzigprozentige Teilüberdachung und daß damit für alle 62.900 Besucher gleicher Komfort geboten und überdies das gesamte Bauwerk geschützt werden konnte. Die eindrucksvolle Konstruktion kam durch das Zusammenwirken von zwei Patenten zustande, einerseits durch das von Erich Frantl entwickelte einschalige Hängetragwerksystem, andererseits durch das »Knotenpatent CONZEM (Frantl, Hofstetter, Zemler und Raunicher), eine mit Beton gefüllte Knotenverbindung, die eine besonders leichte Montage erlaubt. Die Bauzeit betrug 10 Monate, die Montage wurde ohne Gerüst mit 4 Kränen durchgeführt. Das Dach selbst besteht aus profiliertem, verzinktem und kunststoffbeschichtetem Stahlblech, 30 automatisch arbeitende Pumpen sorgen für die Entwässerung. Die Flutlichtanlage ist am inneren Zugring angebracht. Die Oberkante des äußeren Stützringes liegt auf einer Höhe von 41 m. Das heutige Fassungsvermögen von etwas über 60.000 Besuchern ist eine Folge der Vergrößerung des Sitzplatzanteils. Die Gesamtplanung hat Erich Frantl mit Peter Hofstätter, die architektonische Gestaltung mit Robert Sturmberger durchgeführt. Statik: Willibald Zemler, Albert P. Raunicher, EDV-Statik: Heinz Pircher, Technische Mathematik: Werner Ploberger.

### Rustenschacher Allee 7, ehem. Clubpavillon des Radrennvereins, E: Joseph M. Olbrich, 1898

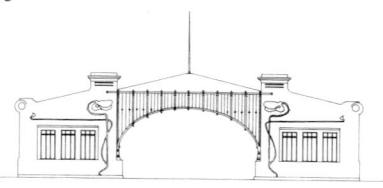

Ein Nebenprodukt der Entwürfe für die Stadtbahnhaltestellen? Olbrich, der in dieser Zeit im Atelier von Otto Wagner arbeitete, bedient sich hier des funktionell flexiblen »Pavillontyps«, der ja gerade im Zusammenhang mit der Stadtbahn auf seine extreme Leistungsfähigkeit geprüft wurde. Der Bau ist in seiner Substanz noch erhalten — geradezu ein Wunder in der vom letzten Krieg zerstörten Pratergegend — die Fassadenornamentik ist verschwunden.

### Trabrennstraße, Tribünen und Richterturm, BH: Wiener Trabrennverein, E: Emil Hoppe, Marcel Kammerer, Otto Schönthal, 1910—18

Die Wiener Trabrennbahn in der Krieau (ab 1874) lag ursprünglich axial zwischen Rotunde und den heute noch bestehenden Pavillons der Weltausstellung von 1873 (Bildhauerateliers). Dieses vielfach abgebildete großstädtische Ensemble wurde im Nordosten von den Stallungen und im Südwesten von den Tribünenbauten gerahmt. Die entscheidende Ausbauphase der Anlage war 1912—18, in der neben den Tribünen auch der Richterturm entstand. Der Bau stellt innerhalb der Wiener Architekturgeschichte insofern eine Sonderleistung dar, als hier, bedingt durch die Aufgabe, einmal die »Anwendung des Eisenbetons für eine offene Halle« in seiner frühen Entwicklungsphase zu einer kühnen Lösung geführt hat, zum anderen, weil es den Otto-Wagner-Schülern gelungen ist, die konstruktiven Möglichkeiten der Zeit als bestimmende Momente in eine eindrucksvolle architektonische Konzeption zu integrieren. Hier wurde also die Entwicklungsperspektive Wagners weiterverfolgt, was für die späteren Arbeiten seiner Schüler gar nicht selbstverständlich war. Bemerkenswert ist auch, wie der reine Betonbau im Detail durchgebildet ist (in einem handwerklich-steinmetzmäßigen Sinn), das gleiche gilt für die übrigen Teile (wie etwa die Etagen- und Treppengeländer), die nicht nur konstruktiv durchdacht, sondern

LEOPOLDSTADT

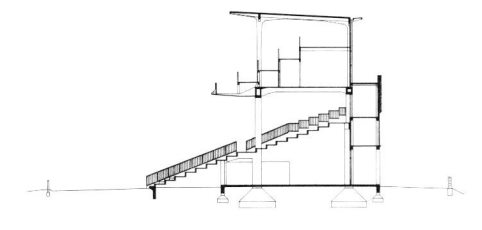

auch von einer Prägnanz der Form sind, die man erst in den dreißiger Jahren wiederfindet. Hoppe, Kammerer und Schönthal haben den Auftrag zu dieser Anlage über einen Wettbewerb bekommen, den sie 1910 vor den Brüdern Drexler und Max Hegele gewonnen haben. Später haben sie noch eine Trabrennanlage in Marienbad gebaut. 1930 wollte man die Tribünen weiter ausbauen und verglasen, es wurde jedoch nur eine vielbeachtete Beleuchtung installiert. Erst Ende der fünfziger Jahre wurden der 1. Rang verglast, ein Café und eine Flutlichtanlage gebaut.

Obere Donaustraße 23—27, ehem. Elektrische Zentralstation, BH: Allgemeine Österreichische Elektrizitäts-Gesellschaft, E + A: Wilhelm Schimitzek, 1892/93

Die heute als Umspanner- und Kabelwerkstätte sowie als Zentrallager der Wiener Stadtwerke-Elektrizitätswerke genutzte Bausubstanz wurde schon 1918 als Dampfkraftwerk aufgelassen. Die außen noch gut erhaltene Anlage aus Sichtziegelmauerwerk wurde innen, entsprechend den späteren Nutzungen, umgebaut. Abgesehen von dem historischen Faktum, daß sich hier »bis zu Beginn des 20. Jahrhunderts die bedeutendste elektrische Kraftzentrale von Wien befand, die fast alle Stadtbezirke und die städtischen Straßenbahnen mit Strom versorgte« (Wehdorn/Georgeacopol), handelt es sich hier noch um ein geschlossenes, architektonisch ausdrucksvolles Industrieensemble, dessen Hof im NW vom ehemaligen Kesselhaus, im SO vom Maschinenhaus gefaßt wird. Die beiden Schornsteine und das Wohnhaus an der Oberen Donaustraße wurden abgebrochen.

Engerthstraße 152a—154, Autobus-Großgarage, BH: Wiener Verkehrsbetriebe, E: Wiener Stadtwerke, Konstruktion: Adolf Pucher, A: Ed. Ast & Co., 1949/50

Der unauffällige und architektonisch anspruchslose Bau stellte eine der interessantesten konstruktiven Leistungen der frühen Nachkriegszeit dar. Die Ausschreibung erfolgte auf Grund eines detaillierten Projektes der Verkehrsbetriebe, vollständige Freiheit bestand nur im Hinblick auf Material und Konstruktion des Dachtragwerks. Die Großgarage für 100 Autobusse, die aus feuertechnischen und wirtschaftlichen Gründen aus Stahlbeton ausgeführt wurde, besteht im wesentlichen aus einer Abstellhalle (5900 m²), einer Revisionshalle, Reparaturhalle, Werkstätten, einem Kesselhaus, Verwaltungsbau etc. Noch heute eindrucksvoll ist die 79 m lange und 75,40 m breite Abstellhalle, die mit zwei Längstonnen, System Zeiss-Dywidag, überdacht und durch nur drei Mittelstützen unterteilt ist, von denen jede nicht weniger als 750 m² Dachfläche trägt. Die Schalen sind für damalige Verhältnisse extrem dünn, sie haben, bei einer Spannweite von über 37 m und 11 m Scheitelhöhe, an den Rändern eine Stärke von 15 cm und im Scheitel von nur 8 cm.

DONAUBRÜCKEN
(Reihenfolge flußabwärts)

Reichsbrücke, BH: Republik Österreich, Stadt Wien, E + Statik: Rupert Schickl, Alfred Popper, Peter Metz, Paul Magyar, A: ARGE Hofman & Maculan, Hamberger, Negrelli, Stuag, Züblin, AE: Norbert Kotz, 1977—80

Die neue Reichsbrücke ist zweifellos der »Funktions-Multi« unter den Wiener Brücken. Sie hat neben sechs Fahrstreifen für den Autoverkehr Fuß- und Radwege, zwei Trassen für die U 1 (einschließlich der Station Donauinsel) und als Versorgungsträger auch Kabeltrassen für E-Werk und Post, einen Gas- und einen Wasserrohrstrang sowie zwei Fernheizleitungen. Das Ganze ergibt eine Deckbrücke mit zweigeschossigem Aufbau, zwei voneinander getrennten Hohlkästen (U-Bahn) mit einer Gesamtbreite von 26,10 m. Die aus Spannbeton in freiem Vorbau errichtete Brücke besteht genaugenommen aus drei Tragwerken, der Strombrücke mit 526,30 m (größte Stützweite 169,60 m), der Brücke über die Neue Donau mit 212,30 m und der Brücke über die Donauuferautobahn mit 123,90 m. Wenn auch die Konstrukteure sichtlich bemüht waren, »ein einheitliches Erscheinungsbild aus Konstruktion und Funktion abzuleiten« und die »getrennten Funktionen für die plastische Gliederung des Bauwerks zu benutzen«, so führt doch die Häufung der Leistungen, gepaart mit höchster Wirtschaftlichkeit, zu einem dominanten, maßstabslosen Bauwerk, dessen Funktionen einander ästhetisch nicht ergänzen, sondern visuell überdecken, so daß hinter den Sekundärfunktionen (etwa den seitlichen Geh- und Fahrwegen) die Brücke selbst verschwindet und auch wichtige stadträumliche Erlebnisfunktionen (wie etwa die Sicht von der U-Bahn aus auf die Flußlandschaft) nicht einmal mehr planerisch wahrgenommen werden konnten. Kosmetische Maßnahmen, wie die »Fassadierung« des Bauwerks, verweisen auch auf diese Probleme.

109

# 2. BEZIRK

## Handelskai, Autobahn-Praterbrücke, BH: Republik Österreich, E + A: Waagner-Biró, 1967—70

Die Praterbrücke ist Teil der Autobahn-Südosttangente und besteht aus drei Abschnitten, der Kaibrücke über den Handelskai (Spannbeton, zweiteilig, Stützweiten 39,80 und 40,20 m), der Strombrücke (Länge 413,20 m, Stahltragwerk mit 82,50 + 210,00 + 120,00 Feldöffnungen, E + A: Waagner-Biró) und der Flutbrücke (Spannbeton, 13 Felder, maximale Stützweite 52,70 m).

## Handelskai, Stadlauer Ostbahnbrücke, BH: Österreichisch-Ungarische Staatseisenbahn, 1869/70, Auswechslung 1932, E + A: Waagner-Biró AG.

Da zur Zeit der Planung das linksseitige Stromufer noch nicht festgelegt war, erhielt die Brücke ursprünglich fünf Öffnungen von je 75,90 m. Die alte, eiserne Flutbrücke mit obenliegender Fahrbahn wurde zerstört. 1932 wurde die aus französischem Schweißeisen erbaute »kaltbrüchige« Brücke ersetzt, da sie den erhöhten Verkehrslasten nicht mehr gewachsen war. Die Stadlauer Ostbahnbrücke ist die letzte eiserne Strombrücke, deren filigranes Gitterwerk in einer besonderen Weise die Weite der Flußlandschaft sichtbar macht und die auch noch die Erinnerung an eine große Brückenbautradition wachhält.

## DONAUKANALBRÜCKEN
(Reihenfolge flußabwärts)

Von den zwölf im Gebiet der Leopoldstadt liegenden Donaukanalbrücken und -stegen wurden neun durch die Ereignisse des letzten Krieges (vor allem durch Sprengungen bei den Rückzugsgefechten) zerstört. Alle Brücken wurden an den gleichen Punkten wiedererrichtet, später wurden an fünf neuen Standorten weitere Brücken gebaut. Der Stadtraum des Donaukanals hat sich nicht nur durch die größtenteils neue Uferbebauung einschneidend verändert, sondern auch, wenn nicht vor allem, durch die Auswechslung der ehemals eisernen Brücken durch Stahlbetontragwerke, die vor allem durch die Entwicklung der Vorspannung deren ästhetische Erscheinung grundlegend verändert haben. Die eisernen Brücken haben insgesamt, wenn man von deren oft sehr bewußten architektonischen Gestaltung absieht, allein durch die linear sichtbar werdenden Systeme von Kraftlinien einen höheren Grad durch die Lesbarkeit und Verständlichkeit. Ihre Masse ist zwar insgesamt raumgreifender, aber eben auch filigraner, transparenter, von geringerer massiger Erscheinung, also auch stadträumlich besser integrierbar und erlebbar. Die sehr wirtschaftlichen und fast wartungsfreien Stahlbetonkonstruktionen sind kompakt, an sich und für den Laien durch das Kraftwerk in ihrer Leistung verständlich und haben eine sehr reduzierte, oft visuell verarmende Wirkung im städtischen Umfeld, vor allem für den Benützer, die oft kaum mehr wahrnehmen, auf einer Brücke zu sein. Trotz dieser radikalen Veränderung ist der Donaukanal mit seinen Brücken noch ein anschaulicher »Lehrpfad« geblieben, sogar mit einigen besonderen Schmuckstücken, wie der Augartenbrücke (Lit.: Alfred Pauser u. a.).

## Roßauerbrücke, BH: Republik Österreich, E + Statik: Alfred Pauser, Karl Beschorner, Peter Biberschick, AE: Viktor Hufnagl, A: ARGE Universale Bau AG, A. Porr AG., 1980—83

Die Art der Konstruktion erlaubt bei Einhaltung der vorgeschriebenen Lichtraumprofile eine verhältnismäßig tiefe Brückennivelette, was neben städtebaulichen auch praktische Vorteile für die Anschlußpunkte bringt. Die dramatische Ableitung der Kräfte über zwei feste Platten und Streben mit auf je einen Punkt an beiden Ufern (auf das Niveau des Treppelweges) erlaubt eine relativ dünne Konstruktion des Brückenmittelteiles (26 m lange Fertigteilträger) bei einer Gesamtlänge von 90 m und einer Breite von 26 m. Für den Laien nicht einsehbar ist das Verhältnis von konstruktiver Gestik und ablesbarer Leistung. Die architektonischen Details nehmen eine auffallende Beziehung zur Augartenbrücke auf, ohne jedoch deren Material- und Formzusammenhang zu besitzen.

## Augartenbrücke, BH: Stadt Wien, E + Stahlbau: Waagner-Biró AG., AG: Hubert Gessner, 1928—31

Vorweg eine unfachliche Bemerkung: Die Augartenbrücke gehört zu jenen seltenen Beispielen, bei denen es ein Vergnügen bereitet, darüber zu gehen, die Treppen zum Vorkai zu benutzen oder unten durchzuspazieren. Dem Architekten ist es gelungen, die konstruktive Großform in ein unmittelbares »Dialogverhältnis« zu unseren Körpermaßen und Sinnen zu bringen. Man berührt das Geländer und kommt mit einem ästhetisch-konstruktiven System in Kontakt, das Schritt für Schritt, von Form zu Form, von Gedanken zu Gedanken das ganze Bauwerk erschließt. Hubert Gessner hat hier etwas vom Geist Otto Wagners in die späten zwanziger Jahre herübergerettet, eine Synthese von Architektur und Technik, die sich nicht nur in den Kandelabern, den Leuchtpylonen, also dem Kleinkram, für den man Architekten heranzieht, ausdrückt, sondern die es eben schafft, von der Primärkonstruktion an (und sei diese auch rein ingenieurbestimmt) ein harmonisches, visuell faszinierendes System zu formulieren, das die logische Basis des konstruktiven Denkens nie verläßt, aber auch das Auge nie verletzt. Eingeschlossen ein gewisses Pathos von Fortschritt und Bewegung, das sich in einem kontrollierten Gebrauch der Kurve äußert, sowohl beim Tragwerk als auch bei den Übergängen der auskragenden Gehsteigplatte zu den Ufermauern. Gessner entwickelt daraus sogar ein Motiv (zusammen mit den Pylone), das an die futuristischen Skizzen eines Sant'Elia erinnert, womit auch die stadträumliche Dimension des Bauwerks, einschließlich

## LEOPOLDSTADT

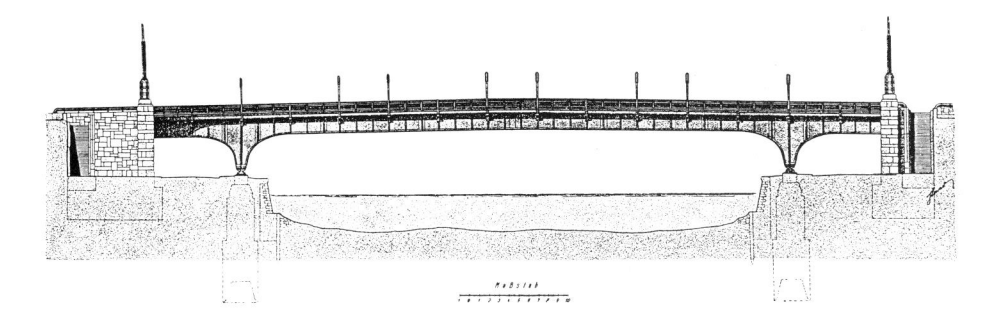

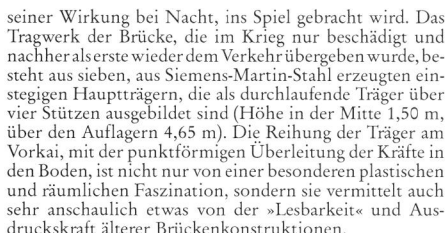

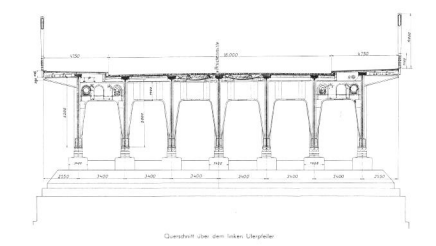

### Salztorbrücke, BH: Stadt Wien, AE: Erich F. Leischner, 1960/61

Spannbetonbrücke mit dreifeldrigem Rahmen und Spannweiten von 18,70 + 53,12 + 18,70 m. Besonders bemerkenswert die geringe Konstruktionshöhe am Scheitel von nur 1,54 m.

### Marienbrücke, BH: Stadt Wien, E + Statik: Karl Jäger, A: Waagner-Biró AG., 1950—53

Die erste Stahlbetonbrücke über den Donaukanal wurde noch als schlaff bewehrter Zweigelenkrahmen mit beidseitigen Kragarmen und einer Hauptöffnung von 56,80 m ausgeführt (erstmalige Anwendung des von Jäger entwickelten Traglastverfahrens).

### Schwedenbrücke, BH: Stadt Wien, E + A: C. Auteried & Co., AE: Adolf Hoch, 1953—55

seiner Wirkung bei Nacht, ins Spiel gebracht wird. Das Tragwerk der Brücke, die im Krieg nur beschädigt und nachher als erste wieder dem Verkehr übergeben wurde, besteht aus sieben, aus Siemens-Martin-Stahl erzeugten einstegigen Hauptträgern, die als durchlaufende Träger über vier Stützen ausgebildet sind (Höhe in der Mitte 1,50 m, über den Auflagern 4,65 m). Die Reihung der Träger am Vorkai, mit der punktförmigen Überleitung der Kräfte in den Boden, ist nicht nur von einer besonderen plastischen und räumlichen Faszination, sondern sie vermittelt auch sehr anschaulich etwas von der »Lesbarkeit« und Ausdruckskraft älterer Brückenkonstruktionen.

Die erste Spannbetonbrücke Wiens ist mit sechs Durchlaufträgern über drei Öffnungen (paarweise zu Kasten zusammengefaßt) ausgeführt. Das Rahmentragwerk ist nach dem System Baur-Leonhardt mit »einem konzentrierten Spannglied über Umlenkblöcke« vorgespannt. Die architektonische Gestaltung scheint einerseits auf die Augarten-

# 2. BEZIRK

brücke zu reagieren, andererseits vermittelt sie insofern »Zeitgeist«, als sie ein typisches Produkt der Ästhetik der fünfziger Jahre darstellt.

**Aspernbrücke**, BH: Stadt Wien, E + A: Waagner-Biró AG., AE: Erich F. Leischner, 1949—51

Trägerrosttragwerk aus Stahl mit vier Hauptträgern (Länge 88,97 m, Hauptstützweite 58,69 m) und einer Stahlbetonplatte.

**Franzensbrücke**, BH: Stadt Wien, E + A: Waagner-Biró AG., 1947/48

Stahltragwerk aus neun Vollwandzweigelenkbogen mit obenliegender Fahrbahn, das durch die Benützung der alten Widerlager in der Wirkung dem ehemaligen Pfenfferschen Fachwerksbogen zumindest in den Hauptlinien entspricht.

**Verbindungsbahnbrücke**, BH: Österreichische Bundesbahnen, nach 1945

Die Verbindungsbahnbrücke, eine Zweigelenk-Stahlbogenbrücke mit aufgeständerter Fahrbahn, wurde 1945 zerstört und nach dem Krieg wieder aufgebaut.

**Rotundenbrücke**, BH: Stadt Wien, E + A: Waagner-Biró AG., AE: Erich F. Leischner, 1953—55

Besonders schlankes Rahmenrosttragwerk aus Stahl mit einer gleichbleibenden Konstruktionshöhe von 1,45 m und einer Stützweite von 61,70 m.

**Stadionbrücke**, BH: Stadt Wien, E + A: Waagner-Biró AG. und Adalbert Kallinger, AE: MA 29 und Kurt Schlauss, 1958—61

**Erdbergerbrücke**, BH: Republik Österreich, BA: Stadt Wien (MA 29), E + Statik: Alfred Pauser, A: C. Auteried & Co., 1969—71

Die 42 m breite Schalenbrücke der Autobahn A 20 ist nach der Beschreibung ihres Konstrukteurs so konzipiert, daß »die beiden, durch eine parabolische Querschnittskontur gekennzeichneten Zylinderschalen des Haupttragwerkes eine räumliche Begrenzungslinie erhielten, welche wiederum so gewählt wurde, daß auch der Bogencharakter des Innenfeldes klar zum Ausdruck kommt. Es wurde auf diese Weise ein integriertes Gesamtsystem gefunden, das zum viermalige Verwendung der nicht gerade billigen Schalung als auch die Heranziehung des Schalentragwerks zur Rüstung der verbindenden Platte ermöglichte«. Das Tragwerk ist in seiner strengen Geometrie als auch in seiner konstruktiven Form nachvollziehbar und entbehrt nicht einer gewissen Expressivität, sowohl was den flußüberspannenden Bogen als auch was die innere Räumlichkeit betrifft.

**Gaswerksteg**, BH: Stadt Wien, E: Luger, Scheiringer, A: Ignaz Gridl, 1900

Der eiserne Halbparabel-Gitterträger hat eine Spannweite von 62,6 m. Die eingehängte Gehfläche wurde erst um 1910 hergestellt.

**Ostbahnbrücke**, BH: Österreichische Bundesbahnen, 1937/38

**Ostautobahnbrücke**, BH: Republik Österreich, BA: Stadt Wien (MA 29), E + Statik: Alfred Pauser, A: ARGE A. Porr AG. und C. Auteried & Co., 1973—75

Neben den praktischen Vorteilen vom freien Vorbau zwischen den Abspannpunkten ist diese Brücke auch deshalb »von Bedeutung, weil sie in Hälften parallel zu den Ufern hergestellt, horizontal eingeschwenkt und durch ein betoniertes Mittelstück zum System ergänzt wurde« (Pauser). Interessant ist aber auch, daß hier eine neue Technologie sich einer aus der Erinnerung an große Spannweiten vertrauten Methode bedient und auch zu ähnlichen, wenn auch nicht zu so eleganten formalen Ergebnissen kommt. Immerhin definiert sich diese Brücke nicht nur als Figur in der Landschaft, sondern auch als Raum für den Benutzer.

**Freudenauer Hafenbrücke**, E + A: Mayreder & Kraus, AE: Hermann Kutschera, 1956—58

Die Spannbetonbrücke, die nach dem System »Dywidag« in freiem Vorbau ausgeführt wurde, hat eine Gesamtlänge von 352 m (Öffnungen von 60,55 + 89,40 + 60,55 m) und eine Breite von 15 m.

# 3. Bezirk: LANDSTRASSE

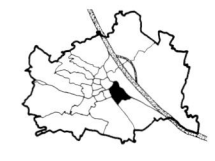

Der Bezirk entstand 1850 durch die Zusammenlegung der Vorstädte Landstraße, Erdberg und Weißgerber. Die Grenzen bilden im Norden und Osten der Donaukanal, im Nordwesten der teilweise eingewölbte Wienfluß (mit der Trasse der U-Bahn), im Südwesten die Prinz-Eugen-Straße sowie die Bahntrasse der Ostbahn und im Südosten ein »fließender Übergang« nach Simmering. Die Landstraßer Hauptstraße und der Rennweg (ehemalige römische Limesstraßen) sind heute noch das strukturelle Rückgrat des Bezirks, wenn man von den stark verkehrsbelasteten Randtrassen der Linie Heumarkt—Zollamtsstraße, der Weißgerberlände und der Linie Schlachthausgasse—Landstraßer Gürtel sowie der Diagonale Ungargasse—Fasangasse absieht. Stadträumlich kann heute die aufgestelzte Südosttangente der Autobahn als psychologische Grenze zu Simmering angesehen werden.

Die ländlichen Vorstädte waren ursprünglich von landwirtschaftlichen Nutzungen (Wein, Gemüse), der Fleischverarbeitung bis hin zu gewerblichen Folgebetrieben (Flecksieder, Rot- und Weißgerber, Lederer), nicht zuletzt aber auch von einer größeren Anzahl aristokratischer Sommersitze geprägt (Althan, Harrach, Paar, Schmerling, Stockhammer, Portenstein, Palm, Hamilton u. a.), wobei das Belvedere des Prinzen Eugen oder die Palais Schwarzenberg, Rasumofsky und Metternich besondere Bedeutung erlangten. Diese sich auch geographisch und stadträumlich ausdrückende Polarität ist heute noch für die Bezirksgliederung bestimmend; so liegt im Westen, neben Belvedere, Palais Schwarzenberg und Botanischem Garten das Diplomatenviertel, mit teilweiser Verwendung der alten Palais oder deren Grundstücken, während zwischen Landstraßer Hauptstraße und Donaukanal sich ein gemischtes Gewerbe-, Industrie- und Wohngebiet entwickelte. Das genannte Straßennetz sondert noch weitere sehr unterschiedliche Quartiere aus: so liegt im Zwickel zwischen Ostbahn und Gürtel die mächtige Anlage des Arsenals, eine militärische Machtdemonstration gegenüber dem aufmüpfigen Bürger, nach der Revolution von 1848 auf dem hochgelegenen Plateau errichtet und von den späteren Ringstraßenarchitekten Sicardsburg und Van der Nüll, Förster, Hansen und Rösner entworfen. Im Geviert östlich der Schlachthausgasse liegen der Zentralviehmarkt und das Fleischzentrum St. Marx mit ausgedehnten Anlagen aus dem 19. Jahrhundert, die heute zum Großteil abgebrochen und durch neue Anlagen ersetzt sind. Eine wichtige stadtstrukturelle Funktion hatte der Wiener Neustädter Kanal (1794—1804), dessen Hafen am Wienfluß beim Hauptzollamt lag. Mit der Errichtung der Verbindungsbahn (1847—49) wurde der Hafen an die Stelle des heutigen Aspangbahnhofes verlegt und das Kanalbecken für den Ausbau der Bahntrasse benutzt. Der Bau der Aspang-Bahn (1878—80) führte nicht nur zu einer weiteren Verkürzung des Kanals, sondern auch zur tödlichen Konkurrenz, so daß die Schiffahrt auf dem einst für die Industrie so wichtigen Wasserweg eingestellt werden mußte. So hat die Bahn die eher verbindende Wasserstraße in eine endgültige Trennlinie im Bezirk verwandelt.

Obwohl mit 7,42 km² die LANDSTRASSE nur etwas mehr als doppelt so groß ist wie die INNERE STADT und um ein Vielfaches kleiner als die meisten Randbezirke, hatte 1951 der Bezirk mit 118.177 die höchste Einwohnerzahl aller Bezirke. Um 1900 lag mit 138.094 EW der Bezirk nach Ottakring und Favoriten an dritter Stelle. Bis 1981 sank die Bevölkerung auf 86.054 EW und damit auf die sechste Stelle.

Die ursprünglich lockere Verbauung des Bezirks mit großen Gartenflächen erlaubte noch nach 1900 die Konzeption von größeren Plätzen, so wurde mit der ringartigen Führung der Neuling- und Wassergasse das Platzensemble Danneberg-, Ziehrer- und Sebastian-Platz angelegt oder auch kleinere Ensembles, wie der Este- oder der Rudolf-von-Alt-Platz, geschaffen. Die LANDSTRASSE hat auch teil an der Ringstraßenzone, sowohl am äußeren Schwarzenbergplatz (mit Hochstrahlbrunnen) als an der Lothringerstraße (Konzerthaus und Akademietheater), ebenso am Stadtpark (Wienfluß-Ufergestaltung) wie am Heumarkt (Hauptmünzamt, Stadtgartenamt) und an der Vorderen Zollamtsstraße mit zahlreichen Amtsbauten.

Der Bezirk wurde im 19. Jahrhundert Standort bedeutender Industrien, wie der Stein-, Holz-, Milch- oder Metallverarbeitung. Neben der heute noch expandierenden Firma Siemens wären in diesem Zusammenhang die bereits demolierte Tabakfabrik und die zahlreichen Druckereien (allen voran die Österreichische Staatsdruckerei und Friedrich Jasper) sowie die einst renommierte Einrichtungsfirma Portois & Fix (Haupthaus erhalten) zu nennen.

Im Bereich von Alt-Erdberg und der ehemaligen Krimsky-Kaserne hatten sich schon nach der Jahrhundertwende slumartige Wohnzustände entwickelt, so daß bereits die kommunalen Wohnanlagen »Rabenhof« und »Hanuschhof« als Sanierungsprojekte angesehen werden können. Diese »Flächensanierung«, in Form einer radikalen Neubebauung, ist nach dem Zweiten Weltkrieg durch die Überbauung »Fiakerplatz« fortgesetzt worden; heute wird man den Zweifel nicht ganz los, daß eine differenziertere Einstellung zu den Sanierungsproblemen und zum Denkmalschutz mehr Alt-Erdberger Bausubstanz hätte retten können. Zur Zeit ist das Gebiet an der Erdberger Lände und südlich der Schlachthausgasse einer baulichen Entwicklung ausgesetzt, die den Eindruck vermittelt, daß es einer planerischen und architektonischen Kontrolle entgleitet. Der 3. Bezirk gehört jedoch auch auf Grund seiner Topographie, der historischen Entwicklung und der gewachsenen Stadtstruktur zu jenen ehemaligen Vorstadt- und heutigen Kernbezirken, die eine große bauliche Vielfalt und zahlreiche unverwechselbare Orte aufweisen. Es haben auch eine beachtliche Anzahl bedeutender Architekten in der LANDSTRASSE gebaut. Von der Jahrhundertwende bis 1918: Arthur Baron, Ludwig Baumann, Georg Berger, Josef Bittner, Julius Deininger, Brüder Drexler, Hans Dworak, Ernst Epstein, Max Fabiani, Ferdinand Fellner & Hermann Helmer, Leopold Fuchs, Jakob Gartner, Ernst von Gotthilf und Alexander Neumann, Paul Gütl, Josef Hackhofer, Carl Haybäck, Arnold Karplus, Carl König, Franz Freiherr von Krauß und Josef Tölk, Friedrich Ohmann und Josef Hackhofer, Friedrich Schön, Ernst Spielmann und Alfred Teller sowie Otto Wagner. In der Zwischenkriegszeit: Wilhelm Baumgarten, Karl Dirnhuber, Siegfried Drach, Ernst Egli, Paul Engelmann und Ludwig Wittgenstein, Franz Gessner, Karl Holey, Fritz Judtmann und Egon Riss, Eugen Kastner und Fritz Waage, Robert Oerley, Rudolf Perthen, Felix Angelo Pollak, Michael Rosenauer, Heinrich Schmid und Hermann Aichinger, Wilhelm Carl Schmidt, Walter Sobotka, Hermann Stiegholzer, Friedrich Tamms und Armand Weiser. Von 1945 bis heute sind u. a. zu erwähnen: Carl Appel, Luigi Blau, Erich Boltenstein, Hermann Czech, Johann Georg Gsteu, Rolf Gutbrod, Wilhelm Holzbauer, Igirien (Appelt, Kneissl, Prochazka), Robert Kramreiter, Manfred Nehrer und Reinhard Medek sowie Karl Schwanzer.

Am Heumarkt 2 (Kinderpark), Stadtgartendirektion, BH: Gemeinde Wien, E: Josef Bittner, A: Josef Pürzl, 1907

Ein im Strahlungsbereich von Ohmann-Bauten (Wienuferverbauung, Milchtrinkhalle) von einem beamteten Architekten mit einiger Einfühlung errichtetes Amtsgebäude.

Am Heumarkt 10, BH: Prager Eisen Industrie Gesellschaft, E: Emil und Gustav Ludwig, Georg Roth, A: Rudolf Hauk, 1912

Der großzügige Bau zeigt eine Variation der Otto Wagnerschen Ecklösung und eine ebenso signifikante Behandlung der Attikazone. Alles jedoch rückgebunden in eine barockisierende Formensprache, wie sie der restaurativen Architektur um 1912 entsprach.

Arsenal, Fernmeldeverwaltungsgebäude, BH: Post- und Telegraphenverwaltung Wien, E: Fritz Pfeffer, A: Rella & Co., 1961—64

Im Gegensatz zum später errichteten Fernmeldezentralgebäude bemühte man sich hier noch, den Bau in Lage, Höhe und Symmetrie in das Ensemble des Arsenals einzufügen. Der an den Stirnseiten leicht gespreizte zweihüftige Grundriß, wodurch sich zwei konische Kerne von Nebenräumen ergeben, ist eine typische Bürohausidee der späten fünfziger Jahre.

Arsenal, Fernmeldezentralgebäude mit Richtfunkturm, BH: Post- und Telegraphenverwaltung Wien, NÖ und Burgenland, E: Kurt Eckel, A: Arge Arsenal: Negrelli, Mayreder, Hofman & Maculan, Pittl & Brausewetter, 1973—78

Jacquingasse 16—18, Verwaltungsgebäude Hoffmann-La Roche, E: Georg Lippert, A: Rella & Co., 1960—62

Ein für Wiener Verhältnisse frühes Beispiel einer Curtain-Wall-Fassade (Vorhang-Wand), als in die Geschoßnutzung verschleierndes und die Gesamtwirkung des Baukörpers betonendes Element, harmonisierend nicht nur durch die Proportionen der Fassadenteilung, sondern auch durch die an klassische Traditionen erinnernde Lösung des »Kranzgesimses« in Form eines schwebenden Rahmens.

Jacquingasse 41, Albanische Botschaft, E: Friedrich Schön, 1900

Metternichgasse 3, Deutsche Botschaft, E: Rolf Gutbrod, 1963—65

Die Anlage ist sowohl in städtebaulicher als auch architektonischer Hinsicht ein typischer Bau der sechziger Jahre: die Trakte Administration, Residenz und Personalwohnhaus, die mit großem Abstand von den Straßen das Grundstück mittig besetzen, umschließen U-förmig einen intimen, gepflasterten Hof. Der alte Baumbestand wurde geschont. Die Architektur, die auf historisierende Attribute der Repräsentation verzichtet, holt diese in Form einer betonten Materialsprache (im Geiste des »New Brutalism«) wieder als zentrales Thema der besonderen Bauaufgabe zurück.

Prinz-Eugen-Straße 1—11, Palais Schwarzenberg, Arkadenneubau, 7, Schweizer Botschaft, E: Carl Wilhelm Schmidt, 1927—29

Im Zuge eines Umbaus des an der Prinz-Eugen-Straße liegenden Ehrenhof- und Gartentraktes hat C. W. Schmidt nicht nur die Terrasse zwischen den beiden halbrunden Gebäudeteilen (Krummhäuser), sondern auch den dahinterliegenden erdgeschossigen Anbau, vor allem aber auch die Atelierflügel mit den Arkaden neu errichtet. Beispiel einer sich architektonisch ganz unterordnenden Ergänzung, die aber städtebaulich einen großen Eingriff und eine wichtige Korrektur bedeutet.

Rasumofskygasse 29, Telephon-Zentrale, E + A: Julius Müller, 1920

Eine kühne Geste, über die mächtige, in der Höhe zweigeteilte Fassade (mit einem dreigeschossigen, schön strukturierten Sockelbau) einfach einen Giebel zu setzen. Offenbar hat auch im Wien der Zwischenkriegszeit die Post ein intaktes kulturelles Selbstverständnis gezeigt.

Reisnerstraße 40, Bürogebäude der Britischen Botschaft, E: Ernst Epstein, A: Karl Limbach, 1913/14

Fast würfelförmiger Eckbau mit einer strengen, eher spröden neoklassizistischen Architektur, die im Detail durch spätsecessionistische Elemente verfremdet ist.

Rennweg 3, Botschaft der Sozialistischen Föderativen Republik Jugoslawien (ehem. Palais Wagner), E: Otto Wagner, 1889—91

Otto Wagners eigenes Stadtpalais signalisiert seinen Aufbruch und die Neue in einem »Nutzstil«, was sich zunächst in der Abkehr von Regeln, wie etwa des »Palastschemas«, ausdrückt. Die Fassade ist zweigeteilt, Parterre und 1. Stock haben nicht nur visuellen, sondern auch einen inneren Funktionszusammenhang: Arbeit und Wohnen. Das Schlafgeschoß ist abgehoben und verbindet

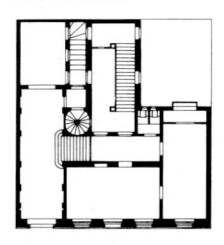

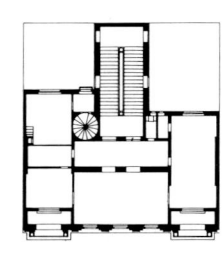

## 3. BEZIRK

sich im spielerischen Dekor mit dem Attikageschoß. Dennoch ist die Beletage noch durch die beiden Loggien betont. Ebenso interessant ist die räumliche Erschließung des Hauses, dessen äußere und erdgeschossige Asymmetrie von einer Symmetrie der darüberliegenden Stockwerke aufgefangen wird. Wagner, 1889: »...und so bin ich schließlich zur Überzeugung gelangt, daß eine gewisse freie Renaissance, welche unseren genius loci in sich aufgenommen hat, mit größtmöglicher Berücksichtigung aller unserer Verhältnisse, sowie der modernen Errungenschaften in Materialverwendung und Konstruktion für die Architektur der Gegenwart und Zukunft das allein richtige sei...«

**Rennweg 14, Direktion der Österreichischen Staatsdruckerei, E: Artur Falkenau, A: Franz Böck, 1904**

**Salesianergasse 1, Bürohaus der Kammer der gewerblichen Wirtschaft, E: Carl Appel, 1952—54**

Einer der wenigen Bürobauten der frühen fünfziger Jahre, bei dem der Architekt aus einer schwierigen städtebaulichen und topographischen Situation einen Nutzen zu ziehen suchte: das Gebäude spielt mit einer raumbildenden Geste in der Achse der Salesianergasse (leicht ausgeschwenkt) auf und erreicht dadurch eine besondere Prospektwirkung, so daß man sogar, an der ehemaligen Uferböschung der Wien, von einer Art »Karlskirchen-Effekt« sprechen könnte.

**Schwarzenbergplatz 4, Haus der Industrie, BH: Industriehausverein, E: Carl König, A: Allgemeine österreichische Baugesellschaft, 1906—09**

Der Standort, die imperiale Gestik der »römischen Pilasterordnung«, aber auch die für die Jahre nach der Jahrhundertwende betont konservative, an Theophil Hansen orientierte Konzeption der Innenräume geben eine interessante Information über das kulturelle Selbstverständnis der »Österreichischen Industrie«, die offenbar ihr fortschrittliches Unternehmertum durch eine rückwärtsgewandte kulturelle Integration zu kompensieren versuchte. Loyalität mit dem Kaiserhaus symbolisieren vielleicht die neobarocken Überformungen (Abrundung des Baukörpers, Gestaltung der Haupttreppe etc.), sie sind aber auch ein Charakteristikum des Werks von Carl König.

**Schwarzenbergplatz 6, BH: Österreichisches Branntwein-Monopol, E: Ernst von Gotthilf-Miskolczy, Alexander Neumann, A: Österreichische Aktiengesellschaft für Bauunternehmen, 1916—18**

Dieser extreme Eckbau, der das Motiv eines Rundtempels mit einer über drei Geschosse reichenden Kolossalordnung verbindet, ist im Zusammenhang mit der abschließenden Bebauung des Schwarzenbergplatzes zu sehen, die heute durch das Nachbargebäude (1957) empfindlich gestört ist. Der Inhalt des Gebäudes hätte wohl für seine imperiale Form nicht ausgereicht, er wird aber durch die Lage im Ensemble kompensiert. Der im Ersten Weltkrieg errichtete Bau zeugt aber nicht nur von der zeitbedingten Potenz des Branntwein-Monopols — man könnte auch aus der Architektur einen Schuß imperialer Trotzhaltung herauslesen.

**Ungargasse 41, Bürogebäude der Bestattungsanstalt »Wiener Verein«, E: Erich Boltenstern, 1953—62**

Schlichter, an die spätgründerzeitliche Bebauung anschließender Bürobau, der für das Baujahr eine erstaunlich behutsame Reaktion auf das Ensemble zeigt.

# LANDSTRASSE

Vordere Zollamtsstraße 1, Bundesamtsgebäude, BH: BM für Bauten und Technik, BT: Imorent Ges.m.b.H., E: Peter Czernin, 1980—86 (siehe Band III/2, Zusammenfassung)

Vordere Zollamtsstraße 9, ehem. Amtsgebäude der Marine-Sektion des Kriegsministeriums, E: Ettore Fenderl, Theodor Bach (Wiener Baugesellschaft), A: Wiener Baugesellschaft (Friedrich Reichel), BL: Josef Kováts, 1906—08

Vordere Zollamtsstraße 13, Hauptgebäude, BH: Zentralsparkasse der Gemeinde Wien, E: Artur Perotti, 1962—65

Jaurèsgasse 2, Russisch-orthodoxe Kirche St. Nikolaus, E: Grigorij Kotoff, BL: Luigi von Giacomelli, 1893—99

Landstraßer Hauptstraße 137, Herz-Jesu-Kirche, E: Gustav Ritter von Neumann, A: Cajetan Miserowsky, 1890—1906

Lechnerstraße 12, Don-Bosco-Kirche, E: Robert Kramreiter, A: Hofman & Maculan, 1954—58

Wenn man von der an Auguste Perret orientierten Materialsprache durch vorgefertigte Betonteile absieht, gehört diese Kirche zu jenen schlichteren Nachkriegsbauten, bei denen Kramreiter an die eigenen Arbeiten der Zwischenkriegszeit anschließt. Die einfache basilikale Halle wird noch nicht von der Detailvielfalt irritiert, die sich schon in der Vorhalle und in einigen seitlichen Raumteilen ankündigt. Das mächtige »Westwerk« macht mit der Bepflanzung aus dem einspringenden Eck doch einen soliden Vorplatz, der Campanile betont auf der gegenüberliegenden Seite den städtebaulich schwer definierbaren Ort.

Schützenstraße 13, Evangelische Paul-Gerhardt-Kirche, E: Rudolf Eisler, H. Itzinger, 1948

Die kleine Kirche könnte in ihrer zeitlosen Bescheidenheit auch aus der Zwischenkriegszeit stammen, in der Rudolf Eisler architektonisch beheimatet war.

Karl-Borromäus-Platz, Karl-Borromäus-Brunnen, E: Josef Plečnik, Bildhauer: Joseph Engelhart, 1904—09

Der Brunnen, der anläßlich des 60. Geburtstages von Karl Lueger (24.10.1904), dessen »politische Wiegestätte« im 3. Bezirk war, hätte geschaffen werden sollen, ist erst fünf Jahre später fertiggestellt worden. Erst als Engelhart Plečnik zur Mitarbeit gewinnen konnte, wurde die heutige Form entwickelt. Plečnik hat nicht nur die Fassung, die auf die städtebauliche Situation besonders Rücksicht nimmt, entworfen, von ihm stammt auch die Idee zum Obelisken. Schließlich legte er noch selbst Hand an und modellierte nicht nur die beiden Schalenpaare auf der Einfriedung, sondern auch den Akanthussockel. Durch das kreisrunde Brunnenbecken in dem Oval der ummauerten Mulde entstehen zwei schöne, mondförmige, von Bäumen gefaßte Rasenflächen mit Sitzbänken, die quer zur Achse des Amtshauses liegen. Abgesehen von den auf den »Volksbürgermeister« verweisenden Darstellungen aus dem Leben des hl. Karl Borromäus, geben die drei von Putti-Gruppen ge-

117

# 3. BEZIRK

tragenen Schalen im Verein mit dem plätschernden Wasser eine faszinierende Räumlichkeit im unmittelbaren Blickfeld des Sitzenden (Steinmetzarbeiten: Eduard Hauser, Erzgüsse: A. Frömmel, Lit.: Damjan Prelovšek).

## Schwarzenbergplatz, Hochstrahlbrunnen, E + A: Anton Gabrielli, 1873

Der vom Erbauer der ersten Wiener Hochquellenleitung, Anton Gabrielli, gestiftete und 1873 eröffnete Hochstrahlbrunnen wurde 1905/06 in einen Leuchtbrunnen mit eigenem Pumpsystem umgebaut. Aus dieser Zeit stammt auch die in rosa Bavenogranit ausgeführte Beckenfassung. Die geometrisch angeordneten, unterschiedlich starken Springbrunnen sind nach den astronomischen Zahlen 365, 7, 92, 30 und 24 angeordnet (A: Marinelli & Faccanoni, E-Einrichtungen: Siemens-Schuckert). Nach 1945 Umbau, 1959 wieder in Betrieb.

## Schwarzenbergplatz, Befreiungsdenkmal, E: Major Jakowiew, 1945

Das Denkmal wurde schon im April 1945 beschlossen und im August 1945 von der Roten Armee der Stadt Wien übergeben. Die 12 m hohe, auf einem 20 m hohen Sockel stehende und von einer Kolonnade gefaßte Figur wurde von Leutnant Intazarin geschaffen.

## Landstraßer Hauptstraße 137a, Eos-Kino, E: Felix Angelo Pollak, 1930/31

Der heute als Kino genutzte Vortrags- und Theatersaal mit dem architektonisch interessanten zweigeschossigen Foyer (Kachelboden und Keramikverfliesung noch erhalten), war ursprünglich ein Teil der Herz-Jesu-Klosterschule mit Kindergarten, Fortbildungs- und Haushaltungsschule. Der Bau, der übrigens dem Architekten den Spitznamen »Herz-Jesu-Pollak« eingetragen hat, ist in seiner dominanten Situation an einem spitzwinkeligen Eck noch ganz im Sinne einer expressiven Gestik konzipiert, wobei alle Linien und Flächen auf das wie ein Monument aufgerichtete Eck mit Stiegenhaus zustreben und dem in die Straßenfront eingebundenen älteren Kirchturm die Zeichenfunktion streitig machen. Die Steinverkleidung am Sockel, Saalportal, Eckeingang und an der Stiegenhausfassade wurde nach Kriegsschäden entfernt.

## Löwengasse 33, ehem. Löwen-Kino (heute Billa-Markt), E: Mautner & Rothmüller, 1922

Torso eines selbstbewußten, mit hohem Anspruch entworfenen Kinobaus, der leider durch die Umwidmung wirklich nur mehr in Bruchstücken vorhanden ist.

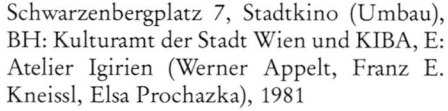

## Schwarzenbergplatz 7, Stadtkino (Umbau), BH: Kulturamt der Stadt Wien und KIBA, E: Atelier Igirien (Werner Appelt, Franz E. Kneissl, Elsa Prochazka), 1981

Das Kino ist nicht nur ein Mythos, es ist auch ein Kino. Abgang und Foyer sind Wartezonen, in denen das Auge beiläufig beschäftigt wird mit Gratwanderungen zwischen »Ironie und tieferer Bedeutung«, zwischen Sinnzusammenhang und Banalität, die sich jedoch beide nicht ereignen dürfen. Während man »heraußen« durch eine verfremdete Kinoatmosphäre der fünfziger Jahre irritiert wird, stellt sich innen das »Klischee Kino« voll ein. Die Welt ist wieder in Ordnung, das Ritual kann beginnen.

## Schweizergarten, Museum des 20. Jahrhunderts, BH: Republik Österreich, E: Karl Schwanzer, Statik: Schön (VÖEST), Robert Krapfenbauer, A: Vereinigte österreichische Eisen- und Stahlwerke, 1959—62

Der Bau war ursprünglich als Österreich-Pavillon auf der Weltausstellung von Brüssel (1958) aufgestellt, wobei das

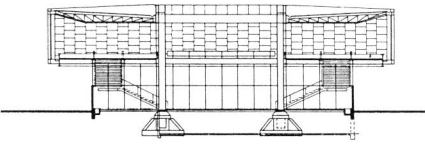

# LANDSTRASSE

Lothringer Straße 18, Lisztstraße 1, Wiener Konzerthaus, Akademietheater und Hochschule für Musik und darstellende Kunst, E: Ludwig Baumann, Ferdinand Fellner und Hermann Helmer, 1910—13

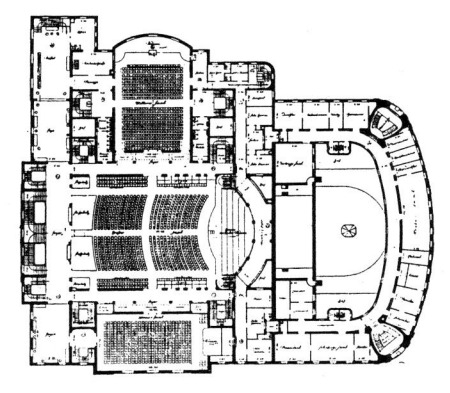

Geviert zwischen den Pylonen als Hof und das Erdgeschoß als überdeckter Freiraum ausgebildet waren. Erst nach der Wiedererrichtung im Schweizergarten wurde der Bau im EG geschlossen und der Hof überdacht. Das Gerüst des Informationspavillons wurde für Eingangshalle, Büro- und Personalräume sowie für einen kleinen Ausstellungsraum und einen Vortragssaal verwendet. Das verglaste Erdgeschoß umschließen drei Höfe für Plastiken, so daß das Museum in der Ausstellungszone auch einen für seine Zwecke nutzbaren Umraum besitzt. Obwohl Umwidmungen immer Probleme nach sich ziehen, hat sich der Bau auch als variables Veranstaltungshaus bewährt, dessen Aktivitäten in seiner Glanzzeit unter Werner Hofmann und Alfred Schmeller sogar bis zu Ballettveranstaltungen reichten. Architektonisch gehört der Bau in seiner puristischen Konzeption zu jenen österreichischen Hoffnungen der späten fünfziger Jahre, die ein Anschließen an internationale Maßstäbe und eine langsame Veränderung der Szene ankündeten.

Die von den Wienern erfundene, despektierliche Bezeichnung »Musik-Bräu« verweist auf die architektonische Melange zwischen süddeutscher Heimatschutzarchitektur, neobarocken, neobiedermeierlichen und spätsecessionistischen Elementen, also insgesamt auf eine Repräsentationsarchitektur, die sich gut in den Strahlungsbereich der späten Schwarzenbergplatzbebauung einfügt. Organisatorisch und räumlich handelt es sich jedoch um ein profundes Werk professioneller Theaterbauer; das gilt nicht nur für die Erschließung der Säle (Großer Saal 2000, Mozartsaal 850, Schubertsaal 550 Sitzplätze), sondern auch für die Lösung der Hochschule für Musik und darstellende Kunst, die das Akademietheater umschließt.

Boerhaavegasse 15, Höhere Internatsschule des Bundes, E: Franz Freiherr von Krauss (Fassade), 1895

Die ehemalige Landwehr-Kadettenschule umfaßte auch den Bau Nr. 13 und war mit diesem durch eine zweigeschossige eiserne Brücke verbunden. Bei dem großzügig angelegten ärarischen Gebäudetyp mit hallenartigen Gängen hatte man sich nur bei den Fassaden (weitgehend zerstört) eines Architekten bedient. Von architektonischem Interesse ist noch der hofseitige Anbau einer Reitschule (heute Turnsäle) und die Ausformung des Traktes zur Klimsch- und Eslarngasse hin.

Leberstraße 4a, Höhere technische Bundeslehranstalt (Erweiterung), BH: BM für Bauten und Technik, E: Manfred Nehrer, Reinhard Medek, Statik: Gerd Chiari, 1980—87

Die für die Hochbauabteilung eingerichtete Anlage besteht aus einem das Grundstück durchquerenden, flach abgewinkelten Erschließungsbau, aus zwei im Norden angebundenen Theorietrakten, einem der ansteigenden, gebo-

## 3. BEZIRK

genen Hofmannsthalgasse folgenden Werkstättentrakt und schließlich den an der Leberstraße übereinanderliegenden Turnsälen mit angebauter Prüfanstalt. Es waren nicht nur durch die Form des Grundstückes besondere Schwierigkeiten gegeben, sondern auch durch den vorhandenen Baubestand, durch dessen Ergänzung und teilweise Auswechslung im Norden ein kleiner städtischer Vorplatz geschaffen wurde, an dem auch der Haupteingang liegt. Trotz der rundum beengten Verhältnisse wirkt die Anlage in sich geräumig, mit logischen Raumfolgen und wohltuenden Ausblicken. Durch die zurückhaltende Architektur und das sanfte, aber präzise Reagieren auf das städtebauliche Umfeld entsteht ein angenehmer, unprätentiöser Gesamteindruck.

**Ungargasse 69, Höhere Technische Bundeslehranstalt, Bundeshandelsakademie und Bundeshandelsschule für Körperbehinderte, BH: BM für Bauten und Technik, E: Sepp Frank, Heinz Neumann, BT: Projektierungsbüro für Industrie-, Hoch- und Tiefbauten GmbH., Statik: Gerd Chiari, 1982—88**

Die großzügig ausgelegte und übersichtlich organisierte U-förmige Anlage besteht aus einem Turnsaaltrakt (2 Säle und Schwimmhalle, Therapie) an der Ungargasse, der Schule (19 Stammklassen HTBL, 18 Stammklassen BHAS) im südlichen Teil des Areals und dem anschließenden Heimtrakt im Osten. Der dazwischenliegende Gartenhof ist teilweise für Turnzwecke ausgebaut. Dem Konzept nicht adäquat ist die postmodernistische Architektur, die vor allem an der Hofseite vorgesetzt wirkt. Auch die Anbindung der für den Eingangsbereich und Straßenraum wichtigen, rekonstruierten Januariuskapelle ist problematisch.

**Petrusgasse 10, Klopsteinplatz 5, Volksschule für Knaben und Mädchen, E: Wiener Stadtbauamt, 1912/13**

Einer der bemerkenswertesten Schulbauten aus der Zeit vor dem Ersten Weltkrieg. Ungewöhnlich die strukturelle Behandlung des Baukörpers, die großen Öffnungen, aber auch die räumliche Organisation mit den außenliegenden Gängen. Die innere Raumaufteilung ist außen zum gestalterischen Prinzip erhoben, der Bau symbolisiert Fortschritt und Hygiene.

**Sebastianplatz 3, Tschechische Mittelschule, BH: Schulverein »Komensky«, E. Wilhelm Baumgarten, A: Universale, 1934/35**

Sehr zurückhaltender, vielleicht ein wenig am späten Peter Behrens orientierter Bau, bei dem der Architekt als Assistent tätig war.

**Am Heumarkt, Kindergarten der Stadt Wien (im Stadtpark), E: Magistratsabteilung 19 (Karl Schwarz), 1949**

**Strohgasse 28, Ambulatorium der Wiener Gebietskrankenkasse, BH: Arbeiterkrankenkasse der Wiener Kaufmannschaft, A: Porr-A.G., E: Fritz Judtmann, Egon Riss, 1926/27**

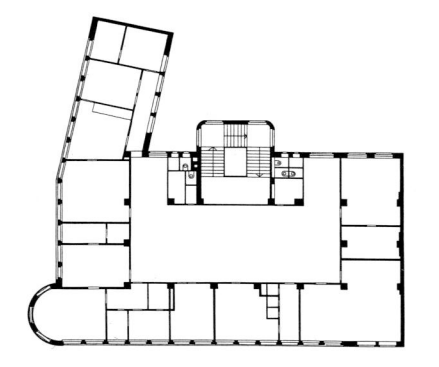

Das Ambulatorium stellte eine Mischung aus »administrativen und sanitären Zwecken« dar, belastet durch einen starken Publikumsverkehr. Daraus erklärt sich vielleicht auch die Trennung von städtebaulicher Erscheinung (dynamisch-fortschrittsbejahender Hygienebau der Moderne) und innerer Organisation, die bewußt auf Symmetrie und Orientierbarkeit ausgelegt ist. Judtmann und Riss haben in ihren wenigen Bauten (Tuberkulosepavillon Lainz, Porr-Haus, Gemeindebau Diehlgasse) die zeittypischen Inhalte mit besonderer formaler Qualität auszudrücken vermocht, zum Teil in einer sehr eigenständigen Architektur. Riss ist nach Schottland emigriert, Judtmann war ab 1934 Bühnenbildner und ab 1945 Ausstattungschef im Burgtheater. Der Bau wurde aufgestockt und innen umgebaut.

**Am Heumarkt 29—33, Polizeikaserne und Wohnhaus, BH + E: BM für Handel und Verkehr (Hochbauatelier), 1928—30**

**Dannebergplatz, Arenbergpark, Flaktürme, E: Friedrich Tamms, 1943/44**

Im Gegensatz zu den sechzehneckigen Gefechtstürmen im Augarten und in der Stiftskaserne ist dieser Turm im Aren-

# LANDSTRASSE

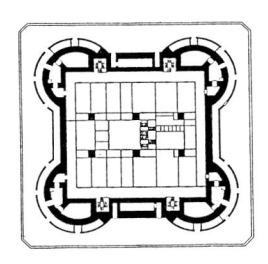

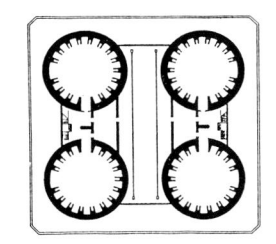

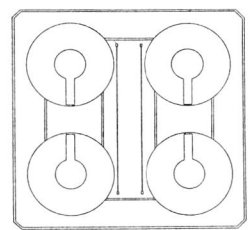

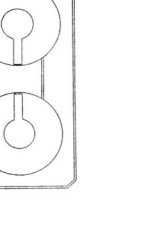

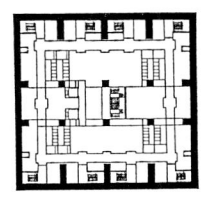

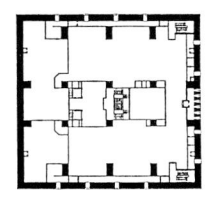

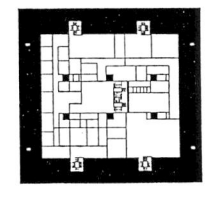

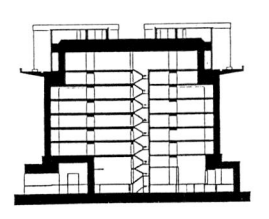

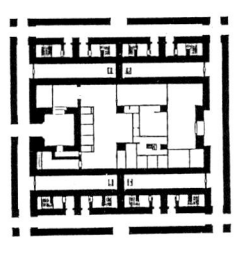

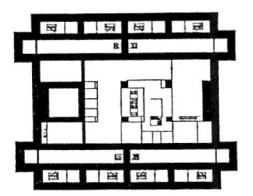

bergpark rechteckig. Eine funktionelle Erklärung gibt es wohl dafür kaum, sie mag in der besonderen und etwas beengten städtebaulichen Situation zu finden sein. Die allgemeine Einführung zum Thema Flak-Türme wurde bei der Anlage im Augarten gegeben (siehe Seite 91). Auf den Einreichplänen zwischen 30. 7. und 26. 10. 1944 sind in den dargestellten Geschossen folgende Funktionen angegeben. Legende: 1: Schnitt. 2: Erdgeschoß: Neben den Eingängen, Schleusen, Treppen und Aufzügen sind in diesem Geschoß Werkstätten, Munitionskammern, Trafos, Dieselraum, Wasserwerk, etc., die Eingänge in den Luftschutzkeller befinden sich im oberen und unteren Gang, der Haupteingang der Truppe ist links Mitte, im linken und rechten Gang liegen auch die Zugänge zu den Munitionskammern. 3: 1. Stock: Oben und unten Nebentreppen, dann die langen Munitionskammern, in der Mitte ein zentraler Hallenbereich mit Werkstätten etc. 4: 3. Stock: Um das Zentrum (Haupttreppe) liegen die Luftschutzräume, an den vier Ecken Klosett- und Waschanlagen. 5: 5. Stock: In diesem Geschoß befanden sich die Gasschutz- sowie auch die Be- und Entlüftungsanlagen. 6: 7. Stock: Räume für die Gaupropagandaleitung, die Kreisleitung, für Siemens & Halske und »Radio Austria«. 7: 8. Stock: Mannschaftsräume und technische Einrichtungen, leichte Flak-Stände. 8: 9. Stock: Geschützstände, Unterträume, Kranbahn, Ausgabestelle für Munitionsförderer, Abwurfschächte für leere Hülsen, Munitionsnischen etc. 9: Draufsicht: Geschützstände, Kranbahn. In den hier nicht dar-

# 3. BEZIRK

gestellten Geschossen befanden sich im 2. Stock Luftschutzräume, im 4. Stock eine Krankenstation mit Chefarzt, OP-Raum, Sterilisations- und Verbandsraum etc. und im 6. Stock Fabrikationsräume, Werkzeuglager, Lohnbüro, etc.

Am Modenapark 1, Wh der Österreichischen Realitäten AG., E: Carl Appel, A: Universale Hoch- und Tiefbau AG., 1957/58

Am Modenapark 3, BH: Wolfgang Gutmann, E: Friedrich Mahler, A: Baugesellschaft Reform, 1930
In die Gestaltungsmittel der Sachlichkeit transformiertes bürgerliches Wohnhaus, wohl eine der letzten Arbeiten des wenig bekannten Otto-Wagner-Schülers.

Am Modenapark 6, E + A: Baugesellschaft Carl Korn, 1923

Am Modenapark 7, BH: Gemeinnützige, mittelständische Bau-, Wohnungs- und Siedlungsgenossenschaft in Wien, E: Rudolf Frass, A: Adolf Zwerina, 1930/31
Ein kräftig wirkendes Haus, mit einer durch Balkone betonten Eckausbildung und einer auf der Parkseite liegenden eigenwilligen Attika. Diese eher auf strukturelle und plastische Qualitäten lossteuernde Architektur wird vor allem in der Fassade durch die Anwendung der breiten französischen Fenster noch besonders großzügig rhythmisiert, so daß der Bau, fast in der Tradition der Ringstraßenarchitektur, auch eine bedeutende Fernwirkung hat. Der Grundriß ist in zwei rechtwinkelig zueinander liegenden Trakten organisiert, die in sich annähernd symmetrisch sind und sich im Eck verzahnen, wodurch auch die Ausbildung der Eckbalkons verständlich wird. Frass, der sich von Wagner später weit entfernt hat, erweist sich hier doch als sein Schüler.

Am Modenapark 10, E: Siegfried C. Drach und Alexander Osterberger, A: Strum & Sogl, 1931

Am Modenapark 14, BH: Anker Versicherungsgesellschaft, E: Arnold Karplus, A: Allgem. Bauges. A. Porr, 1937/38

Apostelgasse 39, E: Leo Hirsch, A: Johann Freitag, 1911

Baumgasse 1, BH + E: Georg Spielmann, A: Ludwig Zimmermann, 1914

Beatrixgasse 5—7, W- und Geschäftshaus, E: Hermann Stiegholzer, A: Katlein, 1935/36
Eine städtebaulich nicht ganz plausible Betonung des Ecks. Die plastisch aufgesetzten Atelierfenster erinnern ein wenig an die monumentalen Intentionen Holzmeisters.

Bechardgasse 14—16, »Marxerhof«, E: Hans Dworák, A: Kupka & Orglmeister, 1904/05

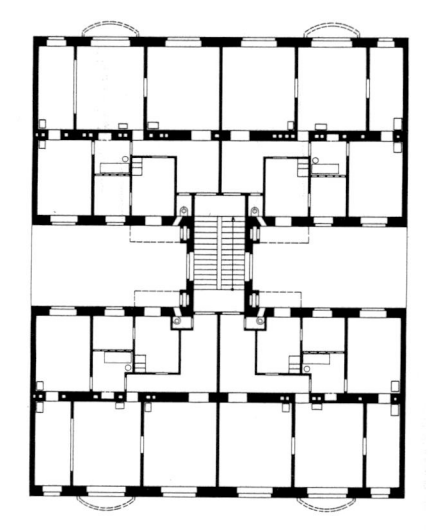

Obwohl Dworák nicht aus der Otto-Wagner-Schule kam, hat er in seinen signifikanten und leicht identifizierbaren Bauten eine Art Verschnitt früher Wagnerscher Elemente mit einer repräsentativen Zinshausarchitektur hergestellt, den man eher als Markenzeichen denn als Personalstil ansprechen könnte. Bei größtmöglicher Parzellenausnutzung und rationellsten Grundrissen bevorzugte er plakative Architekturelemente, wie kräftige Kranzgesimse, betonte Attikageschosse und meist zweigeschossige, stark strukturierte Sockelzonen. Abgesehen von der häufigen, fast zwanghaften Verwendung vorfabrizierter Frauenmasken ist seine erfindungsreiche Behandlung der Putzflächen charakteristisch.

## Bechardgasse 18, E: Hans Dworák, A: Michael Kühmayer, 1904—06

## Czapkagasse 7, BH: Geza Schiffmann, E: Karl Haybäck, A: Wilhelm Philipp, 1911

Haybäck, der auch außerhalb von Wien viel gebaut hat, überrascht immer wieder durch aus der Konvention ausbrechende Entwürfe, und sei es nur in der erfindungsreichen Anwendung von secessionistischem Dekor. Also ein Architekt, der das zeitgenössische Formenvokabular mit Sinn für Variationen clever angewendet hat.

## Czapkagasse 8 (siehe Landstraßer Hauptstraße 21)

## Dampfschiffstraße 20, BH: Leopold und Julie Rosett, E: Brüder Drexler, A: Gustav Holaubek, 1911

Um 1910 hatten sich schon in vielen Ateliers romantische, vom Heimatschutzgedanken inspirierte Formen als Alternative zu Historismus und Jugendstil durchgesetzt; so tauchten auch in großstädtischen Situationen kleinstädtische Fassaden mit geschwungenen Giebeln auf.

## Dannebergplatz

Die Arenbergschen Gründe gingen 1900 in öffentlichen Besitz über. Die Bebauung des Viertels zwischen Landstraßer Hauptstraße und Ungargasse, die bis zum Ersten Weltkrieg durchgeführt wurde, stellt mit dem Danneberg-, Sebastians- und Ziehrerplatz ein charakteristisches großbürgerliches Wohnquartier dar. Neben den getrennt behandelten Häusern (siehe auch Dapontegasse) sind folgende Objekte noch erwähnenswert: Nr. 7, 8, BH + A: Walter König, E: Georg Berger, 1908; Nr. 14, 15, BH: Familie König, E: Georg Berger, A: Walter König, 1906; Nr. 16, BH: Anton Fix, E: Paul Gütl, A: Max Kaiser, 1908; Nr. 18, BH: M. Sommerlatte, E: J. Marschall, A: Walter König, 1906; Nr. 19, BH + A: Walter König, E: Georg Berger, 1906.

## Dannebergplatz 9, BH: A. u. F. Schläfrig, E: Friedrich Schläfrig, A: Walter König, 1908

Schon die Anlage des Dannebergplatzes mit der tangential liegenden Neulinggasse verrät gewisse planerische Prinzipien von Camillo Sitte. Bei diesem Haus wird geschickt die Sonderstellung ausgenutzt, sowohl in der Formulierung der Schauseiten als auch des gesamten Eckbaukörpers.

## Dannebergplatz 11, BH + A: Guido Gröger, E: Georg Berger, 1906/07

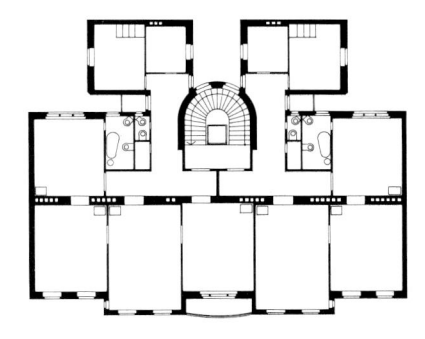

Die rigorose Ausnutzung der Trakttiefe bei hohem Anteil brauchbarer Wohnräume ist charakteristisch für diese Art gehobenen Zinsbaus. Dieses Haus fällt besonders durch den secessionistischen Dekor und den Aufbau der Fassade im Sinne der frühen Otto-Wagner-Schule auf; beides ist weder Georg Berger noch dem für die Fassaden verantwortlichen Heinrich Kestel zuzutrauen. Vielleicht hat hier doch, auf Wunsch des Bauherren, ein junger Wagner-Schüler in einem Büro etwas ausgeholfen?

# 3. BEZIRK

## Dapontegasse

Was am Dannebergplatz noch etwas ausgewogener und gebändigter erscheint (immerhin gibt es dort auch Spuren vom Wagner-Schüler Paul Gütl) kippt in der Dapontegasse vollends in neureiche Selbstdarstellung um. Der architektonische und städtebauliche Wert dieser Gasse liegt in der Geschlossenheit und in der lupenreinen Darstellung von Zeitgeist. Mit Vorbehalt hervorzuheben wären die Häuser: Nr. 3, BH: Leopold Frankfurter, E: Jakob Gartner, A: Josef Falter, 1907/08; Nr. 4, BH: Josef Steiner, E: Jakob Gartner, A: Adolf Ambor, 1906; Nr. 5, BH: Josef Steiner, E: Rudolf Erdös, A: Ferdinand Schindler, 1907; Nr. 6—8, BH: M. Lampel, E: Leopold Fuchs, A: Ferdinand Schindler, 1907; Nr. 7, BH: S. Liebel, E: J. Reisner, A: Josef Falter, 1907; Nr. 9, BH: Robert Nemecek, E: J. Reisner, A: Norbert Klang, 1908.

## Esteplatz

Der Esteplatz ist genaugenommen eine boulevardartige Verbreiterung der Weygasse mit einer extrem verwertbaren Bebauung mit Eckhäusern, die auch einen hohen Prestigewert besaßen. Beständigkeit und Fortschritt symbolisierte außerdem die Ausführung der Häuser in Eisenbeton.

**Esteplatz 3—4**, BH: Allgemeine Österreichische Baugesellschaft, E: Emil Reitmann, 1912

**Esteplatz 5—6**, BH: Carl Fleischer, E: Josef Hackhofer, A: Ottokar Stern und A. Porr AG., 1912/13

**Esteplatz 7—8**, E: Josef Hackhofer, A: Ottokar Stern und A. Porr AG., 1912/13

Durch die dreigeschossige Sockelzone und das über drei Fensterachsen und drei Geschosse reichende Loggien-Balkon-Motiv entsteht im Zusammenhang mit der Platzdimension eine besonders monumentale Struktur, die den Esteplatz von der übrigen Verbauung stark abhebt und ihm eine betont großstädtische Wirkung verleiht. Die Eck-

grundrisse der Häuser erlauben eine gute Raumausnutzung, so daß wir es hier mit einem ungewöhnlichen Ensemble großbürgerlichen Wohnens zu tun haben.

**Fasangasse 40**, E: Otto Kuntschik, A: Adolf Langer, 1903/04

Die zweifellos eindrucksvollen Fassaden des Eckhauses wirken wie aus applizierten, vorfabrizierten Jugendstilornamenten zusammengesetzt. Eine gründerzeitliche »Collagetechnik« mit veränderten Mitteln.

**Gärtnergasse 7**, Haus »Zum Weißen Lamm«, BH, E + A: Robert Hauser, 1911

**Gärtnergasse 8**, BH: Josefine Paula, E: Heinrich Kestel, A: Josef Taschner, 1908

**Gerlgasse 20**, BH: Wohngemeinschaft der Österreichisch-Alpine Montangesellschaft, E: Siegfried Theiss und Hans Jaksch, A: Negrelli Bau-A.G., 1950—54

Ein für die Nachkriegszeit aus dem Rahmen fallendes, selbstbewußt gestaltetes Haus mit französischen Fenstern und einer eleganten Behandlung des Ecks.

**Geusaugasse 12**, BH: Geza Schiffmann, E: Karl Haybäck, A: Wilhelm Philipp, 1910

**Gottfried-Keller-Gasse 11**, BH + E: Ernst Epstein, A: Österreichisch-Ungarische Baugesellschaft, 1924

Das etwas behäbig gegliederte Haus mit der runden, turmartigen Eckausbildung bewahrt noch nach dem Ersten Weltkrieg eine gewisse bürgerliche Kontinuität.

**Gottfried-Keller-Gasse 13**, BH: Otto und Viktor Hoffmann, E: Ernst Epstein, A: Carl Korn, 1929

**Hiessgasse 12, 14**, BH: Otto Hötzl, E: Arnold Karplus, A: Anton Schwertmann, Kupka & Orglmeister, 1910

**Hiessgasse 13**, »Otto-Hötzl-Hof«, BH: Otto Hötzl, E: Arnold Karplus, A: Anton Schwertmann, 1910/11

Arnold Karplus, der später auch bemerkenswerte Gemeindebauten plante, hat hier mit den Häusern Nr. 12 und 14 fast ein kleines Ensemble geschaffen, das sich von der übrigen Bebauung zur Erdberger Lände hin beachtlich abhebt.

**Hintzerstraße 9—11**, »Rochushof«, BH: Friedrich Ernst Koppel, Hans Reinhardt, E: Heinrich Kestel, A: Johann Stadler, 1910

Heinrich Kestel ist am Dannebergplatz als »Fassadenarchitekt« hervorgetreten, was sich hier im doppelten Sinne des Wortes zu bestätigen scheint. Zunächst ist das Thema Straßenhof in einer romantisch-pittoresken Weise mit einer eher kleinstädtischen Prospektarchitektur behandelt, die zweifellos auch ihren Charme hat. Studiert man jedoch die Grundrisse, so tritt neben der spekulativen Welt einer bru-

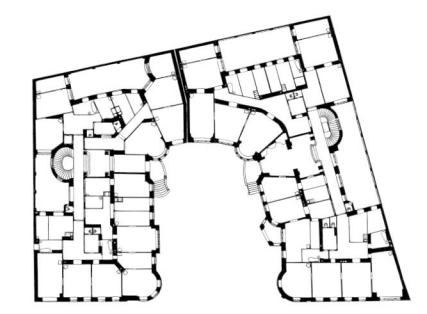

LANDSTRASSE

Invalidenstraße 5—7, W- und Geschäftshaus, E: Arthur Baron, A: Adolf Baron Pittel, 1911

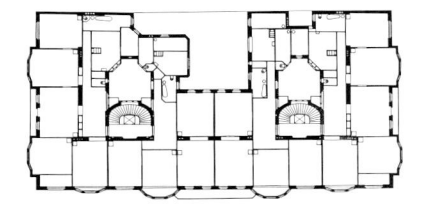

Invalidenstraße 9, W- und Geschäftshaus, E: Jakob Gartner, A: F. Riess, 1910

Invalidenstraße 13—17, BH: Elisabethinen, E: Karl Koblischek, A: Wayss & Freytag und Meinong GmbH., 1932—36

Ruhige, durchlaufende Blockrandbebauung, die in ihrer mauerartigen Geschlossenheit mit der dahinterliegenden Spitalsanlage im Zusammenhang zu sehen ist.

## Jacquingasse 33, BH: J. A. Dachler, E + A: Kupka & Orglmeister, 1900

Nach Angaben der Kunsttopographie wurde die Fassade 1919 von Leo Kerner für Blanka von Braun modernisiert: nun, entweder war die Fassade sehr konservativ oder sie wurde nur wenig verändert.

## Jacquingasse 55, E: Ernst Epstein, A: Westermann & Companie, 1929/30

Einerseits eine sehr kühne, andererseits wiederum eher eine konventionelle Fassade. Epstein, der Bauleiter des Loos-Hauses, hatte also doch etwas mit Loos gemein: die Fähigkeit, mit einem alten Wortschatz einen neuen Gedanken auszusprechen.

## Kleingasse 20, E + A: F. Krombholz & J. Schalberger, 1906

Der gewöhnliche Doppeltrakter mit dazwischenliegendem Stiegenhaus und Bassenagrundrissen (3 Kleinwohnungen pro Geschoß) zeigt bemerkenswert liebevolle Fassadendetails.

talen Grundstücksauswertung auch eine ziemliche Unbeholfenheit zutage, mit der Form und Tiefe der Parzelle, besser mit der erzwungenen Trakttiefe fertig zu werden. Das heißt, die großzügige architektonische und räumliche Gestik reicht über die Foyers bis zu den Treppenhäusern, dann beginnt ein größeres Gedränge um die teilweise sehr kleinen Lichthöfe. Alles in allem also mehr Zeitdokument als Architekturbeispiel.

## Hohlweggasse 30, BH: Berta Löwy, E: Ernst Epstein, A: B. Brusenbauch, 1914

Hier erreicht das großbürgerliche Wohn- und Geschäftshaus, noch in Sichtdistanz zur Ringstraße, seine schönste typologische Ausformulierung: Festlegung des disponiblen Grundrisses durch zwei zentrale Treppenhäuser mit Höfen (der dritte Hof korrespondiert mit dem Nachbarhof) und Auflösung der Mauer in eine Pfeilerstruktur, so daß die zur Verfügung stehende Fläche optimal genutzt werden kann. Im Erdgeschoß befand sich der Eingang und Empfangsraum zur Generaldirektion des Stahlwerkes »Poldihütte« (E: Josef Hoffmann, 1912—14). Das Portal ist verschwunden, der Empfangsraum ist noch substantiell (Marmorverkleidungen) vorhanden.

## Klimschgasse

Obwohl die Gasse außer ihrer anonymen Einheitlichkeit nicht viel zu bieten hat, scheinen doch bei den Häusern bekannte Entwerfer auf: Nr. 2, 4, E: Julius Müller, A: Hermann Hornek, 1908; Nr. 6, E: Gottlieb Michal, A: Peregrin

125

# 3. BEZIRK

Zimmermann, 1909; Nr. 8, 10, E: Heinrich Kestel, A: Norbert Klang, 1909, und Nr. 12, E: Richard Modern, A: Josef Taschner, 1912.

**Kollergasse 15**, BH: Geza Schiffmann, E: Karl Haybäck, A: Wilhelm Philipp, 1913/14
Für Haybäck ein zurückhaltend gestaltetes Haus, das sich in der Verwendung der Fenster und Erker, in der Behandlung der Mansarde einer Heimatschutzarchitektur annähert.

**Kollergasse 16**, E: Brüder Drexler, A: Felix Sauer, 1910

**Landstraßer Hauptstraße 1**, »Wiener-Bürger-Hof«, BH: H. F. Lederer, E: Franz Freiherr von Krauss, Josef Tölk, 1905/06
Obwohl es sich hier um bekannte Architekten handelt und die Bezeichnung »Bürger-Hof« auch nicht anspruchslos ist, weist dieser Bau eine extreme Ausnutzung der Parzelle auf (fast 95 Prozent überbaut).

**Landstraßer Hauptstraße 7**, BH: Antonie von Laminet, E: Ludwig Baumann, A: Union Baugesellschaft, 1910/11

**Landstraßer Hauptstraße 9**, E: Friedrich Nietschmann, A: Wilhelm Philipp, Carl Hausschulz, 1907

**Landstraßer Hauptstraße 15**, E + A: Kupka & Orglmeister, 1899–1900

**Landstraßer Hauptstraße 21, Czapkagasse 8**, BH: Geza Schiffmann, E: Karl Haybäck, A: Wilhelm Philipp, 1911/12

Die zur Czapkagasse 8 durchgehende Bebauung besteht aus einem Doppeltrakt und einem doppelten Hoftrakt mit eingeschlossener Treppe, beide durch einen Hof (mit der Breite eines Traktes) getrennt. Die spätsecessionistischen Fassaden, mit bemerkenswerter Selbständigkeit gestaltet, versprechen ein gutbürgerliches Wohnen, das auch durch die Größe der Wohnungen (2½ bis 5½ Zimmer) eingelöst wird. Diesem Standard entspricht weniger die städtebauliche Situation, die der üblichen Gründerzeitbebauung in nichts nachsteht.

**Landstraßer Hauptstraße 23–25** (siehe Weyrgasse 6–8)

**Landstraßer Hauptstraße 29**, W- und Geschäftshaus, E: Karl Haybäck, A: Frauenfeld & Berghof, 1902
Dieses von Haybäck zehn Jahre früher erbaute Haus zeigt noch einen unmittelbaren Einfluß der Secession (etwa von Olbrich), ist aber sowohl im Aufbau als auch in den verwendeten dekorativen Details bedeutend steifer und erfindungsärmer.

**Landstraßer Hauptstraße 31, Haus »Zur goldenen Birn«**, BH + A: Allgemeine Baugesellschaft A. Porr, E: Carl Wilhelm Schmidt, 1934/35

Ein, wenn man von dem etwas selbstherrlichen Maßstab absieht, aus dem Geist der Neuen Sachlichkeit entwickeltes, attraktives Großstadthaus.

**Landstraßer Hauptstraße 88**, W- und Geschäftshaus, BH: Paula Falter, E: Siegfried Kramer, A: Josef Falter, 1911

**Landstraßer Hauptstraße 113**, W- und Geschäftshaus, BH: Ritter von Wolff, E: Hans Dworák, A: Michael Kühmayer, 1912/13

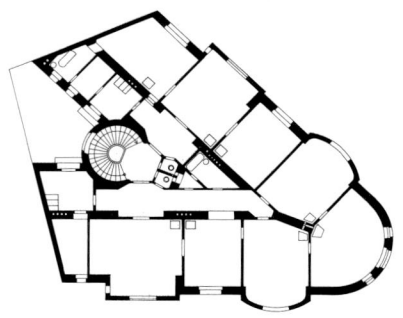

Ein unverkennbares Haus von Hans Dworák, das durch die Gestaltung der Fassade, die Betonung der Horizontalen, seine plastische Form besonders unterstreicht. Auch im Grundriß ist die extreme Ecksituation bewältigt. Hier war durch den spitzen Winkel eine diagonale Grundrißlösung unvermeidbar. Dem Architekten ist es sogar gelungen, aus dieser Not eine Tugend zu machen.

**Landstraßer Hauptstraße 123**, W- und Geschäftshaus, BH + E + A: Wilhelm Wieden, 1912

Eine merkwürdig steif organisierte Fassade mit farbigen Mosaikmedaillons und »geflochtenen Kranzborten« aus Stuck.

# LANDSTRASSE

Lothringer Straße 14—16, E: Ernst von Gotthilf, A: Karl Stigler, 1905

Obwohl zehn Jahre früher erbaut, doch mit dem Haus Schwarzenbergplatz 7—8 vergleichbar, also eine Architektur, die die späte Ergänzung des Ensembles mitmacht.

Löwengasse 30, BH: Eduard Popper, E: Leopold Fuchs, A: Ferdinand Schindler, 1908

Löwengasse 45, W- und Geschäftshaus, BH: M. Lampl, E: Siegfried Kramer, A: Adolf Ambor, 1908

Löwengasse 47—47a, »Palais des Beaux Arts«, W- und Geschäftshaus, E: Anton und Josef Drexler, A: Felix Sauer, 1908/09

Obwohl das Haus ursprünglich als Modezentrum »Chic Parisien« geplant war (aber auch die Bezeichnung »Palais des Beaux Arts« weist nach Paris), wirkt der Bau eher niederländisch als französisch. Die Anhäufung des vor allem figürlichen Schmucks und die Überbetonung des Ecks stehen in einer merkwürdigen Konkurrenz zum Rudolf-von-Alt-Platz, dessen Häuser allerdings erst knapp danach gebaut wurden. Im Widerspruch zur fast barocken Sinnenfreude steht auch der rationale Grundriß, dessen offene Struktur ein Optimum an Flexibilität anbietet.

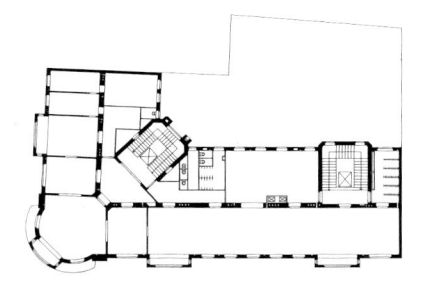

Lustgasse 4—14, Hainburger Straße 60—66, Zinshauszeile, BH: Franz Kornherr, E + A: Johann Meidl, 1907

Einheitlicher Straßenzug, von einem Baumeister für einen Bauherrn als Anlageobjekt erbaut. Bescheidene Fingerübungen in angewandtem Jugendstil.

Marokkanergasse 12, BH: R. Siedek, E: Viktor Siedek, A: Robert Tilgner, 1893

Marokkanergasse 22, W- und Geschäftshaus, BH: Moritz Lampel, E: Leopold Fuchs, A: Edmund Melcher, 1909

Fuchs hat wohl die Nähe des Belvedere zu einer barokisierenden Architektur verleitet. Dennoch hat das mächtige Dach die Fernsicht vom Oberen Belvedere gestört; es wurde 1971 auf die heutige Form reduziert.

Marxergasse 25, BH: Ignaz Zerner, E + A: Andreas Gisshammer, 1906

Die Vorliebe für plastische Baukörper und ein starkes Fassadenrelief kündigt sich schon hier bei dem später in Graz wirkenden Architekten an.

Neulinggasse 19—21, BH: A. O. Wirth, E + A: C. Wenz und J. Leiker, 1911—13

Die beiden Häuser zeigen eine schöne Variation der Erkerbehandlung. Bei Nr. 19 werden die beiden Erker von einem starken Gesims vor der Attika aufgefangen und diese mit einem Kranzgesims darüber hinweggeführt. Bei Nr. 21 greifen die Erker als plastische Elemente ins Kranzgesims ein.

Neulinggasse 34—36, W- und Geschäftshaus, E: Ludwig Richter, A: Karl Klein, 1912/13

An die Strenge der Wagner-Schule erinnernder, jedoch mehr strukturierter als flächiger Fassadenaufbau, der durch ein stark rhythmisiertes Attikageschoß abgeschlossen wird.

Neulinggasse 52, E: Siegfried S. Drach, Alexander Osterberger, A: Strum & Sogl, 1935—38

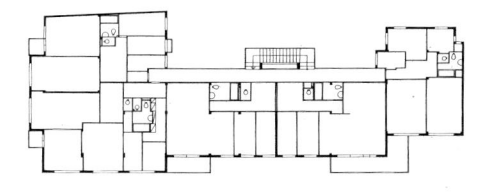

Der Doktor der Technik und Baumeister Siegfried Drach war zweifellos ein Außenseiter der Wiener Szene um 1930. Sehenswert bei diesem von außen unscheinbaren Haus sind das mit Stahlblech verkleidete Treppenhaus und die verglaste Hoffassade. Der Grundriß zeigt, daß das Wohnhaus als zarter Stahlbetonskelettbau ausgeführt wurde.

# 3. BEZIRK

Oberzellergasse 10—20, E: Anton Lang, A: Barak & Czada, 1910/11

Die nicht ohne Engagement entworfene Häuserfront verdeckt in Wirklichkeit eine für das Jahr 1910 nicht mehr verantwortbare Anlage mit Bassena-Häusern, deren Wohnungsgrößen zwischen einem und zweieinhalb Zimmern liegen. Die Klosetts sind schon teilweise im Wohnungsverband.

Paulusplatz 8, E: Hans Dworák, A: Robl & Löwitsch, 1901

Petrusgasse 1, Wohn- und Bürohaus, BH: Motorenfabrik J. Warchalowski, E: Franz Gessner, A: Österreichisch-Ungarische Baugesellschaft, 1927/28

Die architektonischen Mittel gleichen den gleichzeitig entstandenen Gemeindebauten. Die Symmetrie betont das Einzelhaus in der Straßenfront, die Aufteilung der Balkone unterstützt diese Wirkung. Schön ist auch die Bezugnahme zum biedermeierlichen Maßstab des Nebenhauses durch das überhöhte Sockelgeschoß.

Petrusgasse 4, BH: Gemeinnützige Bauvereinigung »Wohnungseigentum«, E: Hermann Czech, BL: Sepp Müller, 1985—89

Das Haus ist eine schweigende Antithese zum barocken und expressiven Wohnbaugeschmack der achtziger Jahre; es ist in allen Teilen so unauffällig normal, daß man sich fragen muß, woher man eigentlich den Mut nimmt, hier von Normalität zu sprechen. Die Grundrisse sind an den Konventionen städtischen Wohnens orientiert, die Ausnutzung des Dachvolumens nicht anders; die Erker haben eine sinnvolle Größe als Element einer »ausgesetzten Geborgenheit«. Gemessen also an den Normen der donnernden Wohnbauästhetik ein ausgefallenes Haus, das so stark in das Ensemble integriert ist, daß für niemanden (?) Architektur signalisiert wird (Koordination: Gesellschaft für Wohnungs-, Wirtschafts- und Verkehrswesen — GWV).

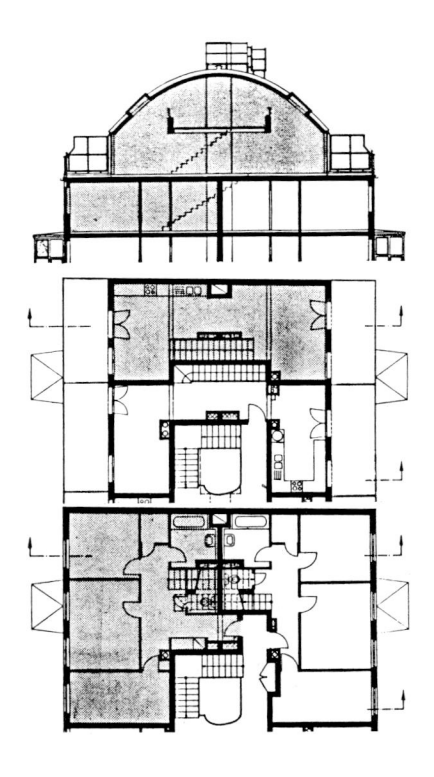

# LANDSTRASSE

Pfarrhofgasse 16, BH: Gustav Frankl, E: Ernst Ornstein, A: Ch. Jahn, Betonarbeiten: G. A. Wayß, 1912/13

Durch den betonten Polygonalerker wirkt das Haus noch über die Hintzerstraße in den Ziehrerplatz herein. Das großzügige Vestibül mit kassettierter Tonne steht jedoch in einem problematischen Verhältnis zu der eher kleinlichen Grundrißlösung des Hauses.

Rechte Bahngasse 10, 12, 14/16, »Avenue-Hof«, BH: Julius Steiner, E: Karl Stephann, A: Rudolf Kautz, 1904

Die etwas aufgedonnerte Häuserfront signalisiert heute noch, daß hier eine städtische Entwicklung erwartet wurde, die jedoch nicht eingetroffen ist.

Rechte Bahngasse 24—26, 28, BH: Allianz und Giselaverein, Versicherungs A.G., E: Ernst Epstein, 1930/31

Epstein reagiert 25 Jahre später anders auf den relativ breiten »Straßenraum«: er schafft scheinbar selbständige Fassadeneinheiten (alte Parzellenstruktur?), so daß die beiden Häuser als eine Zeile von fünf erscheinen. Die Unterscheidung geschieht mit geringen Mitteln (Balkone, Putzbehandlung), ist aber visuell von einer großen Prägnanz.

Reisnerstraße 13, BH: Julius Steiner, E: Karl Stephann, A: Rudolf Kautz, 1904

Reisnerstraße 15—17, BH: Irene von Boog, Valerie von Niesilowska, E + A: Max Ott, 1912/13

»Gespannte Fassadenflächen«, ein Effekt, der durch die gequetschten Seitenrisalite entsteht, zwischen deren Halbsäulen die Balkone hervorquellen. Durch die exakte Wiederholung beim zweiten Haus wird diese Wirkung noch rhythmisch gesteigert (b-a-b-b-a-b).

Reisnerstraße 27—29, E: Lehrmann & Walter, A: Rudolf Ernest & Thalwitzer, 1913

Eine weitere Verdoppelung eines Haus- und Fassadentyps. Hier sind jedoch die Fassaden in einzelne Joche mit starker vertikaler Differenzierung (bis zur Loggia im Attikageschoß) aufgelöst, so daß durch die Wiederholung nicht eine visuelle Verdoppelung, sondern eine Monumentalisierung der Reihe entsteht, was wiederum die beiden Bauten fast als Einheit erscheinen läßt.

Reisnerstraße 33, BH: L. Kérö, E: Matthias Wolff, H. Sperber, A: Adolf Ambor, 1904

Rennweg 1, BH + E: Otto Wagner, 1890/91

Rennweg 5, Auenbruggergasse 2, Strohgasse 41, BH + E: Otto Wagner, 1890/91

Man bekommt hier den Eindruck, daß Otto Wagner die Häuser Nr. 1 und 5 nur dazu benutzt hat, um seinem eigenen Haus eine gute Fassung oder einen neutralen Rahmen zu geben. In der ruhigen Fassade meldet nur der eine Balkon im 2. Stock eine gewisse Selbständigkeit an (Haus Nr. 3 siehe Seite 115/116).

Rennweg 23, BH + A: Heinrich Glaser, E: Bauqué & Pio, 1891

Rochusgasse 17, BH: Allianz und Giselaverein, Versicherungs A.G., E: Ernst Epstein, A: Vaterländische Baugesellschaft, 1932

Rüdengasse 13, W- und Geschäftshaus, E: Alfred Wildhack, A: Karl Stigler, 1911/12

Rudolf-von-Alt-Platz

Der wie ein vergrößerter Straßenhof wirkende Platz ist ziemlich willkürlich in das spätgründerzeitlich überbaute unregelmäßige Fünfeck geschnitten. Lediglich die Achse der Paracelsusgasse stellt eine Beziehung über die Löwengasse zur Weißgerberlände her. Die vom Historismus lösende, mit spätsecessionistischen Elementen verbrämte Architektur zeigt sich von der süddeutschen Heimatschutzbewegung inspiriert, dem bürgerlichen Selbstverständnis um 1910 auch in Wien entgegenkommt: Nr. 1, E: Leopold Fuchs, A: Ferdinand Schindler, 1908; Nr. 2, BH: Gemeinnützige Wohnungsbau-Genossenschaft, E: Hans Schimitzek, A: Franz Anderle, 1909; Nr. 3, BH: Jakob Oberländer, E: Adolf Oberländer, A: Josef Taschner, 1909; Nr. 6, BH + E: Moritz Feldhendler, A: J. F. Buchinger, 1909; Nr. 7, BH: Anton und Rosa Drexler, E: Brüder Drexler, A: Felix Sauer, 1906.

## 3. BEZIRK

**Rudolf-von-Alt-Platz 4—5, BH: Eduard Popper, E: Brüder Drexler, A: Cajetan Miserowsky, H. v. Winkler, 1910/11**

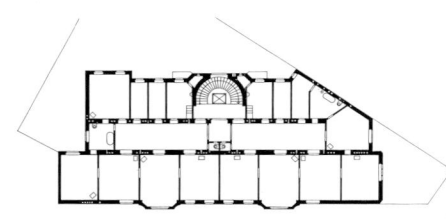

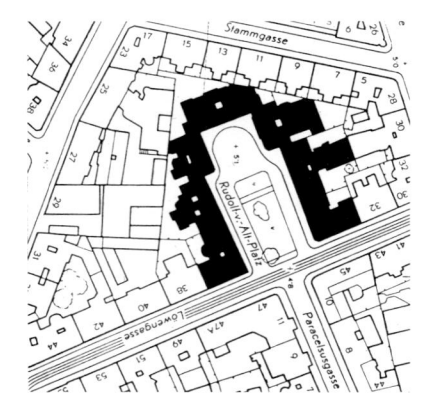

Trotz des stilistischen Wandels in Richtung Heimatschutzarchitektur haben die Brüder Drexler beim Lösen von Grundrissen ihre Pragmatik beibehalten. Der hallenartige Flur, hier getrennt für zwei Großwohnungen genutzt, bietet auch die Möglichkeit einer freieren Disposition über die Raumeinheiten. In dem eher pittoresk wirkenden Platzensemble erscheint der symmetrische Platzabschluß beruhigend.

**Salesianergasse 1b, BH: »AUSTRIA« Gemeinnützige Genossenschaft zur Beschaffung von Wohnungen für öffentliche Angestellte, E: Leo Kammel, A: Reformbaugesellschaft, 1930/31**

Wenn man von der etwas rigorosen Ausnutzung des Grundstücks absieht, zeigt dieser genossenschaftliche Wohnbau den gleichen architektonischen Umgang mit dem Thema wie der Gemeindebau. Eine indirekte Antwort auf die Frage nach der ideologischen Bindung der architektonischen Form.

**Salesianergasse 31—33, W- und Geschäftshaus, E: Ernst Spielmann & Alfred Teller, A: Wenzel König, 1912/13**

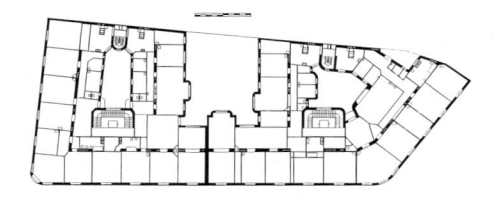

Die im »Empirestil« entworfene Hausgruppe (in der übrigens Josef Hoffmann wohnte), ist ein schönes Beispiel der nach der Jahrhundertwende einsetzenden »Säkularisierung« des großbürgerlichen Zinspalais. Das System der Erschließung mit Herrschafts- und Dienertreppe ist beibehalten, ebenso die hierarchische Trennung der Raumgruppen, wenn auch deren rituelle Symbol- und Funktionsbeziehung wegfällt und einer großzügigen Nutzungsvariabilität weicht.

**Schwarzenbergplatz 7—8, Mietshausgruppe, E: Ernst von Gotthilf-Miskolczy und Alexander Neumann, A: Hechtl & Comp., 1916**

Im unmittelbaren Bereich des Schwarzenbergplatzes ist es nicht erstaunlich, daß sich der Typus Zinspalais in einer etwas lockeren Form bis zum Ende des Ersten Weltkriegs halten konnte. Hier hat sich überhaupt eine Art »imperialer Durchhalte-Architektur« etabliert, der wir die städtebauliche Vollendung dieser Ringstraßenzone verdanken.

**Sechskrügelgasse 2, BH: O. Berger, E + A: Siegfried Kramer, 1911**

**Sechskrügelgasse 8, E: Anton Korneisl, A: Karl Kirchem, 1912**

**Sechskrügelgasse 12, BH: Carl Pfeffer Edler von Weissenegg, E: Franz Freiherr von Krauß, Josef Tölk, A: Kamenicky, 1897**

Das ein wenig wagnerisch geratene Haus bekommt durch die zweigeschossigen Holzerker eine eigenwillige Physiognomie, die, ohne eigentlich aus der Zeit auszubrechen, doch in die Zukunft weist. Vielleicht ist es kein Zufall, daß an diesem Platz auch Plečniks Brunnen steht; der Architekt hat immer wieder vorgeführt, wie man aus einem alten Vokabular neue Gedanken entwickeln kann.

Steingasse 15, BH: Josef Engelhart, E: Ferdinand Fellner III, A: Laske & Fiala, 1901

Obwohl es sich bei diesem Haus um einen direkten Import aus Brüssel nach dem Vorbild Victor Hortas handelt (wie Eckart Vancsa nachgewiesen hat), steht die etwas veränderte Fassade (abgesehen vom aggressiven Lindwurm von Rudolf Bacher) recht brav in der unauffälligen Gasse: Fellner III hat eben nur die Detailformen bis zur Ausbildung der Fenster kopiert, aber nicht das räumliche und plastische Konzept Hortas. Das ist wohl auch der Grund, daß dieses Haus für einen prominenten Secessionskünstler so wenig Beachtung fand. Mehr Aufmerksamkeit verdient hingegen Engelharts Atelier im Garten (Zugang über die Raiffeisenakademie), das in seiner symmetrischen Anlage jedoch eher der Wagner-Olbrichschen Pavillontypologie verpflichtet ist. Das in der Mitte liegende, zwei Geschosse hohe Bildhaueratelier ist heute durch eine eingezogene Decke geteilt und neu verglast. Terrasse und Seitenteile ermöglichen noch die Vorstellung vom ursprünglichen Zustand. Bemerkenswert ist auch der parkähnliche Garten, der mit jenem von Mautner-Markhof vereint ist und in dem auch der palaisartige Gartentrakt liegt, in dem Kolo Moser zwischen 1905 und 1918 gelebt hat (BH: Ferdinand Mautner, E: Alexander Neumann, 1891). Insgesamt ein denkwürdiger Ort der Wiener Secession.

Traungasse 7, BH: Allianz und Giselaverein,

Versicherungs A.G., E: Ernst Epstein, A: Vaterländische Baugesellschaft, 1933

Daß der alte Bauhase Epstein noch in den dreißiger Jahren für eine Überraschung gut genug war, zeigt diese kühne Ecklösung, die mit gerahmten (also betonten) Flächen arbeitet, ein wenig an Josef Hoffmann erinnernd.

Uchatiusgasse 4, E: Karl Haybäck, A: Wilhelm Philipp, 1911/12

Auch Haybäck überrascht immer wieder mit einer breiten Palette architektonischer Mittel: Hier ein Beispiel einer feinen Empire- und Biedermeiertransformation, wie man sie im Spätsecessionismus besonders geliebt hat.

Uchatiusgasse 5, BH: Geza Schiffmann, E: Karl Haybäck, A: Wilhelm Philipp, 1909

Zwei Jahre früher als das gegenüberliegende Haus gebaut, aber nicht so signifikant wie dieses: Ein strenger Aufbau der Fassade und dekorativ ein wenig überladen.

Ungargasse 2, W- und Geschäftshaus, E: Hans Dworák, A: Michael Kühmayer, 1909

Dworák hat hier großstädtisch auf die exponierte Lage reagiert. Die mächtige Rundung mit den stark ausgebildeten Kolossalpilastern erinnert ein wenig an die späte Schwarzenbergplatzverbauung, ohne jedoch ein entsprechendes Gegenüber zu finden.

Ungargasse 4, BH + E + A: Isidor Giesskann, 1910

Ungargasse 21—23, E: Rudolf Goebel, A: Kupka & Orglmeister, 1905

Ungargasse 24, E: August Belohlavek, A: Gustav Holaubek, 1912

Ungargasse 58, E: Ferdinand Seif, 1893

Das Wohnhaus des Bildhauers Robert Weigl gebärdet sich sehr barock, obwohl es (mit Ausnahme des prunkvollen Entrees) einen ganz normalen Zinshausgrundriß besitzt.

# 3. BEZIRK

## Ungargasse 59—61, Wohn-, Büro- und Geschäftshaus Portois & Fix, E: Max Fabiani, 1899—1900

Hinter diesem Büro-, Wohn- und Geschäftshaus befanden sich die ausgedehnten, fast bis zum Dannebergplatz reichenden Fabriksanlagen der renommierten Einrichtungsfirma. Natürlich ist die großartige verkachelte Fassade aus Pyrogranit mit den Majolika-Häusern Otto Wagners in Beziehung zu sehen, und man geht nicht fehl in der Annahme, daß hier Fabiani seinem Meister (er war zu dieser Zeit Mitarbeiter Wagners bei der Stadtbahn) eine noch modernere Lösung präsentieren wollte. Während Wagners Fassaden, trotz secessionistischer Hochblüte, in sich ruhende Kompositionen darstellten, bot Fabiani ein System der Reihung an, dessen Rhythmus beliebig, im Sinne der Großstadtarchitektur, fortgesetzt werden kann. Grundlage für diesen neuen Kompositionsschritt war das geometrische Ornament aus kleinen quadratischen Platten (in Kachelgröße und als selbständiges Element verwendet) und die Adolf Loos vorwegnehmende Ausbildung des zweigeschossigen Geschäftssockels als Eisenbetonskelett mit der Feldfolge a-b-a-b-a-b-a. Die darüberliegenden Fensterachsen sind mit gleichen Abständen in diesen Rhythmus eingebunden, so daß durch diese »statische« Begleitung die Wirkung der Reihe noch verstärkt wird. Der puristische Rückzug auf eine glatte, bekleidete Fläche, deren Ornament die Basis für die strenge Geometrie abgibt, wird einerseits kompensiert durch die »atmosphärische« Wirkung (das heißt, die Fassade reagiert sensibel auf jeden Lichtwechsel), anderseits durch eine Fülle von technischen Details, die Marco Pozzetto in seinem Buch »Max Fabiani 1865—1962« folgendermaßen beschreibt: »Auf der Fassade ist jedes Detail in erster Linie funktionell und nur als solches auch dekorativ: Man sehe sich nur die Bronzeblättchen an (die Schürzen unter dem Fenstersturz, A. d. V.), mit denen der Fenstersturz zusätzlich bekrönt wird und die gleichzeitig als Wetterschutz für die dahinter angebrachten Stoffjalousien dienten; die bronzenen Lüftungsschlitze unter den Fensterfassungen ... die Schutzgitter über den Fensterbrüstungen ... die Ausformung der Fensterrahmen; die Form der Aufschläge und des unteren Fassadenabschlusses; die Form der Bronzehalterungen, auf denen die Dachrinne aufliegt, auch diese teilweise wiederum von Abschluß-Widerlagern gehalten, die ihrerseits als Stütze für das Geländer dienten ...« Leider wurde die Fassade im Sockelbereich halbherzig renoviert, zum Teil mit falschen Materialien, »vereinfachten« Lampenhalterungen oder durch Zustreichen von Naturstein (Durchfahrt). Im Hof wurde durch teilweise Auskernung, Umbau und Sanierung der alten Bausubstanz die erste Bauetappe der Zentralverwaltung von Hofman & Maculan geschaffen, deren Hauptbau jedoch an der Barichgasse entstehen wird. Beim ersten Bauabschnitt hat man versucht, etwa durch feine Fensterdetails, sich dem Geist Fabianis anzunähern, was jedoch wieder durch andere Baumaßnahmen (etwa durch die Überdachung der Abfahrtsrampe) konterkariert wird (E: Peter P. Schweger, Wilhelm Meyer, Wolfgang Schneider, BH + A: Hofman & Maculan, 1986/87).

## Untere Viaduktgasse 8, E: Ignaz Reiser, A: Ferdinand Schindler, 1910/11

Der rationelle, schön ausgelegte Grundriß mit einem guten Verhältnis von Haupt- und Nebenräumen ist fortschrittlicher als das etwas überquellende, plastisch betonte und im Relief überstrapazierte Äußere des Hauses.

# LANDSTRASSE

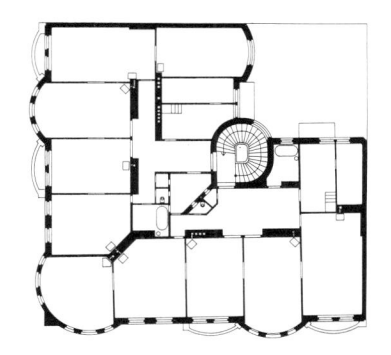

Untere Viaduktgasse 12, 14, E: Ignaz Reiser, A: F. Riess, 1912

Untere Viaduktgasse 53, BH: Josef Marco, E + A: Anton Schwertmann, 1911

Durch den verglasten, korbbogenförmigen Ateliergiebel bekommt das Haus mit der streng aufgebauten Fassade eine besonders unverwechselbare, auf den Kontrast von Fläche und Struktur aufgebaute Physiognomie.

Untere Viaduktgasse 55, 57, BH: Marianne Bene von Röjtök, E: Ludwig Baumann, A: Union Baugesellschaft, 1910

Untere Weißgerberstraße 17—19, BH: Geza Schiffmann, E: Karl Haybäck, A: Wilhelm Philipp, 1914

Untere Weißgerberstraße 43—45, »Mädi-Hof«, E: Erwin Raimann, A: Josef Stadler, 1911/12

Untere Weißgerberstraße 48, E + A: Gustav Holaubek, 1911/12

Untere Weißgerberstraße 49—51, BH: J. Klimont, E: Brüder Drexler, A: Julius Müller, 1911

Vordere Zollamtsstraße 11, »Stadtpark-Hof«, BH + E: Arthur Baron, A: Mader, 1907/08

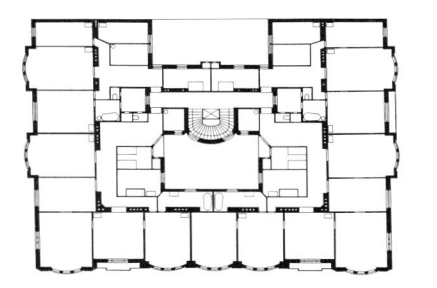

Stattliches Wohn- und Bürohaus, das als Typus durchaus als eigene Leistung der späten Ringstraßenperiode angesehen werden kann. Schon der Name verweist auf die in Anspruch genommene Zugehörigkeit zur Ringstraßenzone. Dementsprechend ist auch die Architektur auf Fernwirkung konzipiert, und die Organisation der Grundrisse entbehrt nicht der großbürgerlichen Verhältnisse. Durch die Rückverlegung des Stiegenhauses entsteht eine betonte Raumsequenz beim Entree.

Weißgerberlände 18, BH: Gemeinnützige Bau-, Wohnungs- und Siedlungsgenossenschaft, E: Hans Schimitzek, 1911

Das mit Hilfe des staatlichen Wohnungsfürsorgefonds erbaute Haus (39 Wohnungen), ist in einer betont schlichten, fast programmatischen Heimatschutzarchitektur gehalten.

Weißgerberlände 26, E + A: Universale Bau AG., 1925/26

Die kräftige, in sich ruhende Fassade ist von einem über drei Geschosse reichenden Erker-Drilling beherrscht, der auf einem ebenso signifikanten Sockelgeschoß aufsitzt.

Weißgerberlände 38, E + A: Julius Müller, 1910/11

# 3. BEZIRK

**Weißgerberlände 40—42**, BH: Jacob und Johanna Keck, E: Brüder Drexler, A: Heinrich Fröhlich, 1910

Die beiden Häuser, mit einem gewissen Sinn für die städtebauliche Situation entworfen, markieren flankierend den Eingang zur Hetzgasse.

**Weißgerberlände 44—46**, E + A: Julius Müller, 1911/12

**Weißgerberlände 48**, E + A: Julius Müller, 1911

**Weißgerberlände 50**, E: Brüder Drexler, A: Felix Sauer, 1910

**Weißgerberlände 52**, BH: Daniel Eickelberg, E: Brüder Drexler, A: Felix Sauer, 1909

**Weyrgasse 5**, BH + A: Rella & Neffe, E: Ernst Egli und Raschka, 1924/25

Eines der wenigen von dem bekannten Städtebauhistoriker Ernst Egli geplanten Häuser, das sich nur in den Wohnungsgrundrissen von den gleichzeitigen Gemeindebauten unterscheidet.

**Weyrgasse 6—8**, BH + A: Allgemeine österreichische Baugesellschaft, E: Leopold Fuchs, 1912

In einem zeitgenössischen Bericht wird besonders darauf hingewiesen, daß bei dieser Wohnhausgruppe der geforderte Hofanteil von 15 Prozent um rund ein Drittel überschritten wurde. Die Anlage, mit durchschnittlich 3- bis 5-Zimmer-Wohnungen, die bis in die Czapkagasse 10 reicht, ist tatsächlich für zeitgenössische Begriffe großzügig angelegt, vor allem aber auch, was die architektonische Gesamtkonzeption betrifft. Der Hinweis auf das Zacherl-Haus (Kunsttopographie) kann jedoch nur die etwas expressiv-kubistischen Atlanten betreffen, die tatsächlich von Franz Metzner stammen könnten.

**Ziehrerplatz 4, 5**, BH: Adalbert Szanditz, Hans Rosenthal, E: Percy A. Faber, A: Hechtl & Comp., 1930/31

**Ziehrerplatz 7**, BH + A: Walter König, E: Michael Maibaum, 1914

**Ziehrerplatz 10**, E: Rudolf Erdös, A: Josef Falter, 1910/11

Dieses Haus, das im sanften Knick der Hintzerstraße liegt und so die schmale Platzwand des Ziehrerplatzes bildet, hat als »Empire-Paraphrase« eine eigenartige Musikalität, die man von Baumeistern wie Erdös nicht erwarten würde. Die Gestaltung des Attika- und Dachgeschosses erinnert ein wenig an Pariser Häuser.

**Baumgasse 29—41** (Rabengasse, Lustgasse, St.-Nikolaus-Platz, Hainburger Straße, Kardinal-Nagl-Platz), »Rabenhof«, E: Heinrich Schmidt, Hermann Aichinger, A: Universale Hoch- und Tiefbau AG., Karl Korn Baugesellschaft, Reform-Baugesellschaft, 1925—28

Der Rabenhof, mit 1097 Wohnungen und 38 Geschäftslokalen, gehört zu den sogenannten Superblocks, in denen, zumindest in der ersten Phase mit jungen Familien, zwischen 4000 und 5000 Menschen wohnten. Das 50.000 m² große Areal ist nur mit 38 Prozent überbaut. Die freie, für große Anlagen fast untypische Bebauungsform (die in diesem Fall noch dazu von Otto-Wagner-Schülern stammt) ist überwiegend das Produkt der topographischen und städtebaulichen Situation und der schwierigen, von der Gemeinde nicht beeinflußbaren Besitzverhältnisse.
Auf dem Areal befand sich die ehemalige Krimsky-Kaserne mit ihren Reit-, Fahr- und Exerzierplätzen und einem desolaten Baubestand (Stallungen, Geschützschuppen, Mannschaftsbaracken etc.), der offenbar nach dem Ersten Weltkrieg auch als Notquartier und Unterschlupf verschiedener »Elemente« (um es zeitgenössisch auszudrücken) diente. Ein Rest dieses militärischen Baubestandes ist noch die Turnhalle Hyegasse 1, die als k. k. Reithalle gebaut wurde. Die Rabengasse als diagonaler Verbindungsweg zwischen Erdbergstraße und Landstraßer Hauptstraße wurde als geschwungener Straßenzug in das Konzept einbezogen, die Verlängerungen der Petrusgasse, Rüden- und Schrottgasse wurden aufgelassen und als Fußwege durch die Anlage geführt. Die zahlreichen Zwangsanschlußpunkte an Feuermauern, Objekte, die erst später erworben werden konnten, und die Notwendigkeit, auch in Etappen zu bauen, haben den Architekten große Beschränkungen gebracht. So hat der Satz von Josef Bittner (auf dessen Broschüre über den Rabenhof sich diese Ausführungen beziehen) für uns noch heute einen dokumentarischen Wert: »Die vielen vorerwähnten Hindernisse ... schlossen eine *achsiale* städtebauliche Lösung von vornherein aus. Es mußte vielmehr von den Architekten eine städtebauliche Wirkung durch geschickte Aneinanderreihung von ver-

LANDSTRASSE

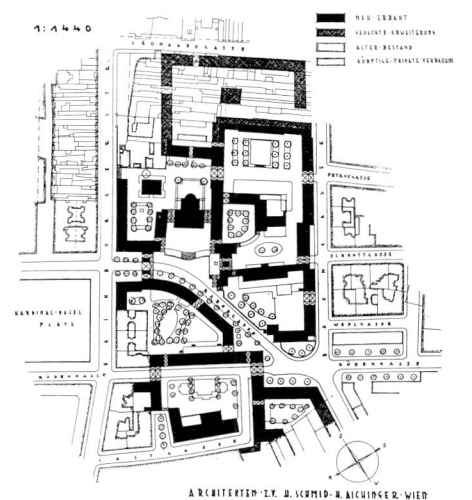

schieden großen Wohn- und Gartenhöfen und öffentlichen Plätzen gesucht werden.« Wieder einmal zeigt sich, daß Pragmatik und städtebaulicher Realismus vor einer politischen oder auch nur ästhetischen Ideologie standen, daß man also weit davon entfernt war, was bei einem solchen Konzept nahegelegen wäre, etwa eine Grundsatzdiskussion »Camillo Sitte gegen Otto Wagner« zu führen. Dagegen erweisen sich die Architekten als Meister in der Überformung einer scheinbar chaotischen Situation, die noch durch Höhendifferenzen verschärft wurde. Wenn heute die Vielfalt der Freiräume, die Logik ihrer Verbindung durch Terrassen, Freitreppen, Durchgänge fast selbstverständlich und gar »organisch« erscheint, dann ist das die eigentliche Leistung des Entwurfs. Zu erwähnen ist noch das ursprüngliche Programm von Folgeeinrichtungen: Saal für Kinderhort mit 400 Plätzen, 4 Lehrsäle, Kindergarten und Kinderzahnklinik, Ambulatorium der Bezirkskrankenkasse, Volksbibliothek und Zentralwäscherei mit 44 Waschständen, Waschmaschinen, Zentrifugen, Bügelmaschinen etc. Der Saal, bald in ein Kino umgebaut und stark verändert, wurde 1990 als Theater ausgebaut und das schöne Foyer, mit geringfügigen Einbauten, sorgfältig renoviert.

## Dietrichgasse 32—34 (Drorygasse), E: Bruno Richter, 1926

Da die Formen, abgesehen vom Dreieckserker, überhaupt keinen Zusammenhang mit der räumlichen Konzeption

135

# 3. BEZIRK

des Baus haben, kann man nur von einem dekorativen Expressionismus sprechen. Besonders kühn ist natürlich die Ecklösung.

### Drorygasse 8 (Göllnergasse, Dietrichgasse), »Landstraßer-Hof«, E: Karl Badstieber, 1924/25

Es ist erstaunlich, wie es manchmal Architekten gelingt, aus dünnen Raumschichten eine beachtliche Monumentalität zu entwickeln. Hier steht auch das Ornament in einem engen Zusammenhang mit der Gestaltung des Baukörpers, was ein wenig an den tschechischen Kubismus erinnert.

### Drorygasse 19—23, »Erdberger-Hof«, E: Karl Schmalhofer, 1927

### Drorygasse 25—27 (Hagenmüllergasse), E: Hugo Mayer, 1927/28

Die bescheidenen Höfe dieser Eckverbauungen zeigen oft eine sehr liebevolle Behandlung: hier zum Beispiel ein kleiner, schön konzipierter Gartenpavillon als Treff in der Anlage.

### Engelsberggasse 3, E: Heinrich Schopper, Alfred Chalusch, 1926/27

Dieses Haus bildet mit dem im Hof gegenüberliegenden Objekt Riesgasse eine räumliche Einheit. Bemerkenswerte Gestaltung der Torpartie.

### Fiakerplatz (Gestettengasse, Hainburger Straße, Kleingasse, Leonhardgasse), Sanierung Erdberg, 1957—59

Konnte man schon den Rabenhof als eine Art Sanierung eines abgewohnten Viertels bezeichnen (trotz der versuchten An- und Einbindung), so setzt die mit »Sanierung Erdberg« bezeichnete Überbauung der späten fünfziger Jahre das Konzept der radikalen Flächensanierung fort. Das heißt, das mit »Dörfl« bezeichnete »Alt Erdberg« ist, von kleinen Resten abgesehen, einer neuen Bebauung gewichen, die in ihrer Großräumigkeit bewußt auch einen neuen Maßstab in das Quartier brachte.
Der Bebauung ging eine Forschungsstudie von Franz Schuster über den Baubestand voraus, die zu einem vernichtenden Urteil kam: »Dieses ›Dörfl‹ besteht fast durchwegs aus nach hinten langgestreckten Höfen; sie waren bis vor 1918 hauptsächlich von Fuhrwerken (Einspännern und Fiakern) und deren Familien bewohnt. Nahezu 60 Prozent der Gebäude sind ebenerdig. Der Großteil davon ist bereits ganz oder teilweise baubehördlich für Wohnzwecke gesperrt. Gegen 20 Prozent der Häuser sind bereits demoliert, die Grundstücke liegen brach oder werden als Lagerplatz benützt. Nur 20 Prozent der Häuser sind mehrgeschossige Bauten, die erhalten werden könnten«.
Die Frage ist müßig, wie man heute diesen Baubestand, vor allem städtebaulich, beurteilen würde. Die heutige Bebauung besteht aus drei Bereichen, die ersten könnte man als eine Ergänzung bzw. veränderte Fertigstellung des Rabenhofes bezeichnen (Baumgasse, Leonhardgasse und Hainburger Straße). Dieser Abschnitt wurde von den Architekten Hermann Aichinger jun., Robert Kotas, Heinrich Reitstätter, Ferdinand Riedl, H. Schweiger und Hermann Stiegholzer gebaut. Die Baulückenschließung Gestettengasse — Fiakerplatz — Hainburger Straße stammt von Fritz Purr und Kurt Nehrer. Die offene Verbauung Fiakerplatz-Gestettengasse 12—22, einschließlich der Heimstätte für alte Leute, entwarfen Herbert Prehsler, Eduard F. Sekler und Anton Valentin. Von Prehsler und Sekler stammt auch das Haus Leonhardgasse 7—13, das allerdings erst mit geändertem Bebauungsplan 1959—61 errichtet wurde. Obwohl die Bebauung teilweise neungeschossig ist, zeigt die ein wenig vom Thema »Stadtkrone« inspirierte Anlage dem Wohnen angemessene Außenräume.

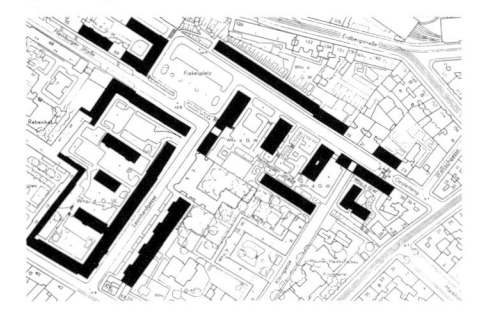

### Hagenmüllergasse 14—16, »Franz-Schuster-Hof«, E: Alfred Kraupa, 1927/28

### Hagenmüllergasse 21—23 (Drorygasse, Göllnergasse), E: Karl Dirnhuber, 1926—28

### Hagenmüllergasse 32, »Felleis-Hof«, E: Johann Rothmüller, 1927

Der breite, jedoch kleine Rücksprung dient weniger der Erweiterung des Straßenraums als der Monumentalisierung der Straßenfront. Sehenswert auch die Hofseite.

### Kardinal-Nagl-Platz 14 (Drorygasse, Hagenmüllergasse), »Franz-Silberer-Hof«, E: Georg Rupprecht, 1927/28

Dieser in die Hainburger Straße und Drorygasse durchreichende Bau mit einer anspruchsvollen Hofgestaltung (zwei Niveaus), bedient sich bei den Außenfassaden eines expressiven Dekors, der sich wie die Übersetzung expressionistischer Backsteinarchitektur in Putz ausnimmt. Wie jedoch die runden Stiegenhäuser im Hof zeigen, handelt es sich eher um ein Fassadenproblem als um eine architektonische Tendenz.

**Kundmanngasse 30—34, Wh-Anlage mit Kino, E: Ferdinand Riedl, Robert Kotas, 1962/63**

**Landstraßer Hauptstraße 177—187 (Hofmannsthalgasse, Leberstraße), »Wildgans-Hof«, E: Viktor Mittag, Karl Hauschka, 1931—33**

Der auch architektonisch interessante Wildgans-Hof baut sich aus einem Raster von quadratischen und rechteckigen Höfen auf, der jedoch diagonal durchschnitten bzw. offen gelassen ist. Dies ist aus einer geplanten Bahntrasse zu erklären, die eine Verbindung zwischen Schlachthausbahn und Verbindungsbahn hergestellt hätte und daher freigelassen wurde (Inf.: Leopold Redl).

**Lechnerstraße 2—4, Wh-Anlage MIAG-Gründe, 1981—85**

Gegenüber dem Hanusch-Hof nimmt sich die neungeschossige enge Bebauung wie ein Rückfall in die Gründerzeit aus. Der Bauteil Dietrichgasse stammt von Erwin Flekseder, der um Korrespondenz zum Visavis bemühte an der Lechnerstraße von Peter Lindner und die Hofbebauung von Heinz Neumann und Sepp Frank.

**Löwengasse 41—43, E: Friedensreich Hundertwasser, Planung: MA 19 (P. Pelikan), 1982—85**

Das Haus bricht nicht nur in seiner Form, sondern auch in seiner medialen Präsenz aus dem Rahmen der Gemeindebauten aus. Dem Maler ist es zwar durch erhebliches Engagement und reichliche Mittel gelungen, den Architekten Kreativität zu demonstrieren (was dem verhöhnten Stand gegenüber unfair ist, wenn man die normalen Planungsbedingungen bei Gemeindebauten kennt), aber das missionarisch verkündete Ökohaus wurde doch bei weitem nicht erreicht. Auch die Wohnungsgrundrisse verlassen nicht die beengte Normenwelt, so daß nur mehr die malerische Attitüde übrigbleibt, die dem Bewohner aber nicht visuelle Freiheit (wann kommt der Denkmalschutz?), sondern nur die tägliche Konfrontation mit einer dominierenden Individualität bringt. Hundertwasser ist jedoch gegenüber den Politikern in Schutz zu nehmen, die ihn und das Haus für ein Image vereinnahmen, dessen der städtische Wohnbau zwar bedürfte, das er aber nicht hat.

**Ludwig-Koeßler-Platz 3 (Schlachthausgasse, Fruethstraße), E: Arthur und Josef Berger, Martin Ziegler, 1926/27**

Signifikanter Kopfbau, der sowohl für den Platz als auch für den Brückenkopf eine besondere Bedeutung hat. Aus dieser Situation ist auch die betont plastische Gestaltung des Bauwerks zu verstehen.

**Ludwig-Koeßler-Platz 4 (Dietrichgasse, Lechnerstraße, Erdberger Lände), »Hanusch-Hof«, E: Robert Oerley, 1923—25**

# 3. BEZIRK

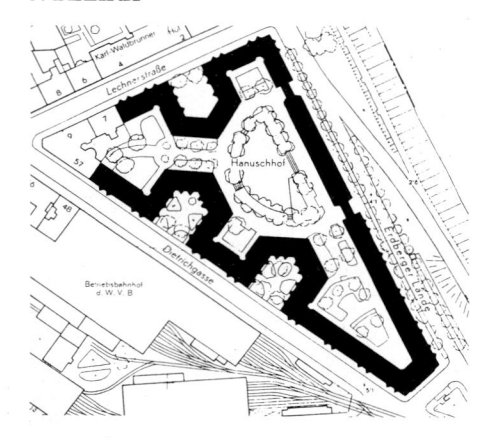

Die zwischen dem Betriebsbahnhof der Straßenbahn und der Erdberger Lände liegende dreiecksförmige Anlage erhält durch die drei stumpfwinkelig abgeschlossenen Straßenhöfe einen gut artikulierten Innenhof. Durch die mäanderartige Verformung der Blockrandbebauung wird nicht nur die äußere Fassadenfläche vergrößert, sondern es entstehen auch, im Verein mit den durchgehenden Wohnungen, gute Belichtungs- und Belüftungsverhältnisse. Oerley ist es also gelungen, aus der schwierigen Grundstücksform eine optimale Bebauungsform zu entwickeln. Im niederen Trakt an der Lände befand sich u. a. ein Kindergarten. Daß man die Anlage kaum informativ fotografieren kann, scheint mir ein weiterer Beweis ihrer räumlichen und städtebaulichen Qualität zu sein.

## Matthäusgasse 3, E: Johann Georg Gsteu, 1983—85

Keine bewußte, aber doch eine Antithese zum Hundertwasser-Haus. Der Haustyp zeigt eine bejahende Einstellung zur gründerzeitlichen Situation und versucht auch ein

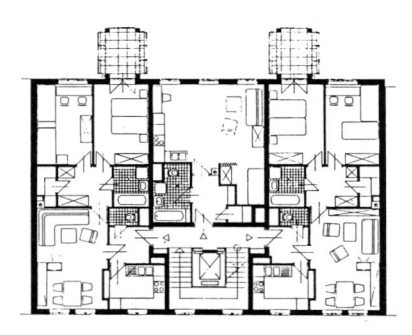

Optimum an Verhältnismäßigkeit durch Einordnung zu erreichen. Sowohl das Haus als auch die Wohnungen sind einfach und richtig organisiert, die Treppe und die lärmunempfindlicheren Räume der Wohnungen liegen zur Straße. Und wer nicht genau hinschaut, geht vorbei.

## Neulinggasse 39 (Grimmelshausengasse, Salesianergasse), E: Armand Weiser, 1929

Das klar konzipierte, in sich ruhende Haus entwickelt durch die markanten Eckaufbauten auch eine starke diagonale, städtebauliche Wirkung, was sowohl Richtung Modenapark als auch an der Salesianergasse richtig erscheint.

## Obere Bahngasse 4—8 (Gerlgasse), »Unger-Hof«, E: Otto Kuntschik, 1932

## Petrusgasse 15 (Landstraßer Hauptstraße), »Marianne-Hainisch-Hof«, E: Rudolf Perthen, 1927

Eine an der Diagonale des stumpfen Winkels entwickelte Lösung, die durch die expressiven Balkons besonders verstärkt wird.

## Riesgasse 4, E: Oskar Unger, 1926

## Rüdengasse 8—10 (Hagenmüllergasse, Göllnergasse), »Anton-Kohl-Hof«, E: Camillo Fritz Discher, Paul Gütl, 1927

Der Torbau mit den Stöcklbauten und den hochgezogenen Ecktürmen nimmt sich fast wie eine Überreaktion auf eine an sich bedeutungslose städtebauliche Situation aus.

## Schlachthausgasse 44, E: Otto Nadel, 1937/38

## Schrottgasse 10—12 (Klopsteinplatz, Weinlechnergasse), E: Walter Sobotka, 1927/28

Sobotka verläßt hier sehr deutlich die oft indifferente Gestaltungspraxis bei Gemeindebauten zugunsten einer funktional durchgeformten und in allen Teilen ablesbaren Fassade, deren Wirkung sogar dadurch noch gesteigert wird.

## Strohgasse 14 (Grimmelshausengasse), E: Anton Brenner, 1949/50

## Untere Weißgerberstraße 53—59, E: Alfons Hetmanek, 1950/51

## Weinlechnergasse 1 (Rabengasse), E: August Hauser, 1928

# LANDSTRASSE

Weißgerberlände 30—36 (Custozzagasse, Untere Weißgerberstraße), E: Friedrich Schlossberg, 1931/32

Zaunergasse 5—7, 12—14 (Traungasse, Marokkanergasse), E: Otto Artner, 1952/53

Ziehrerplatz 8, E: Theophil Niemann, 1929 bis 1932

🏠

Jacquingasse 8—10, Botschaftsresidenz der Niederlande (ehem. Richard-Strauss-Villa), BH: Stadt Wien, E: Michael Rosenauer, A: Wiener Baugesellschaft, 1923—25

Das an süddeutsche, barockisierende Heimatschutzarchitektur erinnernde Haus ist für die Bauzeit erstaunlich konservativ konzipiert. Der etwas eingewienerte englische Landhausgrundriß mit repräsentativem Haupt- und abgewinkeltem Wirtschaftstrakt erlaubt zwei gleiche Wohnungen übereinander und war wohl in seiner Steifheit dem Renaissancemobiliar des Komponisten angepaßt. Trotz dieser Merkmale ist das Haus gut in die Topographie eingebunden: Durch eine ausschwingende Auffahrtsrampe wird die Höhe zum Haupteingang überwunden, die Dienertreppe stellt am Einfahrtstor die funktionelle Verbindung zwischen den Geschossen her.

Landstraßer Hauptstraße 142, E: Gustav Neumann, A: Andreas Lukeneder, 1902

Kundmanngasse 19, Haus Wittgenstein, BH: Margaret Stonbourough-Wittgenstein, E: Paul Engelmann, Ludwig Wittgenstein, A: Carl Korn Bauges., 1926—28

Das ausgezeichnet dokumentierte Haus (siehe Bernhard Leitner, Ottokar Uhl, Otto Kapfinger) stellt tatsächlich in der Wiener Architekturgeschichte ein Unikat von besonderem Rang dar. Eingebettet in die frühe Loos-Rezeption durch seinen Schüler Paul Engelmann, weitergetrieben in seiner ästhetischen Radikalität durch Ludwig Wittgenstein, wirkt es in der harmonisierenden und verspielten Wiener Szene wie ein geschliffener Kristall, zusätzlich abgehoben durch den exklusiven gesellschaftlichen Hintergrund. Es ist nicht möglich, zwischen den beiden Autoren eine Grenzlinie zu ziehen, wie es unmöglich ist, das Haus als eine »gebaute Philosophie«, als eine Art von Materialisation Wittgensteinschen Denkens zu interpretieren. Von Engelmann stammt das Grundkonzept des Entwurfs, der jedoch nicht zu dem Raffinement des Loosschen Raumplans vordringt. So sehr Wittgenstein die Radikalität des Loosschen Denkens imponiert haben mag, so ist er seinen sinnlicheren »Futteralen« der Interieurs nicht gefolgt. Wittgenstein geht hingegen mit Hartnäckigkeit visuellen Problemen und Phänomenen nach, bis zum höchsten Grad ihrer wahrnehmbaren Abstraktion: Die Lichtquellen werden zu Punkten (Glühbirnen an der Decke), die Farben ziehen sich auf eine Schwarz-Weiß-Skala zurück, die aristokratisch überhöhten Fenster- und Türformate werden nach dem Prinzip der Halbierung proportioniert und ihre eiserne Materialität fast auf Linien reduziert, die Beschläge

139

# 3. BEZIRK

und Heizkörper zu komplexen, funktionalen Objekten designt. Das Haus ist heute, von neuen Baumassen bedrängt, in seiner ursprünglichen Lage in einem Privatpark kaum mehr vorstellbar. Daß das Haus heute noch existiert, ist der Wiener Architektenschaft und letztendlich der Volksrepublik Bulgarien zu verdanken. Der Saalanbau stammt von Carl Auböck. Im Zuge der Ausstellung 1989 wurden von Otto Kapfinger und Bernhard Leitner noch wichtige Entdeckungen gemacht: Paul Engelmann hat den Vorentwurf zur Villa für das Gartengrundstück beim Palais Wittgenstein (Argentinierstraße 16) gemacht, was viele Interpretationen entkräftigt. Abgesehen von der Freilegung einiger »Kurtinen« (vertikale Blechschiebeelemente als hermetisch schließende Läden), wurde vor Ort der Nachweis erbracht, daß Wittgenstein im ganzen Bau keine »natürlichen« Baustoffe (Holz, Marmor etc.) verwendete. Neben den geschliffenen Betonböden mit durchkomponierten Flächenteilungen und den bekannten Details aus Eisen, waren die Wände aus matt-seidigem Marmorstuck, jene des Vestibüls in geschliffenem Zementputz ausgeführt. Es unterlagen also nicht nur die Raumdimensionen, Proportionen der Flächen und die mechanischen Funktionen einer absoluten Kontrolle Wittgensteins, sondern auch die Oberflächen und Materialien.

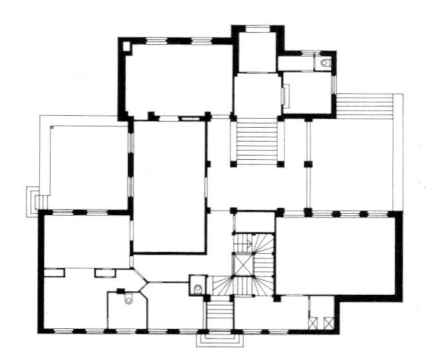

Johannesgasse 28, »Vienna Intercontinental«, E: Hollabird & Root, Carl Appel, Walter Jaksch, A: Universale Hoch- und Tiefbau AG., A. Porr AG., 1959—64

Landstraßer Hauptstraße 2, »Hilton«, E: Fritz Pfeffer, 1972—75

Hainburger Straße 53, ehem. MIAG-Geschäft, BH: Milchindustrie- und Agrargesellschaft m.b.H., A: Wienerberger

Eines der letzten MIAG-Portale von Wien (ebenso Lechnerstraße 10). Diese weißen Keramikportale mit blauer Rahmung zeichnen sich durch eine besondere Sichtbarkeit im Stadtbild aus, Produkt und Hygiene in einem symbolisierend. »Corporate Identity« in einer frühen, naiv-erfrischenden Form.

Landstraßer Hauptstraße 4, Elisabeth-Apotheke, E: vermutlich Alexander Osterberger, 1912

Landstraßer Hauptstraße 58, Filiale der Ersten Österreichischen Spar-Casse, E: Heinz Marschalek, Georg Ladstätter, Alfred M. Beck, A: Herbert Lorenz, 1980/81

Landstraßer Hauptstraße 38, ehem. Uhrengeschäft, E: Hans Pitsch, A: Josef Panigl, um 1935

Landstraßer Hauptstraße 76, Zweigstelle der Zentralsparkasse und Kommerzialbank Wien, E: Wolfgang Mistelbauer, 1986/87

»Das Besondere des Gewöhnlichen« oder eine Bank, die nicht an jeder Ecke sagt: »Sieh mich an, ich bin Architektur«. Trotzdem alles gut überlegt: Die Materialien, das Licht, die Raumentwicklung vom Entree bis zum Blick in den Hof.

Radetzkyplatz 5, Zweigstelle der Zentralsparkasse und Kommerzialbank, E: Luigi Blau, MA: Norbert Tischler, A: Günther Radl-Bau, 1984/85

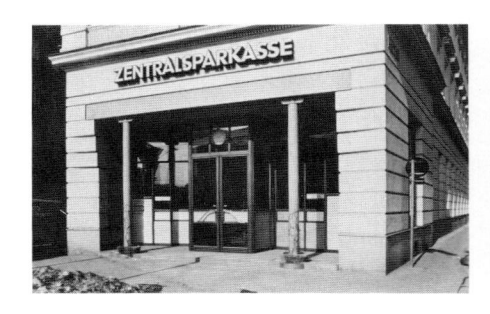

Das spätbiedermeierlich anmutende Haus aus dem Jahre 1872, dessen Sockelgeschoß in Glas und Beton »aufgelöst«, also zerstört war, wurde wieder in seiner alten Pfeilerstruktur ergänzt, der Eingang zum Platz hin verlegt und mit einer gedeckten Vorhalle so geöffnet, daß der trapezförmige Bankraum sich in der Achse erschließt. Auch innen wirkt die einfache, geputzte Mauerstruktur. Durch die am Spitz einander überlappenden Hüften des Baus und die an den Kreuzungspunkten der Unterzüge liegenden Säulen ergab sich eine schwer erfaßbare Raumfigur. Durch das Einführen von Scheinunterzügen entstand jedoch eine spielerische Verflechtung, durch die Wiederholung des Musters am Boden ein fest umschriebener, klar wirkender Raum: insgesamt der seltene Fall in der Architektur, daß etwas durch Hinzutun zur Klärung kommt.

## Rennweg 95, Zweigstelle der Zentralsparkasse und Kommerzialbank Wien, E: Artur Duniecki, 1980/81

Die ungewöhnliche Form des breiten Segmentbogens entwickelt als Zeichen eine große Autonomie, so daß es zunächst als etwas Besonderes bemerkt und erst nach der Kenntnis des Inhalts mit diesem identifiziert wird.

## Vordere Zollamtsstraße 15, Z-Zentrum Wien, BH: Zentralsparkasse und Kommerzialbank Wien, E: Wilhelm Holzbauer, MA: Artur Duniecki, 1973

Das Beratungszentrum der »Z« und das Reisebüro »Vindobona« verraten in ihrem Design die zeitliche Nähe zur U-Bahn-Planung. Die Vorgangsweise gegenüber einer bestehenden (oder festgelegten) Bausubstanz ist ähnlich: Raum und Mobiliar werden von halbkreisförmigen Elementen bestimmt, die, mit Ausnahme der Referentenarbeitsplätze, als eine unabhängige zweite Haut definiert sind. Die großen Bullaugenfenster verbinden Signifikanz mit einer weitgehenden Schonung des geschlossenen Sockelmauerwerks.

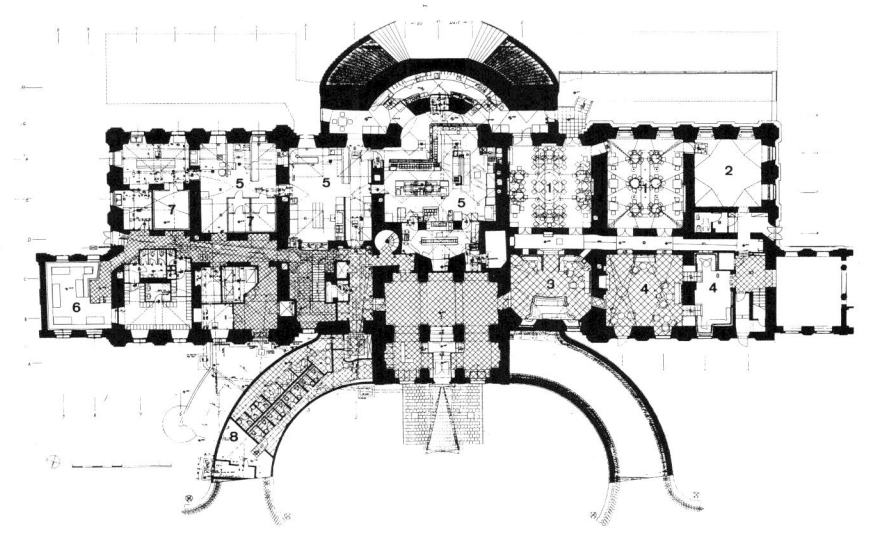

# LANDSTRASSE

## Schwarzenbergplatz 9, Palais Schwarzenberg (Bankettküche, Restaurant und Hotelnebenräume), BH: Karl Johannes Schwarzenberg, E: Hermann Czech, 1982—84

Das Palais Schwarzenberg wurde 1697 von Lukas von Hildebrandt begonnen und 1720—32 von Fischer von Erlach fertiggestellt. Nach schweren Schäden im Zweiten Weltkrieg wurde 1960—62 der weitgehend zerstörte westliche Flügel in eine Hotelpension umgebaut, 1968 ein Restaurant und eine Bar eröffnet, 1971/72 das Hotel im rechten »Langhaus« erweitert. Ab 1980 beginnen die ersten Planungen von Hermann Czech, zunächst durch ein allgemeines Raumnutzungskonzept, dann folgt schließlich der Umbau der Sala terrena und der Souterrainräume zu einem großen Restaurant- und Küchenkomplex. Im einzelnen handelt es sich um die Schaffung von zwei Speiseräumen (1), eines Clubraums (2) und einer Bar (3), die Erweiterung der Eingangshalle des Hotels durch Ausbau zusätzlicher Aufenthaltsräume für die Hotelgäste (4), um die Verlegung und Erweiterung der Haupt- und Nebenküchen (5), die Neugestaltung des Personalbereichs (6) und der Lagerräume (7) sowie um den Einbau von WC-Anlagen in die linke Auffahrtsrampe (8). Der Umbau stellt eine exemplarische architektonische und denkmalpflegerische Leistung dar. Exemplarisch deshalb, weil hier in einem komplexen Planungsprozeß eine Synthese von Raumprogramm und Bausubstanz erreicht wurde, ohne das eine zu verstümmeln oder die andere zu verletzen. Es wurde aber nicht auf den Idealtypus Barockschloß, sondern auf die historische Realität, auf den durch die Zeiten veränderten Unterbau Bezug

# 3. BEZIRK

genommen und dessen räumliches Angebot für die heutigen Bedürfnisse adaptiert. So wird in der Hauptküche zum ersten Mal die Sala terrena in ihrer räumlichen Figuration sichtbar, ohne jedoch den Status einer einfachen Gewölbekonstruktion zu verlassen. Idealtypisch reagiert Czech eher durch seine Vision von einer gehobenen gastronomischen Architektur, die alle Konventionen und Klischees, manchmal ernsthaft, manchmal ironisch distanziert benutzt oder modifiziert. Der verwöhnte Gast findet sozusagen alles vor, was er erwartet, um aber gleichzeitig aufgeschreckt oder zumindest irritiert zu werden. Czech hat nicht nur die unterschiedlichen Souterrainlagen der Räume visuell »thematisiert«, sondern auch die vielfältigen Niveaubeziehungen und die Unregelmäßigkeiten der Mauersubstanz mit zufälligen Durchblicken, Verbindungen oder Störungen. Regel und Regelverletzung sind gleichwertig. Das gestalterische Konzept ist auf eine Dialektik von Ruhe und Bewegung aufgebaut, sowohl für die Augen als auch für die Beine. Das Restaurant ist also nicht, was man in einem solchen Zusammenhang vielleicht auch denkmalpflegerisch erwarten würde, auf eine »Stileinheitlichkeit« hin entworfen, was eine Verdrängung von Geschichte durch eine erfundene Geschichtlichkeit wäre, sondern Geschichte ist präsent, auch im Banalen und Alltäglichen, indem auf jede Spur der Geschichte reagiert wird, ohne auch nur einen Augenblick den heutigen Bewußtseinsstand zu verlassen (Teppiche, E: Christian Ludwig Attersee, BL: Sepp Müller, MA: Andreas Heinrich).

## Stadtpark, Milchtrinkhalle, E: Friedrich Ohmann, Josef Hackhofer, A: Gisshammer & Co., 1901—03

Der sowohl im Grundriß als auch in seiner Form des Baukörpers leicht barockisierende Gartenpavillon hatte ein kräftiges, folkloristisches Jugendstilinterieur. Der Bau wurde im Zweiten Weltkrieg schwer beschädigt und in erweiterter Form wieder aufgebaut. Heute sind von Ohmann und Hackhofer nur mehr Spuren zu entdecken.

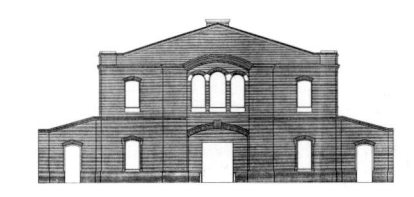

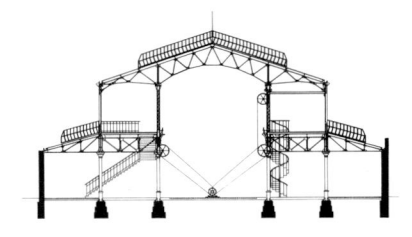

## Apostelgasse 12 (Hainburger Straße 29—33), Schwachstromwerke Siemens AG Österreich, ab 1882

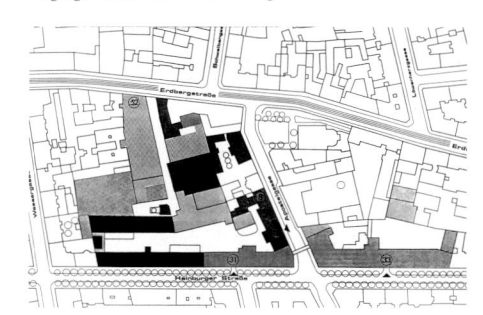

Die von Arnold von Siemens übernommene Filiale der Siemens & Halske A.G., seit 1879 in der Margaretenstraße, übersiedelte schon 1882 in die Apostelgasse 12, wo das Unternehmen sich sehr rasch entwickelte. Die erste große Ausbauphase war 1889/90 (im Lageplan schwarz dargestellt), sie bestand aus einer basilikalen »Maschienenbau- und Montirungshalle« (heute Schlosserei, siehe Ansicht und Schnitt, entworfen von Anton Gürlich) und den Büro- und Lagergebäuden an der Hainburger Straße. Das ist auch der bauhistorisch interessanteste Teil. Die sechsgeschossigen Trakte haben bemerkenswerte Deckenkonstruktionen aus Eisen und flach gewölbten Wellblechkappen (Moniergewölbe), die mit Schlackenbeton ausgegossen sind. Schon um die Jahrhundertwende machten sich die geringen Ausdehnungsmöglichkeiten in Erdberg bemerkbar, so wurde 1897 in Floridsdorf ein Kabelwerk und 1900 in der Leopoldau eine Dynamofabrik (Starkstromwerk) errichtet, die später mit den Siemens-Schuckert-Werken vereinigt wurden. Das Werk in der Apostelgasse beschäftigte sich hauptsächlich mit der Schwachstromtechnik. Die beiden Trakte Hainburger Straße 31 und 33 wurden in den Jahren 1918—22 erbaut, als Planverfasser scheint die »Bauleitung Siemensstadt« auf.

## Arsenal, Dekorationswerkstätten der Bundestheater, E: Erich Boltenstern, Robert Weinlich, 1959—63

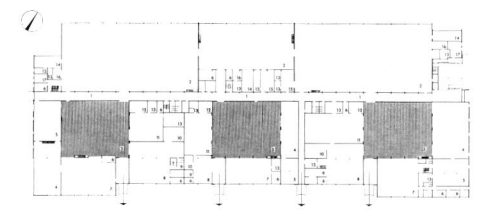

Die seit 1972 zentral geleiteten Werkstätten waren ursprünglich getrennt für das Burgtheater (mit Akademietheater), die Staatsoper und die Volksoper ausgelegt. Heute bilden die großen Malersäle (zwei mit 30 x 60 m, einer mit 20 x 40 m) mit den zugeordneten Montage- und Werkstättengruppen eine Funktionseinheit mit einer kontinuierlichen Auslastung. Die Anlage besticht vor allem durch die klare Konzeption, die Übersichtlichkeit der Raumgruppen und die Einordnung in das strenge städtebauliche Gefüge des Arsenals.

## Baumgasse 42, ehem. Fabriksanlage, E: Alfred Bayer, 1900

Der Hoftrakt ist vermutlich um 1900 erbaut worden, der abgewinkelte Straßentrakt mit einer schönen, großräumigen Eisenbetonstruktur dürfte etwas später entstanden sein. Insgesamt eine gut nutzbare und erhaltenswerte Substanz.

## Baumgasse 68, BH: Fleischereimaschinenindustrie Laska, E: Fritz Waclawek, 1978—82

## Baumgasse/Franzosengraben, ehem. Schweineschlachthof, E: Max Fiebiger, 1908/09

Das kleine Verwaltungsgebäude, die ehemalige Freibank und das wohl als Kraftzentrale dienende Objekt mit Kamin sind die Reste des ehemaligen Schweineschlachthofes, der an der Baumgasse entlang fast bis zur heutigen Autobahn reichte. Die Gebäude werden von der »Arena 77« benützt.

## Erdberger Lände 36—48, Postzentrum, BH: Österreichische Post- und Telegraphenverwaltung, E: Heinz Neumann, Sepp Frank, Helmut Schultmeyer, Koordination und BÜ: Projektierungsbüro für Industrie-, Hoch- und Tiefbauten-GmbH., A: Arge Porr-Wibeba-Neue Reformbaugesellschaft, 1980—85

In der siebengeschossigen, dichten Kammbebauung sind die Telegraphenbauämter und das Fernmeldebauamt untergebracht. Daran schließt das flache Gebäude der Postautobetriebsleitung, das aus Servicehallen, Garagen für PKW, Paketwagen und Busse sowie einer Postautowerkstätte besteht. Darunter befindet sich eine Tiefgarage für 254 PKW (zusätzlich 172 unter dem TBA). Bei der sehr komprimierten und wohl auch ökonomischen Anlage wurden an der Erdberger Lände, wo die Quertrakte in den Randblock eingeführt werden, scharnierartige Gelenke ausgebildet, so daß auch der Richtungswechsel beim dritten Glied leicht bewerkstelligt werden konnte. Die Verkleidung in Aluminium war offenbar, unabhängig von ihrer bauphysikalischen Leistung, auch semantisch mit den Inhalten von Dauer und Fortschritt verbunden.

## Rennweg 12a, Kunstabteilung der Österreichischen Staatsdruckerei, E: Alfred Kern, 1907/08

Dieser Erweiterungsbau zur Staatsdruckerei wurde auf einem vom Botanischen Garten abgetrennten Grundstück errichtet. Der trapezförmige Bau mit Hof macht von der Straße her den Eindruck blockhafter Regelmäßigkeit, der durch eine strenge Gliederung der Fassaden erreicht wird: Die drei Fensterachsen der Stirnseite wiederholen sich rhythmisch an der Straßenfront, unterbrochen von zwei einachsigen Risaliten, die von pylonengefaßten Eisengitterkronen Otto Wagnerscher Verwandtschaft über Dach abgeschlossen sind. Der kräftige zweigeschossige Sockel gibt dem ganzen Bauwerk eine solide Basis.

## Rennweg 16 (Magazingasse, Mechelgasse), Österreichische Staatsdruckerei, E: Heinrich Köchlin, 1888—92

## Tongasse 10—12, Buchdruckerei Jasper, BH: Friedrich Jasper, E: Julius Deininger, A: Schimitzek & Anderle, 1892

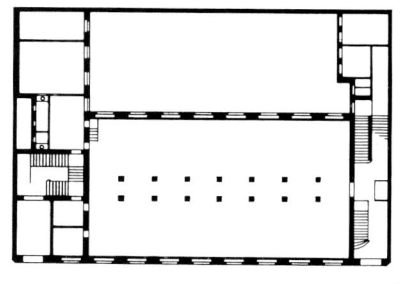

# 3. BEZIRK

Das Gebäude ist, was immer das heißen mag, »nach Skizzen vom Architekten Director Karl Lauzil in Graz« von Julius Deininger (dem Vater der Wagner-Schüler Theodor und Wunibald) entworfen worden und zeigt eine überaus klare räumliche Konzeption und eine ebenso interessante Ablesbarkeit der Funktionen an der Fassade. So wird besonders im dritten Geschoß die Wohnung des Unternehmers durch kleinere Fenster und sgraffitigeschmückte Pfeiler herausgehoben. Im Hochparterre befand sich der Maschinensaal, im 1. Stock der Setzersaal und im Dachgeschoß das Lager für fertige Drucksorten. Der Bau ist in seiner architektonischen und typologischen Einheit ein besonders schönes Beispiel einer Druckerei aus dem Ende des 19. Jahrhunderts.

## Viehmarktgasse 4, Druck- und Verlagsgebäude »Vorwärts«, E: Heinz Neumann, Eric Steiner, 1984/85

Das Produktions- und Vertriebsgebäude ist ein Erweiterungsbau zu einem bestehenden Objekt (Verwaltung, Redaktion, Kantine etc.), wobei sich in dem an der Straße liegenden Trakt die Herstellung (Lichtsatz, Montage etc.) und in dem dahinterliegenden »Container« die Druckerei und Auslieferung befinden. Der in seiner Form definierbare Kopfbau bedient sich bewußt mit einiger Distanz der sprachlichen Mittel der frühen Gemeindebauten, das Rot des Sockels mag auch noch einige an das Stammhaus an der Wienzeile erinnern. Obwohl das Selbstverständnis des Bauherrn und der Inhalt der Bauaufgabe zu dieser Emblematik kaum mehr motivieren, ist doch durch diese kulturelle Bezugnahme ein ruhiger, in sich geschlossener Bau entstanden.

## Viehmarktgasse 5, Zentralviehmarkt und Fleischzentrum St. Marx, Rinderhalle, E: Rudolf Frey, Eisenkonstruktion: G. Zampis, 1879—83

Vom alten Schlachthof und Zentralviehmarkt für Rinder, Kälber, Schweine und Schafe (Rinderschlachthof an der Viehmarktgasse, Schweineschlachthof entlang der Baumgasse) ist nur mehr die ehemalige Rinderverkaufshalle mit einigen Ställen, einem Einzählhaus und einem Verbindungssteg zur Bahn übrig geblieben. Die Halle für 6000 Rinder war 114 m breit und war 224 m lang (Kürzung durch den Bau der Autobahn); sie besteht aus zwei dreischiffigen Hallen und einer gedeckten, schmalen, dazwischenliegenden Straße. Dieser eindrucksvolle Bau ist auch deshalb so bemerkenswert, weil es sich um die erste Wiener Konstruktion aus Schmiedeisen handelt. Es ging also bei dieser Bauweise nicht um das Thema der weiten Spannweite, sondern um die Leichtigkeit der Konstruktion, die mit rund 40 kg/m² (gegenüber den üblichen 60 kg) einen enormen Fortschritt bedeutete. Das alte Ensemble wird noch ergänzt durch den Torbau und das Verwaltungsgebäude. Die Rinderhalle wird heute als Wartestall für Rinder und Schweine verwendet, das erklärt auch die Schließung des einen neuen Schlachthaus zugewendeten Teils. Die Halle war ursprünglich dreiseitig offen, lediglich die nordwestliche Giebelseite zeigte einen auch architektonisch ausgeprägten Abschluß, der noch erhalten ist. Die neue Anlage wurde 1969—72 errichtet (E: Wernberg/Kopenhagen, Ferdinand Riedl und Hannes Lintl).

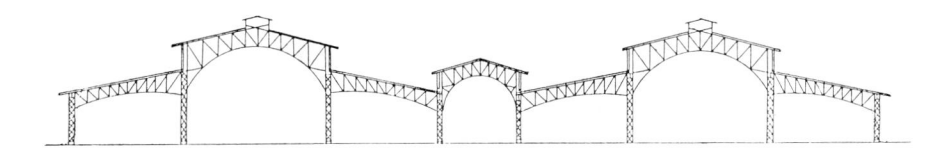

## Apostelgasse 18—20, Städtisches Wannen- und Brausebad, Aufstockung und Fassade, E: J. Tismann, 1927

Die ein wenig an Josef Hoffmann oder den frühen Ernst Lichtblau erinnernde Fassade erhält ihre betonte Sachlichkeit gerade durch die ornamentierten, keramischen Gesimse und Sohlbänke: eine ästhetische Dialektik, für die man Mitte der zwanziger Jahre in Wien noch einen Sinn hatte.

# LANDSTRASSE

**Geusaugasse 16, Umspannwerk Weißgerber,** BH: Stadt Wien, E: Eugen Kastner, Fritz Waage, 1928—30

Das Meisterwerk an Umspannwerk von Kastner und Waage steht zweifellos in Favoriten. Hier handelte es sich eher um das Problem der Einbindung in ein Platzensemble, das in seiner Funktion und Erscheinung kaum konträrer zur Bauaufgabe hätte sein können. Trotzdem steht der Bau ganz selbstverständlich an seinem Ort. Durch Aufbau eines Stockwerks und die Wegnahme der kräftigen, bandförmigen Nutung (in Höhe der Fenster) wurde die Physiognomie empfindlich geändert, trotzdem hat sich der Bau in seiner Schlichtheit Würde und Wirkung bewahrt. Sehenswert ist auch die außen ablesbare, zweischiffige Halle mit einer einfachen Eisenbetonstruktur.

**Grasbergergasse 5, Unterwerk Landstraße,** BH: Stadt Wien, E: Rudolf Nemetschke, A: Rella & Co., 1913/14, 2. Bauabschnitt, E + A: Ed. Ast & Co., 1927

Nur fünfzehn Jahre trennen diesen Bau vom Unterwerk Weißgerber. Allerdings liegt der Erste Weltkrieg dazwischen, und dieser hat nicht wenig zur Entmystifizierung der Technik beigetragen. Stand der Industriebau im allgemeinen unter dem Druck der kulturellen Legitimation, so war bei Bauten für die Elektrizität nicht selten auch eine gewisse »Sakralisierung« im Spiel: dies gilt für außen, innen ist die Halle mit einer filigranen Konstruktion gedeckt und zeigt sich auf der Höhe der Zeit. Insgesamt ein Denkmal der Technikgeschichte.

**Arsenal, Fernmeldegarage;** BH: Post- und Telegraphendirektion Wien, E: Heinz Marschalek, Georg Ladstätter, A: Arge Arsenal: Pittl & Brausewetter, Porr, Kraus und Mayreder, 1985—87

Der Garagenbau, mit etwas überdesignt wirkenden Details, stellt den begrüßenswerten Versuch einer typologischen und auch morphologischen (Sichtziegelbau) Einbindung in das schon schwer attackierte Ensemble des Arsenals dar. Dieser Weg hätte zwanzig Jahre früher eingeschlagen werden müssen.

**Fruethstraße 2, Straßenbahnremise Erdberg,** ab 1901

Dieser Betriebsbahnhof wurde zur Zeit der Übernahme der »Bau- und Betriebsgesellschaft« (Nachfolgerin der Wiener Tramwaygesellschaft) 1902 errichtet. Die linke Halle (vom Eingang aus gesehen) wurde schon 1901, die rechte im vorderen Teil 1902 erbaut. Es bestehen auch Hallen aus Stahlbeton, diese wurden vermutlich in den zwanziger Jahren errichtet.

**Johannesgasse, Stadtbahnhaltestelle Stadtpark,** E: Otto Wagner, 1897/98

Die Stadtbahnhaltestelle Johannesgasse gehört zum Pavillontyp der Wientallinie. Hier ist die Nachbarschaft zur Ohmannschen Wienuferfassung besonders interessant, wenn man bedenkt, daß diese erst zehn Jahre später gebaut wurde. Man könnte auch sagen, daß hier das typologische Konzept Wagners mit dem topologisch-atmosphärischen Entwurf Ohmanns zusammenprallt.

**Untere Weißgerberstraße 38, »Löwengarage«,** E + A: A. Alphart, A: Wagner, 1912

Die Entwerfer waren sichtlich bemüht, der »Ersten Postgarage« eine Art von Tarnarchitektur zu verpassen, die fast auf alles, nur nicht auf eine Garage, schließen ließ.

# 4. Bezirk: WIEDEN

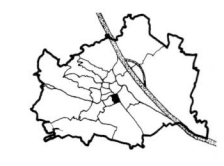

Die WIEDEN, früher mit einigem Sprachwitz auch »Wiener Vorstadt an der Wien« genannt, geht siedlungsgeschichtlich auf das 12. Jahrhundert zurück und hatte ihr Zentrum bei der Gabelung der beiden ältesten Ausfallstraßen — der Wiedner Hauptstraße und der Favoritenstraße — bevor letztere etwas gewaltsam in die Schleifmühlgasse »einreguliert« wurde. Der Bezirk ist im Norden durch die Wienzeile und den Karlsplatz (den eingewölbten Wienfluß und die U-Bahntrasse), im Osten durch die Prinz-Eugen-Straße und im Süden durch den Gürtel begrenzt; alles sehr alte Linien im Stadtgrundriß. Die westliche Grenze hingegen ist eine künstliche (von der Kettenbrückengasse im Zick-Zack zur Blechturmgasse), da zunächst Margareten zum 4. Bezirk gehörte und erst ab 1861 als 5. Bezirk selbständig ist.

Der Stadtgrundriß entlang der Margaretenstraße weist heute noch die zufälligen topographischen Merkmale eines langsam gewachsenen Wohn- und Gewerbegebietes auf, wie noch manche Gassenbezeichnungen — Heumühlgasse, Schleifmühlgasse, Mühlgasse, Bärenmühle etc. — auf diese historische Struktur verweisen. Ein stadtgeschichtliches Unikat war das sogenannte »Freihaus«, eine weitläufige Wohnanlage mit mehreren Höfen (zwischen Schleifmühlgasse, Margaretenstraße, Wiedner Hauptstraße sowie Ressel- und Mühlgasse), über 1000 Bewohnern, einer Kapelle und einem Theater; unter dem Namen »Conradswörth« lange im Besitze der Familie Starhemberg, war es das größte Privathaus Wiens, das vielleicht auch als typologisches Vorbild für die frühgründerzeitlichen Arbeiterwohnhöfe und indirekt auch für die kommunalen Wohnhöfe in den zwanziger Jahren gedient hat.

Die WIEDEN war aber auch der Sitz bedeutender Adelspaläste, wie etwa der Palais Rainer und Schönborn, oder des frühen kaiserlichen Sommersitzes »Favorita«, der unter Maria Theresia (nach dem Bau von Schönbrunn) in die Militärakademie »Theresianum« umgewandelt wurde. Das Quartier südlich der Theresianumgasse, mit dem Elisabethplatz als Zentrum, wurde erst in der zweiten Hälfte des 19. Jahrhunderts angelegt (Gürtel 1873), das westlich um den Alois-Drasche-Park liegende Viertel überhaupt erst um die Jahrhundertwende.

Der Bezirk hat, früh symbolisiert durch die Karlskirche, eine enge Beziehung zur »Stadt«, die jedoch erst durch die Anlage des Karlsplatzes — also durch die Einwölbung des Wienflusses im Zuge des Stadtbahnbaus um die Jahrhundertwende — auch städtebaulich zum Ausdruck kam. Das »Freihaus« wurde erst ab 1913 in Etappen abgetragen (Wohnhaus am Kühnplatz): 1935—37 hat man im Rahmen der aus einem Fonds geförderten Sanierungsbauten die Operngasse bis zur Schleifmühlgasse durchgebrochen — die letzten Trakte fielen erst in den späten sechziger und frühen siebziger Jahren. Im Stadtgrundriß ist heute das »Freihaus« nur mehr an der Kante Rilkeplatz — Margaretenstraße und am schon erwähnten Kühnplatz auszumachen.

Die WIEDEN hatte bereits um die Jahrhundertwende die volle Bebauungsdichte erreicht, so daß Bauten der Zwischenkriegszeit (allen voran das RAVAG-Gebäude, heute Funkhaus) oder der Nachkriegszeit nur mehr an wenigen Punkten entstehen konnten. Ein Schlüsselbau der fünfziger Jahre — das Franz-Domes-Lehrlingsheim von Roland Rainer — wurde bereits wieder abgebrochen und durch neobarocken Gewerkschaftsprunk ersetzt.

Obwohl der Bezirk mit 1,8 km² Fläche zu den kleineren zählt, war die Bevölkerungszahl um 1900 mit 60.000 Einwohnern relativ hoch. Bis 1981 ist sie mit 31.800 (1951 noch 45.000) fast auf die Hälfte abgesunken. Die heutige Bausubstanz ist, abgesehen von den feudalen Fragmenten und einigen neueren Bauten aus dem Dienstleistungssektor, überwiegend eine bürgerliche mit der charakteristischen Bandbreite vom Klein- bis zum Großbürgertum, wie sie sich im 19. Jahrhundert entwickelt hat. Im Bezirk haben von der Jahrhundertwende an bis zum Ersten Weltkrieg viele bedeutende Architekten gebaut: Arthur Baron, Ludwig Baumann, Josef Beer, Georges Paul Chedanne, Ernst Epstein, Eugen Ritter Felgel von Farnholz, Hubert und Franz Gessner, Ernst von Gotthilf, Emil Hoppe, Marcel Kammerer und Otto Schönthal, Franz Freiherr von Krauß und Josef Tölk, Rudolf Krauß, Richard Modern, Franz Xaver Neumann, Oskar Neumann, Hans Prutscher, Ignaz Reiser, Michael Rosenauer, Hans Schneider, Ludwig Schöne, Hermann Stierlin, Karl Stigler, Otto Wagner und Otto Wagner jun. Für die Zwischenkriegszeit wären Franz Gessner, Clemens Holzmeister, Fritz Judtmann und Egon Riss, Eugen Kastner und Fritz Waage, Felix Angelo Pollak sowie Heinrich Schmid und Hermann Aichinger zu erwähnen. Nach 1945 haben u. a. Carl Auböck, Oswald Haerdtl, Ernst Hiesmayr, Roland Rainer und Siegfried Theiss & Hans Jaksch auf der WIEDEN gebaut.

# 4. BEZIRK

**Grüngasse 1a**, BH: Genfer Verband, Wohn-, Erholungs- und Vereinsbaugesellschaft, E: Viktor Mittag, Karl Hauschka, A: Karl Stigler und Alois Rous, 1928/29

Die leicht gestaffelte Bürohausfassade erhält durch den engen Abstand und das kräftige Vorspringen der durchlaufenden und über die Attika hochgezogenen Stahlbetonpfeiler eine fast expressionistische Wirkung. Sonst ein sachlich-funktionaler Erweiterungsbau des Hauses Schönbrunner Straße 4. Markantes, zum Hof hin liegendes Treppenhaus.

**Karlsgasse 9**, Reorganisation des Kammeramtes, BH: Ingenieurkammer für Wien, Niederösterreich und Burgenland, E: Gert M. Mayr-Keber, 1983

Durch die Errichtung einer internen Verbindungstreppe wurde ein »Vorraumensemble« geschaffen, das in einzelnen Sequenzen die verschiedenen Bereiche erschließt und auch räumlich markiert. Dieser Duktus wird zum Teil durch eine fixe Verbindung von Möbeln und Bauteilen unterstrichen.

**Schwarzenbergplatz 12**, Französische Botschaft, E: Georges Paul Chedanne (Paris), A: Union Baugesellschaft, 1900—12

Im spätgründerzeitlichen, von monumentalen Baublöcken bestimmten Ensemble des zweiten Teiles des Schwarzenbergplatzes mußte der villenartige Art-Nouveau-Bau exotisch wirken, so daß die abgenutzte Legende von den verwechselten Bauplänen auch hier entstehen konnte. Das auf den Typus des Hôtel de Ville zurückgreifende und plastisch akzentuierte Objekt wird das inselartige, dreieckige Grundstück durch eine raffinierte Erschließung über einen von einer kleinen Garage gefaßten Vorhof, der teilweise einer sehenswerten Glas-Eisen-Konstruktion überdacht ist. Das Bauwerk, das im Maßstab des Schwarzenbergplatzes eher klein erscheint, überrascht im Inneren durch beachtliche, großzügig dimensionierte Raumsequenzen. Die reine Art-Nouveau-Arbeit zeigt eine merkwürdige Affinität zu Barock und Rokoko, so als hätte Chedanne, trotz des plakativen Vortrags der französischen Moderne, Kontakt zu der in den Platz hereinwirkenden österreichischen Bautradition (Belvedere, Palais Schwarzenberg) gesucht. Die reiche Ausstattung der Räume, bei der zahlreiche Pariser Künstler beschäftigt wurden (siehe Österr. Kunsttopographie, Band XLIV), wurde bei den Raumgruppen zum Schwarzenbergplatz und zur Brucknerstraße hin im letzten Krieg zerstört. Insgesamt ein eindrucksvolles Zeugnis französischen Jugendstils.

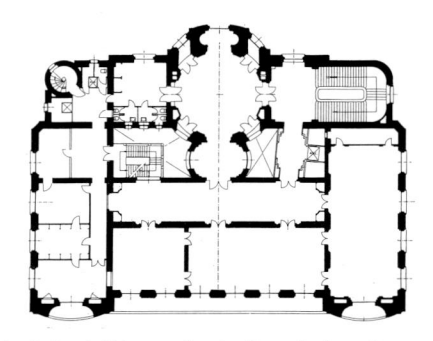

**Schwarzenbergplatz 14**, »Haus der Kaufmannschaft«, BH: Wiener Kaufmannschaft, E: Ernst von Gotthilf, A: Franz Kupka & Gustav Orglmeister, 1902/03

Der Gebäudeblock, in den das »Haus der Kaufmannschaft« eingebunden ist, gibt zusammen mit dem gegenüberliegenden »Haus der Industrie« den Maßstab für den erst nach der Jahrhundertwende angelegten Schwarzenbergplatz II an.

**Taubstummengasse 7—9**, Post- und Telegraphenamt, BH: K. K. Ministerium für öffentliche Arbeiten, E + A: Albrecht Michler, 1909/10

Die etwas wagnerisch anmutende Fassade ließe darauf schließen, daß der Otto-Wagner-Schüler Albrecht Michler nicht nur als Ausführender an diesem Bau tätig war. Das Haus wurde 1982—84 generalsaniert (E: Josef Kohlseisen).

**Wiedner Hauptstraße 63**, Bundeskammer der gewerblichen Wirtschaft, BH: »SEMPERIT« Österreichisch-amerikanische Gummiwerke AG., E: Georg Lippert, Otto Mayr, A: Universale Hoch- und Tiefbau AG., 1961—65

Der als »Semperit-Zentrum« errichtete Bau gehörte zu den charakteristischen, im Strahlungsbereich der internationalen Bürohausarchitektur entstandenen Hochhäusern der frühen sechziger Jahre, die ohne Rücksicht auf die städtische Umgebung nur an ihrer dominanten Selbstpräsentation interessiert waren. Gegenüber der später einsetzenden Megalomanie der sogenannten »Großprojekte« wirken allerdings diese fortschrittsgläubigen Bauten fast naiv und liebenswürdig. Leider wurden bei diesem Bau durch die spätere Aufbringung einer Wärmeschutzfassade die Spuren einer nach Transparenz strebenden Detailkultur verwischt, so daß nur mehr ein »verpackter Klotz« übrigblieb.

Mozartplatz, Mozart-Brunnen, E: Otto Schönthal, Bildhauer: Carl Wollek, 1900—05

Die Zauberflötenfiguren Tamino und Pamina stammen von dem bedeutenden Secessionsbildhauer Wollek, die Fassung hat der damals 22jährige Schönthal, Architekturstudent der Wagner-Schule, geschaffen. Leider ist das einst biedermeierliche Ensemble durch den nordöstlichen Neubau endgültig zerstört worden, so daß man dem außergewöhnlichen Secessionsbrunnen einen besseren Platz wünschen würde.

Karlsplatz, Froschbrunnen, E: Viktor Tilgner, 1902

Der nach einem Modell Tilgners angefertigte Brunnen wurde nach dessen Tod, zu Ehren des Bildhauers, von der Gemeinde Wien aufgestellt.

Argentinierstraße 30a, Funkhaus, BH: Radio-Verkehrs-A.G. (RAVAG), E: Clemens Holzmeister, Heinrich Schmid und Hermann Aichinger, A: H. Rella & Co., 1935—39

Erweiterung: Fernseh-Regionalstudios für Niederösterreich und Wien, Tonträgerarchiv, BH: ORF (unter Gerd Bacher), E: Gustav Peichl, MA: Rudolf Just, Shinichi Eto, Peter Nigst, Walter Rudolf, Peter Kugelstätter, BA: Gustav A. Weber, 1979—83

Für das Funkhaus wurde 1935, auf der Grundlage eines baureifen Projektes von Schmid/Aichinger, ein beschränkter Wettbewerb durchgeführt, zu dem die Ateliers Behrens/Popp, Busch/Tamussini, Fellerer/Wörle, Holzmeister und Kastner/Waage eingeladen wurden. Holzmeister bekam zusammen mit Schmid und Aichinger den Bauauftrag. Der ausgeführte Bau entspricht mit dem zurückgesetzten Bürotrakt, dem in die Tiefe gehenden Betriebstrakt und der Anordnung der Saal- und Studiogruppe weitgehend dem Vorprojekt, so daß die Vermutung naheliegt, daß es bei diesem Wettbewerb, neben der Klärung einiger architektonisch-räumlicher Fragen, auch um eine inhaltliche Interpretation der Bauaufgabe »Funkhaus« ging. Der Ständestaat hatte offenbar auch die politische Dimension des neuen Mediums erkannt. So hatte ein leichtes, transparentes, vom Internationalen Stil beeinflußtes Projekt, wie jenes von Fellerer/Wörle, von vornherein keine Chance. Holzmeisters Eingriffe in das Projekt sind auch dort am stärksten, wo es um den Kontakt zur Öffentlichkeit ging: an der Fassade zur Argentinierstraße, im Foyerbereich und beim Großen Sendesaal. So wurde etwa durch das Vorrücken des eineinhalb Geschosse hohen Gebührenverrechnungssaales im obersten Geschoß und dessen Belichtung durch eine hochliegende Attika-Fensterreihe die blockhafte Monumentalität des Baukörpers wesentlich unterstrichen. Über diese Probleme der Selbstdarstellung hinaus sind für uns aber heute auch die Spuren des kulturellen Selbstverständnisses von Interesse; das gilt nicht nur für die Architektur des Großen Sendesaals, sondern zum Beispiel

## 4. BEZIRK

Karlsplatz, Historisches Museum der Stadt Wien, BH: Stadt Wien, E: Oswald Haerdtl, 1954—59

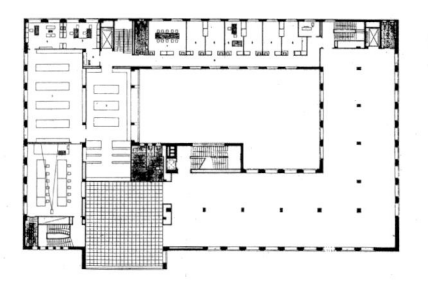

Der Bau ist bis heute ein ungeliebtes architektonisches Kind der Stadt. Die frühen fünfziger Jahre waren eine denkbar schlechte Zeit für den Bau und die Konzeption eines Museums: »Die Aufgabe wird in neuerer Zeit so selten gestellt, daß von einer Tradition nicht die Rede sein kann«, schrieb der damalige Direktor Franz Glück mit einem resignierenden Unterton. Eine positive Beziehung zur historischen »Moderne« war zu dieser Zeit nicht vorhanden und der Kontakt zu neueren Entwicklungen noch nicht hergestellt. Der Architekt gehörte einer Generation an, die sich in den Kriegs- und Zwischenkriegszeiten nur an kleinen Aufgaben erproben konnte. Die Lage des Baus, seine Höhe, Asymmetrie im Bezug zur Karlskirche und auch die sorgfältige Detaillierung der Fassaden sind Erinnerungen an die Auseinandersetzung von Otto Wagner mit diesem Thema an diesem Ort. Die Auflagen der Zeit, ideologisch und ökonomisch, erlaubten aber nicht, diese Erinnerungen einzulösen. Das Programm konnte sich noch in der inneren Raumdisposition am besten definieren: die Auswahl aus dem Bestand (in etwa zwei Stunden in einer Gehrichtung zu bewältigen), ein Sonderausstellungsraum für wechselnde Themen aus dem Fundus und schließlich, für historische Maßstäbe gut bemessen, die Räume für die Sammlung, die wissenschaftliche Arbeit, Restaurierung etc. Wer Sinn für ein sich logisch entwickelndes Raumkonzept und für

auch für das ehemalige Musikstudio I, das eher einem großbürgerlichen Musiksalon (Ausmalung Hilda Jesser) gleicht. Da ein Teil der Anlage zwischen dem Großen Sendesaal und den Musikstudios durch Bomben zerstört wurde, war es möglich, diese Baulücke für einen Erweiterungsbau zu nutzen, der im Erdgeschoß Proberäume, Künstlerzimmer und Instrumentenlager enthält, im 1. Stock die Fernseheregionalstudios Niederösterreich und Wien, im 2. Stock Nebenräume und im 3. und 4. Stock den Karteiraum mit Tonträgerarchiv. Peichl nutzt die Kombination der funktional sehr unterschiedlichen Raumgruppen (von unbelichteten bis sehr lichtintensiven) zu einem effektvollen Baukörper, der diese Inhalte auch nach außen mitteilt. Eindrucksvoll ist vor allem die räumliche Lösung der beiden Obergeschosse, wo es dem Architekten gelang, dem Typ »Bibliothek« eine neue Variante abzugewinnen. Die Erschließung des Traktes durch zum Teil frei geführte, verglaste Gänge bringt eine komplette Umwertung der einst architektonisch eher vernachlässigten Hinterhofzone zu einem attraktiven »Erlebnisraum«.

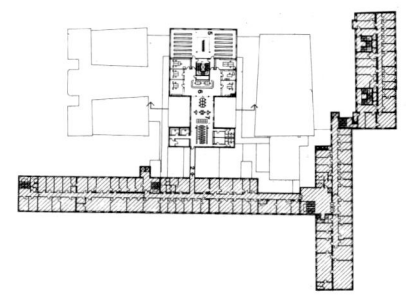

feine Details und Materialien hat, wird in dem Bau mehr Qualitäten entdecken, als dieser vordergründig zu versprechen scheint.

## Treitlstraße 3, »Porrhaus«, Gewerkschaftshaus der Textil-, Bekleidungs- und der Lederarbeiter, gastgewerblicher Arbeitnehmer, E: Fritz Judtmann, Egon Riss, A: A. Porr AG., 1930/31

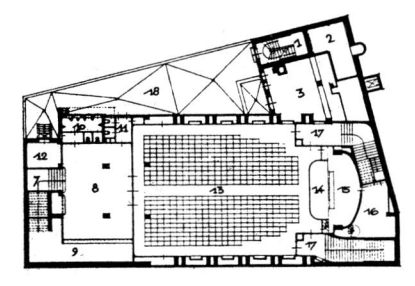

Das »Porrhaus« wird irrtümlich so genannt, denn das richtige befindet sich anschließend in der Operngasse 11, von den gleichen Architekten, 1931 von der Porr-AG. für den eigenen Bedarf erbaut. Diesem Haus wurde jedoch vor einiger Zeit eine unverständliche Fassade verpaßt, so als handelte es sich um ein abgeräumtes Gründerzeithaus. Das Eckhaus, von Anfang an als Büro- und Versammlungshaus der Gewerkschaft erbaut, hat eine ungewöhnliche städtebauliche Situation, die von den Architekten durch eine entsprechende Massengliederung und eine betonte horizontale Schichtung der Fassade bewußt behandelt wurde. Durch den Zustand des Hauses und den anschließenden Bibliotheksbau ist heute diese Wirkung ziemlich geschwächt. Das Haus enthält im Keller- und Sockelgeschoß einen Saal für 620 Personen. Der Bau wurde wegen der schwierigen Bodenverhältnisse besonders leicht, als Stahlbetonskelett konstruiert; die Dreischiffigkeit der Saalkonstruktion verringert sich bei den Bürogeschossen auf zwei Achsen. Die über die ganze Fassade reichenden Fensterbänder signali-

sieren das konstruktive und organisatorische Konzept der flexiblen Raumeinteilung. Das »Porrhaus« gehört trotz der Veränderungen (etwa der Fenster) immer noch zu den wichtigsten Wiener Bauten der frühen dreißiger Jahre.

## Favoritenstraße 15, Theresianum, Diplomatische Akademie, BH: Burghauptmannschaft Wien, Um- und Erweiterungsbauten, ab 1956

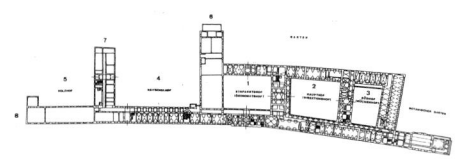

Die Baugeschichte des Theresianums, die bis ins 14. Jahrhundert zurückreicht, wurde von Erich Schlöss mit großer Genauigkeit erarbeitet und kann hier nicht einmal in groben Zügen nachgezeichnet werden. Zur Orientierung für die Um- und Erweiterungsbauten im 20. Jahrhundert zunächst einige Angaben zum Grundriß der Anlage: 1 Einfahrts- oder Ökonomathof, 2 Haupt- oder Direktionshof, 3 Süd- oder Küchenhof, 4 Reitschulhof, 5 Holzhof, 6 Reitschultrakt, 7 Konsulartrakt, 8 Unteres Stöckl (ehem. Ballsaal). 1956 begann der Wagner-Schüler Alfons Hetmanek mit dem Aus- und Umbau und der Renovierung der alten Trakte für die schulische Nutzung. Die größten inneren Eingriffe wurden im sogenannten Reitschultrakt gemacht, wo im Erdgeschoß eine Schwimmhalle, darüber ein Festsaal und anschließend (Verlängerung des Traktes) eine Turnhalle eingebaut wurden. Hetmanek bediente sich hier einer »leicht barockisierenden« Architektursprache, die wohl vom Bauherrn (Paul Scapinelli) energisch gefordert wurde. Nach dem Tode von Hetmanek (1962) übernahm Erich Schlöss die Arbeiten. Bis 1964 wurde der im Krieg bis auf einige Mauerteile zerstörte Konsulartrakt für die Diplomatische Akademie wieder aufgebaut und die Architektur an die eher anonyme Fassade des Reitschulhofes angepaßt. Von 1977–81 erfolgte dann die Erweiterung der

Akademie im sogenannten Unteren Stöckl (Speise- und Mehrzwecksaal, darüber Gesellschaftsraum, Bibliotheks- und Wohnräume im Ober- und Dachgeschoß), wobei die Straßenfassade des Altbaus unverändert blieb und die Hoffassade im »Stil« den Erfordernissen entsprechend geändert wurde.

## Karlsplatz 13, Technische Universität, ab 1816

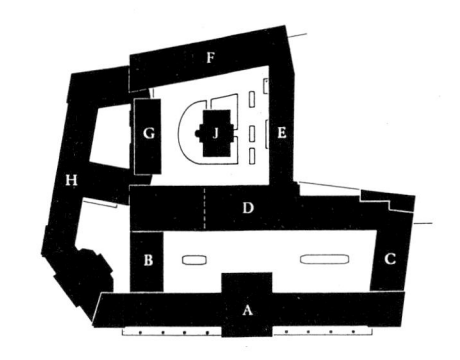

Das Hauptgebäude am Karlsplatz wurde 1816—18 als dreigeschossiger Bau von Joseph Schemerl Ritter von Leytenbach errichtet. Schon in den nächsten zwanzig Jahren erfolgte die sukzessive dreigeschossige Erweiterung der Anlage um die Trakte B, C, D, E und F. In den neunziger Jahren wurde dann die Aufstockung dieser Trakte durchgeführt. Die Bautätigkeit im 20. Jahrhundert beginnt mit dem sogenannten Karltrakt (E: Karl König, 1907–09), mit einem die Karlskirche flankierenden Verbindungsbau mit Treppenhaus und einer interessanten, auf das Gelände reagierenden Anbindung des Traktes durch einen im Gang geführten Treppenlauf. Das frei im zweiten Hof stehende ehemalige Aeromechanische Laboratorium (1911—13) soll Max Fabiani zum Autor haben. Ein reizvolles Element in der Dachlandschaft stellt das auf dem Mitteltrakt errichtete und von Karl Holey (um 1931) entworfene Observatorium dar, das den Geodäten auch als Meßplattform diente. Abge-

# 4. BEZIRK

Mühlgasse 30—30a, Konservatorium für Musik und darstellende Kunst, BH: Friedrich Ehrbar, E: Ferdinand Berehinak, A: Karl Stigler, 1910/11

Wiedner Hauptstraße 6, Bibliothek der Technischen Universität, BH: Republik Österreich, E: Justus Dahinden, Reinhard Gieselmann, Marchat, Moebius & Partner, 1977—87

Nicht die Eule ist das Unglück des Baus, sondern daß die Architektur ihrer bedarf. Dahinden bediente sich einer Ebene von »Sprachlichkeit«, deren man in Wien nicht bedurfte. Gieselmann versuchte innen überschaubare Räume zu schaffen (mit viel Sorgfalt fürs Detail), wurde aber ständig in ein Gerangel mit den Fassaden verwickelt. Der monumentale Rundblick über den Karlsplatz hätte nach einer räumlichen Antwort von innen verlangt, aber auch hier ist die Eule im Wege. Ein Bau also, der von außen mehr Konflikte erzeugt, als er von innen zu lösen vermag.

Wiedner Hauptstraße 8, Erweiterungsbau der Technischen Universität, BH: BM für Bauten und Technik, E: Marchat, Moebius & Partner, A: Il-Bau, 1971—87

Wiedner Gürtel 68, Bundeslehranstalt für Frauenberufe, BH: Wiener Frauenerwerbsverein, E: Emil Hoppe, Paul Hoppe, A: Eduard Frauenfeld, 1909/10

In den Jahren vor dem Ersten Weltkrieg entstand in Wien eine Reihe von Schulbauten, die sich vor allem durch eine besonders funktionale, konstruktiv betonte Architektur auszeichnen. Es wurde zwar der aus der Monumentalarchitektur entwickelte, ärarische Typus nicht verlassen (vor allem was die Organisation der Grundrisse betraf), aber ein struktureller und ästhetischer Schritt in Richtung Skelettbau gemacht, der sich auch in einer besonders klaren architektonischen Disposition der Teile äußert. Zweifellos war dies die unmittelbare Auswirkung der Otto-Wagner-Schule, wie auch hier der jüngere Emil Hoppe seinem älteren Bruder Paul wohl »auf die Sprünge« geholfen hat. Allerdings hat die mit den großen Saalfenstern und den geschwungenen Giebel ausgestattete Portalzone einen versöhnlicheren Ton als die Wagnerschen Lösungen. Für die nächste Generation hatte eben die Biedermeierrezeption schon eingesetzt.

Schäffergasse 3—5, Volks- und Hauptschule der Gemeinde Wien, E: Siegfried Theiss, Hans Jaksch, A: Universale Hoch- und Tiefbau AG., 1949—51

Die Schule mit 16 Klassen war am Beginn der fünfziger Jahre noch ein Ziel von Exkursionen. Heute interessiert weniger die Architektur als die geschickte städtebauliche und räumliche Lösung in einer mehr als schwierigen Situation. Der nach Süden geöffnete Gebäudewinkel bildet mit der Turnhalle eine U-Form, die über eine öffentlich begehbare Pergola (Verbindung Schäffer-Rienösslgasse) mit einem kleinen Turnplatz in einer Baulücke verbunden ist. Der Bau selbst ist über eine hofseitig gelegene Arkade erschlossen, die in die ein Eck liegende, schöne Stiegenhalle führt. Leider ist ein Teil der Holzfenster bereits durch Kunststoffprodukte ersetzt.

sehen von einigen Aufbauten auf dem Mitteltrakt (D) vor und nach dem Zweiten Weltkrieg, fand erst wieder zwischen 1983—86 ein größerer Ausbau statt, der die Dachgeschosse im Panigltrakt (F), im Lammtrakt (E) und im Mitteltrakt betrifft. Diese Arbeit (E: Hans Puchhammer) ist von größerem architektonischem Interesse, da sie durch eine geschickte Ausnutzung der vorhandenen Bausubstanz (stillgelegte Kamingruppen, mögliche Durchblicke, unerwartete Lichtführung) nicht nur schöne Instituts- und Seminarräume schuf, sondern vor allem auch die normalerweise ungenutzten und problematischen Gangzonen in freundliche, abwechslungsreiche Aufenthaltsbereiche verwandelte (Inf.: Alfred Lechner).

## Alois-Drasche-Park

Der Alois-Drasche-Park, auf dem Areal des »Blechernen-Thurm-Feldes« kurz vor 1900 angelegt, hat durch seine Konzeption die Merkmale eines in ein Rasterviertel integrierten Grünraums, an dem das umliegende Quartier partizipiert. Er ist zwar U-förmig gefaßt von klassischen Doppeltraktern (mit je einer Straßen- und einer Parkseite), dieser Rahmen wird aber gesprengt durch zum Teil durchgehende und einmündende Gassen (Seis-, Hauslab-, Kolschitzky-, Radeckgasse), so daß das private Grün vor den Häusern auf einen schmalen Vorgarten reduziert wird und der Park einen echten öffentlichen Charakter besitzt. Die Häuser entsprechen der Norm gehobener Zinswohnbauten der Jahrhundertwende, ihre architektonische Qualität ist unterschiedlich, die Bandbreite reicht vom Rationalismus der Wagner-Nachfolge bis zum barockisierenden Repräsentationsstil. Es seien nur die interessanteren Objekte erwähnt: Nr. 2 (J.-Strauß-G. 28), BH: L. Klitsch, E: Rudolf Kmunke, A: Leopold Roth, 1898; Nr. 3 (J.-Strauß-G. 30), BH: A. C. Swoboda, E + A: A. C. Swoboda & Emil Konradi, 1900; Nr. 6 (J.-Strauß-G. 36), BH: Johann und Maria Schwediener, E + A: Carl Holzmann, 1900; Nr. 7 (J.-Strauß-G. 38), BH: Johann Schwediener, Carl Holzmann, A: Carl Holzmann, 1900/01; Nr. 8 (Schelleing. 46) BH + E: Otto Wagner jun., A: Carl Holzmann, 1902; Nr. 9 (Radeckg. 1–3), BH + E: Otto Wagner jun., A: Carl Holzmann, 1902; Nr. 10 (Radeckg. 2). BH: Robert Wagner, E + A: Karl Stigler, 1903; Nr. 11 (Schelleing. 50), BH + E + A: Kupka & Orglmeister 1906/07; Nr. 12, BH + E + A: Kupka & Orglmeister, 1906–10; Nr. 14, BH + E + A: Kupka & Orglmeister, 1907; Nr. 15–18, E + A: Carl Hauschulz, 1907; J.-Strauß-G. 26, BH: L. Klitsch, E: Rudolf Kmunke, A: Leopold Roth, 1898; J.-Strauß-G. 34, BH: Josef Singer, E + A: Adolf Ambor, 1900; J.-Strauß-G. 42, BH + E: Otto Wagner jun., A: Karl Riess, 1904; Schelleing. 44, BH + E: Otto Wagner jun., A: Karl Riess, 1904.

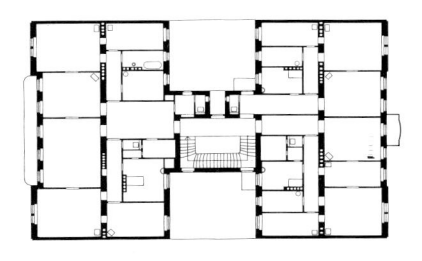

## Argentinierstraße 26, BH: Fritz Gross, E: Ernst Epstein, A: Guido Gröger, 1911

Kaum vorstellbar, daß der Architekt zur gleichen Zeit die Häuser Schleifmühlgasse 3–5 baute. Vielleicht war hier der Bauherr Anlaß für die Schwerarbeit in Empire und Klassizismus.

## Argentinierstraße 36, BH: Fam. Wagner, E: Franz Löbl, A: Wilhelm Wieden, 1912

Prototypische Fassade für ein bürgerliches Wohnhaus um 1912. Die Flacherker signalisieren modernes Wohnen, die Pilasterordnung (Tradition!) ist auf eine Brosche zusammengeschrumpft.

## Argentinierstraße 53, E: Carl Jagersberger, A: Max Notthaft, 1911

Das gleiche Fassadenthema wie beim Haus Nr. 36, jedoch etwas bescheidener abgehandelt. Der Grundriß zeigt einen typischen Doppeltrakter mit dazwischenliegendem Treppenhaus und einem Mini-Verbindungstrakt (Zweispänner).

## Belvederegasse 10, BH: Josef Marco, E: Jakob Reitzer, A: Wilhelm Philipp, 1912

Die Fassade ist nach dem Rhythmus a-b-c-b-a gestaltet, wobei die Flacherker (b) nicht bis zur Traufe geführt sind, dadurch bleiben a-c-a in die Fläche eingebunden, werden aber gleichzeitig wieder durch Dachgaupen konterkariend betont. Diese Komposition zeigt mehr Erfindungsgeist als der zurückhaltende, neoklassizistische Dekor.

## Blechturmgasse 24—28, BH: Matthias Matschinger, E: Josef Sinnenberg, A: Emerich Matschinger, 1912/13

Diese Zeile wurde zwar von einem Architekten entworfen und auch zur gleichen Zeit erbaut, interessant ist jedoch nur das mittlere Haus.

## Danhausergasse 10, Haus »Bei den zwei Linden«, BH: Rudolf Nilius, E: Hans Prutscher, A: Cajetan Miserowsky und H. O. Winkler, 1913

Das Haus mit dem »gestauchten« T-Grundriß (flacher Straßentrakt, dicker, kurzer Hoftrakt) hat, verglichen mit der Fassade, einen uninteressanten Grundriß, so als hätte sich der Architekt nur mit der Fassade beschäftigt. Diese hat allerdings eine außergewöhnliche Wirkung, die durch das extreme Relief und die Rhythmik der bandartig verbundenen Runderker (a-b-b-b-a) erzeugt wird. Ungewöhnlich kräftig ist auch das Portal ausgebildet, das tatsächlich an die finnische Nationalromantik (an Lars Sonck) erinnert.

# 4. BEZIRK

Favoritenstraße 24, BH: Maria Weber, E: Franz Xaver Neumann, 1902

Frankenberggasse 3, BH: F. Fuchs, E: Emil Hoppe, Marcel Kammerer, Otto Schönthal, A: Rudolf Breuer, 1910

Natürlich provoziert dieses Haus von Wagner-Schülern einen Vergleich mit dem Meister. Während jedoch Wagners Interesse mehr in der Beziehung von Struktur und Fläche lag, beschäftigt hier die Architekten eher das Thema Fläche—Ornament. Dabei geraten sie in der Überbetonung des Sockelgeschosses in die Nähe von Adolf Loos, ohne sich jedoch auf die Dialektik von Sprechen und Schweigen einzulassen (Mosaik über dem Eingang, E: Leopold Forstner).

Freundgasse 4—6, BH: Franz Fürst, E: Adolf Jenisch, A: Tomsa und Zwak, 1913

Graf-Starhemberg-Gasse 4—6, BH: M. Hofer und G. Menzel, E: Gustav Menzel, 1912

Graf-Starhemberg-Gasse 29, E: Richard Modern, A: Oskar Laske und Victor Fiala, 1904/05

Graf-Starhemberg-Gasse 39, »Kolschitzky-Hof«, BH: Andreas und Maria Pilecky, E: Ignaz Reiser, A: Ferdinand Schindler, 1911

Große Neugasse 40, BH: Ferdinand Erm, E: Lambert Ferdinand Hofer, A: Hermann Hornek, 1911

Johann-Strauß-Gasse 26—42 (siehe Alois-Drasche-Park)

Johann-Strauß-Gasse 43, 45, BH + E + A: Carl Holzmann, 1902

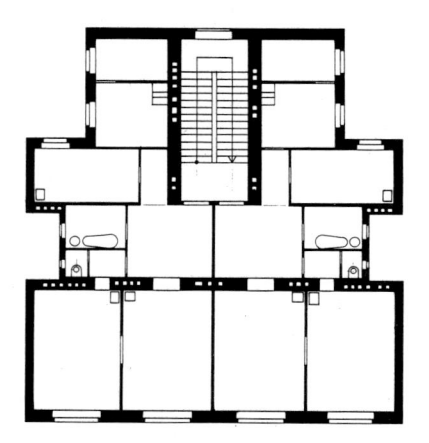

Der tiefe Zweispänner mit eingebundenem Treppenhaus ist charakteristisch für Parzellen, die nur bis zum ersten Hof reichen. Das Haus Nr. 43 zeigt noch Spuren von einem eigenwilligen Jugendstildekor und die Paraphrase auf eine Wagnersche Attikalösung. Vielleicht macht gerade diese halb aus der Vergangenheit herausragende Welt den besonderen Reiz dieser Fassade aus.

Karolinengasse 5, BH + A: Felix Sauer, E: Rudolf Krauß, 1910

Kettenbrückengasse 20, BH + E: Hubert und Franz Gessner, A: Oskar Laske und Victor Fiala, 1912

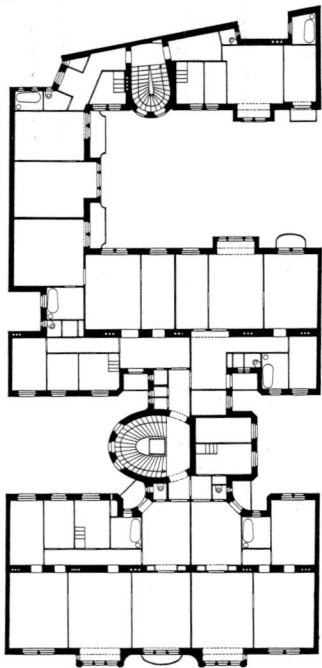

Vermutlich eine der letzten gemeinsamen Arbeiten der später zerstrittenen Brüder. Das Haus ist ein reiner Doppeltrakter mit einem einhüftigen, abgewinkelten Flügel im zweiten Hof. Die großzügige Ausformung von Treppe und Foyer kann die Wagner-Schule nicht verleugnen. Die Fassade wirkt wie eine späte Antwort auf das Zacherl-Haus, im Material bescheidener, in der Diktion nicht weniger selbstbewußt. Die strenge Symmetrie der Achsen (a-b-c-b-a) wird in der Mitte durch ein flaches, konkaves Loggienmotiv akzentuiert, das, durch die unterschiedliche Ausbildung der eingesetzten Balkonplatten, eine starke Vertikalbewegung erzeugt.

Kleine Neugasse 8, BH + E: Richard Modern, A: Oskar Laske und Victor Fiala, 1903/04

Lambrechtgasse 13, BH: Gustav Labhardt und Franz Weigang, E: Franz Weigang, 1911/12

Lothringerstraße 2, BH + E: Ludwig Müller, A: Leopold Roth, 1904/05

Diese Häuser sind im Zusammenhang mit dem Ausbau des Schwarzenbergplatzes zu sehen, unterliegen also den Gesetzen der spätimperialen Selbstdarstellung und der Notwendigkeit einer Wirkung auf Distanz, die durch die »Randbebauung« der ehemaligen Wienflußufer gegeben ist.

Lothringerstraße 4—8, BH: S. und Wilh. Schallinger, E: Julius Goldschläger, A: Josef Falter, 1904/05

Wohn- und Sterbehaus von Karl Kraus: so als hätte sich der Loos-Freund hinter einer potemkinschen Fassade verschanzt, in naher Schußdistanz zur Stadt, den kritischen Belagerungszustand lebenslänglich aufrechterhaltend.

Margaretenstraße 20, BH: Ferdinand und Marie Seif, E + A: Ferdinand Seif, 1897/98

Ein seichtes Grundstück und pro Geschoß nur eine 4-Zimmer-Wohnung. Das Versprechen der aufgedonnerten Fassade steht also in keinem Verhältnis zu dem, was sie halten kann.

Margaretenstraße 22, BH + E: Arthur Baron, A: Edmund Melcher, 1912

Der I-Trakter mit verdicktem Mittelteil und einhüftigem Hoftrakt zeigt die typische Ausnutzung einer tiefen Bauparzelle, wie sie bei der Ausschlachtung von Gartenparzellen entstanden sind. Die noble Fassade, mit der leicht kubistisch wirkenden Pfeilerstruktur und abgetreppten Rahmung der Doppelachsen und dem dezent verwendeten secessionistischen Dekor scheint sich von all dem zu distanzieren oder zumindest als unabhängiges Element im Straßenraum zu definieren.

Mayerhofgasse 1, BH: Karl Auteried, E: August Belohlavek, A: Leo Stussig, Oskar Laske und Victor Fiala, 1906

Mayerhofgasse 8, BH: Malvina, Maria und Karoline Herberth, Melanie Ender, E + A: Eduard Frauenfeld, 1910

Mayerhofgasse 10, BH: Josef Löwitsch, E: Josef Beer, A: Alois Robl, 1899

Mayerhofgasse 16, BH: Wendelin Kühnel, E: Leo Kerner, A: Ludwig Hechtl, 1905

Mayerhofgasse 18, BH: Hermann und Christine Eckert, E: Karl Jagersberger, A: Max Notthaft, 1907

Mittersteig 15, BH: Ferdinand Boehm, E: Kupka & Orglmeister, A: Spitzer, 1910/11

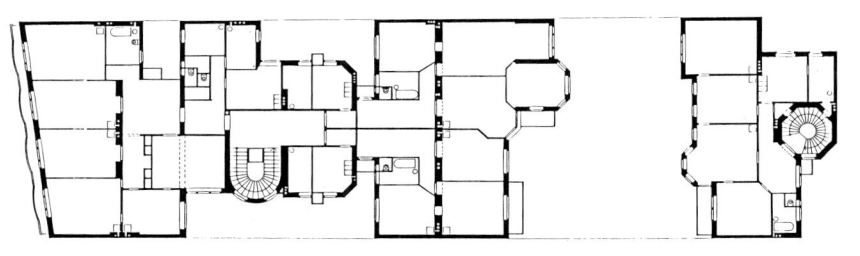

# 4. BEZIRK

Möllwaldplatz 1—5, E: Rudolf Goebel, A: Karl Riess, 1906/07

Mühlgasse 26, BH: Otto und Hermine Schrenckh, E: Heinrich Nawrath, A: Christoph Jahn, 1913

Operngasse 23—25, E: Franz Gessner, BH: Arnold Löffler, A: Beton- und Tiefbauunternehmen Wayss, 1936

Das von Gessner oft variierte Spiel mit konkaven und konvexen Elementen wird in dieser extremen städtebaulichen Situation zum beherrschenden Thema des Baus. Also nicht vordergründig-dynamische »Verkehrsarchitektur«, sondern Neuformulierung eines alten Wiener Architektur-Topos.

Operngasse 26, »Papageno-Hof«, BH: Arnold Löffler, E: Franz Gessner, A: Beton- und Tiefbauunternehmen Wayss, 1937

Hier hat sich Gessner in einer anderen Weise mit dem Thema Eckhaus auseinandergesetzt. Eine wenig attraktive Situation — eine wenig spektakuläre Lösung.

Operngasse 28, BH + A: G. A. Wayss und Hubert Redlich, E: Alfred Adler, Martin Johann Schmid, 1936/37

Operngasse 30—34, Assanierungsbau »Zu den vier Jahreszeiten«, BH + A: Universale, Redlich & Berger, E: Eugen Kastner, Fritz Waage, 1937

Paniglgasse 16, BH: Jacques Heller, E: Carl Caufal, A: Josef Daniel, 1912/13

Paulanergasse 12 (siehe Schleifmühlgasse 3)

Paulanergasse 14 (siehe Schleifmühlgasse 5)

Phorusgasse 3, BH: Piaristenkolleg, E: Ludwig Schöne, A: Rudolf Seidel, 1912

Preßgasse 1—3, BH: Marie Weisswasser, E: Ernst von Gotthilf, A: Donat von Zifferer, 1902

Preßgasse 4, BH + E + A: Ernest & Thalwitzer, 1912

Ruhige, kräftige Fassade mit vier gleichen, leicht rhythmisierten Achsen, die jedoch durch das Sockelgeschoß und das horizontal betonte Attikageschoß in die Fläche eingebunden werden. Genutete Putzfelder mit etwas eingezogenen Fensterrahmungen.

Preßgasse 8—10, BH + E + A: Wenzl König, 1912

Preßgasse 9, BH: Amalie Sputz, E + A: Robert Jadrnicek und Albert Boxhorn, 1907

Preßgasse 20, BH + E: Rudolf Goebel, A: Ed. Lernhart, 1912/13

Prinz-Eugen-Straße 30—34, BH + E: Julius Goldschläger, A: Andreas Gisshammer, 1909

Straßenhof mit freistehendem Mitteltrakt und monumentalem Tor. Die Architektur macht den Eindruck, als wäre sie etwas zu weit vom Schwarzenbergplatz abgedriftet.

Prinz-Eugen-Straße 68, BH: Hermann und Marie Eisl, E: Eugen Ritter Felgel von Farnholz, A: F. Krombholz & L. Kraupa, 1912/13

Ausgewogene, fein detaillierte Fassade. Der Wagner-Schüler erlaubt sich hier eine kaum bemerkbare Darstellung von Flächigkeit: beim leicht konvexen Mittelrisalit bleiben die Fenster in der Ebene der übrigen, so daß sich die Fassade (wie unter Spannung) als Fläche abhebt.

Rechte Wienzeile 1, Haus »Bärenmühle«, BH: Oskar Poeller, E: Heinrich Schmid, Hermann Aichinger, A: Rella & Co., 1937/38

Weniger extreme Behandlung des Themas als am anderen Ende der Operngasse durch Franz Gessner. Auch dieser Baukörper schiebt sich schichtenförmig zur schmalen Stirnwand vor, deren Höhe durch Fensterbänder akzentuiert wird. Die Rundung ist auf das Café im Erdgeschoß reduziert, ein Ort, den Lois Welzenbacher besonders liebte und wo er auch seine Karlsplatzprojekte entwarf.

Rechte Wienzeile 7—9, BH: Oskar Poeller, E: Clemens Holzmeister, Max Fellerer, Philip Diamantstein, A: Maximilian Soeser, 1935 bis 1937

# WIEDEN

Rechte Wienzeile 29, BH: Reichsfreiherr Hermann von Tinti, E: Michael Rosenauer, A: Hugo Schuster, 1911

Rechte Wienzeile 33, BH: Helena von Balthazar, E: Michael Rosenauer, A: Hugo Schuster, 1912

Rosenauers Architektur wirkt auf den ersten Blick traditionalistisch, auf den zweiten Blick sieht man aber, wie frei und eigenwillig er diese Sprache gebraucht, wie hier etwa die Teilung der Fenster in das Spiel der horizontalen und vertikalen Elemente der Fassade eingreift.

Schaumburgergasse 12, BH + E + A: Gustav Menzel, 1929/30

Schelleingasse 5, BH: Heinrich Riemerschmid, E: Ernst Epstein, A: Lorenz Wohlmann, 1909

Schelleingasse 7, BH + E + A: Julius Müller, 1909

Schelleingasse 44—50 (siehe Alois-Drasche-Park)

Schikanedergasse 2, BH: Oskar Neumann, E: Oskar Neumann und Arthur Baron, A: Felix Sauer, 1903/04

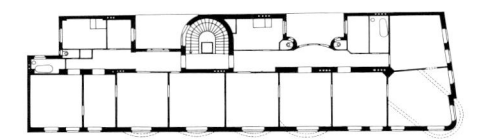

Der schmale, schön organisierte Grundriß steht in einem merkwürdigen Verhältnis zur besonders am Eck quellenden Architektur, deren Plastizität auch Tiefe vermuten ließe. In der Schikanedergasse beruhigt sich aber die Fassade und geht in einen schönen Rhythmus über.

Schleifmühlgasse 1, BH: Marie Weber, E + A: Franz C. Neumann, 1899/1900

Das Haus zeigt eine eigenwillige Ecklösung: die Diagonale des leicht gekappten, erkerbesetzten Ecks wird über dem Traufgesims voll aufgenommen und zu einem stadträumlichen Element mit starker Gestik ausgebildet.

Schleifmühlgasse 3, BH: Sigmund Goldmann, E + A: Ernst Epstein, 1911

Der verzogene, ausgepolsterte Doppeltrakter in Kombination mit einem einfachen Straßentrakter zeigt eine typische Ausnutzung eines schmalen, tiefen Grundstückes, das zwischen zwei Gassen eingespannt ist. Die Räume an den Straßenseiten sind so organisiert, daß sie unterschiedlich genutzt werden können. Auch die auf hohem Niveau entworfenen Fassaden drücken dies aus, vor allem auf der Seite der Paulanergasse. Anzeichen für eine Wohnnutzung gibt

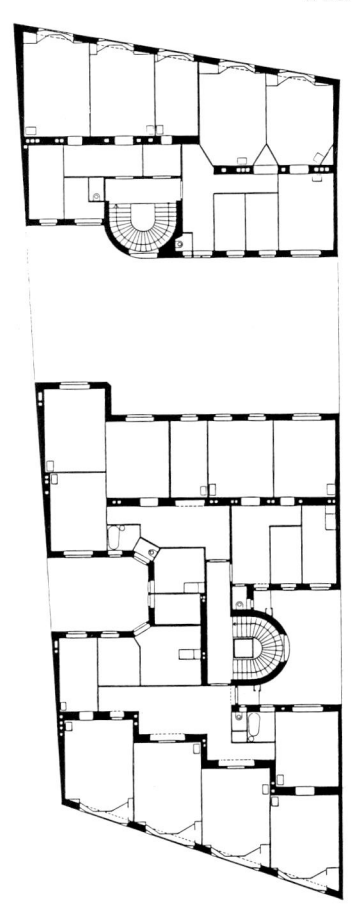

# 4. BEZIRK

es merkwürdigerweise auf der Nordseite im obersten Geschoß. Epstein war zu dieser Zeit Bauleiter beim Haus am Michaelerplatz, hatte also einen intensiven Kontakt zu Adolf Loos, umso erstaunlicher ist seine Selbständigkeit in der Anwendung architektonischer Mittel.

## Schleifmühlgasse 5, BH: Sigmund Goldmann, E + A: Ernst Epstein, 1910

Im Prinzip die gleiche Bebauung wie beim Nachbarhaus. Die Fassaden sind noch etwas zurückhaltender, flächiger und weniger strukturell behandelt. Die bay-windows sind noch in die Fläche eingespannt, eher beruhigend in der Wirkung und noch nicht als Grundelement einer stärkeren Reliefstruktur verwendet (Foto: Paulanergasse 14).

## Schleifmühlgasse 25, BH + E: Allgemeine Österreichische Baugesellschaft, A: Ignaz Drapala, 1894/95

In den neunziger Jahren machte sich oft auch bei unbedeutenden Bauten mit rein spekulativ verwendetem Dekor so etwas wie eine Unruhe gegenüber den Konventionen bemerkbar, die oft zu eigenartigen physiognomischen Qualitäten führte.

## Schönburgstraße 15, BH + E: Alfred Graef, A: Gustav Menzel, 1920

Ein Spätling aus der Wagner-Schule: der Architekt hat sich die Beziehung von Putz- und Fensterebene zum Thema seiner Fassade gemacht und damit eine strenge, eindrucksvolle Flächenstruktur geschaffen.

## Schönburgstraße 17, BH: Bau »Kinder-Bewahranstalt«, E: Hans Schneider, A: Eduard Frauenfeld, 1905

## Schwarzenbergplatz 13, BH + E: Oskar Neumann, 1905

Am Schwarzenbergplatz II steht die Spätgründerzeit auch noch nach der Jahrhundertwende im vollen Saft. Die imperiale Architektur dieser Häuser ist aber nur mehr legitimiert durch das Ensemble, wobei jedes Element das andere bestätigt und so sich das System erhält.

## Theresianumgasse 11, BH: Friedrich Faulhaber, E: Rudolf Krauß, A: Pittel & Brausewetter, 1911/12

## Viktorgasse 12—12a, E: Karl Jagersberger, A: Max Notthaft, 1912

Das abgerundete Eck, durch horizontale Elemente (Balkons, Gesimse) kräftig betont, erhält zusätzlich durch die beiden schildartig behandelten Fassaden eine solche Bedeutung, daß man dem Haus eine bessere städtebauliche Situation wünschen möchte.

## Viktorgasse 14, BH: Rudolf A. Goldmann, E: Johann Eustachio, A: Gustav Orglmeister, 1905

## Viktorgasse 18, BH + A: Theodor Braun, E: Johann Eustachio, 1907

## Waaggasse 17—19, BH + E: Hermann Stierlin, A: Anton Schwertmann, 1911

Rhythmische Entwicklung des Baukörpers zum Spitz hin: lediglich die Dachaufbauten (Ateliers) lösen am Kopf das Versprechen nicht ein, der Grund dürfte aber eher in einer späteren Vereinfachung des Eckaufbaus liegen.

## Weyringergasse 27—27a, BH + E + A: Hans Miska, 1910/11

## Weyringergasse 29, BH: Leopold Sturm, E: Heinrich Kestel, A: Emilian Czermak, 1911/12

Die Fassade mit zwei mehrgeschossigen Runderkern wird um 1912 zum Stereotyp des Wiener Bürgerhauses. Dieses Thema scheint in einer fast unerschöpflichen Weise die Phantasie der Architekten beschäftigt zu haben.

## Wiedner Gürtel 12, BH: Pensionsfonds für Beamte der k. k. privilegierten Südbahngesell-

schaft, E: Ferdinand Pichler, AS: Heinz Gerl, 1900, 1906/07

In diesem späten Bau drückt sich noch etwas vom Selbstbewußtsein der Baudirektion der Südbahngesellschaft aus. Eine Architektur, deren Spuren man heute noch bis Triest finden kann und die weniger durch Originalität als durch eine Art von Corporate Identity wirkt.

Wiedner Gürtel 26, BH: Heinrich Riemerschmid, E: Ernst Epstein, A: Lorenz Wohlmann, 1909

Wiedner Gürtel 30—32, BH: Ludwig Hatschek, E: Ludwig Baumann, A: Adolf Langer, 1896

Eine für Baumann erstaunlich strenge Fassade, so als wäre hier noch nicht die Entscheidung zugunsten einer restaurativen Architekturauffassung gefallen.

Wiedner Hauptstraße 14, BH: K. Lammatsch, E: Ludwig Baumann, A: Carl Holzmann, 1898

Wiedner Hauptstraße 64, E: Arthur Baron, A: K. Schmeller, 1912/13

Der am Eck frei entwickelte Baukörper wird in der Klagbaumgasse durch eine symmetrische Fassade wieder beruhigt. Bemerkenswert freier Grundriß, bedingt durch die Konstruktion eines Kinosaals im Erdgeschoß. Die Bauhöhe wurde auf beiden Seiten nicht eingelöst.

Wiedner Hauptstraße 66, BH: Rimler & Roman Ritter von Troczynski, E: Adolf Jelletz, A: Sig. Brunn (Sigmund Breuer?), 1914

Gegenüber dem anderen, sich fast nationalromantisch gebärdenden Eckbau wirkt dieser kompakt und ruhig. Be-

sonders schön die Ausbildung der Attikazone, die die geschlossene Wirkung des Eckhauses noch unterstreicht.

Wohllebengasse 4, BH: Moritz Gallia, E: Franz Freiherr von Krauß, Josef Tölk, A: Adolf Zwerina, 1912/13

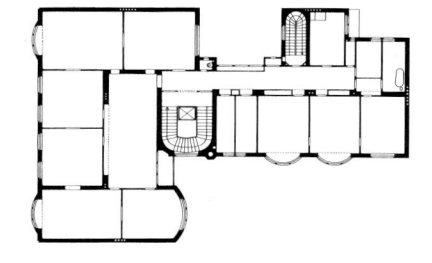

Bemerkenswert klarer Grundriß, obwohl sich dieser frei in die Tiefe entwickelt und auch eine gemischte Büro- und Wohnnutzung erlaubt. Ungewöhnlich großzügig ist die Erschließung des Hauses über eine Durchfahrtshalle und von hohen Ansprüchen die Ausbildung der Fassade.

Wohllebengasse 7, 9, BH: Benjamin Mauthner-Meisels, E: Leo Kerner, A: Walter König, 1911/12

Wohllebengasse 8, BH: Betti Mickl, Barbara Potje, E + A: Walter König, 1911/12

Karolinengasse 24, E: Heinrich Ried, A: Anton Schmid's Wtw., 1951

Liebenswürdig, fast ein wenig kurios. Ein Überbleibsel aus einer dekorationsfreudigeren Zeit? Oder ein verzweifeltes Aufbegehren gegen die verordnete Monotonie?

Kühnplatz 1—4, BH: Gemeinde Wien, Gemeinnützige Aktiengesellschaft für Kleinwohnungsbau, E: Otto Richter, Leopold Ramsauer, A: Allgemeine Österreichische Baugesellschaft, 1914/15

Die Anlage kann man als Vorläufer des Wiener Gemeindebaus betrachten. Der Grund wurde der Aktiengesellschaft für Kleinwohnungsbau in Erbpacht zur Verfügung gestellt. Die Gemeinde hat das Kellergeschoß und das Souterrain auf eigene Rechnung errichtet und darin Lagerräume und Werkstätten für die Naschmarktleute untergebracht. Die Ein- und Ausfahrtsrampen geben heute noch dem Platz eine besondere Atmosphäre. Ebenfalls hat sich die Gemeinde den Einfluß auf die Mietzinse gesichert. Außerdem wurde von den 15 Prozent minimaler Hoffläche abgegangen und diese von 360 m² auf 900 vergrößert, so daß von 2400 m² nur 1500 verbaut wurden. Die Normwohnung besteht aus Zimmer, Küche, Kabinett. Das Eckhaus an der Schleifmühlgasse hat etwas größere Wohnungen, welche jedoch entsprechend dem Gesetz für Kleinwohnungsanlagen (Steuerbegünstigung) unter 80 m² blieben. Dieses Haus wurde sogar mit einem Aufzug ausgestattet. Bemerkens-

# 4. BEZIRK

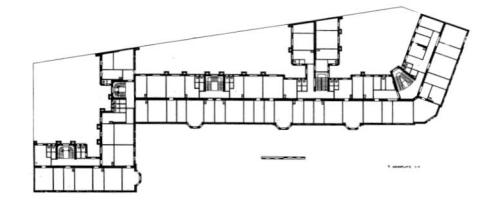

wert ist also bei diesem frühen sozialen Wohnbau, daß der städtebauliche Aspekt im Zusammenhang mit der Platzgestaltung — die an dieser Stelle, durch die Charakteristik des abgebrochenen »Freihauses«, städtebaulich motiviert war — bereits eine grundlegende Rolle spielt. Ebenso ist die Größe der Wohnungen bereits eine Vorwegnahme der späteren Gemeindebauten in der Zwischenkriegszeit. Leider hat die Renovierung des Hauses und wohl auch die äußere Aufbringung von Wärmeschutz den Charakter des Baus verändert. Auch der Platz wurde inzwischen durch »Gestaltung« seiner Atmosphäre beraubt.

## Mühlgasse — Schikanedergasse — Margaretenstraße — Pressgasse, Revitalisierung Planquadrat, E: Projektteam Planquadrat, 1973—82

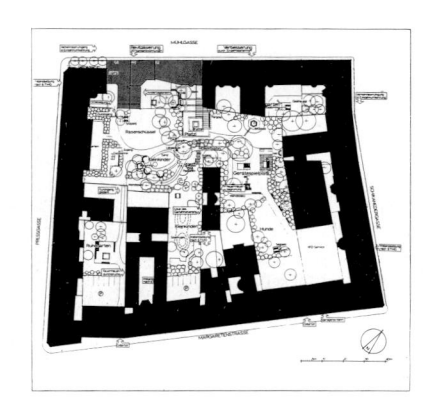

Die Revitalisierung Planquadrat, die im Umbau und der Sanierung einiger Häuser und in der Planung eines gemeinsamen Gartenhofes bestand, wäre wohl nicht zustande gekommen, wenn dieser langwierige Planungsprozeß zwischen den Betroffenen, fünf Geschäftsgruppen und fünfundzwanzig Dienststellen der Stadtverwaltung, und dem Planungsteam nicht auch von den Medien begleitet worden wäre. Der ORF hat sogar ein eigenes »Studio Planquadrat« im Haus Margaretenstraße 34 eingerichtet (Helmut Voitl, Elisabeth Guggenberger, Peter Pirker), das die Diskussionen und Entscheidungsschritte ständig begleitete (sechs Fernsehsendungen). Eine weitere Voraussetzung war, daß die Stadt von dem 7900 m² großen Gartenhof 67 Prozent Grundanteil hatte und die Sanierung von 76 Wohnungen im eigenen Bereich durchgeführt wurde. Partner für Stadt und Planer war schließlich der »Gartenhofverein Planquadrat«, der sich aus ca. 300 Familien zusammensetzte, dem sich auch die privaten Hauseigentümer anschlossen (bis auf einen), und der nicht nur die gemeinsamen Wünsche artikulierte, sondern schließlich auch die weitere Betreuung übernahm. Zur Projektgruppe Planquadrat gehörten: Wilhelm Kainrath, Hugo Potyka, Irmtraud Goessler-Leirer, Timo Huber, Ilse Sanzenbecker, Rudolf Zabrana sowie im ersten Arbeitsabschnitt Barbara Langoth, Wolfgang Piller, Martin Schwanzer und Norbert Stangl.

## Petzvalgasse 3, E: Josef Bayer, 1928/29

## Rainergasse 6—8, E: Bruno Tinhofer, 1975 bis 1981

Zwei Dreispänner mit je einer A- (37 m²), B- (72 m²) und C-Wohnung (100 m²). Obwohl aus Lärmgründen die Treppenhäuser an der Straßenfront liegen, werden diese nicht für die Gliederung der Fassade verwendet, sondern die Eßraum-Küchen-Gruppen mit leicht ausgeschwenkten Erkern, über denen auch die Atelierwohnungen sitzen. Wohn- und Schlafräume sind hofseitig.

## Schelleingasse 23—25, E: Walter Schwarz, Josef Bayer, 1929

## Schelleingasse 27—29, E: Karl Schmalhofer (MA 22), 1932

Die Hausgruppe 23—25 und 27—29 bildet einen brückenkopfartigen Auftakt für die spätere Wohnhausanlage, die sich städtebaulich auf die Achse des Palais Schönburg bezieht.

## Weyringergasse 16—18, E: Felix Angelo Pollak, 1928/29

Den Architekten hat offenbar nicht nur die eindeutige Südlage zu den durchlaufenden Loggien motiviert, sondern auch die Tatsache, daß es sich um den Kopfbau eines großen Garagenhofes handelt.

## Wiedner Gürtel 38—40, »Südtiroler-Hof«, E: Karl Ernst, Josef Hahn, 1927/28

Diese Anlage überrascht, wenn man von der motivreichen Architektur absieht, durch eine besonders liebevolle Behandlung des kleinen Hofes und die betonte Ausformulierung des Geländesprungs.

🛏

Favoritenstraße 12, Clima Hotel Johann Strauß, BH: H. Hiesmayr OHG, E: Ernst Hiesmayr, 1985

Die Neugestaltung des Hotels wird außen nur an ein paar Punkten signalisiert, vor allem natürlich im Eingangsbereich.

Plößlgasse 2, »Anna-Boschek-Heim«, BH: Kammer für Arbeiter und Angestellte, E: Carl Auböck, Friedrich Lang, 1957—59

Das nach der Gewerkschafterin Anna Boschek (eine der ersten Nationalrätinnen nach 1918) benannte Heim kann 100 Lehrmädchen aufnehmen. Der Bau gehört zu jener kleinen Gruppe, die gegen Ende der fünfziger Jahre einen Aufbruch in der österreichischen Architektur ankündigte. Hier wurde das »Prinzip Reihung« als ein architektonisches Thema erkannt und in einer stringenten Form realisiert.

Schikanedergasse 4, Hotel Schweiger, BH: Oskar Neumann, E: Oskar Neumann, Arthur Baron, A: Felix Sauer, 1903

Theresianumgasse 21a, Clima City Hotel, BH: H. Hiesmayr OHG, E: Ernst Hiesmayr, 1956—59

Dieses kleine Hotel signalisiert ebenfalls die Aufbruchstimmung der fünfziger Jahre, wo Glas und Beton ihren Anspruch als selbständige Gestaltungsmittel anmeldeten und sich auch dementsprechend selbstbewußt gegenüber der historistischen Nachbarschaft benahmen. Ebenfalls nahm die Differenz zwischen dem dreiachsigen Erdgeschoß und den vierachsigen Bettengeschossen zum Anlaß

für die Gestaltung der Fassade — letzten Endes doch auch eine inhaltliche Annäherung an die Ästhetik von Gründerzeitfassaden.

Waaggasse 15, Hotel St. James, BH + E + A: Rudolf Ernest, 1911

Wiedner Hauptstraße 23—25, Hotel Carlton, BH + E: Rudolf Erdös, A: Alois M. Taufner, 1911/12

Wiedner Hauptstraße 27—29, Hotel Erzherzog Rainer, BH: Leopold und Emilie Nedomansky, E: Karl Scheffel, Hans Glaser, Alfred Kraupa, A: Gustav Orglmeister, 1912

Das danebenliegende ehemalige Hotel Carlton (Nr. 23—25), besonders aber dieser Bau sind schöne Beispiele dafür, wie eng der Typus Hotel im innerstädtischen Gebiet noch mit dem bürgerlichen Zinsbau verbunden war. Lediglich die kaum mehr überbietbare Undulierung der Fassade durch liegende, flache Runderker deutet auf ein Prinzip der gleichwertigen Beziehung vieler Elemente (Zimmer) zum Straßenraum hin.

# WIEDEN

💼

Favoritenstraße 4—6, BH + A: Friedrich Lederer, Alois Schweinburg, E: Fritz Brettschneider, Stefan Fayans, 1909

Trotz der verschiedenen zeitbedingten Veränderungen noch ein relativ einheitlicher Portalaufbau, der vermutlich in seiner Grundstruktur aus der Zeit der Erbauung des Hauses stammt, also auch von den oben genannten Architekten entworfen worden sein dürfte.

Favoritenstraße 11, Schutzengel-Apotheke, E: Ludwig Tremmel, um 1930

Charakteristisches »Wienerberger-Portal« mit einer starken Rahmung der Öffnungen und der gesamten gekachelten Portalfelder mit sparsam eingesetztem keramischem Schmuck. Die bemerkenswerte Innenausstattung ist älter, Zeit der Einrichtung und Architekt konnten leider nicht festgestellt werden.

Kettenbrückengasse 14, Uhrengeschäft Thorwartl, E: Bruno Echerer, 1984

In die Portalzone ruhig eingebundenes Geschäft mit durch Teilung leicht verfremdeter Schildfläche als Werbeträger und zurückhaltendem Design.

Margaretenstraße 6, BH: Julius Zrunek, A: Arnold Barber, 1929

Zwei Portale nebeneinander, die vermutlich zur gleichen Zeit im Zuge des Umbaus des Hauses 1929 entstanden sind. Sie stellen zwei Variationen über ein »klassisches« Thema dar: einmal sitzt im gerahmten Portalfeld das ebenfalls gerahmte Auslagenfeld (schmaler, mittiger Eingang), wobei im gleichbreiten Rahmenfeld oben die Schrift und seitlich zwei Vitrinen angebracht sind. Bei der zweiten Lösung befindet sich seitlich der Schaufensterrahmen und der Portalrahmen, und das verstärkte Gesims schafft ein eindeutiges Feld, in dem sich jedoch zur Zeit nur ein Steckschild befindet.

161

# 4. BEZIRK

## Margaretenstraße 52, BH + E + A: Hans Kazda, 1904

Auch diese zusammenhängenden Portale sind vermutlich gleichzeitig mit dem Bau des Hauses entstanden. Ob jedoch der Baumeister Kazda der Entwerfer ist, scheint eher fraglich, da ihr gestalterisches Niveau weit über dem der Fassade liegt.

## Wiedner Hauptstraße 15, Hutgeschäft P. & C. Habig, um 1897

Das bedeutendste Geschäft im Strahlungsbereich der Ringstraße, das vermutlich vom gleichen Architekten und zur gleichen Zeit wie der Habig-Hof (E: Heinrich Adam, A: Carl Holzmann, 1896/97) entstanden ist. Das neubarock überformte Portal zeigt ein bemerkenswert räumlich-strukturales Konzept: Das raumbildende, tiefe Rahmenwerk umspielt gewissermaßen die bauliche Struktur und verdichtet sich dort zur schmalen, gefaßten Eingangszone, wo der tragende Mittelpfeiler ausgewechselt wurde. Noch überraschender ist die Konzeption des in die Tiefe gehenden Geschäftsraumes, der im wesentlichen aus matt verglasten Wandschränken, seitlich verspiegelten Pfeilern, freistehenden englischen Verkaufsvitrinen (A: F. Sage & Co., London) und einer Sitzkasse besteht. Durch die verspiegelten Pfeiler entsteht einerseits die Illusion durch- und in die Tiefe laufender Schrankwände, andererseits durch die versetzten vorderen Pfeiler (größere Raumbreite) die Wirkung geschichteter Begrenzungsflächen. Die reiche Deckendekoration des vorderen Raumes (kaiserlich-königliche Insignien) und die Verdünnung der Dekoration bei den drei weiteren Räumen unterstreichen den Tiefeneffekt, andererseits schafft die klare Rahmung der Raumteile eine Beständigkeit, die die illusionistischen Mittel erst richtig zur Geltung bringt.

## Wiedner Hauptstraße 40, Kaffee-Geschäft, BH: Naber G. & Sohn, E: Anton Hofmann, 1958

Mit Aufschrift, Mosaikverkleidung, ausgeschnittenem Portalrahmen und asymmetrisch in die Tiefe gesetzter Eingangstüre (leichte Winkelstellung der Auslagen) zeittypisch gestaltetes Portal. Ebenso ist die Einrichtung mit allen charakteristischen Details im wesentlichen erhalten.

## Wiedner Hauptstraße 52, Kfz-Reparaturwerkstätte, BH: G. Bergstaller & Co., E: Heinrich Schmid jun., A: Löschner & Helmer, 1957

Die für die Zeit charakteristische, aber auch bemerkenswerte Anlage einer Kfz-Reparaturwerkstätte besteht im wesentlichen aus einem im Hof liegenden Schnellservicedienst mit einem betonschalenüberdeckten Hochbereich mit Tankstelle und einer über eine vorgelagerte Halle erreichbaren großen Reparaturhalle, die 30 m frei gespannt und als Stahlbeton-Bogen-Shedhalle ausgebildet ist. Die leichte und kühne Konstruktion der hellen Halle, aber auch das dünne Schalendach im Hof vermitteln als schalreine Konstruktionen etwas vom zukunftsorientierten Zeitgeist der späten fünfziger Jahre.

## Heumühlgasse 13—15, Heumühl-Garage, BH: Abel & Perl, St.-Christoph-Automobilwerk, E: F. Nemetschky, A + Statik: Johann Janisch, Eisenkonstruktions- und Brückenbauanstalt, 1910

Adolf Perl war ein Pionier der Erzeugung elektrischer Bedarfsartikel, und er ist 1906 bei der Internationalen Automobilausstellung in Wien mit einem vielbeachteten Elektromobil hervorgetreten. Später erzeugte er mit seinem Partner Heinrich Abel in der St.-Christoph-Automobilfabrik Chassis mit 2-, 4- und 6-Zylinder-Motoren. Bemerkenswert bei dieser noch erhaltenen Doppelhalle ist die totale Verglasung der Dachkonstruktion.

# 5. Bezirk: MARGARETEN

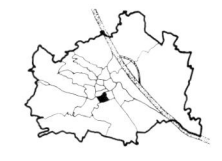

Das zwei Quadratkilometer große Areal des 5. Bezirks wird im Norden durch den Wienfluß (die Trasse der U 4), im Westen und Süden durch die Gürtelstraße (seit 1873, vorher Linienwall) und im Osten durch eine topographisch imaginäre Linie zum 4. Bezirk hin — MARGARETEN gehörte bis 1861 zur WIEDEN — von der Kettenbrücken- bis zur Blechturmgasse begrenzt. Der Bezirk hatte von 1890 (84.031 EW) bis 1900 (106.647 EW) den größten Bevölkerungsanstieg zu verzeichnen. Seit dieser Zeit ging jedoch die Einwohnerzahl fast auf die Hälfte zurück: erbrachte die Volkszählung von 1951 noch 71.627, so sank die Zahl bis 1981 auf 52.436 Einwohner.

Der Bezirk, der sich aus den ehemaligen Vorstädten Margareten, Laurenzergrund, Nikolsdorf, Hundsturm, Matzleinsdorf und Reinprechtsdorf zusammensetzte, war bis zum 19. Jahrhundert vorwiegend von Handwerkern und Gewerbetreibenden bewohnt; die Industrialisierung nach der Jahrhundertmitte, aber auch der Bau der Südbahn (ab 1841) und die damit zusammenhängende allgemeine Bauentwicklung machten aus dem Bezirk ein fast homogenes Arbeiterquartier. Die ältere Stadtstruktur hat sich entlang der Schönbrunner- und Margaretenstraße im Straßennetz erhalten, die übrigen Flächen sind im charakteristischen Raster überbaut. In MARGARETEN entstanden schon früh Einrichtungen der Volkswohlfahrt und -bildung, so wurde 1872 das Margaretner Bad und bereits 1909 (gleichzeitig mit der Urania) die Volkshochschule Stöbergasse errichtet; die Gasbeleuchtung gab es ab 1899, und der letzte Abschnitt der Wienflußeinwölbung wurde 1911 abgeschlossen. Im Bezirk befinden sich heute noch bedeutende Verlagshäuser und Druckereien (Schroll-Verlag, Österreichischer Wirtschaftsverlag), der Vorwärts-Verlag wurde in den letzten Jahren ausgesiedelt und die architekturgeschichtlich bedeutende Anlage baulich ausgeweidet.

Die im Wiener Maßstab bedeutendste städtebauliche und wohnpolitische Leistung entstand in den zwanziger Jahren im Knie des »Draschegürtels« (heute Margaretengürtel) — die größte zusammenhängende Bebauung mit Wohnhöfen der Gemeinde Wien — wo mit der Ausgestaltung der Gürtelstraße als Boulevard die euphorische Bezeichnung »Ringstraße des Proletariats« eine Berechtigung bekam, zumal auf der Außenseite (im 12. Bezirk) ebenso eine Reihe von Wohnhöfen geschaffen wurde. Man kann an dieser großzügigen Überbauung auch die städtebauliche und architektonische Entwicklung des »Wiener Gemeindebaus« studieren, da man von den Anfängen (Metzleinstaler Hof) über den Reumannhof, den Julius-Popp-, Herwegh-, Julius-Ofner- und Matteotti-Hof bis zum Franz-Domes-Hof fast alle Entwicklungsschritte und Planungsvorstellungen findet.

Obwohl sich im Bezirk bis heute die Merkmale einer gründerzeitlichen, massierten Überbauung im großstädtischen Maßstab erhalten haben, erscheint er doch von einer erstaunlichen strukturellen und topographischen Vielfalt, die sich auch in der Resistenz des Straßennetzes und im

Wechsel der Blockdimensionen ausdrückt. Auch haben in MARGARETEN bedeutende Architekten gearbeitet. Von der Jahrhundertwende bis 1918: Karl Badstieber, Karl Benirschke, Josef Drexler, Ernst Epstein, Eugen Ritter Felgel von Farnholz, Gustav Flesch-Brunningen, Leopold Fuchs, Hubert und Franz Gessner, Leopold Hoheisl, Emil Hoppe, Otto Schönthal und Marcel Kammerer, Fritz Keller und Fritz Ritter von Herzmanovsky, Rudolf Krauß, Oskar Laske, Oskar Marmorek, Richard Modern, Josef Plečnik, Hans Prutscher, Karl und Wilhelm Schön, Leopold Simony, Hermann Stierlin, Carl und Adolf Stöger, Otto Wagner und Otto Wytrlik. Von 1918 bis 1945: Peter Behrens, Karl Ehn, Hubert Gessner, Fritz Judtmann und Egon Riss, Ernst Lichtblau, Otto Prutscher, Gustav Schläfrig und Hans Reiser, Heinrich Schmid und Hermann Aichinger, Hermann Stiegholzer und Herbert Kastinger. Ab 1945 wären Josef Hoffmann, Friedrich Kurrent und Johannes Spalt (Arbeitsgruppe 4), Otto Schönthal, Rudolf Schwarz, Heinz Tesar und Wolfgang Windbrechtinger zu nennen.

# 5. BEZIRK   MARGARETEN

◫

Grüngasse 8, Klavierfabrik Hölzl & Heismann, E + A: Adolf Micheroli, 1901
Umbau in Büros, E: Manfred Schuster, 1984

Sympathische, weil behutsame Umwidmung eines Fabriksgebäudes in ein Bürohaus, wobei der Charakter eines einfachen Industriebaus nicht verfälscht wurde.

Mittersteig 25, ehem. k. u. k. Bezirksgericht Margareten, E: Moritz Kramsall, MA: Alfred Keller, A: Union Baugesellschaft, 1908—12

Der Bau zeigt eine bemerkenswerte Abweichung vom »ärarischen Amtsstil«, die vermutlich auf das Konto des jungen Alfred Keller ging, dessen Architektur sich im Dunstkreis von Heimatschutz und Regionalismus entwickelte. Dem Amtshaus ist ein winkelförmiger Gefängnistrakt für 75 Häftlinge angeschlossen (heute Sonderstrafanstalt).

Siebenbrunnenfeldgasse 20 (Obere Amtshausgasse 1—7), Arbeitsämter für Metall- und Holzindustrie, E: Hermann Stiegholzer, Herbert Kastinger, A: Allgemeine Baugesellschaft Porr, 1929—31

Zur Zeit das »schönste sterbende Gebäude« in Wien. Kaum zu verstehen, daß dafür keine adäquate Nutzung gefunden werden kann. Darüber hinaus ist es das letzte Wiener Arbeitsamt, das praktisch unverändert ist und deshalb einen besonderen architekturgeschichtlichen Wert darstellt. Das »Arbeitsamt« wurde in der zweiten Hälfte der zwanziger Jahre durch die steigende Arbeitslosigkeit, vor allem aber nach der Weltwirtschaftskrise von 1929 zum dominierenden Thema des öffentlichen Bauens, das offenbar auch mit Ernst und Engagement behandelt wurde. Auch hier ist es, ähnlich wie beim sogenannten Volkswohnungsbau, eine berechtigte Frage, wieso in einer Zeit größter sozialer Armut die wenigen Bauaufgaben mit so großer gestalterischer Sorgfalt, ja Großzügigkeit behandelt wurden. Man darf zunächst nicht übersehen, daß diese Generation trotz Sachlichkeit und Funktionalismus einen Begriff von Architektur tradierte, der ihre kulturelle Rolle nicht in Frage stellte. Gegenüber dem Pomp der Spätgründerzeit war das neue Bauen nicht nur rationaler und ökonomischer, sondern drückte dies auch aus. Nun wäre zwar ein Arbeitsamt keine repräsentative staatliche Bauaufgabe, die eine besondere Beachtung verdiente, aber offenbar hatte man doch das Bedürfnis, den damals noch als entwürdigende Handlung empfundenen Empfang einer staatlichen Hilfe nicht durch Architektur (oder deren Absenz) zu verstärken. Jedenfalls simulierten die Arbeitsämter eine helle, freundliche Welt, durchaus mit den optimistischen Perspektiven von Hygiene, Gesundheit und Fortschritt assoziierbar. Die großen

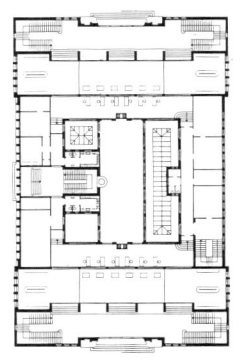

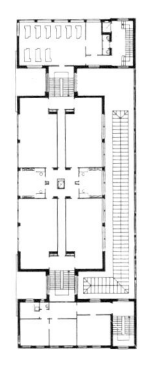

# 5. BEZIRK

**Ziegelofengasse 31, Innungshaus der Wiener Tischler, E + A: Franz Simlinger, 1893, Neugestaltung der Fassade, E: Hans Prutscher, A: Rudolf Hartl, 1948**

Vielleicht das letzte Werk von Hans Prutscher, das eigentlich nur mehr die Ratlosigkeit eines Architekten zeigt, der sich in den Zuständen der Nachkriegszeit nicht mehr zurechtfindet. Tor und Durchhaus verweisen auf den Inhalt des Baus (Fresken von Franz Gruß).

**Gartengasse (bei Nr. 4), Klarissinnenkirche »Zur ewigen Anbetung«, E: Josef Schmalzhofer, 1911/12**

**Siebenbrunnenfeldgasse 24, Kirche »Zur Auferstehung Christi«, E: Josef Vytiska, 1970/71**

**Wiedner Hauptstraße 97—99, Pfarrkirche St. Florian, BH: Erzdiözese Wien, E: Rudolf Schwarz (Köln), 1957, 1961—63**

Der Bau entstand unter schlechten Bedingungen. Die Planung war mit der Diskussion um den Abbruch der barocken Floriani- oder Rauchfangkehrerkirche verbunden, dem Wahrzeichen des Bezirks, das in der Mitte der Wiedner Hauptstraße stand. Die Stadt Wien hatte der Erzdiözese das Grundstück für den Neubau mit der Auflage verkauft, die alte Kirche aus verkehrstechnischen Gründen abreißen zu können, was nach Jahren, unter heftigem Protest der Bevölkerung und der Medien, auch geschah. Die »Österreichische Gesellschaft für Architektur« hatte sogar beim beginnenden Abbruch (August 1965) eine kurze Besetzung durchgeführt. Ein Wettbewerb für ein »Neues Wahrzeichen« an der gleichen Stelle beendete dann (ohne Folgen) den traurigen Akt bornierter Stadtzerstörung durch die Stadt. Der internationale Wettbewerb von 1957 war für die

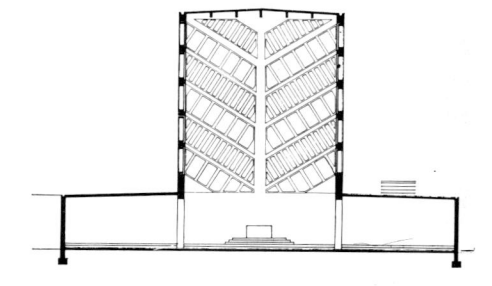

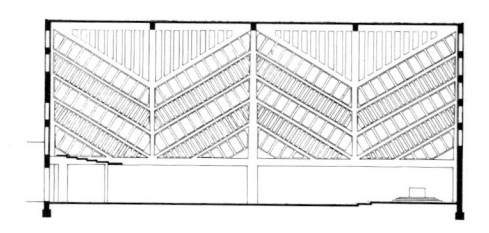

Stau- und Warteräume verlangten nach artikuliertem Raum, die Abwicklung des »Stempelns« nach klaren, funktionstüchtigen Raumgruppen. Diese Anlage besteht aus zwei Teilen, wobei der tiefe Block mit Hof und zwei großen seitlichen Eingangshallen den Metallarbeitern diente und der über einen Zwischenhof erreichbare schmale Trakt den Holzarbeitern. Der Bau zeigt schon außen als eine auf einem hohen Niveau artikulierte Architektur, trotzdem wird man dann noch von den Foyers und Wartehallen überrascht. Abgesehen vom räumlichen, ist auch das konstruktive Konzept von großer Wirkung, das sieht man vor allem bei den Treppenhäusern des Holzarbeitertraktes.

# MARGARETEN

schräg abwärts sinkenden Fensterbänder. So wird das Hochschiff gleichsam zu einem Festplatz, um den an Masten Gewinde gehängt sind. So wird auch der Bau außen zu einem begrenzten (bekränzten? Anm. d. V.) Schrein. Das alles ist nicht dem Bau hinzugetan, sondern aus seiner Konstruktion hervorgebracht.« (MA: Maria Schwarz, Hans Petermair). Der Ambo als »Positionszeichen« für den Wortgottesdienst (linkes Seitenschiff) stammt von Franco Fonatti und Helmut Hempel (1986), die Glasfenster wurden von Giselbert Hoke entworfen.

Arbeitergasse 22—30, Arbeiter-Wohnhausanlage »Carolinum«, BH: Maria-Elisabeth-Verein, E + A: Johann Friedl, 1871

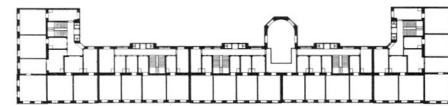

Die von dem karitativen, 1855 zur Bekämpfung des Wohnungselends gegründeten Maria-Elisabeth-Verein errichtete Anlage, deren 110 Wohnungen zu niederen Preisen an Arbeiterfamilien vermietet wurden (Wasser und WC am Gang), gab der Arbeitergasse den Namen. Mit der eingebundenen Kapelle ein interessantes Beispiel philanthropischen Bauens in der zweiten Hälfte des 19. Jahrhunderts (Lit.: Wolfgang Mayer).

Bärengasse 3, BH: Friederike Hamburg, E: Heinrich Kestel, A: Leo Stussig, 1903/04

Dieser abgeräumte, in den Stadtraum aufragende Block demonstriert in einer anschaulichen Weise die Oberflächlichkeit (in des Wortes doppelter Bedeutung) des Jugendstils im Wiener Zinshausbau. Unter dem Dekor kommt eine simple Gebäudestruktur zum Vorschein, die hier, durch die Spuren von Bauschmuck, besonders kahl und

Wiener Architektur von besonderer Bedeutung, da hier zum ersten Mal die jüngere Generation mit Erfolg auftrat. Rudolf Schwarz erhielt den zweiten Preis (ein erster wurde nicht vergeben), die Arbeitsgruppe 4 (Holzbauer, Kurrent, Spalt) mit Hans Schädel aus Deutschland je einen dritten. Die Wiener Architektengruppe reichte einen über einem griechischen Kreuz entwickelten Zentralraum ein, ein Thema, das in Form von quadratischen Grundrißvariationen den österreichischen Kirchenbau nicht mehr verlassen sollte. Schwarz gewann mit einem der Situation angepaßten Langhaus, einem »Schrein«, der seine Spiritualität unverblümt der baulichen Realität des gründerzeitlichen Quartiers entgegenhielt. Lediglich die Turmfassade der Florianikirche sollte als Glockenträger das »versöhnliche Element« mit dem Ort darstellen. Der Architekt starb jedoch bei Baubeginn und konnte die »Verkunstgewerblichung« des Objektes nicht mehr verhindern. Schwarz liebte die Gratwanderung zwischen Bedeutungsebenen, zwischen Wirklichkeit und Wirkung, das machte seine Konzepte auch anfällig. Zum Verständnis seiner Intentionen ein kurzes Zitat von 1961: »Die beiden Längswände hängen auf je drei senkrechten Stützen wie Hängebrücken auf ihren Pylonen, nämlich den beiden Eckpfeilern und Dreiecke aus Ortbeton versteift. Nach unten folgt dann eine Anzahl von Hängewerken. Zwischen ihnen liegen die

# 5. BEZIRK

nackt erscheint. Gleichzeitig wird aber eine Art von »kollektiver Wahrheit« sichtbar, die es nach der Spätgründerzeit wieder zu finden galt. Ein baugeschichtliches Monument von besonderer Wirkung und Aussage.

## Blechturmgasse 9—11, Amts- und Wohngebäude der Pensionsversicherungsanstalt, E: Gustav Flesch-Brunningen, A: Ferdinand Dehm und Franz Olbricht, 1910

Von dem Otto-Wagner-Schüler und Vater des Dichters Hans Flesch-Brunningen sind kaum Bauten bekannt. Hier ist allerdings eine bemerkenswerte Probe seiner Fähigkeiten. Das Haus hat trotz seiner Dimensionen und der scheinbaren Gleichförmigkeit der Fassaden eine beachtliche formale Konsistenz, die auf die Bänderung des zweigeschossigen Sockels, das kräftige Kranzgesims und die wenigen, punktförmig eingesetzten »Architekturelemente« (Eckportal etc.) zurückzuführen ist. Die Häuser Kriehubergasse 8—14 wurden 1914—16 erbaut. Als Doppeltrakter stören sie aber das großzügige Hofkonzept.

## Bräuhausgasse 6, BH: S. Jaray, E + A: Kupka & Orglmeister, 1909

## Castelligasse 7, BH: Adolfina Kratochwil, E + A: Hans Plaschke, 1936

Trotz der einfachen Mittel eine ausdrucksstarke Fassade. Die plastische Wirkung entsteht durch die tiefliegenden, breitformatigen, seitlich gerahmten Fenster und die frei aufgetragene Putzfläche.

## Einsiedlergasse 15—17, BH: GSG (Gesellschaft für Stadtentwicklung und Stadterneuerung), E: Heinz Tesar, A: Mischek Fertigbau AG, 1985—87

Es gibt für einen Architekten selten die Gelegenheit, mit zwei verschiedenen Bauherren im städtischen Verband nebeneinander zwei Häuser zu bauen. Darüber hinaus schließt dieses Eckhaus (im Anschluß an den Gemeindebau von 1981) eine heterogene Hauszeile ab, in der sogar eine gründerzeitliche Kirche mit einer einfachen und kräftigen Portalfront eingebunden ist. Das Haus, das aus zwei Dreispännern besteht, wird als eine formale Einheit betrachtet, die gleichmäßig angelegten Treppenhäuser ergeben eine in sich ruhende Symmetrie, die nur am Eck durch eine freie raumgreifende Form aufgebrochen wird. Diese Art, auf eine Ecksituation zu reagieren, hat in Wien Tradition, zumindest seit der Jahrhundertwende (Haus Nr. 13 siehe Seite 177).

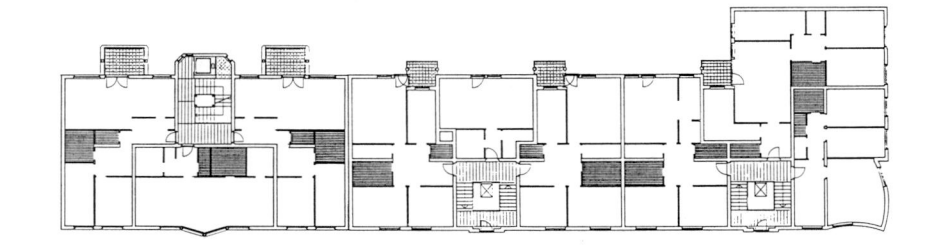

# MARGARETEN

Franzensgasse 25, Wohn- und Betriebsgebäude Niedermoser, ab 1830

Die heutige Bausubstanz spiegelt die Entwicklung eines renommierten Wiener Handwerksbetriebes wider: die »Werkstätten für Wohnungseinrichtung Niedermoser« (Tischlerei, Tapeziererei). Das Vorderhaus wurde 1830 erbaut. 1910 entstand der fünfgeschossige, fabriksartige Hoftrakt (BH: Josef und Wilhelm Niedermoser, E + A: Karl Riess), 1910/11 entwarf Fritz Zeymer (Hoffmann-Schüler und Schwiegersohn des Wilhelm Niedermoser) das Foyer mit Haustor und Stiegenaufgang im Geiste einer spätsecessionistischen, sehr einfühlsamen Biedermeierrezeption, und schließlich führte 1928/29 Otto Niedermoser den Dachausbau durch, der in einem Einbau zweier Wohnungen mit gut angelegten Grundrissen bestand.

Gassergasse 2—8, BH: Angestellten-Versicherung (Stefan Licht), E: Karl Limbach, Ludwig Tremmel, A: Allgemeine Baugesellschaft A. Porr, 1930/31

Die flache, etwas asymmetrische U-Form schließt den von der Invalidenversicherung bebauten Block zu einem geräumigen Hof, der sich im Charakter mit den Wohnanlagen der Gemeinde Wien vergleichen läßt. Die Fassade ist teilweise durch Sturz- und Sohlbankgesimse stark geschichtet (Aufhebung der Geschoßteilung), dieser horizontalen Tendenz wird aber durch verschieden abgesetzte Erkergruppen entgegengewirkt. Abgesehen von den »Majolikastäben an den Fensterflanken« (Kunsttopographie) hat hier generell die Verwendung von kunstgewerblichem Bauschmuck einen hohen Stellenwert.

Hamburgerstraße 2, BH: Regius Krauß, E: Adolf Oberländer und Krauß, A: Johann Gasteiger, 1902

Hamburgerstraße 8, BH: Barbara Stierlin, E: Hermann Stierlin, A: Ferdinand Kreuz und F. Erhart, 1902

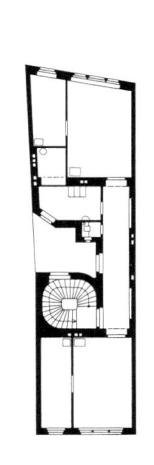

Der kleine Doppeltrakter mit einer Wohnung pro Geschoß entstand aus einem extrem schmalen Grundstück, das zwei nahe beisammenliegende Gassen verbindet (durch die Anlage der Hamburgerstraße entstandenes Restgrundstück) und das auch in der Zeile eine Ausnahme bildet. Der Architekt greift hier auf einen Typus zurück, der im Barock und Biedermeier in vorstädtischen Situationen entstanden ist (etwa Spittelberg). Die Architektur des Hauses verbindet Wagnerische Strenge mit belgischen Art-Nouveau-Motiven (omegaförmiges Fenster, Sichtziegel etc.).

169

# 5. BEZIRK

Hamburgerstraße 12, BH: Ludwig Böck, E: Josef Drexler, A: Karl Stigler, 1899

Hamburgerstraße 14, BH + E: Ferdinand Seif, A: Cajetan Miserowsky, 1902

Gegenüber anderen Bauten von Seif wirkt dieses Haus fast streng und kubisch. Im Foyer schlagen allerdings wieder mehr seine barockisierenden Ambitionen durch.

Hamburgerstraße 20, »Rüdiger-Hof«, BH: Franz Polslanik, E: Oskar Marmorek, A: Rudolf Hermann, 1902

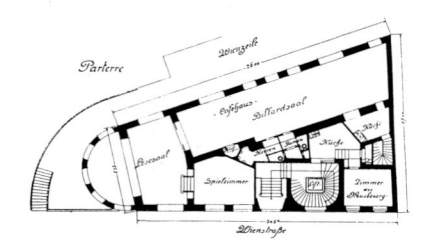

Ein markantes, eher unwienerisch-plastisch entwickeltes Haus, das auf der Westeinfahrt einen besonderen visuellen Schwellenbereich markiert, der aber im Stadtgrundriß keine Entsprechung hat. Interessant auch die räumliche Durchbildung des Erdgeschosses und die freie Gestaltung des zweieinhalbgeschossigen Sockels.

Högelmüllergasse 1b, 2b, BH: Josef Nemec, E: Wilhelm Nowack, A: Johann Freitag, 1905/06

Die an die Architektur Hans Dworáks erinnernde Fassade zeigt eine starke Schichtung des Baukörpers, eine vertikale Verteilung des Ornaments, die aber geschoßweise selbst wieder die Schichtung betont und im 3. Stock zur Auflösung kommt. Ein etwas aufwendiger Versuch, die Geschosse als gleichwertig zu erklären?

Högelmüllergasse 11, BH: Franz Denk, E + A: Karl Schmidt, 1904/05

Das Haus bildet mit dem Doppeltrakter in der Leitgebgasse 12 eine Einheit. Die Fassaden zeigen Anwendungsbeispiele serienmäßig hergestellten Jugendstil-Bauschmucks.

Jahngasse 16, BH: Franz Keck, E: Richard Modern, A: Georg Strohmayer, 1908/09

Für einen Vollblutarchitekten wie Richard Modern eine relativ konventionelle Arbeit, obwohl auch diese sich von der Nachbarschaft deutlich abhebt.

Laurenzgasse 4, BH: Hugo Huth, E: Leopold Hoheisl, A: Rella & Neffe, 1912/13

Der Wagner-Schüler Hoheisl (Hocheisl, Hoheisel?) hat hier offensichtlich mit den Bedingungen des Quartiers zu kämpfen gehabt: einerseits mußte er noch kurz vor dem Ersten Weltkrieg einen Bassenatyp realisieren, andererseits erhebt das Haus mit der puristischen Ästhetik hohe architektonische Ansprüche, die auch einen freiwilligen Verzicht auf »vulgären« Bauschmuck signalisieren. Hier wurde in Putz nachvollzogen, was sich in der Innenstadt des Granits bediente (Zacherl-Haus). Gerade aus diesem Konflikt heraus eine sehr beachtenswerte Arbeit.

Laurenzgasse 6, BH: Maria Weber, E: Ernst Epstein, A: Eduard Frauenfeld und Berghof, 1910/11

Die vereinfachte Fassade läßt immer noch das Thema der »Fassade in der Fassade« erkennen, ein Mittel der maßstäblichen Integration, das hier offenbar Epstein noch als notwendig empfunden hat.

Laurenzgasse 8—10, BH: Laura und Michele Russo, E + A: B. Altmann und E. Liebesny, 1924

Ein Beispiel der Biedermeier-Rezeption der zwanziger Jahre, die ja genaugenommen in Wien bis heute noch nicht abgeschlossen ist.

Laurenzgasse 12, BH: Leopold und Franz Müller, E: Ernst Epstein, A: Eduard Frauenfeld und Berghof, 1911

Auch diese Fassade ist etwas vereinfacht worden, sie zeigt aber die Epsteinsche Biedermeier-Rezeption bei einem fünfgeschossigen Haus.

Margaretengürtel 4—8, E: Friedrich Lehmann, A: Neue Reformbaugesellschaft, 1951—56

170

# MARGARETEN

Margaretengürtel 24—34, BH: Gemeinnützige Ein- und Mehrfamilienhäuser-Baugenossenschaft, E: Gustav Schläfrig, Hans Reiser, A: Allgemeine Baugesellschaft A. Porr, 1929—32

Margaretengürtel 36, BH: Bau-, Wohn- und Siedlungsgenossenschaft für Eisenbahnbedienstete, E: Karl Badstieber, K. Reiner, A: Patria Beton-, Hoch- und Tiefbau, 1927/28

Margaretengürtel 38—40, BH: Bau- und Wohnungsgenossenschaft für Bedienstete der k. k. privilegierten Südbahngesellschaft, E: Karl Badstieber, K. Reiner, A: Gustav Menzel, Ed. Ast & Co., 1913/14

Das von denselben Architekten 1927 erbaute Nachbarhaus (Nr. 36) zeigt im Vergleich zu diesem, welch radikale Zäsur der Erste Weltkrieg sogar für konservative Architekten bedeutete. Trotz der spätgründerzeitlichen Dichte weist dieser Hof eine bemerkenswert klare Konzeption auf, die einerseits die Tradition der »Südbahngesellschaft« auf diesem Gebiet dokumentiert, andererseits aber schon Merkmale des späteren Volkswohnbaus vorwegnimmt.

Margaretengürtel 46, BH: Gebrüder Poschpischil, E: Adolf Poschpischil, A: Hans Schatz, 1912/13

Margaretengürtel 60, BH + E + A: Wenzel Rausch, 1911/12

Margaretengürtel 114—118, BH: Jean Baron de Bourgoing, ehem. Österreichisch-ungarisches Auto- und Taxometer Unternehmen, E: M. Otto Kuntschik, A: Krombholz & Kraupa, 1912/13

Großwohnblock mit gemischter Nutzung, der städtebaulich bereits den Maßstab für die spätere Bebauung des Margaretengürtels vorgab.

Margaretengürtel 144, BH: J. Steininger, E: Carl und Adolf Stöger, A: Johann Seitl, 1911

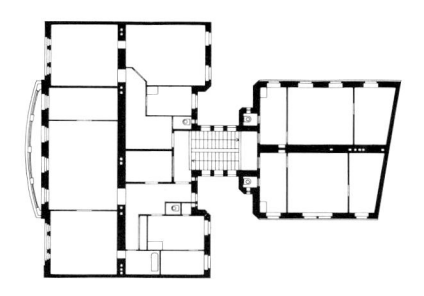

Doppeltrakter mit eingezogenem, halbgeschossig versetztem Hoftrakt, Zweispänner mit disponierbarer Raumgruppe an der Straßenfront. Die Fassade mit breitem, hochgezogenem Mittelrisalit hat trotz der schlichten Struktur einen monumentalen Charakter (Verschleierung der Wohnhausfunktion oder Darstellung von Multifunktionalität?). Die betonte Pfeilerstruktur mit gerahmten Parapetflächen ist charakteristisch für die Architekten Stöger.

Margaretenstraße 78, BH: R. und A. Kolb, E: A. Karl von Kély, A: Gustav Menzel, 1913/14

Der Straßentrakter mit kleinem Stiegenhaustrakt im Hof kann in seiner Grundrißdisposition im Extremfall sowohl mit einer Großwohnung pro Geschoß als auch mit zwei Wohnungen im Vorderhaus und zwei Kleinwohnungen zum Hof hin genutzt werden. Die gut durchgebildete Fassade und das tiefe Foyer künden aber mehr an, als das Bauvolumen einzulösen vermag. Im Haus befindet sich das liebenswürdig zeittypische FILMCASINO, ursprünglich »Bürgerkino« (E: Albrecht F. Hrzan, 1954), das weitgehend wiederhergestellt wurde (Lichtdecke: Johanna Kandl, 1989).

Margaretenstraße 82, BH: A. und M. Ambor, E + A: Adolf Ambor, 1911

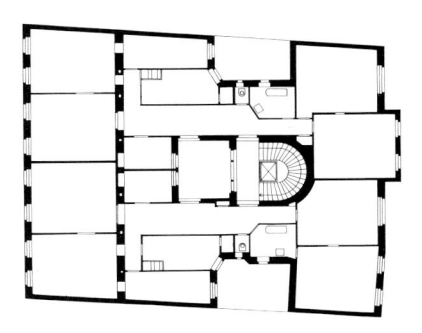

Der vernetzte Doppeltrakter mit zugewendetem Hoftrakt (im Grundriß nicht dargestellt), besitzt eine sehr tiefe Nebenraumzone, die durch drei Lichthöfe aufgehellt ist. Die symmetrische Doppelerkerfassade mit krönendem Prunkgiebel entspricht dem Verschnitt von Empire und Secession, wie er nach 1910 im bürgerlichen Nobelwohnbau besonders favorisiert wurde.

Margaretenstraße 100, BH: Ludwig und Caroline Eberhard, E + A: Franz Schimitzek, 1902

Dieses Haus erinnert in seiner strukturbetonten Mischtechnik (Klinker, Putz, Naturstein, Eisen) an Vorbilder im frühen belgischen Art Nouveau. Dazu gehören auch die omegaförmigen Öffnungen in der Portalzone und über

171

# 5. BEZIRK

dem Erker oder die dramatische Ausbildung der Erkerkonsolen. Wagnerisch ist lediglich die Behandlung des Kranzgesimses und die strenge Symmetrie.

Margaretenstraße 106, BH: Josef Pfannhauser, E + A: Karl A. Benirschke, Rudolf Wibhart, 1905

Karl, der, obwohl Wagner-Schüler, weniger talentierte Bruder des Max Benirschke, überhäuft hier mit spätgründerzeitlicher Fülle eine Fassade mit secessionistischem Dekor. Diese formale Überreaktion ist auch dem Standort des Hauses nicht angemessen.

Margaretenstraße 134, BH: J. Wytrlik, E: Otto Wytrlik, A: Johann Seitl und Alois Klee, 1903

Auch das ist die Arbeit eines Wagner-Schülers. Wytrlik hat jedoch auf den Ort angemessener, zurückhaltender, aber deshalb nicht minder nobel reagiert.

Margaretenstraße 138, BH: Marianne Frei, E + A: Wenzel Rausch, 1912

Margaretenstraße 164, BH: F. Longin, E + A: Hans Schätz, 1902

Der Baumeister machte hier allerhand Anstrengungen, dem spätgründerzeitlichen Geschmack zu entfliehen. Liebenswürdig die grünen Kacheln im Vor- und Stiegenhaus.

Margaretenstraße 166, BH: Verein der Eisenbahner, E: Hubert Gessner, A: Allgemeine Österreichische Baugesellschaft, 1912/13

Das Objekt wurde durch Bombentreffer schwer beschädigt und nach 1946 wieder aufgebaut, später auch im Erdgeschoß komplett verändert. Trotzdem ist noch die Gessnersche Vorkriegsarchitektur substantiell vorhanden. Im Hinblick auf die späteren Gemeindebauten am Margaretengürtel (Reumannhof etc.) ein interessantes Vergleichsbeispiel.

Nevillegasse 2, BH + A: Reformbaugesellschaft, E: Heinrich Schmid, Hermann Aichinger, 1935/36

Flacher U-förmiger Kopfbau mit einer asymmetrischen Lösung zum Wienfluß hin, die sich durch die Gesimshöhe des Nachbarhauses angeboten hat, aber auch den Ansatz zu einer »Brückenkopfgestaltung« bot.

Nikolsdorfer Gasse 3—5, BH: Wilhelm Schestal, Karl Smetana, E: Rudolf Erdös, A: Hans Miška und Ferdinand Schindler, 1909

Nikolsdorfer Gasse 10—14, Beamtenwohnhaus der Gemeinnützigen Bau-, Wohnungs- und Siedlungsgenossenschaft der Bundesangestellten in Wien, E: Otto Wytrlik, Ernst O. Hoffmann, 1929/30

Langgezogener L-Trakter mit zurückhaltender, aber sorgfältiger Behandlung der Eckausbildung, die noch eine Erinnerung an die Wagner-Schule erlaubt (Wytrlik).

Ramperstorffergasse 46, BH: »SEG«, Stadterneuerungs- und Eigentumswohnungsgesellschaft m. b. H., E: Günther Holnsteiner, 1983 bis 1985

Das Haus mit der »postmodernen Gebärde« will sich offensichtlich nicht an den Ort anpassen, sondern einen schaffen. Trotzdem stellt sich die Frage der Verhältnismäßigkeit, die nicht nur eine ästhetische, sondern auch eine soziokulturelle ist. Die Wohnungen lösen das Versprechen der Fassaden ein: von den rund 30 Wohneinheiten sind die Hälfte Maisonette-Wohnungen, die über Laubengänge erschlossen werden.

Rechte Wienzeile 75, BH: Rudolf Bittmann, E: Hermann Stierlin, Rudolf Jäger, A: Fröhlich, 1909

# MARGARETEN

Rechte Wienzeile 131, BH: Ignaz Kruszynski, E: Rudolf Krauß, A: Georg Löwitsch, 1905

Eine frühe Arbeit von Krauß, die noch wenig von seiner späteren, eher strengen und strukturellen Architektur (Trattner-Hof) verrät.

Rechte Wienzeile 167, BH + E + A: Carl und Adolf Stöger, 1910

Bei diesem Entwurf beginnen sich in fast kubistischer Weise die einzelnen Elemente der Fassade zu isolieren, um sich in einer neuen Ordnung, als einprägsame Konstellation, wiederzufinden. Diesen Sachverhalt zeigt deutlicher der Entwurf als die inzwischen etwas verwitterte Fassade.

Reinprechtsdorfer Straße 30, E: Leopold Fuchs, A: Josef Löwitsch, 1905

Schloßgasse 14, BH: Bothe & Ehrmann AG., E: Ernst Epstein, A: Guido Gröger, 1912/13

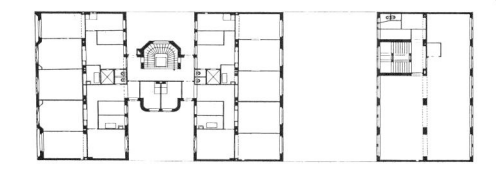

Ernst Epstein, bekannt als Bauleiter des Loos-Hauses am Michaelerplatz und als Entwerfer einiger Häuser, war ein ganz bedeutender Architekt, dessen Werk von der Jahrhundertwende bis in die dreißiger Jahre heraufreicht. Epstein war es nie gegönnt, an einem prominenten Wiener Platz ein Haus zu bauen, sonst wäre er sicher schon lange eine fixe Größe in der Wiener Architekturgeschichte. Die Arbeiten Epsteins verbinden eine große gestalterische Bandbreite mit solidem baumeisterlichem Können und eine ebenso bestechende Beherrschung der Details. Er ist insoferne auch ein typischer Repräsentant der Baukultur nach der Jahrhundertwende, als er trotz seiner unverkennbaren Handschrift doch auch »Zeitgeist« reflektiert, also in seinem Werk auch kollektive Qualitäten etwa aus dem Handwerk zum Tragen kommen. Dieser charakteristische Doppeltrakter mit freistehendem Betriebstrakt im Hof gehört zu seinen schönsten Arbeiten, wo sich neoklassizistische Elemente mit englischen (bay-windows) und secessionistischen mischen, vor allem aber das Thema der Beziehung von Geschäftssockel und Wohn- bzw. Bürogeschossen in einer eindrucksvollen Weise abgehandelt wird.

Schloßgasse 16, BH: Carl von Abrahamsberg, E + A: Eduard Frauenfeld, 1904

Eine abgeräumte Gründerzeitfassade, neu mit Jugendstildekor versehen, eine Vorstellung von vielen Baumeistern, an der ein Otto Wagner nicht ganz unschuldig war.

Schönbrunner Straße 12, BH: Karl Rößler, E: Karl und Wilhelm Schön, A: Ferdinand Schindler, 1911/12

Viele Häuser, die um 1912 gebaut wurden, strotzen von Optimismus, so als würde sich in kurzer Zeit ihr ganzes städtebauliches Umfeld verändern. Auch dieses Haus, das fast symmetrisch in der Diagonale organisiert ist und architektonisch anspruchsvoll auftritt (siehe Eingang), würde auch an einem prominenteren Ort eine gute Figur machen.

Schönbrunner Straße 62, BH: Franz und Josef Gansmüller, E: Adolf Kessler, A: Johann Seitl und Alois Klee, 1902

173

# 5. BEZIRK

**Schönbrunner Straße 64, BH + E: Alois Schützenberger, A: Georg Schuster, 1912/13**

Ein ähnlicher Fall wie das Haus Hamburgerstraße 8, nur daß der Architekt mit versetzten Geschossen arbeitete. Dadurch konnte er an der Wienzeile die Gesimshöhe mit fünfeinhalb Geschossen voll ausnutzen. Der Nachteil ist, daß die relativ geringe Gesamtfläche des Hauses nicht auf einem Niveau (als eine Wohnung) genutzt werden kann.

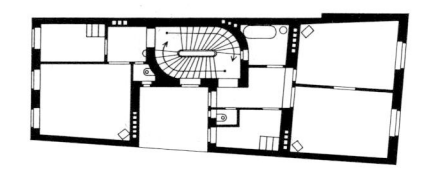

Schützenberger ist in der Behandlung der Fassaden noch kühner als Stierlin, da er sich dezidiert zum schmalen, hohen Format bekennt, dieses noch durch eine Kannelierung und durch rhythmisch akzentuierte Fensterachsen (durch plastische Brüstungselemente) steigert.

**Schönbrunner Straße 83, BH: Ignaz und Maria Schöllinger, E + A: Carl Stöger & Sohn, 1902**

Auch diese Fassade hat, wie das Haus Rechte Wienzeile 167, eine Tendenz zur Herauslösung der einzelnen Elemente, jedoch noch nicht so weit entwickelt wie beim späteren Beispiel.

**Schönbrunner Straße 107, BH: Gemeinnützige Bau- und Wohnungsgenossenschaft »Wien Süd«, E: Hedy Wachberger, A: Lang und Menhofer, 1981—85**

**Schönbrunner Straße 109, BH: Hugo von Trnkóczy, E: Carl Stöger & Sohn, A: August Scheffel, 1907/08**

Dieses Haus liegt zeitlich genau zwischen den vorhin erwähnten Beispielen. Man muß also annehmen, daß Vater und Sohn Stöger diese »kubistische« Artikulation der Fassaden mit bewußt verfolgt haben. Ein visueller Fixpunkt der Westeinfahrt ist der eigenwillige Abschluß des Eckerkers, der ebenfalls einen Sinn für elementare Wirkungen verrät (secessionistischer Windfang zur Apotheke, 1910).

**Schönbrunner Straße 120—124, BH: Hermann und Sarah Silberstern, E + A: Kupka & Orglmeister, 1902/03**

Kupka & Orglmeister gehörten zu jenen Baufirmen, die sehr schnell auf den Jugendstil reagierten und wohl auch mit Hilfe von Akademiestudenten ihr Programm modernisierten und das Neue marktfähig machten.

**Schönbrunner Straße 141, »Schönbrunner-Hof«, BH: Jakob Egg, E: Heinrich Kestel, A: Josef Falter, 1904**

Heinrich Kestel, der vielfach als Fassadenentwerfer mit breitem Angebot auftrat, hatte hier wohl einen besonders eigenwilligen Bauherrn.

**Siebenbrunnenfeldgasse 12—18, BH: Leopold und Franz Müller, E: Ernst Epstein, A: Guido Gröger, 1911**

Epstein zeigt hier wieder einmal, in einer Sparsamkeit fordernden Vorstadtsituation, seine Klasse als Entwerfer. Die Häuserzeile ist trotz der einfachen Putzarchitektur von großer Wirkung. Spätgründerzeitliche »Minimal-Architektur«, die sich auf Kornhäusel besinnt, ohne ihn nachzuahmen. Kein zukunftsweisender Purismus, sondern komprimierte visuelle Erfahrung.

**Sonnenhofgasse 6, »Sonnen-Hof«, BH + E + A: Victor Gettwert, 1896/97**

Das Haus hat die Bezeichnung »Sonnen-Hof« auch nötig, denn der tiefe Straßentrakter mit eng angekuppelten Seitenflügeln und innenliegendem Treppenhaus zeigt eine bemerkenswert rigorose Ausnutzung der Parzelle. Bestechend ist die Eingangsgestaltung mit einer auf die alte Baulinie vorgezogenen eisernen Veranda.

# MARGARETEN

### Spengergasse 13, BH + E + A: Emanuel Ehrlich, 1912

Biedermeierliche Behandlung der Fassaden mit punktförmig eingesetztem Secessionsschmuck. Noch ungewohnt die funktionale Ausbildung der Eckräume.

### Steggasse 1, BH + A: Carl Langer, E: Josef Plečnik, 1901/02

Vielleicht ist es ein Zufall, daß heute durch die Färbelung das Haus zweigeteilt erscheint und so die städtebauliche Konzeption Plečniks besonders sichtbar wird. Es besteht nämlich aus zwei versetzten, turmartigen Teilen, die einerseits dem Gelände folgen, andererseits die doppelte Drehbewegung unterstreichen. Der Hinweis Prelovšeks (in »Josef Plečnik, Wiener Arbeiten von 1896—1914«) auf das Vorbild im Wagnerschen »Hosenträgerhaus« stimmt, man muß aber noch hinzufügen, daß Plečnik hier das System der Fassadengliederung besonders intelligent und logisch verwendet. Die Struktur nimmt optisch die horizontale und vertikale Bewegung auseinander, verselbständigt die Elemente (wie später bei Epstein, Stöger u. a.), so daß die beiden aufstrebenden Türme in einem merkwürdigen Schwebezustand verharren. Die ums Eck geführten filigranen Balkone unterstreichen diese Drehbewegung, so wie sie die mächtigen Kranzgesimse horizontal akzentuieren und vertikal zum Stillstand bringen. Plečnik hätte sicher auch an der Wienzeile diese Drehbewegung des Turmes zu einem formalen Abschluß gebracht, wenn dies die baurechtliche Situation erlaubt hätte. Jedenfalls ist auch hier, durch den niederen anschließenden Altbau, der Turm als solcher »lesbar«. Im Grundriß ist diese Zweiteilung zwar angedeutet, aber nicht als räumlich-architektonisches Thema behandelt.

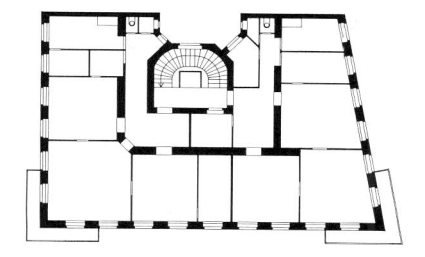

### Stolberggasse 17, BH: Richard Breinsberger, E: Eugen Ritter Felgel von Farnholz, A: Pittel & Brausewetter, 1911

Die vereinfachte Fassade läßt nur mehr Spuren der Wagner-Schule erkennen, die sich aber hier auch nicht besonders profiliert dargestellt hat.

### Stolberggasse 21, BH: August Güdel, E: Alfred Marek, A: Pittel & Brausewetter, 1911/12

Diese kühne Fassade könnte auch von Epstein sein, obwohl sie, durch den kräftigen Riffelputz, ein Gestaltungselement von Josef Hoffmann zum Hauptthema hat. Besonders schön ist, daß diese kräftige Textur mit der eigenartigen Tiefenwirkung nur von den Nachbarhäusern gefaßt wird, die Fenster einfach herausgeschnitten sind und die Fassade nur nach oben, durch ein Attikageschoß und eine angedeutete Giebellinie, ihren Abschluß findet.

### Stolberggasse 51a, BH: Ferdinand Biach, E: Richard Modern, A: Johann Meidl, 1906/07

### Storkgasse 15, BH: Leopold und Franz Müller, E: Ernst Epstein, A: Guido Gröger, 1911/12

Das Haus ist im Zusammenhang mit dem ganzen Block (siehe Siebenbrunnenfeldgasse 12—18) zu sehen, der aus vier Eck- und vier Straßentrakten besteht, die mit Stichtrakten Rücken an Rücken gebaut sind. Dieses Haus hat noch die originale Fassade, die nicht minder eigenständig und prägnant ist.

# 5. BEZIRK

Straußengasse 9, BH + E: Franz Paitl, A: Baugesellschaft Paitl & Meissner, 1937

Strobachgasse 2, »Jubiläumshof«, BH + E + A: Ferdinand Seif, 1898

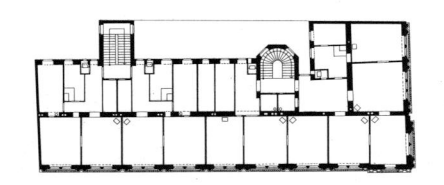

Der schmale, lange Ecktrakt läßt auf Grund seiner anspruchsvollen Ringstraßenarchitektur eher einen tiefen Block vermuten. Insofern hat sich der Architekt in den Mitteln vergriffen, obwohl dieses Haus zweifellos zu den besten und diszipliniertesten Arbeiten von Seif gehört.

Viktor-Christ-Gasse 9, BH: Anton Engert, Fritz Ritter von Herzmanovsky, E + A: Anton Engert, 1906/07

Zugegeben, dieses Haus würde nicht erwähnt werden, wenn nicht Fritz von Herzmanovsky damit verbunden wäre. Ob wirklich nur als Bauherr, ist leider nicht ganz sicher.

Wehrgasse 22, BH: Albert Schloß, E: Fritz Keller, Fritz Ritter von Herzmanovsky, 1910

Abgesehen davon, daß das Haus aus einer Arbeitsgemeinschaft zweier Architekten stammt, läßt es überhaupt keine Assoziationen zur ausufernden Phantasie des Schriftstellers und Zeichners Fritz von Herzmanovsky aufkommen. Im Gegenteil, die Architektur ist für 1910 ungewöhnlich streng, eher eine Vorwegnahme des Purismus der zwanziger Jahre. Und der reich geschmückte Erkerturm? Dieser fällt auch nicht aus dem Rahmen der Architektur um 1910.

Wiedner Hauptstraße 88, »Flora-Hof«, BH: Edmund Baumgartner, E: Oskar Laske, A: Oskar Laske & Viktor Fiala, Josef Barak, 1901/02

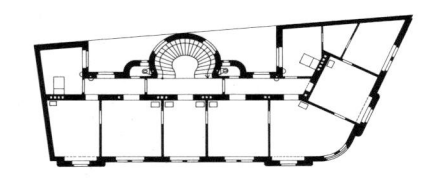

Der im Straßenraum markant in Erscheinung tretende Eckbau gehört in der Kategorie des Miethauses zu den ganz wenigen Beispielen, die in einer lupenreinen Form den secessionistischen Aufbruch signalisieren. Dabei ist es erstaunlich, wie weit sich der Wagner-Schüler schon um diese Zeit von seinem Lehrer entfernte, was dem späteren Maler vermutlich auch nur durch sein künstlerisches Temperament gelang. Der Grundriß verrät noch die Disziplin der Schule, die symmetrische Konzeption wird an Eck dynamisch aufgebrochen, im Bereich des Treppenhauses kündet sich ein neues künstlerisches Prinzip an. So gesehen ist auch die »fließende Graphik« der Fassade eingebunden in ein festes Ordnungsprinzip, ja die Bewegung im Detail wird von dorther erst sichtbar oder konstituiert. Und wer ganz genau hinschauen will, wird auch noch viele Hinweise auf Otto Wagner finden.

Wiedner Hauptstraße 90—92, BH + E: Hugo Mandeltort, A: Karl Kirchem, 1901/02

Wiedner Hauptstraße 106, BH: Richard Breinsberger, E: Eugen Ritter Felgel von Farnholz, A: Pittel & Brausewetter, 1911/12

Zusammen mit dem Nachbarhaus ein merkwürdig romantischer Versuch, den Straßenraum motivisch zu artikulieren. Nach dem Abbruch der Rauchfangkehrerkirche eine noch unverständlichere Maßnahme.

Wiedner Hauptstraße 108, BH: Karl und Josefine Keller, E: Friedrich Kleibl, A: Karl Brizzi, 1911/12

Der extrem schmale, gestreckte Doppeltrakt mit seitlichem Verbindungstrakt war ursprünglich als Wohnhaus geplant, wurde aber während des Baus in das Hotel »Jägerhorn« umgewidmet. Der nationalromantische Bau hat eine enorme Tiefe von 85 m (bei einer Breite von 8,5 m). Im Vordertrakt befand sich die Gaststätte, über einen Wintergarten und eine Passage durch den Hoftrakt erreichte man über einen kleinen Hof ins Stiegenhaus, über das man in einen großen, von oben belichteten Saal gelangte und in den darunterliegenden, ebenso großen Volkskeller.

# MARGARETEN

Wiedner Hauptstraße 115, BH: Gustav Franz Löwy, Helene Salter, E: Jakob Reitzer, A: Josef Taschner, 1908

Wiedner Hauptstraße 126—128, BH: Alois, Karoline und Karl Karlik, E: Emil Hoppe, Otto Schönthal, Marcel Kammerer, A: J. G. Tolazzi, 1912/13

Der leicht spitzwinkelige Ecktrakter mit diagonal liegendem Stiegenhaus ist eine charakteristische Arbeit der drei Wagner-Schüler, die bei den Miethäusern dieser Jahre eine Vorliebe für plastisch strukturierte Fassaden (rhythmische Verwendung von Erkerachsen) zeigten. Die besondere Betonung des abgerundeten Ecks durch einen über dem Kranzgesims liegenden Dachaufbau gehört noch zu den zeittypischen Reaktionen auf den städtischen Raum.

Ziegelofengasse 18, BH + E: Franz Paitl, A: Baugesellschaft Paitl & Meissner, 1937

Ziegelofengasse 20—22, E: Herbert Prader, A: Herbert Schneider, 1965

Bacherplatz 4, »Eiselsberghof«, E: Otto Schönthal, 1948—50

Durch die zweifache Überbauung der Wimmergasse entstand ein differenziertes, ineinander verschränktes Hofensemble, das städtebaulich noch an die Tradition des Gemeindebaus der zwanziger Jahre erinnert.

Blechturmgasse 23—27, E: Josef Hoffmann, Josef Kalbac, 1949/50

Die Anlage besteht aus vier Häusern an der Gasse und einem Hoftrakt. Hoffmann versuchte nicht etwa mit unterschiedlichen Fenstern Abwechslung zu simulieren, sondern betonte die Einfachheit durch die Beschränkung auf ein dreiteiliges Fensterelement und erreicht damit zumindest eine großstädtische Fassadenfront. Die Häuser folgen leicht versetzt dem Straßenniveau, die beiden Endtypen haben je einen Durchgang in den Hof (die Treppenhäuser zur Straße, so daß man zuletzt von der versteckten Vielfalt in der Anlage überrascht wird.

Diehlgasse 20—26, E: Fritz Judtmann, Egon Riss, 1928

Gegen Ende der zwanziger Jahre versuchten einige Architekten den bescheidenen Wohnungen eine systematische Aufwertung durch sinnvoll angelegte Veranden und Loggien zu verschaffen. Diese Kombination ist, wenn man von der besonderen Wirkung einmal absieht, auch vom Gebrauch her sinnvoll.

Einsiedlergasse 13, E: Heinz Tesar, A: Dominkovits Bau GmbH, 1981—83

177

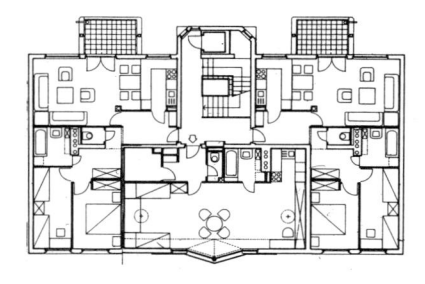

## 5. BEZIRK

Der Dreispänner zeigt in mehrfacher Hinsicht eine bewußte Bezugnahme auf die Architektur der Volkswohnbauten der Zwischenkriegszeit: das Haus reagiert auf seine Situation im Straßenraum als Einzelelement und als Teil des Ensembles, die Sprache der Details erlaubt Assoziationen zur expressiven, aber verhaltenen Monumentalität der historischen Vorbilder, und schließlich wird auf der Hofseite das Thema der Veranda (siehe Diehlgasse) aufgenommen und in Form von selbständigen »Türmen« neu formuliert. Tesar hatte das Glück, später auch das anschließende Eckhaus planen zu können, womit dieser Straßenabschnitt eine besondere architektonische Geschlossenheit erreichte.

### Fendigasse 19—21, E: Hermann Stiegholzer, Herbert Kastinger, 1930

Das gleichzeitig mit dem anschließenden Arbeitsamt (Obere Amtshausgasse) errichtete Haus zeigt eigentlich in seiner Blockhaftigkeit nur beim Tor in der Fendigasse direkte Bezüge zu diesem außerordentlichen Bau.

### Hauslabgasse 24, E: Karl Ehn, 1939

### Hauslabgasse 25, E: Karl Ehn, 1938

### Leopold-Rister-Gasse 5, E: Ladislaus Hruska, Kurt Schlauss, 1955-64

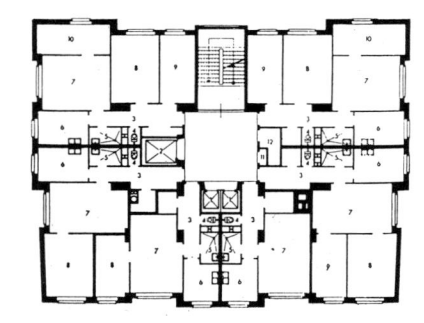

Das in der Achse der Kohlgasse stehende erste und echte Hochhaus des Wiener Gemeindebaus der Nachkriegszeit bildet den Angelpunkt des etwas weitläufigen Theodor-Körner-Hofes (1951—55). Wie man am Plan ersieht, waren die Architekten bemüht, durch ein stranggfalzartiges Grundrißprofil den Turm besonders schlank erscheinen zu lassen.

### Margaretengürtel 22, »Julius-Ofner-Hof«, E: Ernst Lichtblau, 1926

Ernst Lichtblau war einer der letzten Otto-Wagner-Schüler. Trotz der schönen Portalzone bekommt man den Eindruck, daß der Architekt Schwierigkeiten mit den Anbauzwängen an die Feuermauern und der Schließung des Blocks hatte. Zum Gürtel hin gelingt ihm aber doch eine großstädtische Schauseite.

### Margaretengürtel 76—134

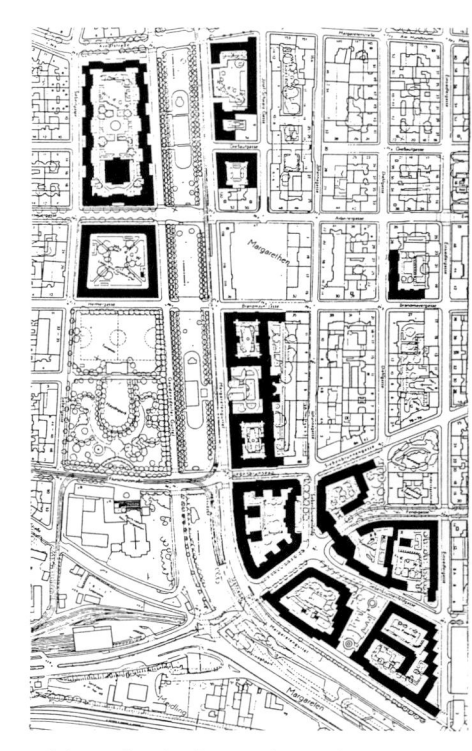

Das Knie des Margaretengürtels, von der Einsiedlergasse bis zur Margaretenstraße, kann man als die Wiege des Wiener kommunalen Wohnbaus bezeichnen. Zusammen mit den Anlagen des 12. Bezirks entstand hier nicht nur die »Ringstraße des Proletariats«, sondern mit dem Julius-Popp-Hof, Herwegh- und Matteotti-Hof (Schmid/Aichinger), dem Metzleinstaler- und Reumann-Hof (Hubert Gessner), Franz-Domes-Hof (Behrens) und schließlich, auf der Außenseite des Gürtels, mit dem Leopoldine-Glöckel-Hof (Frank) und dem Haydn-Hof (Hauser) ein eindrucksvolles Ensemble, das nicht nur die Entwicklung von den Anfängen bis in die dreißiger Jahre, sondern auch viele der architektonischen Haltungen und städtebaulichen Konzepte zeigt. Obwohl es sich um eine große, zusammenhängende Überbauung handelt, sind die einzelnen Höfe völlig in das bestehende Straßennetz integriert. Ledig-

# MARGARETEN

lich beim Knie des Gürtels, bei der Mündung der Fendigasse und (von außen) der Eichenstraße, ist durch den Matteotti-Hof so etwas wie ein zurückgesetztes Stadttor geschaffen worden, das aber durch die heutige Dominanz des Gürtelverkehrs und die Bedeutungslosigkeit der Fendigasse als Ausfallstraße seine symbolische Bedeutung verloren hat. Die anderen Straßenmündungen in den Gürtel wurden städtebaulich nicht besonders betont.

## Margaretengürtel 76—80, »Julius-Popp-Hof«, E: Heinrich Schmid, Hermann Aichinger, 1925

Die Anlage bildet mit dem Herwegh-Hof zusammen eine Art von »Torsituation« zum Gürtel hin und einen gemeinsamen, streng gestalteten Grünraum. Diese Maßnahme ist nur als eine räumliche zwischen den beiden Bauten zu verstehen und hat keine übergeordnete städtebauliche Logik. Der Hof selbst wird durch einen winkelförmigen Trakt noch unterteilt, wirkt aber durch die geschickte Ausnutzung fallenden Terrains trotzdem nicht beengt. Die akzentuierte Staffelung entlang der Einsiedlergasse wirkt in ihrer Gestik fast wie eine Quartiersbegrenzung.

## Margaretengürtel 82—88, »Herwegh-Hof«, E: Heinrich Schmid, Hermann Aichinger, 1926/27

Nicht nur der geräumige Hof mit der pavillonbesetzten Freitreppe, sondern die gesamte Architektur der Anlage macht einen gelösteren Eindruck, so als hätten sich die Architekten von den allzugroßen Zwängen des Julius-Popp-Hofes befreit.

## Margaretengürtel 90—98, »Metzleinstaler-Hof«, 1. Bauteil, E: Robert Kalesa, 2. Bauteil, E: Hubert Gessner, 1919, 1922/23

Die Front am Gürtel wurde schon vor dem Ersten Weltkrieg geplant, und (nach Hautmann) ab 1916 wurde zu bauen begonnen. Dieser Teil hat noch von außen zugängliche Treppenhäuser und zeigt auch noch größere gründerzeitliche Stichtrakte im Hof. Gessner ergänzte die Anlage an der Siebenbrunnen-, Siebenbrunnenfeld- und Fendigasse mit vom Hof aus zugänglichen Treppenhäusern und einer repräsentativeren Front mit Sondernutzungen zur Siebenbrunnenfeldgasse hin. Er schuf damit nicht nur eine Basis für die Grundrißtypologie der Gemeindewohnung, sondern gab auch, durch die reiche Verwendung kunstgewerblichen Bauschmucks, einen Rahmen für die Sprachlichkeit dieser Architektur an. Der Metzleinstaler-Hof gilt als der erste kommunale Wohnbau des »Roten Wien«, diese Rolle wird ihm zumindest (laut Tafel) vom Fuchsenfeldhof streitig gemacht.

## Margaretengürtel 100—112, »Reumann-Hof«, E: Hubert Gessner, 1924

Die schloßartige Anlage mit 478 Wohnungen, Ehrenhof und Arkaden, mit Haupt- und Querachse und repräsentativem neungeschossigem Mitteltrakt ist bis heute ein Schlüsselbau für die Diskussion um den Volkswohnbau der Stadt Wien geblieben. Hier entstand auch, im Zusammenhang mit dem großzügigen Ausbau der Gürtelstraße, der Begriff der »Ringstraße des Proletariats«. Tatsächlich erhebt die Architektur des Reumann-Hofes mit ihren deutlichen

179

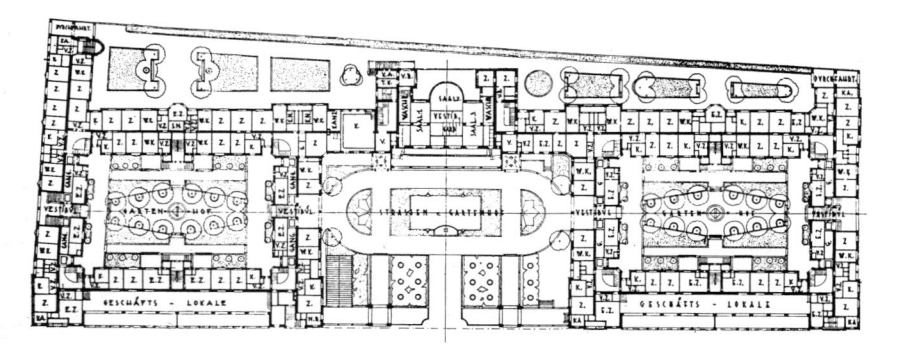

Hinweisen auf typologische und morphologische Elemente der Herrschaftsarchitektur Anspruch auf Kontinuität politischer Macht und kultureller Präsenz der Arbeiterklasse. An diesen Inhalten kann auch die Tatsache nichts ändern, daß man konkret beim Reumann-Hof entdeckt hat (durch Wilfried Posch), daß das ursprüngliche Konzept ein anderes war. Gessner hatte ein freistehendes zwölfgeschossiges Hochhaus geplant, das von zwei Höfen flankiert war. In einer weiteren Bearbeitungsphase verschmolz das herabgezonte Hochhaus mit den beiden Höfen. So entstand eher zufällig der Schloßgrundriß, der aber dann von Gessner nicht relativiert, sondern mit allen architektonischen Merkmalen herausgearbeitet wurde. Das heißt, das Umkippen in eine allen Wienern vertraute Typologie wurde von den Auftraggebern akzeptiert. Es spielten aber hier nicht nur kulturelle Legitimationszwänge eine Rolle (die gerade das Wiener Bürgertum noch hinter sich hatte), sondern vielleicht auch Momente der Mimikry oder Tarnung eines zweifellos politisch und ökonomisch radikalen Bauprogrammes. Der Zitatcharakter oder die vordergründige Symbolik wird noch verstärkt durch den geringen, zumindest kaum verständlichen städtebaulichen Anlaß. Denn die Achse des Reumann-Hofes führt stadträumlich ins Leere, der gegenüberliegende Haydnpark schafft zwar Blickdistanz, aber ist nicht verbunden mit einer stadträumlich aufgewerteten Zone. Trotz all dieser Widersprüchlichkeiten handelt es sich um eine der eindrucksvollsten Bauleistungen des »Roten Wien«, deren populistische Architektur die politische und kulturelle Realität der frühen zwanziger Jahre widerspiegelt.

## Margaretengürtel 122—124, E: Adolf Jelletz, A: Carl Korn, Baugesellschaft, 1928/29

Dem Lob der Hautmanns kann man nur beipflichten. Das blockschließende U ist von einer beachtlichen architektonischen Stringenz, die sich nicht nur im Sockelgeschoß, an den Gebäudeecken, sondern auch im Hof, ja in der grundrißlichen Durchbildung des Objektes ausdrückt.

## Margaretengürtel 126—134, »Franz-Domes-Hof«, E: Peter Behrens, 1928/29

Merkwürdig, daß diese Anlage von Peter Behrens soviel wie unbeachtet geblieben ist. Gewiß, die Architektur fügt sich unauffällig in das übrige Bauprogramm ein, trotzdem zeigt sie, bei genauerer Betrachtung, betont städtebauliche Qualitäten. Das offene U zum Gürtel hin ist heute ein Fehler, man muß aber wissen, daß Behrens den Hof durch eine niedere Bebauung abgeschirmt hatte. Ebenso reagiert der Bau deutlich auf die Einmündung der Margaretenstraße in den Gürtel.

## Siebenbrunnenfeldgasse 26—30, »Matteotti-Hof«, E: Heinrich Schmid, Hermann Aichinger, 1926

# MARGARETEN

Die durch die Fendigasse zweigeteilte Anlage ist ganz aus der Straßenführung entwickelt, macht aber aus dieser Situation eine städtebauliche Tugend. Die Überbauung der Fendigasse gerät zum Stadttor, die allgemeinen Einrichtungen im östlichen Hof überformen die topographische Besonderheit des Ortes am einstigen Linienwall. Hier wurden die Prinzipien des rationalistischen Städtebaus endgültig verlassen, die Otto-Wagner-Schüler erweisen sich als Camillo-Sitte-Schüler.

## Siebenbrunnengasse 76—78, Familien-Asyl, E: Stöhr, 1936/37

Die »Familien-Asyle« des Ständestaates konnten nicht an Dürftigkeit unterboten werden. Hier war wohl die Situation nicht geeignet, um auf den noch primitiveren Typ des Pawlatschenhauses mit Einzelräumen zurückzugreifen.

## Stöbergasse 4—20, »Heine-Hof«, E: Otto Prutscher, 1925/26

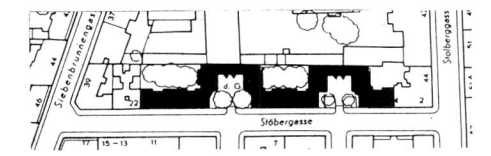

Die mäanderförmige Bebauung eines extrem langen und schmalen Straßengrundstückes provozierte bei Otto Prutscher offenbar auch eine diese Rhythmik unterstreichende, expressiv-romantische Architektur. Besonders liebevolle Behandlung der Straßenhöfe, etwa beim Kindergarten mit Brunnen und besonderer Pflasterung.

## Wiedner Hauptstraße 103—105, E: Karl Ehn, 1938

Ehn zeigt hier unfreiwillig (auch bei den Häusern Hauslabgasse 24 und 25), wie ambivalent architektonische Formen im Hinblick auf politische Inhalte sind: wer beschreibt den Unterschied zwischen einem »austromarxistischen« und einem »austrofaschistischen« Realismus?

## Reinprechtsdorfer Straße 8, Z-Zweigstelle, BH: Zentralsparkasse und Kommerzialbank Wien, E: Friedrich Kurrent, Johannes Spalt, 1968—71

Mit der Zweigstelle Reinprechtsdorfer Straße hat die »Z« eine architekturpolitische Aktivität begonnen, die in den nächsten zwei Jahrzehnten fast alle jüngeren Architekten heranzog, deren Bedeutung für die Wiener Architektur unbestritten war, die aber andererseits so gut wie keine öffentlichen Aufträge besaßen. Heute ließe sich anhand der Z-Zweigstellen sogar eine kleine Wiener Architekturgeschichte der siebziger und achtziger Jahre schreiben. Diese Arbeit steht aber auch am Beginn eines architektonischen Bewußtseinswandels: einerseits wurde noch der Einbau als visuell unabhängige Struktur vom Altbau definiert, andererseits legte man bereits Wert auf eine geschlossene, filigrane Ausbildung der Portalzone mit schützendem Vordach und offener Vorhalle, nahm also bereits Bezug auf städtische Gebrauchskonventionen und forcierte die Integration in den Straßenraum.

## Arbeitergasse 1—7, Verlag Anton Schroll & Co, BH: Christoph Reisser's Söhne, E: Leopold Simony, BL: Georg Weinzettel, A: Karl Stigler, Eisenkonstruktionen: Gebrüder Bergmann, Ignaz Gridl, 1903/04

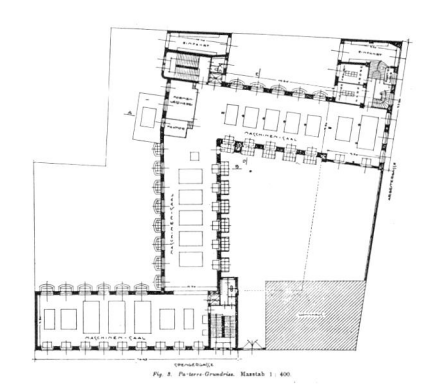

Die Notwendigkeit, an drei Feuermauern anzuschließen und beidseitig belichtete Maschinensäle zu bekommen, ebenso das aus dem Jahre 1873 stammende Wohnhaus zu erhalten, führte zu der merkwürdigen Z-förmigen Bebauung, die, im Zusammenhang mit der schlanken Mauerstruktur und großen Eisenfenstern, heute nicht einen brauchbaren Industriebau abgibt. Die Deckenkonstruktion besteht aus über 9,5 m gespannten, genieteten Walzträgern (teilweise Gitterträger), zwischen denen flache Betontonnen gespannt sind. Lediglich im westlichen Trakt ist die Konstruktion durch Mittelstützen verstärkt. Die Anlage gehört zu den wenigen gut erhaltenen und noch in ursprünglicher Verwendung befindlichen Druckereigebäuden der Jahrhundertwende und ebenso zu den bedeutend-

181

## 5. BEZIRK

sten Arbeiten des Architekten Leopold Simony, der nicht nur durch Industriebauten, sondern auch durch sein Engagement für den frühen Arbeiterwohnbau hervorgetreten ist.

**Hollgasse 3—5, Werkstättentrakt, E: Franz Freiherr von Krauß, Josef Tölkf, A: Hans Schatz, 1905**

Schöner, im Material differenzierter Sichtziegelbau mit geputzten Lisenen, Gesimsen und Treppenhausfeldern, sichtbaren eisernen Fensterüberlagen und minimalstem Schmuck in Form von quadratischen Plättchen.

**Kohlgasse 47, BH: J. W. Müller, E + A: Heinz Gerl, 1907**

**Nikolsdorfer Gasse 7—11, ehem. Druckerei Fromme, E: Hans Prutscher, A: C. Miserowsky & O. Winkler, 1911**

Das ehemalige Geschäftshaus der Buchdruckerei und Verlagsbuchhandlung Carl Fromme gehört zu den strengeren Arbeiten Hans Prutschers. An seine gewohnte, eher zum Kunstgewerblichen neigende Architektur erinnert hier die undulierende Mittelteil der Fassade und die eigenwillige Fassung der Tore. Besonders schön die Eingangsbereiche, vor allem beim linken Tor (secessionistische Details in Bronze und Keramik, Flamingomosaik etc.). Schlichtes viergeschossiges Druckereigebäude aus Eisenbeton im Hof.

**Rechte Wienzeile 97, ehem. Druck- und Verlagsanstalt »Vorwärts«, E: Hubert und Franz Gessner, 1907—09**

Von dem wohl geschichts- und symbolträchtigsten Bau der Wiener Sozialdemokratie ist nur mehr die weithin sichtbare, signifikante Fassade übriggeblieben. Im Würgegriff einer postmodischen Hotelanlage wird sie selbst noch als Zeichen attackiert.

**Siebenbrunnengasse 19—21, Wollwarenfabrik Bernhard Altmann, ab 1914**

Drei Hauptbauphasen: Siebenbrunnengasse 19—21, BH: Ludwig Fiedermutz, Statik: Rudolf Saliger, 1914; Erweiterung im Hof, BH: Bernhard Altmann, E: Ferdinand Glaser und Rudolf Eisler, 1923; Zentagasse: Shedhalle für Spinnerei und Weberei (umgebaut) und Stolberggasse 26 (Betriebsgebäude), E: Heinrich Schmid und Hermann Aichinger, 1949. Die Fassade Siebenbrunnengasse 19—21 wurde vermutlich von Glaser & Eisler erneuert.

**Kettenbrückengasse, Stadtbahnhaltestelle, E: Otto Wagner, 1896/97**

Die beiden ehemaligen Stadtbahnhaltestellen (Bahnhöfe der U 4) gehören dem pavillonartigen Wientaltyp an, der genaugenommen zuerst am Gürtel (Burggasse) gebaut und als »punktförmiger« Verteilerbau für Tiefstationen entwickelt wurde. Diese Stationen zeichnen sich durch eine überaus klare und überschaubare Wegführung aus und sind auch als Pavillons markante Blickpunkte im Stadtraum.

**Pilgramgasse, Stadtbahnhaltestelle, E: Otto Wagner, 1897/98**

# 6. Bezirk: MARIAHILF

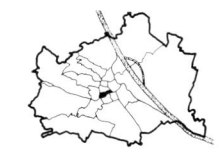

Obwohl die Mariahilfer Straße, als Ausfallstraße nach Schönbrunn, einst das Rückgrat der Vororte Laimgrube, Windmühle, Mariahilf, Neubau und Schottenfeld bildete und als Poststraße nach Linz und spätere »Bahnhofstraße« (Westbahnhof, ab 1859) früh bereits eine größere Bedeutung als Handelsplatz bekam, bildet sie heute die nördliche Grenze des Bezirks MARIAHILF, ohne jedoch die Funktion als Einkaufsstraße verloren zu haben. Der Bezirk wird im Westen durch den Mariahilfer Gürtel begrenzt, wobei die breiten Fahrbahnen und der Übergang der Stadtbahn von einer Tief- in eine Hochlage für ein wirksames Korsett sorgen. Im Süden ist die Grenze durch die Parallelität von Wienfluß und Stadtbahn (heute U 4) nicht minder definitiv, hingegen ist der Bezirk im Osten an der schmalen Stelle zwischen Mariahilfer Straße und Wienzeile dreimal an die Ringstraßenzone angekoppelt. Das heutige urbane Rückgrat von MARIAHILF wäre topographisch die Gumpendorfer Straße, die jedoch weder die Konkurrenz mit der Mariahilfer Straße noch mit der Wienzeile (Naschmarkt) aufnehmen kann und eine gemischt genutzte Straße geblieben ist.

Das Straßennetz im stadtwärts liegenden Teil des Bezirks mit den häufigen Transversalen läßt den einst stark abfallenden, mit Weingärten versehenen Südhang spüren, dessen starke Lehmvorkommen (Laimgrube) schon früh ausgebeutet wurden. Im mittleren Bereich, zwischen den ehemaligen Vorstädten Mariahilf und Magdalenengrund, hatte der Staatskanzler Maria Theresias, Fürst Kaunitz, ein großes Areal besessen, auf dem er nicht nur ein prächtiges Palais baute, sondern auch einen weitläufigen Park anlegte. Das Gebäude — lange Zeit noch Gymnasium, Bezirksamt und Fürsorgeinstitut — wurde erst nach dem Zweiten Weltkrieg demoliert; der Esterházy-Park mit Flakturm ist der Rest dieses lokalhistorischen Glanzpunktes.

MARIAHILF entstand als Bezirk 1850 durch die Zusammenlegung der Vorstädte Gumpendorf, Laimgrube, Magdalenengrund, Mariahilf und Windmühle. Zu dieser Zeit existierten bereits 1025 Häuser, wovon 565 auf Gumpendorf entfielen, das heißt, um die Jahrhundertmitte war der Bezirk fast flächendeckend überbaut; eine biedermeierliche, niedere Baustruktur mit den charakteristischen Stutzflügelhäusern. Zu dieser Zeit herrschte von den zahlreichen Betrieben die Textil- und Nahrungsmittelbranche vor. Mit Ausnahme des Loquaiplatzes (ehemalige k. k. Infanterie-Kaserne) und des schon erwähnten Esterházy-Parks wurden die ohnehin nicht gerade üppigen Grünflächen durch die Regulierungen in der zweiten Hälfte des 19. Jahrhunderts beseitigt.

MARIAHILF hatte, obwohl nur die Hälfte an Fläche (1,5 km²), ungefähr die gleiche Bevölkerungsanzahl wie die INNERE STADT. Mit Ausnahme eines leichten Anstiegs vor dem Ersten Weltkrieg nahm jedoch die Zahl der Einwohner von der Mitte des vorigen Jahrhunderts an (66.000) kontinuierlich ab. Um 1900 lebten im Bezirk 61.147 Menschen, 1951 waren es 46.372 und 1981 schließlich nur noch 28.771. Durch die starke Entwicklung der Mariahilfer Straße, die Einwölbung des Wienflusses und die Verlegung des Naschmarktes (um 1900), nicht zuletzt aber auch durch die Ausstrahlung der Ringstraße, hat sich der der Stadt zugewandte Teil des Bezirks baulich dichter entwickelt als Gumpendorf, wo — ausgenommen die Querspange Brückengasse—Stumpergasse und die Konzentration öffentlicher Bauten an der Wienzeile (Schule, Gewerbehof, Feuerwehr) — der vormärzliche und frühgründerzeitliche Maßstab weitgehend erhalten blieb. Trotz des größeren Bebauungsdrucks in Ringnähe hat sich aber auch dort länger eine kontrastreiche Sozialstruktur erhalten: so hat etwa im kleinen Magdalenengrund ein Quartier mit der nicht gerade schmeichelhaften Bezeichnung »Ratzenstadl« bis nach dem Zweiten Weltkrieg überlebt, während die großen Kaunitzschen Besitzungen sich schon hundert Jahre früher auflösten. Ein charakteristisches Element des Bezirks sind die zahlreichen »Durchhäuser«, von der Mariahilfer Straße (Nr. 45, 93, 95 und 101) zur Windmühl- oder Schmalzhofgasse; überbaute Wegerechte durch die einst tiefen Gartenanlagen.

Heute ist der westliche Teil des Bezirks (Gumpendorf) einem großen Veränderungs- und Spekulationsdruck ausgesetzt, wie die Forschungsstudie »Ein Stadtviertel verändert sich« (von Leopold Redl und Hans Hovorka) eindrucksvoll belegt. Auch hier droht die Entwicklung der Planung davonzulaufen. MARIAHILF hat durch die einmalige Topographie (als überbauter Südhang am Wienfluß) heute noch eine ganz besondere Atmosphäre, und es ist auch im 20. Jahrhundert eine beachtliche Anzahl interessanter Bauten von folgenden Architekten entstanden, bis 1918: Theodor Bach, Arthur Baron, Ludwig Baumann, Josef Beer, August Belohlavek, Ernst Epstein, Max Fabiani, Eugen Fassbender, Leopold Fuchs, Hugo Gorge, Ernst von Gotthilf, Arnold Hatschek, Karl Haybäck, Max Hegele, Arnold Heymann, Arnold Karplus, Fritz Keller, Rudolf Krauß, Oskar Marmorek, Gottlieb Michal, Franz Ritter von Neumann, August Scheffel, Ludwig Schöne, Karl Stephann, Hermann Stierlin, Karl Stigler, Carl und Adolf Stöger, Otto Wagner und Ely Wasserstrom. Von 1918 bis 1945: Wilhelm Kattus, Otto Prutscher, Georg Rupprecht, Friedrich Tamms und Otto Wytrlik. Von 1945 bis heute bauten u. a.: Haus-Rucker-Co (Laurids Ortner), Adolf Hoch, Erich Leischner, Timo Penttilä, Boris Podrecca, Ottokar Uhl und Hugo Potyka sowie Gunther Wawrik.

# 6. BEZIRK

## Lehárgasse 7, Telephonzentrale I, BH: K. k. Post- und Telegraphendirektion, E: Eugen Fassbender, 1897—1899

Der Architekt und Städtebauer Eugen Fassbender war sicher der bedeutendere Stadtplaner. Interessant bei diesem spätgründerzeitlichen Amtsgebäude (Doppeltrakter mit zwei seitlichen Treppenhäusern) ist die Einbindung der über dem Straßen- und Hoftrakt liegenden Säle (rund 32 x 12 m) in die Fassade.

## Lehárgasse 9—11, BH: Josef Reithoffer's Söhne, E: Max Fabiani, A: Karl Stigler & Alois Rous, 1912/13

Auch Max Fabiani war Urbanist und Architekt, wobei er sich hier, an dem städtebaulich schwierigen Punkt, ebenso mehr als Städtebauer ausweist. Die leicht verzogene, omegaförmige Verbauung mit dem durch einen Torpavillon geschlossenen Straßenhof ist aus ganz einfachen Überlegungen ableitbar und bedarf nicht einer komplizierten »Winkeltheorie« im Zusammenhang mit dem gegenüberliegenden Semper-Bau (Kulissendepot, 1873). Fabiani legte den nordöstlichen Bau parallel zur Grundgrenze, wodurch eine gewisse Fassadenbreite zum Nachbarhaus entstand. Um auf der anderen Seite eine spiegelgleiche Fassade im Knick der Lehárgasse zu bekommen, mußte automatisch der südwestliche Flügel den Hof verengen, was sogar den Vorteil einer etwas besseren Besonnung der Hoffassade brachte. Die architektonische Sprache ist konventionell, wenn man an die Fabiani-Bauten der Jahrhundertwende denkt (Portois & Fix, Artaria). Trotzdem gleitet die Architektur nicht ins Belanglose ab, sondern wirkt in ihrer restaurativen Hartnäckigkeit fast provokant. Ein Umstand, der vielleicht aus der »politischen Rolle« Fabianis zu dieser Zeit erklärbar ist, als künstlerischer Berater des Thronfolgers Franz Ferdinand d'Este, der wiederum aus seiner Verachtung der Moderne kein Hehl machte. Der im 1. Stock des Torpavillons liegende Sitzungssaal wurde von Boris Podrecca (1981/82) mit Einfühlungsvermögen einerseits auf die ursprüngliche Form (Reaktivierung der Oberlichte etc.) zurückgeführt, andererseits neu eingerichtet. Im Erdgeschoß, Tiefparterre und 1. Stock wurden von Haus-Rucker-Co (Laurids Ortner) Räume für die Werbeagentur Demner & Merlicek eingebaut (1984/85), wobei die von Fabiani vorgegebene Baustruktur durch unterschiedliche, visuell lesbare Bau- und Ausbaumaßnahmen in ein gut überschaubares Raumkontinuum verwandelt wurde. Im Gegensatz zu den glatten Wänden und Pfeilern der bestehenden Struktur sind die bis zur Decke reichenden Ausmauerungen rauh geputzt und genutet, die weiteren dünnen Trennwände halbhoch, glatt und genutet, die übrigen Raumtrennungen aus Glas oder überhaupt nur von Jalousien oder Möbeln gebildet. Alles in allem zwischen Zurückhaltung und Präsenz gut ausgewogene Arbeitsräume.

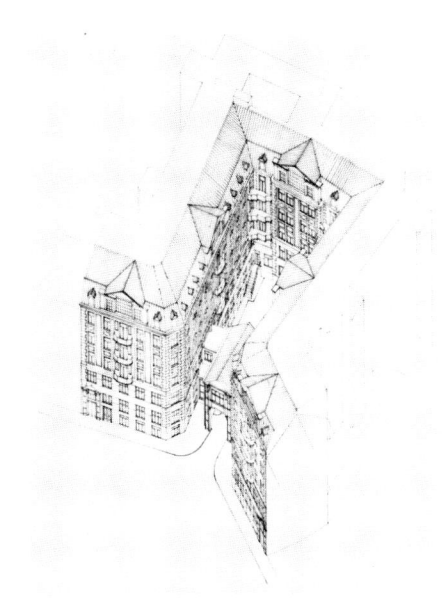

## Linke Wienzeile 48—52, BH: Berufsgenossenschaftliche Unfall-Versicherungsanstalt der österreichischen Eisenbahnen, E: Hubert und Franz Gessner, A: Allgemeine Österreichische Baugesellschaft, 1910—12

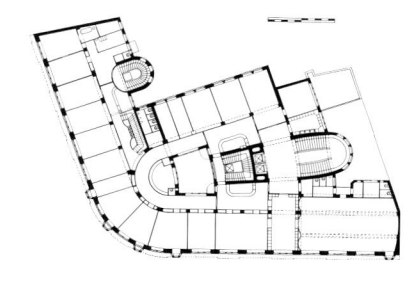

Der Grundriß ist genaugenommen eine Überlagerung von einem abgerundeten Kopftrakter und diagonaler Treppenhaus-Lichthof-Achse mit einem gebogenen Ecktrakter. Dadurch entstehen lange, gut belichtete Raumgruppen. Dieser eleganten Grundrißlösung entspricht eine ebenso mit großer Geste entwickelte Fassade, deren Hauptmerkmal eine Teilung in 4:2 Geschosse (Büros und Wohnungen)

## 6. BEZIRK

ist, die durch einen kordongesimsartig ausgebildeten flachen, aber durchlaufenden Balkon bewirkt wird. Die unteren Geschosse mit zartem Relief sind seitlich und im Eckbogen mit schmalen Erkern besetzt, die mit dem Balkon eine Ebene bilden und damit für die zwei oberen Geschosse eine Art visueller Substruktur abgeben. Die Attikageschosse sind durch säulenflankierte Erker rhythmisch besetzt, die aber konsequent die Achsen der darunterliegenden meiden. Da die von unten aufsteigenden, im Balkon endenden Erker zusätzlich mit Figurengruppen bekrönt sind (von Anton Hanak), entsteht eine merkwürdige Verzahnung der Geschosse, die gleichzeitig, rhythmisch gegenläufig, auch deren Trennung bewirkt. Das prachtvolle Haus erinnert mit Nachdruck daran, daß die Wienzeile einmal in der Hierarchie der Wiener Straßen zu »Höherem« bestimmt war. Sehenswert ist auch das Haupttreppenhaus mit zeitgenössischen Glasfenstern von Leopold Forstner (A: Geyling), Ergänzungen von Anton Gebhard (nach 1945).

Mariahilfer Straße 77—79, Büro- und Einkaufszentrum, BH: Assicurazioni Generali, E: Hannes Lintl, Ferdinand Riedl, PL: Georg Popper, Statik: Rupert Schickl, Emil Jacubec, A: Arge Union-Bau, Hofman & Maculan, 1970—76

186

Mariahilfer Straße 99, Haus des Fußballsports, BH: Karl und Antonia Hörandner, E: Ludwig Schwartz, A: Anton Santoll, 1904
Fassadenerneuerung, E: Fritz Waage und Wilhelm Kroupa, um 1954

Die tiefe Bebauung besteht aus zwei Doppeltrakten mit einem zugewendeten Hoftrakter, die seitlich durch Flügel verbunden sind. In der Passage befinden sich noch Reste schöner Portale, im ersten Hof ist ein beachtlicher Stakentenrost mit Scheinperspektive zu sehen.

Mollardgasse 8, BH: Allgemeine Arbeiter-Kranken- und Unterstützungskasse in Wien, E: Johann Rothmüller, A: Allgemeine Österreichische Baugesellschaft, 1913/14

Der bisher zur Magdalenenstraße 33 durchreichende Bau mit dem Y-förmigen Zwischentrakt ist weniger wegen seiner spätsecessionistischen Architektur interessant, als durch die mit der Zerstörung des Nachbarhauses entstandene Schnittfläche, die die Wirklichkeit des städtischen Raumes sichtbar und bewußt macht.

Rahlgasse 3, BH + E: Abteilung für Hochbau und Gebäudeverwaltung der Wiener Städtischen Straßenbahnen, 1907

Stumpergasse 56, BH: Institut für Höhere Studien, E: Gunther Wawrik, A: Menzel Baugesellschaft, 1980—84

Die zweihüftige Lückenverbauung ist eine Ergänzung des früher errichteten U-förmigen Bürohauses im Hof. Der Bau lehnt sich typologisch an das multifunktionale Wohn- und Bürohaus mit zweigeschossigem Geschäftssockel an, wobei jedoch das Erdgeschoß, mit Ausnahme des Empfangs, fast ausschließlich der Zu- und Abfahrt sowie der Parkierung dient. Im 1. Obergeschoß liegt die Bibliothek, in den Hof wurde ein Hörsaal für 120 Personen eingebaut. Der starke Pfeiler in der Fassade trennt den Eingangs- vom

Einfahrtsbereich. Die Architektur drückt, trotz der formalen Zurückhaltung, ihre komplexe Funktionalität aus und reagiert sensibel auf die städtebauliche und baukulturelle Situation.

Mollardgasse 35, BH: Hilfsverein der Baptisten Österreichs, E: August Wiegand jun., A: Gustav Wanke, 1923/24

Die zurückhaltende Fassade weist durch die leicht expressive Gestaltung der Giebelzone auf den religiösen Zweck des Gebäudes hin. Der im 2. Stock liegende Saal (mit umlaufender Empore) wurde leider Ende der siebziger Jahre ohne Verständnis für die feingliedrige Architektur »modernisiert«.

**Gumpendorfer Straße 63, ehem. Apollo-Theater, BH: Ludwig Herz, E: Eduard Prandl, A: Franz Mörtinger & Sohn, 1903/04**

Das ehemalige »Apollo-Theater« vereinigte ursprünglich ein Vergnügungsetablissement (Apollo-Variété mit ca. 1000 Sitzplätzen) mit einem Hotel und drei Zinshäusern. 1929 baute Carl Witzmann den Saal in das »Apollotheaterkino« um. Leider ist diese baugeschichtlich interessanteste Phase durch weitere Umbauten (vor allem 1962) völlig ausgelöscht worden.

**Königseggasse 10, BH: Verband der Genossenschaftskrankenkassen Wiens und der Allgemeinen Arbeiter-, Kranken- und Unterstützungskasse, E: Wilhelm Stiassny, A: Karl Stigler, 1903—05**

Das vom »Verband der Genossenschaftskrankenkassen Wiens« als Vereins- und Veranstaltungszentrum errichtete imposante Gebäude hatte im Erdgeschoß eine der Architektur adäquate Raumgruppe mit Saal. Diese historischen Spuren wurden leider durch einen Umbau in ein »Haus der Begegnung« (1963/64) beseitigt.

**Linke Wienzeile 6, Theater an der Wien, ab 1797**

Das 1797—1801 unter Emanuel Schikaneder vermutlich von Franz Jäger entworfene, aber nach Plänen von Joseph Reymund unter der Bauleitung von Anton Jäger erbaute Theater wurde 1845 innen im Spätbiedermeierstil von C. Latzel umgestaltet; 1900 wurde die 4. Galerie abgetragen und 1902 die Hauptfront durch ein Vorderhaus verbaut (E: Ferdinand Fellner und Hermann Helmer). 1960/61 führte Otto Niedermoser einen grundlegenden Umbau durch, wobei der Zuschauerraum in seiner »alten Erscheinungsform« angeglichen wurde. Die Räume rings um den Zuschauerraum wurden vermehrt und umgestaltet. Die Eingangsfront hat man auf 12 m verbreitert und ein durchlaufendes Vordach angebracht. Windfang, Vorräume, Kassenraum und Foyer versuchen einen »bruchlosen Übergang« zu den alten Räumen des Theaters (Fußbodenmosaike: Roman Haller, Wolfgang Hutter). Den Bühnenumbau mit Drehbühne besorgte Sepp Nordegg.

**Wallgasse 18—20, Raimundtheater, BH: Raimund-Theater-Verein, E: Franz Roth, A: Dehm & Olbricht, 1893**

Der Bau ist charakterisiert durch eine einfache, überschaubare und großzügige Erschließung; der Zuschauerraum durch zwei extrem ineinandergeschobene Galerien. Kleinere Umbauten 1938 durch Fritz Zeymer, 1942 durch Leo Kammel, Generalrenovierung Mitte der achtziger Jahre.

**Amerlingstraße 6, Bundesgymnasium »Amerling-Schule«, BH: Republik Österreich, E: Richard Gach, A: Baugesellschaft G. u. H. Menzel, 1970—72**

Diese Schule mit 24 Klassen und 2 Turnsälen entspricht der Typologie, wie sie sich bei Mittelschulen gegen Ende der sechziger Jahre entwickelt hat und bei der noch kein Versuch unternommen wurde, auf die städtische Umgebung auch architektonisch zu reagieren.

**Mollardgasse 87, Zentralberufsschule, BH: Wiener Fortbildungsschulfonds, E: Rudolf Hammel, Fassade: Ernst Pliwa, A: Karl Krepp, Friedrich Mahler und Albrecht Michler, 1909—11**

»Das erste Zentral-Fortbildungsschulgebäude des Wiener Fortbildungsschulrates ist wohl eines der größten und umfangreichsten Schulgebäude des Kontinents, sicherlich aber das größte für eine Lehrlingsschule. Es ist 128 m lang, 79 m breit, hat sechs Geschosse und in Dachplateau, sechs Stiegenhäuser ..., 337 Räume (Lehrzimmer, Zeichensäle, Laboratorien, Werkstätten, Direktionskanzleien, Konferenzzimmer, Sitzungssäle etc.) ...« schreibt man noch 1927 in »Das Neue Wien« und bemerkt weiter, »daß 1924/25 darin 51 fachliche Fortbildungsschulen mit zusammen 496 Klassen untergebracht waren ...« und täglich bis zu 5000 Schüler unterrichtet wurden. Architektonisch zeigt die Anlage jenen ausgereiften »Nutzstil«, an dessen Formulierung und Verbreitung die Schule Wagners nicht unbeteiligt war. Wieweit die hier als Baumeister auftretenden Wagner-Schüler Mahler und Michler auch den Entwurf beeinflußt haben, kann wohl nicht mehr festgestellt werden.

**Grabnergasse 1—5, Kindergarten, BH: Gemeinde Wien, E: Adolf Hoch, 1951/52**

Pavillonartiger, also mit großen Fensterelementen versehener Kindergarten, der aus der Hofsituation optimale Bedingungen zu schaffen sucht. Das Prinzip der Sparsamkeit wurde von dieser Architektur so verinnerlicht, daß sie nicht den Eindruck erzwungener Armut vermittelt.

**Esterházypark, Flakturm, E: Friedrich Tamms, 1943/44**

Dieser Flakturm gehörte als Leitturm zum Geschützturm in der Stiftskaserne. Die genaueren Erläuterungen befinden sich auf den Seiten 91 und 120 f.

# 6. BEZIRK

**Gumpendorfer Gürtel 2, Hauptfeuerwache Mariahilf**, BH: Stadt Wien, E: Stadtbauamt, A: Anton Waldhauser, 1912—14

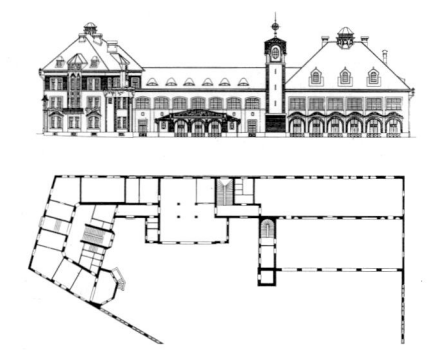

Dem anspruchsvollen Amtsentwurf ist ein Projekt von Albert H. Pecha vorausgegangen, das vermutlich das architektonische Niveau der Behandlung dieses Themas festgelegt hat. Die exponierte Stadtkante am Rande von Gumpendorf, aber auch die Vielfalt der Funktionen (EG: Gerätehalle, Tagraum und Turnsaal der Mannschaft, Kanzleien, Hausbesorgerwohnung, OG: Lehrmittelzimmer, Wohnungen, Schlafsaal mit Küche und Waschräume) haben wahrscheinlich den Planer veranlaßt, ein am romantischen Landsitz orientiertes Objekt zu entwerfen, das auch gewisse Sympathien für die Architektur der Heimatschutzbewegung zeigt. Reichhaltig ist auch die dekorative Gestaltung, vor allem die der zentralen Bereiche, wie etwa beim »Portikus« oder bei den Saalfenstern (mit undulierenden Überdachungen), eher spätsecessionistisch streng jedoch die kleine Teilung der Fenster. Der Bau stellt zur typologischen Architektur der gegenüberliegenden Stadtbahn

zweifellos eine Antithese dar, reflektiert aber deren künstlerischen Anspruch (innen unbedeutend, mehrfach umgebaut, Holztore ausgewechselt etc.).

**Aegidigasse 5**, BH: Kux Block & Co., E: Ernst Epstein, A: Carl Korn, 1929/30

**Brückengasse 8a**, BH: Sigmund Gewitsch, E: Alois Ludwig, A: Max Ott, 1904

Spiegelgleich mit dem Nebenhaus Nr. 8, das stark verändert ist, erbaut. Das erklärt auch die Asymmetrie der Fassade. Schwieriger zu erklären ist, weshalb ein Wagner-Schüler in der Hochblüte der Secession einen so braven Entwurf geliefert hat.

**Capistrangasse 2—4**, BH + E + A: Carl Steinhofer, 1910

**Dürergasse 2**, BH: Ignaz Winter, E: Ludwig Schottenberger, A: Johann Kietreiber, 1912

Vielleicht hat der Name Dürergasse den Architekten zu einer etwas deutschtümelnden, romantisierenden Gestaltung des Eckhauses verleitet.

**Esterházygasse 16**, BH: Josef Marco, E + A: Ludwig Franz und Diss & Co., Gesellschaft für Betonbau, 1913

**Esterházygasse 26**, E + A: Gottfried Berger, 1885; Fassade, E: A. Altmann und E. Liebesny, 1922

Ein archäologisierender Entwurf aus den zwanziger Jahren? So als wollte der Architekt den biedermeierlichen Maßstab des Quartiers zurückholen (oder das verschwun-

dene Haus aus der Gründerzeit-Überbauung), hat er hier eine zweigeschossige Fassade angebracht, die die spätgründerzeitliche Architektur aus dem Blickfeld ausradiert.

**Fillgradergasse 12—14**, BH + E + A: Carl Mathias Bittmann, 1909

**Getreidemarkt 1**, BH: Albert Frankl, E: Karl Stephann, A: Hugo Gröger, 1907

**Gumpendorfer Straße 74**, BH + E: Hermann Stierlin, A: Victor Gettwert, 1903

**Gumpendorfer Straße 80**, BH: Anton Weingartner, E: Max Döring, A: Norbert Klang, 1912

**Gumpendorfer Straße 82**, BH: Alfred & Otto Berger, E: Arnold Hatschek, A: Schemeil & Jahn, 1903

Ein wenig an Otto Wagners Wienzeilenhaus erinnernde Ecklösung, die jedoch den konventionellen Historismus der übrigen Fassade nicht zu retten vermag.

**Gumpendorfer Straße 87**, BH: Gesellschaft für graphische Industrie, E + A: Allgemeine Österreichische Baugesellschaft, 1900

**Gumpendorfer Straße 89**, E: Wilhelm Kattus, A: Reformbaugesellschaft, 1937

Das Ausbrechen aus der Straßenflucht ist ein Thema der Spätgründerzeit, eine individuelle Auflehnung gegen das kollektivistische Bebauungsschema. Hier hat es ein Behrens-Schüler wohl eher aus einer funktionalen Motivation versucht.

# MARIAHILF

Gumpendorfer Straße 94—96, »Aegidi-Hof«, BH: Ignaz und Minna Pick, Eduard und Maria Jellinek, E: Maximilian Katscher, A: Franz Klein, 1899—1900

Charakteristischer Straßenhof mit freistehendem, nur seitlich angebautem Quertrakt.

Gumpendorfer Straße 106, »Gumpendorfer-Hof«, BH: Stadtgemeinde Wien, E: Stadtbauamt, A: W. König, 1902

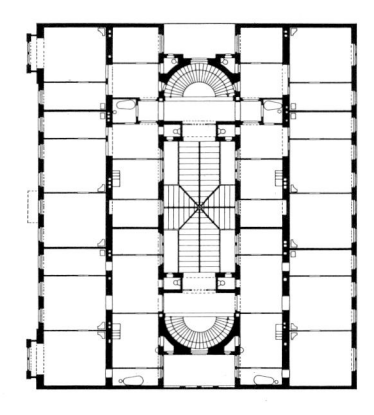

Besonders schön organisierter Doppeltrakter mit zwei Treppenhäusern und einem zentralen Hof. Bürgerlicher Wohnungszuschnitt mit je drei Wohnungen pro Trakt und Geschoß. Interessant ist der einfache Grundriß mit den breiteren Raumzonen an den Außenseiten und den schmaleren an den Hofseiten, die jedoch als »Fluchten« (ohne Gang) angelegt sind. Der Grundriß verrät in seinen Merkmalen Ambitionen in Richtung Zinspalais, was auch die Straßenfassade bestätigt.

Gumpendorfer Straße 109, BH: Ignaz Heller, E: Gottlieb Michal, 1911

Eine Talentprobe des 25jährigen Wagner-Schülers, der später als Architekt im Stadtbauamt arbeitete. Die Balkone haben zwar nur dekorativen Wert, aber sie geben der Fassade eine unverwechselbare Physiognomie.

Hofmühlgasse 20, BH: Josefine Schlarbaum, E: Anton Jung, A: Gebrüder Schlarbaum, 1935

Die Baufirma war offenbar an Darstellung von Tradition interessiert: die Schichtung der Fassade, erzeugt durch starke Sturz- und Sohlbankgesimse, und die flächendeckende Dekoration der breiten Pfeiler waren zu dieser Zeit bereits verbrauchte Gestaltungsmittel. Daß sie auch sinnvolle Elemente baumeisterlichen Bauens darstellen (etwa gegen Verwitterung) zeigt der Zustand der fünfzigjährigen Fassade.

Joanelligasse 3, BH + E + A: Ernest & Thalwitzer, 1912

Königsklostergasse 6, BH: Carl und Ludwig Bauer, E+ A: Ignaz Hranicka, 1902

Die aufgescheuchte Fassade hat etwas Verdächtiges: sie wirkt wie eine Jugendstil-Replik aus unseren Tagen. Oder handelt es sich nur um einen aus den Fugen geratenen Späthistorismus, renoviert in den achtziger Jahren?

Köstlergasse 3, BH + E: Otto Wagner, A: Union Baugesellschaft, 1898/99

Zweifellos das »stillste« Haus im Ensemble der Majolikahäuser. Auch der Straßentrakt mit kurzem Stichtrakt in den Hof hat eine konventionelle Grundrißlösung. Aber gerade diese Architektur mit dem soliden Aufbau der Fassade, der bandartigen Ausbildung der Pfeiler, dem logischen Abschluß mit der Traufenplatte und der kräftigen, bombierten Bänderung im Sockelgeschoß hatte eine große Breitenwirkung, da sie die Illusion erwecken mußte, leicht nachahmbar zu sein.

Köstlergasse 6—8, BH: Carl und Mathias Bittmann, E + A: Carl Bittmann, 1910

Der schmale, leicht angehobene Straßenhof wird durch den rigoros schließenden Torbau zum halböffentlichen Freiraum, der auch eine bestimmte Haltung gegenüber der

# 6. BEZIRK

Öffentlichkeit signalisiert und jene Kontrolle des Freiraums vorwegnimmt, die gerade von bürgerlicher Seite in den zwanziger Jahren dem Volkswohnbau vorgeworfen wurde.

## Köstlergasse 7, BH + E + A: Carl Holzmann & Co., 1905

Ein Straßenhof von ganz anderem Charakter: breiter, tiefer, zugänglich, nur ein abgenabelter Straßenraum, allerdings auch schlechter besonnt und mit weniger Anspruch auf Exklusivität entworfen.

## Laimgrubengasse 4, BH + E: Hugo Gorge, A: Haan & Co., 1913/14

Dieser Zweispänner mit Aufzug und je einer 3- und einer 4-Zimmer-Wohnung pro Geschoß nimmt architektonisch schon 1914 das vorweg, was im kommunalen Wohnbau erst gegen Ende der zwanziger Jahre erreicht wurde: einfache Putzfassaden mit einem ausgewogenen Verhältnis von Wand und Loch, sparsamste Verwendung von Sichtziegeln (als Umrahmungen) und künstlerischem Schmuck (Keramik). Besonders schöne Eingangslösung mit Foyer.

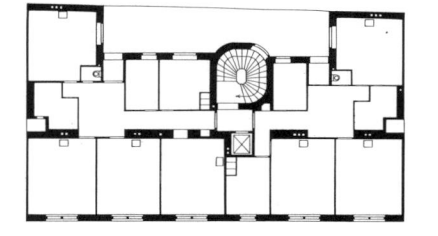

Laimgrubengasse 11, BH: Johann und Josef Karner, E + A: Carl Stepanek, 1912

Laimgrubengasse 25—27, BH: Anton Čapek, E: Richard Sädtler, A: Hans Miška, 1908

Linke Wienzeile 4, BH: Albert Frankl, E: Leopold Fuchs, A: Ferdinand Schindler, 1909

Kurzer, geschlossener Straßenhof, der eigentlich der Belichtung und Besonnung der Trakte dient und nicht zur Erschließung eines tieferen Grundstückes gemacht wurde. Für die großstädtische Architektur mit bewußter Wirkung auf Distanz hat der Architekt einen Verschnitt von Empire-Emblematik und barocker Gestik gewählt, der dem Anspruch eines Boulevards in Ringstraßennähe entsprechen sollte.

## Linke Wienzeile 8—10, BH: Gustav und Ferdinand Brünner, E: Ludwig Baumann, 1896/97

Für Baumann erstaunlich flächige, zartgliedrige, mit Empire-Ornamenten versehene Fassaden, die auch im Ensemble der Linken Wienzeile sehr zurückhaltend wirken.

# MARIAHILF

**Linke Wienzeile 36, BH: Julius Leon Ritter von Wernburg, E: Franz Ritter von Neumann, A: Carl Mayer, 1897**

Das ein Jahr vor den Majolika-Häusern erbaute Haus zeigt mit aller Deutlichkeit die unüberbrückbare Kluft, die den restaurativen Neobarock von der Moderne eines Otto Wagner trennt.

**Linke Wienzeile 38a und 40, BH + E: Otto Wagner, A: Union Baugesellschaft, 1898/99**

Die sogenannten Majolika-Häuser (wegen der Verwendung von Majolika-Platten bei den Fassaden), die in Wagners Werk den spektakulären Auftakt zu seinen Hauptwerken, der Kirche am Steinhof und der Postsparkasse, darstellen, zeigen zunächst einen intensiven Flirt mit der Wiener Secessions-Bewegung, die im Bereich der Architektur von seinen Freunden und Schülern (Olbrich, Hoffmann, Plečnik u. a.) getragen wird. Die Häuser drücken aber auch einen Zwiespalt in Wagners Werk und Charakter aus, der sich in einer Dialektik von Konvention und Fortschritt, von Tradition und Moderne und einer sehr unterschiedlichen Behandlung der Probleme manifestiert. Was die Typologie des Zinshauses betrifft, die hohe Baudichte, so verläßt Wagner kaum die gewohnten Normen. Sicher organisiert er den Ecktrakt mit dem in der Diagonale liegenden Stiegenhaus überzeugend, und das Haus Nr. 40 mit dem Straßentrakt und dem anschließenden, langgestreckten Hof entbehrt nicht einer großzügigen Erschließung, aber für die Architektur gehen von diesen Grundrißlösungen keine neuen Impulse aus. Wagner greift also als Pionier der Moderne nicht gesellschaftliche Konventionen an, er stellt (selbst Bauherr und »Spekulant«) nicht die gesellschaftliche Ordnung in Frage. Seine Neuerungen beschränken sich auf den ästhetischen und technologischen Bereich. So waren auch die Sensation dieser Häuser ihre Fassaden, die Verwendung neuer Materialien (oder alter in neuen Kombinationen), die Wiederaufnahme der Polychromie in der Architektur. Aber auch in der Gestaltung der Fassaden besteht eine Polarität von traditionellen (klassischen) und neuen Elementen, zwischen absoluter Architektur und Zeitgeist. So ist die berühmte Ecklösung an der Köstlergasse eine prototypische Antwort auf ein Problem der Wiener Gründerzeitarchitektur: das Segment eines Zylinders definiert die beiden Fassaden als selbständige Elemente, die konkave Verbindung über die diese Selbständigkeit unterstreichenden Kranzgesimsen deutet die Raumdiagonale in die Tiefe an. Auch das Haus Nr. 40 ist

# 6. BEZIRK

**Linke Wienzeile 42**, BH: Malzat, E: Rudolf Kmunke, A: J. Köhl, 1896/97

Auch dieser schwere, mit Versatzstücken arbeitende Späthistorismus versucht die Gleichwertigkeit der Geschosse (es gibt inzwischen den Aufzug) darzustellen, jedoch, im Gegensatz zu Wagner, durch Individualität signalisierende Variation der Geschosse.

**Linke Wienzeile 58**, BH: Vincenz und Anna Oeser, E + A: Friedrich Krombholz & Josef Schalberger, 1902

**Linke Wienzeile 60**, BH + E: Ely Wasserstrom, A: Franz Mörtinger, 1902

Ein wenig an der Wagner-Schule orientiertes Haus, jedoch mit einer gegenläufigen Tendenz zur plastisch überformulierten Putzarchitektur.

**Linke Wienzeile 64**, Wh »Vier Jahreszeiten«, BH: Josefine, Karl, Hilde und Richard Hollschek, E + A: Julius Hecht, 1913

Leicht asymmetrischer, spätsecessionistischer Bau mit der charakteristischen Überlagerung mit klassizistischen Elementen und eigenwilligem Reliefschmuck.

**Linke Wienzeile 122**, BH: Gemeinnützige Bau-, Wohn- und Siedlungsgenossenschaft »Patria«, E: Ottokar Uhl, Hugo Potyka, A: Hugo Durst, 1954—57

Der Doppeltrakter mit kleinerem Hoftrakt und versetzten Geschossen im Vorderhaus ein Dreispänner, im Hinterhaus liegen zwei Kleinwohnungen pro Geschoß. Interessant ist vor allem, daß die Architekten ein Konstruktionsprinzip anwendeten, das variable Grundrisse erlaubte und das zwanzig Jahre später Uhl im Zusammenhang mit Mitbestimmungsmodellen dann weiterentwickelte. Das Haus

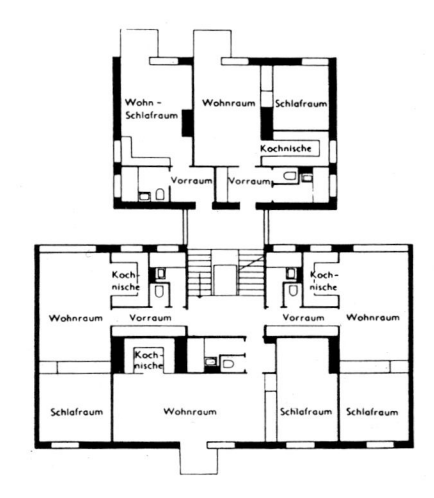

ein Lehrstück für die Dialektik von Fassade und Baukörper: die seitlichen Loggien isolieren die Fassade von den Nachbarhäusern, das beidseitig in die Tiefe geführte Kranzgesimse unterstreicht diese Selbständigkeit, so kann sie beiden Aufgaben gerecht werden, als flächiges Element der Straßenwand und als Bestandteil des Bauwerks. In der Geometrie der Fassade selbst überlagern sich ebenfalls zwei Prinzipien: die »klassische«, strenge Ordnung der Fensterformate und das bunte, fließende Ornament der Kacheln. Der Hauch von Jugend stellt aber diese Ordnung nicht in Frage, er signalisiert nur ein anderes Bewußtsein von Zeit, Dauer und Vergänglichkeit.

hat durch den betonten Purismus in der Fassade und die die Symmetrie irritierende »Knopfreihe« der Balkone eine besonders ausgeprägte Physiognomie.

# MARIAHILF

**Linke Wienzeile 158**, BH: Karl Steininger, E: Carl und Adolf Stöger, A: Johann Seitl, 1910

Eine der schönsten und überzeugendsten Fassaden aus dem Atelier Stöger. Das Prinzip der Rahmung ist zum System erhoben, es umschließt nicht nur die Fenster, Fensterachsen, Pfeiler im Attikageschoß, sondern den ganzen Baukörper, dessen Fassaden Teil einer räumlichen Struktur zu sein scheinen und über die Semantik einer reinen Wohnhausarchitektur hinausweisen.

**Loquaiplatz 13**, BH: Josef Mumb, E: Fritz Keller und Adolf Jelletz, A: Max Ott, 1912

Der unregelmäßig gekoppelte Doppeltrakter mit etwas abenteuerlichen Lichtführungen im Hof kämpft im Grundriß »redlich« mit der extremen Bebauungsdichte. Die Fassade mit dem Achsenrhythmus a-b-b-b-a und den breiten Flacherkern (b) stellt ein kultiviertes Zinshaus vor, das es sich bereits leisten kann, auf jeglichen Schmuck zu verzichten.

**Magdalenenstraße 1**, BH: Julius und Maria Nell, E: Julius Nell, A: Felix Sauer, 1907

**Magdalenenstraße 4—6**, »Albrecht-Dürer-Hof«, BH: Albert Frankl, E + A: Carl Mayer, 1902

Dieser Rückgriff auf die »Deutsche Renaissance«, zu dem wohl die Bezeichnung »Albrecht-Dürer-Hof« und eine Hausfront an der Dürergasse 19—21 verleitet haben, ist um diese Zeit in Wien schon selten. »Großdeutsches« drückt sich eher in der Heimatschutzbewegung aus, die aber mehr ländliches Barock und kleinstädtisches Biedermeier rezipiert.

**Magdalenenstraße 15**, BH + E: Arnold Heymann, A: Kupka & Orglmeister, 1899

Hier gleich ein Beispiel freundlich-heiteren Neobarocks: Dabei ging es weniger um stilistische Genauigkeit, als um die Demonstration patriotischer Haltung: Die Entdeckung des Hochbarocks machte ihn gleich zum »Österreichischen Nationalstil«.

**Magdalenenstraße 33** (siehe Mollardgasse 8, Seite 186)

**Marchettigasse 9**, BH + E + A: Arnold Mück, 1914

**Marchettigasse 14**, BH: Friederike Janecka, Wilhelm Neuber, E: Arthur Baron, A: Wayss, Betonbauunternehmen, 1912

Schon um 1912 tritt, unabhängig von den puristischen Tendenzen, im Zuge der Ideologie der Einfachheit in der Heimatschutzbewegung, eine Architektur auf, die nahtlos in die gemäßigte Architektur der zwanziger Jahre überführt.

**Mariahilfer Gürtel 2**, BH: Heinrich Schuhmann, E: Karl Stephann, A: Moriz und Johann Sturany, 1905

**Mariahilfer Straße 1b**, »Casa Piccola«, BH + A: Wiener Baugesellschaft, E: Theodor Bach, Karl Schuhmann, 1896

**Mariahilfer Straße 3**, BH: Arnold und Hedwig Lotz, E: Arnold Lotz, A: Eduard Frauenfeld, 1894

Die Auslagen wandern mit den Geschäftsgeschossen bis in den 2. Stock. Das städtische Wohn- und Geschäftshaus mausert sich zum Kaufhaus. Hier ein typisches Beispiel dieses Prozesses.

**Mariahilfer Straße 23—25**, BH: Wiener Bürgerspitalsfonds, E: Ludwig Schöne, Franz Fröhlich, BL: Peschl, Lembach, A: W. Schimitzek und F. Anderle, 1901/02

Die unterschiedlichen Gassenmündungen in die Mariahilfer Straße provozierten ebenso verschiedene bauliche Antworten. Dieses Haus, für Großwohnungen entworfen, wurde unter Beibehaltung der Fassaden vom Stadtbauamt auf Kleinwohnungen umgezeichnet.

**Mariahilfer Straße 27**, BH: Marie Weber, E: Franz Kupka & Gustav Orglmeister, A: Karl Rieß, 1908

**Mariahilfer Straße 47—49**, BH: Rudolf Demski, E: Gustav Gröger, A: Ed. Ast & Co., 1910/11

Mit 30 m Tiefe einer der größten Straßenhöfe Wiens. Durch die Lage an der Mariahilfer Straße ist selbstverständlich die Wohnfunktion sehr zurückgedrängt.

**Mariahilfer Straße 51**, »Industrie-Hof«, BH: Rosa Steiner, E: Karl Stephann, A: Allgemeine Österreichische Baugesellschaft, 1911

## 6. BEZIRK

Mariahilfer Straße 53, BH + E + A: Georg Demski, 1907/08

Mariahilfer Straße 57—59, BH: Bernhard Weis, Bela Honig, E: Ernst Epstein, A: Betonunternehmen Flaschmann & Co., 1912

Der den Platz vor der Mariahilfer Kirche flankierende Kopfbau ist durch die große, ruhige Pilasterordnung, die kräftigen Gesimse, das doppelte Sockelgeschoß mit den »bay-windows« (leider ausgewechselt) und der den abgerundeten Ecken folgenden Attika ein signifikantes Beispiel großstädtischer Architektur, das nur an wenigen Punkten der Mariahilfer Straße erreicht wurde.

Mariahilfer Straße 71, BH: D. Lessner, E: A. Augenfeld, A: Gustav Orglmeister, 1912/13 (siehe Schadekgasse 18)

Mariahilfer Straße 85—87, »Wiener Bürohaus«, BH + E: Julius Goldschläger, A: Erhart, 1911—14

Der große Ecktrakter stellt in der baulichen Entwicklung um die Jahrhundertwende eine Sonderform der innerstädtischen Haustypologie dar. Die etwas unterkühlte neoklassizistische Architektur mit dem Gehaben des »Kontorhauses« signalisiert gesellschaftlichen Anspruch und Utilität zugleich.

Mariahilfer Straße 101, »Schulhof-Passage«, ab 1850

Mit 90 m die längste Passage von Mariahilf und durch die Verbindung mit der Hirschengasse/Gumpendorfer Straße wohl auch die bedeutendste. Die Bebauung stammt zum Großteil aus der Jahrhundertwende.

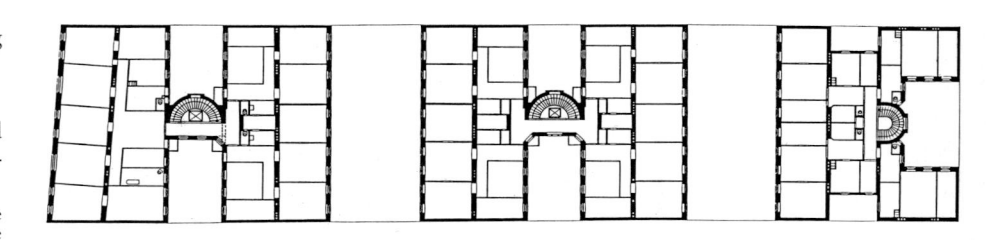

Mariahilfer Straße 105, BH: Josef Honeck, E + A: Karl Schmidt, 1912

Typische spätgründerzeitliche Bebauung einer schmalen, sehr tiefen Parzelle mit zwei reinen Doppeltrakten und einem zugewendeten Hoftrakter mit Stutzflügeln. Die symmetrische Fassade mit zwei Erkerachsen und einem mittig sitzenden Atelieraufbau und dem mehrmals umgebauten Geschäftssockel hält sich ebenfalls an die Typologie des gemischt genutzten Wohn- und Geschäftshauses.

Millergasse 37, BH: Johanna und Wilhelmine Kratky, E + A: Josef Eger, 1912

Josef Eger ist mit ziemlicher Sicherheit nicht der Entwerfer des Haustores, der Vertäfelungen im Flur und der Geländer im Treppenhaus. Vermutlich ist diese nicht uninteressante spätsecessionistische Arbeit etwas später (um 1914) entstanden.

Mollardgasse 2, E: Karl Haybäck, 1913

Von diesem Haus gibt es keine Pläne, es soll jedoch von Haybäck entworfen worden sein. Die »Brust-heraus-Gestik« der Architektur dürfte wohl der exponierte Standort provoziert haben. Die englischen Fensterteilungen und die langen Putzborten zeigen eine eigenwillige Variante spätsecessionistischer Architektur.

Mollardgasse 34, BH: Maria Stephann, E: Karl Stephann, A: Karl Limbach, 1914

Spätsecessionistische Fassade mit Mittelerker, bay-windows und einem feinen, an Empire und Biedermeier erinnernden Dekor.

Mollardgasse 70a, b, BH + E + A: Anton Fuchs, 1911/12

Nelkengasse 2, BH: Pauline Freifrau von Chiari, E: Rudolf Krauß, A: Lambert Ferdinand Hofer, 1911

Zurückhaltende Heimatschutzarchitektur in großstädtische Dimensionen transformiert und eine feine Modellierung des Baukörpers aus der topographischen Situation heraus.

Nelkengasse 4, BH + E: Nikolaus Billek, A: Ludwig Roth, 1912

Otto-Bauer-Gasse 1, »Meissner-Hof«, BH + A: Ferdinand Meissner, E: August Bélohlavek, 1903

# MARIAHILF

Otto-Bauer-Gasse 4, BH: Ernst von Gotthilf, Donat Zifferer, E: Ernst von Gotthilf, A: Donat Zifferer, 1905

Das einfach aus der Bänderung des Sockelgeschosses herausgeschnittene hohe und schmale Portal mit großem Oberlicht, die Proportionen der Teilung, aber auch die ästhetische Rolle, die dem Eisen (Schlosserarbeiten von Ludwig Podwinetz & Co.) oder den Kacheln zugestanden wird, das alles ist wagnerisch. Und das wiederum ist für einen so restaurativen Architekten wie Ernst von Gotthilf bemerkenswert. Offenbar hat das laute Auftreten der Wagner-Schule um die Jahrhundertwende doch große Unsicherheit erzeugt.

Papagenogasse 1a, BH: Albert Frankl, E: Karl Stephann, A: Hugo Gröger, 1907

Schadekgasse 12 (siehe Nelkengasse 2)

Schadekgasse 18, BH: D. Lessner, E: A. Augenfeld, S. Bronner, A: Gustav Orglmeister, 1912/13

Die Welt des Verkaufs steigt im Strahlungsbereich der Mariahilfer Straße wie ein Hochwasser an. Auch in den Nebengassen werden die Häuser vertikal zweigeteilt. Augenfeld liefert hier ein besonders schönes Beispiel einer solchen Funktionstrennung, die sich auch im betonten Wechsel der Struktur ausdrückt. Lediglich die konstruktiven Hauptelemente verbinden beide Fassadenteile.

Schmalzhofgasse 8, BH: Max und Anna Spitzer, E: Arnold Karplus, A: F. Krombholz & L. Kraupa, 1912

Eine charakteristische Anlage von Wohn- und Bürohaus (Straßentrakter) und Industriebau im Hof, die auch mit einem hohen architektonischen Anspruch entworfen wurde. Die Straßenfassade hat Züge einer Heimatschutzarchitektur, der Hoftrakt stellt sich als schlichter Eisenbetonbau mit verglastem Aufzuggehäuse dar.

Strohmayergasse 6, BH: Hans Rögel, E + A: August Scheffel, 1912

Stumpergasse 9, BH: Marie Pollak, E + A: Karl Riess, 1904

Stumpergasse 22, BH: Albine Waldmann, E: Heinrich Kestel, A: Lorenz Waldmann, 1907

Hier wurde mit klassizistischen Mitteln versucht, die funktionale Geschoßtrennung (Geschäfte, Büros, Wohnungen) zu einem »lesbaren« Fassadenthema zu machen.

Stumpergasse 30, BH: Leopold Ferstl, E + A: Karl Stephann, 1900

Obwohl der Heimatstil mit altdeutschem Gehabe dem deutschnationalen Wiener Bürgertum eigentlich sehr entgegenkommen mußte, gibt es relativ wenige Beispiele dieser Art und wenn, sind sie eher als kulturgeschichtliche Phänomene zu bewerten. Vielleicht hat hier auch der mittelalterliche Zuschnitt des Grundstückes Anlaß zur »Romantik« gegeben.

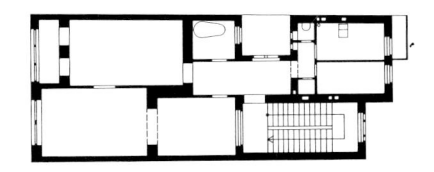

Stumpergasse 47, BH: Pauline Löwy, E: Josef Beer, A: Schemfil & Jahn, 1903/04

Stumpergasse 48, BH: Isidor Wünsch, E + A: Carl Krepp, 1907/08

Stumpergasse 51, BH + E: Josef Beer, A: Franz Rienössl, 1912/13

Beer, der sich vor allem in Hietzing als deftiger Jugendstilarchitekt gezeigt hat, kehrte hier in traditionellere Gefilde zurück. Wenn man allerdings sehr genau schaut, entdeckt man auch hier einige sehr eigenwillige Details.

Stumpergasse 62, BH: Stephan Rudolf, E: Arnold Hatschek, A: Moriz und Johann Sturany, 1901

Der Bassenatyp mit zwei verschiedenen Stutzflügeln steht in merkwürdigem Konflikt mit einem Wohn- und Geschäftshaus der Jahrhundertwende, das sich noch dazu mit einer anspruchsvollen Fassade präsentiert.

Theobaldgasse 8, BH: Arnold Lotz, E: Eduard Frauenfeld, A: Robert Prihoda, 1900

Theobaldgasse 10, BH: Josef Pohl, E + A: Franz Kupka & Gustav Orglmeister, 1900

## 6. BEZIRK

**Turmburggasse 1—7, »Edlinger-Hof«, BH: Ferdinand Edlinger, E + A: Karl Riess, 1906, 1910**

Die Zeile mit zwei Straßen- und zwei Ecktraktern wurde gleichzeitig erbaut (1910), lediglich das Eckhaus an der Mollardgasse entstand schon 1906.

**Wallgasse 5, BH: Gemeinnützige Bau-, Wohnungs- und Siedlungsgenossenschaft der Bundesangestellten, E: Otto Wytrlik, A: Hugo Schuster, 1927**

Dieses Haus eines Wagner-Schülers zeigt trotz radikal veränderter Sprache immer noch die Prinzipien der Schule, die sich vor allem in der Symmetrie und in der Behandlung des Attikageschosses ausdrücken.

**Windmühlgasse 6, BH: Josef und Franziska Reisinger, E: Alois Schützenberger, A: Josef Reisinger, 1906—08**

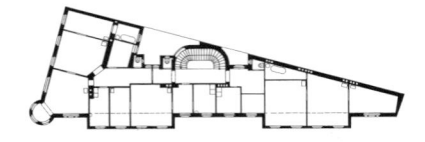

Ein extremes Grundstück fordert eine ebensolche Lösung: Jedenfalls merkt man dem Haus nicht seine schmale Basis an, sie kommt sogar einer Gruppe von Nebenräumen zugute, die in der Fassade einen prominenten Platz einnehmen.

**Windmühlgasse 30—32, BH: Max Schneider von Ernstheim, E: Oskar Marmorek, A: Dominik Heim & Rudolf Hermann, 1902**

Marmorek, der zu den wenigen schreibenden Architekten gehörte, hatte hier einen besonders schönen Bauplatz, dessen exponierte Lage heute noch einen wichtigen topographischen Punkt von Mariahilf markiert. Der Architekt wußte auch diese Chance voll zu nutzen, indem er das mit secessionistischem Dekor versehene Haus eher als plastisches, raumbeherrschendes Objekt ausbildete, das einer kleinen und großen Sichtdistanz gleichermaßen entspricht.

**Worellstraße 3, BH + E: Hermann Stierlin, 1905**

**Gumpendorfer Straße 40—44, E: Timo Penttilä, 1984—87**

Die Anlage besteht aus je drei Zweispännern an der Gumpendorfer Straße und an der Windmühlgasse, die den konisch zulaufenden Block im Westen schließen, ihn aber zur Stiegengasse hin offen lassen. Die Art der Bebauung ermöglicht die Überwindung des stark fallenden Geländes und erhält gleichzeitig das markanteste topographische Merkmal des Quartiers. Die 3-Zimmer-Wohnungen sind so organisiert, daß alle Wohn- und Schlafzimmer zum Hof hin liegen (mit Ausnahme im Sockelgeschoß Gumpendorfer Straße), was wiederum dazu führt, daß die Straßenfassaden der beiden Trakte durch sehr unterschiedliche Öffnungen (Treppenhäuser, Bad-, Küchen- und Eßzimmerfenster) rhythmisch bestimmt sind. Besondere gestalterische Sorgfalt hat der Architekt auf die hofseitige räumliche Erschließung der Häuser gelegt, die jedoch durch die Bauausführung »konterkariert« wird.

Gumpendorfer Straße 86, E: Erich Leischner, A: E. v. Leixner, 1949

Marchettigasse 16, E: Heinz Ekhart, 1984/85

Mollardgasse 32, »Einstein-Hof«, E: Adolf Hoch, 1949—52

Die Anlage gehört zu den Block-Randbebauungen der frühen Nachkriegszeit, die noch mit städtebaulicher Einfühlung die Tradition der städtischen Wohnhöfe der zwanziger Jahre fortsetzt. Die Architektur ist unspektakulär, aber nicht banal, Armut war für den Behrens-Schüler Hoch kein Freibrief für architektonische Nachlässigkeit.

Mollardgasse 39—41, E: Franz Kiener, Manfred Schuster, A: Brouzek, 1976—83

Die Wohnanlage mit 51 WE enthält 39 Wohnungen der Type C (mit 94,65 m²), wovon 21 Maisonette- und 4 Behindertenwohnungen sind. Sie schließt einen konisch auf die Anilingasse zulaufenden Block, wodurch ein relativ geräumiger Hof entstand. Die strenge Südorientierung der Wohnungen an der Wienzeile erzeugt die rigorose Staffelung, die zwar der städtische Großraum Wiental leicht verkraftet, die im Hof aber eher unruhig wirkt.

Mollardgasse 89, »Leuthner-Hof«, E: Georg Rupprecht, 1931/32

Einfacher Block mit funktionaler Eckauflösung und einem geschlossenen Hof, der sich heute an der Linken Wienzeile wohl als lebensnotwendig erweist.

Esterházygasse 33, Hotel Bavaria, BH: Heinrich Klitsch, E: Karl Stephann, A: J. Köhl, 1896

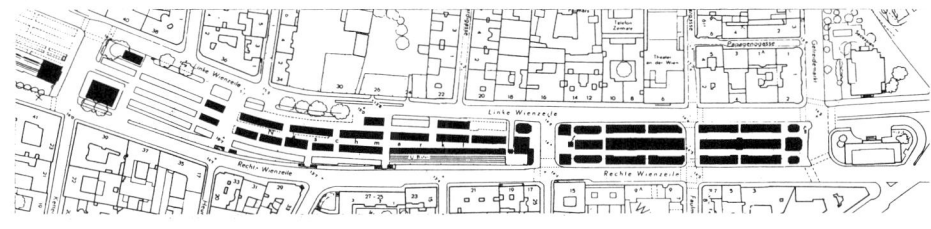

# MARIAHILF

Linke Wienzeile, Naschmarkt, BH: Stadt Wien, E: Stadtbauamt, ab 1900

Der Naschmarkt wurde nach der Einwölbung des Wienflusses um 1900 an den heutigen Standort verlegt. Die ersten Pavillons (etwa für die »Nordsee«, E: Franz F. von Krauß) wurden um 1902 errichtet, das Marktamt hingegen (E: Friedrich Jäckel/Stadtbauamt) erst 1915/16. Eine strenge Konzeption mit zwei Verkaufsstraßen, einer repräsentativen Mittelzeile, mit Kopfpavillons, Querstraße und Durchhäusern zeigt der erste Abschnitt bis zur Schleifmühlgasse. Mit den zusätzlichen Einrichtungen, wie Verwaltung, Kapelle, Gasthäuser und WC-Anlagen, entstand eine urbane Einheit, die nicht nur linear bis zur Stadtbahnhaltestelle Kettenbrückengasse und Flohmarkt (früher Großmarkt) vordrang, sondern auch auf das ganze städtische Umfeld ausstrahlt. Trotz der kriegs- und zeitbedingten Veränderungen ist noch erstaunlich viel von der alten Bausubstanz erhalten.

Linke Wienzeile 4, Feinkostgeschäft Piccini, E: Otto Prutscher, A. Schuhwerk, A. Röben, 1934

Das Eckgeschäft besitzt zwei gleiche, voneinander abgesetzte, weiß verkleidete Portalseiten (Marbrunit-Verglasung) mit einem jeweils mittig liegenden Auslagenfeld und zwei knapp über dem Sockel sitzenden Vitrinen, die zusammen mit dem markanten Schriftzug (aufgesetzte, plastische Nirostabuchstaben) eine besonders signifikante und wohl auch Hygiene symbolisierende Wirkung haben. Die sehenswerte Einrichtung ist noch substantiell erhalten.

## 6. BEZIRK

Mariahilfer Straße 1, Zweigstelle der Wiener Landes-Hypobank, E: Karl und Eva Mang, 1974

Mariahilfer Straße 1b, Humanic-Geschäft, E: Boris Podrecca, 1984/85

In den Räumen befand sich das legendäre Café »Casa Piccola«, das 1928 von Carl Witzmann eingerichtet wurde. Das Konzept des Umbaus versuchte die markanten Teile des Raumes (Pfeiler- und Säulenstruktur, Wandvertäfelungen etc.) zu erhalten bzw. zu ergänzen und die neuen Bauteile (etwa die Konstruktion der Zwischendecke) in einer Art »korrespondierender Distanzierung« einzuführen. Das Entree mit der vorgelegten Passage nimmt mit einer Kuppel zum runden Erkerturm eine räumliche Beziehung auf, wodurch gleichzeitig ein »Drehgelenk« zwischen Passage und Eingang entsteht. Auch hier ist die Bezugnahme zur Schaufensterzone der Mariahilfer Straße gleichzeitig eine Distanzierung, die andererseits wieder durch die exponierte Lage des Geschäftes an der Rahlstiege gerechtfertigt erscheint.

Mariahilfer Straße 17, Portal Ziegler, E: Johann Schieder, 1902

Vermutlich das älteste Portal in der Mariahilfer Straße, das sicher gleichzeitig mit dem Haus (siehe Eingang) entstanden ist.

Mariahilfer Straße 37, Konditorei Bredenik (Portal), A: Julius Rosenthal

Eine auf die beste Wiener Portaltradition verweisende Arbeit, die noch kurz vor dem Ersten Weltkrieg entstanden sein dürfte und deren Entwurf vielleicht auch von Rosenthal stammt.

Mariahilfer Straße 73, Café Ritter

Das klassische Wiener Eckcafé zeigt Spuren aus verschiedenen Zeiten von der Jahrhundertwende an. Die Logen entlang der Mittelmauer im rechten Raumteil stammen aus den frühen dreißiger Jahren. Trotz oder vielleicht gerade durch die Mischung unterschiedlicher Teile ein geschlossen wirkendes, unprätentiöses und angenehmes Kaffeehausambiente.

Gumpendorfer Straße 132, Fabrik ERKA, BH: B. Heller & Sohn, E + A: Karl Stigler, 1893

Mollardgasse 85—85a, Jubiläumswerkstättenhof, BH: Jubiläumsfonds für Werkstättegebäude und Volkswohnungen, E: Otto Richter, Leopold Ramsauer, BL: Karl Stigler, A: Union Baugesellschaft, 1908/09

Der Jubiläumswerkstättenhof »Mariahilf« ist nach Wehdorn/Georgeacopol-Winischhofer »eines der bedeutendsten Beispiele eines Gebäudekomplexes, in dem die Idee, sowohl eine Vielzahl von verschiedenen Gewerbe- und Industriebetrieben als auch Volkswohnungen in einer Einheit zusammenzufassen, verwirklicht wurde«. Der Bau, mit rund 150 Arbeitsräumen und 40 Wohnungen, ist ebenso ein markantes Beispiel des Wiener Industriebaus nach der Jahrhundertwende, der durch eine besondere tektonische Klarheit und Ausgewogenheit von Struktur und Füllung (großflächige Eisenfenster) besticht.

Loquaiplatz, Brunnen, Salettl, Pergola, E: Dimitris Manikas, 1985

Der mit viel gestalterischem Engagement eingerichtete Platz ist letztendlich ein Opfer magistraler Planungskompetenzen und kleinkarierter »Funktionstrennungen« geworden, so daß die baulichen Maßnahmen fast deplaciert wirken, weil die Merkmale eines benutzerfreundlichen Grünraums verlorengingen.

Fillgradergasse — Theobaldgasse, Fillgraderstiege, BH: Stadt Wien, E: Max Hegele, 1905—07

## MARIAHILF

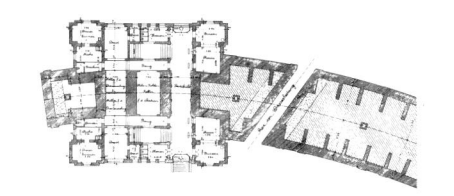

aber auch nach einer stadträumlichen Ordnung verlangt. Das Stationsgebäude nimmt alle diese topographischen und verkehrstechnischen Bedingungen auf (einschließlich einer Diagonalverbindung zwischen Gumpendorfer Straße und Clementinengasse) und überformt diese mit den typologischen Elementen der Hochstation. Da durch den Abstand und den Winkel zwischen Bahntrasse und Straßenniveau besondere Höhenverhältnisse herrschen — das Gebäude wird gewissermaßen in die Erde gedrückt — entstehen auch in den Zugangsräumen Erinnerungen an die Tunnelpassagen der Hütteldorfer Endstation und eine merkwürdige und reizvolle Verflechtung von »Unter- und Oberbau«. Außerdem stellt das Bauwerk durch den schwungvollen Bogen der Perrondächer einen Auftakt zu jener Bewegung her, die dann in dem großartigen Brückenbauwerk das Wiental übersetzt.

### Margaretengürtel, Stadtbahnhaltestelle Margaretengürtel, E: Otto Wagner, 1896/97

Die U-Bahnhaltestelle Margaretenstraße, die exakt dem Typ der Tiefstationen der Wientallinie entspricht, wird in dem weiten Raum der Einmündung der Wienzeile in den Gürtel als Solitärform fast überfordert. Trotzdem zeigt sie visuelle Beständigkeit, ganz im Sinne des Pavilloncharakters, der für größere Sichtdistanzen konzipiert ist.

### Gumpendorfer Straße, Stadtbahnhaltestelle, E: Otto Wagner, 1896/97

Die Stadtbahnhaltestelle Gumpendorfer Straße ist ein besonders schönes Beispiel für die Fähigkeit Otto Wagners, mit einem typologischen Bauprogramm auf topographische Sondersituationen zu reagieren. Der Typus der Hochstation gerät hier durch den ansteigenden Mariahilfer Gürtel und den S-förmigen Verlauf der Trasse im Vorfeld zur großen Wientalbrücke, aber auch durch die sternförmige Kreuzung der Straßenzüge Gumpendorfer und Sechshauser Straße, Herklotz-, Clementinen- und Liniengasse, in ein kompliziertes städtisches Nutzungsnetz, das vor allem

199

# 7. Bezirk: NEUBAU

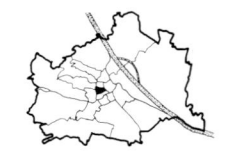

Der Bezirk NEUBAU wurde 1850 aus den Vorstädten St. Ulrich, Spittelberg, Altlerchenfeld, Neubau und Schottenfeld gebildet und war bis 1862 (bis zur Loslösung des Bezirks MARGARETEN von der WIEDEN) der 6. Bezirk. Das Gebiet von rund 1,6 km² ist im Norden von der Lerchenfelder Straße, im Süden von der Mariahilfer Straße, im Westen vom Lerchenfelder Gürtel und Neubaugürtel und im Osten von der Zweier-Linie begrenzt. Ähnlich wie für MARIAHILF bildete auch für diesen Bezirk die Mariahilfer Straße das urbane Rückgrat (als »Bayrische Landstraße«), worauf auch die Tatsache hinweist, daß Teile der Vorstädte Laimgrube und Mariahilf nördlich von der Mariahilfer Straße lagen und an NEUBAU fielen. Obwohl die alten Hofstallungen (Messepalast) — am Fuße einer über zwanzig Meter hohen Terrasse — im Verein mit der Stiftskaserne wie ein Riegel zur INNEREN STADT hin wirken, ist der Bezirk durch die Neustiftgasse und Burggasse, abgesehen von den beiden Begrenzungsstraßen, gut an die Ringzone angebunden.

Die Entwicklung des Bezirks ging von dem ehemaligen Grabenangerdorf St. Ulrich aus, das — am Ottakringer Bach gelegen — als Ausgangspunkt der Pest, als ein »Zentrum« des Protestantismus und schließlich als Zeltlager des Kara Mustafa in der Lokalgeschichte eine besondere Rolle spielte. Am Beginn des 17. Jahrhunderts wurde die Neubaugasse angelegt (Neubau), um 1700 entwarf der Maurermeister Simon Ecker den Bebauungsplan von Spittelberg — ohne Hof- und Gartenräume — und schuf damit städtebauliche Bedingungen, die schon unter Josef II. zum »ersten Versuch einer Säuberung« führten. 1777 wurde Schottenfeld selbständige Vorstadt und, beginnend unter Maria Theresia und stark gefördert unter Josef II., »Mittelpunkt der österreichischen Industrie«. Tatsächlich gab es um 1800 am »Brillantengrund« bereits 300 Fabriken mit 30.000 Arbeitern (vor allem der Seiden-, aber auch der Gold- und Silberindustrie), so daß die Jahre von 1790 bis 1830 als die Blütezeit des Bezirks anzusehen sind. Die schweren Krisen des Vormärz trugen nicht unbeträchtlich zur Revolution von 1848 bei. Obwohl viele Betriebe günstigere Standorte suchten, blieb NEUBAU bis in die siebziger Jahre des 19. Jahrhunderts »Hauptsitz der Wiener Industrie«. Der Bezirk hat um die Jahrhundertwende eine beträchtliche bauliche Erneuerung erfahren, die sich ziemlich gleichmäßig, ohne besondere Schwerpunkte auf den ganzen Bezirk verteilte. Das leicht unregelmäßige Netz der Geschäftsstraßen mit dem Rückgrat der Westbahnstraße und Siebensterngasse und den gut ausgestatteten Querstraßen, wie der Kirchen-, Neubau-, Ziegler- und Schottenfeldgasse oder der Kaiserstraße, zeigt einen hohen Grad von Durchmischung städtischer Funktionen, die noch heute eine gute, in ihrer Vielfalt ideale Versorgungsstruktur darstellen. Der Bezirk NEUBAU ist in Größe (1,61 km²) und Bevölkerungsdichte mit MARIAHILF vergleichbar. Um 1900 lebten 69.162 Menschen im Bezirk, 1951 waren es noch 53.183, schließlich sank 1981 die Zahl auf 29.490 ab.

Auch in diesem Bezirk war eine bemerkenswerte Anzahl bedeutender

Architekten am Werk. So bauten von der Jahrhundertwende bis zum Ersten Weltkrieg Arthur Baron, Josef Beer, Oskar Czepa & Arnold Wiesbauer, Hans Dworak, Ernst Epstein, Eugen Ritter Felgel von Farnholz, Leopold Fuchs, Ernst von Gotthilf, Arnold Hatschek, Karl Haybäck, Arnold Heymann, Hugo Kathrein, Fritz Keller, M. Otto Kuntschik, Oskar Laske, Adolf Loos, Oskar Marmorek, Dagobert Peche, Hans Prutscher, Karl und Wilhelm Schön, Ernst Spielmann und Alfred Teller, Karl Stephann, Carl und Adolf Stöger, Oskar Strnad und Oskar Wlach, Siegfried Theiss und Hans Jaksch, Neumann Tropp, Otto Wagner und Georg Wünschmann. Aus der Zeit zwischen beiden Weltkriegen wären zu erwähnen: Leo Kammel, Hermann Stiegholzer und Friedrich Tamms. Nach 1945: Alessandro Alvera, Arbeitsgruppe 4 (Holzbauer, Kurrent, Spalt), Erich Schlöss, Gerhard Steixner und Georg Driendl.

# 7. BEZIRK

### Lindengasse 48—52, Verlagshaus Polsterer, E: Walter Gindele, 1962/63

Zeittypisches Beispiel der verstärkten City-Bildung im Bereich der Mariahilfer Straße. Standortgebunden durch das alte Verlagshaus und Druckereigebäude, »unabhängig« durch die rigorose Ausführung des Raumprogramms. Das Hochhaus wurde 1962/63, die Seitenflügel wurden 1966 errichtet.

### Mondscheingasse 13—15, Post- und Telegraphenamt, E: Post- und Telegraphen-Centralleitung, 1909

Der ärarische Charakter der Architektur und der in der Achse der Mondscheingasse liegende Eckturm signalisieren deutlich das öffentliche Selbstverständnis der »Post«, das sich im typologischen Assoziationsbereich von »Rathaus« angesiedelt hat.

### Seidengasse 20, Finanzamt, BH: Gabriel und Zimmermann, E: Hans Dworák, A: Barak & Czada, 1906/07

Das Haus wurde nicht als öffentliches Bürohaus gebaut, und doch hat sich die Architektur Dworáks mit der »alle Reize der modernen Stilrichtung zeigenden Formensprache« vorzüglich dazu geeignet. Die das Pathos der Heroisierung der Arbeit vorwegnehmenden Skulpturen stammen aus dem Bildhaueratelier Jung und Ruß.

### Kaiserstraße 25, Klosterkirche »Zum göttlichen Heiland«, E: Hans Prutscher, 1924—26

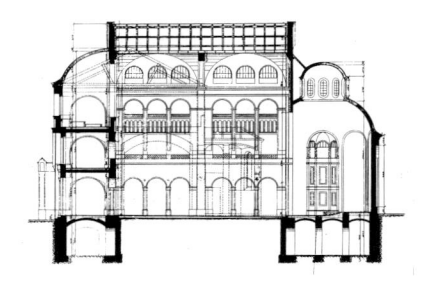

Die alte Kapelle bestand aus einer Vorhalle, einem quadratischen Joch und einem schmalen Chor mit Fünfachtelschluß. Die Erweiterung auf die doppelte Länge und Höhe (zwei Emporengeschosse) und die Errichtung eines geräumigen Altarraumes und eines Turmes entsprechen praktisch einem Neubau. Diese radikale Erneuerung steht in einem merkwürdigen Kontrast zur fast neoromanischen Raumstruktur und zur teilweise historisierenden Raumausstattung, die allerdings in vielen Teilen von Prutscher eigenwillig überformt wurde; etwa die Ausbildung der Arkadenpfeiler bei den Seitenemporen, die portalartige Rahmung des Übergangs vom Hauptschiff zum Altarraum, die Gestaltung der Kanzel und verschiedenes mehr. Der Aufbau des Altars aus einem aus dem Boden herausragenden jonischen Säulenkapitell erinnert an Transformationen von Josef Plečnik.

### Europaplatz, Hesserdenkmal, E: Karl Badstieber, Bildhauer: Josef Tuch, 1908/09

### Kenyongasse 15, Evangelisches Vereinshaus, E: Siegfried Theiss und Hans Jaksch, A: Paul Leitner, Adolf Baron Pittel (Betonbau), 1910/11

Das ehemalige Veranstaltungs- und Wohnhaus des »Christlichen Vereins junger Männer« wird heute als Hospiz geführt. Abgesehen von der signifikanten Fassade ist konzeptionell die auf der Hofseite übereinanderliegende Saalgruppe (Souterrain: Turnsaal, Hochparterre: Speisesaal, 1. Stock: Großer Saal mit Galerie) interessant.

### Neubaugasse 36, Renaissancetheater, BH: Emanuel und Eduard Schweinburg, E: Siegfried Theiss und Hans Jaksch, A: Barak & Czada, 1911

Obwohl die Baumeister Barak & Czada im »Bautechniker« (1912) im Zusammenhang mit diesem Bau als die »Theaterarchitekten« angeführt werden, dürfte es sich um ein weitgehend vom Atelier Theiss & Jaksch überarbeitetes Projekt handeln. Das großzügig erschlossene Haus zeigt noch Spuren dieser Architektur, das Theater selbst hat sich durch Abnutzung auf seine bauliche Substanz zurückgezogen, so daß die Frage nach der Autorschaft von selbst in den Hintergrund tritt. Für das Wiener Kulturleben und vor allem die Wiener Volksbildung von Bedeutung ist jedoch, daß dieses Theater vom Verein der »Freien Volksbühne« gegründet wurde. 1922 hat Josef Jarno, der im Begriff war, die »Josefstadt« aufzugeben, das Theater übernommen, 1932 gründete Hans Zwanzger das »Theater der Jugend«, das bis heute (neben der »Löwinger Bühne«, ab 1949) das Theater bespielt.

Kenyongasse 10—12, Schulerweiterung mit Schwimmbad, BH: Kongregation der Töchter des göttlichen Heilands, E: Erich Schlöss, A: G. u. H. Menzel, 1964—66

Der Erweiterungsbau, der den Klosterhof zur Kenyongasse hin abschließt, ist mit seiner zweihüftigen Anlage der drei Klassengeschosse und der großen Schwimmhalle im Erdgeschoß (Beckengröße 8 x 25 m) ein strenger, einfach organisierter und klar proportionierter Schulbau der sechziger Jahre. Besonders die Gartenfront strahlt eine gewisse zeitlose Ruhe aus, die sich von den Betonorgien dieser Jahre wohltuend absetzt.

Kaiserstraße 7—9, Sophienspital, ab 1879

Dem von Karl Ludwig gegründeten Verein zur Versorgung der Kranken in den Bezirken Mariahilf, Neubau und Umgebung wurde von der Familie Kenyon das parkähnliche Grundstück gestiftet. 1879/80 errichtete man bereits den Kenyon-Pavillon (E + A: Franz Wigand), 1901—06 den Karl-Ludwig-Pavillon. 1945 übernahm die Stadt Wien das Spital, das 1985—87 in das »Pflegezentrum Sophienspital« (E: Ernst Hoffmann) umgebaut wurde. Die Anlage besteht heute aus einer Internen Abteilung mit Pflegeheim (44 Betten), einer Physikalischen Therapie etc. (Kenyon-Pavillon), einem Pflegeheim (105 Betten) mit Ambulanzen und Versorgungseinrichtungen (Karl-Ludwig-Pavillon) und schließlich dem Trakt an der Kaiserstraße mit dem Tageszentrum »Ingrid Leodolter«, Direktion und Verwaltung. Die Umbauten wurden mit einem in diesem Bereich seltenen architektonischen Engagement und mit Verständnis für den Baubestand durchgeführt.

Stiftgasse 2, Flakturm, E: Friedrich Tamms, 1943/44

Die Anlage der Wiener Flaktürme besteht aus drei Turmpaaren (Feuer- oder Geschützturm mit je einem Leit- oder Meßturm), deren Dreieck der Standorte die Innere Stadt umschließt (Augarten, Arenbergpark, Stiftskaserne). Der Leitturm zum Geschützturm Stiftskaserne steht aus Platzgründen im Esterházy-Park. Daß der Flakturm Stiftskaserne exakt in die Achse der imaginären Semperschen Kaiserforums (Hofburg — Burgtor — Hofmuseen und Hofstallungen) gestellt wurde, zeigt die städtebauliche Bedeutung, die diesen Bauwerken beigemessen wurde (nähere Beschreibung der Anlagen siehe Seite 91 und 120 f.).

Badhausgasse 1—3, BH: Adolf Weinberger, E: Alois Schützenberger, A: Hugo Schuster, 1912

Für den Architekten, aber auch für das Jahr 1912 ein bemerkenswert strenger Bau, der sich ein wenig an den Otto-Wagner-Häusern in der Döblergasse zu orientieren scheint, ohne jedoch zu deren architektonischer Klarheit vorzudringen, was sich vor allem in der Behandlung des Ecks und des Attikageschosses zeigt.

Burggasse 60, BH: Aloisia Streit, E: Artur Streit, A: Lussmann, 1901

Döblergasse 2, BH + E: Otto Wagner, A: Ferdinand Dehm & Olbrich, 1909/10

Döblergasse 4, BH + E: Otto Wagner, A: Dücker & Olbrich jun., 1911/12

Während die Jahre vor dem Ersten Weltkrieg noch einmal eine vitale Bündelung restaurativer Tendenzen brachten (Neobiedermeier, Neoempire, Neobarock — verbrämt mit Spätsecessionismus und Heimatschutzarchitektur), erreichte Wagner in dieser Zeit die höchste ästhetische Präzision in der Reduktion seiner Mittel, die mit dem Purismus von Loos konkurrieren konnte. In diesem Zusammenhang sind die Häuser in der Döblergasse auch prototypisch für die Wagnersche Vorstellung vom städtischen Zinshaus, mit der betonten zweigeschossigen Sockelzone und den vom Aufzug endgültig egalisierten Wohngeschoßen. Strenge Proportionierung der Fenster, gleiche Achsabstände und ein kräftiges Kranzgesims urgieren noch die abstrahierten Prinzipien einer Renaissance; die gleichwertige Belichtung auch der Ecklösung führt zu einer funktionalistischen Ecklösung, die die Logik des Grundrisses in die Fassade projiziert. Von klassischem Geist ist bei diesen Häusern die Reduktion der architektonischen Sprache auf ganz wenige, schon fast im Sinne von Mies zelebrierte

# 7. BEZIRK

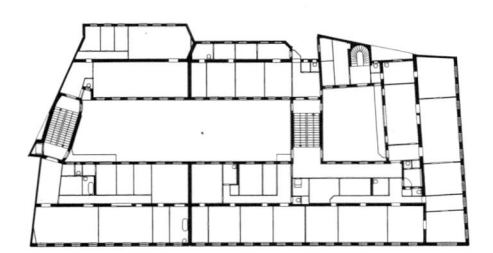

Details und die klare, rationalistische Überschaubarkeit der Raumzusammenhänge, die sich in den halböffentlichen Raumerschließungen der Foyers und Treppenhäuser (betonte Raumsequenzen) zeigt. In der Detailsprache, etwa bei den Aluminium-Haustüren, äußert sich demonstrativ der semantische Wechsel in den Mitteln der Repräsentation: nicht mehr der stilistische Hinweis oder die transformierte Form sind Bedeutungsträger, sondern das neue Material und seine Verarbeitung signalisieren kulturellen Anspruch und Fortschritt. Im Haus Döblergasse 4 befindet sich die letzte Wohnung Otto Wagners, die heute, mit Resten des Interieurs, als Otto-Wagner-Archiv eingerichtet ist.

# NEUBAU

Halbgasse 2, BH: Josef Minarik, E: Oskar Czepa & Arnold Wiesbauer, A: Carl Fleischer, 1913

Halbgasse 12, BH: Leopoldine Heitzmann, E + A: Adolf Haan & Co., 1914

Halbgasse 22, BH: Carl Würbel, E + A: Allgemeine Österreichische Baugesellschaft, 1903

Hermanngasse 8, BH: Carl und Viktor Zierhut, E + A: Ernst Epstein, 1912

Eines der besonders schönen Büro- und Wohnhäuser von Epstein mit einem etwas älteren Fabrikstrakt im Hof (E: Ludwig Schöne, A: Moriz und Josef Sturany, 1907). Die Fassade zeigt in einem Looschen Sinne die Trennung von Büro- und Wohnetagen, wobei der dreigeschossige Bürosockel eine besondere strukturelle Kraft besitzt (Pfeilerstruktur, verpackt in Flachsäulen, mit teilweise plastisch vortretenden Fenster- und Parapetfeldern). Eigenwillig auch die secessionistische Verfremdung einzelner Details, etwa der Kapitäle zu Schmuckreifen.

Hermanngasse 18, BH: Heinrich Lefar, E: Carl Stephann, A: Karl Stigler, 1911

Um 1910 wird, gewissermaßen mit einer neuen spätbürgerlichen Prächtigkeit, der Einfluß der Wagner-Schule noch einmal verarbeitet. Daraus entstand dann das schwer beschreibbare Amalgam aus Strenge und Prunk, aus materialer Gediegenheit und ästhetischer Schablone. Trotzdem ein bemerkenswerter Bau, der hier anstelle des ehemaligen »Schlüsselbundhauses« errichtet wurde.

Kaiserstraße 15, BH: Franz und Maria Kauba, E: Karl Schön, A: Georg Weinzettel, 1906

Abgesehen von der kräftigen und eigenwilligen Fassung des Kranzgesimses durch zwei dreifachgerahmte Ziergiebel ist die Fassade gleichmäßig und ein wenig schablonenhaft durchornamentiert. Der zweigeschossige Geschäftssockel des Hauses unterstreicht die urbane Aufwertung der Kaiserstraße um die Jahrhundertwende.

Kaiserstraße 43, BH: Leopold Wallner, E: Maximilian Katscher, A: J. Bublik, 1912

Kaiserstraße 57—59, BH: Fritz Keller, Albert und Rudolf Schloss, E: Fritz Keller, A: Max Ott, 1912/13

Der Bau zeigt eine gewisse Ähnlichkeit zum Haus Wehrgasse 22 und dokumentiert damit auch die Eigenständigkeit des Architekten in der Arbeitsgemeinschaft mit Fritz von Herzmanovsky.

Kaiserstraße 67—69, BH: Karl und Edmund Demuth, E: Arnold Heymann, A: Wiener Baugesellschaft, 1913

Die etwas an Hans Prutscher orientierte Mischung von verfremdetem Klassizismus und volkskunstgebundener Secession verdichtet sich am anschaulichsten beim Haustor Nr. 67.

Kaiserstraße 77, BH: Michael und Alois Eiles, E: August Belohlavek, A: Ferdinand Schindler, 1909

Trotz großstädtischer Prächtigkeit gleitet hier Belohlavek in eine süddeutsche Motivik hinüber, die sich vor allem an den Ziergiebeln und der Ecklösung ausdrückt.

Kaiserstraße 106, BH + E + A: Hans Schimitzek, 1908

Die extrem schmale Eckparzelle hat den Architekten zu einer eigenwilligen Lösung verlockt, die von der Kaiserstraße her rhythmisch gut aufgebaut ist.

Kirchengasse 3, BH + E: Leopold Fuchs, A: Ferdinand Schindler, 1910

# 7. BEZIRK

Mit Sicherheit eines der besten Häuser von Fuchs. Das »Palastschema« wird hier auf einer neuen Grundlage der Beziehung von Geschäftsgeschoß (verändert), zwei Bürogeschossen und zwei Wohngeschossen neu formuliert. Auf die lapidare, flächige Struktur der Bürogeschosse antworten feingliedrige, aber im Relief betonte Wohngeschosse (Bildhauer: Josef Panigl, Kunstschlosser: V. Gillar).

**Kirchengasse 13**, BH: Ignaz Steiner, Viktor Leithner, E: Atelier Glaser & Scheffel, A: Ferdinand Schindler, 1914

**Kirchengasse 15**, BH: Therese Decker, E + A: Ferdinand Schindler, 1912

**Kirchengasse 18**, BH: Wilhelm Berger, E: Karl Stephann, A: Karl Riess, 1910

**Kirchengasse 25—27**, BH: Gustav Walker, Amalia Lieser, E: Ludwig Schöne, A: Hugo Schuster, 1913

**Lerchenfelder Straße 35**, BH: Rudolf Nilius, E: Hans Prutscher, A: C. Wenz und J. Leiker, 1912/13

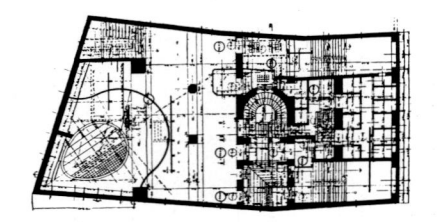

Der vierachsige Doppeltrakter mit der eigenwillig aufgebauten, in zwei Geschossen undulierenden Fassade (in der Flächenstruktur gewissermaßen eine Paraphrase auf den Fachwerksbau) hatte im Kellergeschoß, diagonal bis zur Grundstücksgrenze vorgeschoben, einen zweigeschossigen Kinosaal, der vermutlich zu den schönsten Räumen dieser Art gehörte. Die Ausstattung dieses Saales ist zerstört, nur in den Zugängen findet man noch besonders schöne Details aus der Entstehungszeit des Baus. Die Fassade ist durch eine »laute« Renovierung, vor allem durch eine unglückliche Färbelung entstellt.

**Lerchenfelder Straße 71**, BH: Ernst von Gotthilf, Donat Zifferer, E: Ernst von Gotthilf, A: Donat Zifferer, 1896

**Lerchenfelder Straße 129**, BH + E + A: Hans Schimitzek, 1907

**Lerchenfelder Straße 139**, BH + E + A: Oskar Laske und Viktor Fiala, 1902

Die Fassade zeigt in der Ornamentik Ähnlichkeiten zum Haus Neustiftgasse 67—69. Es könnte hier also der junge Oskar Laske bereits mitgewirkt haben.

**Lindengasse 4**, BH: Aladar Traub, E: Oskar Marmorek, A: W. Schimitzek und F. Anderle, 1904

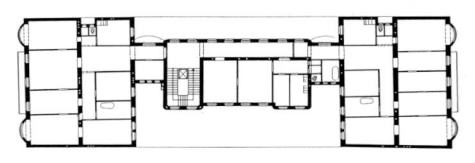

Der tiefe Doppeltrakter mit dem ausentwickelten Verbindungstrakt reagiert sehr ökonomisch auf das extrem schmale Grundstück. Die Großwohnungen sind zwar einfach organisiert, besitzen aber eine optimale Variabilität. Auch in der Architektur hat sich Marmorek einer größeren Zurückhaltung und einer eher typologischen Anwendung der Mittel befleißigt.

**Lindengasse 55**, BH: Rabl & Grün, E: Karl Stephann, A: Ed. Ast & Co., 1912

Stephann erreicht hier eine erstaunliche Intensität der architektursprachlichen Mittel, die fast in die Nähe des Prager Kubismus gerät, ohne sich jedoch wirklich auf die inhaltlichen Dimensionen dieser Architektur einzulassen.

**Lindengasse 56**, BH: Gustav Hostnig, E: Karl Stephann, A: Ed. Ast & Co., 1910

**Lindengasse 65**, BH: Josef Geiringer, E: Karl und Wilhelm Schön, A: Ferdinand Schindler, 1912/13

Das Atelier Schön zeigt hier eine erstaunliche Frische (bemerkenswerte Eingangsgestaltung), so als wäre für diesen Bau eine neue Garnitur von Zeichnern aufgenommen worden.

# NEUBAU

## Mariahilfer Straße 6

Diese Fassade ist vermutlich in den zwanziger Jahren durch die Aufstockung eines Biedermeierhauses (1833) entstanden. Offensichtlich hat der Architekt noch die Erinnerung daran bewahren wollen. Der Geschäftssockel ist fast in einem Loosschen Sinne transformiert, das originelle Stuckrelief verweist jedoch eher in Richtung Kunstgewerbeschule. Leider konnte über diese interessante Arbeit überhaupt keine Information gefunden werden.

## Mariahilfer Straße 50, BH: Josef und Ludwig Hänisch, Emil Suess, E: Otto Korn, Heinrich Schmid & Hermann Aichinger, A: Carl Korn, 1922

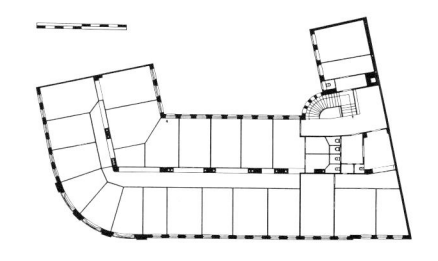

Eines der großstädtischen Eckhäuser im Bereich der Mariahilfer Straße. Dieser Bau wurde in der Wirtschaftskrise nach dem Ersten Weltkrieg über Baukostenbeiträge der späteren Mieter finanziert. Bei der Planung fiel Korn der funktionelle, Schmid & Aichinger der künstlerische Teil zu. Das Stahlbetonskelett ermöglichte einen frei disponiblen Grundriß.

## Mariahilfer Straße 58, BH: Alfred und Otto Berger, E: August Belohlavek, A: Moriz und Josef Sturany, Ed. Ast & Co., 1906

## Mariahilfer Straße 62, BH: Hilde Gotthardt, Georg Demski, E + A: Georg Demski, 1898

## Mariahilfer Straße 64, BH: Alfred und Otto Berger, E + A: Arnold Hatschek, 1905/06

## Mariahilfer Straße 68, BH + E: Leopold Fuchs, A: G. Wayss, 1912

Das Haus hatte früher einen noch stärkeren schichtenförmigen Aufbau, der der markanten, vereinheitlichenden Stahlbetonstruktur entgegenwirkte. Durch eine Renovierung wurde das fünfte Geschoß mehr dem vierten angeglichen, so daß wieder das modifizierte »Palastschema« hervortritt. Das Haus hat auch eine beachtliche Dachkonstruktion aus Eisenbeton. Es gehört überhaupt zu den interessantesten Arbeiten von Fuchs.

## Mariahilfer Straße 70, BH + E: Leopold Fuchs, A: Ferdinand Schindler, 1914

Auch dieses Haus hat Leopold Fuchs für sich selbst erbaut, konnte aber den Standard des gegenüberliegenden Eckhauses nicht mehr erreichen.

## Mariahilfer Straße 74a (keine Unterlagen)

Leider konnte der Architekt dieses Hauses nicht ausfindig gemacht werden. Die Fassade besitzt eine Zweischichtigkeit, in die das Biedermeier wie eine Prägung eingebunden ist.

207

# 7. BEZIRK

Mariahilfer Straße 88 a, b, E: K. u. K. Apostolische Majestät Oberst-Hofmeisteramt, 1899 bis 1900

Der tiefe Straßenhof mit der kleinen platzartigen Erweiterung zeigt das klassische Konzept einer extremen Grundstücksausnutzung mit zusätzlicher Geschäftswidmung.

Mariahilfer Straße 102, BH: Georg Demski, Matthilde Gotthardt, E + A: Georg Demski, 1905/06

Mondscheingasse 3, »Löwen-Hof«, BH: Th. Schneer, E: Georg Wünschmann, A: Karl Stigler, 1898

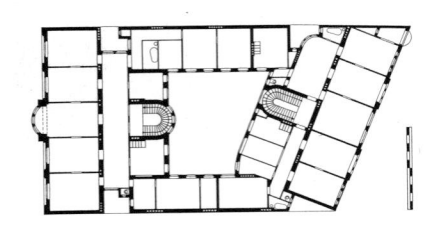

Die beiden Straßentrakter mit Seitenflügeln folgten der Typologie des alten Baubestandes. Die Architektur zeigt eine Gratwanderung zwischen »Deutscher Renaissance« und »Modernem Charakter«. Der Fassadenschmuck bedient sich bewußt der heimischen Flora (Mohnblumen, Sonnenrosen, Kaiserkronen). Die mächtigen Löwenköpfe sind wohl nur als Wappentiere heimisch.

Mondscheingasse 5, BH: Josef Winkler, E + A: Karl Stigler, 1903

Museumstraße 3—5, BH: Albert Frankl, E: Rudolf Erdös, A: Allgemeine Österreichische Baugesellschaft, 1910/11

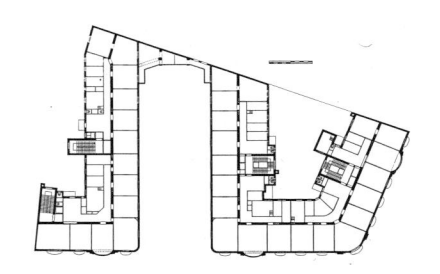

Erdös hatte hier das Thema Eckhaus und Straßenhof in einem zu lösen. Die Architektur nimmt so starken Bezug auf die barocke Nachbarschaft, daß sie diese sogar übertrumpft.

Neubaugasse 4, BH + E: Ernst Spielmann & Alfred Teller, A: Karl Stigler, 1907

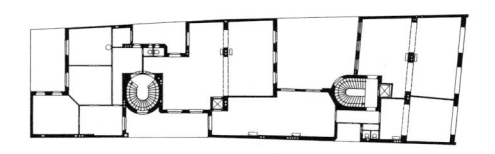

Diesen Slalom von Grundriß auf dem extrem schmalen Grundstück hat wohl die Bauordnung ausgelöst. Die anmutige, aber motivische Architektur zeigt einen Hauch von Mathildenhöhe, erweist in Wien also Joseph M. Olbrich eine späte Reverenz.

Neubaugasse 8, BH + E: Leopold Fuchs, A: Ferdinand Schindler, 1911

Dieser späte Secessionismus ist in der Verbindung von Struktur und Ornament eher deutsch als wienerisch. Im Relief der Fassade steckt ein »gotischer Geist«.

Neubaugasse 10, BH: Ferdinand und Paula Deutsch, E: Leopold Fuchs, A: Ferdinand Schindler, 1912/13

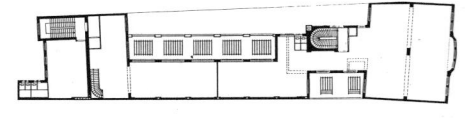

Eine andere Lösungsvariante auf einem schmalen, tiefen Grundstück. Die Fassade ist im Vergleich mit den anderen Häusern von Fuchs in dieser Gasse konventioneller, im Detail kunstgewerblicher.

Neubaugasse 12—14, BH: Adele Fuchs, E: Leopold Fuchs, A: Guido Gröger, 1908

208

Diese Fassade macht deutlich, welche gewaltige Entwicklung die Architektur von Leopold Fuchs ab 1910 durchgemacht hat.

## Neubaugasse 17—19, E: Hermann Stiegholzer, A: Franz Katlein, 1936

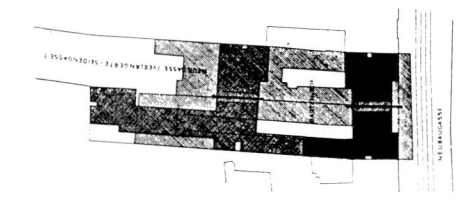

Der typische »Sanierungsbau« aus der Zeit des Ständestaates zeigt eine regulierende Baumaßnahme im Sinne einer heutigen »Stadtreparatur«. Der Durchgang zur Seidengasse wurde über einen Hof hergestellt. Der städtebauliche Eingriff ist »sanft«, die Architektur betont zeitgemäß.

## Neubaugasse 25, »Elsa-Hof«, E: Hans Prutscher, BH + A: Rudolf Ernest & Thalwitzer, 1911

Eine der wenigen Anlagen, wo durch die neue Bebauung (anstelle eines Gemeindehauses der Vorstadt Neubau »Zu den drei Reitern«) ein beachtlicher Gartenhof erhalten wurde. Der an der Straße liegende, leicht gekoppelte Doppeltrakter hat die übliche Mittelmauerkonstruktion mit versetzbaren Leichtwänden und veränderbaren Wohnungsgrundrissen. Die Straßenfassade zeigt den zu dieser Zeit bereits üblichen zweigeschossigen Geschäftssockel. Auffallend ist, daß die Architektur des Hinterhauses die des Vorderhauses an Detailreichtum fast übertrifft. Insgesamt handelt es sich um eine sehr durchgestaltete Putzarchitektur mit münchnerischem Einschlag (gedrechselte Holzsäulen bei den Fenstern), die in ihrem Charakter etwas vom »Realismus« der Architektur der zwanziger Jahre vorwegnimmt.

## Neubaugasse 28, BH + E: Wilhelm Kempler, A: Union Baugesellschaft, 1913/14

## Neubaugasse 29, Doppeltrakter im Hof, BH: Theodor Daberkow, E + A: Adolf Zwerina, 1911

Vermutlich erfolgte mit dem Bau des Doppeltrakters im Hof auch der Umbau des Hoftraktes im Vorderhaus, der eine feine, wenn auch nicht außergewöhnliche architektonische Hand verrät. Auf der Rückseite des Doppeltrakters befindet sich im Hochparterre jene Wohnung des Nachfolger Dagobert Peches, deren Fassade der Künstler um 1915 selbst gestaltet hat (ebenso einen kleinen, winkelförmig anschließenden Atelierbau). Weil von den Besitzern behauptet wird, dieses einzige architektonische Zeugnis Peches sei zerstört, habe ich versucht, den heutigen Zustand der Fassade festzustellen. Da mir aber der Zutritt verwehrt wurde, muß ich annehmen, daß es wohl noch sehenswerte Spuren dieses architekturgeschichtlich einmaligen Denkmals gibt (Siehe Katalog von Nikolaus Schaffer: D. P., 1987).

## Neubaugasse 38, BH: Ernst Zeschitz, E + A: Löscher & Helmer, 1912

## Neubaugasse 44, BH: Albert Frankl, E: Karl Stephann, A: Carl Mayer, 1904/05

Die eigenwillige Verwendung des Sichtziegels wirkt wie ein Import aus Belgien. Erst im Detail entdeckt man, daß auch die Secession ins Land gezogen ist. Sehenswert: Tor, Foyer und Treppenhaus.

## Neubaugasse 61, BH: Franz Lein, E + A: Ernst Epstein, 1912

An dieser Fassade zeigt Epstein seine unerschöpfliche Erfindungskraft in der Kombination typologischer und morphologischer Elemente. Die kräftige Ausbildung der Mittelachse und der beiden Erkerachsen im 2. und 3. Stock konterkariert das Sockel-, vor allem aber das eigenwillige Attikageschoß, das wiederum eine spezielle Anwendung klassizistischer Elemente vorführt.

## Neubaugasse 63, BH: Johann und Martha Hubmann, E: Josef Beer, A: Alois Rabas, 1901/02

Josef Beer, der sich in Hietzing eher einem deftigen Secessionismus hingab, arbeitete hier in einem innerstädtischen Ambiente konventionell und unauffällig.

# 7. BEZIRK

Neubaugasse 64—66, BH + E + A: Rudolf Demski, 1904

Neubaugasse 68, BH: Sigmund Bergmann, E: Eugen Felgel Ritter von Farnholz, A: Pittel & Brausewetter, 1912
Für den konservativen Architekten eine ungewöhnlich mutige und kühne Fassade, die in ihrem strengen Aufbau den Arbeiten von Epstein und Fuchs nacheifert.

Neubaugasse 79, BH: Hermine Nemeczek, E: Neumann Tropp, A: Josef Neubauer, 1912

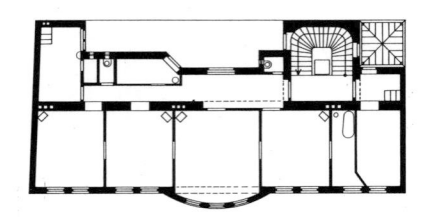

Die mit dem breiten Mittelerker flächig aufgebaute, aber kräftig strukturierte Fassade läßt einen voluminösen Baukörper vermuten, was aber durch den einhüftigen Bau nicht eingelöst wird. Damit gerät die mächtige Fassade fast in die Rolle einer Attrappe. Das Sockelgeschoß, mit den originalen Portalen, ist noch teilweise erhalten.

Neustiftgasse 6—8, »Dreifaltigkeits-Hof«, BH: Ludmilla Mohr, E + A: Ch. Jahn, 1900/01

Neustiftgasse 40, BH + E: Otto Wagner, 1909/10 (siehe Döblergasse 2)

Neustiftgasse 47, BH: Karl Obenaus, E + A: Franz Czada & Friedrich Elsner, 1903
Das Haus stellt eine frühe »baumeisterliche« Reaktion auf die Wagner-Schule dar, die sich aber mehr im Duktus (im strengen Aufbau) als im dekorativen Detail äußert. Die Reliefs beziehen sich auf die Bäckerei des Hausherrn Obenaus.

Neustiftgasse 51, BH: Gustav Meindl, E + A: W. König, 1905

Neustiftgasse 67—69, BH: Karl Kellermann, E: Oskar Laske, A: O. Laske & V. Fiala, 1904
Offenbar hat sich der junge Absolvent der Wagner-Schule in der elterlichen Baufirma als Entwerfer betätigt. Das Haus zeigt einen reizvollen Kontrast zwischen Wagnerscher Strenge und einem feinen, mit leichter Hand gezeichneten Ornament.

Neustiftgasse 86, BH: Baugenossenschaft »Wien Süd«, E: Atelier 4 (Scheufler, Vesselinov, Hirschler, Erblich), A: Kallinger, 1982—86

Neustiftgasse 87, BH: Johann Walter, Johann Berthold, E: Carl und Adolf Stöger, A: Hugo Schuster, 1912/13
Das Atelier Stöger gerät hier durch hartnäckige Verfolgung eines vertikalistischen Fassadenschemas fast an eine Hoffmannsche Tektonik heran.

Neustiftgasse 109, BH: Anna Baron, E: M. Otto Kuntschik, A: Ferdinand Schindler, 1905

Neustiftgasse 113, BH: Leopold Blauensteiner, E: Eduard Hütter, A: Karl Schmidt, 1907
Der heutige Zustand des Hauses verrät nicht mehr sehr viel von der ursprünglichen Fassade. Ein ungewöhnliches Detail ist die Lösung des Eingangs mit dem Fenster der Hausmeisterwohnung in der Schottenfeldgasse 82.

Richtergasse 1, BH: Franz und Amalie Stark, E: Heinrich Nawrath, A: A. Hens, 1908
Das Haus »Zur Gerechtigkeit« nimmt wohl Bezug auf die Richtergasse, die Architektur des Hauses könnte man als »Burschenschaftsstil« bezeichnen.

Schottenfeldgasse 3, BH: Rudolf Stephan, E: Arnold Hatschek, A: M. & J. Sturany, 1901/02

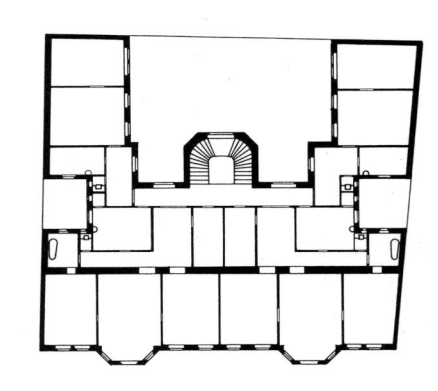

Der tiefe Straßentrakter mit zwei Stutzflügeln kaschiert noch einmal mit neobarocker Gestik den trivialen Bassenatyp, der allerdings durch die Anlage von Großwohnungen entschärft wurde.

## Schottenfeldgasse 24, BH: Adolf Wiesenburg Edler von Hochsee, E: Leopold Fuchs, A: Ferdinand Schindler, 1912

Fuchs erweist sich auch hier als beachtenswerter Architekt: Die wienerische Betonung des Hausecks wird zwar eher vernachlässigt, dafür schenkt er dem Relief der Fassade, das auf das Spiel von Konkav- und Konvexflächen aufgebaut ist, besonderes Augenmerk. Fast provokante Unikate stellen die beiden Erker in der Lindengasse dar.

## Schottenfeldgasse 35, BH: Anna Czipek, E: Ludwig Schöne, A: Ch. Jahn, August Piehak, 1909

## Schottenfeldgasse 60, BH + E + A: Anton Hein, 1914

## Schottenfeldgasse 65, BH: Andreas Neider, E: Oskar Marmorek, A: Carl Holzmann, 1905/06

Marmorek hat hier sehr schnell auf die Postsparkasse von Otto Wagner reagiert, allerdings beschränkt sich der Einfluß auf einige Fensterformate und die dekorative Befestigung einiger Steinplattenfelder. Insgesamt trifft aber die Architektur sehr gut den Charakter des anspruchsvollen, repräsentativen »Bureaux-Hauses« mit Fabrikseingang. Die Hofüberdachung in Glas stammt von Ernst Epstein, 1914.

## Schottenfeldgasse 71, BH: Leopold Roth, Ludwig Müller, E: Leopold Roth, A: Ludwig Müller, 1906

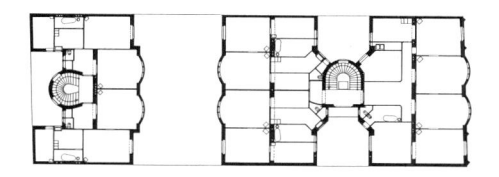

Das Haus mit seiner lauten, eher folkloristischen Ornamentik könnte auch in Budapest stehen. Beachtlich ist die klare Konzeption der Grundrisse, die auch zum Hoftrakter hin kein Qualitätsgefälle zeigt. Lediglich der Doppeltrakter hat im Vorderhaus pro Geschoß eine Großwohnung.

## Schottenfeldgasse 78, »Effenberger-Hof«, BH: Max Effenberger, E: Johann Miedel, A: Ed. Ast & Co., 1912

Die zarte, flächige, spätsecessionistische Fassade mit den gleichmäßig verteilten und gleichen Doppelfenstern mit Oberlichten stellt einen neuen Typ dar, der gewissermaßen die Multifunktionalität der Räume zum ästhetischen Programm erhebt. Fabriktrakt im Hof.

## Schottenfeldgasse 89, BH: Kurt und Christine Klinger, E: Karl Haybäck, Adolf Foehr, A: Franz Breitenecker, 1912/13

Das Haus, das nicht so ohne weiteres die Hand von Karl Haybäck verrät, hat ein sehenswertes Portal und Treppenhaus.

# NEUBAU

## Schottenfeldgasse 96, BH + E: Wilhelm Wohlmeyer (Grundriß), Alfred Castellitz (Fassade), A: F. Klein, 1902

Wohlmeyer hat sich für diese exponierte Situation den Wagner-Schüler Castellitz geholt. Die Entwurfsteilung in Grundriß und Fassade wurde also schon früher praktiziert. Die Fassade, nach dem letzten Krieg vereinfacht, war ursprünglich noch weiter von der Architektur Otto Wagners entfernt.

## Seidengasse 4, BH: Moriz Popper, E: Ignaz Reiser, A: Ferdinand Schindler, 1912

Das Haus ist genaugenommen ein Eineinhalbtrakter mit zwei Großwohnungen im Vorderhaus (eingeschlossener Lichthof) und zwei kleineren Wohnungen im Hinterhaus. Die Fassade zeigt eine zarte, spätsecessionistische Ornamentik, die vor der Renovierung noch »griffiger« war.

## Seidengasse 14, BH: Josef Pick, E: Ernst Epstein, A: Jaquest Prokesch, 1912

Auch bei dieser sehr zurückgenommenen Fassade zeigt sich Epstein als ein Entwerfer mit sicherer Hand. Die zwei Geschosse mit den beiden ausschwingenden Erkern betonen den Horizontalismus und den schichtenweisen Aufbau der Fassade.

## Seidengasse 25, BH: Adolf Freund, E: Karl Stephann, A: Ed. Ast & Co., 1912

Im Vergleich zum Haus Nr. 14 wirkt die Fassade Stephanns geradezu bieder und überladen, so als könnte keines der dekorativen Elemente so richtig den Charakter der Fassade treffen.

# 7. BEZIRK

**Seidengasse 30**, BH: M. Krüger's Söhne, E: Ernst Epstein, A: Union Baugesellschaft, 1908

Epstein zeigt hier, schon vor seiner Bauleitertätigkeit für das Loos-Haus, seinen besonderen Rang als Architekt. Zwar wirkt das Haus noch geradezu beschlagen mit Ornamenten, aber es hat alles seinen Ort, seine logische Beziehung. Besonders schön ist die Durchfahrt zum Hof. Das hintere Fabriksgebäude stammt aus dem Jahre 1890 (E + A: Josef Schober).

**Siebensterngasse 31**, BH: Alfred Seidler, E: Leopold Fuchs, A: Kupka & Orglmeister, 1911

Fuchs erweist sich hier im 7. Bezirk als der einzig ernstzunehmende Konkurrent für Epstein: eine ausgewogene, großstädtische, ihrer Mittel sichere Architektur.

**Siebensterngasse 42—44**, BH: Leo Pallasch, E: Oskar Czepa & Arnold Wiesbauer, A: Barak & Czada, 1913/14

**Stuckgasse 14**, BH: Alfred Hörandner, E: Oskar Strnad, Oskar Wlach, A: Hans Hiske, 1912

Das eindrucksvolle, etwas überzeichnete Eckhaus ist zweifellos ein rätselhafter Bau, nicht nur was die unbekannten Autoren, sondern auch was die merkwürdig disparate Sprachlichkeit betrifft. Einerseits wirkt er geschlossen, wie aus einem Guß, andererseits muten einige Dekorationen wie Einsprengsel aus einer »anderen architektonischen Welt« an.

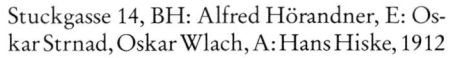

Der Bau zeigt mit seinen für das Jahr 1912 beachtlich reduzierten Mitteln eine starke Ähnlichkeit zum Haus Laimgrubengasse 4, das Hugo Gorge allerdings ein Jahr später erbaute. Das überaus seichte Grundstück führte zu einer einhüftigen Grundrißlösung mit Orientierung aller Wohn- und Schlafräume zur Gasse und wohl auch zum leicht vorspringenden Breiterker. Der Zeit voraus ist die Behandlung des Sockelgeschosses mit der sparsamen Verwendung von Keramik für Umrahmungen und bewußt gesetzten Schmuckpunkten.

**Urban-Loritz-Platz 8**, BH: Margit Löffler, E: Josef Vytiska, A: Union Baugesellschaft, 1930/31

**Westbahnstraße 27—29**, »Schottenfelder-Hof«, BH: Josef Piwonka, E: August Belohlavek, A: Kupka & Orglmeister, 1908

Das vom Gummiwarenfabrikanten Piwonka errichtete Großzinshaus mit zahlreichen Geschäften, Werkstätten, Ateliers und einer »Automobilgarage« besteht aus zwei miteinander verbundenen Doppeltrakten und zwei parallel liegenden, in die Tiefe des Grundstückes gehenden Hoftrakten. Die abgeräumten Fassaden zeigen noch genug Spuren demonstrativen Selbstverständnisses solcher Mietsraumakkumulation.

Westbahnstraße 33, BH: J. und H. Kamsler, E: Leopold Fuchs, A: Guido Gröger, 1908/09

Westbahnstraße 48, BH: Edgar Rimler, E: Adolf Jelletz, A: Rimler & Troczynski, 1914

Der Architekt hat offenbar die spätgründerzeitliche Bebauungsstruktur ostentativ ignoriert: Bauhöhe und Heimatschutzarchitektur legen noch ein eindeutiges Bekenntnis zur Vorstadt ab.

Zieglergasse 88—90, BH: Heinrich Frank, E: Ludwig Fiala, A: Carl Holzmann, 1900

Zollergasse 13, BH: Ludwig und Hermann Pisk, E: Arthur Baron, A: Karl Limbach, 1911/12

Hier mischte sich in die Konkurrenz von Ernst Epstein und Leopold Fuchs noch Arthur Baron. Auch dieses rigoros in zwei Hälften (Geschäft/Büro und Wohnen) geteilte Haus zeigt innerstädtische Maßstäbe. Besonders schön die metallenen bay-windows in zwei Bürogeschossen, die das konstruktive und ästhetische Thema »Gerüst und Haut« in einer beispielhaften Form bewältigen.

Zollergasse 25, BH + E: Carl Steinhofer, A: Robl & Löwitsch, 1903

Zollergasse 37, BH + E + A: August Vaugoin, 1912

Bernardgasse 38, E: Leo Kammel, 1925

Die Sonderstellung des Hauses in der Achse der Wimbergergasse und die bürgerliche Baustruktur des Bezirkes haben offenbar Kammel veranlaßt, ein Fassadenthema der Vorkriegszeit weiterzuführen.

Lindengasse 57, E: Hugo Potyka, 1966—68

Mondscheingasse 9, E: Magistratsabteilung 24, 1938

Weniger Verständnis für den Straßenraum als Kammel (Bernardgasse 38) zeigt der magistratische Entwurf. Das Problem liegt aber darin, daß man die nordseitige Baulücke gar nicht mit einem Wohnbau hätte füllen dürfen.

Neustiftgasse 143, E: Georg Rupprecht, 1925/26

Hinter dieser repräsentativen Fassade verbirgt sich eine drei Block tiefe Verbauung mit drei kleinen Höfen. Auch Rupprecht erweist mit der Architektur dem bürgerlichen Bezirk seine Reverenz.

Breitegasse 3, Möbelhaus H. Marek

Das Portal zeigt deutlich zwei Entstehungsphasen: der obere Teil mit den bay-windows und den vorgehängten Schildern dürfte knapp nach der Erbauung des Hauses entstanden sein, der untere Teil vermutlich in den zwanziger Jahren. Der Architekt konnte nicht ausgeforscht werden.

Lindengasse 5, Galerie V & V, E: Franziska Ullmann

Unprätentiös, sensibel und klug gestaltete Galerie für zwei Schmuckmacherinnen mit Geschäfts- und etwas höher gelegenem Ausstellungsraum (ehem. Hausmeisterwohnung).

Mariahilfer Straße 70, Zweigstelle der Zentralsparkasse und Kommerzialbank Wien, E: Adolf Loos, 1914

Das Portal der ehemaligen Anglo-Österreichischen Bank II wurde in den sechziger Jahren von Friedrich Kurrent wiederentdeckt. Erst eine kleine Skizze aus dem Loos-Archiv konnte die Denkmalpflege überzeugen, daß es sich tatsächlich um eine bedeutende Arbeit von Loos handelt. Sie ist vor allem im Vergleich zur zehn Jahre älteren Postsparkasse von Otto Wagner interessant, da sich der Symbolik von Fortschritt (Image der neugegründeten Postsparkasse) eher biedermeierlich-bürgerliche Grundwerte wie Solidität, Zurückhaltung und Dauer entgegenstellen. Das ambivalente Verhältnis von Loos zu Geld und Luxus im Portal (9 m

## 7. BEZIRK

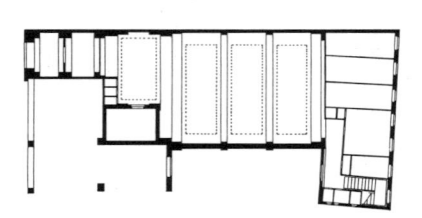

hoch, 5 m breit, aus schwarzem Granit) bekommt sogar eine »sakrale« Komponente. Charakteristisch für Loos ist auch die rituale Entwicklung einer strengen, sich steigernden Raumsequenz, die von der Straße in die große, kühle, marmorbekleidete und ausschließlich von oben belichtete »Tempelhalle« führte (Geldverkehr als Kult). Trotzdem zeigt das offizielle Innere auch einen wohnlichen Aspekt. Die in das System der Wandteilung eingebundenen Leder-Eichen-Bänke mit Schreibgelegenheiten verwandeln den Raum wesentlich, verweisen signifikant auf das Thema Ruhe/Bewegung, das für Loos nicht nur eine Art Chiffre für gesellschaftlichen Verkehr, sondern überhaupt ein Symbol für urbanes Leben war.

### Mariahilfer Straße 120, STAFA-Warenhaus, BH + E + A: Jakob Wohlschläger, 1911

Der heutige Bau, 1935 radikal umgebaut (BH: J. Amster, STAFA-Warenhaus AG, A: Leopold Mühlberger) — die Hanak-Reliefs wurden dabei erhalten —, zeigt nur mehr Spuren des einstigen »1. Wiener Warenmuster-Kollektiv-Hauses« (auch »Mariahilfer Zentralpalast« genannt). Der zylindrische Bau mit glasgedecktem Innenhof hatte nicht nur architektonisch eine provokante Form, sondern war auch wirtschaftspolitisch eine Kampfansage an die Großkaufhäuser, die der Sozialpolitiker und Architekt Jakob Wohlschläger ohne jegliche staatliche und städtische Hilfe machte. Das Konzept war, notleidenden Kleingewerbetreibenden Ausstellungs- und Verkaufsmöglichkeiten zu bieten. Alte architektonische Spuren sind nur mehr in den Treppenhäusern zu finden. Vom obersten Stockwerk des Baus bietet sich ein eindrucksvoller Rundblick über die Stadt dar.

## Mariahilfer Straße 122, ehem. Schuhpalast »Hermes«, Umbau, E: Leopold Liebl, um 1932

Der radikale Umbau eines Gründerzeithauses drückt sich im Vertikalismus der zusammengefaßten Fensterachsen aus. Innen total umgestaltet.

## Neubaugasse 34, Papierwarengeschäft, BH: Gangolf Gallent, E: Alessandro Alvera, 1988

Das Geschäft mit umlaufender Galerie und partiell versetzten Ebenen hat »trotz« detailreicher Architektur und extremer Raumausnützung nichts von der eigenartigen Atmosphäre eines Papierladens verloren. Schon das etwas geheimnisvolle Trichterportal macht den Auftakt zu einer Welt, die das Rohmaterial für eine noch phantasievollere anbietet.

## Stiftgasse 3, Kaufhaus Herzmansky, BH: A. Herzmansky, E: Maximilian Katscher, A: Al. Schumacher, 1897/98

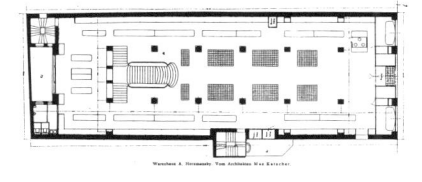

Von den großen Warenhäusern Wiens gibt nur mehr das »Herzmansky« einen schwachen Eindruck von der architektonischen Kultur dieses Bautyps. Der Bauteil Stiftgasse 3 ist strukturell noch vorhanden. In den beiden oberen Geschossen kann man auch noch die ursprüngliche Raumgestalt (die Monumentaltreppe ist entfernt) mit dem Glasdach sehen. Auch die beachtliche Fassade ist noch erhalten, wenn man vom Erdgeschoß absieht.

## Westbahnstraße 35, ehem. WIMO-Filiale, BH: Wiener Molkerei, E: Siegfried Theiss, Hans Jaksch, 1934

Das einfache, jedoch in allen Teilen überlegt entworfene Portal (als Typus) ist noch strukturell vorhanden, auch Spuren der alten Aufschrift sind noch zu entdecken.

## Gutenberggasse 39, Restaurant »Zu ebener Erde und erster Stock«, BH: Josef Fröhlich, E: Arbeitsgruppe 4 (Holzbauer, Kurrent, Spalt), 1963

Diese Revitalisierung eines Biedermeierhauses, in dem sich im Erdgeschoß ein abgewirtschaftetes Beisl befand, hat durch eine neue gastronomische Nutzung auf zwei Ebenen die Adaptierbarkeit alter Bausubstanz nachgewiesen und so inhaltlich die Sanierung vom Spittelberg angeregt und vorweggenommen.

## 7. BEZIRK

### Neubaugasse 8, Bar-Restaurant SKALA, E: Gerhard Steixner, Georg Driendl, 1987/88

Das Lokal ist mir erst nach Abschluß der Arbeiten am Bezirk bekanntgeworden, und es verdient ein Foto und eine ausführliche Besprechung. Zweifellos kommt hier eine von einer jüngeren Generation geprägte Materialästhetik und ein radikalerer Umgang mit dem Raum zum Tragen, kalkulierte Wirkungen, die aus anderen Medien (etwa Film, Video) transformiert erscheinen.

### Apollogasse 6, BH: Josef Weidinger's Söhne, E: Ernst Epstein, 1913

Die Straßenfront macht den Eindruck, als hätte Epstein einem Gründerzeitbau eine Etikette über den ersten und zweiten Stock geklebt, wobei die Brüstung des Attikageschosses für die Firmenaufschrift benutzt wurde.

### Kandlgasse 23, BH: Ignaz Steiner, E + A: Ernst Epstein, 1910

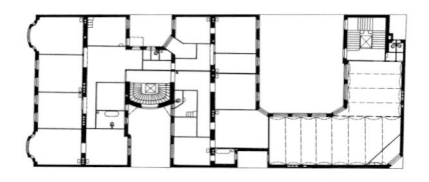

Bei diesem Doppeltrakter mit winkelförmigem Industrietrakt im Hof besteht ein Überhang der Wohnnutzung von etwa 2/3 zu 1/3. Das mag auch der Grund dafür sein, daß sich das Haus zur Straße hin, trotz früherer Aufschrift »Schuhfabrik Steiner« und der repräsentativen Einbindung eines klassischen Giebels, eher als Wohnhaus darstellt. Das Haus besitzt auch eine beachtenswerte Gestaltung des Eingangs, Hausflurs und Treppenhauses.

### Kandlgasse 37, BH + E: Fritz Keller, A: Max Ott, 1913

Gleichmäßig, jedoch kräftig strukturierte Fassade mit durchlaufenden Pfeilern, klar eingesetzten, gerahmten Fenster- und Brüstungselementen, so als wäre es dem Architekten darum gegangen, trotz Darstellung der konstruktiven Aspekte noch die Fassade als Thema zu retten.

### Kirchberggasse 33—35, BH + E: Leopold Fuchs, A: Ferdinand Schindler, 1912/13

Hier wurde ein durch die kleinteiligen Eisenfenster eindeutig deklarierter Druckereitrakt in eine eher dem Büro- oder Geschäftshaus nacheifernde Architektur verpackt, die außerdem in der engen Gasse gar nicht ihre repräsentative Wirkung entfalten kann.

### Schottenfeldgasse 36—38, BH: Josef Eberle, E: C. Langhammer, A: Karl Stigler, 1898

Karl Stigler gehört zu jenen Baumeistern, die schon vor der Jahrhundertwende einen rationalen, vorwiegend vom Bedarf her bestimmten »Nutzstil« entwickelt haben. Hier wurde ein von den Vorderhäusern unabhängiger T-förmiger Trakt in den Hof gestellt.

### Seidengasse 35, BH: August und Marie Denk, E + A: Ernst Epstein, 1908

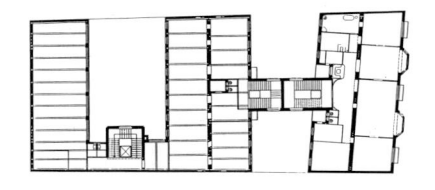

Eine weitere Variante der Koppelung von Wohn- und Fabriktrakt: der Eineinhalbtrakter mit seitlicher Stiegenhauskopplung liegt unabhängig im Hof und ist lediglich mit dem Treppenhaus an das Vorderhaus angebaut. Das Wohn- und Bürohaus selbst entspricht dem gehobenen Repräsentationsbedürfnis, ohne jedoch eine spezielle Firmenpräsenz zu betonen.

### Westbahnstraße 26, BH: Erwin Weinberger, E: Hans Prutscher, A: Ernest & Thalwitzer, 1912

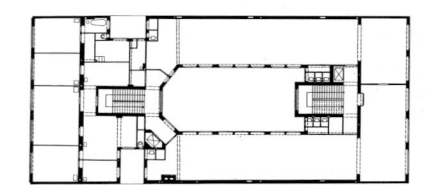

Ein besonders schön organisierter Viertrakter, wobei die drei Hoftrakte für Produktionszwecke entworfen sind. Ungewöhnlich elegant konstruiert sind die Hoffenster (bay-windows als tiefe Kastenfenster, außen Eisen, innen Holz), die jedoch statt mit Glas heute mit Blech gedeckt sind und teilweise überhaupt ausgewechselt wurden. Der sich klar als Büro- und Geschäftshaus deklarierende Straßentrakt hatte früher über zwei Geschosse ungeteilte Auslagen und eine dunkle Verkachelung an den Pfeilern (Aufschrift links K. WEINBERGER, rechts R. JAEKEL'S NACHF.).

# NEUBAU

Co. ausgeführt. Dabei handelt es sich nicht nur um einen der ersten Eisenbetonbauten Wiens, sondern auch um eine besonders intelligente Ausbildung der Deckenauflager und Brüstungszone, wobei die Eisenbetondecke schalenartig gebogen in einen schmalen Träger unter der Sohlbank übergeführt wird. Dadurch wird nicht nur der Lichteinfallswinkel verbessert, sondern auch eine Minimierung der Decken-Brüstungszone erreicht, die nicht unwesentlich zur kühnen Ästhetik dieses reinen Zweckbaus beiträgt. Man könnte auch sagen, daß hier in einem Teilbereich ein sehr kühner Beitrag zum Thema »Gerüst und Haut« geleistet wurde (Information: Wehdorn/Georgeacopol, Rollwagen).

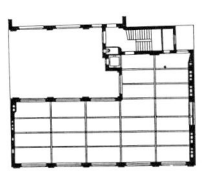

## Zieglergasse 61, BH: August und Amalia Chwala, E: Hugo Kathrein, A: Guido Gröger, 1910/11

Kathrein scheint sich (ähnlich wie Hans Prutscher) nicht so sehr auf die Herausarbeitung eines Typs konzentriert zu haben (wie Epstein, Fuchs), sondern eher auf eine allgemeinen Maßstäben entsprechende Architektur.

## Zieglergasse 63, BH: Alexander Königstein, E + A: Ernst Epstein, 1909/10

## Burggasse, Stadtbahnhaltestelle, E: Otto Wagner, 1897/98

Mit der Stadtbahnhaltestelle Burggasse entwickelte Wagner jenen Prototyp, der eigentlich erst für die Tiefstationen des Wientals verbindlich wurde. Es handelt sich dabei um jene pavillonartige Ausbildung eines Stationsgebäudes, die visuell unabhängiger von der technisch-funktionalen Koppelung an die Verkehrsanlage erscheint und stadträumlich auf ein größeres Umfeld reagiert.

## Wimbergergasse 24, »Agentor-Werke«, ab 1894

Die zum Haus Kaiserstraße 83 gehörende Anlage wurde ab 1894 für die Firma C. A. Wohlmeyer & Co von den Baumeistern Stagl & Brodhag erbaut. Der baugeschichtlich und architektonisch besonders interessante Trakt an der Wimbergergasse wurde unter Ernst Rust (AGENTOR-Werke) zunächst 1901 von Carl Brodhag als kombinierte Eisen-Monier-Konstruktion entworfen und schließlich 1902 von Ludwig Dillmann ins System Henebique umgeplant (Außenpfeiler aus Sichtziegelmauerwerk) und von Ed. Ast &

# 8. Bezirk: JOSEFSTADT

Die JOSEFSTADT ist 1850 im Zuge der Eingemeindung der Vorstädte Breitenfeld, Strozzigrund und Josefstadt (vor 1700 auch Buchfeld, »Vor dem Burgtor im freien Rottenhof« etc. genannt) aus Teilen der Alservorstadt, St. Ulrich und Lerchenfeld entstanden. Mit 1,08 km² ist sie der kleinste Wiener Gemeindebezirk. Um 1900 hatte die JOSEFSTADT 50.897 Einwohner, diese Zahl sank bis 1951 auf 40.475 und bis 1981 auf 24.769 Bewohner. Der Bezirk ist im Norden von der Alser Straße, im Westen vom Gürtel (1704 bis 1894 Linienwall), im Süden von der Lerchenfelder Straße und im Osten von der Landesgerichtsstraße und vom Friedrich-Schmidt-Platz begrenzt. Abgesehen von der gut durchmischten Versorgungsstruktur des Quartiers bildet die Josefstädter Straße — als alte Ausfallstraße — das urbane Rückgrat.

Die JOSEFSTADT gehört zu den »jüngeren« Bezirken von Wien; lange Zeit Ackerland, wurde sie erst zwischen 1690 und 1770 zu einer vorwiegend vom Adel bevorzugten Gartenstadt (Sommersitz der Familien Rofrano, Kolowrat, Haugwitz, Caprara, Weltz); mit der Industrialisierung des Schottenfeldes entstanden Wohnquartiere für Arbeiter und kleine Gewerbetreibende — ebenso löste schon früher der Bau des Allgemeinen Krankenhauses südlich der Alser Straße einen Bauboom aus. Verglichen mit dem Nachbarbezirk NEUBAU war jedoch die Dichte der Produktionsstätten relativ gering, sie konzentrierte sich um 1850 hauptsächlich auf Nahrungsmittel und Bekleidung sowie auf Holzverarbeitung.

Der Abbruch der großen Kavalleriekaserne an der Josefstädter Straße konnte städtebaulich für die Anlage des Ensembles Hamerlingplatz — Schlesingerplatz ausgenutzt werden. Die alte Bebauungsstruktur mit tiefen Gartenparzellen führte zu mehrteiligen Hoftrakten und Durchhäusern. Abgesehen von einigen öffentlichen Einrichtungen (Gerichts- und Verwaltungsbauten, Theater, Schulen) ist die JOSEFSTADT immer noch ein bevorzugtes Wohngebiet geblieben. Im Zuge der partiellen und oft radikalen Erneuerung der Bausubstanz um 1900 haben bis zum Ende des Ersten Weltkrieges viele bedeutende Architekten im Bezirk gebaut: Arthur Baron, Ludwig Baumann, Josef Beer, Josef Bittner, Julius und Wunibald Deininger, Brüder Drexler, Hans Dworak, Ernst Epstein, Max Fabiani, Ferdinand Fellner und Hermann Helmer, Leopold Fuchs, Jakob Gartner, Franz Gessner, Ernst von Gotthilf und Alexander Neumann, Arnold Karplus, Fritz Keller, Karl Maria Kerndle, Franz Freiherr von Krauß und Josef Tölk, Oskar Marmorek, Richard Modern, Arpad Mogyorosy, Robert Oerley, Viktor Postelberg, Erwin Raimann, Alfred Rodler, Hans Schneider, Karl und Wilhelm Schön, Siegfried Theiss und Hans Jaksch, Josef Urban, Otto Wagner sowie Alois von Wurm-Arnkreuz. Aus der Zwischenkriegszeit sind zu erwähnen: Clemens Holzmeister, Leo Kammel, Adolf Loos, Wilhelm Peterle, Cäsar Popovits, Hans Prutscher und Carl Witzmann; von 1945 bis heute: Luigi Blau, Günther Domenig und Boris Podrecca.

8. BEZIRK  JOSEFSTADT

**Friedrich-Schmidt-Platz 5**, BH: Hugo und Fritz Keller, E: Fritz Keller, A: Max Ott, 1913/14

Fritz Keller, zeitweise Partner von Fritz von Herzmanovsky-Orlando, erweist sich hier als ein Architekt von bemerkenswertem Niveau. Das auf Fernwirkung konzipierte Gebäude zeigt eine strenge Pfeilerstruktur, die von einer hauchdünn aufgetragenen, großen Pilasterordnung überformt ist, also der Ringstraßenarchitektur eine späte Reverenz erweist. Das Erscheinungsbild des Baukörpers erinnert an Wagnersche Gestaltungsprinzipien, obwohl sich die Einzelheiten, etwa die Pilasterkapitäle oder die plastische Durchgestaltung der Sockelzone, als klassizistische Variationen weit von Wagner entfernen. Sehenswert ist die Gestaltung des Treppenhauses (Auskachelung von Franz Barwig d. Ä.).

**Hernalser Gürtel 6—12, Landesgericht II für Strafsachen**, BH: Militär-Bauabteilung des 2. Korps, E: J. E. Snietiwy, A: Max Ott, 1904, 1907/08

Das ehemalige Garnisonsgerichts- und Arrestgebäude wurde aus Gründen der Nähe zu den nächsthöheren Gerichtsinstanzen (Stadt- und Korpskommando) auf den Breitenfelder Depotgründen errichtet. Der unter der Oberleitung des Militär-Baudirektors Oberst Aurel Krepper (Bauleitung: Konstantin Edler von Czeipek) ausgeführte Bau zeigt für ärarische Gepflogenheiten ein erstaunliches Maß an architektonischem Zeitbezug.

**Josefstädter Straße 10—12, Direktionsgebäude der Wiener Städtischen Gaswerke**, E: Josef Bittner, 1909/10

Der Typ des zweiflügeligen Amtshauses mit Mittelrisalit wurde hier quer in die Tiefe des Grundstückes gestellt, so daß der Seitenflügel zur Hauptfassade wurde, die wiederum um einen Eckbau erweitert ist.

**Josefstädter Straße 76, Postamtsgebäude**, BH: Josef Geiringer, E: Karl und Wilhelm Schön, A: Ferdinand Schindler, 1914

Das Haus zählt zu den prächtigen Stadthäusern, die für eine gemischte, vorwiegend repräsentative Büronutzung gebaut wurden. Das Atelier Schön bediente sich hier des um 1914 bereits ausformulierten Vokabulars: eine Wiener Melange aus Neoklassizismus, Biedermeierrezeption und Spätsecessionismus, die von einem hohen handwerklichen Niveau getragen wurde und sich bis heute, kraft dieser Qualitäten, auch visuell und substantiell als widerstandsfähig erwiesen hat.

219

# 8. BEZIRK

## Alser Straße 17, Minoritenkonvikt, Antoniuskapelle, E: Hans Prutscher, 1928

Die Kapelle ist innen total umgebaut. Die Tonne hatte ein feines Netz von Stuckleisten, das sich aus der Geometrie der spitzen Stickkappen entwickelte; die Pilaster waren von spätsecessionistischen Kapitellen mit Puttiköpfen besetzt, die Altarnische mit einem bekränzten Bogen über betenden Engelsfiguren gerahmt. Es ist schade um diese reife Arbeit Prutschers. Lediglich außen (erreichbar über die Garagenzufahrt Schlösselgasse) ist die Kapelle in der ursprünglichen Form erhalten.

## Bennogasse 11, Methodisten-Kirche, BH: Bischöfliche Methodistenkirche, E: Leo Kammel, A: A. R. Bergmann & Co., 1926/27

Die eindrucksvoll schlichte und räumlich klug organisierte Anlage nahm etwas vorweg, was innerhalb einer »offenen katholischen Kirche« erst in den fünfziger Jahren als Seelsorgezentrum entwickelt wurde. Der eineinhalb Geschosse hohe, von oben und von der Seite belichtete Betsaal wird über die Empore betreten, die auf der Höhe des Vorraumes und eines kleinen Saales liegt, der für gesellschaftliche Zwecke benutzt, aber auch mit dem großen Saal optisch verbunden werden kann. Durch das Absenken des Vorgartens und das Anheben der Eingangsebene kann die kleine Anlage straßenseitig zweigschossig genutzt werden, und zwar in Verbindung mit einem geborgenen, wenn auch einsehbaren Freiraum. Die Architektur Kammels zeigt beim Portal noch Spuren von Expressionismus, insgesamt macht sie aber einen energischen Schritt in Richtung »Neue Sachlichkeit«.

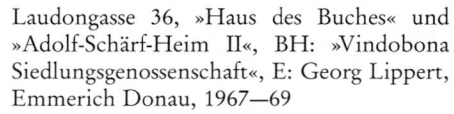

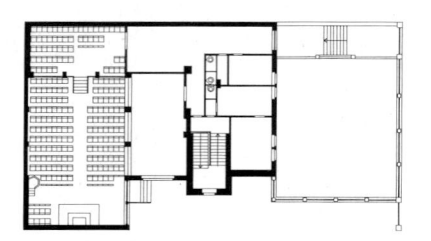

## Laudongasse 36, »Haus des Buches« und »Adolf-Schärf-Heim II«, BH: »Vindobona Siedlungsgenossenschaft«, E: Georg Lippert, Emmerich Donau, 1967—69

An dieser Stelle stand das legendäre Stadttheater, auf dessen Existenz noch das in der Nähe liegende »Theatercafé« hinweist.

## Josefstädter Straße 24—26, »Theater in der Josefstadt«, ab 1788

Die Geschichte des Hauses ist die eines permanenten Umbaus. Schon die erste architektonische Fassung von Josef Kornhäusel (1822) war praktisch der Umbau eines Saales aus dem Jahre 1788. Die Sträußlsäle wurden 1834 errichtet, dann das Theater noch mehrmals verändert (etwa Wegnahme der Säulen im Zuschauerraum, Einbau eines Foyers in den Hof, den man früher ungeschützt überqueren mußte). Als der Bankier Camillo Castiglioni überraschend Max Reinhardt das Angebot machte, ihm »ein Theater zu schaffen«, entschied Reinhardt spontan für das Josefstädter Theater, da keines der zur Verfügung stehenden Häuser so viele bauliche Qualitäten besaß und kein Ort so intensiv Theaterwelt ausstrahlte. Für Carl Witzmann ergab sich ein doppelter Auftrag: Einmal mußte ein leistungsfähiges Theater mit funktionierender Bühne und adäquatem

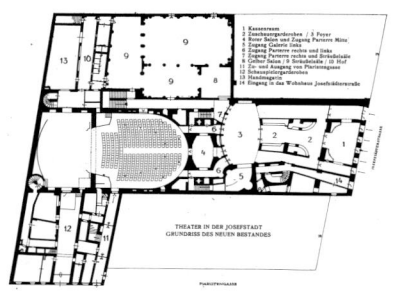

# JOSEFSTADT

Entree geschaffen werden, außerdem sollte das baufällige Haus eine Architektur bekommen, die in einer zeitlosphantastischen Form Theaterwelt an sich darstellt, also gewissermaßen »Theater im Theater« ins Architektonische transformiert. Witzmanns Kunstgriff bestand darin, sich nicht auf eine bestimmte historische Zeit oder gar auf einen konkreten Stil zu beziehen. Er ging bewußt »hinter Kornhäusel« zurück, angeregt vom Teatro La Fenice, aber auch dieses nicht nachahmend, obwohl kleine Details (etwa die schwarzen Eingangstüren und die eisernen Laternen) an dieses erinnern. Der Zuschauerraum sollte eine Farbe bekommen, die die goldene Ornamentik besonders trägt und ihn als eine Einheit erscheinen läßt. Die anderen Räume zeigen gewissermaßen eine Collage aus Venezianischem (Glaskandelaber aus Murano, Sandsteinfiguren aus der Commedia dell'arte, bemalte Türen, Spiegel, Porträts). Eine besondere Leistung war aber auch die Gestaltung des Eingangsbereichs, der sich als eine spannende Raumsequenz (Kassenhalle — Garderoben — ovales Vestibül — Roter Salon) darstellt und schrittweise in die »Welt des Theaters« einführt. Dort, wo noch substantiell Originales vorhanden war, hat es Witzmann konserviert, das gilt vor allem für die Sträußelsäle. In den fünfziger Jahren wurde das Theater von Otto Niedermoser renoviert, dabei hat er den Hauseingang etwas umgestaltet und im größeren Sträußelsaal eine Kassettendecke eingezogen. Die Einrichtung aus der letzten Zeit entspricht nicht dem Niveau der Architektur des Hauses.

## Albertgasse 38, ehem. Mädchen-Realgymnasium, BH: Edmund Waldstein, E: Viktor Postelberg, A: F. Krombholz & L. Kraupa, 1914

Die Schule wurde als »Mädchen-Realgymnasium für erweiterte Frauenbildung« (Präsidentin Marianne Hainisch) 1912 gegründet und erhielt 1918 bzw. 1933 Öffentlichkeitsrecht. Der großzügig konzipierte, zweihüftige Bau (durchlaufend, mittig liegende Halle mit Treppenhaus) ist substantiell noch erhalten, wenn man von einigen kunstgewerblichen Arbeiten (wie etwa die verkachelten Wandbrunnen) absieht. Beachtlich für das Baujahr ist auch die kubische Gestaltung der Hofseite mit sinnvoll angelegten Terrassen, wovon die eine direkt vom Zeichensaal aus benutzbar ist. Das auffallend gut gepflegte Haus hat heute noch etwas von der Atmosphäre einer »Privatschule«.

## Hamerlingplatz 5—6, »Neue Wiener Handelsakademie«, BH: Wiener kaufmännischer Verein, E: Julius und Wunibald Deininger, A: Allgemeine Österreichische Baugesellschaft, 1906/07

Einer der interessantesten Wiener Schulbauten, die knapp nach der Jahrhundertwende im Einflußbereich der Wagner-Schule entstanden sind. Man hat den Eindruck, daß es sich hier um eine besonders geglückte Zusammenarbeit zweier Architektengenerationen handelt, daß der bauerfahrene Vater Julius dem ungestümen, gerade der Wagner-Schule entwachsenen Sohn den richtigen Rahmen von Hilfe und Widerpart bot. Obwohl Lage und Form der Parzelle nicht dazu verleiten, zeigt der Bau ein klares typologisches Konzept mit einem Haupt- und zwei Nebentrakten, zwei symmetrisch placierten Treppenhäusern und einem mittig liegenden Festsaal. Durch die städtebauliche Situation werden die beiden Fassaden der Seitenflügel zu Hauptfassaden, wobei vor allem jene dem Hamerlingplatz zugewandte besonders prächtig gestaltet wurde (Majolika-

# 8. BEZIRK

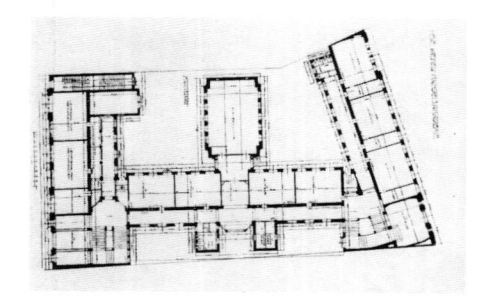

reliefs: Landwirtschaft, Handel und Gewerbe von Richard Luksch). Sehenswert sind auch die Treppenhäuser und der Festsaal. Am ganzen Haus findet man strenge, mit einem hohen ästhetischen Niveau entworfene, der Wagner-Schule und der Secession nahestehende Details.

Pfeilgasse 42 b, Volks- und Hauptschule, BH: Stadt Wien, E: Richard Gach, Ernst Schuster, 1965—68

Albertgasse 3, BH: Adolf und Malvine Ambor, E + A: Adolf Ambor, 1910

Albertgasse 8, BH: Ludwig Supančić, E + A: Johann Meidl, 1908

Albertgasse 10, BH: Karl Rössler, E: Wilhelm Schön, A: W. König, 1910

Albertgasse 28, BH: Berhard und Josef Fischer, E: Leopold Fuchs, A: Ferdinand Schindler, 1906

Albertgasse 33, BH + A: Rella & Co. (Rudolf Nemetschke), E: Siegfried Theiss, Hans Jaksch, 1912

Eine der besten Arbeiten aus dem Frühwerk der Architekten. Das gilt nicht nur für die klar aufgebaute Fassade, die durch die Art der Verwendung der Erker eine eigenständige Physiognomie besitzt, sondern auch für die räumliche Erschließung und die solide Ausstattung des Eingangsbereiches. Hier wird beim Großstadthaus in einer neuen Weise Biedermeierrezeption und Repräsentationsbedürfnis scheinbar kontradiktorisch vereint, in Wirklichkeit aber zu einer neuen Ausdrucksqualität geführt, die zehn Jahre später, nach dem Ersten Weltkrieg, sich so fruchtbar am Wiener Gemeindebau entwickeln sollte.

Albertgasse 34, BH: Ernst Ornstein, Josefine Herzog, E: Ernst Ornstein, A: Felix Sauer, 1909

Bei dem sich breitspurig präsentierenden Zinshaus kann der Bauschmuck die Interessen an vermietbarem Volumen nicht mehr ganz verbergen. Eine andere Quelle nennt übrigens den Ringstraßenmagnaten Nikolaus Dumba als Bauherrn.

Albertgasse 36, BH: Heinrich Weiner, E: Jakob Gartner, A: Franz Bernert, 1901/02

Gartner reagierte bei diesem Bau erstaunlich prompt auf den Jugendstil: genaugenommen wird aber nur mehr oder weniger gelungener secessionistischer Dekor in ein historisches Rahmenwerk gehängt.

Albertgasse 51, BH: Bau- und Wohnungsgenossenschaft »Ghibellinen«, E: Adolf und Hans Paar, A: Allgemeine Baugesellschaft A. Porr, 1929/30

Die streng symmetrisch aufgebaute Fassade mit den beiden gleichwertigen Eingängen (Hausflur, Gastwirtschaft) läßt nichts von dem Seitenflügel und den beiden über den Hof erschlossenen Treppenhäusern erahnen. Der schöne Gartenhof ist leider überbaut.

Alser Straße 9, BH + E: Ernst Zeschitz, A: Allgemeine Österreichische Baugesellschaft, 1914

Zusammen mit dem Haus Nr. 11 entsteht eine brückenkopfartige Betonung der Gassenmündung, die vom Planer dieses Hauses geschickt genutzt wurde.

Alser Straße 11, BH: Alfred Kaposi, E + A: Anton Krones, 1907

Alser Straße 21, BH + E: Ernst von Gotthilf, Alexander Neumann, A: Union Baugesellschaft, 1910/11

# JOSEFSTADT

**Alser Straße 23**, BH: Marie Weber, E: Ernst Epstein, A: Edmund Melcher, 1910

Diesem Haus sieht man noch nicht auf den ersten Blick an, daß es ein Bau von Epstein ist. Viele Merkmale seiner Hand sind zwar da, sie stehen sich aber noch ein wenig im Weg, statt einander zu steigern.

**Alser Straße 25**, BH: Familie von Oppolzer, E: Franz Freiherr von Krauß, Josef Tölk, A: Dücker & Olbricht, 1910/11

Ein »stilles« Haus, als wollte es die Geschichtlichkeit des Ortes nicht stören. Das barocke Vorgängerhaus gehörte Karoline Pichler, später dem Arzt Johann Ritter von Oppolzer, dessen Sohn Theodor, Astronom und Mathematiker, hier eine Privatsternwarte besaß. Vom alten Haus wurde das Barockportal in den Hof versetzt.

**Bennoplatz 6**, BH + E + A: August Vaugoin, Fassade: Franz Gessner, 1912

Die signifikante Fassade nimmt bereits Kompositionselemente der späteren Architektur des Wiener Gemeindebaus vorweg.

**Blindengasse 7—9**, BH: Johann Schneider, E: Hans Schneider, A: Alois F. Simona, 1911

**Blindengasse 11**, BH: Johann und Anna Schneider, E: Hans Schneider, A: Alois F. Simona, 1910

**Blindengasse 15**, BH + E + A: Karl Dobek, 1907

**Blindengasse 44**, BH: Verein Kaiserin-Elisabeth-Heim, E: Bressler & Wittri, A: Karl Krepp, Friedrich Mahler, Albrecht Michler, 1910

**Buchfeldgasse 6**, BH: Gisela Wähner, E: Hermann Stierlin, A: Victor Gettwert, 1900

In der Literatur gibt es auch die Behauptung, daß diese (abgeräumte) Fassade von Joseph Urban entworfen sei. Trotz vieler Recherchen fand sich dafür keine Bestätigung.

**Florianigasse 18**, BH: Carl Auteried, E: Rudolf Göbl, A: Adolf Jäger, 1899

**Florianigasse 34**, BH: Hans und Karl Gaber, E: Robert Newald, A: Rudolf Breuer, 1905

**Florianigasse 39**, BH: Deutscher Schulverein, E: Alfred Rodler, A: Adolf Zwerina, 1914

Rodler gehört zu den bekanntesten Friedrich-Ohmann-Schülern und zu den Vertretern einer architektonischen Heimatschutzbewegung. Auch dieser etwas burschikose Entwurf zeigt Einfallsreichtum, vor allem im Sockelgeschoß, bei den originellen Portaleinbauten.

**Florianigasse 43**, BH: Ludwig Stupančić, E + A: Johann Meidl, 1907/08

**Florianigasse 52**, BH: Sofie Mayerhofer, E: Julius Wohlmuth, A: Anton Schwarz, 1904/05

Die etwas schematisch wirkende Architektur zeigt doch feine Details (Relief über dem Eingang) und einen ausgewogenen Grundriß, der, wenn nicht andere Unterteilungen vorgenommen wurden, pro Geschoß je eine Groß- und eine Mittelwohnung besitzt.

**Florianigasse 56**, BH: Christine Scheffel, E + A: August Scheffel, 1911/12

**Florianigasse 60**, BH + E + A: Julius Hecht, 1909

Diese Barockparaphrase, jedoch mit zeitgemäßen Fensterformaten, hat man auch »französischen Barock« genannt, wodurch man jedenfalls die Wiener Barockrezeption verließ. Schön, auch handwerklich beachtenswert, sind die großen, leicht vorgewölbten Erkerfenster.

**Florianigasse 61**, BH + E: Alois von Wurm-Arnkreuz, A: Donat Zifferer, 1903

Der Architekt ist auch als Theoretiker der Gegen-Moderne aufgetreten. Seine selbstbewußten, späthistoristischen Bauten entbehren aber nicht einer gewissen Originalität in der Abwandlung konventioneller Architekturelemente, die sich später auch (siehe Laudongasse 20—22) ein wenig der Heimatschutzarchitektur annähern.

**Fuhrmannsgasse 16**, BH + E: Josef Fichtinger, A: A. Bauer, 1914

Dieses Haus ohne Eingang ist eigentlich das Hinterhaus zum Objekt Lederergasse 17. Durch die geringe Tiefe der Parzelle ist es an die Gasse geraten.

# 8. BEZIRK

Hamerlingplatz 1, »Hamerling-Hof«, BH: Carl und Mathias Bittmann, E + A: Carl Bittmann, 1905

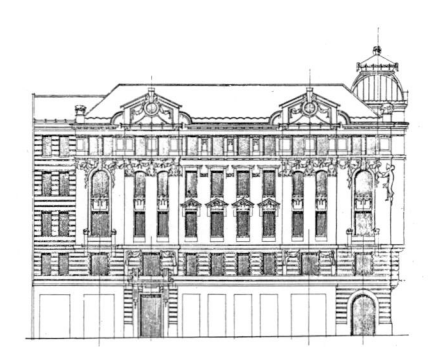

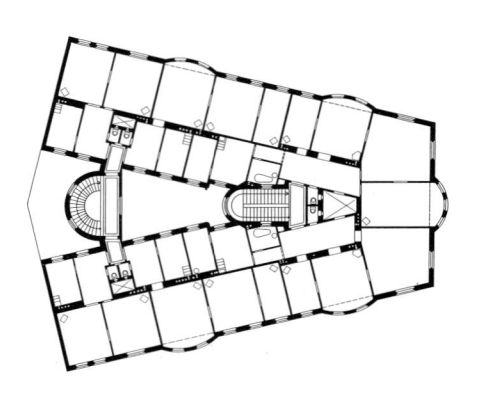

Das späte 19. Jahrhundert hat nicht nur ein architektonisches Vokabular im Zinshausbau ausgebildet, dessen man sich katalogmäßig bedienen konnte, sondern auch eine Typologie der Grundrisse, die auch für extreme Situationen eine regelhafte Lösung erlaubte, manchmal, wie hier, von relativ hohem Niveau.

Josefstädter Straße 3, BH: »Menger-Stiftung«, E: August Strang, A: Franz Katlein, 1937

Josefstädter Straße 7, BH: Alfred Wünsch, E + A: Wilhelm Philipp, 1909

Josefstädter Straße 21, BH: Ernst Epstein, Jordan und Siegfried Hönich, E + A: Ernst Epstein, 1911/12

Im Vorgängerbau dieses Hauses hatte im Hof mit Garten Gustav Klimt sein erstes Atelier. Der leicht gekoppelte Doppeltrakter steht eher unauffällig in der Straßenfront, empfiehlt sich aber im Entree und Treppenhaus durch ungewöhnlich gediegene spätsecessionistische Details.

Josefstädter Straße 30, BH + A: Wiener Terrain & Baugesellschaft, E: Richard Modern, 1911

Richard Modern bediente sich einer kräftigen horizontalen Putznutung im Bereich der Flacherker und eines durchlaufenden Kranzgesimses, um den spitzwinkeligen, jedoch abgerundeten Eckbau besonders »dynamisch« erscheinen zu lassen.

Josefstädter Straße 43—45, BH + E + A: L. Sommerlatte & J. Marschall, 1913

Der in der Architektur etwas grobschlächtig wirkende seitlich gekoppelte Doppeltrakter mit den laubengangartig eingespannten Balkonen zwischen den kräftigen Seitenrisaliten gerät mit dem Charakter der Josefstädter Straße in Konflikt, die im oberen Teil, trotz spätgründerzeitlicher Überbauung, eine eher zurückhaltende Architektur bevorzugt.

Josefstädter Straße 50—54, BH: Richard Sucharipa, E: Hans Dworák, A: Franz Mörtinger, 1904

Diese Hausgruppe ist mit jener in der Bechardgasse vergleichbar, die zur selben Zeit entstanden ist. Allerdings hatte hier Dworák einen prominenteren Platz zur Verfügung. Durch die unmittelbare Nachbarschaft zur Handelsakademie (Deininger) entstand ein Jugendstilensemble besonderer Art.

Josefstädter Straße 62, BH: Elias und Irene Bardalm, E + A: Carl Bittmann, 1905/06

Klesheimgasse 2, BH: Ludwig Supančić, E + A: Johann Meidl, 1907

Klesheimgasse 4, BH: S. Schwarz und Nossal, E: Arthur Baron, A: Josef Falter, 1905

# JOSEFSTADT

Kochgasse 3, BH: Friedrich Schlecht, E: Brüder Drexler, A: Leo Herzberg, 1899

Krottenthalergasse 2, BH: Rudolf Nossal, E: Erwin Raimann, A: Karl Limbach, 1909

Das turmartige Ausschwingen des Gebäudeecks weicht nicht nur den strengen Gründerzeitraster etwas auf, sondern ist auch eine sensible Antwort auf die leicht gekrümmte Schönborngasse.

Krottenthalergasse 8, BH + E: Wilhelm Fraenkel, A: Carl Brizzi, 1904

Das palaisartige Haus mit der eher französischen Art-Nouveau-Ornamentik zeigt auch beachtliche Schmiedeeisenarbeiten (Haustüre) von Gustav Klepetař.

Lammgasse 8, BH: Rosa Katz, E: Hans Berger, A: Kurt Klein, 1929/30

Einer der wenigen Privatbauten dieser Zeit, dessen Architektur sich ganz an den formalen Elementen des Wiener Gemeindebaus orientierte.

Lammgasse 12, BH: Oskar Zitnik, E: Franz Siems, A: Rudolf Melzer, 1912

Lange Gasse 8, BH: B. Hatschek, E: Ludwig Baumann, A: Laske & Fischer, 1902

Auch dieses Haus ist ein Beispiel dafür, daß sich Baumann um die Jahrhundertwende kurze Zeit an die Wagner-Schule angenähert hat (sogar in der typischen Gegenläufigkeit von strengen Renaissance-Prinzipien und floralem Jugendstildekor), um sie jedoch später umso heftiger in Richtung »Staatshistorismus« zu verlassen.

Lange Gasse 50, »Herrgottsbrunnen-Haus«, BH: Konvent der Barmherzigen Brüder, E: Alexander Osterberger, A: C. Miserowsky & H. O. Winkler, 1912

Trotz der ornamentalen Kleinarbeit mit Riffelputz, Rahmungen und Keramiken bleibt diese Fassade etwas im Beiläufigen stecken. Vielleicht hat dies auch etwas mit der späteren Überarbeitung (Vereinfachung) zu tun?

Lange Gasse 61, BH: Edmund Melcher, Ernst Ornstein, E: Ernst Ornstein, A: Edmund Melcher, 1911

Die Verbauung der Lange Gasse, Laudongasse und Alser Straße provozierte durch die breiten und tiefen Parzellen voluminöse Doppeltrakter, die schon in den plastischen Fassaden ihre Tiefe ankündigen. Dieser Haustyp hatte im Vorderhaus je eine Großwohnung pro Etage und im U-förmigen Hoftrakt zwei »kleinere« Wohnungen mit je rund 70 m².

Lange Gasse 63, BH + E: Georg Demski, A: Union Baugesellschaft, 1911

Lange Gasse 65, BH + E + A: Karl Fleischer, 1911

Lange Gasse 67, BH: Josef Minarik, Wenzel Frančik, A: Karl Fleischer, 1910

Lange Gasse 68, BH + E: Adolf Oberländer, A: Union Baugesellschaft, 1911

Oberländer wendete sich hier eindeutig von der Wiener Typologie der Eckhäuser ab und versuchte es mit den eher kleinstädtischen Mitteln der Heimatschutzarchitektur, ohne jedoch den Dimensionen einer solchen Eckverbauung wirklich zu entgehen.

Lange Gasse 70, BH + E: Adolf Oberländer, A: Union Baugesellschaft, 1911

Hier ist es wohl die Form der Baulücke, die den Baumeister zwang, sich wieder mehr den Regeln eines Doppeltrakters anzunähern.

Lange Gasse 72, BH + E: Arpad Mogyorosy, A: Union Baugesellschaft, 1910

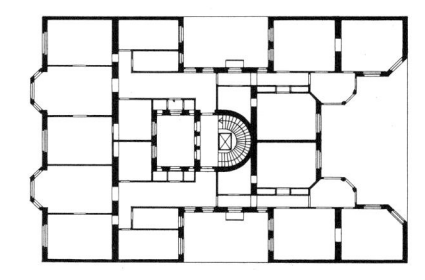

Zweifellos handelt es sich hier um eine geradezu klassische Ausformulierung eines gekoppelten Doppeltrakters mit U-förmigem Hoftrakt. Es besteht auch eine schöne Übereinstimmung zwischen der kräftigen Doppelerkerfassade und den in die Tiefe entwickelten Grundrissen der Wohnung, die an der Straße und am Hof gleichen Anteil haben.

Lange Gasse 74, BH: Wilhelm Neumann, E: Alexander Neumann, A: Rudolf Otto Gerger, 1910

# 8. BEZIRK

## Lange Gasse 76, BH + E: Josef Beer, A: Rudolf Otto Gerger, 1911

Beer, der vor allem in Hietzing mit secessionistischen Mietsvillen hervorgetreten ist, beweist hier seine Qualität mit einer fein durchgestalteten, jedoch für seine Verhältnisse sehr zurückhaltenden Fassade. Das Spiel mit Symmetrie und Asymmetrie, die späte Reaktion auf das Palastschema oder die launige Verwendung von Figurenschmuck verweisen auf einen sehr eigenständigen und wohl auch wienerischen Architekten.

## Laudongasse 20—22, BH: Baugesellschaft des I. Allgemeinen Beamtenvereins, E: Alois von Wurm-Arnkreuz, A: Adolf Zwerin jun., 1912

Der Baurat Wurm-Arnkreuz, ein Historist aus Überzeugung, ging hier eine gewagte Liaison mit Biedermeier und Heimatschutz ein. Ein kräftiges Kordongesims bremste zwar eine allzu freie Entwicklung des Eckbaukörpers, aber das Haus war für ihn sicher ein mutiges gestalterisches Unterfangen.

## Laudongasse 42, BH: Wenzel Bellan, E + A: August Scheffel, 1903—05

## Laudongasse 56—58, BH: Josef Wünsch, E: Ignaz Reiser, A: Norbert Klang, 1907

Die beiden Häuser zeigen Vertrautes, ohne daß man es wirklich dingfest machen könnte. Die Spuren von Jugendstil machen noch keinen Jugendstilbau, jene von Klassizismus und Empire noch keine wirklich historisierende Fassade. Die Bauten sind der Zeit insoferne voraus, als dieser kompakte Mischstil erst nach 1910 eine breitere Anwendung erfährt.

## Laudongasse 60, BH + E: E. Ludwig, A. Fuchsik, A: Edmund Melcher, 1909

## Ledergasse 17, BH + E: Josef Fichtinger, A: R. Hoffmann & Co., 1914

Trotz Einsatzes von ornamentalen Versatzstücken eine Art Vorwegnahme der Rasterfassade. Das »Prinzip Reihung«, vertikal und horizontal, wurde vielleicht ein wenig durch die Vereinfachungen des Wiederaufbaus (1954) unterstrichen.

## Lerchenfelder Straße 28, BH: Philippine Langer, E + A: Adolf Langer, 1900/01

## Lerchenfelder Straße 54—56, BH: Barbara Waldmann, E: Ernst Epstein, A: Lorenz Waldmann, 1910

Ein Doppeltrakter an der Straße und einer im Hof, das erlauben die tiefen, zur Josefstädter Straße hin ansteigenden Grundstücke an der Lerchenfelder Straße. Epstein war zur Zeit der Entstehung dieses Hauses als Bauleiter beim Loos-Haus am Michaelerplatz beschäftigt. Es mag sein, daß ihn die Loossche Dialektik von »Sprechen und Schweigen«, die plakative Konfrontation von semantisch-plastischen Elementen (Säulen, bay-windows, Marmorverkleidungen und -gesimse) mit glatten Putzflächen beeinflußt hat. Trotzdem handelt es sich um eine eigenständige Arbeit und um eines der schönsten Häuser des Bezirks.

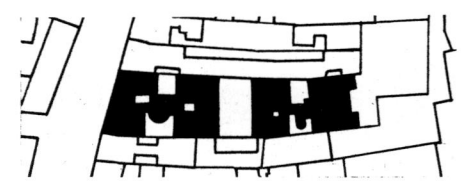

## Lerchengasse 3—5, BH + E: Oskar Marmorek, A: W. Schimitzek & F. Anderle, 1900

Auch Renovierung kann verfremden, und man kann nicht einmal genau sagen warum; »Der Architekt« von 1907 (Tafel 56) zeigt die Fassade, wie sie war.

## Lerchengasse 10, BH + E: Eduard Prandl, A: Friedrich Bayer, 1898

## Lerchengasse 27, BH: E. Frommer, E: Richard Esriel, A: Peregrin Zimmermann, 1899/1900

## JOSEFSTADT

Neudeggergasse 8, BH: Heimstättenvereinigung »Ostmärkerheim«, E: Vinzenz Wilhelm, A: Mayreder, Kraus & Co., 1930

Auch ein »Gemeindebau«, der keiner ist. Es steckt aber auch ein wenig böhmisch-mährischer Kubismus in der Fassade, jener späte, der in den Funktionalismus hinüberführte.

Pfeilgasse 14, BH: Viktor Hugo, Ernst Rüdiger und Luise Perl, E: Johann Eustacchio, A: Ferdinand Kreuz, 1901

Pfeilgasse 29, BH: Emilie Strobl, E + A: Hugo Schuster, 1912

Pfeilgasse 30, BH: Gemeinnützige Ein- und Mehrfamilienhäuser-Baugenossenschaft für Eisenbahner, E + A: F. Schuhmaier, 1914—16

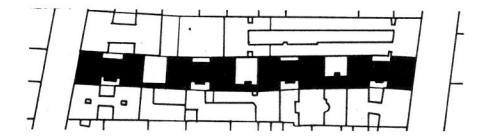

Vermutlich das letzte Durchhaus jener langen Reihe, die im 19. Jahrhundert zwischen Mariahilf und Josefstadt entstanden ist. Schmale straßenverbindende Grundstücke in Verbindung mit alten Durchgangsrechten haben zu dieser eigenartigen Form von Passagen geführt, die zwar selten kommerziell genutzt werden, aber immer einen eigenen räumlichen Reiz besitzen.

Pfeilgasse 32, »Pfeil-Hof«, BH + E + A: Julius Schneider, 1912

Pfeilgasse 35, BH: Richard Honetz, E: Johann Miedel, A: Ed. Ast & Co., 1909/10

Das Haus ist insofern eine Besonderheit, als es die für Druckereien so typische Fortschrittlichkeit in der Architektur nicht zeigt. Obwohl sich in der Instrumentierung der Fassade allerhand Eigenwilligkeit breitmacht, bleibt sie doch insgesamt in einem etwas kunstgewerblichen Historismus stecken.

Piaristengasse 12—14, »Gretchen-Hof«, BH: Richard Honetz, E: Johann Miedel, A: Georg Michael Puwein, 1910/11

Gekoppelter Doppeltrakter mit kurzen Seitenflügeln im Hof. Auch hier tragen, wie beim vorhergehenden Haus, die Glasmosaiken nicht dazu bei, die Fassade aus einer konventionellen Sprachlichkeit zu befreien.

Piaristengasse 17, E + A: Siegfried Kramer, 1912/13

Piaristengasse 18, BH: Charles Robin, E: Karl Maria Kerndle, A: Gustav Menzel, 1910

Karl Maria Kerndle gehörte zu den intelligentesten und talentiertesten Otto-Wagner-Schülern, lebte später in Kärnten und hat insgesamt sehr wenig gebaut. Dieses Haus, etwa gleichzeitig mit der Heilig-Geist-Kirche von Plečnik entstanden, zeigt in der Gestaltung der Sockelzone eine starke Annäherung an den tschechischen Kubismus. Die vereinheitlichende Veränderung der Fassade (die Brüstungen des 2. Stocks waren in das Rahmenwerk mit einbezogen, die Fenster dunkel gestrichen und die Putzflächen von der Textur des Rahmenwerks abgesetzt) hat dieser zwar etwas an Substanz genommen, sie aber doch nicht grundlegend zerstört.

Piaristengasse 20, BH + E: Wohnungsgenossenschaft Libertas, A: Karl Hies, 1901

Bei diesem Haus soll Max Fabiani seine Hand im Spiel gehabt haben. Beweise gibt es dafür keine. Denkbar ist es, obwohl die strenge Fassade im abgeräumten Zustand noch puristischer wirkt, als sie konzipiert war.

Piaristengasse 54, BH: Adalbert Blahovetz, E: Richard Modern, A: F. Wafler & A. Blahovetz, 1911/12

Ausentwickelter, gekoppelter Doppeltrakter: auch die Fassade ist mit den bereits ausformulierten Elementen zum Typus geworden.

Schönborngasse 14, BH: Anna Gräfin Goluchowska, E: Ludwig Baumann, A: Eduard Frauenfeld, 1904/05

Baumann gibt sich hier als ein der »freien Renaissance« Otto Wagners nahestehender Architekt. Die strenge Fensterauftrilung mit der fast noch an Hansen erinnernden

227

# 8. BEZIRK

Verwendung von Bauschmuck wird verstärkt durch den mittig in der Beletage sitzenden voluminösen Erker, gleichzeitig aber relativiert durch den seitlich liegenden Eingang.

## Skodagasse 1—3, BH: David Lubinger, E: Arnold Karplus, A: J. Appermann, 1909

Zwei Stutzflügelhäuser mit zweihüftigem Straßentrakt. Heute würde man die von der Heimatschutzbewegung beeinflußte Erker-Giebel-Architektur als regionalistisch bezeichnen.

## Skodagasse 5, BH: Ferdinand Weese, E: Arthur Baron, A: Ferdinand Baldia, 1906

Die Bauakten weisen Arthur Baron als Architekten aus, die »Wiener Bauindustrie-Zeitung« nennt Josef Urban, was jedoch vermutlich ein Druckfehler ist.

## Skodagasse 10, BH: Karl Schmidt, Josef Honeck, E + A: Karl J. Schmidt, 1904

## Skodagasse 15, E: Arpad Mogyorosy, A: Christof Jahn, um 1913/14

Dieses Haus und das Nr. 19 zeigen eine grundrißliche Besonderheit: Dadurch, daß der Architekt den Hoftrakt parallel zur Alser Straße gestellt hat, wodurch eine räumliche Korrespondenz zu deren Verbauung erreicht wurde, entstanden in der geschlossenen Zeile der Skodagasse abgewinkelte Doppeltrakter mit der Charakteristik einer spitzen Eckverbauung.

## Skodagasse 19, BH: Irene Mandl, E: Arpad Mogyorosy, A: Christof Jahn, 1912/13

Ein ähnlicher Haustyp wie Nr. 15, nur ist der Hoftrakt kleiner, ganz angekoppelt und hat dadurch einen dreieckförmigen Grundriß.

## Strozzigasse 27, BH + E + A: Carl Tomas & Karl Wiktora, 1913

## Strozzigasse 32—34, BH: Ignatz und Helene Skala, E: Mathias Trisko, jun., A: Anton Fasching, 1911

## Wickenburggasse 5, BH: Walter Hammerand, E: Ferdinand Fellner & Hermann Helmer, A: Moriz und Josef Sturany, 1910

## Wickenburggasse 10, BH: Leopold Sturm, E: Heinrich Kestel, A: J. Gasteiger, 1910

Das Haus hält im Grundriß nicht, was es typologisch in der Fassade verspricht. Aber der Architekt zeigte wenigstens, daß er auch zu disziplinierten Fassadenlösungen fähig war.

## Wickenburggasse 14, BH: Rosa Nossal, E + A: Siegfried Kramer, 1911

## Albertgasse 13—17, »Ludo-Hartmann-Hof«, E: Cäsar Poppovits, 1924/25

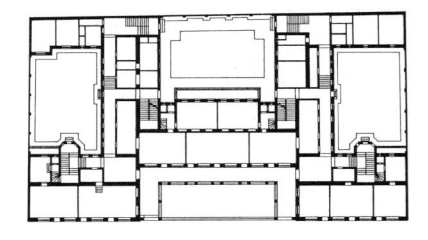

Dieser frühe Gemeindebau zeigt ein interessantes Verhalten gegenüber der gründerzeitlichen Bebauungsstruktur: einerseits wird der historische Gassenraum ignoriert, das heißt erweitert und eine palaisartige Vorplatzsituation geschaffen, andererseits aber die Charakteristik mit kleinen Höfen und Durchgängen (3 Höfe, 6 Treppenhäuser) in eine eigene, neue räumliche Qualität transformiert. Vielleicht eine ins Städtebauliche übersetzte Hommage an den Historiker und Volksbildner Ludo Hartmann?

# JOSEFSTADT

Pfeilgasse 42, »Faber-Hof«, E: Wilhelm Peterle, A: Heinrich Zipfinger, 1927

Pfeilgasse 47—49, »Dr.-Kronawetter-Hof«, E: Otto Kuntschik, A: Oswald Slama, 1925/26

Wickenburggasse 15, »Therese-Schlesinger-Hof«, E: Cäsar Poppovits, A: Union Baugesellschaft, 1929/30

Es ist wohl ein Zufall, daß die beiden bedeutendsten Wohnanlagen des Bezirks vom selben Architekten stammen. Hier hatte sich Poppovits städtebaulich den Zwängen einer komplizierten Baulücke anzupassen. Die Architektur ist, entsprechend der fünfjährigen Entwicklung im Gemeindebau, etwas puristischer oder sachlicher geworden, der keramische Schmuck hat sich auf wenige funktionelle Elemente zurückgezogen.

Alserstraße 27, Umbau eines Fotoateliers, BH + E: Luigi Blau, 1974/75

Ein ehemaliges Fotoatelier, sozusagen als Nutznießer eines großen gründerzeitlichen begrünten Hofes, umgebaut als ein Atelier- und Wohnhaus. Da vor der Adaptierung in einem Teil bereits die Decken eingestürzt waren, gab es dort die Möglichkeit, in einer räumlich offenen, jedoch komprimierten Form eine Bibliothek mit Lese- und Arbeitsplatz und sanitäre Räume einzubauen, die in einem direkten Zusammenhang mit dem großen Atelierraum stehen. Eine unprätentiöse, aber essentielle Arbeit von Luigi Blau, die sich bewußt in die gedankliche Reihe von Baillie Scott, Adolf Loos und Josef Frank stellt, ohne jedoch in irgendeiner Form Historismus zu betreiben.

Auerspergstraße 9, Studentenheim (ehem. Sanatorium), BH: Dr. Luithlen A. G., E: Robert Oerley, A: Allgemeine Österreichische Baugesellschaft, 1907/08

Das ehemalige Sanatorium Luithlen, später auch Auersperg genannt, ist leider nur mehr ein »architektonischer Schatten« seiner selbst. Das Haus stellte in der dem Glacis gegenüberliegenden Stadtkante der Josefstadt (besetzt mit Palais und repräsentativen Bürgerhäusern) eine mutige und überzeugende Leistung der Moderne dar, die schon im Jahrzehnt nach der Jahrhundertwende wesentliche Elemente der Architektur der zwanziger Jahre vorwegnahm. Die rhythmisch abwechselnden zwei- und dreiteiligen Fen-

229

# 8. BEZIRK

ster mit den geblasenen Buckelscheiben sind in kräftige horizontale Putzfelder eingebunden, so daß sich über dem Sockelgeschoß aus Natursteinquader ein starker, schichtenförmiger Aufbau der Fassade ergibt. Schon früh zerstört wurde das filigrane gläserne Vordach; die Operationssäle auf dem Dach und andere Elemente (Haustüre) fielen einem Umbau in den sechziger Jahren zum Opfer.

**Pfeilgasse 4—6, Studentenheim der Akademikerhilfe, BH: Bundesministerium für Handel und Verkehr, E: Clemens Holzmeister, A: Franz Würzel, 1931/32**

Die tiefen Grundstücke der Josefstadt haben durch den unregelmäßigen Verlauf der Ausfallstraßen die Form von Parallelogrammen. Schon im 19. Jahrhundert begann man bei größeren Objekten (etwa beim gegenüberliegenden Finanzamt in der Josefstädter Straße), diese rechtwinkelig zu den Grundstücksgrenzen zu placieren, wodurch der Straßenraum dreieckförmig erweitert wurde. Diese Art des Eingriffs (die natürlich auch oft eine größere Bebauungshöhe erlaubte) hat Holzmeister sozusagen zum städtebaulichen Thema seines Entwurfes gemacht und einen selbstbewußten neungeschossigen Block in den Straßenraum gestellt.

**Alser Straße 35, HUMANIC-Schuhgeschäft, E: Günther Domenig, 1979/80**

Diese Arbeit aus der sogenannten »Grazer Schule« demonstriert ein anderes Verhältnis zum städtischen Raum, eine andere Beziehung von außen und innen, von Öffentlichkeit und deklarierter Geschäftswelt als in Wien üblich. Das graphisch akzentuierte gespinstartig-filigrane Design des Geschäftsinneren wuchert in den Außenraum, nimmt ihn gewissermaßen in Beschlag. Das Verfahren ist aber ambivalent, es birgt die Gegenbewegung in sich, das heißt, es lockt den Wartenden an, zieht ihn nach innen. Da aber außen und innen de facto doch getrennt werden müssen, gibt es eine Schicht aus Glas und Chromnickel, die sich als bewegte Ebene in den Raum schiebt.

**Blindengasse 3, Geschäftsportal und Einrichtung (heute TONKO), BH: Edmund Mayer, A: Arnold Barber (Bmst.), 1927**

Ein bemerkenswertes Geschäft und wirkungsvolles Portal, das, der Wiener Boden macht's möglich, wie ein Verschnitt von Adolf Loos und Dagobert Peche wirkt. Das kräftig geschnittene Marmorportal faßt vier tiefe holzvertäfelte Auslagenräume, von denen jeder für sich ein Interieur mit Wänden und Decke behandelt ist. Der in der Mitte sitzende Eingang ist als ein prächtiges Portal ausgestattet. Nicht minder überraschend ist der Innenraum, der von den Pfeilern in zwei Raumzonen und vier Joche geteilt wird, wobei die hintere Raumschicht eine Galerie aufnimmt, die im linken Teil (über eine Nische hinweg) in einen Manipulierraum über den Auslagen führt.

**Friedrich-Schmidt-Platz 6, ehem. MERCUR-Bank, Portal, E: Adolf Loos, 1922**

Auch wenn die Loos-Zuschreibung von Georg Rizzi nicht halten sollte, handelt es sich um eine beachtliche Arbeit der späten Biedermeierrezeption in Wien. Das Portal ist ganz

# JOSEFSTADT

aus der vorhandenen Mauerstruktur des Altbaus entwickelt, überhöht gewissermaßen mit seinen Mitteln die Charakteristik eines historischen Putzbaus.

## Josefstädter Straße 46, Juwelen Eisenstein, E: Artur Duniecki, 1978

## Josefstädter Straße 2, Café Eiles, E: Alois Ortner, um 1930

Das Café existiert seit dem Bau des Hauses (1840), es gab sogar im 19. Jahrhundert eine Plattform auf dem Dach, von der man übers Glacis hinweg auf die Stadt schauen konnte. Um 1900 ein Jugendstilcafé (von Adolf Tremmel), hat es heute noch jene Einrichtung, die aus den frühen dreißiger Jahren stammt.

## Pfeilgasse 13, Gasthaus »Zum weißen Engel«, BH: Juliane Meyer, E + A: F. Krenz & P. Erhart, 1903

Wohl eines der seltenen Beispiele der Überformung eines barocken Vorstadthauses (von 1727) in der Zeit des Jugendstils. Das Ergebnis beweist eigentlich die starke historische Bindung dieser Moderne. Oder gilt das nur für Wien?

## Schönbornpark, Tor und Umzäunung, E: Max Mossbäck, um 1903

Eine ungewöhnliche Arbeit eines »städtischen Ingenieurs«. Das sich noch im Park befindliche »Patent Urinoir« ergänzt das originale Ambiente.

## Hernalser Gürtel, Stadtbahnhaltestelle Josefstädter Straße, E: Otto Wagner, 1895/96 ↑

Die Stadtbahnhaltestelle Josefstädter Straße ist die letzte der vier Hochstationen, die im Bereich der Hochlage der Stadtbahn zwischen Nußdorfer Straße und Josefstädter

231

# 8. BEZIRK

Straße gebaut wurden. Es handelt sich dabei um die ältesten Stationsbauten, die noch nicht die spielerische Leichtigkeit verschiedener Sondertypen der späteren Zeit (Hofpavillon, Karlsplatz etc.) besitzen. Ihr typologischer Ernst und die sicher noch mehr in historischen Kategorien befangene Architektur zeigen aber schon jene besonderen Merkmale der Wagnerschen Architektur, die einerseits im typologischen Zugriff, andererseits in der speziellen Reaktion auf die Stadttopographie bestehen. Die historische Tatsache, daß die Stadtbahnstationen im Westen an jenen Punkten zu liegen kamen, wo die alten Ausfallstraßen die »Linie« (Verteidigungslinie der Vorstädte aus der Zeit um 1704) kreuzten, mag ihre Ausbildung als »Stadttore« beeinflußt haben. Torbauten sind es allemal, da schon allein die Notwendigkeit des Aufnehmens und Abgebens der Fahrgäste an beide Seiten des Gürtels zum Torbau führen muß, ebenso die innere Verteilung auf die Perrons in beide Fahrtrichtungen. Die Wagnersche Leistung besteht vor allem darin, daß er diese Aufgabe des Bauwerks auch in ein architektonisch lesbares Bild, in einen im Stadtbild als unverwechselbar geltenden Bautyp zu übersetzen vermochte. Daß dies auch noch im Rahmen einer scheinbar konventionellen Sprachlichkeit gelang, ist umso höher einzuschätzen, da es sich wirklich um typologische Erfindungen handelt, die in diesem funktionellen Zusammenhang, an ganz konkreten Orten, ganz bestimmte Probleme des Massenverkehrs zu lösen hatten. Wagner verwendet bei seiner typologisch-funktionalen Festlegung das Ordnungsprinzip der Symmetrie, das jeweils durch die Bedingungen der Lage (Gelände etc.) gestört wird, so daß das eine Prinzip zur Darstellung des anderen, durch Sichtbarmachung der Abweichung, beiträgt.

## Trautsongasse 4, Astoria-Garage, BH + E: Cesar Karrer, A: Franz Mörtinger, 1935, 1937/38

Ein schönes Beispiel eines Ingenieurbaus, den der Bauherr selbst, ein ausgebildeter Techniker, entworfen hat. Bei dem Bau besticht vor allem der logisch entwickelte Grundriß, die attraktive Erschließung mit einer Rampenspirale, die einen ebenso eindrucksvollen Raum ergibt. Sicher hat sich Cesar Karrer nach beispielhaften Lösungen in der Welt umgesehen, aber er konnte diese Erfahrungen unter ganz bestimmten räumlichen Bedingungen umsetzen. Auch in seiner äußeren Erscheinung macht der Bau nicht mehr aus sich, als er ist, und das ist in diesem Rahmen der Mittel gerade das Optimale. Im Prinzip handelt es sich um zwei an beiden Seiten eines schmalen Hofes liegende dreischiffige Hallen, die, entsprechend dem Gelände, höhenversetzt sind und vom bestehenden Altbau bis zur Josefsgasse durchgehen (Grundrißzeichnung: Manfred Güldner).

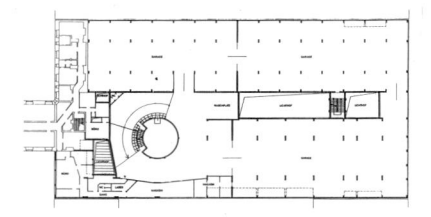

# 9. Bezirk: ALSERGRUND

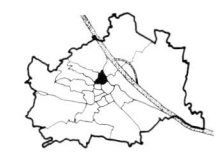

Der Bezirk ALSERGRUND entstand 1850 im Zuge der Eingemeindung der Vorstädte Roßau, Althan, Lichtental, Himmelpfortgrund, Thurygrund, Michelbeuern und Alservorstadt. Das dreieckförmige Gebiet mit 2,99 km² (dem Ausmaß der INNEREN STADT) wird im Nordwesten vom Gürtel (von 1704 — 1894 Linienwall), im Nordosten vom Donaukanal und im Süden von der Linie Alser Straße, Universitäts- und Maria-Theresien-Straße begrenzt. Abgesehen von den alten Ausfallstraßen Währinger und Nußdorfer Straße sowie der Liechtensteinstraße zeigt der Bezirk ein sehr markantes Straßennetz (etwa die Diagonale Lazarett- und Spitalgasse, Nußdorfer Straße, Alserbachstraße — also entlang des überwölbten Alserbaches), das einerseits die alten Gründe begrenzt, andererseits topographische Gegebenheiten bis heute sichtbar erhielt. Besonders markant ist der noch fast durchlaufend erkennbare Geländesprung entlang der Liechtensteinstraße, der den Himmelpfort- und halben Thurygrund von den Auböden Lichtental, Althan und Roßau trennt. Die legendäre Strudelhofstiege (aber auch die Vereins- und Himmelpfortstiege) sind noch markante Elemente dieser Stadtlandschaft. Die Namen der ehemaligen Vorstädte gehen teilweise auf Besitzungen (Althan, Thury, Michelbeuern) oder auf Nutzungen zurück, so ist etwa die Roßau durch die Pferdehaltung der Flößer und Schiffsleute zu erklären.

Einen wesentlichen Eingriff in die Bezirksstruktur stellte der Bau der Franz-Josefs-Bahn (1868—72) und jener der Stadtbahn (1894—1900) dar.

Mit der Errichtung der Brigittabrücke (1877, heute Friedensbrücke) — nach der Augartenbrücke (1873) — wurde eine wichtige Verbindung zur Nordwest- und Nordbahn hergestellt, wodurch die Alserbachstraße (Julius-Tandler-Platz) und die Porzellangasse stark aufgewertet wurden. Neben dem alten Liechtensteinschen Brauhaus entstanden im Bezirk (vor allem in der Roßau) zahlreiche Fabriken, etwa für Porzellan, Zigarren, Lohn- und Luxuswagen oder Lokomotiven. Die großen Wäschereien befanden sich hauptsächlich am Himmelpfortgrund (wegen der Bleichwiesen am Linienwall), Milchmeiereien oder Lohn- und Schwerfuhrwerksbetriebe auch im Lichtental.

Durch den frühen Bau des Findelhauses und des Allgemeinen Krankenhauses an der Alser Straße (1784) war die Grundlage für die Entwicklung der Spitäler, Kliniken und Sanatorien geschaffen, die über die Alser Vorstadt hinaus auch auf den Michelbeuerngrund (zwischen Lazarettgasse und Gürtel) übergriffen. Durch die Situierung der Universität entstanden in Ringnähe Institutsgebäude und universitäre Einrichtungen. Der Bezirk ist überhaupt besetzt von einer großen Anzahl öffentlicher Bauten, die von der Roßauer Kaserne über Gerichtsgebäude, Museen, Verwaltungsbauten bis zur Nationalbank und der Volksoper reichen. Vorwiegend Wohngebiete sind eigentlich nur der Himmelpfortgrund (zwischen Nußdorfer Straße und Gürtel) und das »Obere Werd« in der Roßau (zwischen Porzellangasse und Donaukanal) und die späteren Problemgebiete Thury und Lichtental. Der »Thury-Hof« war bereits in den zwanziger Jahren eine Art von Stadtteilsanierung, während im Lichtental Sanierungsmaßnahmen nach 1945 unternommen wurden. Von den adeligen Sommersitzen ist nur mehr das Palais Liechtenstein (Museum moderner Kunst) erhalten, das im geometrischen Schwerpunkt des Bezirks liegt. Das Palais Althan-Pouthon mußte schon dem Franz-Josefs-Bahnhof weichen. Im Zuge der Welle großflächiger Bahnüberbauungen sind in den siebziger Jahren dieses Jahrhunderts ein großes Verwaltungszentrum (Bahn, Post und CA), eine Wirtschaftsuniversität sowie ein Zoologisches und Biologisches Institut entstanden. Diese Megalomanie, mit allen ihren Folgeproblemen, hat auf den Michelbeuerngründen durch den Bau des neuen Allgemeinen Krankenhauses schon in den sechziger Jahren ihren Anfang genommen. Das Fernheizwerk Spittelau ist zwar kein »Großprojekt«, jedoch umso fragwürdiger sein Standort als Müllverbrennungsanlage. Wie in allen anderen Bezirken ist auch im 9. die Bevölkerung kontinuierlich zurückgegangen. War der Stand um 1900 bei 94.582 Einwohnern, so sank er bis 1951 auf 74.731 und bis 1981 auf 45.314. Der Bezirk hatte nach der LEOPOLDSTADT den höchsten Anteil an jüdischer Bevölkerung, diese machte um die Jahrhundertwende 18,2 Prozent, also 17.200 Menschen aus. Als sichtbare »Spur« ist nur noch ein Teil des jüdischen Friedhofs aus dem 16. Jahrhundert (Seegasse 9) geblieben.

Der ALSERGRUND gehört stadtgeschichtlich und topographisch sicher zu den interessantesten und vielfältigsten von Wien. Mit Ausnahme der Roßauer Kaserne, die einen Teil der Ringstraßenzone nach außen hin abschottet, ist der Bezirk eng an die INNERE STADT angebunden, so daß der Übergang stadträumlich kaum feststellbar ist. Die Nähe der Alser Vorstadt zum Schottentor hatte schon vor der Anlage der Ringstraße enge Beziehungen hergestellt.

Durch die ungewöhnliche Vielfalt der Bauaufgaben, auch nach der Jahrhundertwende, ist die Zahl bedeutender Architekten entsprechend hoch. Bis 1918 sind folgende Namen besonders erwähnenswert: Leopold Bauer, Ludwig Baumann, Ernst Epstein, Rudolf Erdös, Eugen Ritter Felgel von Farnholz, Eugen Fassbender, Emil Ritter von Förster, Alexander Graf, Arnold Hatschek, Rudolf Krauß, Jakob Modern, Richard Modern, Alexander Neumann, Franz Ritter von Neumann, Robert Oerley, Erwin Raimann, Ludwig Richter, Karl Stephann, Ludwig Tremmel, Neumann Tropp, Otto Wagner und Wilhelm Wohlmeyer. In der Zwischenkriegszeit: Karl Ehn, Ernst Epstein, Wilhelm Frass, Leo Kammel, Arnold Karplus, Franz Kaym und Alfons Hetmanek, Franz Krauß und Josef Tölk, Karl Krist, Wilhelm Peterle, Hermann Stiegholzer und Herbert Kastinger. Nach 1945: Erich Boltenstern und Eugen Wachberger, Gregor Eichinger und Christian Knechtl, Wilhelm Holzbauer, Hans Puchhammer, Franz Schuster, Karl Schwanzer und Ottokar Uhl.

Berggasse 35, ehem. Telephonzentrale II, BH: K. k. Post- und Telegraphendirektion, E: Franz Ritter von Neumann, A: Frauenfels, 1897—99

Die ehemalige »Zentrale II mit Fernamt« hatte einen 37 m hohen Turm (inzwischen um einen Laternenaufbau gekürzt), der im oberen Teil zur Abspannung von 448 Leitungsdrähten diente. Die städtebauliche und architektonische Erscheinung des Baus hatte also eine funktionale Komponente, auf die allein man sich jedoch nicht verlassen wollte. So ist die »monumentale Ausstattung in antikisierender Renaissance« auch eine ikonographische Annäherung an das Bild »Kirche« oder »Rathaus«, was wiederum eine deutliche Aussage über das kulturelle Selbstverständnis der k. k. Post- und Telegraphendirektion machte.

Die Massengliederung des Bauwerks ist noch historistisch, die dekorativen Formen zeigen bereits Einflüsse der Secession.

sant ist die Einbindung in den Block, indem der zum Platz vorspringende Gebäudeteil als ein überdimensionaler Mittelrisalit ausgebildet ist.

Berggasse 41—43, Polizeigebäude, BH: Ministerium des Inneren, E: Emil Ritter von Förster und k. k. Dikasterial-Gebäude-Direktion, BL: Karl Holzer, Moritz Kramsall, Alfred Keller, A: Union Baugesellschaft, 1901—04

Die zu ihrer Zeit als Palast empfundene »Liesl« (wegen der Lage an der ehemaligen Elisabethpromenade so genannt) ist in Wirklichkeit ein ökonomisch angelegter Verwaltungsbau mit einem im Hof liegenden Gefangenenhaus. Repräsentative Räume befinden sich nur im Eckturm (EG: Foyer zum Treppenhaus, 1. Stock: Rapportsaal, 2. Stock: Präsidial-Sitzungssaal), deren Einrichtung jedoch zerstört ist. Die architektonische Qualität des Baus liegt zweifellos in der monumentalen städtebaulichen Konzeption, die einerseits auf die Nachbarschaft der Roßauer Kaserne Bedacht nahm, andererseits sich in Material und »Stil« bewußt davon absetzte. Die symmetrischen Schauseiten bekommen durch eine Diagonalachse (Eckturm, Treppenhaus) eine deutliche Betonung des Ecks, die sich aus dem Hauptblickwinkel (Knick der Roßauer Lände) erklärt.

Boltzmanngasse 16, Amerikanische Botschaft, E: Ludwig Baumann, 1903/04

Die ehemalige Konsularakademie (bis 1938, seit 1947 Amerikanische Botschaft) zeigt in Baumanns Werk sehr deutlich die inhalts- und funktionsbezogene Sprachlichkeit: die Vorläufer der Konsularakademie, die Orientalische Akademie, war eine Gründung Maria Theresias, also schien es angebracht, den Bau im »maria-theresianischen Stil«, wie man zu dieser Zeit sehr ungenau den Barock bezeichnete, zu errichten.

Frankhplatz 3, BH: Phoenix und Wiener Vereinigte Versicherungs-AG, E: Ernst Epstein, A: Universale Baugesellschaft, 1928/29

Ein später, aber vermutlich der größte Bau von Epstein. Er hat es offenbar im Strahlungsbereich der Ringstraße und in der Nachbarschaft der Nationalbank für richtig befunden, die konventionellen Mittel der repräsentativen Bürohausarchitektur (strenge Fassadenstruktur, ausgeprägte Kranzgesimse) nicht zu verlassen. Städtebaulich intere-

Kinderspitalgasse 15, Hygiene-Institut, E: Ludwig Tremmel, A: Union Baugesellschaft, 1905—08

Der dreißigjährige Architekt erwies sich bei diesem ärarischen Monumentalbau als sattelfester Historist, nur wenige Details, etwa das gläserne Vordach beim Haupteingang, signalisieren eine Veränderung Richtung Jugendstil.

Mariannengasse 5, BH + A: Neue Reformbaugesellschaft, E: Wilhelm Holzbauer, MA: Helmut Kirchhofer, 1984/85

Die Problematik der Anbindung an ein zweigeschossiges Palais mit großen Raumhöhen ist in der Fassade ablesbar: sie besteht in der direkten Ankoppelung des Sockelgeschosses, in der optischen Zusammenfassung der zwei darüberliegenden und in der Betonung des Attikageschosses, bei gleichzeitiger Zurücknahme des Dachgeschosses. Dem entspricht die innere räumliche Lösung mit einer zweigeschossigen Empfangshalle im Erdgeschoß, einem weiterführenden, außenliegenden Treppenhaus und den einge-

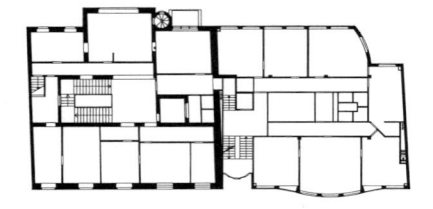

# 9. BEZIRK

bundenen Verbindungsebenen zum Altbau. Der signifikant-handschriftlichen Erscheinung des Baus steht eine eher zurückgenommene Innenarchitektur gegenüber.

Mariannengasse 4—6, Verwaltungsgebäude der Wiener Städtischen Elektrizitätswerke, A: Rella & Co., 1913/14

Im alten Verwaltungsgebäude ist nur mehr in der Eingangshalle und im Treppenhaus der ursprüngliche Zustand zu sehen. Von besonderem architektonischem Interesse ist der Trakt Höfergasse 10, der von dem leitenden Architekten des Magistrats, Franz Bittner, 1925 entworfen wurde, von dem auch u. a. das E-Werk Opponitz stammt. Die Fassade Höfergasse ist vor allem durch die stark wirkende Gruppe von fünf zweigeschossigen Erkern geprägt: eine Anleihe beim Expressionismus, wie sie für die Bauten der Gemeinde Wien in diesen Jahren charakteristisch war. Im Hof befand sich die große Maschinenhalle der Unterstation Alsergrund (1906 und 1912 erbaut), die heute komplett umgebaut ist und von der man nur mehr die »Apsis« (Gleichrichterwarte) sieht.

Otto-Wagner-Platz 3, Österreichische Nationalbank, BH: Österreichisch-Ungarische Bank, E: Leopold Bauer, A: Allgemeine Baugesellschaft A. Porr, 1911—18
Innenausbau, E: Ferdinand Glaser, Rudolf Eisler, 1918—25

Die Baugeschichte des Hauptgebäudes der Österreichischen Nationalbank stand unter keinem guten Stern. Die ursprüngliche Planung von Leopold Bauer sah ein prächtiges Amtsgebäude an der Alser Straße vor, in dessen Zentrum sich ein mächtiger Bürohausturm erhob und dessen dreigeschossige Kolonnaden in den Straßenraum hereinschwangen. Vor dem Ersten Weltkrieg wurde nur das Druckereigebäude begonnen, das jedoch während des Krieges über den Rohbau nicht hinauskam. Von 1918 bis 1925 wurden dann von den Nationalbankarchitekten Ferdinand Glaser und Rudolf Eisler die Umplanung in das Hauptgebäude und der Innenausbau durchgeführt. Aus dieser Bauphase sind nur mehr Teile des Entrees, ein prächtiges Treppenhaus und Rudimente der einstigen Kassenhalle vorhanden, die, seitdem der Publikumsverkehr aufgegeben wurde, mit eingezogener Decke etc. einer anderen Nutzung unterliegt. Der Brand von 1979 zerstörte den ganzen fünften Stock und damit auch die Einrichtung der Generaldirektion, der Sitzungszimmer u. a. Der neue Ausbau dieses Geschosses und des darüberliegenden Dachgeschosses kann höchstens ein kulturgeschichtliches, aber kein architektonisches Interesse beanspruchen (E: Carl Appel, Matthias Szauer, 1980—86). Der durch eine Brücke mit dem Hauptgebäude verbundene Erweiterungsbau wurde 1953 bis 1956 errichtet (E: Erich Boltenstern, Eugen Wachberger, A: Wiener Hoch- und Tiefbaugesellschaft), ebenso das Wohnhaus Otto-Wagner-Platz 4, das an anderer Stelle (Seite 243) besprochen wird. Die Bibliothek im Erdgeschoß dieses Wohnhauses wurde von Josef Krawina (1980—83) eingerichtet.

Porzellangasse 18, BH: Ferdinand und Anna Mende, E + A: Allgemeine Österreichische Baugesellschaft, 1906

Das Einschwenken der Fassade in den rechten Winkel zur Grundstücksgrenze wurde zum Ausgangspunkt für eine betont motivische Reaktion auf den Straßenraum, die nur als eine Art von Protest gegen das System der Gründerzeitbebauung zu lesen ist.

# ALSERGRUND

Roßauer Lände 3, BH: Pensionsversicherungsanstalt der Arbeiter, E: Franz Schuster, A: Allgemeine Baugesellschaft A. Porr, Universale Hoch- und Tiefbau-AG, 1955—57

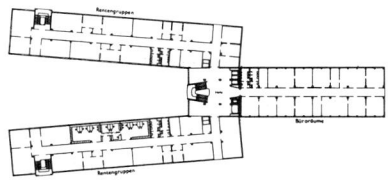

Ein blauäugiger Funktionalismus, der sich völlig von den städtebaulichen Gesetzen der Ringstraße abgekoppelt hat und damit einen unlösbaren Konflikt heraufbeschwor. Dabei ist der Bau aus seiner Eigengesetzlichkeit heraus logisch konzipiert. Das extrem schmale trapezförmige Grundstück erzwang von vornherein einen Keil, der sich zwischen Roßauer Kaserne und Polizeigebäude schiebt. Schuster hat ihn aber noch dadurch besonders betont, daß er ihn einerseits von der Uferbebauung zurücknahm und andererseits im Kopfteil kräftig erhöhte. Die puristische Architektur verstärkt noch diesen Effekt. Insgesamt spiegelt der Bau die selbstsichere Hilflosigkeit des Funktionalismus der fünfziger Jahre gegenüber der historischen Stadt wider.

Spitalgasse 31, BH: Direktion des Allgemeinen österreichischen Apotheker-Vereins, E: Rudolf Krauß, A: Felix Sauer, 1907—09

Das repräsentative Haus mit der eigenwilligen Giebel-Erker-Ecklösung hat einen in die Tiefe gehenden, von der Michelbeuerngasse her erschlossenen Grundriß mit zwei Treppenhäusern und einem im Hof liegenden Festsaal. Das Haus ist innen total umgebaut.

Zimmermanngasse 4, BH: Telegraphendirektion für Wien, Niederösterreich und Burgenland, E: K. k. Telephon-Zentrale, A: Vaterländische Baugesellschaft, 1919

Um diese Zeit dürfte man in der Post-Baudirektion eine besondere Vorliebe für breite Giebelfassaden gehabt haben (siehe Rasumofskygasse), eine Lösung, die zweifellos dem Repräsentationsbedürfnis auch unter ungünstigen städtebaulichen Bedingungen gerecht wird.

Boltzmanngasse 9, Kapellenerneuerung, BH: Erzdiözese Wien, E: Ottokar Uhl, 1967—69

»Die Liturgie muß vor allem in einem Priesterseminar räumlich adäquat verwirklicht werden können. Den zukünftigen Priestern muß ein Verständnis für eine neue Liturgie mit den Konsequenzen für eine Anordnung der Elemente (Mensa, Pult, Tabernakel, Sitze der Gemeinde und Liturgen) im Raum ermöglicht werden«, schrieb Ottokar Uhl 1972 zu dieser »späten« Arbeit. Äußerer Anlaß für diese Neuordnung der Priesterseminarkapelle war eigentlich die notwendige Erneuerung der Heizung, der Orgel und des Fußbodens. Die Beweglichkeit der Elemente erlaubt aber auch eine Schonung des barocken Raumes und ein optimales Reagieren auf seine speziellen Eigenschaften. Insoferne ist diese Arbeit auch denkmalpflegerisch heute noch vorbildlich.

Lustkandlgasse 34, Canisiuskirche, E: Gustav Ritter von Neumann, A: Cajetan Miserowski, 1899—1903

Dem in den Diensten Fürst Liechtensteins stehenden Architekten wurde eine »völlige Beherrschung des rheinischen Übergangsstils« (von der Romanik zur Gotik) nachgerühmt, die ihn besonders befähigt hätte, die Kirche in dieser topographisch schwierigen Lage so »malerisch zur Wirkung zu bringen«. Tatsächlich ist man auch heute noch (vor allem auf der Rückseite) von einer solchen städtebaulichen Wirkung im Raster eines Gründerzeitviertels überrascht. Eine andere Besonderheit liegt in der Tatsache, daß die ganzen Fassaden und Türme, aber auch wesentliche Teile des Inneren in Stein-Imitation (A: J. Matscheko & Schödl) ausgeführt wurden, was zur Zeit der Erbauung besonderes Aufsehen erregte.

Servitengasse 3, Studentinnen-Kapelle, BH: Katholische Hochschülerschaft, E: Ottokar Uhl, 1965/66

Sozusagen eine »klassische« Ausführung einer Uhlschen Studentenkapelle, nicht nur minimiert in den architektonischen Mitteln, sondern auch in einer kaum überbietba-

237

# 9. BEZIRK

ren Ausgewogenheit von fixen und beweglichen Elementen im Sinnzusammenhang einer »neuen Liturgie«. Besonders schön, wenn diese Vokabel im Zusammenhang mit dieser Ästhetik erlaubt ist, das Tabernakel als Schrein in der Wand.

## Währinger Gürtel, bei 88, Johannes-Kapelle, F: Otto Wagner, 1895

Anstelle der Kapelle an der ehemaligen Währinger Linie erbaut, ist das Objekt der erste Sakralbau Wagners auf Wiener Boden. Einerseits zeigt der Entwurf eine modellhafte Lösung eines Zentralbaus in »freier Renaissance«, trägt aber auch den »freien Byzantinismus« eines Theophil Hansen in sich, andererseits löst er sich in seiner absoluten Regelhaftigkeit aus dem historischen Kontext, sozusagen als Konzentrat von Geschichte, diese in einer intellektuellen Leistung überwindend. Das gleiche gilt für den städtebaulichen Aspekt; das Objekt zeigt reale »Tuchfühlung« zur Stadtbahn bei gleichzeitig optimaler Distanz als singuläres Werk. Der immer verschlossene Bau bleibt auch als Solitär verschlossen, ein Objekt der Anschauung und Präsenz. Diese Hermetik steht in einem starken Gegensatz zur späteren Kirche von Steinhof, die nicht nur Zeit ausschließt, sondern auch einschließt, gefiltert und transformiert zu einer, wie sollte es anders sein, zeitgebundenen Aussage (Grundriß nach Einreichplan, etwas verändert ausgeführt).

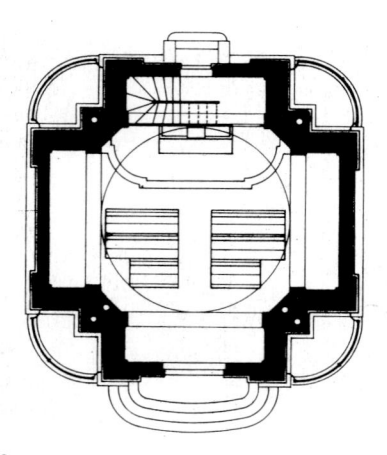

## Liechtensteinstraße/Alserbachstraße, Schubert-Brunnen, BH: Wiener Schubertbund, Bezirksvertretung Alsergrund, E: Franz Matuschek, 1928

Das »lauschende Mädchen« von Theodor Stundl gibt in der städtebaulichen Fassung der Kreuzung zwar keinen besonderen Akzent, macht aber zumindest das Parkeck zum definierten Bestandteil des Ensembles.

## Währinger Straße 38, Auer-von-Welsbach-Denkmal, E + A: Wilhelm Frass, 1935

## Porzellangasse 19, Schauspielhaus Wien (»Der Kreis«), siehe Seite 244

## Währinger Straße 78, Volksoper, E: Alexander Graf, Franz Freiherr von Krauß, 1898

Das ehemalige »Kaiser-Jubiläums-Stadttheater«, das von einer »Vereinigung von Wiener Bürgern unter der Patronanz der Gemeindeverwaltung« in zehn Monaten errichtet wurde, erinnert durch mehrere Umbauten und das Abräumen der »deutschen Renaissance« nur mehr in Spuren an die ursprüngliche Form.

## Althanstraße 14, Zoologisches und Biologisches Institut der Universität Wien, BH: Kuratorium zur Förderung der Wirtschaftsuniversität Wien, E: Kurt Hlaweniczka, Gerhard Krampf, Karl Schwanzer, A: ARGE Universitätszentrum Althanstraße (Neue Reformbau, Universale, Porr), 1976—81

Das Botanische Institut, das nach Aussagen der Architekten die »formale Konzeption der Wirtschaftsuniversität aufnimmt« (warum?) wird in einem anderen Zusammenhang besprochen (Band III/2, Zusammenfassung).

# ALSERGRUND

Augasse 2—6, Wirtschaftsuniversität Wien, BH: Kuratorium zur Förderung der Wirtschaftsuniversität Wien, E: Kurt Hlaweniczka & Partner, BH: ARGE Universitätszentrum Althanstraße (Neue Reformbau, Universale, Porr), 1976—82

Der Bau entzieht sich den hier angewendeten Kriterien einer architektonischen Beurteilung und wird ebenfalls in einem anderen Zusammenhang besprochen (Band III/2, Zusammenfassung).

Währinger Straße 38, 2. Chemisches und Physikalisches Institut, BH + E: k. k. Ministerium für öffentliche Arbeiten (Departement VIIId), 1908—15

Das Gebäude zeigt den Level der Universitätsbauten vor dem Ersten Weltkrieg. Interessant ist, wie die Bebauung des unregelmäßigen Grundstücks aus prototypischen Mustern zusammengesetzt und frei überformt ist.

**H**

Mariannengasse 10, Allgemeine Poliklinik, E: Andreas Streit, 1891/92

An dem für die Wiener medizinische Schule so überaus bedeutenden historischen Ort ist baugeschichtlich der aus der zweiten Ausbauphase stammende Hörsaal für 150 Personen von besonderem Interesse. Der als »Pavillon« in den Park gestellte Bau konnte durch seine freie Lage ganz nach den funktionellen Vorstellungen der Zeit entwickelt werden.

Sobieskigasse 31, Karolinen-Kinderspital, E: Eugen Fassbender, 1913

Fassbender, von seinen Anlagen her mehr Städtebauer als Architekt, hat offenbar dem Volumen der Baukörper und ihrer Lage zueinander besonderes Augenmerk geschenkt. Besonders liebevoll war der Eingangspavillon gestaltet, ein Entgegenkommen gegenüber den Kindern, die das Haus betreten mußten. Heute umgewidmet.

Spitalgasse 23, 1. und 2. Universitäts-Frauenklinik, E: Franz Berger, 1902—08

Die geburtshilflichen und gynäkologischen Kliniken wurden auf den Gründen des ehemaligen Versorgungshauses »Zum blauen Herrgott« (E: Niernsee, Stadtbauamt, 1864—68) errichtet, und zwar unter Einbeziehung des Mittelteiles des Versorgungshauses (Abbruch der Seitenflügel)

239

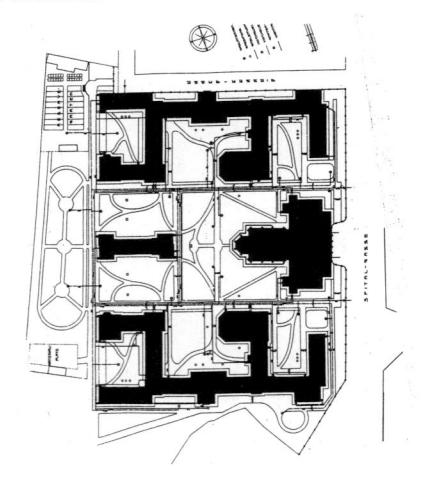

# 9. BEZIRK

der Baukörper und Trakttiefen (etwa bei den Hörsälen) und in der präzisen, aber freien Behandlung der Fenstergruppen über diese hinaus. Die Merkmale dieser Architektur liegen also nicht nur in der einfallsreichen Anwendung und Abwandlung von Jugendstildekor und einiger Otto Wagnerscher Gestaltungselemente (Kachelfelder, dominante Gesimsausbildung etc.) oder im phantasiereichen Entwurf der Attikazonen, sondern in der überaus gediegenen und großzügigen Anlage der Raumgruppen, der sehr sorgfältigen Ausbildung aller Details und der Anwendung solider Materialien. Auch hier zeigt sich, von den Fußböden bis zu den Parapeten, von den Tischlerarbeiten bis zu den Beschlägen, ein ungewöhnlich hoher Standard, der bis heute seine Funktionstüchtigkeit bewiesen hat. Eine baukünstlerische und technische Leistung besonderer Art stellen die Hörsäle dar, die heute noch in einer fortschrittlichen Weise das Thema Raumhülle und Ausbau, Raumfigur und Installation, also die Beziehung von Architektur und Nutzung in einer phantasievollen Weise sichtbar machen. Es handelt sich bei dieser Anlage um ein bedeutendes Dokument des Wiener Krankenhausbaus am Beginn des 20. Jahrhunderts, um ein Ensemble, das auch in einer einmaligen, gesamtheitlichen Weise die kulturelle Potenz der Wiener medizinischen Schule widerspiegelt und das gerade angesichts des AKH-Neubaus als ein bedeutendes gesamtkulturelles Dokument anzusehen ist.

Spitalgasse — Lazarettgasse — Währinger Gürtel, Allgemeines Krankenhaus (AKH), BH: Republik Österreich, Stadt Wien, E: Wolfgang Bauer, Otto Nobis, Otto Mayr, Georg Köhler, Georg Lippert, Felix Kässens, Alexander Marchart, Roland Möbius, Hannes Lintl, WB 1961, 1968—?

Diese Anlage stellt nicht nur architektonische, sondern auch wirtschaftliche, politische und medizinische Kriterien auf den Kopf. Quantität wandelt sich in eine neue, nicht mehr beschreibbare Qualität oder Antiqualität um, so daß auch dieses Objekt in einem eigenen Zusammenhang besprochen wird (Band III/2, Zusammenfassung).

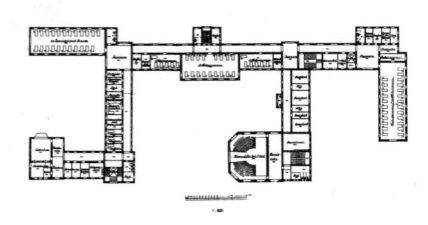

und der Kirche. Dieser dem Pavillontypus angeglichene Torso bildet den Torbau und die Achse zur neuen Bebauung, die man als ein etwas modifiziertes Pavillonsystem ansprechen könnte. Die architektonische innen- und außenräumliche Qualität der Anlage ist nicht nur mit jener von Steinhof vergleichbar, sie geht sogar noch in der gestalterischen Behandlung der Funktionsgruppen, in der Variation

Alserbachstraße 1, BH: Elias und Irene Bardach, E + A: Carl Bittmann, 1911

Alserbachstraße 15, BH: Fritz Fleischhanderl, E: Hermann Stiegholzer, Herbert Kastinger, A: »Universale Redlich & Berger« Bau AG, 1930—32

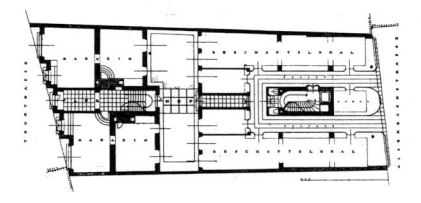

Eines der wenigen Privat-Mietshäuser der Zwischenkriegszeit, das auf Grund einer neuen Bauordnung ab 1. Mai 1930 das Grundstück relativ günstig ausnutzen konnte. Es handelt sich um zwei Straßentrakter, die auf die regelmäßige Parzelle mit unterschiedlichen Graden der Staffelung reagieren. Das Erdgeschoß mit Geschäftsnutzung greift teilweise in den Hof hinein. Im »Vorderhaus« an der Alserbachstraße sind Mittelwohnungen (2½ Zimmer), im »Hinterhaus« an der Thurygasse Kleinwohnungen, so daß hier unter neuen architektonischen Ästhetik genaugenommen noch Verhältnisse der Vorkriegszeit reproduziert wurden.

Alser Straße 18, BH: Alfred und Otto Berger, E: Arnold Hatschek, A: Carl Mayer, 1904

Alser Straße 32, BH + E: Arnold Hatschek, Karl Gärber, A: Adolf Gärber, 1910

# ALSERGRUND

Obwohl es sich bei diesem Haus um eine späte Jugendstilreprise handelt, besitzt es eine einprägsame Physiognomie, die vor allem durch eine eigenwillige Kombination von Mittelerker, Kranzgesims und Giebel entsteht.

Althanstraße 7—9, BH: Franz Schmid, Emilie Panitzky, E: Wilhelm Wohlmeyer, A: Franz Mörtinger & Sohn, 1904/05

Althanstraße 17, BH + E: Wilhelm Wohlmeyer, A: Robl & Löwitsch, 1901

Badgasse 14, BH + E + A: Emil Mader, 1912

Beethovengasse 4, »Beethoven-Hof«, BH: Wenzel und Franziska Endisch, E + A: Adolf Endisch & Co., 1912

Berggasse 29, BH: Julius Steiner, E: Karl Stephann, A: R. Reichel, 1899

Boltzmanngasse 22, BH + E + A: L. Sommerlatte & J. Marschall, 1911/12

Borschkegasse 8, BH: Josef Sucharipa, E: Jakob Gartner, A: W. Klingenberg, 1898

Canisiusgasse 17, BH: Friedrich Friedländer, E: Eugen Felgel Ritter von Farnholz, A: G. Kovarik, 1909

Obwohl man es schwer beschreiben und schon gar nicht beweisen kann, schien der Architekt mit seiner Fassade auf die gegenüberliegende Kirche zu reagieren, was sich vor allem in der romantischen Ausbildung der Attikazone manifestiert.

Georg-Siegl-Gasse 9, BH + E + A: Friedrich Haas, 1903

Georg-Siegl-Gasse 11, BH: Franz Riess, E + A: Karl Riess, 1908

Glasergasse 9, BH: Ignaz und Stephanie Husserl, E + A: Oskar und Richard Marek, 1905

Der weit in die Tiefe reichende gekoppelte Doppeltrakter präsentiert sich an der Straße betont ruhig, ja für seine Zeit fast puristisch. Die strenge Fassade mit dem mittig sitzenden flachen Breiterker ist von einem eigenwilligen Dekor mit perspektivischen Effekten belebt.

Glasergasse 11, BH: Maluschek & Comp., E: Ferdinand Dehm & Franz Olbricht, A: Eduard Dücker, 1900

Die Baumeister haben schnell auf den Jugendstil reagiert. Die Elemente, wie das pultartig vorspringende Kranzgesimse und der Dreieckserker, wirken aber ein wenig aufgesetzt auf jenen Historismus, den sie nicht zu überwinden vermochten.

Hahngasse 7, BH: Therese von Sagasser, E: Karl Stephann, A: Hans Schaz, 1904

Hebragasse 7, BH: Karl Dauer, E: Wilhelm Wohlmeyer, A: Johann Meidl, 1903

Lazarettgasse 9, BH: Vindobona AG für Geschäfts- und Wohnhäuser (Robert Hauser), E: Franz Kaym und Alfons Hertmanek, A: Allgemeine Baugesellschaft A. Porr, 1932/33

Eine kühl und distanziert behandelte Fassade, die praktisch mit einem dreiteiligen Fensterelement und einem einheitlichen Achsabstand gelöst ist. Die nicht mehr lesbare Symmetrie wird durch drei französische Fenster im 3. Stock, die mit je einem Achsabstand voneinander entfernt eingesetzt sind, und zwei leicht zurückgesetzte Achsen an den Seiten betont.

Lazarettgasse 11, BH: Karl Ritter von Wessely, E: Richard Modern, A: Hans Miška, 1907

Ein schwieriger Bauplatz in einer ausgesetzten, unregelmäßigen und beengten Ecksituation. Der Architekt suchte durch eine Diagonalsymmetrie das Ganze zu beruhigen und damit zu retten.

Lazarettgasse 13, BH: A. Oerley, E: Robert Oerley, A: Eduard Dücker, 1902

Auch Oerley hat den Grundriß diagonal organisiert. Die wenigen späteren Vereinfachungen im oberen Erkerbereich lassen das ganze Haus »abgeräumt« erscheinen, und man kann heute die provokante Wirkung von 1902 kaum mehr erahnen.

Liechtensteinstraße 22, »Glashüttenhof«, BH: Glasfabrik J. Schreiber & Neffe, E: Alexander Graf, A: Max Haupt, 1902

Der rigoros, noch als Bassenatyp angelegte Straßentrakter mit Hof zeigt in seiner ausgeprägten Form die Dialektik von Nutzen und Repräsentation. Die barockisierende Straßenfassade meldet nicht nur »ärarischen« Anspruch an,

241

## 9. BEZIRK

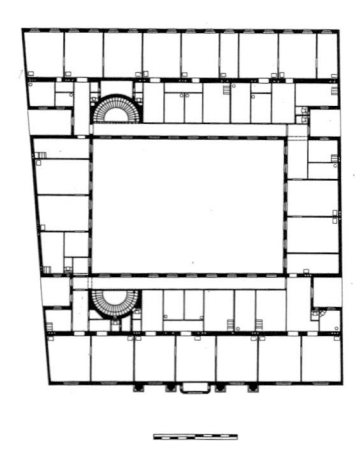

sondern verweist unmittelbar auf den im Hinterhof erwirtschafteten Nutzen. Die üppige Formensprache des Barock schien der Gesellschaft von 1900 dafür besonders geeignet.

**Liechtensteinstraße 23**, BH + E: Emil Lorentz, A: Löschner & Helmer, 1912/13

Die Fassade dieses mächtigen gekoppelten Doppeltrakters erinnert an die frühe Architektur der Brüder Gessner. Sie ist in einem guten Erhaltungszustand.

**Liechtensteinstraße 46**, BH + E: Jakob Wohlschläger, A: Hugo Manhardt, 1907/08

**Liechtensteinstraße 46a**, BH: k. k. Ministerium für öffentliche Arbeiten, E: Jakob Wohlschläger, A: Santoll & Müller, 1907/08

Das architektonisch nicht gerade hervorragende, aber in der Anlage interessante Doppelhaus zeigt eine seltene Form von durchlaufendem Straßenhof, der durch eine gedeckte Verbindungsbrücke akzentuiert ist.

**Liechtensteinstraße 53—55**, BH + E + A: Ignaz Drapala, 1874, später »Palais Kranz«

Die Baugeschichte des überaus interessanten Hauses verdiente genauer erarbeitet zu werden. Das Doppelhaus mit Durchfahrten und Rücken an Rücken liegenden halbrunden Treppenhäusern wurde ab 1913 (Einbau einer Garage im Hof) für Dr. Josef Kranz umgebaut. 1914 bekam das Haus die heutige Fassade, die das Sockelgeschoß und die Beletage mit barocker Verve zusammenfaßte (E: Friedrich Ohmann). 1915/16 begann Oskar Strnad Umbauten im Erdgeschoß (Nr. 53), in deren Zusammenhang die überaus eindrucksvolle, an römische Renaissancevillen erinnernde, terrassierte Gartenanlage (eiserne Pergola, hölzernes Lusthaus mit »türkischer Veranda«, Keramiken von Robert Obsiger) entstanden ist. Als Bauherr scheint auf den Einreichplänen nicht Kranz, sondern Marie Hochteufel auf.

**Liechtensteinstraße 88**, »Mittelstandswohnhaus«, E: Konrad von Götz, A: Hans Schneider, 1937

**Liechtensteinstraße 117**, BH: Wendelin Kühnel, E: Neumann Tropp, A: Kupka & Orglmeister, 1910/11

**Liechtensteinstraße 121**, BH: Wendelin Kühnel, E + A: Kupka & Orglmeister, 1910

**Liechtensteinstraße 123**, BH: Matthias Bittmann, Fritz Mögle, E: Carl Bittmann, A: Allgemeine Österreichische Baugesellschaft, 1914

Der die Vereinsstiege begleitende Trakt, der markant die Gasseneinmündung besetzt, zeigt einen für Bittmann bemerkenswert strengen Aufbau. An diesem Punkt entwindet sich die Liechtensteinstraße dem etwas beiläufigen Trott einer Vorstadtstraße und erwacht plötzlich zu einem großstädtischen Maßstab.

**Liechtensteinstraße 130, 130a**, BH + E + A: Julius Hecht, 1909/10

Ein ebenfalls durchgehender Straßenhof. Durch die Lage zwischen Ausfallstraße und Bahn (wenn auch überbaut) in einem ausgetrockneten Umfeld.

# ALSERGRUND

**Liechtensteinstraße 135, BH: Residenzstadt Wien, E: Stadtbauamt, 1902**

Auch dieser Amtsentwurf für die »Residenzstadt Wien« strebt zumindest in der äußeren Erscheinung nach großstädtischen Maßstäben. Obwohl sich pro Geschoß vier Großwohnungen befinden, konnte man in der Organisation der Grundrisse die Bassenatypologie noch nicht überwinden.

**Liechtenwerder Platz 1, 2, BH + E + A: Andreas Gisshammer, 1906**

Gisshammer, der später in Graz arbeitete und dort zu einer molligen Heimatschutzarchitektur überwechselte, zeigte schon im späten Jugendstil einen Hang zum Deftig-Plastischen, Verkappt-Barocken. Hier hatte er die Chance, die Mündung der Liechtensteinstraße in den Liechtenwerder Platz mit flankierenden Bauten zu besetzen, die er auch mit seinen Mitteln zu nutzen versuchte.

**Meynertgasse 8, BH: Adolf Fuchs, E: Erwin Raimann, A: Alfred Ruf, 1911**

Schon bevor der Höhepunkt der »spätbürgerlichen Prächtigkeit« überschritten war, setzte eine zweite Welle der Reduktion und Vereinfachung ein, die, unabhängig vom Ornament, wieder zu flachen, streng aufgebauten Fassaden führte.

**Meynertgasse 10, BH: Friedrich Scheirich, E: Alois Schuster, A: Rudolf Schodenböck, 1910 bis 1911**

**Müllnergasse 4, BH: J. Bratmann, E: Ludwig Baumann, A: Panusek, 1896**

Der repräsentative Straßentrakter mit kleinen Stutzflügeln, zentralem Treppenhaus und je zwei Wohnungen pro Hauptgeschoß zeigt eine für das Erbauungsjahr erstaunlich ruhige, flächig aufgebaute und sparsam dekorierte Fassade. Mit Ausnahme der verschwundenen Aufschrift K.K. HOFWAGENFABRIKANT S. ARMBRUSTER ist diese unverändert erhalten.

**Newaldgasse 3, BH: Mathilde Wagner, E: Eduard Prandl, A: Josef Falter, 1901**

**Nordbergstraße 6, BH + E + A: L. Sommerlatte & J. Marschall, 1911**

**Nußdorfer Straße 8, 10—12, BH: Albert Frankl, E: Jakob Modern, A: Carl Mayer, 1906**

Wenn man bedenkt, daß diese Fassung der Mündung der Wiederhofergasse zehn Jahre nach dem Baumann-Haus in der Müllnergasse 4 entstanden ist, bekommt man (gar nicht zu reden von Wagner und Loos) einen Eindruck von den einander fast ausschließenden Tendenzen der Jahrhundertwende.

**Nußdorfer Straße 15, BH: Emil Reittmann, E + A: J. Giesskann, 1909**

Ein kühnes Eckhaus, das sich mit der Schmalseite an die Nußdorfer Straße heranschiebt. Der Architekt stellt den flachgedrückten Grundriß an der Stirnseite als Thema der Quetschung oder Faltung dar, das die ganze Fassade in eine außerordentliche Spannung versetzt. Wenn auch das Beispiel weit hergeholt scheint — Hildebrandt hat bei seiner Peterskirche am Graben das Thema schon auf seine Weise und noch dramatischer behandelt.

**Nußdorfer Straße 26—28, BH: Maria Trisko, E: Richard Modern, 1908**

**Nußdorfer Straße 50, BH + E + A: Anton Fuchs, 1911**

**Nußdorfer Straße 61, BH: Josef Achselrad, E: Alfred Marek, A: Robert Haupt, 1912**

Der betont rhythmische, aber gleichzeitig symmetrische Aufbau der Fassade (a-b-c-b-a) wird durch die lebendige Attika noch unterstrichen und gleichzeitig zu einem Abschluß gebracht.

**Nußdorfer Straße 65, BH: Alfred Wünsch, E + A: Leodegar Slovak, 1906**

**Nußdorfer Straße 68, BH + E: Wendelin Kühnel, A: Kupka & Orglmeister, 1910**

**Nußdorfer Straße 80, BH: Bertha und Mary Kreuzinger, E + A: Kreuzinger, 1909/10**

**Otto-Wagner-Platz 4, BH: Österreichische Nationalbank, E: Erich Boltenstern, Eugen Wachberger, A: Wiener Hoch- und Tiefbau Ges.m.b.H., 1950—56**

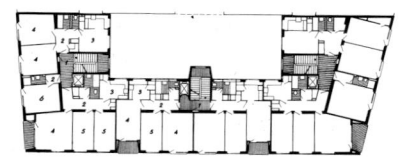

## 9. BEZIRK

Die Wohnbauten von Boltenstern und Wachberger gehören zum Besten, was auf diesem Gebiet in den frühen fünfziger Jahren entstanden ist. Sie zeichnen sich in ihrer äußeren Erscheinung durch eine präzise Ausgewogenheit der Elemente und durch eine besondere Detailkultur aus, die sonst nicht erreicht wurde. Dieses Objekt mit 42 Wohnungen und 12 Garçonnieren mußte auf einem besonders ungünstigen Grundstück (49×18 m) errichtet werden, außerdem waren zwei hohe Feuermauern »abzudecken«. Der Grundriß besteht aus einem Zweispänner, flankiert von zwei Dreispännern. Ungewöhnlich für die damalige Zeit sind auch die relativ großen Loggien, die Wohnungen mit Wohnküchen auf der Hofseite und überhaupt der Versuch, möglichst viele querbelüftete Wohnungen zu erreichen.

**Porzellangasse 7, 7a und 7b**, BH: Emil und Berta Fridrich, E: Goldschläger & Kramer, A: Josef Falter, 1905/06

**Porzellangasse 9**, BH + E + A: Hugo Manhardt, 1911

**Porzellangasse 19**, BH + A: Friedrich Lederer und Alois Schweinburg, E: Fritz Brettschneider, 1912

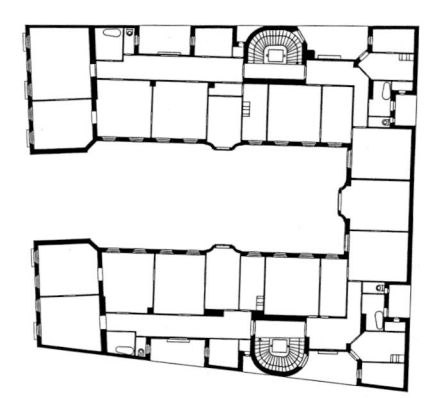

Der merkwürdig hochliegende, trotz seiner Enge gut proportionierte Straßenhof (über ein im Geschäftssockel eingebundenes Treppenhaus erschlossen) ist erst durch den unter dem Hof liegenden Theatersaal verständlich. Ursprünglich Varietétheater, war später darin das Heimatkino untergebracht, bis es 1977/78 von Wolfgang Windbrechtinger zum »Schauspielhaus Wien« umgebaut wurde. Der variabel bestuhl- und bespielbare Raum hat später noch eine entscheidende Korrektur im Foyerbereich erfahren (E: Wilhelm Holzbauer). Das Haus bespielt heute »Der Kreis«.

**Porzellangasse 36**, BH + E: Alexander Neumann, A: Christof Jahn, 1907

Dieses Haus scheint ein Beweis dafür zu sein, daß der konservative Block der Wiener Architekten, der vor allem ab 1910 Träger einer hartnäckigen Restauration (Imperialer Neobarock) war, um die Jahrhundertwende und noch Jahre nachher, durch das Auftreten der Otto-Wagner-Schule, doch in den ästhetischen Grundfesten heftig erschüttert wurde. Jedenfalls könnte diese Fassade mit der entschlackten, kräftigen Sprache, der logischen Beziehung aller Elemente und der originellen Behandlung des Dachabschlusses aus dem Umfeld eines Josef Plečnik stammen.

**Porzellangasse 39—43**, BH + E + A: Hugo Manhardt, 1912/13

Ein breiter, großzügig angelegter und einladender Straßenhof, der auch prompt vom »ruhenden Verkehr« okkupiert wird. Die großen Trakttiefen der Häuser mit vielen kleinen Lichthöfen sind weniger vorbildlich.

**Reznicekgasse 3**, BH: Isidor Frommer, E: Rudolf Göbel, A: Josef Falter, 1900

**Roßauer Lände 23**, BH: Minna Egg, Rudolf Kann, E: Felix Ebner, A: Ferdinand Schindler, 1909/10

**Roßauer Lände 23a**, BH: Friedrich Friedländer, E: Heinrich Kestel, A: Anton Schwertmann, 1910

# ALSERGRUND

Roßauer Lände 27, BH: Alois und Henriette Schumacher, E: Franz Holik, A: Alois Schumacher, 1905/06

Ein eigenwilliges Haus mit einer unverwechselbaren Physiognomie, was in einer Einfahrtsstraße in die Stadt immer eine besondere Qualität darstellt. Das mit Runderkern besetzte, asymmetrisch gestaltete Eck wirkt besonders durch die Rücknahme der dekorativen Flächen, die eigentlich nur zur Rahmung und Betonung der Erker eingesetzt wurden.

Roßauer Lände 33, BH: Alois Graf Sternberg, E + A: Ludwig Richter, 1903

Mit diesem mächtigen Haus tritt die Roßauer Lände in Konkurrenz mit der Erdberger Lände. Jedenfalls ein Haustyp, der auch auf große Sichtdistanzen wirken kann.

Roßauer Lände 39, »Berliner-Hof«, BH: Victor Silberer, E: Emil Reitmann, A: E. Dücker, 1906/07

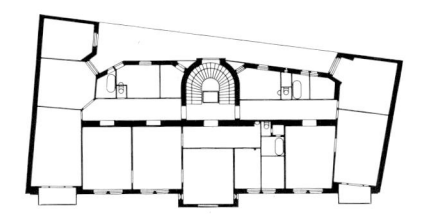

Das eine, über Eck belichtete Durchgangszimmer, das ungefähr einem echten »Berliner Zimmer« entspräche (linker Teil des Grundrisses), kann wohl nicht dazu geführt haben, daß das Haus »Berliner-Hof« genannt wurde. Eines ist aber sicher: die Architektur des Hauses ist großstädtisch, obwohl man spezifische Berliner Merkmale nicht zu entdecken vermag.

Salzergasse 23, BH: Rosalia Horaček, E + A: Johann Horaček, 1900

Schubertgasse 5, BH: SEG (Stadterneuerungs- und Eigentumswohnungsgesellschaft m.b.H.), E: Günther Holnsteiner, A: A. Kallinger, 1977—81

Ein Haus aus der Frühzeit der SEG, noch bevor die Postmoderne ins Land zog. Eigentlich ein sehr wohltuend zurückhaltender Bau.

Schubertgasse 16, 18, BH: Friedrich Friedländer, E: Eugen Felgel Ritter von Farnholz, A: Georg Kovarik, 1909

Schubertgasse 20, BH: Victor Silberer, E + A: Max Haupt, 1905

Obwohl die Häuser Nr. 16 und 18 von einem anderen Architekten stammen, ergeben sie mit diesem Haus eine Art von Mini-Ensemble, das vor allem durch die motivische Behandlung der Fassaden (Erker, Giebel etc.) erreicht wurde.

Schulz-Straßnitzki-Gasse 11—15, BH: Franz und Alexander Grafen Thurn-Valsassina, E: Ludwig Richter, A: Heinz Gerl, 1904/05

Schulz-Straßnitzki-Gasse 12, 14, BH: Alois Graf Sternberg, E: Ludwig Richter, A: Heinz Gerl, 1907

Allein durch die Tatsache, daß drei Häuser auf der einen und zwei auf der anderen Seite von gleicher Hand sind, entsteht, auch wenn die Architektur der Häuser nicht besonders ausgeprägt ist, ein geschlossenes Ensemble, das der Gasse einen eigenen Charakter gibt.

Seegasse 16, »Schwedische Mission«, BH: Mädchen-Unterstützungsverein, E: Ludwig Schmidl, A: Adolf Ambor, 1909

# 9. BEZIRK

Das Haus wurde für den »Mädchen-Unterstützungsverein«, welcher die Erhaltung einer Industrieschule für mittellose Mädchen zu Aufgabe hatte«, errichtet und dadurch finanziert, daß die oberen Geschosse als Mietswohnungen ausgebaut wurden, was auch deutlich in der Fassade zum Ausdruck kommt. Heute sind die Vereinsräume im Besitz der Evangelischen Kirche. Abgesehen von der eigenwilligen Fassade ist noch das interne Treppenhaus mit Halle bemerkenswert.

**Servitengasse 5, BH: Eduard Nassau, E: Julius Goldschläger, A: Viktor Schwadron, 1905**

**Servitengasse 8—10, BH + E + A: Franz Quidenus, 1906/07**

Keramischer Schmuck, englische Fensterteilung (kleinteilige Oberlichten) und dominierende Erkerachsen gehörten eigentlich sehr bald zum gängigen Repertoire der Baufirmen, die sich anschickten, auch den »Modernen Stil« als Alternative anzubieten.

**Simon-Denk-Gasse 2, BH: Gemeinnützige Ein- und Mehrfamilienhäuser Baugenossenschaft, E: Willibald Schneider, A: Anton Orleth, 1939**

Der konventionelle Grundriß verrät, daß es Bauherrn und Architekten doch nur um eine maximale Grundstücksausnutzung ging. Das erklärt auch die an dieser Stelle völlig unmotivierte Betonung des Ecks.

**Sobieskigasse 4a, BH + E + A: Ferdinand Krenz und Friedrich Erhart, 1905**

**Sobieskiplatz 2, BH: Friedrich Glaser, E: Richard Sädtler, A: Fröhlich & Schrott, 1903**

**Spittelauer Platz 1, BH: Severin Tesar, E + A: Karl Kirchem, 1910/11**

**Spittelauer Platz 2, BH: Severin Tesar, E + A: Ernst Epstein, 1910/11**

**Spittelauer Platz 6, BH: Barbara Sucharipa, E: Richard Modern, A: Franz Zelenka, 1912/13**

Man könnte behaupten, Richard Modern habe aus dem Haus mehr gemacht, als das schmale Grundstück herzugeben vermochte. Der Spittelauer Platz ist überhaupt durch die raumverdrängende Überbauung des Franz-Josefs-Bahnhofes entwertet worden.

**Spittelauer Platz 7, BH: Konrad Köttner, E: Alfred Satran, A: Franz Wasgestian, 1912**

**Thurngasse 8, BH: Isidor Wünsch, E: Heinz Restel, A: Hans Schubhart, 1909**

Ein Haus, dessen sonst selten anzutreffende üppig-kleinstädtische Gestaltung des Eingangs nach Süddeutschland, genauer nach München weist.

**Universitätsstraße 12, BH + E: Otto Wagner, 1887/88**

Obwohl die Entstehungszeit des Hauses noch weit im 19. Jahrhundert liegt, ist es ein Schlüsselbau für die bürgerliche Zinshausarchitektur der Jahrhundertwende. Wagner machte insofern einen energischen Schritt in Richtung Großstadthaus, als er das alte Palastschema verließ oder, besser, eine moderne Transformation anbot (populistische Kritik: »Hosenträgerhaus«), die zwar noch die Dreiteilung kannte, sie aber ganz neu interpretierte. Auf dem zweigeschossigen Sockel sitzt der als Einheit gestaltete Block der vier Geschosse (demonstrative Gleichwertigkeit, ermöglicht durch den Aufzug), das dritte Element, in seiner Nutzung stark reduziert, ist Bekrönung und Abschluß des Baukörpers. Der großbürgerliche Grundriß zeigt Hansensche Klarheit und gesellschaftliche Konvention.

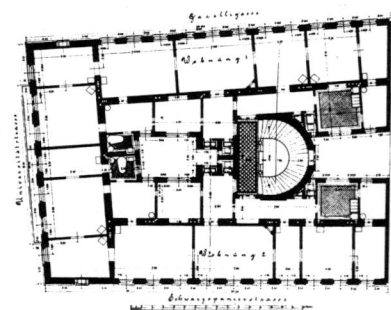

ALSERGRUND

Währinger Straße 15, BH: Maria Krauß, E: Rudolf Krauß, A: Adolf Jaeger, 1906

Rudolf Krauß wird in einem zeitgenössischen Text als ein geübter »Barock-Architekt« gefeiert, der »es auch nicht verschmäht, den historischen Formen ein Quentlein Eigenes hinzuzufügen«. Für uns ist eindrucksvoller, wie die schmale, tiefe Parzelle durch einen gekoppelten Doppeltrakter und einen abgewandten Hoftrakter überbaut und im Erdgeschoß zusammenhängend erschlossen wurde.

Wasagasse 31, BH: Karl Engel, Paula Fleischmann, Therese Lange, E + A: Alois F. Simona, 1910/11

Widerhofergasse 3, BH: Albert Frankl, E: Jakob Modern, A: Carl Mayer, 1906

Die Widerhofergasse ist als ein architektonisches und städtebauliches Ensemble zu sehen, das in den Jahren 1906/07 in einem Zug entstanden und auch noch relativ gut erhalten ist. Die Häuser selbst, vor allem jene von Jakob Modern, haben sich von der Umarmung des Historismus nicht mehr gelöst, obwohl sie schon, vor allem im Dekor, alle Anstrengungen dazu machen.

Widerhofergasse 4, BH: Albert Frankl, E: Jakob Modern, A: Carl Mayer, 1906

Widerhofergasse 5, BH: Albert Frankl, E: Jakob Modern, A: Georg Weinzettel, 1907

Widerhofergasse 6, BH: Albert Frankl, E + A: Oskar und Richard Marek, 1906

Widerhofergasse 7, BH: Albert Frankl, E: Rudolf Erdös, A: Georg Weinzettel, 1907

D'Orsaygasse 3—5, E: Leo Kammel, 1927/28

Im Wohnbau der Gemeinde Wien gibt es einige schöne Beispiele der Auseinandersetzung mit dem Straßenraum, der in seiner gründerzeitlichen Stringenz natürlich in Frage gestellt wurde. Kammel läßt das kräftige Sockelgeschoß durchlaufen, springt dann mit dem Mittelteil des Hauses zurück, um ihn wieder plastisch hervorholen zu können.

D'Orsaygasse 6, E: Wilhelm Peterle (MA 22), 1930

Gussenbauergasse 5—7, »Sigmund-Freud-Hof«, E: Franz Krauß und Josef Tölk, 1924/25

Manche Anlage stellt einen komplizierten Balanceakt zwischen einer städtebaulichen Großform, den Zufälligkeiten des Grundstückes und der alten Bebauungsstruktur dar. Die Architekten banden ihr symmetrisches Hofkonzept asymmetrisch an den Block an, wodurch eine reizvolle Spannung entstand und von der Stadtbahn her ein Gesamteindruck, der dem »Idealbild« sehr nahe kommt.

Heiligenstädter Straße 4, »Gall-Hof«, E: Heinrich Schopper, Alfred Chalusch, 1924/25

Die vorgegebene Traufenhöhe und die komplizierte Einbindung in die gegebene Situation haben den Architekten keine geringen Schwierigkeiten bereitet. Während sich die Anlage außen zurückhaltend gibt, hat man innen versucht, den engen Hof durch Architektur aufzuwerten.

Lustkandlgasse 26—28, »Wagner-Jauregg-Hof«, E: Bernhard Pichler, 1927/28

Marktgasse 3—7, »Thury-Hof«, E: Viktor Mittag, Karl Hauschka, 1925/26

# 9. BEZIRK

Die detailreich und liebevoll gestaltete Anlage wirkt wie eine expressive städtebauliche Überformung der topographisch markanten vorstädtischen Situation. Die beiden Behrens-Schüler hatten hier wohl noch eine gute Portion nationalromantisches Erbe abzuarbeiten, das ihr Lehrer erst in der Phase des Expressionismus (Hoechst-Verwaltungsbau) wahrgenommen hat. Aufmerksamkeit verdient nicht nur die Ausformung des Ecks Thurygasse—Marktgasse, sondern auch die Behandlung der Niveauunterschiede, wodurch eindeutige Trennungen zwischen Fahrverkehr und Fußgängerebenen geschaffen wurden.

## Nordbergstraße 14—16, E: Wilhelm Tremmel, 1931/32

## Reznicekgasse 18—22, E: Karl Ehn, 1937/38

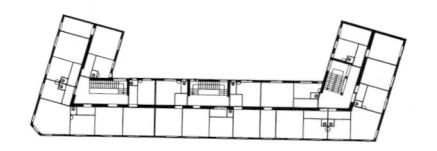

Soweit man sich nicht überhaupt auf den Asylbau zurückzog, war der »Gemeindebau« im Ständestaat ein ungeliebtes Kind. In der äußeren Erscheinung sind die Bauten völlig verarmt, aber Architekten wie Ehn konnten sich wenigstens noch in einen ordentlichen Grundriß retten.

## Rögergasse 6, E: Karl Krist (MA 22), 1923/24

## Roßauer Lände 21, E: Karl Schmalhofer (MA 22), 1929/30

## Salzergasse 29—31, E: Eduard Ebner, 1976/77

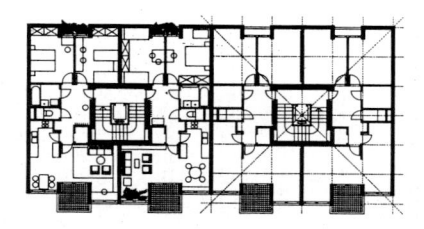

Das starke Zurückweichen von der verkehrsbelasteten Liechtensteinstraße hat es möglich gemacht, auf eine normale Trakttiefe zu gehen, die wiederum eine gute Organisation einer durchgehenden Dreizimmerwohnung (im Zweispänner mit innenliegendem Treppenhaus) erlaubte.

## Wasagasse 28, Revitalisierung, E: Hans Puchhammer, 1984—86

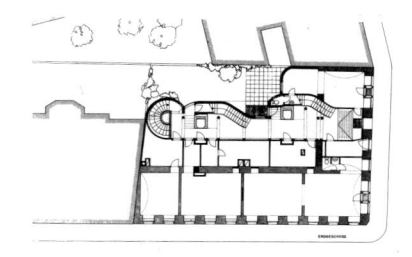

Eine prototypische Lösung für die Revitalisierung eines frühen Bassenahauses (E: Ölzelt, 1847). Der hofseitige Klosett-Trakt wurde ab der Mittelmauer abgetragen und statt dessen wurden zwei Treppenhäuser mit Aufzügen (Zweispänner) geschaffen. Da man die Traufenkante im Hof herabgezont und die neuen Geschoßhöhen den heutigen Vorschriften entsprechend ausgeführt hat, gibt es in jedem Stock verschiedene Niveauunterschiede zum Altbestand (entweder im Boden oder in der Decke), so daß allein schon dadurch ein reizvoller Bezug zwischen alt und neu entstand. Die Dialektik von Baubestand und Neubau ist auch architektonisch voll ausformuliert: aus dem Kontrast dieser Zeitsprachen wurde insgesamt eine neue Qualität des Hauses geschaffen. Neugestaltet ist auch die ganze Sockelzone, vor allem architektonisch interessant der Eingangsbereich.

Wiesengasse 2—12, »Karl-Schönherr-Hof«, E: Karl Ehn, A: Hofman & Maculan, 1950—52

Die architektonische Kontinuität, das heißt die Erinnerung an die Architektur der Gemeindebauten der zwanziger Jahre, die diese Anlage wachruft, liegt zweifellos in der Person des Architekten begründet, der als Angestellter des Magistrats von der Ersten Republik über den Ständestaat und das »Dritte Reich« hinweg im Amt geblieben ist und in den frühen fünfziger Jahren noch versucht hat, diese Tradition fortzusetzen.

Ayrenhoffgasse 5, ehem. Infektionspavillon des Karolinen-Kinderspitals, BH: Gemeinde Wien, E: Adolf Stöckl, 1923—25

Der pavillonartige Bau wurde im Zusammenhang mit der Kinderübernahmsstelle errichtet. In den siebziger Jahren aufgelassen, stand das Gebäude einige Jahre leer, wurde dann von »Jugend am Werk« übernommen und als Heim für behinderte Jugendliche mit Tageswerkstätten (70 Plätze) unter weitgehender Wahrung der alten Bausubstanz ausgebaut (E: Edith Lassmann, Lucio Philipp Lichtenecker, 1983—87).

Lustkandlgasse 50, »Julius-Tandler-Heim«, BH: Gemeinde Wien, E: Adolf Stöckl, A: Gemeinnützige Baugesellschaft »Grundstein«, 1923 bis 1925

Die von Julius Tandler, Stadtrat für Wohlfahrtswesen, gegründete Kinderübernahmsstelle hatte die Aufgabe, Kindern von kranken, inhaftierten, arbeitslosen, unterstandslosen oder gestorbenen Eltern bis zur Integration in eine städtische oder private Fürsorge Aufenthalt und medizinische Versorgung zu bieten. Die Konzeption dieses Heimes (für etwa 220 Kinder, 40 Pflegerinnen) war zu seiner Zeit einzigartig. Zusammen mit einem Personalwohngebäude, einem Infektionspavillon und einer Prosektur (Pulverturmgasse) wurde es im Verband des Karolinen-Kinderspitals errichtet, das zu dieser Zeit die Gemeinde Wien übernahm. Dem Motto Tandlers »Wer Kindern Paläste baut, reißt Kerkermauern nieder« wurde architektonisch mit der Atmosphäre »Sanatorium« entsprochen, eingekleidet in eine liebenswürdige Heimatschutzarchitektur mit kunstgewerblichen Details. Die Umgestaltung 1964/65 zum »Julius-Tandler-Heim« zielte organisatorisch auf eine familienähnliche Gruppenbildung ab und verlegte den Schwerpunkt der Betreuung vom medizinischen mehr in den psychologischen Bereich.

# ALSERGRUND

Nußdorfer Straße 69, Portalumbau, A: Wiener Baugesellschaft, 1923

Die eigenwillige Gestaltung der Portalzone mit den in Form und Maßstab verfremdeten Architekturteilen könnte aus dem Umfeld von Josef Hoffmann stammen. Die heutige, zweifellos gutgemeinte Färbelung nimmt dem Ganzen etwas die formale Präzision. Leider konnte der Architekt nicht festgestellt werden. Das Jahr 1923, in dem ein Umbau stattgefunden hat, könnte jedoch stimmen.

Porzellangasse 39, Zweigstelle der Zentralsparkasse und Kommerzbank Wien, E: Karl und Eva Mang, 1979/80

Glasergasse 17, ehem. »Gschnitzer-Bar«, BH: Rudolf Gschnitzer, E: Günther Norer, Rudolf Gschnitzer, 1980/81

Obwohl die Schwarz-Weiß-Konzeption mit dem besonderen Einsatz des Lichtes schon nach dem ersten Besitzerwechsel in Richtung einer milderen Blautönung verlassen wurde, hat sich noch einiges von der tirolischen Koproduktion (Architekt/Lichttechniker) erhalten. Das kühle Design, an der Kippe zur Postmoderne, ist jedenfalls dezidiert unwienerisch und als solches von eigener Qualität.

Schubertgasse 11, Schanigarten »Frascati«, BH: R. Reitermayer, E: Gert M. Mayr-Keber, 1983

Währinger Straße 6, Café Stein, BH: Ossi Schellmann, E: Gregor Eichinger, Christian Knechtl, 1985 (»Stein's Diner«, 1987)

249

# 9. BEZIRK

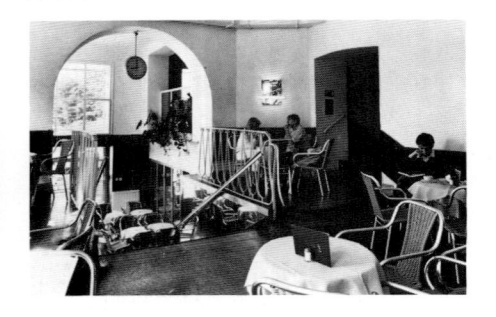

Eine der wenigen Arbeiten der jüngsten Generation, wo die Vielschichtigkeit der Bezugnahmen zum Ort, zur Substanz des Baus, zu den Konventionen des Cafés und zur Sprachlichkeit der Materialien eher selbstverständlich als programmatisch wirkt. Hier wird man, im Sinne von Hermann Czech, in Ruhe gelassen; höchstens das Auge wird verführt von den verschiedenen Ebenen und Merkmalen der Räume, den Ausblicken ins Freie oder den Spiegelungen als Transmissionen in andere Raumschichten. Alt und neu mit bedeutungsvoll in Dialog gesetzt, Brauchbares (wie die Bandeisengeländer, die Uhr) einfach mitbenutzt. Durchbrüche, wie jene zur Bäckerei oder zum Galerieraum, wirken wie dagewesen. Durch die Placierung der Theke am Ende des zweiten Raumes bleibt der erste freier, wird das »Schaustück Treppe« mehr in den Gebrauch eingebunden und das »Hinterzimmer« nach vorn geholt und auf die Galerie gesetzt. Eine kleine Tür verbindet mit dem Restaurant im Souterrain (»Stein's Diner«), das waggonartig organisiert ist. Hier geht es architektonisch etwas prätentiöser zu: Erinnerungen an Interieurs der fünfziger Jahre werden wach, aber nicht an jene im Zeitgeist, sondern eher an die, die sich davon zu distanzieren versuchten.

**Porzellangasse 4—6, BH: Sebastian Armbruster, E: Ludwig Baumann, 1897**

Der geschlossene Hof der k. k. Hofwagenfabrik Sebastian Armbruster ist nicht nur über den mächtigen Straßentrakter mit Stutzflügeln, sondern auch über das Haus Müllnergasse 4, das ebenfalls von Baumann ein Jahr früher (für J. Bratmann) erbaut wurde, zugänglich. Charakteristisch für das Selbstverständnis der Unternehmer dieser Zeit sind die Reliefs an der Fassade, römische Streitwagen darstellend und so die eigene Produktion mit der Aura großer Tradition versehend.

**Mariannengasse 4—6, Unterstation Alsergrund (siehe Seite 236)**

**Währinger Gürtel 78, Umspannwerk Michelbeuern, BH: Städtisches Elektrizitätswerk, A: Peter Brich, 1925/26**

Das Umspannwerk gehört architektonisch zu den betont schlichten Nutzbauten der zwanziger Jahre. Wie empfindlich und in sich geschlossen dennoch diese Architektur war, zeigt die starke Irritation, ja Zerstörung, die durch die rigorose Auswechslung der Fenster entstanden ist.

**Hernalser und Währinger Gürtel, Roßauer Lände, Stadtbahn- und U-Bahnstationen**

Der 9. Bezirk gibt durch die Lage der beiden Stadtbahntrassen, der Gürtellinie (Alser bis Nußdorfer Straße) und der Donaukanallinie (Friedensbrücke und Roßauer Lände), mit den Verbindungsbogen zur Nußdorfer Straße, ein sehr anschauliches Bild vom »System Stadtbahn« und den architektonisch-städtebaulichen Maßnahmen Otto Wagners. Während die Hochstationen der Gürtellinie zum älteren Teil der Anlage (1895/96) gehören, was sich vor allem in der sogenannten »Freien Renaissance« der Architektur ausdrückt, sind die Stationen am Donaukanal (1900/01) bereits voll aus dem Geist der Wiener Secession entworfen. Obwohl diese Bauten vielleicht den entscheidensten Entwicklungsschub im Werk Wagners ausdrücken und seine Wandlung zum »Pionier der Moderne« darstellen, ist dies nicht der interessanteste Aspekt dieser Bauten. Beide Stationstypen, sowohl die »Tor-Bauten« der Hochtrasse als auch die abgewandelten Pavillon-Typen der Donaukanallinie (Galeriebahn) zeigen, daß Wagner die ungewöhnliche Fähigkeit besaß, signifikante, in ihrer Leistung »lesbare« Bautypen zu entwickeln, aber auch diese Typologie entsprechend den lokalen und topographischen Gegebenheiten zu variieren. Wenn man die drei Hochstationen am Gürtel genau betrachtet, so stellen sie in ihrer Länge (abhängig von Funktion und Straßenraster), in der Rhythmik der Fensterachsen und in der Ausbildung der Sockelgeschosse sehr subtile Variationen eines Themas dar, die vor allem durch die unterschiedliche Kombination festgelegter Elemente entstehen. So ergibt sich der Rhythmik der Fensterreihen auf Bahnsteighöhe folgenden Vergleich:

Alser Straße aba-cccc-d-cccc-aba
Währinger Straße aaaaaaaa-bbbb-c-bbbb-aaaaaaaa
Nußdorfer Straße aaaaaaaa-bbb-c-d-c-bbb-aaaaaaaa

Während also die Station Alser Straße nur 15 Achsen aufweist, haben die beiden anderen 25 Achsen. Bei den Mittelrisaliten variieren bei praktisch gleichbleibender Achsenanzahl (9 bzw. 11) die Längen der Gebäudeteile zwischen 50 m (Alser Straße) und 42 (40) m bei den übrigen. Abgesehen von den festliegenden funktionellen Elementen (Torhalle, Erschließungstreppen, Perronwände und -dächer) entsteht also die Signifikanz dieser Architektur durch die Kombination festgelegter formaler Teile oder deren Variation innerhalb einer ästhetisch markierten Bandbreite. Während man bei den älteren Stationsbauten noch die Anstrengung der Artikulation zu verspüren glaubt, rezipieren die jüngeren Bahnhöfe am Donaukanal ihre eigene Geschichte. Die organisatorischen und räumlichen Einheiten sind zwar gleich geblieben, aber die Situation an der Uferkante (die eine Flanke freilegt) stellt mit dem eingebundenen Abgang zur Uferpromenade eine neue Herausforderung dar. Über die Symmetrie der organisatorischen Form stülpt sich die Asymmetrie der topographischen Lage.

**Hernalser Gürtel 32, Stadtbahnhaltestelle Alser Straße, E: Otto Wagner, 1896**

ALSERGRUND

Währinger Gürtel 104, Stadtbahnhaltestelle
Währinger Straße, E: Otto Wagner, 1895/96

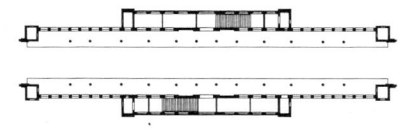

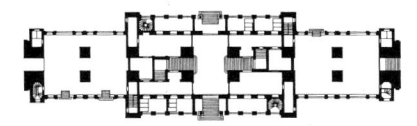

Eine wesentliche örtliche Bereicherung des »Tor-Typs« stellen die Überbrückungen Währinger Straße und Schulgasse dar. Hier hat sich Wagner noch für eine deklarierte Bekleidung der Tragwerke entschieden, die zweifellos für den Platzraum ein beruhigendes Element darstellen.

Währinger Gürtel 162, Stadtbahnhaltestelle Nußdorfer Straße und Brücke, E: Otto Wagner, 1896/97

Die Stadtbahnhaltestelle Nußdorfer Straße ist nicht in einen Straßenraster eingebunden, kann sich also in ihrer Länge gegen das sanft ansteigende Gelände frei entwickeln. Vielleicht hat dies Wagner zu einer besonderen Stringenz der Reihung veranlaßt, die außerdem in einem schönen Zusammenhang mit dem flachen Gitterbogen der Brücke über die Nußdorfer Straße steht. Bei dem unverkleideten

# 9. BEZIRK

Tragwerk hat sich das Ornament auf wenige Punkte zurückgezogen, so daß es insgesamt die visuelle Wirkung der Konstruktion unterstreicht.

Spittelauer Lände 1, Stadtbahnhaltestelle Friedensbrücke, E: Otto Wagner, 1900/01

Roßauer Lände 19, Stadtbahnhaltestelle Roßauer Lände, E: Otto Wagner, 1900/01

Julius-Tandler-Platz 3, Franz-Josephs-Bahnhof und Technisches Zentrum der Creditanstalt, BH: Bürohausvermietungs- und Verwaltungsgesellschaft m.b.H. & Co. Immobilienverwertungs KG, E: Karl Schwanzer, Gerhard Krampf, Harry Glück, Kurt Hlaweniczka, Franz Requat, Thomas Reinthaller, 1975—80

Geschichteter Massenverkehr und vom urbanen Leben ausgeschlossene Ebenen, Suchen der eigenen Identität in der Spiegelung einer anderen... Das sind nur einige Fragen, die Bauten dieses Charakters aufwerfen (siehe Band III/2, Zusammenfassung).

Strudelhofgasse, Strudelhofstiege, E: Theodor Jaeger, 1910

Durch den Umbau der Donaukanalstrecke der Stadtbahn in die U4 (E: Architektengruppe U-Bahn, Wilhelm Holzbauer, Heinz Marschalek, Georg Ladstätter, Norbert Gantar) und die Neugestaltung des gesamten Kais (E: Viktor Hufnagl) haben die beiden am Donaukanal noch erhaltenen Stationen gewissermaßen eine neue Fassung bekommen. Durch die veränderten Niveauhöhen bei den Perrons wurde eine völlige Umgestaltung der Dächer und Aufgänge notwendig, die in einigen Details (Beleuchtung, Leitgitter etc.) bis in die alte Substanz hineingriff. Diese Maßnahmen definieren sich als eigenes bauliches und ästhetisches System und stellen so eine Beziehung zu den ganz neu errichteten Stationen her, drücken aber auch die Überlagerung und Verzahnung der beiden Systeme, der ehemaligen Stadtbahn und der heutigen U-Bahn, aus. Die Wagnerschen Pavillons stellen Varianten der Tiefstationen der Wientallinie dar, sind jedoch im architektonischen Detail schon ganz im Geist des »Ver sacrum« entworfen. Wieweit hier Joseph M. Olbrich und Josef Plečnik mitgewirkt haben, ist im Detail nicht zu belegen, ihre Mitarbeit im Atelier Wagners während des Stadtbahnbaus ist jedoch gesichert. Wagnerisch ist die plakative Dialektik von geschlossenen Volumen (geputztes Mauerwerk) und filigranen eisernen Strukturen, secessionistisch aber die Loslösung des Ornaments (etwa des Rankenwerks) von der Konstruktion.

Architektonische Qualität und literarische Aura sind nicht notwendig aufeinander bezogene Faktoren eines vom Genius loci geprägten Bauwerks. Das bedeutet aber auch, daß sich Architektur nicht unbedingt in alles hineinmischen muß. Heimito von Doderer hatte dafür einen unbestechlichen Blick.

## 10. Bezirk: FAVORITEN

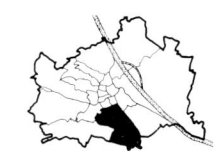

Der Bezirk entstand 1874 aus der Zusammenlegung von Teilen des 3., 4. und 5. Bezirks, die sich außerhalb des 1704 geschaffenen Linienwalls befanden und die mit Teilen von Inzersdorf sowie Ober- und Unterlaa vereinigt wurden. Der Name geht auf die in WIEDEN gelegene »Favorita« zurück, ein kaiserliches Lustschloß, das unter Maria Theresia in eine Militärakademie (später Theresianum) umgewandelt wurde. Das steinige, leicht nach Norden geneigte Feld hatte, mit Ausnahme von Bernhardstal, bis zur Mitte des 19. Jahrhunderts keine Besiedlung, wenn man von einigen Gehöften oder Ausflugsgaststätten (»Stoß im Himmel«) absieht. Der erste Besiedlungsschub entstand um 1850 durch den Bau des Arsenals und vor allem der Südbahn (ab 1841) sowie der Ostbahn (ab 1846), so daß bis 1860 die »Siedlung vor der Favoritner Linie« bis zur Gudrunstraße reichte.
FAVORITEN war durch den Linienwall (mit Ausnahme von zwei Durchlässen bei der Favoritenstraße und der Wiedner Hauptstraße) von der Stadt getrennt. Diese Abschottung wurde schließlich durch den Bahnbau endgültig besiegelt. So ist der Bezirk heute sowohl im Nordwesten wie im Nordosten durch die Gleisanlagen begrenzt, wobei der Südostbahnhof den imaginären, jedoch vom Bezirk abgeschotteten Zirkelpunkt des Kreissegments bildet. Die westliche sowie zur Hälfte die südliche Grenze bildet ebenfalls die Bahn; zunächst ist es die Lokalbahn Wien—Baden, dann die Pottendorfer Linie, die kurz vor der Favoritenstraße und der Himberger Straße nach Süden abschwenkt. Der östliche Bezirksteil wird erst südlich der Orte Rothneusiedel, Ober- und Unterlaa (1954 eingemeindet) begrenzt.
Das Straßennetz auf dem tortenstückförmigen Gebiet entspricht dem klassischen Muster von Radial- und Ringstraßen. Das abstrakte Schema ist jedoch den topographischen Hauptlinien so angepaßt (den alten Ausfallstraßen, wie der Triester und der Laxenburger Straße, der Favoriten- und Laaerbergstraße), daß es als geometrische Figur kaum sichtbar wird. So zeigt auch der Regulierungsplan der beiden Ringstraßenarchitekten Sicardsburg und Van der Nüll, der ohnehin nur modifiziert zur Ausführung kam, eine erstaunliche Vielfalt von Blockgrößen.
Die vitalste Entwicklungsphase lag im kurzen Zeitraum zwischen 1868 und 1873 — also bis zum Börsenkrach und der Pleite der Weltausstellung — wo praktisch das Gebiet zwischen der Gudrunstraße und der Inzersdorfer Straße bebaut wurde. Dabei handelte es sich um die brutale »Englische Mischung« aus Industrie- und Wohnbau, wobei zweifellos den Industriestandorten der Vorrang eingeräumt wurde. Eine zweite Bauwelle setzte kurz vor der Jahrhundertwende ein, die bis zum Ersten Weltkrieg reichte. Kurz vor 1900 entstand auch das Wasserhebewerk auf der Höhe des Wienerberges, dessen Wasserturm zum Wahrzeichen des Bezirks wurde. Im Bezirks-Heimatbuch von 1928 konnten im Bezirk über siebzig größere Fabriken aufgelistet werden, von denen heute nur mehr zwei (Ankerbrot und Brown-Boveri) existieren. Südlich der Wienerbergkante lagen die großen Ziegeleien mit den in den Öfen hausenden Arbeitern

(»Ziegelböhm«), die ärmste Schicht des Proletariats, deren ärztliche Betreuung etwa einen Victor Adler an die Probleme der Arbeiterschaft heranführte. So war es kein Zufall, daß FAVORITEN mit dem 1902 erbauten Arbeiterheim — ein bauliches Konzept, das in der Sowjetunion in Form von Arbeiterklubs weiterentwickelt wurde — sich zum bedeutendsten Zentrum der Wiener Arbeiterbewegung und der österreichischen Sozialdemokratie entwickelte. Trotz der dichten Bebauung im Norden hatte der Bezirk große Baulandreserven, die zunächst in den zwanziger Jahren zum Bau großer Wohnanlagen und Sozialeinrichtungen (Amalienbad etc.) verwendet wurden.

FAVORITEN, mit dem Flächenausmaß von fast 32 km² (das Zehnfache der INNEREN STADT), hatte auch nach dem Zweiten Weltkrieg eine beachtliche bauliche Entwicklung (Siedlung Wienerfeld West und Ost, Per-Albin-Hansson-Siedlung West, Nord und Ost, Karl-Wrba-Hof, Wienerberggründe etc.), so daß hier das Bild von der ständigen Wiener Bevölkerungsabnahme korrigiert werden muß. Die Einwohner gingen zwar von der Jahrhundertwende (127.626) bis 1951 auf 115.324 zurück, durch die große Neubautätigkeit (die inzwischen auch in den verdichteten Regionen durch Auflassung oder Absiedelung von Betrieben stattfindet) wuchs aber die Bevölkerung bis zum Jahr 1981 wieder auf 147.101 an.

Obwohl es sich in FAVORITEN um einen klassischen Arbeiter- und Industriebezirk handelt und die Überbauung in Anlage und Dichte von der Charakteristik der Gründerzeitviertel geprägt war, gibt es durch die topographische »Verlebendigung« des Straßennetzes und die teilweise Durchmischung unterschiedlicher Bauphasen, aber auch durch die Entwicklung der Favoritenstraße zur fußläufigen Geschäftsstraße, eine Vielzahl identifizierbarer Orte, die auch wahrgenommen und geschätzt werden. Ein erster Beleg für diese Identifikation war, wie schon erwähnt, das Heimatbuch von FAVORITEN aus den zwanziger Jahren.

Die Liste der im Bezirk erwähnenswerten Architekten ist ebenso beachtlich; von der Jahrhundertwende bis 1918: Leopold Bauer, Josef Drexler, Richard Esriel, Max von Ferstel, Friedrich Mahler, Hans Mayr, Theodor Mayer, Franz Ritter von Neumann, Adolf Oberländer, Otto Richter und Leopold Ramsauer, Friedrich Schön, Leopold Simony. 1918—45: Erwin Böck, Camillo Fritz Discher und Paul Gütl, Ernst Egli, Karl Hartinger und Silvio Mohr, Adolf Hoch, Josef Hofbauer und Wilhelm Baumgarten, Josef Hoffmann, Otto Hofmann, Emil Hoppe und Otto Schönthal, Eugen Kastner und Fritz Waage, Alfred Keller, Robert Kramreiter, Karl Krist, Adolf Loos, Engelbert Mang, Hugo Mayer, Konstantin Peller, Hans Prutscher, Michael Rosenauer, Georg Rupprecht, Franz Schacherl, Karl Schmalhofer, Franz Schuster, Siegfried Theiss und Hans Jaksch, Anton Valentin, Franz Wiesmann, Oskar Wlach sowie Friedrich Zotter. Ab 1945: Carl Appel, Erich Bramhas, Stefan Bukovac, Günther Domenig, Rupert Falkner, Max Fellerer, Friedrich Frank, Sepp Frank, Fred Freyler, Harry Glück, Karlheinz Gruber, Otto Häuselmayer, Kurt Hlaweniczka, Wilhelm Hubatsch, Walter Jaksch, Rob Krier, Karl Leber und Heinrich Matha, Erich Franz Leischner, Georg Lippert, Manfred Nehrer, Heinz Neumann und Eric Steiner, Friedrich Pangratz, Gustav Peichl, Anna Lülja Praun, Erich Schlöss, Franz Schuster, Karl Schwanzer, Peter Schweger, Anton Schweighofer, Stefan Simony, Johannes Spalt, Heinz Tesar, Herbert Thurner, Bruno Tinhofer, Ottokar Uhl, Fritz Waclawek, Wolfgang und Traude Windbrechtinger sowie Eugen Wörle.

10. BEZIRK　　　　　　　　　　　　　　　　　　　　　　　　　　　　　　　　　　　　FAVORITEN

**Columbusgasse 58—62**, Postamtsgebäude, E: Post- und Telegraphenverwaltung, A: J. Aicher & A. Gerger, 1928/29

Der Bau ist vor allem durch seine Treppenhaus-Ecklösung bemerkenswert. Der Trick, zwei Fenster pro Treppengeschoß übereinander anzuordnen, erzeugt einerseits eine Korrespondenz zu den Normalgeschossen, andererseits eine wirkungsvolle Maßstabsverfremdung.

**Computerstraße 6**, Philips Data Systems, E: Kurt Hlaweniczka & Partner, A: Neue Reformbaugesellschaft und Universale Bau AG, 1977—79

Das überwiegend dreihüftige Gebäude mit dem Grundriß einer ausgewinkelten U-Form (1/4 Oktogon) und einem in der Achse liegenden achteckigen Lager- und Personaltrakt vereinigt räumliche Ökonomie mit sparsamer Gestik (durch die flankierenden Fluchttreppen) und einem technischen Erscheinungsbild. Der Fassadenraster verändert den Maßstab, die Spiegelung im Teich verdoppelt die Höhe, so daß die Ansprüche für ein repräsentatives Bürogebäude durch minimalen Aufwand abgedeckt werden.

**Fontanastraße 1**, Verwaltungsgebäude der Austrian Airlines, E: Georg Lippert, Statik: Emil Jakubec, A: Rella & Co., Porr AG, Universale Bau AG, 1975—78

Die winkelförmige Anlage mit Gartenhof (über Garage) nimmt durch die geringe Höhenentwicklung und die teilweise Abstufung der Baukörper Rücksicht auf die exponierte landschaftliche Lage. Der abgehobene »Flügelturm« für die Unternehmensführung ist in seiner Symbolik nicht mißzuverstehen.

**Hebbelplatz 10**, Büro- und Ausstellungsgebäude Berthold & Stempel, E: Heinz Neumann, Eric Steiner, A: Porr AG und Kallinger, 1985 bis 1987

Die Anlage besteht aus einem Verwaltungsbau mit Ausstellungshalle im Erdgeschoß und Direktionsetage im Attikageschoß (mit einem dazwischenliegenden Bürogeschoß), der durch ein filigranes Glasdach mit dem Lager- und Werkstättenbau verbunden ist. Es handelt sich also um die Neuformulierung einer alten Typologie des Industriebaus, wobei hier, aus städtebaulichen Gründen, der repräsentative Kopfbau dem Hebbelplatz und der Stadt zugewendet ist. Der sorgfältig detaillierte Bau zeigt klare Wegführungen, überraschende Raumsequenzen und ist mit funktionaler Präzision und architektonischem Anspruch entworfen.

**Triester Straße 64**, Philips-Verwaltungsgebäude, E: Karl Schwanzer, Statik: Robert Krapfenbauer, Dyckerhoff & Widmann KG, A: Mayreder, Kraus & Co., 1962/63

Das »Philipshaus« gehört zweifellos zu den prominenten Bürohochhäusern der späten sechziger Jahre. Zeittypisch ist, daß für die Gestik des Gebäudes noch ausschließlich konstruktive Mittel verwendet wurden. Die beidseitig auskragende vorgespannte Stahlbetonkonstruktion transformiert die Gebärde der ausgebreiteten Arme an einem der exponiertesten Schwellenbereiche zur Stadt. Die ursprüngliche Konzeption von Großraumbüros hätte dieses anthropomorphe Pathos noch unterstrichen. Die streng axiale Organisation, verstärkt durch den niederen Baukörper (Verkauf, Unterricht), wird durch den seitlich liegenden Eingang verunklärt.

**Wiedner Gürtel 1 C—D**, Postzentrum Wien Süd, BH: Österreichische Post- und Telegraphendirektion für Wien, Niederösterreich und Burgenland, E: Ferdinand Ullrich, MA: Hans Hülle, Peter Pabst, Statik: Friedrich Ettl, Otto Wieser, 1957—1980

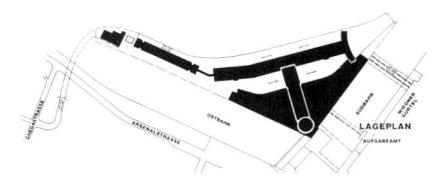

## 10. BEZIRK

Im Postzentrum sind die Postämter 1036 (Eilpaketzustellung für die Bezirke 1–9, Verzollungspostamt etc.) und 1103 (Brief- und Paketumleitung für die Gebiete östliches und nördliches Niederösterreich sowie Burgenland, Kärnten und Steiermark) untergebracht. Das Areal im Zwickel zwischen Ost- und Südbahn erlaubt optimale Gleisanschlüsse. Von den 6 Baulosen sind vor allem die an den Gleisen liegenden Pakethallen aus der ersten Bauphase von einem gewissen architektonischen und konstruktiven Interesse.

**Alxingergasse 6, Dreifaltigkeitskirche, BH: Kirchenbauverein St. Philomenen, E: Richard Jordan, A: Ferdinand Schindler, Bruno Buchwieser sen., 1913/14**

Eine der letzten Arbeiten Jordans, der in seinen Arbeiten eine eigenwillige Auseinandersetzung mit dem Historismus führte. Hier eine Annäherung an den süddeutschen Jugendstil mit volkstümlichen und regionalromantischen Elementen und einem zur Einfachheit drängenden Beuroner Geist (Neugestaltung von Kirche und Taufkapelle, E: Hans Petermaier, 1954).

**Antonsplatz 21, Antoniuskirche, E: Franz Ritter von Neumann, A: Josef Schmalzhofer, 1896—1901**

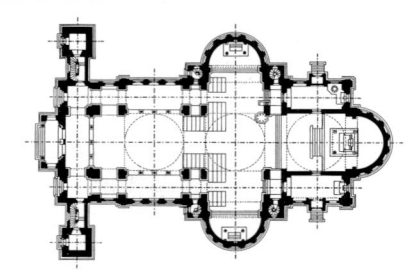

Als Vorbild dienten die Markuskirche von Venedig, der Dom von Padua und die »lombardisch-venezianische Bauweise«, was immer das heißen mag. Daß trotzdem ein kräftiger, eindrucksvoller Raum entstand, lag zweifellos beim Architekten, der auch die städtebauliche Situation, die erhöhte Lage durch eine weit ausgreifende Doppelturmfassade zu nutzen verstand. Der Bau wurde Ende 1944 schwer durch Bomben beschädigt, der Wiederaufbau dauerte bis 1961 (E: Anton Steflicek). Durch die Zerstörung der Wandmalerei (die nur mehr in Spuren vorhanden ist), kommt die Struktur des Raumes besonders zur Wirkung.

**Buchengasse 108—110, Pfarrkirche »Dreimal wunderbare Mutter Gottes«, BH: Allgemeiner Wiener Kirchenbauverein, E: Robert Kramreiter, Leo Schmoll, 1933**

**Holeyplatz 1, Kirche zum Hl. Franz von Sales, BH: Erzdiözese Wien, E: Georg Lippert, A: Allgemeine Baugesellschaft A. Porr AG, 1962/63**

Die einfache, leicht asymmetrische Halle mit sichtbarem Dachtragwerk, Sichtziegelmauerwerk und kalkulierter Lichtführung zeigt eine zeittypische Entwurfsmethode, die nicht von einer deklarierten architektonischen Haltung, sondern von Wirkungsabsichten ausgeht, die als »Ensemble« angeboten werden. Daraus resultiert die Unentschiedenheit der äußeren Erscheinung, die nur durch einen freistehenden Campanile akzentuiert werden konnte. Der auf »Stimmung« konzipierte Innenraum zeigt jedoch Beständigkeit.

**Kundratstraße 5, Heilig-Kreuz-Kirche, BH: Erzdiözese Wien, E: Ottokar Uhl, A: Holzleimbau Wiesner-Hager KG, 1966/67**

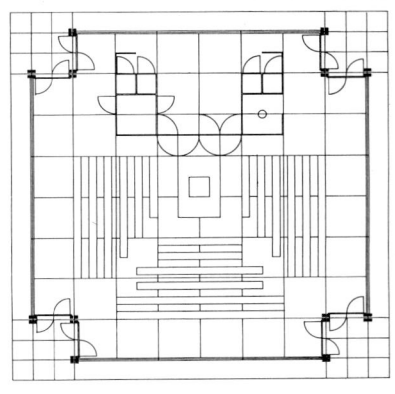

Diese Kirche wurde im Rahmen des »Montagekirchen-Programms«, nach dem Stahlbau in der Siemensstraße, in Holz ausgeführt. Bekanntlich handelte es sich dabei um ein »strategisches Konzept« der Wiener Diözese (wissenschaftlich begleitet vom Soziologen Erich Bodzenta), nach dem in Hoffnungsgebieten katholischer Gemeindebildung provisorische Bauangebote gemacht werden sollten, ohne auf das Risiko von Fehlstandorten teurer, massiver Kirchen einzugehen. Die Lebensdauer solcher Bauten war auf 40 Jahre programmiert, man sollte sie mindestens zweimal aufstellen können, keine großen Erdbewegungen und Fundierungen vornehmen müssen; außerdem sollten sie zerleg- und transportierbar, die Elemente verschieden verwendbar und adaptierbar sein. Natürlich signalisierte diese aktive, pioniermäßige Haltung auch ein anderes Selbstverständnis der Kirche: es war eine radikale Abwendung von der ästhetischen Selbstinszenierung, die Haltung gegenüber der Gesellschaft war eine dienende, die Architektur »entsemantisiert« im Sinne von Verzicht auf bauliche Symbole und typologische Erinnerungen. Der Innenraum ist schon durch seinen quadratischen Grundriß, das hochliegende, umlaufende Lichtband neutral und durch die Art seiner Einrichtung vielseitig nutzbar. Die Konstruktion erlaubt eine problemlose Erweiterung auf allen vier Seiten, soweit sie durch den Bauplatz möglich ist. Die Architektur drückt das Provisorische, die Konzeption des Baus auf Zeit ebenso aus wie die Bauzeit von sieben Wochen. Die Kirche wurde später außen verkleidet und teilweise verblecht. Der mit architektonischer Ambition entworfene Pfarrhof mit Kindergarten (E: Johannes Hoffmann, 1985—87) zeigt auch die unüberbrückbare »inhaltliche Distanz« zum Jahr 1967.

Puchsbaumplatz 9, Pfarrkirche zur Hl. Familie, BH: Gemeinnützige Bau- und Siedlungsgesellschaft »Familienhilfe«, E: Clemens Holzmeister, A: Franz Katlein, 1964/66

Die Bedeutung des Entwurfes besteht zweifellos in der städtebaulichen Konzeption: Holzmeister hat mit seinem sicheren Instinkt für Wirkungen den Turm an die Ecke gestellt und ihn mit einem schmalen Kopfbau (der unterschiedliche Nutzungen signalisiert) verbunden. Gegenüber diesem akzentuierten Baukörper tritt die Kirche zurück, fügt sich als eher alltägliches Element in das ebenso alltägliche Ensemble des Platzes ein.

Quellenstraße 195—197, Pfarr- und Klosterkirche zur Hl. Maria Königin des Friedens, BH: Pallottiner-Orden, E: Leo Schmoll, Robert Kramreiter, A: A. Porr AG, 1935/36

Obwohl der Bau in Arbeitsgemeinschaft mit Schmoll eingereicht wurde, stammt der Entwurf sicher von Kramreiter. Dieser erreicht hier, was die räumliche Konzeption, die klare Behandlung der Volumen betrifft, einen frühen Höhepunkt. Während der Detailreichtum noch an Dominikus Böhm erinnert (dessen Assistent K. war), tritt in der architektonischen Gesamtkonzeption der ehemalige Behrens-Schüler deutlich mit Holzmeister in Konkurrenz. Besonders wirkt der von beiden Türmen flankierte Eingangsbereich mit der symmetrischen Freitreppe, welche die Achse betont, indem sie den Besucher zwingt, sie zu verlassen. Im in sich ausgewogenen, jedoch asymmetrischen Kirchenschiff tritt bereits das Rundbogenmotiv auf, das dann in den unterschiedlichsten räumlichen Situationen Verwendung findet (Türme, Treppenhaus etc.), sich manchmal zum Rundfenster verdichtet, aber immer zur räumlichen Akzentuierung beiträgt.

## 10. BEZIRK

Stefan-Fadinger-Platz 1, Pfarr- und Ordenskirche Unserer lieben Frau vom Berge Karmel, BH: Karmeliter-Orden, E: Hans Prutscher, A: Otto Rudolf Gerger, Karl Trilety, 1928—42

Für das Jahr 1928 ist das Konzept der Kirche zweifellos ein konservatives: Prutscher versuchte die klassischen Elemente, eine tonnengewölbte Halle mit Doppelturmfassade, rhythmisierter Jocheinteilung, ausgeprägter Apsis und Campanile neu zu formen, jedoch im gewohnten Kontext zu belassen. Trotzdem entstand ein interessanter Bau, der in die Nachbarschaft Plečnikscher Transformation gerät, ohne jedoch in sie einzudringen. Die Kirche wurde im Februar 1945 durch Bomben schwer beschädigt (Apsis, Krypta, Sakristei und Bogengang zerstört) und erst 1957/58 wieder aufgebaut (E: Helene Koller-Buchwieser, A: August Enzelberger) und im Verständnis der fünfziger Jahre innen umgestaltet.

Wienerfeldgasse 11, Salvatorkirche am Wienerberg, BH: Erzdiözese Wien, E: Johannes Spalt, A: Amlacher & Sauer, Holzbau: Wenzl Hartl, 1970, 1976—79

»Die strenge, axiale Anordnung und das symbolisch gemeinsame Dach aus Holz sollen Ruhe und Geborgenheit vermitteln. Es war mein Wunsch, Gemeinschaft durch Planung und Gestaltung zu fördern«, schreibt Johannes Spalt zu seinem Konzept. In Wirklichkeit handelt es sich um viel mehr: Die Typologie des voralpenländischen Streckhofes und die traditionsreiche Technologie des Fachwerkbaus ergeben mit der Transformation in eine neue Anwendung ein architektonisch vielfältiges, lebendiges Gebilde, das tatsächlich durch den riesigen Schirm des Daches Ruhe ausströmt, ohne ins Rurale oder gar Regionale abzugleiten. Spalt gelang hier eine bauliche Synthese über Kulturen hinweg, die sich genauso erlaubt, an altürkischen Wohnbau wie an die beachtlichen Volumen slowakischer Holzkirchen zu erinnern. Der »Dreiklang« von Gerüst, Haut und

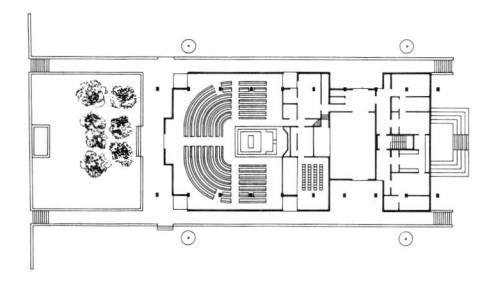

Licht ist ein Produkt langer räumlicher Erfahrung, die über das Historische hinaus eben die Spannweite zwischen einem Konrad Wachsmann und einem Rudolf Schwarz kennt. »Klassisch«, im Sinne der Moderne, ist auch das Umfeld der Kirche gestaltet: der Vorhof, die Mauern, der Sockel, die mit jedem Schritt das Besondere des Baus sichtbar machen. Das Triptychon von Herbert Boeckl hat hier einen würdigen Aufstellungsort gefunden.

## Arthaberplatz, Arthaber-Brunnen, BH: Familie Arthaber, E: Theodor Bach, A: Wiener Baugesellschaft, 1906

Der dem Großindustriellen Rudolf von Arthaber gewidmete Denkmal-Brunnen trug eine von innen beleuchtete »elektrische Uhr« mit vier Zifferblättern. Das macht die formale Konzeption verständlicher, die tatsächlich an eine im Maßstab 10:1 vergrößerte Tischuhr erinnert.

## Arthaberplatz 18, Volkshochschule Favoriten, BH: Gemeinde Wien, E: Bruno Tinhofer, Eduard Berger, Leopold Tinhof, 1960/61

Ein schlichter, funktionaler Bau, der sogar am Beginn der sechziger Jahre eine bestimmte Signalwirkung für eine Änderung der Architekturauffassung im Magistrat hatte.

## Laxenburger Straße 8—10, Arbeiterheim Favoriten, ab 1902

Das Arbeiterheim Favoriten ist jener Ort, der am stärksten mit der Wiener Arbeiterbewegung verbunden ist. Den Beispielen von Brünn, Pilsen und Prag folgend, eiferte die Konzeption vor allem der Maison du Peuple nach, die ein paar Jahre früher in Brüssel von Victor Horta errichtet wurde. Nachdem 1899 der Verein »Arbeiterheim Favoriten« mit der Finanzierung nicht vorwärts kam, engagierte sich Victor Adler und erreichte bei Moritz von Kuffner, dem Besitzer der Ottakringer Brauerei und Erbauer der Kuffner-Sternwarte, einen Kredit. Der erste Bauabschnitt an der Laxenburger Straße (E: Hubert Gessner, A: Franz Vock, 1902) bestand vor allem aus einem großen und kleinen Saal für »Versammlungen, Feste, Konzerte, Theatervorstellungen, Recitationen, gediegene Vorträge«, einer »Restauration mit Unterrichtslocalen« und aus 40 Kleinwohnungen für Arbeiter. Das »Rothe Haus« wurde als »Festung des Solidaritätsgedankens« empfunden und erfüllte, nach enthusiastischen Berichten der Arbeiterzeitung, die Favoritner Arbeiter mit »Hausherrenstolz«. Die für die Anlage wesentliche zweite Bauetappe wurde 1912 von Hubert und Franz Gessner entworfen (A: Christof Jahn), ein U-förmiger Trakt zur Jagdgasse hin, in dem sich Vereins- und Gewerkschaftslokale, Klubräume, Tanz- und Vortragssäle, ein Turnsaal und Wohnungen befanden. Gessner entwickelte hier bereits eine architektonische Sprache, die später grundlegend für den Wiener Gemeindebau wurde. Die Anlage wurde durch die einmalige bauliche und räumliche Konzeption zum Zentrum der Wiener Arbeiterbewegung. Es fanden hier nicht nur die Parteitage von 1903, 1905, 1912, 1913, 1917, 1925, 1928 und 1933 statt, sondern auch zahlreiche Kongresse und Kundgebungen. Auch die kulturellen Veranstaltungen konnten sich sehen lassen: Robert Danneberg berichtete schon 1927 von 34 Universitätskursen, 84 Veranstaltungen des Volksbildungsvereins, 312 Urania- und 876 anderen Vorträgen, 2876 Kino- und 2119 Theatervorstellungen und 2687 Konzerten und Feiern. 1934 wurde das Heim von den Austrofaschisten besetzt, 1938 zog die NS-Kreisleitung ein, 1945 die russische Kommandantur, die allerdings bereits 1951 auszog, so daß das Arbeiterheim 1952 wiederhergestellt, umgebaut (E: Leo Kammel) und neu eröffnet werden konnte. In den siebziger Jahren wurde der Bau schrittweise funktionslos, in den achtziger Jahren begann der rapide Verfall, der schließlich in der Demolierung des Hauptsaales von 1902 endete. Es bildete sich der Verein »Rettet das Arbeiterheim Favoriten« und entwickelte ein Konzept für ein Kulturzentrum und ein Museum der Arbeiterkultur. Dem katastrophalen Geschichtsbewußtsein einiger Repräsentanten der Sozialdemokratie wurde mit Hilfe der Medien energisch entgegengetreten, und es ist zu hoffen, daß noch ein Bewußtseinswandel eintritt (Lit.: »Arbeiterheim Favoriten«, o. J.).

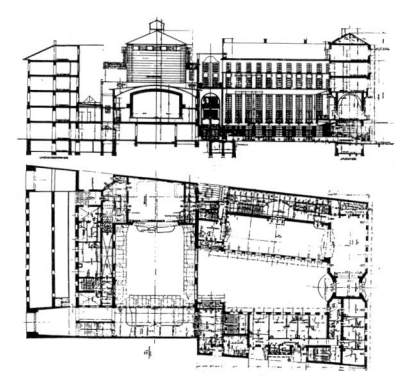

# 10. BEZIRK

## Ettenreichgasse, Schulbauzone, ab 1958

Die Schulbauzone Ettenreichgasse stellt so etwas wie einen Lehrpfad für Schulbau von den fünfziger bis zu den achtziger Jahren dar. Während das Bundesrealgymnasium (1) noch die »klassische Gangschule« der Nachkriegszeit zeigt, demonstriert die Pädagogische Akademie (2) bereits eine räumliche Vielfalt und eine bewußte Maßstäblichkeit als pädagogisches Moment. Bei der Höheren technischen Lehranstalt (3) wirkt der stringente Funktionalismus der sechziger Jahre nach, während beim folgenden Bundesschulzentrum (4) wieder mehr die räumliche Konzeption, aber auch eine etwas aufgesetzte Architektursprachlichkeit zum Tragen kommen.

**Ettenreichgasse 41—43, Bundesrealgymnasium Wien X**, BH: Republik Österreich, E: Wilhelm Hubatsch, 1958—60

Die beiden parallel liegenden Klassentrakte sind durch eine zentrale Halle verbunden, deren Achse — als Gang weitergeführt — sowohl die Spezialklassen als auch die beiden Turnsäle erschließt. Eine »klassische« Gangschule der fünfziger Jahre und eine zurückhaltend-disziplinierte Architektur.

**Ettenreichgasse 45 A—C, Pädagogische Akademie**, BH: Bundesministerium für Bauten und Technik, Stadt Wien, E: Karl Leber, Heinrich Matha, 1968—70

Die für 300 Hörer ausgelegte Pädagogische Akademie hat eine Übungsschule mit 22 Klassen und eine Ausbildungsstätte für Kindergärtner- und Arbeitslehrerinnen (mit Kindergarten und Übungshort) angeschlossen. Obwohl das Organisationsprinzip noch auf der »Gangschule« beruht, (allerdings mit hallenartigen Erweiterungen, umschlossenen Höfen und räumlichen Durchblicken) wird durch die komplexe Organisation der Funktionsgruppen zum Teil eine beachtliche räumliche Vielfalt erreicht. Abgesehen von der Ästhetik eines »Bauwirtschaftsfunktionalismus« zeigt die Anlage bemerkenswerte Qualitäten, vor allem im Maßstab der Freiräume.

**Ettenreichgasse 47, Erweiterung der Pädagogischen Akademie zum Bundesschulzentrum,** BH: Republik Österreich, E: Sepp Frank, Heinz Neumann, 1985/86

Die Erweiterung der Akademie zum »Bundesschulzentrum Ettenreichgasse« bildet den Abschluß zur Grenzackerstraße hin und gleichzeitig den städtebaulichen Kopf des gesamten Schulareals. So ist auch die räumlich betonte Eingangssituation zu verstehen, die über einen von Hörsaal und Mensa flankierten Vorhof führt, deren Achse jedoch in beiden Richtungen keine wirkliche Begründung zu finden vermag. Überraschend für den Bundesschulbau wirkt die großzügige, über alle Geschosse reichende Halle (mit dahinterliegender Bibliothek), deren Volumen jedoch durch den knapp bemessenen Hof kompensiert wird. Die Anlage, die über einen gedeckten Gang mit dem Altbau der Akademie verbunden ist, vereinigt also größte bauliche Dichte und komprimierte Raumnutzung mit partieller Weiträumigkeit. Die Architektur vermittelt schon heute »Zeitgeist« und liegt im Detailclinch mit Bauphysik und K-Werten.

**Ettenreichgasse 54, Höhere Technische Bundeslehranstalt**, BH: Bundesministerium für Bauten und Technik, E: Sepp Frank, Heinz Neumann, A: Ilbau, 1983—86

Die Schule ist um einen zentralen Pausenhof mit anschließender Pausenhalle und gegenüberliegender Zentralgarderobe organisiert. Die an den beidseitigen Gängen liegenden Klassen sind von Osten oder Westen belichtet; durch die teilweise Erschließung über gemeinsame Gruppenräume entsteht eine Staffelung, die wiederum die Freiräume gliedert. Wenn auch der Schritt zur Hallenschule noch nicht gemacht wurde, so ist die räumliche Organisation doch wesentlich lebendiger als bei der Gangschule der fünfziger Jahre.

Die kompakte, sich am Industriebau orientierende Anlage besteht aus einem Unterrichtsgebäude, einem Labor- und einem Werkstättentrakt. Im nördlich liegenden, kammförmig ausgebildeten Unterrichtsbau befinden sich 38 Stammklassen, Sonderunterrichtsräume, 4 Zeichensäle, Bibliothek und Verwaltung. Der vermittelnde Labortrakt enthält Abteilungen für Elektrotechnik, Gießereitechnik und Betriebslabors. Im teilweise erdgeschossigen, in Hallen ausgebildeten Werkstättentrakt befinden sich die Gießerei-, Grund-, Maschinen-, Modellwerkstätten sowie die Schmiede-, Stahl- und elektromechanische Werkstätte. Die halbgeschossig versetzten Trakte passen sich der Topographie an, die Erschließungsgassen zwischen den Trakten entsprechen den Prinzipien der Industrieplanung. Der Bau suggeriert in allen Teilen unverklärte Arbeitswelt, lediglich in den Erschließungszonen (Hallen, Flure, Treppenhäuser) signalisieren handsam geplante Details ein differenzierteres Engagement der Architekten.

Georg-Wilhelm-Pabst-Gasse 2, Volks- und Hauptschule der Stadt Wien, E: Monika und Sepp Stein, 1967/68

Klausenburger Straße 25, Volksschule der Stadt Wien, E: Fred Freyler, A: WIBEBA, 1969/70

## Waldmüllerpark 1, Kindergarten der Stadt Wien, E: Hugo Mayer (Stadtbauamt), 1923 bis 1925

Der Kindergarten wurde im Zuge der Umgestaltung des Matzleinsdorfer Friedhofes in einer Parkanlage errichtet. Ikonologisch interessant ist vor allem, daß hier parallel zum »Volkswohnpalast« (der auch innerhalb der Sozialdemokratie umstritten war) der Typus »Villa« (oder »Englisches Landhaus«) für eine soziale Bauaufgabe adaptiert wurde. Der Grundriß läßt noch die Trennung von Repräsentations- und Wirtschaftstrakt erkennen, das Spiel mit Teilsymmetrien ist ebenso typisch wie die stark konturierte Grundrißfigur. Die Architektur ist, der Zeit entsprechend, von der Heimatschutzbewegung beeinflußt, was zur typologischen Adaption nicht im Widerspruch steht.

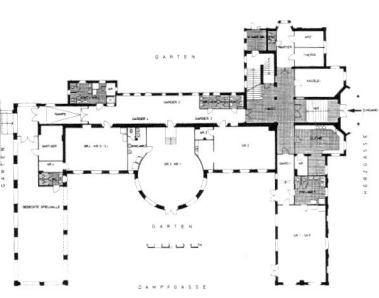

Sogar Freiraumelemente, wie eine offene Gartenhalle oder Pergolen, sind sinnvoll in das Konzept einbezogen. Die Generalsanierung (E: Christiane Pruymann, MA 19, 1986/87) hatte, durch die schlechte Nachkriegsbauweise, beachtliche bautechnische Probleme zu überwinden, andererseits erlaubte das großzügige alte Raumkonzept die notwendigen Ergänzungen, ohne die architektonische Substanz angreifen zu müssen.

## Westliche Neilreichgasse, Wohnhausanlage »Wienerberggründe«, 1. Bauteil: Kindergarten, E: Fritz Waclawek, 1984—86, 2. Bauteil: Volksschule, E: Gustav Peichl, 1987—90, Kindertagesheim, E: Heinz Tesar, 1987—90 (siehe Seite 275)

## 10. BEZIRK

**Windtenstraße 3, Wasserturm und Hebewerk »Favoriten«, BH: Gemeinde Wien, E: Franz Borkowitz (Stadtbauamt), A: Alois Schumacher, 1898/99**

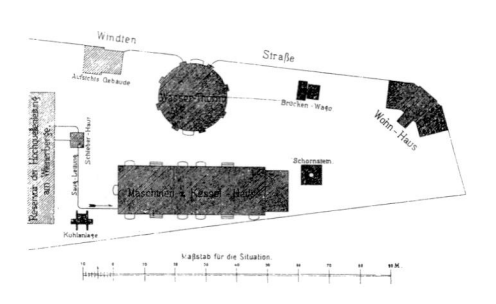

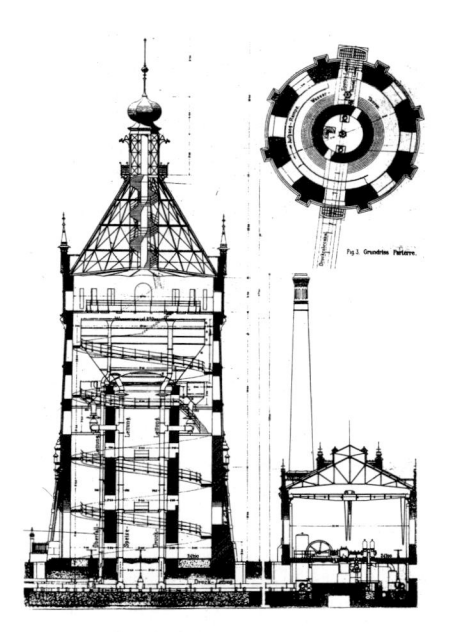

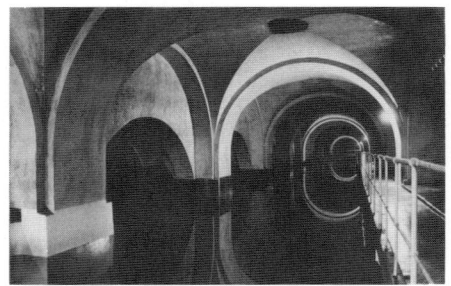

Die heute stillgelegte Anlage bestand aus dem 67 m hohen Wasserturm, dem Maschinen- und Kesselhaus mit Schornstein (abgetragen), einem Schieberhaus, einer Kühlanlage sowie aus einem Aufsichtsgebäude und einem Personalwohnhaus. Das Hebewerk hatte den Zweck, aus dem danebenliegenden Behälter das Wasser in das Reservoir im Wasserturm zu befördern, da der natürliche Druck vom Wasserbehälter Rosenhügel nicht mehr ausreichte, die höherliegenden Teile des X. und XII. Bezirkes zu versorgen. Neben der beachtlichen Gewölbehalle des Wasserreservoirs »Am Wienerberg« ist zweifellos der Wasserturm das interessanteste Objekt. Der aus zwei konzentrisch angeordneten Zylindern gemauerte Turm, von denen der innere den eisernen Hauptbehälter trägt (1047 m³ Inhalt), ist konstruktiv und räumlich ein besonders eindrucksvoller Bau. Die zwischen dem inneren und äußeren Zylinder geführte (nach Wehdorn 203 m lange) spiralförmige Rampe erinnert an alte, begehbare Brunnenanlagen, das hochgestemmte Becken (System Intze, wie alle Eisenkonstruktionen von der Maschinenbaufirma F. X. Komarek ausgeführt) an die präzise Technologie des Schiffsbaus. Gegenüber der Expressivität von Raum und Konstruktion im Inneren wirkt die Hülle, für die wohl der Architekt Johann Scheiringer verantwortlich ist, fast anachronistisch. Trotzdem ist natürlich auch diese Bekleidungsarchitektur nicht abgelöst von der technischen Leistung der Ummantelung. Die als Gesims ausgebildeten Ringe und die in das formale System eingebundenen Schließköpfe unter dem Wasserbecken »verraten« auch hier das technische Objekt. Ebenso ist der gewaltige Anzug des Sockelmauerwerks Konstruktion und Ausdruck in einem, so daß der Turm als technische und architektonische Gesamtleistung nicht unberechtigt zum Wahrzeichen von Favoriten wurde.

Sonnwendgasse 14, Feuerwache, BH: Stadt Wien, E: Stadtbauamt, A: Ferdinand Schindler, 1908

Wielandstraße 6—8, Dorotheum Favoriten, BH: Dorotheum Wien, E: Michael Rosenauer, A: Union Baugesellschaft, 1928/29

Der Bau besteht aus einem klar strukturierten und streng proportionierten Saalblock an der Wielandstraße und einer in den Hof hineinreichenden und die Lücke Erlachgasse schließenden »dienenden« Raumgruppe (Büros, Nebenräume etc.). Neuartig und mit besonderer Sorgfalt entwickelt ist der Schnitt des Stahlbetonbaus: über dem Erdgeschoß (mit der Effektenabteilung) und dem 1. Stock (Versteigerungssaal) befinden sich drei Doppelgeschosse — Lagerräume mit eingeschobenen Galerien —, die mit dem Abstand eines Ganges nicht die Fensterwände berühren. Damit beträgt die Lagerraumhöhe nur je 2,20 m, was das Lagergut von Hand aus leicht erreichbar macht. Man könnte diesen Entwurf Rosenauers als eine Transformation des Otto Wagnerschen Bibliothekskonzepts bezeichnen. Der Bau, dessen Zwilling in der Schanzstraße steht, hat nicht nur ein sehr prägsames Erscheinungsbild, sondern ist auch von einer einmaligen inneren strukturellen Klarheit. Sehenswert ist vor allem auch der Versteigerungssaal mit den Konsolenpfeilern, die nicht nur das konstruktive Gesamtsystem andeuten, sondern auch dessen Nutzungsflexibilität signalisieren.

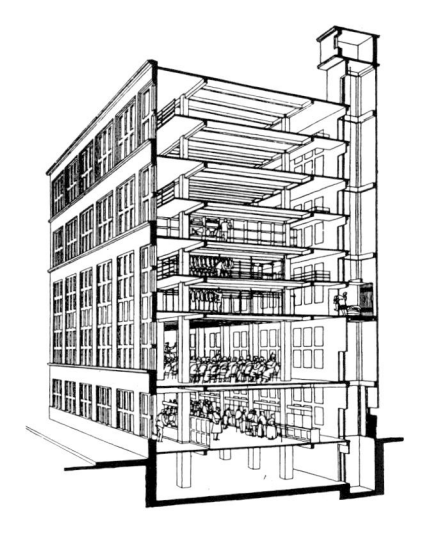

# FAVORITEN

Alpengasse 4, 6, BH: Laurenz und Antonia Nöbauer, E + A: Florian Müller, 1913

Das Haus Tyrnauergasse 4 zeigt, daß der Baumeister nicht nur die Fassade, sondern den ganzen Haustyp mehrmals gebaut hat.

Angeligasse 58, BH: Josef Mikolasch, E + A: Otto W. Walters, A: Karl Biedermann, 1914

Antonsplatz 16, BH: Franz und Heinrich Loukotzky, 1913/14

Antonsplatz 26, BH + E + A: Karl Kassner, 1912

Antonsplatz 27, BH: Michael Schreiner, E + A: Johann Schweitzer, 1900

Buchengasse 7—9, Wohnanlage, BH: Erste Gemeinnützige Baugesellschaft für Kleinwohnungsbau in Wien, E: Otto Richter, Leopold Ramsauer, A: Karl Stigler & Alois Rous, 1912

Die 1914 im Zusammenhang mit dem Preis der Gemeinde Wien für hervorragende Bauten belobigte Anlage könnte man auch als Vorläufer des Volkswohnbaus ansehen: die vier freistehenden Blöcke haben pro Geschoß je zwei Zimmer-Küche-Kabinett- und zwei Zimmer-Küche-Wohnungen, die im Zweispännersystem erschlossen werden. Die zwei mittleren Blöcke sind durch zwei erdgeschossige Lä-

# 10. BEZIRK

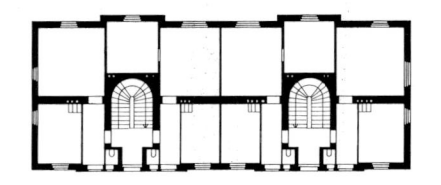

den verbunden (angeschlossene Wohnungen der Inhaber), so daß bereits modellhaft die Grundelemente für Wohnen und Versorgung vorhanden sind.

Buchengasse 98, BH: Paul und Maria Huber, E + A: Franz Summerauer, 1904

Buchengasse 100, BH: Alois Nagy, E + A: Franz Macher, 1901

Columbusplatz 6, »Columbus-Hof«, BH: Franz Kohlbeck, E: Josef Drexler, A: W. Stadler, 1892

Vermutlich hat Josef Drexler auch dieses Haus mit seinem Bruder Anton entworfen. Charakteristisch für die frühen Arbeiten sind die Stilformen einer »Deutschen Renaissance«.

Davidgasse 6, BH: Geźa Schiffmann, E: Hans Fenz, A: Wilhelm Philipp, 1913

Davidgasse 62—64, BH + E + A: Rudolf Otto Gerger, 1913/14

Ettenreichgasse 9, »Adler-Hof«, BH: Alois Geschader, E + A: Franz Klement, 1896

Favoritenstraße 174, BH: Rudolf Boubelik, E: Hugo Fürst, A: Johann Schweitzer, 1913

Favoritenstraße 210, BH: Johann Biesofsky, E + A: Richard Mraz, 1913

Klare und kräftige Ausbildung eines Eckhauses: durch das bruchstückhafte Herabsetzen des Kordongesimses wurde eine Art von Eckrisalit geschaffen, den zusätzlich eine Attika betont.

Fernkorngasse 41, BH + E: Milosch Kovar, A: August Vaugoin, 1914

Humboldtplatz 8—9, BH: SEG (Stadterneuerungs- und Eigentumswohnungs-GesmbH), E: Gustav Peichl, Christof Riccabona, MA: Peter Nigst, A: Holzmann Bau, 1986—89

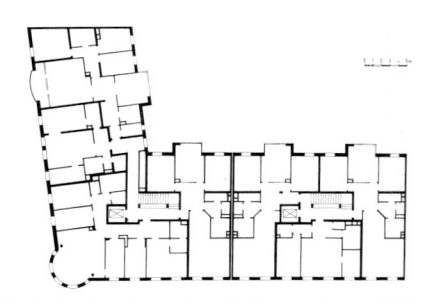

Die Anlage besteht aus einem Eckhaus und zwei gleichen Häusern in der Scheugasse, wobei im Grundriß nur die Nr. 14 dargestellt ist. Die auffallend »stille Architektur« verweist mit einigen Elementen auf eine bürgerliche Wohnhaustradition (Runderker am Eck, Loggien und schmale Fensterformate); ein neues Element im Grundriß stellen die Eßküchen mit Erkern an der Hofseite dar.

Inzersdorfer Straße 81—83, Arbeiter- und Beamtenwohnhäuser, BH: Erste Gemeinnützige Baugesellschaft für Kleinwohnungsbau in Wien, E: Leopold Simony, 1913

# FAVORITEN

Simony hat, wie die Architekten Richter und Ramsauer, für dieselbe Baugesellschaft gearbeitet, die sich mit dem Bau von Häusern mit Kleinwohnungen beschäftigte. Interessant ist hier vor allem, wie er beginnt, den geschlossenen Block städtebaulich aufzubrechen und den Straßen- wie den Innenhof auch als architektonisches oder planerisches Thema zu behandeln. Vielleicht war es kein Zufall, daß er rund 15 Jahre später den Block mit einem Gemeindebau höchst eigenwillig abschließen konnte.

## Inzersdorfer Straße 115—117, Kleinwohnungshaus, E: Hans und Theodor Mayr, A: Franz Rieß, 1913/14

Die halbe Blocküberbauung, die aus zwei Eck- und zwei Stichtrakten besteht, ist nicht nur deshalb von Bedeutung, weil sie 1914 den Preis der Gemeinde Wien für hervorragende Bauten erhalten hat und 1917 in »Der Architekt« veröffentlicht wurde, sondern weil hier von einem privaten Bauherrn (allerdings mit einschlägig engagierten Architekten) praktisch das Modell des kommunalen Wohnhauses der zwanziger Jahre vorweggenommen wurde. Das betrifft den Vierspännertyp mit überwiegend Zimmer-Küche-Kabinett-Wohnungen (Größen zwischen 40—48 m², WC und Wasser innen), wie auch die Architektur, die, etwas an der Heimatschutzbewegung orientiert, nicht nur Details (Fenster, Balkone etc.), sondern auch modellhafte Sockel-Geschäfts-Eingangslösungen (Haus Braunspergengasse 10) vorwegnimmt. Die Treppenhäuser sind bewußt an die Straße gelegt, da sie im Hof zuviel wertvollen, besonnten Raum wegnehmen würden. Insgesamt eine interessante und bemerkenswerte Anlage.

## Kiesewettergasse 3—13, BH: Verein für Arbeiterwohnhäuser, E: Josef Unger, A: Wenzl Stadler, 1885/86

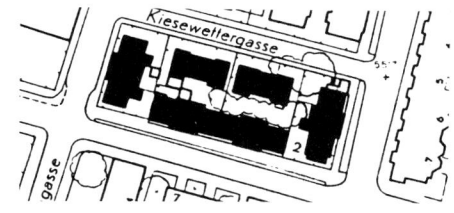

Der von Dr. Maximilian Steiner gegründete Verein übertrug 1896 sein Vermögen von 18 Häusern der Kaiser-Franz-Joseph-I.-Jubiläumsstiftung, welche »mittels in den Mietzins eingerechneter Annuitäten innerhalb von 25 Jahren das Eigentum der Mieter« übergingen. Die Wohnfläche der Häuser schwankt zwischen 67,30 und 97,50 m², die der Gartenflächen von 28,79 bis 68,46 m². Zweifellos ein interessantes Beispiel einer frühen Arbeitersiedlung, die allerdings von einer großstädtischen Blockverbauung überrollt wurde.

## Klausenburger Straße 30, BH + E + A: Richard Mraz, 1913

Für den Bezirk untypisch architektonisch betonte Ecklösung, die sich weniger auf ein städtebauliches Visavis als auf einen landschaftlichen Raum bezieht.

## Neilreichgasse 52, BH: Josef Scholz, E + A: Kupka & Orglmeister, 1899

## Neusetzgasse 4—8, BH + E + A: Karl Kassner, 1912

Eine ungewöhnliche städtebauliche Antwort auf die Achse der Antonskirche: der in Favoriten selten benutzte Straßenhof ist einerseits durch die Allee, andererseits durch den rahmenartigen Torbau visuell begrenzt.

## Neusetzgasse 7, 9, BH: Maria Ettenreich, E: August Belohlavek, A: Franz Breitenecker, 1911

## Paltramplatz 6, BH: Georg Leberl, E: Josef Sinnenberg, A: Josef Mantsch, 1913

## Puchsbaumgasse 2—14 (siehe Kiesewettergasse)

## Quellenstraße 134—140, BH + E: Adolf Oberländer, A: Moriz und Josef Sturany, Eisenbeton: Baron Pittels Neffe, Negrelli & Co., 1914/15

Die bereits mit Eisenbetondecken ausgeführte Zinshausgruppe zeigt einen zeittypischen Konflikt zwischen Bodenausnutzung und architektonischer Geste: die zwei

265

# 10. BEZIRK

trakter mit einseitigen Stutzflügeln und der anschließende Dreitrakter sind simpel organisierte Kleinwohnungen (Zimmer-Küche) als Bassenatypen, die rund drei Viertel des Grundstückes überbauen und durch den mittleren Trakt zwei schluchtartige Höfe schaffen. Die Architektur läßt den Block als eine schön strukturierte, mit großflächigen Fenstern ausgestattete Einheit erscheinen, deren Modernität nur durch die zart geschwungenen Giebelreihen relativiert wird. Im Bewußtsein für die Erscheinung im Stadtbild und im verbindlichen Detail zweifellos eine Vorwegnahme der Gemeindebauarchitektur der frühen zwanziger Jahre.

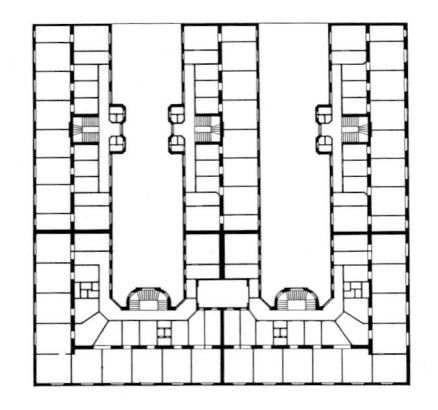

**Raaber-Bahn-Gasse 19—21**, BH: Verein der Freunde des Wohnungseigentums, E: Siegfried Theiss, Hans Jaksch, 1950—56

**Randhartingergasse 14—16**, BH: Eva Zimmermann, E + A: Peregrin Zimmermann, 1900

**Reumannplatz 9**, »Paula-Hof«, BH: Paula von Englisch-Poparich, E: Richard Esriel, A: August Scheffel, 1914

**Schröttergasse 24**, BH: Manfred und Anna Huttrer, E + A: Peregrin Zimmermann, 1906/07

**Schrankenberggasse 18—20**, BH: Österreichisches Volkswohnungswerk, Gesellschaft für Wohnungs-, Wirtschafts- und Verkehrswesen (GWV), E: Rob Krier, A: Bruno Buchwieser, 1983—86

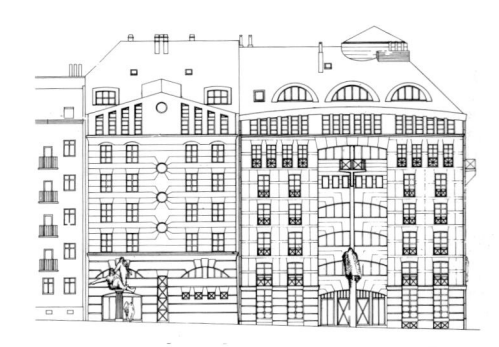

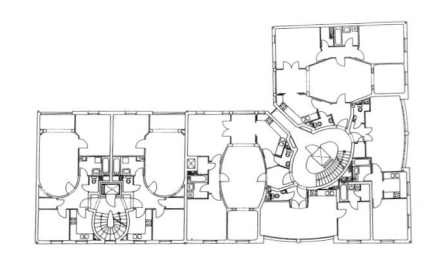

Rob Kriers Wohnbauten sind komplexe Zeitmaschinen, die klassischen Fassadenaufbau, barocke Raumsequenzen und bürgerliche Wohngewohnheiten im sozialen Wohnbau zu verwirklichen suchen. Dabei wird nicht nur auf die Typologie des großstädtischen Mietshauses der Spätgründerzeit Bezug genommen, sondern auch auf die Rhetorik der Fassaden, die im städtischen Kontext weit über eine Mitteilung »über sich selbst« hinausgehen. Alle diese Ambitionen werden im geförderten Wohnbaualltag und in der bauphysikalischen Hochkultur gemaßregelt, so daß gerade das, was Krier anstrebt, also Regel und Maß, oft deformiert und ins Groteske verfremdet erscheint. So beklagt der Architekt selbst die zu hohe Bebauung, die fast gründerzeitliche Grundstücksausnutzung, den Wegfall von Terrassen und Loggien oder eines Geschäftslokals am Eck. Darüber hinaus sind »aufgrund von Sparmaßnahmen weitere Gestaltungsqualitäten des baugenehmigten Entwurfes dem Rotstift zum Opfer gefallen, wie z. B. die anspruchsvoll gestalteten Hauseingänge und Stiegenhäuser, die vielfältig variierten Fensterformate und deren Sprossenteilung, die Putzschnitte in den Fassaden, die weich geschwungenen Dachgaupen und natürlich die bildhauerischen Arbeiten, die die Hauptportale schmückten«. Wenn auch die Wiener Dialektik von Traum und Wirklichkeit hier hart zugeschlagen hat, so ist immer noch ein Haus mit Physiognomie übriggeblieben, das seinen Anspruch nicht zu verleugnen vermag.

Troststraße 74, BH: Gemeinnützige Wohn- und Siedlungsgenossenschaft »Volksbau«, E: Projektbau, A: Demel & Rössler, 1960—63

Troststraße 108—110, Umbau einer Klavierfabrik in Wohnungen, BH: Gemeinnützige Bau- und Wohnungsgenossenschaft UNITAS, E: Hans Krebitz, A: Beton- und Monierbau GmbH., 1984—86
Die Fabrik wurde 1906 von Georg Srohmayer für die Firma Lauberger & Klos erbaut. Durch den Umbau in ein Wohnhaus sind praktisch nur mehr die Fassaden erhalten.

Weldengasse 19, BH: Direction der Wienerberger Ziegelfabrik, E: Max von Ferstel, A: Hans Irschik, 1914

Absberggasse — Puchsbaumgasse — Quellenstraße, Wohnanlage »Ankerbrotgründe«, E: Herbert Müller-Hartburg (Federführung),

Friedrich Albrecht, Carl Appel, Helmut Kunze, Kurt Neugebauer, Robert Sturmberger, 1980—85

Angeligasse 78—80, E: Leopold Simony, 1929
Eine erstaunlich kühne städtebauliche Reaktion auf ein Straßeneck in einem gegebenen gründerzeitlichen Rasterviertel. Simony hat seine Maßnahme noch als Einschnitt empfunden und daher auch die Schnittflächen am Bau entsprechend architektonisch gestaltet, was heute, durch die Alterung, nicht mehr so deutlich sichtbar ist.

Arthaberplatz 12—15, »Brungraber-Hof«, E: Eduard Berger, Leopold Tinhof, Bruno Tinhofer, 1957—59

Bürgergasse 22, E: Heinrich Ried, 1925

Dampfgasse 35—37, »Pölzer-Hof«, E: Hugo Mayer (MA 22), 1926/27
Motivreiche, an der Heimatschutzbewegung orientierte Architektur. Aufwertung des Hofes durch Öffnung im Süden und gleichzeitige Schließung durch einen erdgeschossigen Torbau.

Eisenstadtplatz, Wohnanlage, E: Othmar Augustin, Hans Jaksch, Walter Jaksch, Hermann Kutschera, Leopold Ledwinka, Artur Perotti, Werner Schröfl, Siegfried Theiss, Maria und Peter Tölzer, 1958—63

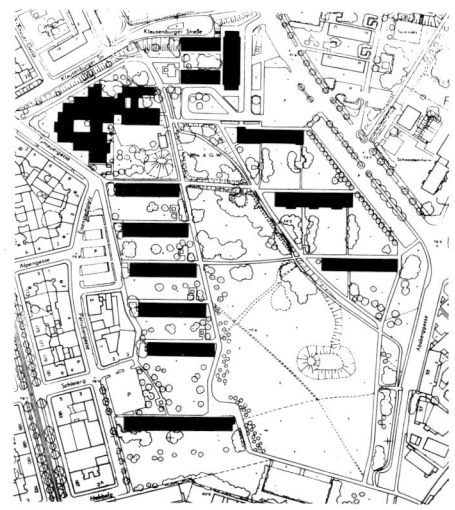

# FAVORITEN

Schon 1927 hatte die Stadt Siegfried Theiss und Hans Jaksch, Viktor Mittag und Karl Hauschka, Franz Kaym und Alfons Hetmanek und Rudolf Perco zu städtebauli-

# 10. BEZIRK

chen Gutachten eingeladen, die entsprechend den Vorstellungen im Volkswohnbau mehr oder weniger monumentale Überbauungen vorlegten. Die realisierte Bebauung entspricht, neben der »Vorgartenstraße«, den charakteristischen Bebauungsmustern der Zeit Roland Rainers als Stadtplaner. Das Konzept mit vier- und neungeschossigen, freistehenden, langen und nach Süden orientierten Blöcken mit zentralen Einrichtungen (Läden, Kindergärten, Schule) und einem Wohnhochhaus als Dominante versteht die weitläufige Anlage auch als Grünraum für die nahe liegenden, dichtbebauten Gebiete. So hat heute der »Eisenstadtplatz« im Gesamtkontext des Bezirkes einen anderen Stellenwert, der vor allem durch die inzwischen entstandene parkähnliche Vegetation ein spezifisches Angebot darstellt.

Erlachgasse 53—57, E: Franz Wiesmann, A: Albrecht Michler, 1938

Ettenreichgasse 42—44, Familienasyl »St. Josef«, E: Franz Wiesmann, 1935/36

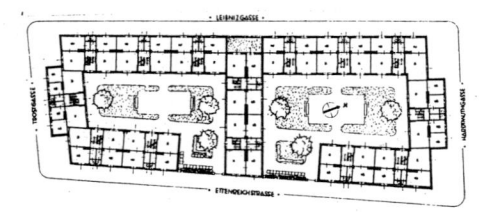

Die Wohnanlagen des Magistratsbeamten Wiesmann zeigen auch im Ständestaat (eher berüchtigt durch die Asylbauten) ein humanes Bemühen, das sich vor allem in einer gewissen Sorgfalt der städtebaulichen Lösungen und Dimensionierung der Baukörper ausdrückt.

Friedrich-Knauer-Gasse 8, E: Anton Valentin, 1929

Die einzige Möglichkeit, die der Bauplatz bot, war, das Eck zu betonen, und diese hat der Architekt auch sinnvoll genutzt.

Friesenplatz 1—2, E: Erwin Böck, Max Theuer, Friedrich Zotter, 1925

Die etwas eigenwillige Ecklösung mit dem leicht gedrehten Turm war vermutlich auch das auslösende Moment für die gegenüberliegende Bebauung (Simony), die allerdings großzügiger und weniger motivisch ausfiel.

Gellertgasse 42—48, E: Oskar Wlach, 1926/27

Wlach, langjähriger Partner von Josef Frank, hat sich bei diesem Bau der gemeinsamen, offenbar durch Frank dominierten Haltung etwas entfernt: die rhythmische Verwendung des Erkermotivs, mit einer rein kubischen Ausformung, führt zu einem sich von der Aufgabe ablösenden Pathos, das jenem von Karl Ehn oder anderer Wagner-Schüler näher steht.

Hasengasse 35—37, E: Georg Rupprecht, 1925 bis 1927

Hier handelt es sich zweifellos auch um einen Akt städtebaulicher Kosmetik: der schmale Hoftrakt verdeckt die Rückseiten der Gründerzeithäuser; dadurch entstand ein schmaler Hof, der nach Norden, zur Hasengasse hin, geöffnet werden mußte.

Hebbelplatz, Wohnanlage, E: Walter Lagler, Rudolf Lamprecht, 1981—85

Restauration im Gemeindebau? Die Postmoderne erlaubt es, wieder an Idyllik und Heimatschutzarchitektur anzuschließen, die sich auf bewährte (oder gewohnte) Muster im Städtebau zurückzuziehen; großstädtisches Wohnen arglos in kleinstädtische Verhältnisse gebracht? Mieter und Politiker sind sicher zufrieden, Kritiker was nörgelst du noch?

Hofherrgasse 5—13, E: Otto Schönthal, Josef Baudys, 1952/53

Inzersdorfer Straße 113, BH: Gemeinnützige Siedlungs- und Baugesellschaft (GESIBA), Wohnbauverein »Junge Generation«, E: Harry Glück & Partner (W. Höfer, R. Neyer, T. Spychala), A: A. Porr AG, 1971—74

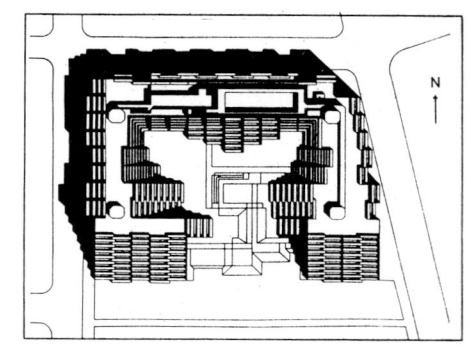

Mit der Wohnanlage Inzersdorfer Straße haben Harry Glück und seine Partner jenen prototypischen Wohnbau geschaffen, der als Schlüsselbau für alle weiteren gelten kann. Die Basis des Erfolges für das System liegt in der nicht unterbietbaren Grundrißökonomie, die sich einerseits Le Corbusiers »innere Korridore« zunutze macht, andererseits auf das Mittelflurhaus (die älteste Form der kapitalistischen Arbeiterkaserne) zurückgreift und dieses gewissermaßen als Terrasse als grüner Freiraum vor der Wohnung und Schwimmbassin auf dem Dach symbolisieren die Dialektik von privater Sphäre und forcierter Gemeinschaft, die Fertigteilarchitektur verweist auf den technologischen Fortschritt. Das nach außen gekippte Bewohneridyll verdeckt die räumlich ausgeödete Erschließung, die »laut« signalisierte Distanz zum städtischen Umraum ist echt (Angeligasse 97—99, Vorläuferbau, 1968—70).

## Kennergasse 10, E: Josef Hofbauer, Wilhelm Baumgarten, 1924/25

Das Haus ist charakterisiert durch die gliedernde Verwendung von Klinkermauerwerk und eine bemerkenswerte Torlösung (Relief »Die Städtebauer« von Otto Hofer).

## Laaer-Berg-Straße 22—24, E: Oskar Wlach, 1933—35

Die klare Block-Randbebauung zeigt noch ansatzweise (am Eck und im Hof) die Erkerlösung des gegenüberliegenden Baus in der Gellertgasse, ist aber insgesamt ruhiger und ausgewogener gestaltet. Hier kommen die Frankschen Prinzipien der Fassadengestaltung zum Tragen, die sich mehr aus den Verhältnissen unterschiedlicher Öffnungen und deren Rahmung entwickeln: eine Architektur des Gemeindebaus, die bewußt die populistischen Tendenzen der zwanziger Jahre hinter sich läßt.

## Laaer-Berg-Straße 168—202, Siedlung »Laaer-Berg-Straße«, E: Franz Schacherl, 1927

Das tortenstückförmige Grundstück zwischen Laaer-Berg-Straße und Holzknechtstraße hat ein analoges Wohnstraßennetz aus Kreissegmenten, wobei ein Feld dem Kindergarten und der Schule vorbehalten ist. An der Laaer-Berg-Straße und am Spitz wird die Bebauung durch Schule und Geschoßbau etwas massiert, so daß für die einfache Reihenhausbebauung ein gewisser optischer und akustischer Schutz entsteht.

## Laxenburger Straße 49—51, »Zürcherhof«, E: Emil Hoppe, Otto Schönthal, 1928/29

Das Aufschneiden der Block-Randbebauung zur Laxenburger Straße hin und das In-die-Tiefe-Führen der flankierenden Torbauten ergibt die Wirkung von zwei mächtigen, fast solitär erscheinenden Blocks. Die kräftige Bänderung sowie die symmetrisch aufgesetzten, betont plastisch wirkenden Balkons unterstreichen noch die Eigenständigkeit der beiden Baukörper, die jedoch mit dem durchlaufenden Sockel, in den das Tor eingebunden ist, zu einer Einheit zusammengefaßt werden (»Fries der Arbeit« von Siegfried Charoux).

## Laxenburger Straße 92, E: Josef Hahn, 1931

## Laxenburger Straße 94, E: Josef Hoffmann, 1931—33

# 10. BEZIRK

Für Josef Hoffmann eine überaus zurückhaltende, um nicht zu sagen lustlos entworfene Wohnanlage, die durch die stringente Block-Randbebauung einen großen, geschützten Hof umschließt. Die Architektur wirkt wie eine ostentative Minimierung aller Gestaltungsmittel, die in ihrer Härte nicht einer gewissen großstädtischen Unsentimentalität entbehren. Der Architektur ist durch die umliegenden Neubauten der »Zahn gezogen«, sie wäre als Alternative nur mehr in einem dicht bebauten Gründerzeitviertel verständlich.

## Laxenburger Straße 98, »Maria-und-Rudolf-Fischer-Hof«, E: Konstantin Peller (MA 22), 1930/31

## Leebgasse 100, E: Franz Zabza, 1928/29

Gediegen entworfener, u-förmiger Baukörper mit nach Osten liegendem, abgezäuntem Hof und axial placiertem Gittertor. Die Architektur wirkt durch die Bogenloggien ein wenig münchnerisch.

## Neilreichgasse 100—106, Wohnhausanlage »Johann-Mithlinger-Siedlung«, E: Karl Schmalhofer (MA 22), 1929

Die treffend »Rasenstadt« genannte Anlage besetzt nicht nur eindrucksvoll die Kante des Laaer Berges, sondern stellt auch in der städtebaulichen Entwicklung einen beachtlichen Schritt dar: der Architekt des Magistrats verließ das übliche Hofsystem zugunsten einer offenen Struktur, die aus gleichen Baublöcken aufgebaut ist, was plangraphisch ein strenges Muster ergibt, jedoch in der gebauten Realität eine große räumliche Vielfalt produziert. Die nord-südlich verlaufenden »grünen Gassen« zeigen abwechselnd einen gegensätzlichen Charakter. Während die eine einen gefaßten Raum abgibt, der nur durch die Höhen der Blöcke und eine Baumgruppe artikuliert ist, bringt die andere eine Sequenz von hofartigen Räumen, die durch eine ebenso strenge wie einprägsame Bepflanzung akzentuiert sind. Ähnlich stellen sich auch die ost-westlich verlaufenden Passagen dar. Das Raffinement der Struktur liegt natürlich schon in der Form des Elements begründet: die Blöcke sind aus zwei T-Traktern zusammengesetzt und haben sowohl eine raumschließende als auch eine raumausgrenzende Seite. Die Struktur baut sich »schrittweise« über Zweier- und Vierergruppen auf und wird schließlich von Zeilen im Norden und Süden begrenzt. Die Anlage ist ein früher Beweis, daß auch eine offene Blockbebauung städtebauliche Qualitäten besitzen kann.

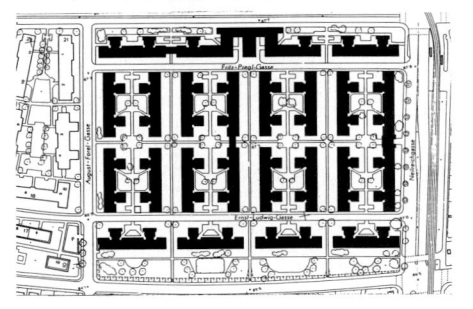

## Neilreichgasse 105, »Jean-Jaurès-Hof«, E: Alfred Keller, Walter Brossmann, 1925

Alfred Keller stand der süddeutschen Heimatschutzbewegung nahe, das drückt sich vor allem in liebevollen Details und in den mit Sorgfalt durchgestalteten Höfen aus. Die Bebauungsform ist, durch Höhe und Geschlossenheit, eher problematisch.

## Neilreichgasse 111—115, »Karl-Wrba-Hof«, E: Rupert Falkner (Federführung), Ernst Irsigler, Matthäus Jiszda, Franz Kaminsky, Stefan Karabiberoff, Werner Schröfl, Helmut Schultmeyer, Hedy Wachberger, Gunter Wratzfeld, 1972, 1974—82

Wenn auch die Anlage spät gebaut wurde, so ist sie doch ein Kind der Planungsideologie der sechziger Jahre. Die wuchernde, zellenartige Massierung von Wohnungen (mit 1051 Einheiten den Superblocks vergleichbar) wirkt vor allem aus Distanz verwirrend und chaotisch. Wer sich jedoch die Mühe macht, die Anlage zu durchwandern, wird viele Qualitäten entdecken, die zumindest ein Engagement der planenden Architekten verraten. Die Kleinräumlichkeit wird zum Teil durch Reihenhäuser und eine Form von Teppichbebauung erreicht. Die clusterartig organisierte Großform wird dann über »Durchgänge, Gassen, Rampen, Stiegen, Arkaden« erschlossen. Die tendenziell angelegte Verniedlichung einer großstädtischen Überbauung, ihre Verdörflichung, stellt ein ebenso soziologisches als ein architektonisches Problem dar. Ebenso die Transplantation mediterraner Stadträumlichkeit, die vor allem durch die kli-

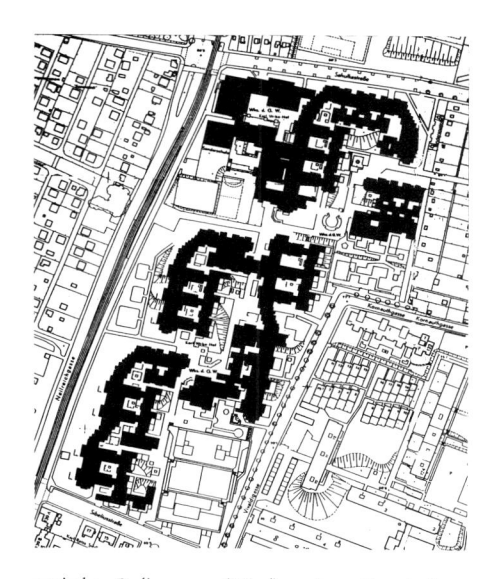

# FAVORITEN

matischen Bedingungen (Wind) am Laaer Berg in Frage gestellt wird. Trotzdem vermittelt die Anlage insgesamt mehr architektonisches und soziales Engagement als gefäl-ligere »postmoderne« Konzeptionen. 16 Geschäfte und mehrere Gemeinschaftseinrichtungen ergänzen das Programm (Volksschule, E: Kurt Eckl, Herbert Prehsler, 1980/81; 2 Kindertagesheime, E: Herbert Thurner, 1975—80).

## Per-Albin-Hansson-Siedlung WEST, E: Friedrich Pangratz, Franz Schuster, Stephan Simony, Eugen Wörle, 1947—51, 1954/55

»Ein wahrhaftes Abbild der tatsächlichen Verhältnisse«, schrieb 1951 Stephan Simony in einem Bericht über die Siedlung und verwies auf die bewußte Beschränkung der gestalterischen Mittel (gleiche Dachneigungen und Gesimsausbildungen, wenige Fenstertypen), die zwar Armut nicht verheimlichen, aber auch nicht in die Monotonie typisierten Bauens führen sollten. Die Siedlung mit über 1000 Wohnungen (65% zweigeschossige Einfamilien-Reihenhäuser, 35% dreigeschossige Wohnblöcke) ist in ihrer Konzeption mit den Wohnstraßen, Gartenwegen und Durchgängen tatsächlich dem »Gartenstadtkonzept« der frühen zwanziger Jahre vergleichbar, wenn auch die Wohnungstypen bei den Reihenhäusern ausgefeilter sind und bei den Geschoßwohnungen dem Programm der Gemeinde angepaßt wurden. Interessant ist auch, daß der Begriff Siedlung insoferne ernst genommen wurde, als es nirgends Ansätze zu einem urbanen Städtebau gibt. Die Folgeein-

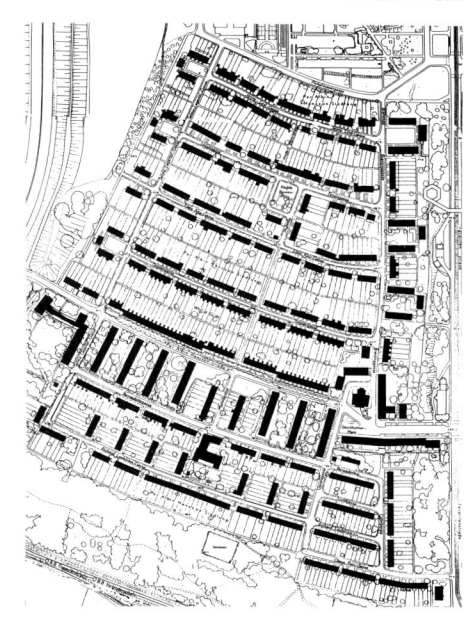

# 10. BEZIRK

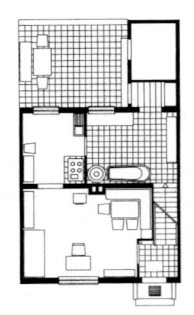

richtungen, wie Schule, Kindergarten, Volksheim und Läden, bilden zwar städtebauliche Orientierungspunkte und beeinflußten das Layout, aber es wurde nur in einem Falle, beim Volksheim, eine Art Platzgestaltung angestrebt. Die Volksschule wurde von Hermann Stiegholzer (1949) entworfen, das Volkshaus von Franz Schuster (1954/55) und der viergruppige Kindergarten mit Spielhof von Maria Tölzer (1951/52). Zum Dank für die große Schwedenhilfe nach dem Zweiten Weltkrieg wurde die Siedlung nach dem Ministerpräsidenten Per Albin Hansson benannt.

## Per-Albin-Hansson-Siedlung NORD, 1964 bis 1966, 1968—71

Die in zwei Etappen ausgeführte Wohnanlage kann nicht mehr als »Siedlung« bezeichnet werden, geschweige denn an den großen Planungsaufwand erinnern, der dafür aufgewendet wurde. 1958 fand unter Stadtrat Heller und dem Stadtplaner Roland Rainer ein gut vorbereiteter Wettbewerb statt, bei dem u. a. die Arbeitsgruppe 4 (Holzbauer, Kurrent, Spalt), Hiesmayr, Peichl, Puchhammer, Wawrik und Windbrechtinger gleiche Preise erhielten. Die Ausführung ging andere Wege.

## Per-Albin-Hansson-Siedlung OST, E: Carl Auböck, Wilhelm Kleyhons, 1966, 1975—78

## Puchsbaumgasse 11—13, »Richard-Platzer-Hof«, E: Eugen Robert Heger, 1929

## Quaringasse 10—12, »Quarin-Hof«, E: Siegfried Theiss, Hans Jaksch, 1923—26

Der »Quarin-Hof« stellt eine Neuinterpretation des östlich der Triester Straße liegenden, strengen, gründerzeitlichen Rasterviertels dar, indem er das Karree exakt besetzt, zum Baubestand hin abschließt, mit zwei Blöcken den Hof begrenzt und ihn im Süden — durch einen torartigen Verbindungsbau, Einfahrt mit darüberliegendem Kindergarten — der Sonne öffnet. So wird die dichte, fünfgeschossige Verbauung erträglich, der große Detailreichtum der Architektur tut ein übriges.

## Quellenstraße 24A, E: Anton Jolly, 1928

Ähnliche Konzeption wie beim »Quarin-Hof«, jedoch durch die Größe des Gevierts luftiger, architektonisch unprätentiöser, der Heimatschutzarchitektur näher. Vom älteren Kindergarten konnten keine Daten gefunden werden.

## Quellenstraße 24B, »Hueber-Hof«, E: Heinrich Schopper, Alfred Chalusch, 1930/31

Die Anlage mit 497 Wohnungen umfaßt in einer großzügigen, geschlossenen Form ein großes Geviert, so daß ein weitläufiger Hof entstand, der durch drei freistehende Blöcke räumlich gegliedert ist. In der Hauptachse wurde 1953 das Hueber-Denkmal (von Mario Petrucci) errichtet.

## Steudelgasse 12—18, E: Paul Gütl, 1932

## Theodor-Sickel-Gasse 16—22, Wohnhausanlage »Am Laaer Berg«, E: Karl Schmalhofer (MA 22), 1930

Diese Wohnanlage ist aus gleichen Blöcken errichtet wie die Mithlinger-Siedlung, nur erlaubte das unregelmäßige Grundstück kein strengeres städtebauliches Muster. Ja, man bekommt sogar den Verdacht, daß die strukturelle Stringenz der »Rasenstadt« ein Zufallstreffer des Architekten war, da hier der Zusammenhang von »Element« und städtebaulichem Entwurf zu beiläufig erscheint.

## Triester Straße 51—53, E: Johann Würzl, 1929

## Triester Straße 57—65, »Viktor-Adler-Hof«, E: Engelbert Mang (MA 22), 1923

## Triester Straße 75—77, E: Karl Fischl-Pirkhänfeld, 1929

## Triester Straße 85, E: Silvio Mohr, Karl Hartinger, 1932

## Troststraße 60—62, E: Ernst Egli, 1925/26

Obwohl der Block aus der gegebenen Situation das Beste heraushollt, würde man in Architekten nicht den großen Stadtbauhistoriker vermuten, der Ernst Egli war. Auch er benutzte hier das kosmetische Prinzip des Abdeckens der anschließenden Gründerzeitbauten, setzte aber noch mittig einen turmartigen Trakt (unten Kindergarten), der dem ganzen Hof einen guten Maßstab gibt.

# FAVORITEN

**Troststraße 64—66, E: Clemens Kattner, Alexander Graf, 1924**

**Troststraße 68—70, »Pernerstorfer-Hof«, E: Camillo Fritz Discher, Paul Gütl, 1925/26**

Von der Schule Otto Wagners, aus der beide Architekten kamen, ist nur mehr ein gewisser Sinn für großstädtische Dimensionen übriggeblieben. Die Architektur griff tief in den Topf der Heimatschutzbewegung, soweit deren Motive adaptierbar waren.

**Untere Meidlinger Straße 1—12, »George-Washington-Hof«, E: Karl Krist, Robert Oerley, 1927—30**

Die ursprünglich »Am Wienerberg — Spinnerin am Kreuz« genannte Wohnanlage wurde auf den ehemaligen Gründen des Bürgerspitalsfonds errichtet und greift in den 12. Bezirk über. Die geplante Bepflanzung (E: Otto Gälzer) und Namensgebung der Höfe — Birkenhof, Fliederhof, Ahornhof, Ulmenhof und Akazienhof — weist darauf hin, daß sich hier der Superblock stark der Gartenstadt annähert, was vielleicht eine Folge der heftigen Kritik am Gemeindebau auf dem Wiener Städtebaukongreß von 1926 war. Der durch das Grundstück und das Straßennetz etwas freier artikulierte Teil zur Triester Straße hin stammt von Karl Krist, die kompaktere Umbauung des Ulmen- und Akazienhofes von Robert Oerley. Beiden gemeinsam ist jedoch ein zum Motivischen neigender romantischer Duktus, der auch gewohnte kleinstädtische Elemente wie Torbogen, Turm oder Erker benutzt. Von den 1085 Wohnungen haben 593 Küche-Zimmer-Kammer und 250 Küche-Zimmer-2 Kammern. Neben 131 Einzelzimmern gab es noch eine geringe Anzahl unterschiedlicher größerer Wohnungen. Wie in den anderen Großwohnanlagen gab es auch hier neben 42 Geschäftslokalen, Bibliothek, Mutterberatungsstelle etc. die üblichen Bade- und Wascheinrichtungen. Insgesamt liefert der Washington-Hof eine interessante Variante des sogenannten »Superblocks«.

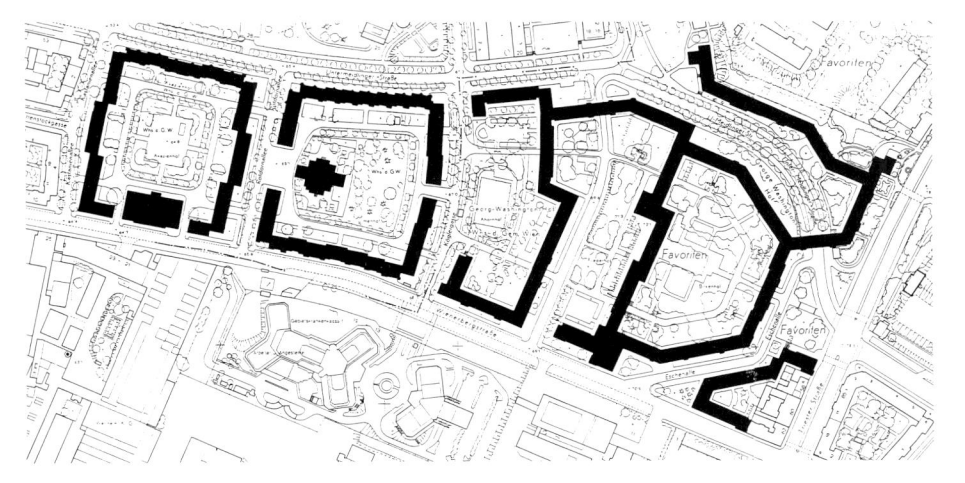

273

# 10. BEZIRK

Westliche Neilreichgasse, Wohnhausanlage »Wienerberggründe«, Städtebauliches Leitprojekt und Bebauungsplanung, E: Otto Häuselmayer, 1978—?

Für die Großwohnanlage mit rund 2000 Wohneinheiten wurde 1978 ein zweistufiger städtebaulicher Ideenwettbewerb durchgeführt (58 Teilnehmer, 10 Preisträger), den in der 2. Stufe 1980 Otto Häuselmayer gewann, der auch mit der Ausarbeitung eines Flächenwidmungs- und Bebauungsplanes beauftragt wurde. Der Baubeginn für den 1. Bauteil war 1984. Die angestrebte »niedrige vorstädtische Kompaktbebauung« wirft natürlich inhaltliche und formale Probleme auf. Wenn man einmal davon absieht, daß ein äußerst komplizierter Planungsprozeß sich selbstverständlich auch im Ergebnis widerspiegelt, so birgt die Ausgangssituation — am Fuße des Wienerberges mit besonders eigentümlichen landschaftlichen Gegebenheiten — an der Peripherie einer Großstadt, extreme Widersprüche. So hat man in der städtebaulichen Konzeption einerseits versucht, eine einheitliche Grammatik für eine Großwohnanlage zu finden und andererseits auf bewährte Muster (Höfe, Zeile) zurückzugreifen.

## LEGENDE

1. Bauteil (561 Wohneinheiten): 1 Otto Häuselmayer; 2 Sepp Frank, Heinz Neumann; 3 Manfred Nehrer; 4 Norbert Gantar, Friedrich Waclawek (Kindertagesheim); 5 Erich Bramhas; 6 Karlheinz Gruber, Stefan Bukovac; 7 Kurt Hlaweniczka, Thomas Reinthaller, Franz Requat, Erich Traxler; 8 Elise Sundt; 9 Heinz Lemberger; 10 Gerhard Kroj; 11 Hugo Potyka; 12 Rainer Mayerhofer.

2. Bauteil (520 Wohneinheiten); 1a Otto Häuselmayer (Kirche); 13 Josef Hinterhölzl; 14 Rudolf Lamprecht, Pauline Muchar; 15 Herbert Prehsler; 16 Richard Hübschmann; 17 Georg Lisner; 18 Günter Krisch; 19 Karl Leber, Heinrich Matha; 20 Helmut Wimmer; 22 Gustav Peichl (Schule); 23 Heinz Tesar (Kindertagesheim).

3. Bauteil (1029 Wohneinheiten): 1 Otto Häuselmayer; 15 Herbert Prehsler; 21 Gustav Peichl; 24 Werner Obermann; 25 Albert Zweymüller; 26 Günther Oberhofer; 27 Otto Steidle; 28 Harry Glück; 29 Edgar Göth (29a Kindertagesheim); 30 Engelbert Eder, Rudolf Weber; 31 Walter Lagler; 32 Kurt Braun (32a Kindertagesheim).

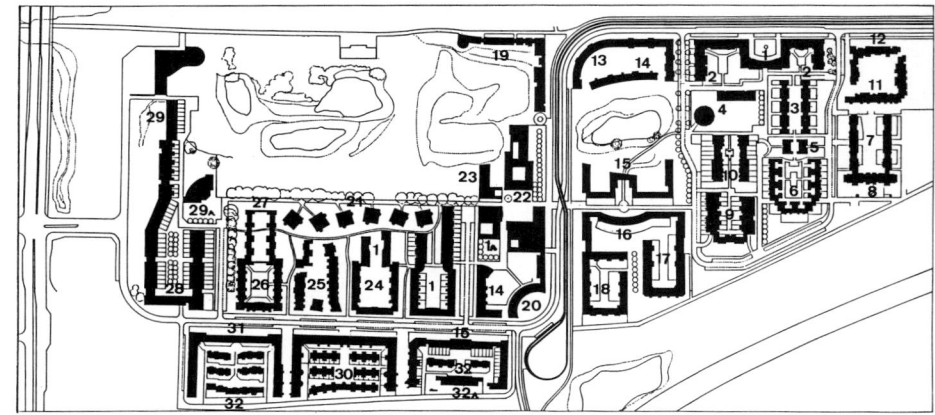

# FAVORITEN

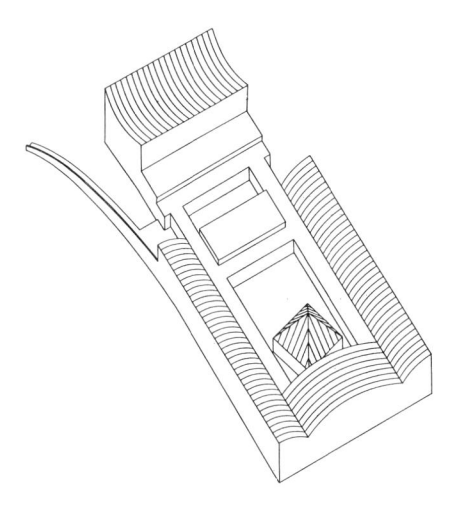

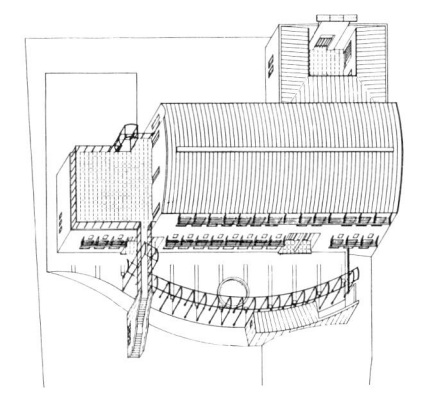

dem Kopfbau von Otto Häuselmayer, mit der merkwürdigen Ambivalenz von Stadtzu- und Stadtabgewandtheit (die mit durchgebundenen Wohnungen aufgefangen wird), vor allem die Einheiten 3 (Nehrer) und 6 (Gruber, Bukovac) hervorzuheben, die mit dem eingebundenen eigenbrötlerischen Objekt 5 (Bramhas) eine städtebauliche Sequenz ergeben und auch architektonisch und typologisch ein von den übrigen Bauten abgehobenes Niveau erreichen.

Von dem entstehenden Zentrum, um einen von Schule, Kindergarten, Kirche und Einkaufszentrum gefaßten Platz, sind die beiden erstgenannten Objekte am weitesten gediehen. Die nördliche Platzwand bildet die Volksschule (E: Gustav Peichl, 1987—89), sie zeigt eine typologische Verwandtschaft mit der frühen »Krimschule« — was die Zuordnung von Hof, Halle, Gängen und Klassen betrifft —, die verdreht in den Hof gestellte Schulwartwohnung und der sparsamere Umgang mit Glas signalisieren allerdings einen Bau der achtziger Jahre. Der zweigeschossige Kindergarten mit großzügig angelegter Halle (E: Heinz Tesar, 1987—89), über ein Atrium erschlossen und mit direkter Verbindung beider Geschosse mit dem Grünraum, greift ebenfalls auf ein älteres Organisationsprinzip zurück, um ihm neue architektonische Qualitäten abzugewinnen.

Birgt dieser Ansatz im konkreten Reagieren auf die vorhandene Topographie schon die Tendenz der »Aufweichung« (die auch positiv gesehen werden kann), so erzeugt die qualitativ sehr unterschiedliche architektonische Realisation der »überschaubaren Einheiten« eben auch einen Verlust in der Gesamtqualität. Hier wird durch die Vergabestrategie des Bauherrn nicht Vielfalt potenziert, sondern aufgehoben. Trotzdem wird die Festlegung auf diese städtebaulichen Einheiten, wenn auch unterschiedlich, gut funktionieren. Das Rückgrat der Anlage wird erst mit dem 2. Bauteil errichtet, wobei im Kreuzungsbereich zweier Ost-West-Verbindungen mit der Nord-Süd-Achse (mit Straßenbahn) das Zentrum entsteht. Vom 1. Bauteil sind neben

## Wienerfeld-Siedlung WEST und OST, BH: Gemeinnützige Siedlungs- und Baugesellschaft (GESIBA), E: Architekturabteilung der GESIBA, 1939—42

Obwohl die Siedlungen im »Dritten Reich« gebaut wurden, zeigen sie kaum Spuren ideologischer Architektur. Der städtebauliche Entwurf mit einem aus dem Grundstück entwickelten Netz von Wohnstraßen, Wirtschaftswegen und Querverbindungen entspricht der Siedlertradition, ebenso die sparsamen, zweigeschossigen Reihenhäuser. Die Siedlungen wurden von der Baugenossenschaft Altmannsdorf-Hetzendorf übernommen und 1954—59 mit Wohnblöcken weitergebaut. Von den später entstandenen öffentlichen Bauten ist die in ihrer Organisation zeittypische Volksschule (E: Hannes Lintl, 1962—64) zu erwähnen.

10. BEZIRK

Heimkehrergasse 43, BH: Parusch Tscholakoff, E: Lulja Anna Praun, A: Kurt Bleyer, 1975

»Ein haus ist ein haus ist ein haus« könnte man Gertrude Stein bemühen, denn tatsächlich wurde hier ein einfaches Grundrißmodell mit südliegendem Wohn-Eßzimmer, nördlicher Erschließungs- und Treppenzone und darüberliegendem Schlafgeschoß im Detail so verfeinert, daß aus einem sparsam angelegten Haus nicht nur räumliche Großzügigkeit, sondern auch eine besonders kultivierte Wohnatmosphäre gewonnen wurde.

Laaer-Berg-Straße 151—199, Siedlung Süd-Ost, BH: Gemeinnützige Bau- und Siedlungsgenossenschaft »Süd-Ost«, E: Franz Schuster, Franz Schacherl, 1921

Die Selbstversorgersiedlung, mit eigens für die Situation adaptierten Haustypen (von Loos?), erstreckt sich über die Bitterlichstraße, Burgenland-, Weichselbaum-, Kronawetter-, Schauta-, Kolisko- und Oppenheimgasse. Kleine Vor- und tiefe Hausgärten, Wirtschaftswege und Ansätze zu Platzbildungen.

Laxenburger Straße 189—201, Siedlung »Favorit«, BH: Gemeinnützige Siedlungsgenossenschaft »Favorit«, E: George Karau, 1921

Ursprünglich eine landwirtschaftliche Produktionsgenossenschaft, kam die Siedlung jedoch nicht über 18 Häuser hinaus; privatisiert in den vierziger Jahren und entsprechend verändert. Origineller »Rest«: das dreieckige Gasthaus in der Mitte, das wohl die ehemalige gemeinsame Tischlerei und Schlosserei war.

Raxstraße 31—111, Siedlung »Am Wasserturm«, BH: GESIBA (Gemeinwirtschaftliche Siedlungs- und Baustoffanstalt), E: Franz Schuster, Franz Schacherl, A: Walter Friedrich, 1923/24

Die aus den Mitteln der »Heimbauhilfe« errichtete Siedlung besteht aus 190 Häusern (mit 37 bis 64 m² verbauter Fläche, 150 m² Garten), die im charakteristischen Siedlungsverband mit Wohnstraßen und kleinen Plätzen errichtet wurden. »Inhaltlich vollzieht sich hier der Übergang von der genossenschaftlichen zur Eigenheimsiedlung«, schreibt Klaus Novy, da für die Häuser 20% Eigenmittel aufgebracht werden mußten, was die weniger verdienenden Arbeiter ausschloß. Heute sind die Häuser Privateigentum. Die Architekten erreichten hier einen ungewöhnlich hohen Standard in der Planung der Haustypen und der bis ins kleinste durchdachten Wohnabläufe. Die Architektur, mit ihrer fast weihevollen Zurückhaltung und Präzision im Detail, zeigt den Geist Heinrich Tessenows, dessen Schüler und Assistent Franz Schuster war. Leider ist das ursprüngliche Niveau dieser Gartenstadtarchitektur nur mehr an wenigen Objekten im Original sichtbar.

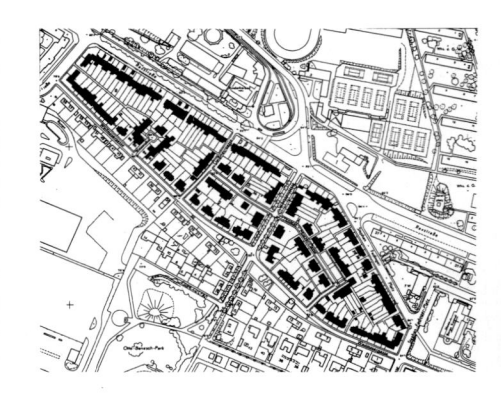

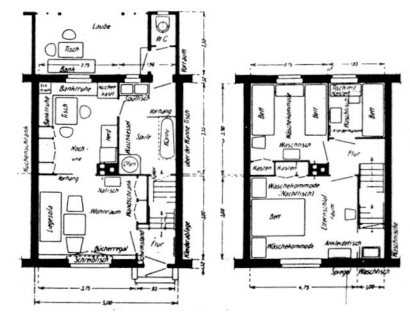

# FAVORITEN

**Weitmosergasse 1—59, »Gartenstadt am Wienerberg«**, BH: Gemeinde Wien, E: Rudolf Hartinger, Silvio Mohr, 1932—35

Die großspurige Bezeichnung »Gartenstadt« wäre sogar in Verbindung mit der Siedlung »Am Wasserturm« eine Übertreibung. Tatsächlich handelt es sich um eine Zeile von Doppelhäusern mit äußerst wirtschaftlichen Grundrissen (Dachausbau) und einer frühen Annäherung an die »Stuttgarter Schule«.

■

**Ada-Christen-Gasse 3, Pensionistenheim Per-Albin-Hansson-Siedlung Ost**, BH: Kuratorium Wiener Pensionistenheime, E: Rupert Falkner, 1968—72

■

**Favoritenstraße 118, Z-Zweigstelle Favoriten**, BH: Zentralsparkasse und Kommerzialbank Wien, E: Günther Domenig, MA: Emanuel Anders, Volker Giencke, A: Negrelli Bau-AG., 1975—79

Die »Z« von Favoriten ist zweifellos der bedeutendste Bau der »Grazer Schule«, was im Zusammenhang mit Günther Domenig fast eine tautologische Behauptung ist. Wien kann sich dabei nur eines zugute halten, daß vermutlich zu dieser Zeit diese extreme Leistung in Graz nicht hätte verwirklicht werden können, was nicht heißt, daß der Bau in Wien nicht genug Schwierigkeiten brachte und hart an der Grenze der »baupolizeilichen Zumutbarkeit« entstanden ist. Das architekturpolitische Engagement der »Z« hat sich aber gelohnt, heute ist das Haus nicht nur das kulturelle Wahrzeichen von Favoriten, sondern ein Schlüsselbau der österreichischen Architektur der Gegenwart. Hätte die Architektur nicht ihre gespannt-nervöse Expressivität,

## 10. BEZIRK

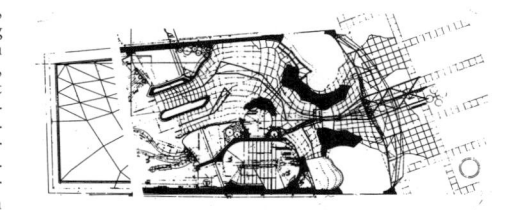

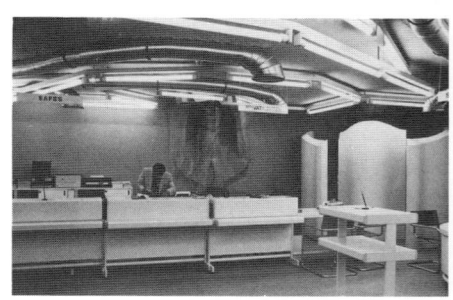

ihren pulsierenden Formenduktus, müßte man sie als überzogen funktionalistisch bezeichnen, denn jedes Detail, jede Konstruktion, ja jedes Element ist aus seiner Leistung heraus geformt: so ergibt sich innerhalb einer bloßgelegten Technologie eine biomorphe Metaphorik — Knochen, Sehnen, Häute, Schuppen, Röhren, Adern, die aber nicht nur in einer rationalen Weise vorweisen, was sie tun, sondern eine irrational-geschlossene ästhetische Welt mit eigener Logik und Dynamik ergeben. Domenig ist Baumeister genug, um die räumliche Organisation einer Bank mit seinen Raumvorstellungen zu synchronisieren. Der Besucher findet sogar die gewohnten, wenn auch transformierten Raumsituationen vor: Entree, Kassenhalle, zurückgezogene Beratungsbereiche etc. Natürlich hatte Domenig auch eine seinem Verständnis von Stadt entsprechende Ausstrahlung in den öffentlichen Raum geplant (in Form von filigranen Strukturen, ähnlich dem Humanic-Geschäft in der Alser Straße), aber hier hat die Schere der Baupolizei das Programm endgültig beschnitten. Übriggeblieben ist der »Rachen«, der sich etwas abrupt zur Fußgängerzone öffnet. Domenig hat mit seiner Architektur sicher keine dezidierte »Anti-Wien-Haltung« angestrebt, trotzdem ist sie für die Wiener Architektur eine Herausforderung: sie relativiert und reflektiert nichts, sie stellt keine Beziehungen, Analogien zur Geschichte her, reagiert nicht auf die Tradition der Moderne. Domenig sucht eine individuelle, gespannte Emotionalität, die bewußt an Grenzen geht, alles riskiert. Das »Prinzip Wucherung«, die freie Bewegung im Raum, erhält trotz der komplizierten Konzeptions- und Herstellungsprozesse seine Spontaneität und seine ungebrochene Wirkung.

**Laxenburger Straße 96, Autohaus, BH: Erwin Janko, E: Anneliese Tröster, Hans Wölfl, A: Löschner & Helmer, 1970/71**

**Laxenburger Straße 145, Möbelhaus Michelfeit, E: Wolfgang und Traude Windbrechtinger, Statik: Otto Wieser, A: Unionbau, 1971—74**

Der Bau ist das Produkt einer rationalen Planung, die im wesentlichen alle Funktionen ablesbar macht: über zwei Garagengeschossen liegt das außen verglaste Erdgeschoß als Verkaufs- und Ausstellungsebene, darüber drei Geschosse Ausstellung und Lager (wobei das 1. Obergeschoß eine Auslagenfläche mit Umgang und Freitreppen besitzt) und schließlich ein zurückgesetztes Büro- und Restaurantgeschoß. Das klare konstruktive System (Stützenraster 8x8 m) ist in Etappen erweiterbar, was auch inzwischen geschehen ist. Die erste Bauetappe wurde in 260 Tagen errichtet. Die Zurückhaltung der Architektur gegenüber der Werbeästhetik wird wohl durch das Rot der Sandwichplatten kompensiert.

## Absberggasse 35, Anker-Brot-Fabrik, ab 1892

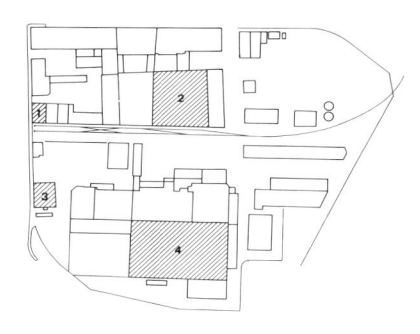

Die von den Brüdern Heinrich und Friedrich Mendl gegründete Anker-Brot-Fabrik stellt eines der interessantesten Wiener Industrieensembles dar. Die Schwarzbäckerei entwickelte sich zunächst entlang der Puchsbaumgasse; südlich vom Verwaltungsgebäude (parallel zum Bäckereitrakt) wurde an der Absberggasse der Kornspeicher und, in die Tiefe folgend, die Getreideentstaubung, Kopperei und Mühle errichtet. Von besonderem baugeschichtlichem Interesse ist der Kornspeicher (1), von Friedrich Schön entworfen (A: Karl Michna & Josef Herzberg, 1900). Die Konstruktion der Silokammern, Bedienungsbühnen und Treppen ist eine beachtliche Zimmermanns- bzw. Mühlenbauarbeit. Die Ummantelung aus Sichtziegelmauerwerk stellt eine eindrucksvolle Struktur dar, deren technische Sprache durch die gleichmäßig aufgeteilten Mauerschließen (obere Reihe in Anker-Zierform) verdeutlicht wird. Der aus Ungarn stammende Friedrich Schön gehörte zu den führenden Wiener Industriearchitekten des ausklingenden 19. Jahrhunderts. Die 1912 erbaute kleine Verladehalle (2, E: P. J. Manz, Stuttgart, A: Ig. Gridl) schließt mit der Anschlußbahn den ältesten Teil der Anlage ab. Wenn man von der bereits in Eisenbeton erbauten und mit Ziegelmauerwerk ausgefachten Weißbäckerei

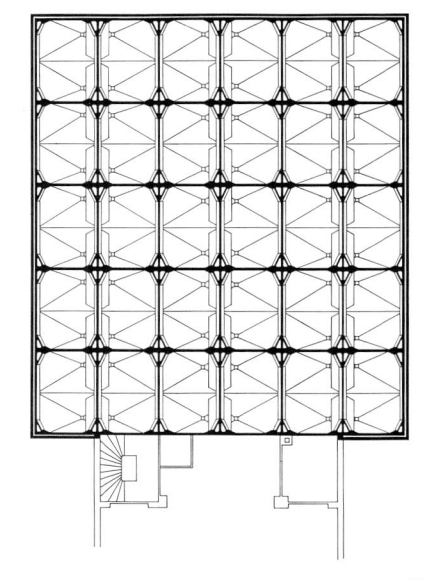

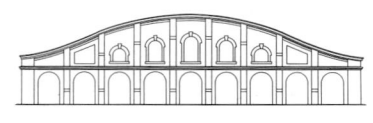

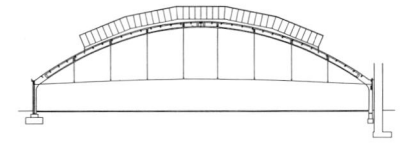

(1912) absieht, stammen die Objekte südlich der Anschlußbahn aus den zwanziger Jahren mit Ergänzungen aus der jüngsten Zeit. Ein Bau besonderer Art ist der an der Absbergstraße stehende Getreidesilo (3), der auf ein Vorprojekt der Münchner Firma Schulz & Kling (1912) zurückgeht und der dann in gleicher architektonischer Gestalt (süddeutsche Heimatschutzarchitektur) 1926/27 von Wayss & Freytag A. G. und Meinong mit bautechnischer Brillanz (siehe den Grundriß des Kammersystems) ausentwickelt und gebaut wurde. Architektonische Korrekturen von Josef Lender wurden nicht mehr berücksichtigt. Das zweite, vor allem konstruktiv interessante Objekt ist die über 50 m gespannte Stahlbeton-Bogenhalle (große Verladehalle), die ebenfalls von Wayss & Freytag und Meinong entworfen und gebaut wurde (4). Die Dreigelenksbogenbinderhalle mit querliegenden, auskragenden Plattenbalken (an deren Enden die Laternen aufsitzen) könnte einen Konstrukteur wie Rudolf Saliger zum Autor haben. Einschlägige Unterlagen wurden jedoch nicht gefunden.

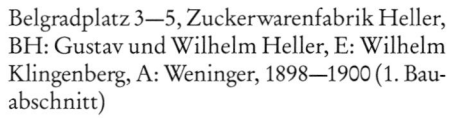

## Belgradplatz 3—5, Zuckerwarenfabrik Heller, BH: Gustav und Wilhelm Heller, E: Wilhelm Klingenberg, A: Weninger, 1898—1900 (1. Bauabschnitt)

Die Anlage hat sich zwischen Davidgasse und Inzersdorfer Straße nach Westen entwickelt. Der älteste Trakt liegt an der Bernhardstalgasse und gibt bereits das Strukturmuster vor (in Pfeiler aufgelöste Mittelmauer, äußere Raumzone 6 m, innere 5,20 m tief). Die späteren Erweiterungen, an der Davidgasse 1906 (A: Karl Michna & Josef Herzberg), an der Inzersdorfer Straße (1910/11), zeigen auch eine Verbreiterung der inneren Raumzone auf 6 m, so daß eine gleichmäßige, flexibel nutzbare Raumstruktur entstand. Neben permanenten kleineren Erweiterungsbauten wurde 1914 mit dem gleichen Grundraster noch ein Wohnhaus errichtet (Belgradplatz 5, E: Siegmund Müller), das städtebaulich und architektonisch auf die Achse der Malborghetgasse reagierte. Insgesamt handelt es sich um einen leicht monumentalisierten Geschoß-Industriebau, der nicht zuletzt durch seine materiale Einheitlichkeit und seine beachtlichen Dimensionen wirkt. Der Betrieb wurde Ende der sechziger Jahre eingestellt, Teile der Anlage sind an verschiedene Firmen vermietet (Lit.: Wehdorn/Georgeacopol).

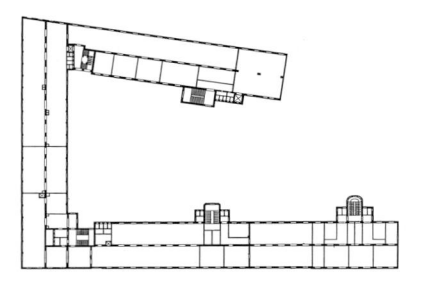

## Daumegasse 1—3, HSK-Gewerbehof, BH: HSK (Hiesmayr Hans & Co.), E: Rudolf Prohazka (Atelier Hiesmayr), 1985—88

Gewerbehöfe haben in Wien eine Tradition, die zumindest bis zur Jahrhundertwende zurückreicht. Die U-förmige Anlage umschließt einen Hof mit altem Baumbestand; die Architektur wirkt ruhig und ausgewogen — Ausdruck einer Struktur mit wechselnder Nutzung — ohne ins Beiläufige abzugleiten. Lediglich der Kopfbau beginnt mit den Glasflächen und dem repräsentativen Treppenhaus etwas zu »twisten«.

Doerenkampgasse 11, Büro- und Betriebsgebäude Doerenkamp, E: Heinz Marschalek, Georg Ladstätter, 1978

Fernkorngasse 37—39, BH: Samuel Meisel, E + A: W. Schimitzek und F. Anderle, 1906

Der eindrucksvolle Bau verrät keinen außerordentlichen Entwerfer, aber einen umso konzentrierteren »Zeitgeist«; jenen der Spätgründerzeit, der schon den Rationalismus des 20. Jahrhunderts in sich trug. Der Sichtziegelbau mit den einwandfrei gelösten Details (sichtbare Eisenstürze) zeigt in den beiden Sockelgeschossen ein Schichtmauerwerk aus zwei Farbtönungen, dann eine einfache Pfeilerstruktur, die sich zur Attika hin in eine filigranere auflöst. Ob der Abschluß ohne Kranzgesims immer so war, sei dahingestellt. Aber gerade dadurch erscheint der Bau wie der übrig gebliebene monumentale Sockel für ein Hochhaus der Chikagoer Pionierzeit, eine geschlossene Struktur, die nach oben Offenheit signalisiert. Die sprossenlosen Fenster unterstreichen dies alles.

Gudrunstraße 187, Österreichische Brown-Boveri-Werke, ab 1890

Béla Egger hat hier durch den Bau einer neuen Fabriksanlage (1890–1909) seine Telegraphen-Bauanstalt und mechanische Werkstätte mit der Werkstätte für Starkstrom vereinigt. 1910 übernahm die Aktiengesellschaft Brown-Boveri aus Baden im Aargau die Fabrik. Von der im letzten Krieg beschädigten und mehrfach um- und ausgebauten Anlage ist die Halle an der Fernkorngasse (E + A: O. Laske & V. Fiala) von baugeschichtlichem Interesse (Lit.: Wehdorn/Georgeacopol).

Gutheil-Schoder-Gasse 8—12, Philips Elektronik-Fabrik Wien, E: Kurt Hlaweniczka & Partner, 1984—86

Die strenge Konzeption mit den zwischen zwei »Versorgungsschienen« eingespannten Produktionshallen (Leitung/Entwicklung/Technik — Material-/Produktlieferung) mit überschaubaren Erholungszonen erreicht einen typologischen Standard, der mit architektonischen Kriterien allein nicht beschreibbar ist.

Hardtmuthgasse 131—135, Fritz Bogner+Co. KG., Edelstahl, ab 1905

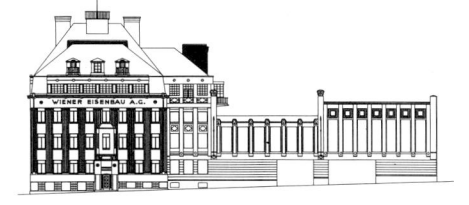

Die renommierte Eisenkonstruktions-Werkstätte, Bau- und Kunstschlosserei und Blechschmiede Wilhelm Rotter, aus der »ein großer Teil der Arbeiten für die Wiener Stadtbahn hervorging«, wurde 1905 von Oskar Sohner gekauft. 1906 erfolgte durch den Wagner-Schüler Leopold Bauer ein Ausbau der Anlage, der aus einem Wohn- und Bürohaus (Knöllgasse 35) und einer dreischiffigen Werkshalle mit Galerien als Sichtziegelbau bestand (A: Seitl & Klee). 1918/19 wurde für die Wiener Eisenbau-AG. wieder von einem Wagner-Schüler, diesmal von Hubert Gessner, das Bürohaus aufgestockt und erweitert, die Fassade neu gestaltet (Zeichnung) und anschließend eine bis »Zur Spinnerin« durchreichende Werkshalle errichtet. 1965 übernahm die Fritz Bogner + Co. KG. die Objekte, im Zuge einer baulichen Sanierung wurde die Werkshalle von Bauer verputzt und die Stirnwand der großen Halle in der Knöllgasse vereinfacht.

Laxenburger Straße 131—135, Karosseriefabrik W. Guttmann, E: Friedrich J. Mahler, Statik: Franz Quidenus, 1914

Die ehemalige Wiener Karosseriefabrik diente während des Ersten Weltkrieges als Flugzeugwerk und ist heute eine Niederlassung der Steyr für Handel & Service. An der Dieselgasse liegende langrechteckige Block umschließt einen Hof, in dessen südliche Hälfte eine mit Raupensheds belichtete Halle gelegt wurde mit umlaufender Galerie, die für die Herstellung von Flugzeugen geeignet war. Abgesehen von diesem bemerkenswerten Innenraum zeigt der ganze in Eisenbeton ausgeführte Bau ein gutes konstruktives Niveau, das heißt, die sehr zurückgenommene Architektur ist aus den strukturellen Bedingungen des Eisenbetons entwickelt. Offenbar stand hier noch der damals 36jährige Otto-Wagner-Schüler Mahler unter dem Einfluß seines Lehrers. Das nach Osten anschließende Reparaturwerk wurde 1968 errichtet (E: Rolf Simlinger).

# 10. BEZIRK

Laxenburger Straße 151, Produktions- und Lagerhallen, Bürogebäude der Beiersdorf GmbH., E: Friedrich Frank, A: ARGE Porr-Ast-Menzel, 1961—63

Die Anlage ist charakteristisch für den funktionalistischen Industriebau der späten fünfziger und frühen sechziger Jahre, der auch noch einen besonderen ästhetischen Anspruch anmeldete. Friedrich Frank legte nicht nur Wert auf eine logische Organisation der Arbeitsabläufe, sondern auch auf klare Erkennbarkeit der Funktionsgruppen. Seit der 1. Bauetappe sind folgende Erweiterungen erfolgt: 1974 Bau eines Lagergebäudes und Hochregallagers im Hof und Aufstockung des Bürogebäudes (2. und 3. Stock, E: Wilhelm Kroupa), 1986 Aufstockung des Lagers, 1988 Aufstockung des Bürogebäudes (4. und 5. Stock, E: Sepp Müller).

Pernerstorfergasse 57, ehem. Lampenfabrik und Warenhaus, BH: R. Ditmar & Gebrüder Brünner, E: Carl Langhammer, A: Heinrich Ohrner, 1896

Das viergeschossige Objekt mit seiner bodenbesetzenden Präsenz, der hohen Bebauungsdichte und der unverblümt zweckorientierten Architektur ist ein Beispiel für die extrem produktiven Nutzung eines Bauvolumens in einem Industrie- und Arbeiterbezirk des späten 19. Jahrhunderts.

Quellenstraße 102, ehem. Nähmaschinenfabrik Lenhart & Wögerbauer, E + A: Johann Sturany, 1885

Quellenstraße 149, ehem. Maschinenfabrik H. R. Gläser, E + A: Oskar Laske, 1888/89

Um 1900 übernahm Maximilian Luzzatto die Maschinenfabrik, die zehn Jahre vorher Hugo Reinhold Gläser mit einem einstöckigen Wohnhaus, einer Werkstättenhalle, einer Schmiede, einem Magazin, einem Kessel- und Maschinenhaus errichten ließ. Interessant ist nicht nur die pittoreske Collage von Struktur-, Architektur- und Dekorelementen, die die Funktionszusammenhänge zu überkrusten scheint, sondern auch der Umstand (wie Wehdorn/Georgeacopol richtig bemerken), daß Luzzatto die späteren Erweiterungsbauten (vor allem das Bürohaus im Hof von 1909, E: A. Alphart und A. Wagner) in der gleichen »Beredsamkeit« errichten ließ. Bereits eine romantische Bezugnahme auf englische Vorbilder?

Sicardsburggasse 36, Maschinenfabrik M. Luzzatto, E: Ludwig Schmidl, A: W. Stadler, 1906/07

Die eindrucksvolle dreischiffige Halle mit basilikalem Querschnitt, 50 m lang und 21,50 m breit und seitlichen Arbeitsgalerien, ließ Luzzatto als Erweiterung der nördlich liegenden Maschinenfabrik H. R. Gläser errichten. Die eiserne Konstruktion stammt von R. Ph. Waagner, L. und J. Biró & A. Kurz. Seit 1937 ist sie im Besitz der Allgemeinen Baumaschinen-Ges.m.b.H. (Haid, OÖ.). Die äußere Erscheinung läßt die innere Raumfigur erkennen; die Halle gehört zu den markantesten Industriebauten des Bezirks.

Sonnleithnergasse 5, Goerz Electro Ges.m.b.H., E: Otto Hofmann, Adolf Hoch, 1938 bis 1942

Der lange, gekrümmte, durch seine strenge Proportionierung sachlich wirkende Baukörper ist nur ein Teil einer größer geplanten Fabrikshalle, die bis zum Waldmüllerpark und zur Fernkorngasse reichen sollte. Ab 1968 wurden im nördlichen Teil Anbauten durchgeführt, 1971 der 4. Stock aufgesetzt (E: Karl Peter Klaus Klette).

Sonnleithnergasse 24—26, Filzamer Stahlbau, E: Raymund Schüller, Felix Hasenöhrl, 1962

# FAVORITEN

Triester Straße 87, Autohaus Alfred Liewers, E: Friedrich Frank, A: ARGE O. Auteried & Co. und G. u. H. Wenzel, 1955—57 (1. Bauabschnitt)

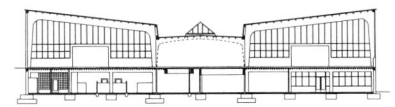

Für den Wiener Industriebau der fünfziger Jahre stellt diese Anlage geradezu einen »Schlüsselbau« dar. Hier wurde bis in die kleinsten Einzelheiten eine gestalterische Liebe und ein naiver, fortschrittsgläubiger Optimismus versprüht, der neben seiner zeitbejahenden Liebenswürdigkeit heute bereits eine kulturelle Aussage über das ganze Jahrzehnt macht. Das Autohaus wurde in drei Etappen errichtet, wobei die erste, die Kundendienstanlage (Reparaturwerkstätte), die interessanteste ist. Entworfen von Friedrich Frank und Rudolf Vorderegger (Statik: Hugo Juller, A: O. Auteried & Co., G. u. H. Wenzel), ist hier von der dreischiffigen Reparaturhalle bis zum Kundenwarteraum mit Espresso eine Architektursprache »durchgehalten«, die Zartheit und Dynamik, Materiallust und Formfreudigkeit als Synonyme für Fortschritt reklamiert. Das Ausstellungs- und Bürohaus mit anschließender zweigeschossiger Neuwagenhalle und einem Heizwerk wurde auf dem vorgegebenen Standort von Anneliese und Andreas Tröster entworfen (1961/62), das Zentralersatzteillager bereits unter »Ausschluß von Architektur« als reiner Zweckbau (1965) von der Universale AG in Fertigteilen und 20 m langen HPV-Schalen in drei Wochen errichtet.

Troststraße 109—111, Mercedes Benz, Wiesenthal & Co.KG., Großreparaturwerk und Service, Verwaltungsgebäude und Ausstellungshalle

Die Anlage hat sich ursprünglich von der Troststraße aus (alter Verwaltungsbau) entlang der Braunspergengasse und der Quaringasse entwickelt, wo heute noch die interessante Eisenbetonhalle (ehem. LKW-Reparatur) steht. 1962/63 wurde die Großreparaturwerkstätte und Servicehalle entlang der Troststraße gebaut (E: Friedrich Frank, Peter Schweger) mit gedeckter Einfahrt (filigranem Dach) zum alten Bürohaus hin. In einer zweiten Baustufe wurde dann 1965—67 der Verwaltungsbau errichtet (E: Peter Schweger, Anton Schweighofer, Statik: Rupert Schickl, A: Hofman & Maculan), eine neue Zufahrt von der Gußriegelstraße angelegt und später noch eine Ausstellungshalle (E: Erich Sulke) gebaut. Das Bürohaus, mit von einer Pilzkonstruktion abgehängten Geschossen (die Betonummantelungen der Seile ergeben praktisch wieder Stützen), ist eine echte Konzeption der sechziger Jahre — ein etwas überanstrengter Versuch, Fortschritt und Flexibilität zu signalisieren.

Wienerbergstraße 21—25, Wertheim-Werke AG., ab 1938

Wertheim, seit 1852 in Wien ansässig, errichtete 1938 unter Ernst Bruno eine neue Anlage am Wienerberg. Die Hallen I und II, mit dem Versuchsturm, zeigen noch die typische Konstruktion mit den verglasten Binderfeldern, wie sie im Industriebau des »Dritten Reiches« verwendet wurden. Die Anlage wurde bis heute permanent erweitert, wobei sich Material und Konstruktion zeitbedingt änderten. Ungewöhnlich ist die nahtlose Dichte der Hallen, ebenso deren Breiten von 45 bis 60 m.

Ettenreichgasse 25—27, Sokol-Turnhalle, E: Josef Vytiska, A: W. Hules, 1933/34

Das für den Turnverein Sokol (= Falke) errichtete Saalgebäude entstand aus dem Umbau einer Fabrikshalle, von der aber nur die Außenmauern teilweise mitbenutzt wurden. Daraus erklären sich auch der schmale, lange Baukörper, die lineare Addition der Raumgruppen und das Prinzip der kleinen, von innen bestimmten Öffnungen. Der immer noch eindrucksvolle Saal mit Galerie und Bühne sowie das übrige Raumangebot weisen darauf hin, daß die Anlage für den tschechischen Turnverein auch kulturelle Funktionen im Vereinsleben zu erfüllen hatte.

# 10. BEZIRK

## Ludwig-von-Höhnel-Gasse 2, Laaerberg-Bad, E: Erich Franz Leischner, 1957—59

Das auf 10.000 Gäste ausgelegte Bad (auf einem 6 Hektar großen, schönen Hanggrundstück) wirkt nach dreißigjährigem Bestand abgenutzt und ist außerdem in einer Sanierungs- bzw. Umbauphase (Sportbecken). Trotzdem besitzt das Bad seinen spezifischen Charakter und seine eigene Atmosphäre, die vor allem auch durch die großen Spiel- und Liegewiesen sowie Sportflächen entstehen. Die bauliche Anlage selbst hat eine funktionell abgewandelte »Schloßtypologie« mit kleinem Vorhof und zwei innenliegenden Seitenhöfen, von denen man einerseits zu den Kästchen, andererseits zu den Kabinentrakten gelangt. Erwähnenswert ist vor allem der Kabinenhof (mit darüberliegenden Sonnenbädern, anschließendem Ladentrakt und Gaststätte), der etwas an die Architektur des »Gänsehäufels« erinnert. Die zu Höfen verbundenen Kästchentrakte erinnern in ihrer baulichen Struktur ebenfalls an das Vorbild, ohne es jedoch zu erreichen. Das Laaerberg-Bad ist vermutlich die letzte größere Arbeit von Erich Franz Leischner, einem verdienstvollen Architekten des Magistrats, dessen erste Arbeiten bereits vor dem Ersten Weltkrieg entstanden sind.

## Reumannplatz 6, Amalienbad, BH: Gemeinde Wien, E: Otto Nadel, Karl Schmalhofer, A: Rella & Neffe, 1923—26

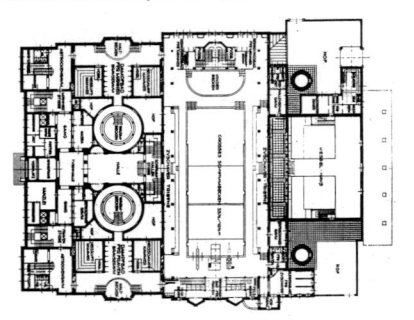

Das nach der sozialdemokratischen Gemeinderätin Amalie Pölzer in bewußt »feudaler Tradition« benannte Bad ist heute noch ein Symbol der Baupolitik des »Roten Wien«. Die monumentale Anlage für 1300 Besucher, die im Grundriß Erinnerungen an römische Thermen wachruft, verstand sich als Ergänzung zum Wohnbauprogramm, welche die Volkswohnung ohne Bad, gewissermaßen auf einer öffentlichen Qualitätsstufe, kompensierte. Hygiene und Körperkultur wurden aber hier nicht nur in einer eindrucksvollen architektonischen Form veranschaulicht, sondern auch durch ein reiches und differenziertes Badeangebot erweitert: Dampf und Heißluft, Brausen und Wannen, Luft und Sonne, aber auch medizinische Bäder, wie

Diathermiebehandlung, Schlamm-, Sole-, Gas- und elektrische Bäder. Kulturellen Anspruch signalisiert die Architektur nicht nur außen, mit dem Pathos der aufgeschichteten Baumassen und dem zeichenhaft eingesetzten Wasserturm, sondern auch in der Ausstattung, die noch einmal das Wiener Kunstgewerbe, im Übergang von der Spätsecession zum Art deco, voll fordert (keramische Arbeiten, A: Gebrüder Schwadron). Das Bad wurde im Zweiten Weltkrieg schwer beschädigt, dann notdürftig instandgesetzt. Bei der Generalsanierung 1980—86 (E: Erich Millbacher, Erich Schlöss), die die historischen Teile sorgfältig bewahrte und vorsichtig ergänzte, wurden folgende Neu- bzw. Umbaumaßnahmen vorgenommen: Abbruch des Kesselhauses und der beiden Schornsteine (Fernwärme) und Einbau einer Trainingsschwimmhalle unter Terrain, damit verbunden eine Erweiterung der Schwimmhalle (Ruheplätze, Solarien) und direkte Belichtung. Neukonstruktion des eisernen Sprungturmes in Stahlbeton (10 Meter) und fixe Schließung des nach zwei Seiten (in jeweils drei Feldern) zu öffnenden Glasdaches. Die aus thermischen Gründen schon früher im oberen Bogenbereich eingehängte Untersicht wurde instandgesetzt und mit Abluftvorrichtungen versehen. Im Bereich der Dampfbäder wurden die Vorbereiche mit den Kaltbecken neu gestaltet und Saunen eingebaut. Das runde Warmwasserbecken für Frauen ist noch in der alten Form erhalten, jenes für Männer wurde schon im Krieg zerstört und ohne Säulen, mit besserem Oberlicht, neu gestaltet. Wegen des stark zurückgegangenen Bedarfs an Wannen- und Brausebädern wurden Teile der vorderen Etagen in Büros und in ein physikalisches Laboratorium umgebaut (Abb.: Grundriß und Rundbecken, alter Zustand).

## Landgutgasse, Waldmüllerpark, 1923

Der ehemalige Matzleinsdorfer Friedhof (ab 1784) wurde bereits 1909 durch die Anlage der Landgutgasse und die Erweiterung der Südbahnanlagen verkleinert. Damals wurde auch schon der abgegrenzte sogenannte Denkmalrundplatz (Denkmalhain für Grabsteine besonderer Bedeutung) angelegt. 1923 wird schließlich der Friedhof endgültig in den Waldmüllerpark umgestaltet. Architektonisch interessant ist die Anbindung an die Landgutgasse.

## Humboldtgasse 1—5, Umspannwerk 10 — Favoriten, BH: Städtische E-Werke, E: Eugen Kastner, Fritz Waage, 1928—31

»Die einzelnen Räume sind durch eine zwangsläufige Reihung der Apparate neben- und übereinander, nicht nur dem Fläche- und Raummaße nach streng gegeben, sondern auch hinsichtlich ihrer Abmessungen in engen Grenzen bestimmt... Diesem Bedürfnisse stand die dreieckige Form der Parzelle erschwerend entgegen, zumal eine vom technischen Standpunkte logische Aneinanderfügung der Raumgruppen notwendig war, um der Forderung nach organischer Apparateanordnung, übersichtlicher Betriebsführung, kurzen Verbindungswegen, raschem Erreichen der wichtigsten Betriebsräume, kurzer Leitungsführung usw. zu entsprechen. Des weiteren war für die Gestaltung des Baues die einfache, leichte Einbringung der Apparate ausschlaggebend. Besonderes Augenmerk mußte auf den Transport der Gleichrichter und Transformatoren

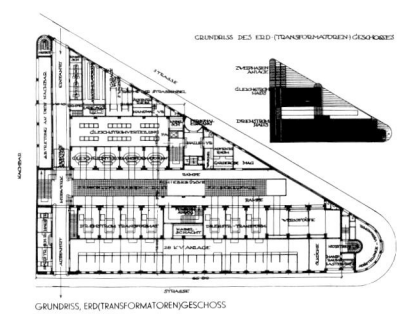

10. BEZIRK

barkeit zu transformieren. Die teilweise auftretenden Silo- und Dampfermotive, die Dynamik der horizontalen und vertikalen Bewegungen signalisieren also gewissermaßen »Fortschritt an sich«. Die Architektur erreichte eine Autonomie der Ausdrucksmittel, die zwar auf Funktionen beziehbar ist, sie aber nicht unmittelbar definiert. So bleibt der sachliche, technische Bau rätselhaft und geheimnisvoll, was durch die erdgeschossige Einfassung mit Durch- und Einblicken, Portalen etc. und durch die Unbetretbarkeit des Areals noch verstärkt wird. Außerdem steigert der hermetische Sockel die Wirkung des Baus als Plastik. Das Umspannwerk Favoriten gehört zu den eindrucksvollsten Bauten der Wiener Zwischenkriegszeit.

Ferdinand-Löwe-Straße, Fußgängersteg über die A 23, E + Statik: Alfred Pauser, A: ARGE Hazet Bauges.mbH., Held & Co., Franke, Beton- und Monierbau, Kainz & Co. KG., 1969—76

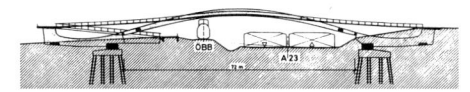

Das »kombinierte Spannband-Bogentragwerk« (72 m Spannweite) setzt »den Bogen als normalkraftorientiertes Element in einen Gegensatz zum Spannband als reines Zugglied«, so daß »Bogenschub und Spannbandzug einander weitgehend aufheben«. Dieses in sich ausgewogene System überträgt möglichst senkrechte Lasten auf den setzungsempfindlichen Boden (Lit.: Pauser).

Gudrunstraße 155—159, Straßenbahn-Betriebsbahnhof Favoriten, E: Hochbauabteilung der Städtischen Straßenbahnen, 1914/15

## FAVORITEN

Der Betriebsbahnhof erstreckt sich über fünf Gebäudeblocks, wobei die Hallen IV (Erlachgasse 106), mit anschließendem altem Verwaltungsgebäude, und V (Erlachgasse 107) den älteren Bestand darstellen. Zu Anfang des Ersten Weltkrieges wurden dann die nebeneinanderliegenden Hallen I, II und III mit einem hakenförmigen, sie auf zwei Seiten rahmenden Wohn- und Bürohaus und einem kleinen Abfertigungsgebäude errichtet. Die im Gelände leicht höhenversetzten Hallen sind bemerkenswerte frühe Eisenbetonkonstruktionen (ehemaliger Fassungsraum: 270 Waggons), ähnliche Qualität zeigt die auf Ensemblewirkung bedachte Architektur.

Raxstraße, Fußgänger-Seilbrücke mit Schrägpylon, E + A: Waagner-Biró, AB: Kurt Schlauss, 1968/69

Wiedner Gürtel 1, Südbahnhof, BH: Österreichische Bundesbahnen, E: Heinrich Hrdlička, MA: Rudolf Maculan, Kurt Walder, 1951—60

Die alte, orientierungsfreundliche Anordnung der freistehenden Bahnhöfe (mit dazwischenliegendem Administrationsgebäude) auf dem ebenfalls verschwundenen Ghega-Platz wurde zugunsten einer billigeren, komprimierten Lösung mit gemeinsamen Verteilerhallen aufgegeben. Gerade das Volumen der Abfahrtshalle wurde in den fünfziger Jahren kritisiert. Heute erweist sie sich als »städtischer Mehrzweckraum« mit genügend Umbaureserven.

# 11. Bezirk: SIMMERING

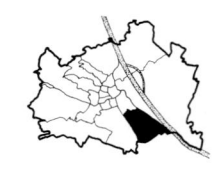

SIMMERING wird im Norden vom Donaukanal und zum 3. Bezirk hin von einer zufällig erscheinenden, im Zick-Zack verlaufenden Markierung begrenzt; die übrigen Grenzen bilden Verkehrswege: im Nordwesten die Stadtautobahn (Südosttangente), im Südwesten die Ostbahn und im Süden beziehungsweise im Südosten die Donauländebahn. Das urbane und verkehrstechnische Rückgrat ist die Simmeringer Hauptstraße, die als alte Ausfallstraße nach Carnuntum bereits auf die Römerzeit zurückgeht. Während die Geiselbergstraße schon im späten 19. Jahrhundert eine wichtige Querverbindung nach FAVORITEN herstellte (ab 1905 Straßenbahn), erhielt die nach dem Ostbahnviadukt abzweigende Kaiser-Ebersdorfer Straße erst in den letzten Jahrzehnten eine größere städtebauliche Aufwertung. Heute stellt auch die über die zur Freudenauer Hafenbrücke führende Querverbindung Etrichstraße — Zinnergasse eine wichtige Verbindung zum Winterhafen dar.

Die alte Dorfgasse (heute Mautner-Markhof-Straße) von SIMMERING ist noch gut im Stadtgrundriß als gewachsener Siedlungskern erkennbar; das Dorf lag auf einer Terrasse über der Simmeringer Haide, und die vorgeschobene Kirche St. Laurenz wurde durch den Bau der Ostbahn vom Siedlungskern abgeschnitten. Das heutige Zentrum liegt um den Enk- und Herderplatz, mit einer beide Plätze verbindenden Marktanlage. Beim Herderplatz bzw. Herderpark handelt es sich zweifellos um einen städtebaulichen Höhepunkt, der, mit Ausnahme der älteren Doppelvolksschule, durch die großzügige Anlage mehrerer Wohnhöfe der Gemeinde Wien entstanden ist. Die Parkanlage (mit Kinderfreibad und Sportanlage) macht das umliegende Quartier zu einer modernen Großstadtzone, wie sie von den Städtebauern der zwanziger Jahre erträumt wurde. Man könnte auch sagen, daß die unmittelbar an das Gründerzeitviertel angebaute Kritik des Städtebaus des späten 19. Jahrhunderts die reizvolle Polarität von Enk- und Herderplatz entstehen ließ. Die Bezirke 11 bis 19 wurden erst 1891/92 geschaffen, wobei der 11. Bezirk aus den Dörfern Simmering und Kaiser-Ebersdorf, einem damals noch weitgehend unbebauten Gebiet der Simmeringer Haide und dem seit den siebziger Jahren existierenden Wiener Zentralfriedhof entstanden ist. SIMMERING, mit einer Fläche von 23,24 km², ist bis heute ein Industrie- und Arbeiterbezirk geblieben, wenn man von den Gärtnereien und landwirtschaftlichen Restflächen absieht. Mit FAVORITEN verbindet ihn eine große und opferreiche Geschichte der Wiener Arbeiterbewegung.

Zwischen Schlachthausbahn/Haidestraße und Donaukanal liegt die traditionelle Zone der Wiener Energieversorgung — die heute stark reduzierte Anlage der Gaswerke und das in den letzten Jahrzehnten umfangreich ausgebaute Elektrizitätswerk der Wiener Stadtwerke. Dieses Gebiet ist in ein dichtes Schienennetz eingebunden und hat, im rechten Winkel durchkreuzt von der Ostbahn, auch andere Betriebe angezogen. Ein weiteres dichtbebautes Industriegebiet liegt im Streifen zwischen der Ostbahn und der Aspangbahn (sowie im Gleisdreieck), also westlich des ehemaligen Wiener Neustädter Kanals, vor allem mit der Simmering-Graz-Pauker AG, der ÖBB-Hauptwerkstätte und anderen Anlagen. Obwohl im Bezirk die Zonierung von Industrie- und Wohnbau eine größere Rolle spielt, gibt es doch schon seit der frühesten Entwicklung die charakteristische Mischung von Wohnen und Arbeiten, der ja schließlich der Bezirk (siehe den Standort von Mautner-Markhof) seine Entstehung verdankt.

Eine städtebauliche Merkwürdigkeit ist die Überbauung Hasenleiten (Albin-Hirsch-Platz), die schrittweise aus einem Barackenlazarett des Ersten Weltkriegs entstanden ist und erst in den fünfziger Jahren voll ausgebaut wurde. Aus siedlungsgeschichtlichem Interesse ist noch auf die schön angelegte Weißenböcksiedlung und auf die wie eine Wagenburg gebaute Selbstversorgersiedlung »Trautes Heim« hinzuweisen.

Das riesige Areal des Zentralfriedhofs und der schweizerisch klingende Name eines der Planverfasser haben wohl den Wiener Witz provoziert, daß der Zentralfriedhof zwar nur halb so groß wie Zürich, aber dafür doppelt so lustig sei. Tatsache ist, daß diese Anlage mit den fünf Toren — einschließlich einer alten »israelitischen Abteilung«, einem Evangelischen und einem Neuen jüdischen Friedhof — und der nordöstlichen Erweiterung mit dem Urnenhain und der Feuerhalle, in Konzeption, Bau- und Denkmalbestand zu den kunst- und kulturgeschichtlich interessantesten Stadtteilen von Wien gehört. Offenbar vermag der Wiener aus diesem Bestand von Vergänglichkeit, eingehüllt in eine eindrucksvolle Parklandschaft, immer noch einen Teil seiner melancholischen Lebenslust zu beziehen.

Fast immer in Sichtweite bleiben die vier »Gasometer« (aufgelassene Gasbehälter), die als faszinierende Großobjekte einer vergangenen Technologie zum Wahrzeichen von SIMMERING geworden sind. Wer mit dem selektiven Blick touristischer Sehgewohnheiten durch SIMMERING geht, wird vermutlich wenig Bestaunenswertes finden. Wer aber seine Augen für die Vielfalt einer kontrastreichen Großstadtperipherie öffnet, wird in diesem Bezirk seine unvergeßlichen Entdeckungen machen, auch wenn er nicht über den östlichen Spitz des Alberner Hafens — mit den markanten Getreidespeichern — hinauskommt und den »Friedhof der Namenlosen« findet.

SIMMERING gehört zu jenen Bezirken, deren Bevölkerung durch die kontinuierliche Bautätigkeit (seit dem Wohnbauprogramm der zwanziger Jahre) ständig zugenommen hat: lebten 1900 in SIMMERING 37.075 Menschen, so waren es 1951 bereits 43.088; der Stand von 1981 hält bei 65.859 Einwohnern. Von den im Bezirk aufscheinenden Architekten sind folgende besonders hervorzuheben; von 1900 bis 1918: Jakob Gartner, Max Hegele, Arnold Heymann, Karl König und Joseph Maria Olbrich; aus der Zwischenkriegszeit: Josef Frank und Oskar Wlach, Hubert Gessner, Hugo Gorge, Clemens Holzmeister, Emil Hoppe und Otto Schönthal, Franz Kaym und Alfons Hetmanek, Karl Krist, Adolf Loos, Engelbert Mang, Rudolf Perthen, Alexander Popp, Hans Prutscher, Ignaz Reiser, Karl Schmalhofer, Adolf Stöckl sowie Franz Wiesmann; 1945—90: Luigi Blau, Klara und Peter Hautmann, Frantisek Lesak, Roland Rainer, Wilhelm Schütte, Bruno Tinhofer, Eugen Wörle und Ferry Kitt.

# 11. BEZIRK

🏛

Hauffgasse 4, Postamt 1110, E + A: Eduard Frauenfeld, 1905

Geiereckstraße 6, Bosch-Haus, BH: Elektro-Diesel-Handels-AG, E: Bürgisser und Wininger (Schweiz) und Peter Klette, 1961/62

⛪

Alberner Hafenzufahrtsstraße, Friedhof der Namenlosen, Auferstehungskapelle, E: Carl Eder, 1933—35

Ein gealterter Geheimtip von Wienkennern, ein Ort, an einem Unort geschaffen, wo die Leichen der Selbstmörder(innen) vom »Strom freigegeben« wurden. Seit 1900 als Friedhof diesseits des Dammes angelegt, konnten nur 43 von den 104 Beerdigten identifiziert werden. Die zeittypische, etwa an Arbeiten von Karl Holey erinnernde, runde Auferstehungskapelle wurde anläßlich der Verstärkung der Hochwasserdämme errichtet (Lit.: Czeike).

Blériotgasse/Seeschlachtweg, Kirche St. Josef auf der Haide, BH: Erzdiözese Wien, E: Franz Xaver Goldner, A: VÖEST-ALPINE-AG., 1976—80

Braunhubergasse 20, Evangelische Glaubenskirche und Gemeindezentrum, E: Roland Rainer, 1962/63

Der Entwurf hätte in seinen Ansätzen in den frühen sechziger Jahren eine Schlüsselarbeit im evangelischen Kirchenbau werden können, wenn die Evangelische Kirche fähig gewesen wäre, darauf zu reagieren. Rainer hat versucht, auf dem kleinen, damals von Industriebauten umgebenen Grundstück bewußt die Insel einer religiösen Gemeinschaft zu artikulieren, indem er einerseits die charakteristischen städtebaulichen Elemente (umgrenzende Mauer, eingeschlossener Hof) aufnahm, andererseits durch den Baukörper des Saales und den Glockenträger eine Zeichenhaftigkeit erreichte, die der Semantik des katholischen Kirchenbaus ebenbürtig war. Gab es in der Katholischen Kirche zu dieser Zeit eine tiefgehende Diskussion über die bauliche Identität einer neuen Kirche, so wurde hier von evangelischer Seite eine Antwort gegeben. Charakteristisch ist die Rainersche Konzeption mit dem kleinen Atrium, dem gedeckten Zugang, dem über den Altar hinaus visuell erweiterten Kirchenraum (Kompensation der Enge) und schließlich der möglichen Einbeziehung eines kleineren Saales. Rainer hat hier den Begriff von Wohnlichkeit, ein zentrales Anliegen seiner Arbeit, auf das Leben einer Glaubensgemeinschaft transformiert. Die einfache, handwerklich-strukturelle Sprachlichkeit der Baudetails versucht noch auf einer zweiten gestalterischen Ebene evangelischen Geist zu symbolisieren. Die heute eingewachsene Anlage wirkt architektonisch frisch und unverbraucht.

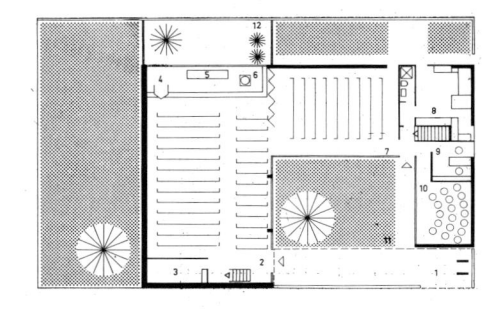

# SIMMERING

Enkplatz, Neusimmeringer Pfarrkirche,
E: Hanns Schneider, A: Georg Löwitsch,
1907—10

Die zum 60. Regierungsjubiläum Franz Josephs I. erbaute »neuromanische« Pfarrkirche zeigt ähnlich wie die Antoniuskirche von Favoriten einen distanzierten Umgang mit historischen Modellen: dies drückt sich weniger in der sich deutlich vordrängenden secessionistischen Detailsprache aus, als in der Gestaltung des weitgespannten Raumes, in seiner filigranen Baustruktur und in der Behandlung des Lichtes, die eher an spätgotische Hallen erinnert; ein erfindungsreicher Mischstil, dessen individuelle Qualitäten noch zu entdecken sind.

Hasenleitengasse 16, Pfarrkirche Hasenleiten, BH: Erzdiözese Wien, E: Ladislaus Hruska, A: Bruno Buchwieser, 1953—59

Die strenge Fassade mit der unteren Portalreihe und den sie im Obergeschoß begleitenden, dem Quadrat angenäherten Fenstern gibt ein architektonisches Versprechen ab, das dann der bescheidene, trapezförmige Saal nicht einzulösen vermag.

Meidlgasse 19, Klemens-Maria-Hofbauer-Kirche, BH: Erzdiözese Wien, E: Guido Gnilsen, Erich Eisenhofer, A: Bruno Buchwieser, 1971/72

Simmeringer Hauptstraße 230—244, Zentralfriedhof, ab 1874

Der 1874 eröffnete Wiener Zentralfriedhof wurde von den Frankfurter Architekten Alfred Friedrich Bluntschli und Karl Jonas Mylius entworfen. Eine größere Ausbauphase erfolgte nach der Jahrhundertwende. 1900 gewann der 27jährige Hasenauer- und Luntz-Schüler Max Hegele den Wettbewerb, der die Errichtung des II. Tores, die Einbindung der bestehenden Verwaltungsbauten, den Bau der Halle I (für nichtinfektiöse Leichen) und der Halle II (für infektiöse), sowie den der Dr.-Karl-Lueger-Kirche mit Arkaden für Grüfte und Kolumbarien betraf. Im Zuge der unkritischen Wiederentdeckung der Kultur der Jahrhundertwende werden auch die Bauten Max Hegeles als Wiener Jugendstil gefeiert. Tatsächlich handelte es sich aber bereits um eine Verwertung von Jugendstildekor vor dem Hintergrund eines diffusen Historismus. Hegele nahm zwar sichtbaren Bezug auf die Steinhof-Kirche, mied aber sowohl die ikonologische als auch die technologische Auseinandersetzung mit der Wagnerschen Architektur. Er begnügte sich mit der secessionistischen Einkleidung eines historischen Bautyps, indem er die Wagnerschen Erfindungen, wie etwa die transformierte Doppelturmlösung am Steinhof, rückverwandelte und als Versatzstücke in das monumentalistische System integrierte. Eine andere Vergröberung geschah durch die Umwandlung flächiger Dekorationen des Jugendstils (etwa des Quadrats) in plastische, was es erleichterte, diese Formen für einen trockenen Monumentalismus zu adaptieren. Während etwa Plečnik die Architektur einer Totenstadt durch das Herauslösen von architektonischen Formen aus ihrer Zeitlichkeit suchte, also Zeitlosigkeit durch Häufung von Zeitspuren veranschaulichte, ging Hegele den einfacheren Weg, indem er eine damals noch

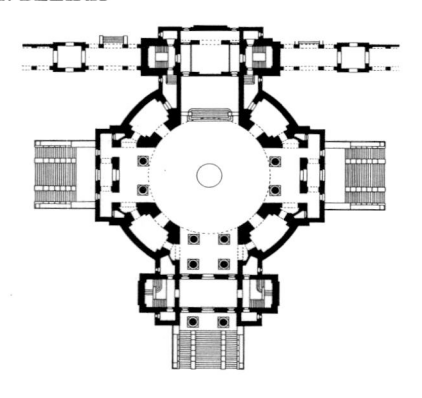

# 11. BEZIRK

lebendige Architektur (die der Secession) in einem leblosen Pathos erstarren ließ. Das bedeutet nicht, daß diese Architektur — mit Patina und zeitlichem Abstand — nicht ihre nekrophilen Reize hätte. Vor allem hat auch Hegele erkannt, daß diese Bauten in ein Konzept des 19. Jahrhunderts einzubinden waren, also in großen Blickdistanzen und Perspektiven zu bestehen hatten. So zeigt die Typologie der Objekte und ihr starkes Oberflächenrelief eine »visuelle Resistenz«, die in dem großräumigen Zusammenhang eine eigene Qualität darstellen.

Das II. Tor wurde bereits 1905 fertiggestellt: es bildet den Auftakt zur großen Mittelachse, an der die Ehrengräber, die Gedächtniskirche (A: Ludwig Zatzka, 1907—10) und am Ende das Kriegerdenkmal von Anton Hanak (1925), bei den Kriegsgräbern von 1914—18 liegen. Von einigem architektonischem Interesse ist noch die Halle III (E: H. Glasauer und K. Bernhard), die 1923 eröffnet wurde. Die Halle I wurde 1980—83 einem großen Umbau unterzogen (E: Erich Boltenstern, MA: Otto Ulrich), wobei für das neue Trauerzeremoniell die 17 Aufbahrungskojen in Zeremonienräume umgewandelt wurden.

Es ist hier unmöglich, auf den kaum überschaubaren Bestand von Denkmälern und Grabstätten einzugehen, dazu gibt es aber einen Plan und einen handlichen Führer (Wiener Bezirksführer Nr. 30, Hans Havelka). Von den Mahnmalen sei nur auf jenes für die Opfer des Faschismus 1938—45 hingewiesen (E: Wilhelm Schütte, Bildhauer: Fritz Cremer, 1947/48), das mit den Figuren der Trauer, der Anklage und des Befreiten auf einer ansteigenden Fläche (symbolisiertes Gräberfeld) und einer aufgebrochenen Kerkermauer ein eindrucksvolles, an manieristische Traditionen erinnerndes Szenario schafft. Von den sorgfältig gepflegten Soldatengräbern aller Nationen sind in der Art ihrer Anlage die sowjetischen Kriegsgräber (Gruppe 44 a-c) besonders sehenswert. Offenbar hatte die konventionelle Denkmalkultur des »Sozialistischen Realismus« eine besondere Beziehung zum Genius loci. Ehrengräber im architekturhistorischen Zusammenhang: Gruppe 0: Peter Altenberg (E: Adolf Loos, 1919), Adolf Loos (um 1931); Gruppe 14 c: Christian Broda (E: Franta Lesak, 1987); Gruppe 40: Kurt Moldovan (E: Luigi Blau, 1977/78).

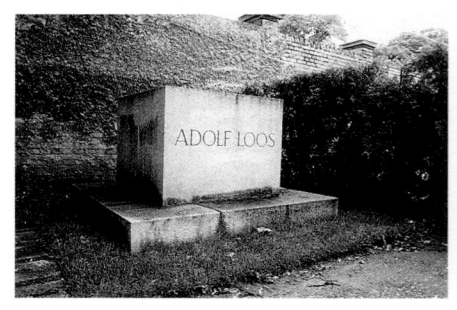

Simmeringer Hauptstraße 242, IV. Tor, Evangelischer Friedhof, E: Karl Wolscher, R. Diedtel, A: August Scheffel, 1903/04

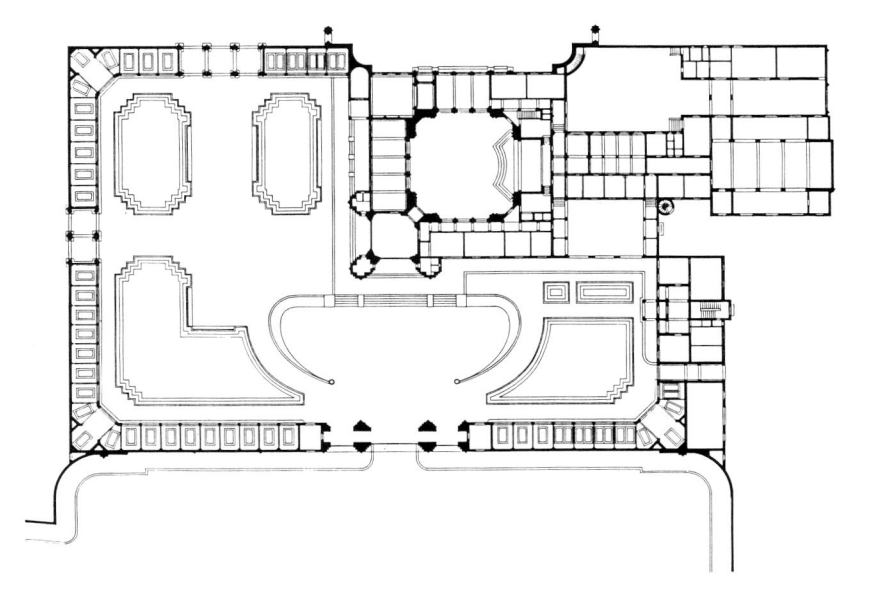

## SIMMERING

### Simmeringer Hauptstraße 244, V. Tor, Israelitischer Friedhof, ab 1914

Da die alte »Israelitische Abteilung« beim I. Tor nicht erweitert werden konnte, kam es 1914 zur Anlage des »Neuen israelitischen Friedhofes« östlich des evangelischen. Der Bau einer Zeremonienhalle (Wettbewerb 1914/15) konnte jedoch nicht mehr verwirklicht werden. So kam es 1916/17 zum Bau einer provisorischen Halle (E: Jakob Gartner, E: Edmund Melcher), die heute noch als Werkstatt genutzt wird. 1924 wurde ein zweiter Wettbewerb durchgeführt (Juroren: Robert Oerley, Hubert Gessner, Alexander Neumann, Arnold Karplus), den Ignaz Reiser vor Wilhelm Oberländer und Sigmund Katz gewann. Die 1926—28 erbaute Anlage mit Zeremonienhalle, Verwaltungsbau und Arkadenhof orientierte sich zweifellos in der expressionistischen Gestik am gerade vollendeten Krematorium. Für die Kuppelschale wurde (erstmals in Österreich) das Torkret-Spritzverfahren angewandt. Die in der Nazi-Zeit schwer beschädigte Anlage wurde 1965—67 (E: Robert Kanfer) wieder hergestellt. In der alten Abteilung wäre noch auf das Oktogon des Kriegerdenkmals (XI. Tor) und auf das in der Gruppe 7 liegende Grabmal Schlesinger (E: Joseph M. Olbrich, 1899) zu verweisen.

293

## 11. BEZIRK

Simmeringer Hauptstraße 337, Krematorium, BH: Stadt Wien, E: Clemens Holzmeister, Statik: Rudolf Saliger, A: Carl Korn AG, 1921/22

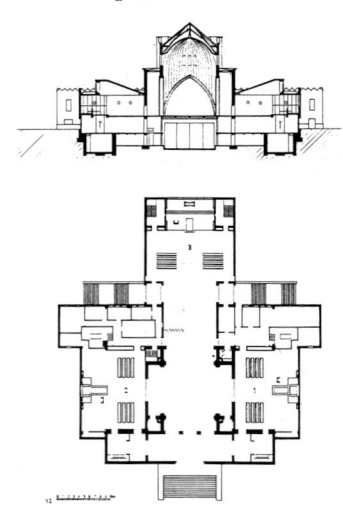

Obwohl Clemens Holzmeister beim Wettbewerb für das Krematorium nur den 3. Preis erhielt, wurde ihm vom konservativen Stadtbaudirektor Fiebiger der Bauauftrag erteilt. Grund dafür war seine Bezugnahme auf das Neugebäude, also die Einbindung des Neubaus in den Ruinenbestand der Spätrenaissance-Villa. Wie immer man dies beurteilen mag, Tatsache ist, daß Holzmeister auf den manieristischen Formbestand mit einer eigenen, expressive Formenwelt reagierte, die, prägnant und unentschieden in einem, einen Dialog aufnahm, dessen Theatralik und Pathos man sich auch heute nicht entziehen kann. Holzmeisters inszenatorisches Temperament hat hier das erste Mal ein großes Betätigungsfeld gefunden, das die Themen Landschaft und Umfriedung, Ausgrenzung und Wache,

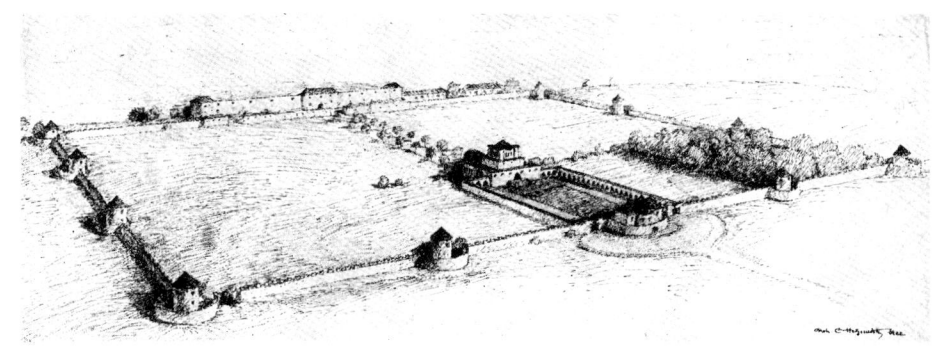

# SIMMERING

Achsen und Perspektiven, Ehrenhof und Arkaden, Atrium und Vorhalle, Treppe und Weiheraum geradezu in einem semantischen Handstreich neu formulierte. Das Wiener Krematorium ist der bedeutendste expressionistische Bau Österreichs, wobei die Bezugnahme auf eine gotisierende Formenwelt gleichzeitig eine plakativ-geometrisierende Distanz schafft, so daß eine mystifizierende Emotionalität angesprochen und, nach der Katastrophe des Ersten Weltkrieges, damals moderne Antirationalität signalisiert wird. Man darf auch nicht vergessen, daß die Feuerbestattung zu dieser Zeit ein prononcierter ideologischer Akt war. Dem katholischen Tiroler ist es gelungen, diesem atheismusverdächtigen Kult die Aura religiösen Rituals zu verschaffen. Kulturgeschichtlich eine österreichische Meisterleistung: der sozialistische Antiklerikalismus inszeniert sich als »Überreligion« durch die holzschnittartige Überlagerung architektonischer Erinnerungen. Zeitgenössische Interpreten sprechen von »östlichen« Architekturen genauso wie, etwa bei der Zeremonienhalle, vom Symbol der Flamme oder Blüte. Ungeachtet dieser ikonologischen Oszillation handelt es sich aber um überzeugende Räume und eindeutige Raumfolgen. Besonders sehenswert ist auch der westliche Urnenhain, die Korrektur der alten Umfassungsmauern durch das Einfügen der Urnennischen. Das Krematorium wurde 1965—69 von Holzmeister selbst erweitert, wobei der ehemalige Hauptraum gewissermaßen zur zweiten, großen Vorhalle wurde. In der Achse sowie rechts und links wurden neue Zeremonienhallen gebaut, wobei der mittleren (mit einem Glasfenster von Giselbert Hoke) besondere Bedeutung zukommt. Die 1927 von Anton Kolig ausgeführten Fresken wurden im Kuppelraum angebracht. Die Goldwände in den seitlichen Zeremonienhallen stammen von Gudrun Baudisch-Wittke.

## Florian-Hedorfer-Straße 22, Volks-, Haupt- und Sonderschule der Stadt Wien, E: Eugen Wörle, Ferry Kitt, 1970/71

Die Trakte der achtklassigen Volksschule, der zwölfklassigen Hauptschule und der ebenfalls zwölfklassigen Sonderschule sind entlang einer räumlichen Erschließungsachse angelegt, die aus der Folge von »Eingangszone, Zentralgarderoben, Pausenhallen, Atrium und Musikzimmer mit zugeordneten Sitzmulden« besteht. Die direkte Aufeinanderfolge der Schulen wurde mit der größeren Flexibilität begründet, die eine wechselseitige Nutzung oder Zuordnung der Klassen erlaubt. Die Schule ist aus Fertigteilen erbaut.

## 11. BEZIRK

**Gottschalkgasse 21, Bundesgymnasium und Bundesrealgymnasium, E: Hochbaudepartement der Niederösterreichischen Landesregierung, 1919—21**

Die als k. u. k. Realschule, also vermutlich noch vor dem Ersten Weltkrieg, geplante und später ausgeführte Anlage gibt den städtebaulichen Auftakt zu dem markanten Platzgelenk, das vom Herderpark zum Markt überführt. Die schlichte, aber einprägsame Architektur zeigt noch Spuren Otto Wagnerscher Fassadengrammatik, wenn sie auch schon, etwa durch die Andeutung von Lünetten im Obergeschoß an der Hauptfassade, eine neue Biedermeierlichkeit ankündet.

**Hasenleitengasse 9, Kindergarten und Schule der Stadt Wien, E: Moriz Servé, 1940**

Der Kindergarten mit 13 Gruppen und einem abgeteilten Schultrakt wurde als Kindergarten mit getrenntem Hort geplant. Josef Frank und Oskar Wlach hatten bereits 1931 (vermutlich im Zusammenhang mit dem danebenliegenden Gemeindebau) ein Projekt eingereicht, das jedoch nicht zur Ausführung kam. Wieweit die Planung von Servé sich auf das Vorprojekt stützte, konnte nicht festgestellt werden. Die Lösung der Halle, der breite Gang, die Verbindung der Gruppenräume mit Terrassen sind zumindest der Frankschen Auffassung nicht fremd. Wirklich abweichend und der Ideologie des »Dritten Reiches« entgegenkommend ist die Gestaltung der Fassaden. Die Bauzeit wird von Servé selbst mit 1940 angegeben.

**Herderplatz 1, 1a, Volksschule, BH: Stadt Wien, E + A: Rudolf Otto Gerger, 1910/11**

Die in zwei gleichen Trakten angelegte Doppelvolksschule mit Turnsaal als Verbindungsbau und dem geräumigen offenen Gartenhof war von vornherein als freistehendes Objekt konzipiert. Die zur Heimatschutzbewegung tendierende Architektur unterstreicht diesen auf den Park bezogenen Charakter.

**Rzehakgasse 7—9, Volksschule, BH: Stadt Wien, E + A: Guido Gröger, 1913/14**

Der etwas überrenovierte Bau und die durch die Auswechslung der Fenster in ihrer Wirkung stark irritierte Architektur zeigen immer noch einen interessanten Übergang vom »ärarischen Schultyp« zu einer liebenswürdigeren, freieren Bauform.

**Rinnböckstraße 47, Kindergarten der Gemeinde Wien, E: Margarete Schütte-Lihotzky, 1963/64**

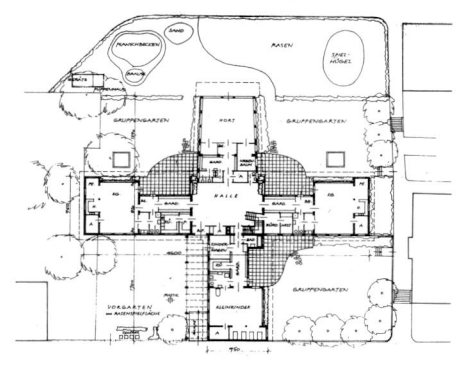

Die Architektin hat sich ein Leben lang, angefangen in den späten zwanziger Jahren in Frankfurt (»Frankfurter Küche«), über die Sowjetunion, Türkei, in Frankreich und Kuba mit den Auswirkungen der Berufstätigkeit der Frauen auf das Bauen und speziell mit der Architektur für Kinder beschäftigt. Dieser Kindergarten ist gewissermaßen ein in Wien realisiertes Ergebnis dieser Auseinandersetzung, die nicht nur pädagogische, ökonomische, hygienisch-medizinische und architektonische Überlegungen zusammenfaßt, sondern auch modellhaft die Möglichkeiten einer rationalen Vorfertigung behandelt. Der Windradgrundriß mit zentraler Halle verzichtet nicht nur auf unnütze Gänge, er schafft auch eine optimale Verbindung und Trennung der Gruppen, die übrigens von der Krippe über die normale Gruppeneinheit bis zum Hort beliebig kombinierbar sind. Die Typologie des Grundrisses ergibt automatisch zugeordnete, gedeckte und freie Spielbereiche, die Halle erlaubt es auch gemeinsame (festliche) Veranstaltungen. Liebevoll und von der Perspektive des Kindes her gestaltet sind die einzelnen Gruppeneinheiten mit natürlich belichteten Raumnischen und vielfältigen Aus- und Durchblicken. Über der Halle liegt noch eine eigene Gruppeneinheit mit großer Terrasse. Dieser Bau brachte in Österreich die Diskussion um den Hallenkindergarten in Gang, die vor allem von Ferdinand Schuster, Wolfgang und Traude Windbrechtinger und Anton Schweighofer aufgenommen wurde.

# SIMMERING

Alberner Hafenzufahrtsstraße, Getreidespeicher, E: Reich, A: Suka Baugesellschaft, Gustav Orglmeister, 1939

Die Anlage besteht aus vier großen und einem kleineren Speicher, von denen einer am nördlichen Ufer des Hafenbeckens (Hansa Lagerhaus) und vier am südlichen errichtet wurden. Während die Speicher I und II der Städtischen Lager- und Kühlhaus-A.G. mit den flachen abgetreppten Satteldächern gleich ausgeführt sind, besitzt der Rhenus-Agrarspeicher ein betont steiles Satteldach. Offenbar hat sich der beamtete Planer (Ministerialrat Reich) bemüht, auf dem neuen ideologischen Boden der Tradition des funktionalistischen Silobaus neue Varianten landschaftsbezogener Architektur abzugewinnen. Es gelang ihm zweifellos eine signifikante Bauform, die heute schon als Bestandteil der Hafen- und Aulandschaft empfunden wird. Vielleicht sollte man noch ergänzen, daß diese Formen erst durch Wiederholung und Variation ihre eigentliche Wirkung und (gegenseitige) Bestätigung bekommen, also alleinstehend, »aus sich selbst heraus«, viel weniger überzeugten.

Braunhubergasse 25—29, Kleinwohnungsanlage, BH: Gemeinnützige Bau- und Wohnungsgesellschaft der Krankenkassen Wien und Niederösterreichs, E: Johann Rothmüller, A: Union Baugesellschaft, 1912

Der mäanderförmige Baublock mit den drei Straßenhöfen stellt einen Übergang vom Bassena-Typ zum moderneren Haustyp mit Kleinwohnungen dar. Die Klosetts befinden sich zwar noch außerhalb des Wohnungsverbandes, aber die Zimmer-Kabinett-Wohnungen sind direkt belichtet und belüftet. Ungewöhnlich waren die sorgfältig gestalteten Fassaden, die jedoch nach dem letzten Krieg (durch vereinfachte Wiederherstellung) verschwunden sind.

Fabiganstraße 4—14, Wh der Simmeringer Spar- und Heimstättengesellschaft, E + A: Leopold Ettmayr, 1904—14

Die planmäßig angelegte Vorstadtstraße mit zweigeschossigen Reihenhäusern und Allee hat trotz des unterschiedlichen Zustands der Häuser und Bäume einen gewissen Charme, so als wirkte über die Realität hinweg die Idee von einem städtischen Straßenraum.

Albin-Hirsch-Platz, Wh-Anlage Hasenleiten, ab 1937

Schon ab 1915 eine »Barackenstadt für Lazarettzwecke« (Czeike), hausten hier zwischen den Kriegen rund 3000 Menschen (von 722 Familienvätern waren nur 52 nicht arbeitslos bzw. ausgesteuert). Ab 1937 begann die Bebauung, die heute, vom geschlossenen Platz über leicht geöffnete Block-Randbebauungen, u-förmigen Blocks bis zu freigestellten Wohnblöcken, den Wandel städtebaulicher Leitbilder zeigt.

Dopplergasse/Molitorgasse, Wh-Anlage, E: Kurt Buchta, Sepp Frank, Heinz Neumann, Kurt Vana, Harald Wutscher, 1974—77, 1983—85

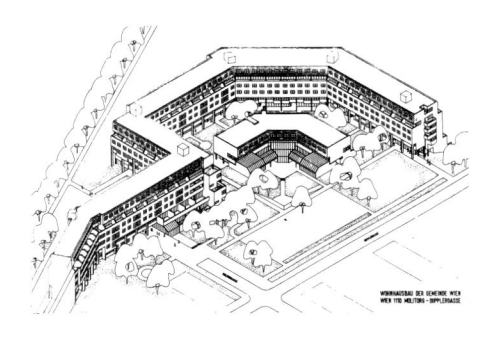

Der sichelförmige Baukörper besetzt basteiartig die Terrasse (6 m Geländesprung) und bildet so eine »innere Stadtkante«, eine Begrenzung der dichten Wohnbebauung gegenüber der gemischt genutzten, locker verbauten Simmeringer Haide (Industrie, Landwirtschaft, Schrebergärten etc.). Die Anlage hat 263 Wohneinheiten (davon 181 Type C mit 72,94 m²), 204 Garagenplätze, Kindergarten, Läden, Arztpraxen. Der größere Teil der Wohnungen ist durchgebunden (Querlüftung), die beiden obersten Geschosse sind mit Maisonette-Wohnungen ausgestattet.

Eisteichstraße 17—23, Fuchsröhrenstraße 32, 40, Wh-Anlage, E: Peter Swienty, Peter Pontiller, 1975—82

Fuchsröhrenstraße 22—30, E: Rudolf Perthen, 1930—32

297

# 11. BEZIRK

Gratian-Marx-Straße 4, E: Alfred Wildhack, 1928/29

Gratian-Marx-Straße 5, E: Rudolf Wesecky, 1952

Strenger Fassadenaufbau, kombiniert mit dem Versuch — durch Rücknahme des Mittelteiles — zum südlich liegenden Straßenraum einen Bezug herzustellen.

## Herderplatz

Auf dem trapezförmigen Grundstück am ehemaligen Wiener Neustädter Kanal befanden sich seit dem Ersten Weltkrieg Schrebergärten, lediglich die beiden Schulen meldeten einen öffentlichen Anspruch an. Der Herderpark mit dem liebevoll entworfenen Kinderfreibad und einer Sport-Spiel-Stätte wurde erst 1929 angelegt; das heißt, das städtebauliche Konzept mit dem linsenförmigen Platz und einer Verbindung bis zum Enkplatz mußte schon mit den Schulbauten festgelegt worden sein, so daß die folgenden Wohnhöfe die Fassung für diesen großstädtischen Raum abgaben. Der Herderplatz ist das einzige Beispiel in Wien, wo der kommunale Wohnbau ein Bezirkszentrum entscheidend mitprägen konnte.

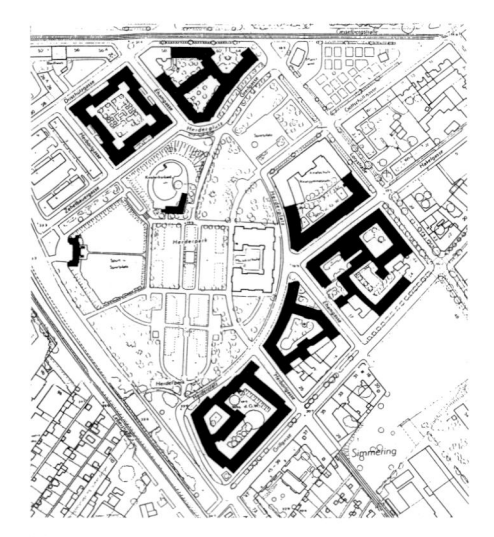

### Herderplatz 3—4, »Alfons-Petzold-Hof«, E: Adolf Stöckl (MA 22), 1923/24

Weiterführung der elliptischen Platzwand und Schließung des Blocks: Die zum Pittoresken und zur romantischen Baukörpergliederung neigende Architektur steht der großzügigen Geste des Platzes etwas ratlos gegenüber.

### Herderplatz 5, »Friedrich-Engels-Hof«, E: Franz Kaym, Alfons Hetmanek, Hugo Gorge, 1925

Also der richtige »Engels-Hof«, gegenüber der oft falsch so bezeichneten Wohnanlage am Engelsplatz: Die Architekten hatten hier einen Konflikt zwischen der kleinteiligen Anbindung an einen Baubestand und der zur Großform neigenden Platzfront zu bewältigen. Interessant ist die Erschließung des Hofes von der Ehamgasse her, die die Schildwirkung des gekrümmten Traktes noch betont. Die Fassade reagiert mit einem kräftigen Ornament auf die Dimensionen des Platzes (Parks).

### Herderplatz 6, »Dr.-Franz-Klein-Hof«, E: Karl Krist (MA 22), 1924

Karl Krist, der Miterbauer des Washington-Hofes, versuchte hier, der Dichte und Massierung der Baukörper durch romantische, ja liebliche Details entgegenzuwirken. So steht die Idylle des Hofes im Kontrast zur Gesamterscheinung des verschlossenen Blocks.

### Herderplatz 8, »Josef-Scheu-Hof«, E: Franz Wiesmann (MA 22), 1925/26

Wiesmann, der später mit empfindsamen, nach Integration strebenden städtebaulichen Lösungen aufwartet, versuchte hier, vermutlich provoziert durch das annähernd quadratische Grundstück, eine prototypische Lösung, die nicht unbedingt an den Ort gebunden ist. Durch die einspringenden Mittelträkte entstanden nicht nur Erweiterungen des Straßenraumes, sondern auch ausgegrenzte Nutzzonen im Hof, die das begrünte Geviert aufwerten. Dieser Versuch nimmt innerhalb des Wiener kommunalen Wohnbaus ei-

# SIMMERING

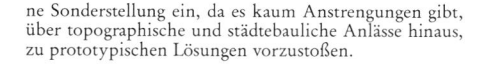

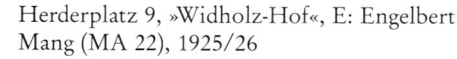

ne Sonderstellung ein, da es kaum Anstrengungen gibt, über topographische und städtebauliche Anlässe hinaus, zu prototypischen Lösungen vorzustoßen.

## Herderplatz 9, »Widholz-Hof«, E: Engelbert Mang (MA 22), 1925/26

Die konkave Hauptfront ist eine Antwort auf die östliche Platzwand, gleichzeitig eine Überleitung zum Marktplatz. An der Lorystraße versuchte Mang einen Kopf auszubilden, der eine wichtige Rolle im Platzensemble einnimmt und gleichzeitig den Auftakt für den nördlich liegenden Straßenhof mit Brunnen (Alfred Hoffmann) bildet. So wurde die extreme städtebauliche Situation auf dem dreieckigen Grundstück, mit den nötigen Anschlüssen an einen Eckbau, nach allen Seiten hin harmonisch gelöst.

## Kopalgasse 55—61, »Anton-Schrammel-Hof«, E: Karl Krist (MA 22), 1925

Der Hof zeigt eine ähnliche Problematik wie der Dr.-Franz-Klein-Hof, nur ist das Grundstück noch schmäler und noch mehr von topographischen Gegebenheiten bestimmt. Krist mußte hier am Spitz Kopalgasse/Meichlstraße alle Tricks anwenden, um noch zu einem akzepta-

blen Abschluß zu kommen. Vielleicht war das auch eine Herausforderung für besonders durchdachte Architekturdetails.

## Landwehrstraße 3, E: Karl Schmalhofer (MA 22), 1926

## Landwehrstraße 5, E: Karl Schmalhofer (MA 22), 1932

## Lorystraße 40—42, »Karl-Höger-Hof«, E: Franz Kaym, Alfons Hetmanek, Hugo Gorge, 1925/26

Von den Architekten des »Engels-Hofes« entworfen, partizipiert die Anlage nur mit einem Eck am Ensemble Herderplatz. Die freier entwickelten Hoftrakte mit den leicht »gestörten Symmetrien« tragen die Handschrift Gorges.

## Rinnböckstraße 21, E: Alexander Popp, 1928

Der in der Diagonale genau nach Süden liegende Eckbau zeigt eine jugendlich-überzogene Anwendung Behrensscher Mittel: Der Schüler und spätere Assistent Peter Beh-

rens' demonstriert hier (vier Jahre nach seinem Diplom) die Gestaltung eines Eckhauses, dessen Rhythmisierung und Schichtung durch Balkons über schwerem Sockel ein etwas vordergründiges Spiel vor an sich bescheidenen und wenig geöffneten Fassaden vorführt.

## Rinnböckstraße 55—59, »Strindberg-Hof«, E: Emil Hoppe, Otto Schönthal, 1930—33

Mit 599 Wohnungen bereits ein Großwohnhof und trotz prominenter Wagner-Schüler als Autoren kein Ziel für Architektur-Exkursionen. Dabei hat der streng axial entwickelte Wohnbau mit einer betonten Längsachse und einer ausgeprägten Torsituation städtebauliche Qualitäten, die nicht nur in dem großzügig angelegten Wohnhof liegen, sondern auch in einem selbstverständlichen, fast wagnerischen Bekenntnis zu den Dimensionen der Großstadt. Was eigentlich fehlt, das ist die architektonische Entsprechung, das heißt die überzeugende Bestätigung dieser Großform durch Architektur.

## Römersthalgasse 12, E: Heinz Rollig, 1929

## Schneidergasse 9, E: Friedrich Fischer, 1928

299

# 11. BEZIRK

**Simmeringer Hauptstraße 142—150, E: Josef Frank, Oskar Wlach, A: Felix Sauer's Nachfolger, 1931/32**

Die Antwort auf die beim Strindberg-Hof aufgeworfene Frage nach einer der Großform adäquaten Architektur geben hier Frank und Wlach: Die Front an der Simmeringer Hauptstraße ist sogar mit 180 m länger als die der Rinnböckstraße. Die Reihe leicht rhythmisch angeordneter Erker beherrscht die beachtliche Dimension der Fassade, ohne zu weiteren gestalterischen Mitteln greifen zu müssen. Allerdings stört die spätere Aufstockung etwas die Wirkung der Erker. Städtebaulich ist die Anlage mehr eine topographische Lösung, die aus der Form des Grundstückes entwickelt wurde.

**Simmeringer Hauptstraße 192—198, Siedlung Weißenböckstraße, E: Franz Kaym, Alfons Hetmanek, 1922, 1928**

Die Siedlung entstand in zwei zeitlich voneinander getrennten Bauabschnitten, wobei der ältere Teil aus einfachen Reihenhäusern mit mehreren Grundrißvarianten (mit 6 und 9 m Breite) besteht. Dieser Teil besitzt als ehemalige Selbstversorgersiedlung (mit 71 Wohneinheiten) Gärten von 350 m², die übliche Erschließung mit Wirtschaftswegen und angerartigen Plätzen zwischen den Gärten. Der zweite Teil ist bereits als reine Wohnsiedlung geplant und bildet städtebaulich eine schön ausformulierte Kopfsituation zur Simmeringer Hauptstraße hin. Obwohl dieser Teil 56 Wohneinheiten aufweist, nimmt er nur rund ein Viertel des Terrains in Anspruch. Die Antwort liegt einerseits beim »Vierlingstyp« (eine Weiterentwicklung des Mühlhausener Modells) und andererseits beim Gartenanteil von nur 50—100 m². Den Architekten ist mit dieser

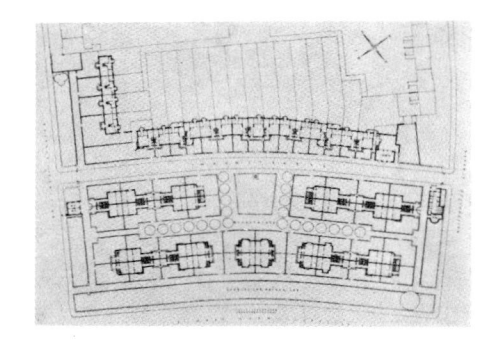

# SIMMERING

Anlage ein kleiner Geniestreich geglückt: Durch die Anordnung und teilweise Koppelung der Vierlingshäuser mit niederen Bauten entstand ein überaus reizvolles Ensemble, das durch eine selektive Außenraumnutzung (privat-halböffentlich-öffentlich) noch differenziert wird. Der sich in der Mitte, vor dem Hintergrund der geschlossenen Zeile entwickelnde Platz (mit Brunnen) reproduziert die idealtypische Gartenstadtidylle. Dabei hat diese geplante biedermeierliche Ordnung nichts Zwanghaftes, Doktrinäres: Die Architekten konterkarieren ein ästhetisches System durch zufällig erscheinende Aufbauten bei den Eckhäusern, so als wäre hier die Praxis einem »postmodernen Denken« vorausgeeilt. Es handelt sich hier sicher um eine der schönsten und liebenswürdigsten Anlagen des Wiener Siedlungsbaus.

## Konopagasse 8, Ef-Haus Kaiser, E: Gerd Schlögl, A: Max Fischer, 1979—81

Sparsam angelegtes, zur Straße hin geschlossenes und zum Garten geöffnetes, hakenförmiges Haus. Die innere Großzügigkeit entsteht durch versetzte Niveaus, offene Raumübergänge und eine eingebundene, von oben belichtete Halle mit Galerie. Lebensfreundliche Gartennutzung.

## Lindenbauergasse, Siedlung »Trautes Heim«, BH: Gemeinnützige Siedlungsgenossenschaft der Kriegsheimkehrer »Trautes Heim«, E: Franz Kaym, Alfons Hetmanek, 1922—24

Die ursprüngliche Selbstversorgersiedlung mit gemeinsamem Ernteland (heute privat, Gartengröße 400 m²) liegt wie eine »Wagenburg« in der Simmeringer Haide; die 11 Doppelhäuser sind geschlossen um einen langgestreckten Anger gruppiert. Lediglich in der Querachse (Zufahrt) ist eine Weg- und Doppelhausbreite offen. Diese Öffnung wird auf der Nordseite durch ein »inneres Tor« aufgefangen und über eine gedeckte Passage wieder nach außen geführt.

Das ehemals nördlich und südlich gelegene Pachtland ist den Hausgärten zugeschlagen, der westliche Weideplatz fiel einem Straßenbau zum Opfer. Die beiden Haustypen (nördliche und südliche Reihe) waren überaus klein: im Erdgeschoß lagen ein Zimmer mit 12 m² und eine Küche mit 10 m² (verbunden durch eine breite Öffnung), das Dachgeschoß hatte eine Kammer mit 14 m². Die Architekten entwarfen eine Art Typologie der Anbauten — Durchgang, Klosett, Veranda, Kleintierstall, Schuppen —, die jedoch als erste nach Gutdünken verändert wurden. Heute sind die Häuser erweitert und umgebaut. Eine Kostbarkeit für sich ist der Anger, der glücklicherweise von den Siedlern freigehalten wird. Die Siedlung gehört zu den interessantesten Anlagen der frühen zwanziger Jahre in Wien.

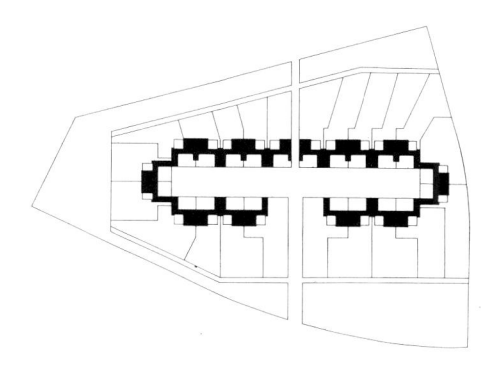

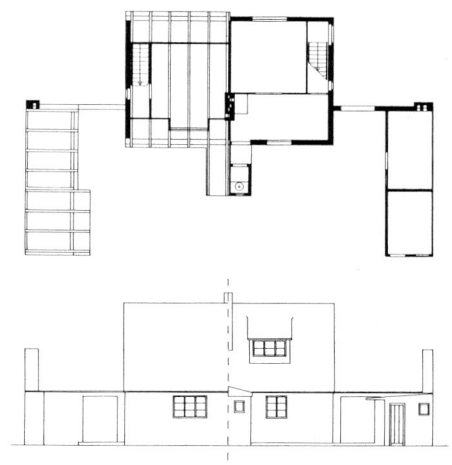

# 11. BEZIRK

Paul-Heyse-Gasse, Flachbausiedlung, E: Klara und Peter Hautmann, Ernst Plojhar, 1960—62

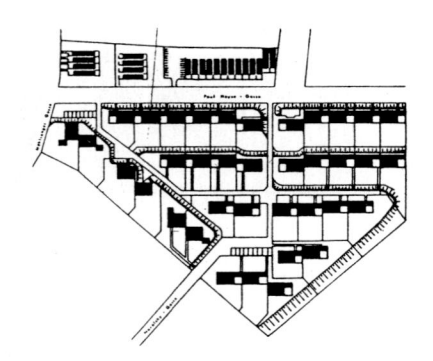

37 ebenerdige Wohneinheiten auf Einzelbaurechtsgründen der Gemeinde Wien: durch die Lage an einem Nordhang sind die südlich der Hausreihen liegenden Wohngärten abgesenkt. Die Häuser mit »amerikanischen Grundrissen« (Erschließung der Schlafzimmergruppe über einen Zwischenflur) sind durch einen in die Zeile gerückten Wohnhof mit Geräteschuppen nicht nur bereichert, sondern auch gegen Einblick geschützt. Die Siedlung ist heute total eingewachsen und erfüllt die betont formulierten Ansprüche eines Wohnens im Grünen.

Reischekgasse 31, Zweifamilienhaus Jettmar, E: Ottokar Uhl, A: Herbert Stöhr, 1961—63

Nach Auskunft der Besitzer ist das Haus innen total umgebaut. Die Fassade zur Straße ist noch erhalten geblieben.

Simmeringer Hauptstraße 499, BH + E + A: Josef und Alfred Höniger, 1931/32

Simmeringer Hauptstraße 283, »Theatercafé Schloß Concordia«, BH: Sommer & Weniger, E + A: Hans Richter, Bmst., Friedrich Renner, Zmmst., um 1900

Das ehemalige »Turmkontor« der renommierten Steinmetzfirma Sommer & Weniger mit einer zentralen, über eine hexagonale Laterne belichteten und mit einer Zierdecke versehenen Säulenhalle (als Ausstellungsraum konzipiert) stellt ein liebenswürdiges Objekt aus der Jahrhundertwende dar. Das total eingewachsene und dem Verfall preisgegebene Bauwerk mit der markanten, überlebensgroßen Christusstatue (nach Bertel Thorwaldsen?) wurde von Friedrich Falkner mit viel Einfühlungsvermögen aus dem Dornröschenschlaf »wachgeküßt«. Die Umwidmung in ein Theatercafé mit der poetisch-symbolischen Bezeichnung »Schloß Concordia« zeigt die leistungsfähige Typologie solcher Nutzbauten. Das überwucherte Niemandsland zwischen Friedhof und Werkstatt, mit gesicherten und angesammelten Spuren, hat eine ganz spezifische, zum Glück nicht beschreibbare Atmosphäre.

Braunhubergasse 23, Ventilwerke Hoerbiger, E: Siegfried Theiss, Hans Jaksch, 1949

Von der kompakten Anlage Ecke Ehamgasse wurde zunächst die im Krieg zerstörte Halle wieder aufgebaut, dann das Bürohaus mit den charakteristischen Fensterreihen (Sparvariante für das Langfenster) errichtet. Eine Erweiterung des Betriebes erfolgte auf der gegenüberliegenden Straßenseite (E: Bruno Tinhofer, 1962/63).

Brehmstraße 16, Simmering-Graz-Pauker AG., ab 1831

Das 1831 gegründete Werk Simmering lag ursprünglich zwischen Simmeringer Hauptstraße und Wiener Neustädter Kanal; 1934 Zusammenschluß der Werke Simmering und Graz zur »Maschinen- u. Waggonbau AG«, 1941 Fusionierung mit der »Pauker AG« zur »Simmering-Graz-Pauker AG«, 1946 Verstaatlichung. Die heutige Anlage liegt zwischen Brehm- und Lebertstraße und Stadtautobahn, ist über zwei Werkstraßen erschlossen und hat (durch die Zerstörungen im Zweiten Weltkrieg) überwiegend neueren Baubestand. Von den älteren Hallen sind folgende erwähnenswert: Halle 320 (Tischlerei, 1906) aus Holz; Halle 690 (1911) aus Eisen; Halle 520 (Werkstätte, 1917) aus Eisenbeton; Halle 380, eine Überbauung einer älteren Halle (A: H. Sedlatschek, 1951/52) aus Eisenbeton und schließlich die Halle 450 (E: Heinrich Reitstätter, 1955) in Stahlbeton mit Cenobindern (eisernen Filigranträgern).

# SIMMERING

Fickeystraße 7, Fabrik für elektrische Meßgeräte, BH: Norma Meßtechnik, E: Hans Payer, A: Franz J. Hopf, Statik: L. Haberäcker, 1941/42

Die ehemalige Firma Norma Instrumenten-Fabrik Bonwitt & Co. war seit 1930 auf dem danebenliegenden Fabriksgelände ansässig. Da mit dem Beginn des Zweiten Weltkrieges der Bedarf an elektrischen Meßgeräten enorm stieg, wurde trotz erschwerter Bedingungen (mit Hilfe des Reichsluftfahrtministeriums in Berlin) die neue Anlage errichtet. Der markanteste Bauteil ist zweifellos der turmartig wirkende, fünfgeschossige, polygonal abgeschlossene Trakt, der als Sichtbetonskelettbau großflächig verglast wurde und damit eine gewisse Monumentalität herber Einfachheit erreichte.

Geiselbergstraße 26—32, Victor Schmidt & Söhne, Fabrik für Schokolade und Zuckerwaren, E + A: Wilhelm Klingenberg, 1905

Die 1846 in Preßburg gegründete Firma hatte ihre erste Produktionsstätte auf der Wieden (Argentinierstraße, Weyringer- und Goldeggasse, 1969 aufgelassen). Ab 1905 wurde dann von Victor Schmidt & Söhne auf dem Familienbesitz in Simmering (Haus mit Weingärten) die neue Fabrik errichtet. Die architektonische und typologische Ähnlichkeit mit der ab 1898 gebauten Zuckerwarenfabrik Heller ist dadurch zu erklären, daß Wilhelm Klingenberg beide Anlagen geplant und auch das gleiche Konstruktionsprinzip (mit in Pfeiler aufgelöster Mittelmauer) verwendet hat. Der erste Bauabschnitt liegt an der Straße, der abgewinkelte einhüftige Hoftrakt wurde 1909 (E + A: Eduard Frauenfeld) als Senffabrik errichtet. Von architektonischer Bedeutung ist auch das 1948—50 erbaute Zentralmagazin (E: Fritz Waage, A: Hofman & Maculan), das die strenge, sachliche Tradition des Industriebaus der dreißiger Jahre fortsetzt (Inf.: KR Gaudernak).

Simmeringer Hauptstraße 101, Vereinigte Hefefabriken Mautner-Markhof und Wolfrum GmbH., ab 1850

Das heutige Industrieensemble hat sich einerseits auf Teilflächen des Thurnhofes (Mautner-Markhof-Gasse 40), andererseits auf dem Areal des Rosenhofes (Nr. 50) entwickelt. Im Thurnhof wurde ab 1605 Bier gebraut, er gehörte von 1677 bis 1783 zum Konvent des Frauenklosters »Zur Himmelpforte«, ging 1802 mit dem Brauhaus an Georg Dittmann, 1821 in die Pacht des Georg Meichl über, dessen gleichnamiger Nachfahre 1895/96 (E + A: Anton Kurz) den »Simmeringer-Hof« mit einem großen Saal erbaute. Die Brauerei wurde 1930 stillgelegt. Der Rosenhof entstand 1670 (BH: Christof Graf Breuner), wurde 1848 von Simche Sigmund Rapaport erworben, der 1850 eine Spiritus-Fabrik einrichtete. Zur gleichen Zeit begann der aus Smiřic in Böhmen eingewanderte Brauer Adolf Ignaz Mautner in der dem Bürgerspital gehörenden Brauerei St. Marx seine Experimente zur industriellen Erzeugung von Preßhefe, die er mit Hilfe des westfälischen Chemiker Julius und Peter Reininghaus zu einem Welterfolg machte (»Wiener Verfahren«). Aus diesen Pionierjahren stammen noch einige Objekte, wie etwa die ehemalige Mälzerei mit dem Backhaus, mit einer spätbiedermeierlichen, schlich-

## 11. BEZIRK

ten Putzarchitektur, bevor man zum charakteristischen Industrie-Ziegelbau überging. Die heutige Essig-, Senf- und Likörfabrik liegt östlich der Mautner-Markhof-Gasse; dieses Areal wurde hauptsächlich in den dreißiger Jahren erschlossen, da die südliche Ausdehnung des Betriebes (Richtung Krausegasse) nach dem Bau der Melassetanks (1923—31) nicht möglich war. Der ungewöhnliche architektonische Reiz der Gesamtanlage resultiert aus der Tatsache, daß es sich um ein bis ins 17. Jahrhundert zurückreichendes, in »Spuren« gut erhaltenes Industrieensemble handelt — mit überschaubaren Höfen, Grünflächen, beachtlichen Kelleranlagen —, das einerseits einem langen Umbauprozeß unterworfen war, sich andererseits aber in einem gepflegten Zustand darbietet, der vielleicht auch durch den Umstand gefördert wurde, daß ab der Jahrhundertwende (bis in die vierziger Jahre) der Otto-Wagner-Schüler Friedrich Dietz von Weidenberg als Hausarchitekt wirkte, der offenbar den Baubestand nicht nur pflegte und mit Takt ergänzte, sondern auch die Neubauten behutsam einfügte. Von seinen Bauten sind vor allem das »Brennhaus Simmering« (1926—28) und die ehemalige Faßwäscherei und -binderei (1930), die gleich hinter dem Tor Mautner-Markhof-Gasse 39—41 liegt, zu erwähnen.

## Warneckestraße 5, BH: Tupack, Dr. Herbert Warnecke GmbH., E: Heinz Marschalek, Georg Ladstätter, A: Hazet, 1980—82

»Postmoderne« Variation des alten Themas der Beziehung von Halle und Bürobau: der Verwaltungsteil ist in die Diagonale gedreht und mit einer (dadurch etwas länger geratenen) Brücke mit der Halle verbunden. Eine genauere Besichtigung wurde nicht gestattet.

## Eyzinggasse 12, Gaswerk Simmering, 1893 bis 1899

Der 1899 auslaufende Vertrag mit der »Imperial-Continental-Gas-Association« wurde im allgemeinen Kommunalisierungsprogramm der großen Versorgungsbetriebe durch die Christlichsoziale Partei unter Karl Lueger nicht mehr verlängert. Schon 1892 begann man mit der Ausschreibung eines internationalen Wettbewerbes, den der Berliner Ingenieur Schimming gewann. 1893 erstellte Theodor Hermann ein »technisches Detailprojekt«, das dann modifiziert unter der Leitung des Stadtbauamtes (Franz Kapaun) realisiert wurde. Wenn man von den vier Gasbehältern, dem Verwaltungsgebäude und einigen Nebenbauten absieht, kann man sich heute von der ursprünglichen Anlage keine Vorstellung mehr machen. Der Lageplan zeigt die ursprünglich vorhandenen Objekte: das an die 280 m lange zweischiffige Ofenhaus mit dem Wasserturm, das paralleltraktige Reiniger-Haus und schließlich die Teer- und Ammoniak-Cysternen mit der Gruppe Scrubber-, Exhaustor-, Kessel- und Condensatoren-Haus. Außer dem Wasserturm und einem ebenso bemerkenswerten Werkstattgebäude ist von diesen Funktionsgruppen nichts mehr erhalten. Über die Anlage sind zwei Weltkriege und auch die Entwicklung der Technik hinweggegangen. Noch 1967 errichtete man einen schraubengeführten Gasbehälter, der mit 300.000 m³ Volumen fast das dreieinhalbfache Fassungsvermögen eines alten Behälters hatte. Durch die Umstellung auf Erdgas ist heute der größte Teil der Anlage funktionslos geworden.

Die vier Behälter wurden von der Union-Baugesellschaft (Erd- und Baumeisterarbeiten) ausgeführt; für die Eisenkonstruktionen (auch die Behälterglocken) zeichnete Ignaz Gridl verantwortlich, der mit in- und ausländische Firmen für Teillieferungen verpflichtete. Die technische Beschreibung erlaube ich mir aus Wehdorn/Georgeacopol zu zitieren, da sie an Kürze und Präzision nicht zu unterbieten ist: »Über einem 1,70 m dicken, nach oben bombierten Betonfundament wurde ein 12,00 m hoher Ring aus Ziegelmauerwerk mit 62,80 m Innendurchmesser aufgesetzt, der als Wasserbassin dient. Dieses Mauerwerk ist an der Basis 5,40, an der Krone 1,65 m breit. Darüber erhebt sich — in Mauerstärken von 1,60 bis 0,90 m — das eigentliche Behältergebäude, das mit Ziegeln in Romanzementmörtel gemauert wurde. Das mit 63,60 m Spannweite freitragende, kuppelförmige Dach besteht aus einer Eisenkonstruktion aus Martinflußeisen nach dem System Schwedler und besitzt eine Holzverschalung mit Zinkblecheindeckung. Jede der vier 33,60 m hohen eisernen Behälterglocken wird an achtzehn vertikalen Gitterständern geführt und taucht in das mit 30.000 m³ Wasser gefüllte Bassin ein. Die Glocken bestehen aus drei zylindrischen Teilen von 58,20 m,

SIMMERING

# 11. BEZIRK

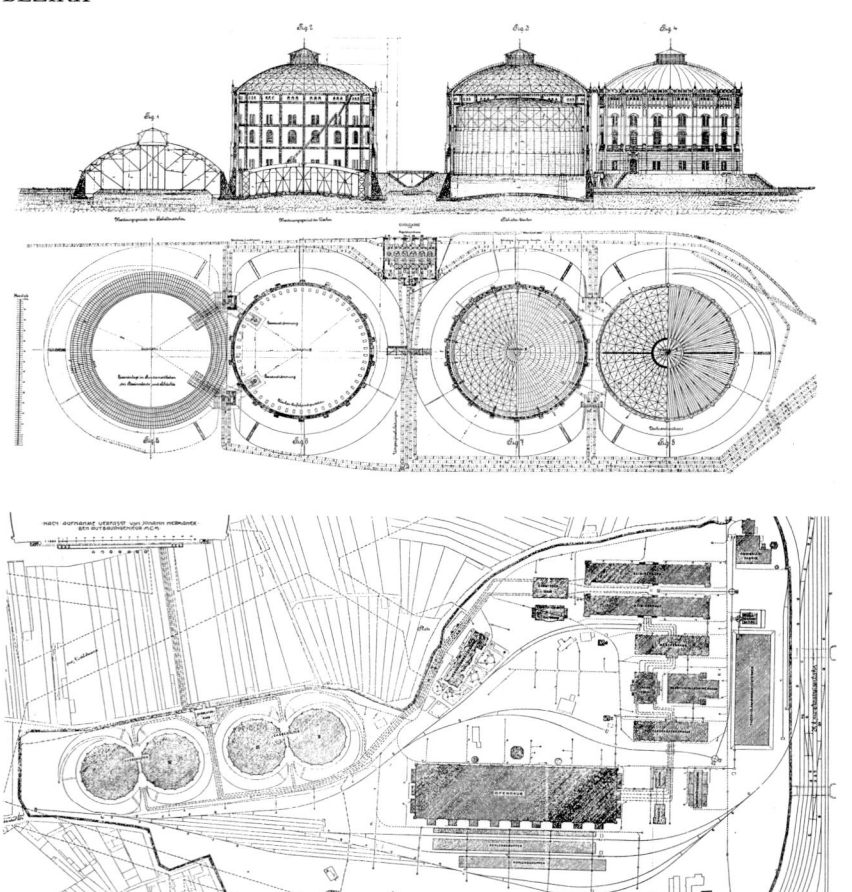

59,10 m und 60,00 m Durchmesser und greifen teleskopartig ineinander. Jeder Gasbehälter besitzt einen Fassungsraum von 90.000 m³...«. Es ist interessant, daß bei der riesigen Anlage kein planender Architekt aufscheint. Die grundsätzlichen architektonischen Festlegungen dürften schon von Schimming und Hermann gemacht worden sein, und im Team des Stadtbauamtes befand sich der Architekt Johann Scheiringer. Schließlich sind die gewaltigen Ziegel-Zylinder eigentlich nur Verkleidungen eines technischen Geräts, denen natürlich auch Funktionen der Mitteilung, der kulturellen Legitimation, ja einer kommunalen Propaganda zufielen. Die späte Gründerzeit fühlte sich zu solchen Maßnahmen noch genötigt, sie konnte sich noch nicht allein auf die ästhetische Wirkung des technischen Bauwerks verlassen und nahm die vor allem in England erprobten Mittel der Industriearchitektur zu Hilfe, die einen breiten Assoziationsraum zwischen Burg, Schloß oder anderen historisch abgesicherten Bautraditionen zuließen. Die Behälter sind aber auch in ihrer stadtlandschaftlichen Wirkung besondere architektonische Leistungen; ihr Erscheinungsbild als Doppelpaar (ausgelöst durch das in der Mitte liegende Regulatorhaus) wirkt wie ein feiner Kunstgriff visueller Verdeutlichung. Dieser äußeren Wirkung als Großvolumen steht die innere Raumwirkung nicht nach: Die gewaltigen Rotonden mit den gleichmäßig durchbrochenen Wänden und den besteigbaren Raumgrenzen sind erst in ihrer Funktionslosigkeit voll erlebbar, das heißt aber auch, daß eine Umnutzung nicht nur auf den technischen Leistungszusammenhang Rücksicht nehmen soll (die Erhaltung der Ablesbarkeit dieser Funktionen), sondern ebenso auf die gesamtkulturelle und ästhetische Bedeutung dieser grandiosen Zeugen der Wiener Kommunalgeschichte.

## Simmeringer Hauptstraße 160, Straßenbahn-Betriebsbahnhof Simmering

Die im flachen Winkel zueinander liegenden Hallen gehören mit der charakteristischen Sichtziegelarchitektur und den eisernen Dachkonstruktionen zum älteren Typ, der noch kurz vor der Jahrhundertwende gebaut wurde. Die Hallen sind heute unterteilt und umgebaut.

## 12. Bezirk: MEIDLING

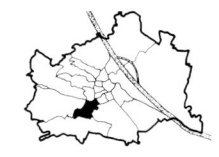

Der 12. Bezirk ist weniger durch seine Grenzen als durch relativ stark begrenzte Quartiere bestimmt. Diese Begrenzungen stellten schon lange vor der Vereinigung der Vororte zu einem Bezirk (1890) vor allem die Bahnanlagen her: so trennte zunächst einmal die Südbahn (ab 1841) Altmannsdorf von Hetzendorf und die Verbindungs- und Donauländebahn Hetzendorf und Altmannsdorf von den dichter verbauten Gemeinden Gaudenzdorf, Ober- und Untermeidling sowie Wilhelmsdorf. Das zentrale Gebiet liegt im Norden des Bezirks und ist auch eindeutig durch den Wienfluß (mit zwei Uferbegleitstraßen und der U-Bahn) begrenzt; im Osten gibt der Gaudenzdorfer Gürtel und im Westen die Grünbergstraße (also der Schönbrunner Schloßpark) eine markante Grenze ab. Im nordöstlichen Eck des Bezirks, unmittelbar am Wienfluß, liegt das heute gänzlich überbaute Gaudenzdorf (einst eine Gewerbesiedlung mit frühen Industrieanlagen — Nutzung der Wasserkraft — ein Gaswerk, etc.); es ist noch als Bebauungsstruktur erkennbar, während Wilhelmsdorf, eine Siedlung für Ziegeleiarbeiter (in der Nähe des heutigen Bahnhofs Meidling), völlig von der Überbauung des 19. Jahrhunderts aufgesogen wurde. Ebensowenig sind heute die Ortskerne von Untermeidling (Nähe Meidlinger Hauptstraße/Niederhofstraße) noch von Obermeidling (Grünbergstraße/Schönbrunner Straße) als solche auszumachen. Stadtgrundrißlich ältere Spuren markieren noch die verlängerte Margaretenstraße (Arndtstraße) und die Diagonale der Niederhofstraße/Böckhgasse. So betrachtet ist die Meidlinger Hauptstraße ein »neueres Zentrum«, das in der Grenzzone zwischen zwei älteren Ortszentren angelegt wurde und das die Verbindung von der Lobkowitz- zur Philadelphiabrücke herstellt. Seit der Jahrhundertwende ist im Bereich der ehemaligen Stadtbahnhaltestelle Meidling eine Zentrumsbildung im Gang (Ausbau des Bezirksamtes, des Theresienbades etc.), die jedoch jetzt durch die Umsteigestation Längenfeldgasse eine Konkurrenz bekommen hat.

Das alte Bahnnetz wird teilweise von den Hauptverkehrsstraßen begleitet (Eichen- und Edelsinnstraße oder Breitenfurter Straße), aber auch von Diagonalen durchquert, wie etwa der geplanten Altmannsdorfer Straße oder der »gewachsenen« Hetzendorfer Straße. Während die topographisch geschmeidige Hetzendorfer Straße zwei alte Zentren verbindet (Altmannsdorf und Hetzendorf), hat die höfische Überlandstraße nach Laxenburg eher eine trennende Funktion, die heute mehr denn je durch die große Verkehrsbelastung (als Autobahnzubringer) unterstrichen wird.

Die Bebauung im späten 19. Jahrhundert ist vom Wiental bis auf die Höhe der Eichenstraße und der Hohenbergstraße vorgedrungen; einige freigebliebene Flächen (wie am Gürtel, am Fuchsenfeld und am Tivoli) sind erst in den zwanziger Jahren mit großen Wohnanlagen überbaut worden. MEIDLING war auch der Bezirk der Siedlerbewegung, so entstand nach dem Ersten Weltkrieg in Hetzendorf die eindrucksvolle Genossenschaftssiedlung »Am Rosenhügel« — die »Pioniere vom Rosen-

hügel« — und die nicht minder interessante »Siedlung Hoffingergasse«.
Nach dem Zweiten Weltkrieg wurde das Gebiet um das Schöpfwerk erschlossen; zunächst baute man im Rahmen des Schnellbauprogramms eine größere Anlage, um schließlich, in den siebziger Jahren, mit dem Großprojekt »Am Schöpfwerk« eine Abwendung von der offenen Blockbauweise zu vollziehen.

In der städtebaulichen Entwicklung des Bezirks wurden auch viele Flächen entlang der Gleisanlagen, an günstigen Punkten, von Fabriken besetzt. Charakteristisch für MEIDLING ist, vor allem im südlichen Teil von Hetzendorf und Altmannsdorf, eine reiche Topographie mit den gegensätzlichsten Bebauungsformen, die vom Schrebergarten bis zum Villenviertel (in der Nähe des Fasangartens und des Schlosses Hetzendorf), von großen Friedhofsflächen bis zum Superblock, von der Großsiedlung bis zu dichten Fabriksanlagen und natürlich bis zur Durchdringung und Überlagerung dieser Muster reicht. MEIDLING zeigt die ganze Spannweite von Zentrum und Peripherie, besitzt die Merkmale eines innerstädtischen Bezirks genauso wie die eines Randbezirks.

Mit einem Flächenausmaß von 8,21 km² gehört MEIDLING zu den mittleren Bezirken. Die Bevölkerung nahm von der Jahrhundertwende (75.102 EW) bis 1951 leicht zu (83.734 EW), das heißt, daß die große Bautätigkeit der zwanziger Jahre mehr eine qualitative als eine quantitative Verbesserung der Wohnstruktur brachte. Bis 1981 war dann wieder ein leichter Rückgang zu verzeichnen (79.408 EW).

Die Liste jener Architekten, die im Bezirk gearbeitet haben, ist von beachtlichem Umfang. Eine Auswahl der wichtigsten Namen; von der Jahrhundertwende bis 1918: Karl Badstieber, Bruno Bauer, Gustav Endl, Hubert Gangl, Hubert und Franz Gessner, Arnold Heymann, Rudolf Krauß, Friedrich Mahler, Albrecht Michler, Hans Prutscher, Ignaz Reiser, Rudolf Schoderböck, Ludwig Tremmel, Rudolf Tropsch sowie Otto Wagner. Von 1918 bis 1945: Josef Bittner, Karl Dirnhuber, Camillo Fritz Discher, Karl Ehn, Ernst Epstein, Oskar Fayans, Josef Frank und Oskar Wlach, Paul Gütl, Josef Hofbauer und Wilhelm Baumgarten, Clemens Kattner, Franz Kaym und Alfons Hetmanek, Alfred Kraupa, Emil Krause, Karl Krist, Engelbert Mang, Hugo Mayer, Wilhelm Peterle, Anton Potyka, Otto Prutscher, Viktor Reiter, Heinrich Schmid und Hermann Aichinger, Leopold Simony, Franz Wiesmann sowie Carl Witzmann. Von 1945 bis heute: Friedrich Euler und Herbert Thurner, Rupert Falkner, Günther Feuerstein, Johann Georg Gsteu, Ernst Hiesmayr, Adolf Hoch, Viktor Hufnagl, Paul Josef Kleihues, Robert Kramreiter, Günther Lautner, Peter Scheifinger und Rudolf Szedenik, Georg Lippert, Gustav Peichl, Wilfried Probst, Theodor Schöll, Franz Schuster sowie Karl Schwanzer.

# 12. BEZIRK

**Edelsinnstraße 7—11, Bürohaus Honeywell, E: Ernst Hiesmayr, A: Union Baugesellschaft, 1968—73**

Der Bau zeigt eine dezidiert konstruktivistische Haltung, wie sie für die sechziger Jahre charakteristisch war: die Fassade ist das Ergebnis der Struktur. Die vor der Außenwand stehenden, rundumlaufenden Stützen tragen mit ihren trapezförmigen Konsolen starke, kreuzweise bewehrte Stahlbetondecken, die beliebig belastbar, die Räume dadurch variabel unterteilbar sind. Die Leistung des Bauwerks wird also außen demonstrativ gezeigt, sie bildet das eigentliche Thema der Architektur.

**Gaudenzdorfer Gürtel 41—45, ADEG-Zentrale, BH: Österreichisch-Ungarische Automaten-Gesellschaft Brüder Stollwerk & Co., E: Rudolf Krauß, A: Pittel & Brausewetter, 1910**

Ein besonders schöner, klar konzipierter Eisenbetonbau aus der frühen Pionierzeit, bei dem bereits die reine Struktur zum bestimmenden Element der Fassade wurde. Lediglich der breite Dreiecksgiebel, das Attikagesims und das feine Relief der Stützen nehmen noch Bezug auf eine klassizistische Tradition. Ebenso bemerkenswert ist auch die Durchbildung des Skeletts mit oktogonalen Stützen, sichtbaren Trägern und ausgebildeten Vouten. Der Dachboden ist durch ein flaches Rahmentragwerk stützenfrei überspannt. Dieses Dachgeschoß wurde teilweise für Sitzungssäle und Personalräume ausgebaut (E: Diether S. Hoppe, 1972/73), vom gleichen Architekten (in Zusammenarbeit mit Wolfgang Heffermann) stammen die Ein- und Umbauten im Hof.

**Niederhofstraße 26/28, Fernsprechamt Meidling, E: Bauleitung der k. k. Telephon-Zentrale, 1913**

Das versachlichte Pathos, das gerne im Zusammenhang mit »Bauten der Arbeit« verwendet wurde, entsteht hier durch die Zusammenfassung der Fensterachsen mit einer starken Rahmung und Bogenabschluß; der betonte Vertikalismus erlaubt auch noch einen Erinnerung an die klassische »Kolossalordnung«. Das kräftige, horizontal gelagerte Attikageschoß verstärkt noch die Wirkung.

**Wolfganggasse 58—60, Bürohaus, BH: 1. Niederösterreichischer Arbeiterkonsumverein, E: Hubert und Franz Gessner, A: Karl Stigler, 1908/09**

Der zur Entstehungszeit gebührend beachtete Erweiterungsbau des 1. Niederösterreichischen Konsumvereins (von Josef August Lux genau beschrieben) zeigt heute nur mehr Spuren seiner einstigen »Pracht«. Verschwunden sind nicht nur das Erdgeschoß und die Fenster, verschwunden ist auch der kräftige Fassadendekor mit Ausnahme von Rahmen und Attikageschoß. Das alles kann man mit den veränderten Anforderungen der Zeit entschuldigen, hier war auch eine Portion Unverstand oder Achtlosigkeit im Spiel. Daß das Haus trotzdem noch eine eigene, unverwechselbare Physiognomie besitzt, verdankt es der signifikanten Gessnerschen Architektur, die nicht nur den späteren kommunalen Wohnbau, sondern auch die frühe Architektur der Wiener Sozialdemokratie (siehe »Vorwärts-Verlag« und »Arbeiterheim Favoriten«) geprägt hat.

**Darnautgasse 1—3, Kirche Namen Jesu, E: Josef Vytiska, A: Neue Reformbaugesellschaft, 1950**

Die einfache Saalkirche mit einem von oben belichteten Presbyterium wurde an der Stelle einer im Kriege zerstörten Notkirche errichtet. Der schlichte Turm steht genau an der Achse der Meidlinger Hauptstraße und schafft so zumindest eine visuelle Verbindung der durch die Südbahn geteilten Quartiere.

**Flurschützstraße 1a, Kirche Neumargareten, E: Helene Koller-Buchwieser, Hans Steineder, A: Bruno Buchwieser, 1949—52**

Die städtebaulich unglücklich situierte Kirche ist als Torso (ohne Turm) das Produkt eines ebenso glücklos abgelaufenen Planungsprozesses. Der ursprünglich klare, von der Schule August Perrets beeinflußte Entwurf fiel offenbar vitalen »Barockisierungstendenzen« zum Opfer.

## 12. BEZIRK

**Hohenzollernstraße 42, Kirche Gatterhölzl, E: Ladislaus Hruska, A: Neue Reformbaugesellschaft, 1954—59**

Die Gatterhölzl-Kirche war in den späten fünfziger Jahren ein »semantisches Feindbild« der um ein neues Selbstverständnis des Kirchenbaus ringenden jungen Architekten. Für den Versuch, den in der Geschichte vielfach variierten Zentral-Kuppelbau in eine neue Materialsprache zu transformieren, hatte man, trotz der Beschäftigung mit Rudolf Schwarz, wenig übrig. Das Problem lag auch darin, daß Hruska eine überzeugende Transformation in Stahlbeton nicht glückte. Der Bau blieb im Motivischen stecken, der vielleicht auch angestrebte byzantinisierende Bezug zum »Russenkirche« genannten Vorgängerbau war ebenfalls zu beiläufig ausgefallen.

**Haschkagasse 5, Pfarrkirche Maria Lourdes, E: Robert Kramreiter, A: Harald Weissel und Herbert Lorenz, 1956—58**

Kramreiter variierte hier das Thema eines gefaßten Vorplatzes (siehe Friedenskirche Quellenstraße) in einer geschlossenen Verbauung, und zwar mit einem asymmetrischen Ansatz. Die »gestörte Symmetrie« setzt sich im Innenraum als Thema fort (durch das linksseitige Seitenschiff), deren Ausbalancierung – Raumvolumen gegen Licht – die Architektur bestimmt. Der Architekt verbrachte die vierziger Jahre in Spanien, daraus ist wohl sein besonderes Verhältnis zum Ornament zu erklären, das hier noch diszipliniert und untergeordnet eingesetzt wurde.

**Lichtensterngasse, Kirche »Am Schöpfwerk«, BH: Erzdiözese Wien, E: Viktor Hufnagl, A: Brandstetter & Co., 1977—81**

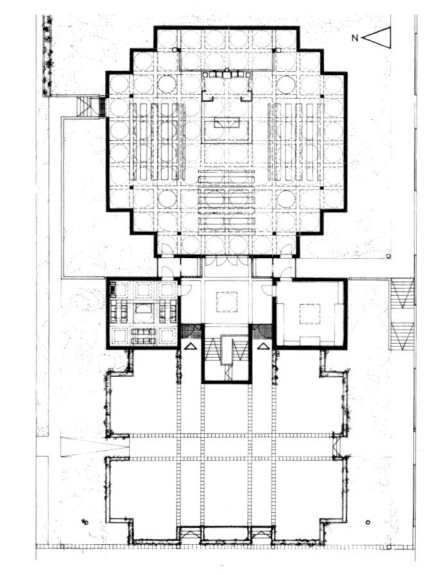

Der städtebaulich gefaßte Kirchenbau (in Form einer Stufenpyramide und mit einem ins Tor gestellten Campanile) drückt einen individuell vollzogenen Übergang von der Spät- zur Postmoderne aus. Das in einem strengen Rasterkonzept entwickelte Betonskelett wäre alleine fähig gewesen, einen eindrucksvollen Raum zu erzeugen. Dieses Konzept wurde aber von einem zweiten, dekorativen überlagert, das sich durch die strenge Geometrie einerseits integriert, andererseits aber die tatsächlich raumerzeugenden Elemente visuell irritiert und überlastet. Einen philosophischen Hintergrund bildet aber ein drittes Konzept, das in seiner Symbolik an barocke Rauminterpretationen erinnert: die vertikale Schichtung der Raum- oder ist gleich Bedeutungsebenen. So bildet die untere Stufe den Umgang, die zweite den Raum der Gemeinde, die dritte den sakralen Bezirk und die vierte Stufe die Laterne, das Licht. Der Konflikt drückt sich auch auf der semantischen Ebene aus: während das Grundkonzept »Konstruktivismus« konnotiert, verweist das Ornament auf »Secession« — eine Zeitmaschine ist in Bewegung gesetzt, die niemand zu stoppen vermag. Das ist aber auch der Grund, daß die Kirche ein echter Bestandteil der Wohnanlage geworden ist: in ihr ist auf dem Boden der technologischen Sprachlichkeit der sechziger Jahre an die Hoftypologie der Zwischenkriegszeit angeknüpft worden.

**Marschallplatz 6, Rosenkranzkirche Hetzendorf, BH: Erzdiözese Wien, E: Hubert Gangl, Eugen Ritter von Felgel, A: Hubert Gangl, 1908/09**

Die im Oktober 1944 schwer bombenbeschädigte Kirche wurde 1952—54 außen wiederhergestellt. 1956 entschloß man sich »aus künstlerischen und gottesdienstlichen Gründen zu einer radikalen Umgestaltung des Innenraumes« (E: Johann Georg Gsteu, Friedrich Achleitner, A: Franz Ja-

Murlingengasse 71—73, Klosterkirche zur Gottesmutter, BH: Marienheim der barmherzigen Schwestern vom Hl. Kreuz, E: Heinz Gerl, 1904/05
Erweiterung, E: Otto Prutscher, 1931

Prutscher hat den neuromanischen Raum seitlich zum Hof hin erweitert (kleines Seitenschiff mit Empore) und wohl auch ein wenig modernisiert. Schöne, ruhige Hoffassade.

Erlgasse 32—34, Bundesgymnasium und -realgymnasium Wien XII., E: Josef Hofbauer,

kob, 1956—58). Der engagierte und mutige Bauherr Pfarrer Joseph Ernst Mayer schrieb in seinem Bericht, der eigentlich das ganze Denken der Zeit widerspiegelt, weiter: »Aller unechte Zierat wurde entfernt und der Raum auf große, einfache, feierliche Formen und Linien gebracht. Die Architekten versuchten bei der Gestaltung der Gegenstände mit einem Minimum an Materialien und Methoden auszukommen und legten bei der Gliederung des Bauwerks und bei der Ausstattung eine aus den Maßen der Mittelschiffgurte abgeleitete modulare Ordnung zugrunde. Der Raum wirkt nun bedeutend höher und ernster als vordem. In der Vierung ist der Apsisaltar birgt in vergoldetem Schrein das Allerheiligste und versammelt auf beweglichem Gestühl die kleine Werktags-Gottesdienstgemeinde um sich. In der Vierung ist der Sonntagsaltar aufgerichtet, der zusammen mit den vier Kommunionstischen die Abendmahlgemeinde der Gläubigen darstellt. Den einzigen Schmuck des Gotteshauses bilden die drei mächtigen Rosenkranzbilder des Wiener Malers Ernst Fuchs.«

# MEIDLING

Wilhelm Baumgarten, A: Universale Bau-A.G., Redlich und Berger, 1930/31

Die Schule wurde vom tschechischen »Schulverein Komensky« erbaut (großes Prag-Bild im Treppenhaus). Das Objekt ist vor allem durch seine markante Eckausbildung, in Verbindung mit dem Uhrturm, von städtebaulichem Interesse. Der heute gesperrte Turm hat eine dreiseitig verglaste »Turmstube«, die einen eindrucksvollen Rundblick bietet und vermutlich einmal für heimatkundlichen Unterricht verwendet wurde. Der Bau ist mit seinen soliden Details weitgehend unverändert. Im Hof wurde ein Turnsaal gebaut, dessen Dach jedoch als Terrasse benutzbar ist.

Hermann-Broch-Gasse 2, Sport-Hauptschule der Stadt Wien, E: Ernst Lichowsky, Edith Lassmann, Thomas Reinthaller, Franz Requat, Sepp Schuster, Hans Wölfl, Planungsgesellschaft Interconstruct, A: WIBEBA, 1967 bis 1968

Die Schule mit 18 Stammklassen und 2 Turnsälen, die einen geschlossenen Pausenhof und, entlang des Turnsaaltraktes, einen intimen Garten besitzt, hat noch etwas von der großzügigen Einfachheit mancher Schulen aus den fünfziger Jahren. Durch das raffinierte Ausnützen versetzter Geschosse entsteht eine kompakte Bauform, die jedoch, durch das visuelle Einbeziehen des Hofes, nirgends beengt oder kleinlich wirkt.

Johann-Hoffmann-Platz 19, Doppelvolksschule der Stadt Wien, E: Hugo Mayer (Stadtbauamt), 1910/11

Diese Schule zeigt deutlich, daß die romantisch-sachliche Komponente der späteren Architektur der kommunalen Wohnbauten bereits um 1910 (im Dunstkreis der Heimatschutzbewegung) voll ausgebildet war. Was allerdings vor dem Ersten Weltkrieg noch einen Anflug von Großstadtkritik und Fortschrittlichkeit hatte, mußte sich in den zwanziger Jahren bereits das Etikett »bürgerlich-konservativ« gefallen lassen.

## 12. BEZIRK

### Endergasse 1, Sonderkindergarten der Stadt Wien, E: Christiane Pruymann (MA 19), 1975—78

Der fünfgruppige Kindergarten unterscheidet sich von einem normalen dadurch, daß eine sonderpädagogische Ambulanz angeschlossen ist, die in der gewohnten Umwelt eine medizinische, psychologische und pädagogische Betreuung des gestörten oder behinderten Kindes möglich macht. Es bestehen bis jetzt drei Ambulanzen, die an Sonderkindergärten angeschlossen sind: außer der hier erwähnten gibt es noch in Penzing (Auer-Welsbach-Park) und Floridsdorf (Franklinstraße) eine derartige Einrichtung.

### Hetzendorfer Straße 57, Kindergarten der Stadt Wien, E: Max Fiebiger (Stadtbauamt), A: Gottfried Lemböck, 1913

Bei den frühen Kindergärten gab es noch keine spezifisch funktionalen Vorstellungen über solche Einrichtungen. So wurde der Bau typologisch irgendwo zwischen Schule und Villa angesiedelt, meist großzügig genug, um späteren Adaptierungen Raum zu geben.

### Marschallplatz 6a, Kindergarten und Saal der Pfarre Hetzendorf, E: Johann Georg Gsteu, 1968—71

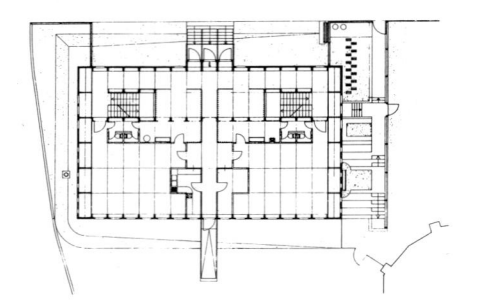

Der Bau stellt eine Verbindung von Kindergarten und Seelsorgegebäude dar, wobei der Pfarrsaal im Obergeschoß liegt und über zwei getrennte Treppen erschlossen ist. Das räumliche und konstruktive Planungskonzept ist aber das Produkt einer bewußt eingeengten und festgelegten Planungsphilosophie: die raumkonstituierenden Elemente sind u-förmige Fertigteile, die automatisch eine kleinteilige, unterteilbare Raumschicht ergeben und gerade für die Zwecke einer Kindernutzung gut geeignet sind und gewissermaßen einen zweiten, dem Kinde entgegenkommenden Maßstab mitliefern. Die Verwendung von kleinen Bullaugen verstärkt dieses Konzept und führt zu vielen kleinen räumlichen Überraschungen.

### Kundratstraße 37, Arbeitsunfallkrankenhaus Meidling, BH: Allgemeine Unfallversicherungsanstalt (AUVA), E: Wolfgang Bauer, Adolf Hoch, 1952—55

Ein Krankenhaus ist heute eine so hochentwickelte «Maschine», daß Fragen der Architektur, falls man sie überhaupt wahrnimmt, einerseits in Detail (Design), andererseits in die bauliche Hülle abgedrängt werden. Daß es sich dabei um empfindliche Systeme handeln kann, wird erst sichtbar, wenn durch Umbau oder Erweiterung in sie eingegriffen wird. Das Arbeitsunfallkrankenhaus zeigt diese Problematik: bei den später notwendig gewordenen Erweiterungen war man nicht mehr fähig, dem architektonischen und handwerklichen Niveau des Altbaus zu entsprechen.

### Unter-Meidlinger Straße 26, Rehabilitationszentrum für Gehirngeschädigte, BH: Allgemeine Unfallversicherungsanstalt, E: Gustav Peichl, MA: Rudolf F. Weber, Statik: Ernst Armbruster, 1966—68

Das zur »Heilung und Kompensation traumatischer Schäden« errichtete Rehabilitationszentrum wurde medizinisch von Dr. Paul Mifka geplant. Der Bau ist in der Grundversorgung mit dem Arbeitsunfallkrankenhaus verbunden, so daß das Raumangebot auf den medizinischen Leistungsrahmen von 52 Betten abgestimmt werden konnte. Kellergeschoß: Therapie, Schwimmbecken, Labors; Erdgeschoß: Ambulanz; 1. Obergeschoß: Bettenstation; 2. Obergeschoß: Personalunterkünfte. Der dreiteilig-sternförmige Grundriß sollte die Orientierung der Patienten

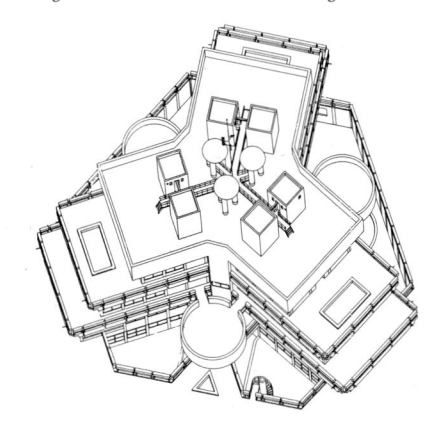

# MEIDLING

erleichtern — vermutlich eine etwas vordergründige Argumentation für eine gleiche Raumsituationen repetierende Form. Das Problem wurde durch Zuordnung der drei Grundfarben zu den Trakten gelöst. Das Schädel-RZ ist aber in seiner rigorosen Ästhetik des Fertigteilbaus und seiner prototypischen, einprägsamen Konzeption eine exemplarische Leistung der späten sechziger Jahre.

## Aichhorngasse 13, Wh des Österreichischen Siedlungswerks, Baubetreuung: GWV, E: Wilfried Probst, 1987—89

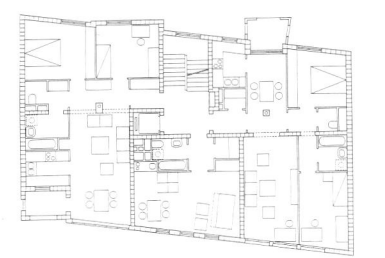

## Schwenkgasse 47, Heckenast-Burian-Kaserne, E: Rudolf Tropsch, Hans Prutscher, BL: Karl Förster, A: W. König, Hans Walland, 1903/04

Der östliche Teil der ehemaligen Trainkaserne Meidling ist heute abgetrennt (Landesgendarmeriekommando), der verbleibende Rest (Kommando der Heeresversorgungstruppen, Heereszeuganstalt) zeigt trotz starker Bauschäden noch deutliche Spuren einer von der Otto-Wagner-Schule beeinflußten Architektur.

Der Entwurf reagiert nicht nur auf den durch zwei Baulinien fragmentierten Straßenraum, sondern auch auf die parallel zur Grundstücksgrenze eingeschwenkte Baulinie des Nachbarhauses: er macht diesen historischen Konflikt zum Thema einer stillen, sensiblen Gestaltung des Baukörpers. Von den dreizehn Wohnungen (30—85 m²) sind vor allem die zweigeschossigen (mit jeweils einem Gartenanteil im Erdgeschoß und einem Straßenanteil im 1. Stock) besonders klug gelöst.

## Arndtgasse 77, BH: Peter und Veronika Kandler, E: Oskar Laske, A: O. Laske & V. Fiala, 1903/04

Zu dieser Zeit hatte Oskar Laske bereits den »Flora-Hof« in der Wiedner Hauptstraße gebaut, also muß man annehmen, daß er hier von der väterlichen Baufirma nur als »Fassadendekorateur« eingesetzt wurde. Das Ornament zeigt auch einigen Witz und auf alle Fälle eine ironische Distanz zum monotonen System einer Gründerzeitfassade.

# 12. BEZIRK

Belghofergasse 40, BH: Berta Schwarz, E: Ludwig Müller, A: Anton Witzmann, 1912

Belghofergasse 40, BH: Marie Schlesak, E: Alfred Marek, A: Theodor Bauer, 1913

Belghofergasse 45, »Zita-Heim«, BH: Josef Rosenbreyer, E: Hans Fenz, A: Wenzel Rausch, 1911

Belghofergasse 50—52, BH: Julius Berger, E + A: Robert Haupt, 1910

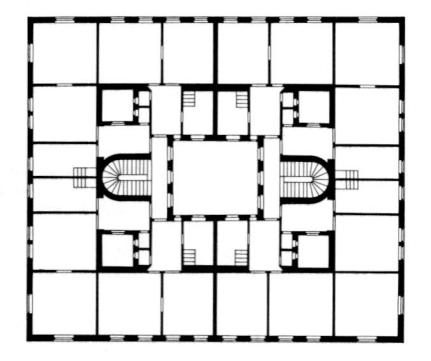

Eine interessante typologische Sonderform: ein städtischer Zinsblock in Minimalbemessung ins Grüne gestellt. Der Grundriß, der in der Regel aus zwei gespiegelten Vierspännern mit 2-Zimmer-Wohnungen (ca. 70 m²) besteht, kann auch als Zweispänner mit 4-Zimmer-Wohnungen genutzt werden. Dann wird jede Wohnung zur Eckwohnung, die in der Gründer- und Spätgründerzeit besonders beliebt war. Die Dimensionierung des Blocks in Richtung Mietsvilla und die bevorzugte Lage in einer offenen Bauweise ergaben ein für damalige Begriffe optimales Angebot mit einer ebenso respektablen Grundausnutzung. Daß sich die Architektur dabei ein wenig dem Schloßcharakter annäherte, ist verständlich.

Bischoffgasse 29, Büro- und Wohnhaus, BH: Transdanubia Speditionsges.m.b.H., E: Helmar Zwick, A: Friedrich Schindler, 1975—80

Die dreigeschossige Fassade ist gut in die bescheidene zweigeschossige Hauszeile eingebunden: im Obergeschoß wird über zwei Drittel der Fläche das alte Verhältnis von Mauer und Loch (einschließlich der Fensterteilungen) übernommen, während die übrigen Flächen (auch im Erdgeschoß) großzügig, aber geteilt verglast wurden. Durch die rahmenartige Ausbildung des dritten Geschosses blieb eine »visuelle Zweigeschossigkeit« erhalten.

Breitenfurter Straße 29, BH: Franz und Aloisia Parez, E + A: Rudolf Hartl, 1912

Elisabethallee 5, BH: Elisabeth Kern, E + A: Vlastimil Schindler, 1912/13

Gaudenzdorfer Gürtel 47, BH: Josef Weiß, E: Ignaz Reiser, A: Carl Mayer, 1907

Grieshofgasse 1, BH: Therese Fleischer, E: Emil Lorenz, A: Johann Stadler, 1911

Das Haus zeigt einen merkwürdigen Konflikt zwischen einer verunklärten Eckausbildung und feinen, spätsecessionistischen Details. Oder ist der asymmetrische Portalrahmen unter dem Erker eine Applikation?

Grünbergstraße 31—33, BH + E + A: Julius Müller, 1909

Eine extreme Ecksituation auf einem ungewöhnlich schmalen Grundstück. Der Architekt benutzte die Situation zu einem Spiel mit Rhythmus und Symmetrien, so daß vor allem die Elemente am Kopf eine Art von »Wackeleffekt« ihrer Zugehörigkeit zeigen. Deshalb hatte aber sicher nicht Egon Schiele sein Atelier im Haus Nr. 31 (1910/11).

Hetzendorfer Straße 51, BH: Liborius und Juliane Plann, E + A: Josef Schneider, 1905

Hetzendorfer Straße 75a, BH + E: Milos Kovar, A: Laurenz Waldmann, 1915

Ein unwienerisches, an süddeutsche Heimatschutzarchitektur erinnerndes Haus mit einprägsamer Physiognomie. In seinem gepflegten Traditionalismus vielleicht doch eine Reverenz gegenüber dem nahen Schloß Hetzendorf.

Hetzendorfer Straße 157—161, BH: Gemeinnützige Bau- und Wohnungsgenossenschaft »Mein Heim«, E: Karl Krist, A: Johann Trinkl & Co., 1927

Hilschergasse 14, BH: Josef Wünsch, E: Wilhelm Nowack, A: Wilhelm Philipp, 1910

Jägerhausgasse 27—75, BH: Gemeinnützige Baugenossenschaft von Beamten der ÖSV, E: Schoßberger, A: G. A. Wayss, 1930/31

Die Anlage besteht aus drei Einheiten mit je zwei parallelliegenden und einem quergestellten Block. Die sich daraus ergebenden vorhofartigen Freiräume empfindet man als angenehme Differenzierung vom Straßenraum.

Koppreitergasse 22, Wh »Südend«, BH + E + A: Jaroslav Bublik, 1912/13

Längenfeldgasse 29, BH: P. M. Glaser, E: Ernst Epstein, A: Carl Korn, 1922/23

Das Wohnhaus wurde in Zusammenhang mit der Wirkwarenfabrik P. M. Glaser erbaut, es zeigt aber eine durchaus selbständige Behandlung des Baukörpers.

Lehrbachgasse 4, BH + E + A: Rudolf Schoderböck, 1914

Ein eigenwilliges, gut gestaltetes und durchdetailliertes Haus mit kräftigem Sockelgeschoß, selbstbewußtem Dachaufbau und diszipliniert-spätsecessionistischem Dekor im Entree. Das die Verhältnisse des Ortes sprengende Haus macht den Eindruck, als hätte sein Planer vorausgeahnt, daß es in dieser Situation ein langes zeichenhaftes Singledasein führen müßte: also ein Monument nicht eingelöster städtebaulicher Hoffnungen.

Meidlinger Hauptstraße 16—18, BH: Arnold und Hugo Pater, E: Ernst Epstein, A: H. Rella & Co., 1935

Auf den zweiten Blick doch ein echter Epstein. Das Haus wurde als Sanierungsbau anstelle eines weit in den Straßenraum vorspringenden Objektes errichtet. 250 m² Straßengrund wurden zwar »freigemacht«, die Sternkreuzung und die Theresienbadgasse geschaffen, aber auch die Erklärung für den versetzten Verlauf der Meidlinger Hauptstraße aus der Welt geschafft.

Niederhofstraße 18, BH: Heinrich Bittermann, E + A: Robert Hofer, 1905

Pachmüllergasse 11—13, BH: Genossenschaft Altmannsdorf-Hetzendorf, E: Günter Lautner, Peter Scheifinger, Rudolf Szedenik, A: Kallinger, 1982—86

Das Konzept der Häuser wendet sich gegen die Minimierung und Entwertung der Erschließungsbereiche: von einem leicht erhöhten, zum Hof durchgehenden Foyer führt gegenläufig eine einarmige Treppe in den straßenseitig gelegenen Loggienflur, über den vier Wohnungen erschlossen werden und von dem in den beiden Hausmitten ebenfalls gerade Treppen in das 2. und 3. Obergeschoß führen. Dadurch sind die durchgebundenen Wohnungen im 2. OG in der Mitte und im 3. OG über eine Loggia auf der Hofseite zu betreten. Da die obersten Wohnungen als Maisonette-Typen konzipiert sind (mit Dachterrassen), konnten die Aufzüge entfallen. Diese Art der Erschließung gibt den beiden Häusern nicht nur eine sympathische Transparenz, sondern sie gewinnt auch die positiven Aspekte des Bassenahauses auf einer neuen Qualitätsebene zurück.

Pohlgasse 54, BH: Josef und Wenzel Sejvel, E + A: Josef Sejvel, 1911

Das — durch den schichtenartigen Aufbau — eher richtungsneutral wirkende Eckhaus bekommt durch die nach Süden gelegten Dachaufbauten eine eindeutige Zuordnung zur Pohlgasse; diese Wirkung wird durch die nur leicht gestörte Symmetrie der Fassade noch unterstützt.

Ratschkygasse 11, BH: Walter Leidenfrost, E + A: August Ribak, 1912

Ratschkygasse 12, BH: Leopoldine Fichtinger, E + A: Josef Fichtinger's Witwe, 1911

Ratschkygasse 25, BH + E + A: Ferdinand Kellner, 1906/07

Mit großer Wahrscheinlichkeit keine Planung eines Stadtmaurermeisters. Der Entwerfer der streng aufgebauten, sorgfältig detaillierten und verfließten Fassade versuchte, auch im gestalterischen Anspruch, über die Verhältnisse des Standortes hinauszugehen.

# 12. BEZIRK

Ratschkygasse 36, »Schiller-Hof«, BH: Benjamin Schubert, E: August Ribak, A: Mathias Seidl, 1906

Rechte Wienzeile 231, BH: Johann Drastal, E: Johann Hubatschek, A: Josef Bausch, 1910

Rechte Wienzeile 245a, BH: Josef Novak, E + A: Josef Sinnenberg, 1913/14

Rosasgasse 21, »Karolinen-Hof«, BH: August Gramann, E: Gustav Endl, A: Viktor Kronsteiner, 1911/12

Ein Nachzügler im Jugendstil; die einzelnen Dekorelemente wirken jedoch aufgesetzt, bleiben isoliert voneinander. Vielleicht entsteht gerade deshalb die unorthodoxe Erscheinung.

Rotenmühlgasse 7, BH: Helene Skala, E + A: Karl Stepanek, 1910

Rotenmühlgasse 9, BH + E + A: Karl Stepanek, 1910

Eine bemerkenswert kräftige, sicher komponierte Fassade, bei der ebenfalls der Verdacht aufkommen muß, ob nicht im Baubüro etwa ein Wagner-Schüler praktiziert hat. Solche Häuser werfen überhaupt die Frage nach der »Formverwertung« auf, die, durch das Aufblühen der Architekturpublikationen, um die Jahrhundertwende besonders beschleunigt wurde.

Schlöglgasse 12, BH + E + A: Oswald Slama, 1912/13

Schlöglgasse 28, BH + A: Gottfried Lemböck, E: Victor Fenzl, 1910

Schönbrunner Schloßstraße 26, BH + E: Eduard Lernhart, A: Johann Meidl, 1910

J. W. Stalin hat in diesem Haus «Marxismus und nationale Frage« geschrieben; ob er auch eine Art »architektonischer Prägung« erfahren hat, wurde noch von niemandem untersucht.

Schönbrunner Schloßstraße 43, 44, BH: Johanna Weirich, E: Ludwig Tremmel, A: Jaroslav Bublik, 1907

Da das Grundstück durch die Anlage der Schönbrunner Schloßstraße getrennt wurde, hatte der Pilsner Architekt ein Motiv, spiegelgleiche Häuser zu errichten, die jetzt eine Art »privater Torsituation« auf der Westeinfahrt bilden. Das Neobarock verstand sich wohl von selbst.

Schönbrunner Straße 185, BH: Josef und Anna Meyer, E: Josef Rudorfer, A: F. Klein, 1901

Schönbrunner Straße 232, BH: Julie Doppelbauer, E: Max Neuwirth, A: Johann Neuwirth, 1903

Schönbrunner Straße 252—254, BH + E: Eduard Lernhart, A: Johann Meidl, 1911/12

Die tiefen Parzellen zwischen den beiden Straßen haben hier einen Straßenhof provoziert. Bemerkenswert ist der strenge Aufbau der Fassaden und die eigenwillige Giebellösung, die die Breite des Hofes auf die Straßenfassaden überträgt.

Schönbrunner Straße 264, BH + E + A: Max Neuwirth, 1914

Ein üppig gestaltetes Haus, das wohl seine Pracht mit der Nähe zu Schönbrunn legitimierte. Die Fassade hat mit Wiener Jugendstil wenig zu tun, sie zeigt eher einen Verschnitt von Spätgründerzeit-Pathos und Nationalromantik, ohne aber die Nationalität preiszugeben; also eine »Wiener Mischung«, die sich weit vom Wienerischen entfernte.

Schwenkgasse 14—16, E: Karl Schwanzer, 1957/58

# MEIDLING

Spittelbreitengasse 24, BH: Stadterneuerungs- und Eigentumswohnungs-G.m.b.H. (SEG), E: Ingrid Wesely, Günther Puchner, Günther Holnsteiner, 1983—85

Stachegasse 11, BH: Wilhelm Stephany, Wetti Thörner, E + A: Gustav Endl, 1914

Strohberggasse 2, BH: Gottlieb Novak, E + A: Josef Randhartinger, 1911/12

Strohberggasse 4, BH + E + A: Josef Randhartinger, 1911

Strohberggasse 8, BH: Johann Kostoval, E: Josef Sinnenberg, A: H. Zusag, 1913

Strohberggasse 10—12, BH: Richard Wegerich, Josefine Fekonya, E: Hans Fenz, A: Friedrich Elsner, 1912

Ein ähnliches Phänomen wie beim vorhergehenden Beispiel, wobei das Unkonventionelle hauptsächlich in der Behandlung des Daches liegt: ein Mansarddach, das ein getarntes Vollgeschoß als eigene Form in den Vordergrund rückt.

Tanbruckgasse 24, BH: Wohnungsbaugenossenschaft für Bedienstete der k. k. privilegierten Südbahn-Gesellschaft Wien, E: Karl Badstieber & K. Reiner, A: Gustav Menzel, 1912 bis 1913

Das Eckhaus mit zwei gestutzten Hoftrakten und vier Geschossen zeigt noch das vordergründige Interesse der maximalen Bodennutzung: die Architektur versuchte »geordnete Verhältnisse« herzustellen.

Thunhofgasse 2, BH: Josef Nemec, E + A: Ludwig Fidermutz, 1913

Ein auffallend eigenwilliges Haus, das im strengen Aufbau der Fassaden, in der Rahmung der Elemente (Pfeilerflächen, Parapete), in der Teilung der Fenster und Gesimsausbildung sowie in der Behandlung der Dachaufbauten in die Nähe von Josef Hoffmann rückt. Andererseits erinnert die etwas überzogene Plastik der Fassadenreliefs an tschechische Verwandte.

Thunhofgasse 6, BH: Josef Straus, E + A: Leopold Schumm, 1906

Tivoligasse 34—38, BH: Karl und Franz Wanececk, E + A: Richard Mraz, 1910/11

Vivenotgasse 17, BH: Josef Wünsch, E: Wilhelm Nowack, A: Wilhelm Philipp, 1910

Das Haus erinnert in der Schichtung der Fassaden, in der »ausgleichend-differenzierenden« Streifendekoration der Geschosse und in der Verwendung von Gesimsen an die Arbeiten Hans Dworaks.

Wilhelmstraße 26, BH: Alfred Wünsch, E + A: Wilhelm Philipp, 1909

Wilhelmstraße 30, BH: Hanns Kraus, E: Arnold Heymann, A: Josef Hartl, 1905

Ein weiteres Beispiel von Heymann, wo er versucht, den schrägen Winkel zwischen Straßenflucht und Parzellengrenze in der Fassade zu thematisieren, was ihr (nach Süden) zu einer besonderen Plastizität verhilft.

Zenogasse 7, 9, BH: Adolf Litschel, Eduard Schwaiger (Moriz M. Karp), E + A: Gottfried Lembōck, 1911/12

Aichholzgasse 52—54, »Indianerhof«, E: Karl Dirnhuber, Camillo Fritz Discher, 1927—30

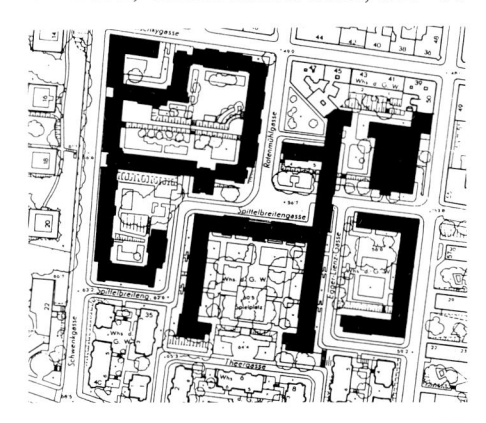

317

# 12. BEZIRK

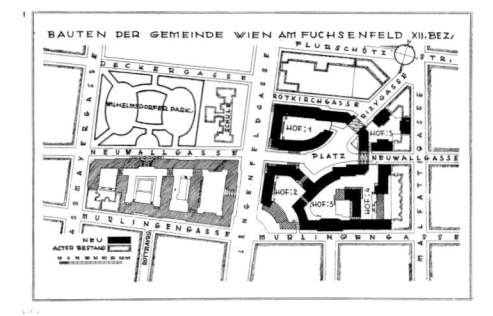

## Am Schöpfwerk, Wohnhausanlage, E: Viktor Hufnagl (Federführung), 1967—80

Die Großwohnanlage »Am Schöpfwerk«, mit 2151 Wohneinheiten (1704 in der 1. Bauetappe), hatte eine dreizehnjährige Planungs- und Bauzeit mit über sieben, sehr unterschiedlichen Projektphasen. Ausgelöst von der Ausstellung »Städtische Wohnformen« (1966), die Viktor Hufnagl, Wolfgang und Traude Windbrechtinger im Rahmen der Österreichischen Gesellschaft für Architektur durchführten (und einer Erweiterung der Ausstellung 1967 mit österreichischen Beispielen), ist die Kritik am Städtebau der fünfziger und frühen sechziger Jahre im Rathaus offenbar auf einen fruchtbaren Boden gefallen, wenn auch das ursprüngliche Ziel, die an der zweiten Ausstellung beteiligten kritischen Kräfte des Wiener Architekten am »Schöpfwerk« zu beteiligen, fallengelassen wurde. «Übrig blieben» von den Initiatoren Hufnagl und das Ehepaar Windbrechtinger, die dann mit einem von der Gemeinde nach eigenen Kriterien zusammengestellten Architektenteam (Erich Bauer, Leo Parenzan, Joachim Peters, Michael Pribitzer, Fritz Waclawek) das Projekt verwirklichten. Programmatisch am Konzept ist die erstmalige Besinnung auf die Wiener Tradition der »Höfe« und auf neue Inhalte von Urbanität, wie Mischung städtischer Funktionen, Verdichtung, Trennung des Verkehrs, Typenreichtum der Wohnungen (bis zu Split-Level-, Maisonette- und Terrassenwohnungen), Vorfertigung etc. Die städtebauliche Großform ist

In der Anlage mit 735 Wohneinheiten wird das Thema des Übergangs von einer gründerzeitlichen Rasterstruktur in eine offene Cottage-Verbauung städtebaulich abgehandelt. Obwohl vielleicht das städtebauliche Konzept von Dirnhuber und Discher gemeinsam entwickelt wurde — es ist ein verschränktes System von halboffenen und geschlossenen Höfen, einem kleinen Platz und einer offenen Verbauung — besteht die Anlage aus zwei architektonisch sehr unterschiedlichen Teilen. Die sachlichen, streng gegliederten Blöcke Spittelbreitengasse 25—33 (einschließlich Zentralwäscherei), die zwei ruhige Gartenhöfe bilden, wurden von Karl Dirnhuber entworfen; der eher romantische Teil, mit einer betonten Giebel- und Dachlandschaft (zwischen Schwenk- und Rotenmühlgasse), von dem Otto-Wagner-Schüler Camillo Fritz Discher. In diesem Abschnitt befindet sich auch der eigentliche »Indianerhof« (benannt nach einer Negerplastik über der inneren Torseite), der aber vor allem wegen der gärtnerisch-topographischen Gestaltung sehenswert ist.

## Am Fuchsenfeld 1—3, »Reismann-Hof«, E: Heinrich Schmid, Hermann Aichinger, 1924 bis 1925

Die Wohnanlage »Am Fuchsenfeld« mit 609 Wohnungen (ab 1949 »Reismann-Hof«) wurde im Anschluß an den »Fuchsenfeldhof« als 3. Bauetappe der Verbauung des Fuchsenfeldes errichtet. Das städtebauliche Problem war die Korrektur der schleifenden Kreuzung Rizygasse-Neuwallgasse (heute Karl-Löwe-Gasse), das durch die platzartige Einmündung und das Kappen des restlichen Teiles gelöst wurde. Die Architekten haben durch die Betonung bestimmter Situationen städtebaulich und architektonisch auf die topographischen Zufälligkeiten reagiert (Tore, Tortürme, gebogene Trakte, Staffelungen etc.) und damit ein Modell geschaffen, das später beim »Rabenhof« und »Matteotti-Hof« weiterentwickelt wurde. Dabei erhielt die Anlage eher die Charakteristik eines kleinen gewachsenen Stadtteils als die eines »Hofes«.

im Prinzip eine an Erschließungsachsen liegende, im Geviert angeordnete Hofstruktur (Ringe genannt, die je nach ihrer Lage unterschiedlich ausgebildet sind). Der »Nordring« wird im Westen durch ein gekoppeltes Doppelhochhaus abgeschlossen (neben der S- bzw. U-Bahn-Station) und beinhaltet, abgesehen von der größten Verdichtung, die meisten Gemeinschaftseinrichtungen (Bibliothek, Klubs, Bank, Post, Polizei, Apotheke, Gasthaus und Café, 16 Geschäfte etc.). Im nordöstlichen Eck, gewissermaßen am Gelenk zwischen »Nord- und Ostring«, liegen eine Volks- und Hauptschule und eine von Hufnagl geplante Kirche. Der »Ostring« mit den fünfgeschossigen, an den Schmalseiten abgetreppten (eingebundenen) Blöcken hat einen besseren Maßstab als der zweifellos überfrachtete »Nordring«. Der »Südring« besitzt mit der pronocierten Oktogonlösung einen Sonderstatus (8 Wohnungen liegen jeweils an einem oktogonalen Hof, der fast den Charakter eines privaten, halböffentlichen Freiraums hat). Der »Westring«, der eine bestehende Kleingartensiedlung überbauen sollte, ist nicht ausgeführt. Die dadurch entstandene »Fragmentierung« des Bebauungssystems empfindet man heute als Gewinn. Die Anlage signalisiert eine Hinwen-

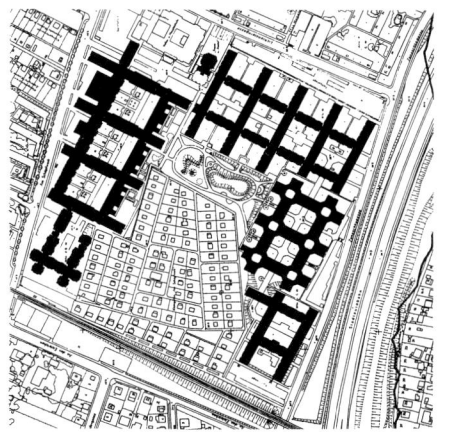

# MEIDLING

dung zu den Qualitäten von »Stadt« vor der postmodernen Besetzung des Themas mit historisierenden »Erinnerungen«. Zweifellos wird partiell mit urban gemeinter Räumlichkeit zu großzügig oder unverhältnismäßig umgegangen, da die wahren Verhältnisse doch eher die einer Stadtrandsiedlung sind, also bestenfalls als kleinstädtisch bezeichnet werden können.

## Andersengasse 3—31, 2—36, Wohnhausanlage und Heimstätten für alte Menschen, E: Franz Schuster, 1951—57

Die Wohnanlage ist als Nachbarschaftseinheit mit 975 Wohnungen angelegt (davon 780 mit 35 m²); ihre Typologie entspricht dem von Schuster entwickelten »Duplex-System«, das eine spätere Zusammenlegung von zwei Einheiten vorsieht. Die Anlage hat heute durch ihre Schlichtheit und den einfach geordneten Außenraum eine ganz eigene Atmosphäre: das durch eine dreißigjährige Wohnbauentwicklung überreizte Auge kann sich hier einfach ausruhen, ohne in eine banale Detailwelt flüchten zu müssen. Dank Heinrich Tessenow, dessen Schüler Schuster war, stellt sich die Nachkriegsarmut nicht als Mangel, sondern als Chance zu gedanklicher Konzentration dar.

## Arndtstraße 21—23, »Arndt-Hof«, BH: Wiener Stadterneuerungsgesellschaft, E: Harry Glück & Partner, A: WIBEBA, 1979—81

Im eigentlichen Sinne kein Gemeindebau, aber eine angestrengte vertikale und horizontale Fragmentierung des historischen Baublocks, um der Situation Qualitäten und Symbole eines »modernen Wohnens« abzutrotzen. So wird nicht nur die Oberfläche für den Pflanzenwuchs vermehrt, sondern auch im Norden durch Staffelung »abgeschattet«; in der Ecke kommt es zu »Pressungen« der Grundrisse. Dargestellter Konflikt eines neuen Systems mit einem alten, die Erinnerung an die Stadt ist verdrängt.

## Defreggerstraße 1a, E: Viktor Reiter, 1930

319

# 12. BEZIRK

## Flurschützstraße 26, E: Günther Feuerstein, 1984—88

Offensichtlich die Architektur eines Gelehrten. Der Autor spricht von vier Schichten der historischen Bezugnahme: auf das gründerzeitliche Eckhaus mit Turm, auf »Kaisergelb« und »Sozirot«, auf die manieristische Ablehnung klassischer Ordnungsprinzipien und schließlich auf den heutigen Verpackungscharakter (Computer-Streifen) von Architektur. Es sollte eine Analogie zum Kitsch des 19. Jahrhunderts gefunden werden. Ob das wohl gelungen ist?

## Fockygasse 40—44, E: Franz Wiesmann, 1933

## Fockygasse 53, E: Bernhard Pichler, 1930

## Gaudenzdorfer Gürtel 13—15, »Haydn-Hof«, E: August Hauser, 1928/29

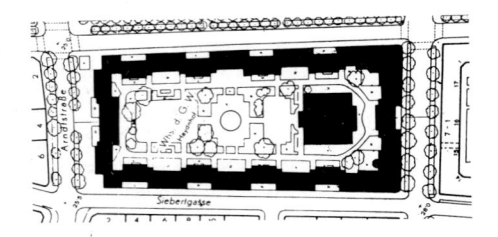

Die Anlage mit 304 Wohnungen war das Ergebnis eines Wettbewerbes, den Hauser vor Theiss & Jaksch und Valentin gewann. Die geschlossene Hofanlage (mit freistehendem Kindertagesheim), die an zwei bestehende Eckhäuser anschloß, mit den rhythmisch versetzten Trakten ergab eine signifikante städtebauliche Struktur, die auch die Dimension der Anlage unterstreicht. Ungefähr die Hälfte der Wohnungen ist durchgebunden, hat also besonders gute Belichtungs- und Belüftungsverhältnisse.

## Hetzendorfer Straße 100—104, E: Rupert Falkner, 1973—77

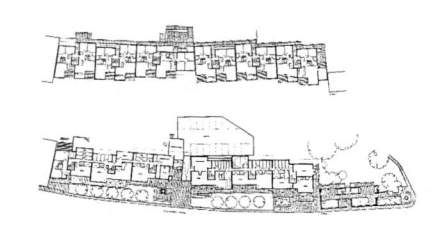

Die mit 36 Wohneinheiten und 7 Geschäftslokalen ausgestattete Wohnanlage ist eine durchdachte, engagierte Reurbanisierung aus dem Geist der späten sechziger Jahre: die durchwegs funktionalen Argumente für Grünflächen, Geschäftsarkaden, gestapelt-versetzte Wohngeschosse mit Terrassen (nach Süden) ergeben aber letztendlich doch eine problematische Auseinandersetzung mit dem historischen Straßenraum. Ist die alte Bebauungsstruktur mit den ruhigen, geschlossenen Fassaden zur Straße und den sich frei entwickelnden Baukörpern zum Hof hin nicht doch die richtigere?

## Hohenbergstraße 2—23, Wohnanlage »Am Tivoli«, E: Wilhelm Peterle (MA 22), 1927/28, 2. Bauetappe: 1929/30

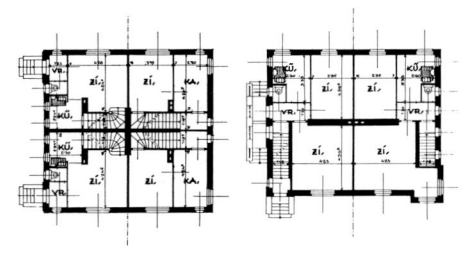

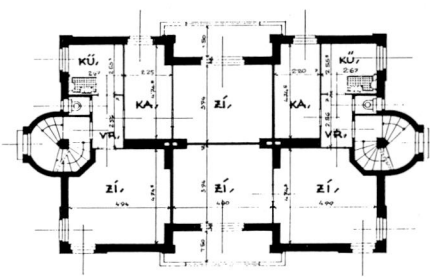

WIENER STADTBAUAMT (W. PETERLE): GARTENSTADT, WIEN, XII TYPE D

Zeitgenössische Beschreibungen sprechen von einer »villenartigen Kolonie« oder von »Gartenstadt«, die zweifellos ihre Motivation durch die Nähe zu Schönbrunn erhielt. Die Anlage wurde in zwei Etappen errichtet, wobei die westlichen 44 Häuser zwischen Grünberg- und Hohenbergstraße, Ludwig-Martinelli- und Weißenthurngasse zuerst gebaut wurden. Dieser im wesentlichen aus drei Grundtypen bestehende Teil entspricht auch am ehesten, in der bewußten Dimensionierung und Differenzierung der Wohnstraßen, dem Charakter einer Gartenstadt. Es gibt zwei unterschiedliche Modelle von Vierfamilienhäusern, wobei das eine, mit je einer zweigeschossigen Wohnung im Eck, dem alten Typus von Mühlhausen sehr nahekommt. Das andere Modell hat pro Geschoß zwei Wohnungen (über mittig liegende Treppenhäuser erschlossen) und variiert diesen Typus je nach Wohnungsgrößen. Der zweite Bauabschnitt, der bis zur Schwenkgasse reicht, hat einen größeren Anteil an Mehrfamilienhäusern sowie einen prächtigen Kindergarten und eine Wäscherei mit Volksbad.

## Johann-Hoffmann-Platz 10—15, BH: Stadt Wien, E: Abteilung für Hochbau und Gebäudeerhaltung der Wiener Straßenbahnen, A: Carl Holzmann, 1912

Die Wohnbauten für die Straßenbahner vor dem Ersten Weltkrieg stellen allgemein Vorläufer für die späteren »Gemeindebauten« dar. In ihnen sind vielfach auch schon Typen der späteren Kleinwohnungen vorweggenommen.

## Johann-Hoffmann-Platz 18, E: Alfred Kraupa, 1929

## Karl-Löwe-Gasse 4, E: Anton Potyka, 1929

## Karl-Löwe-Gasse 12, E: Jacques Schwefel, 1929

Dreieckserker, symmetrischer Aufbau der Fassade, Ziergiebel: trotz expressionistischer Überformung eigentlich eine spätgründerzeitliche Fassadengestik.

## Koppreitergasse 8—10, »Simony-Hof«, E: Leopold Simony, 1927/28

## Kundratstraße 33—35, Wohnanlage, E: Friedrich Euler, Herbert Thurner, Wilhelm Gehrke, Gerhard Kolbe, Karl Maria Lang, Maria Petter, 1957

Die im Geviert zwischen Kundrat- und Unter-Meidlinger Straße, Karplus- und Karl-Krögler-Gasse liegende Wohnanlage zeigt eine besondere Sorgfalt in der Disposition der Wohnblöcke und der »Heimstätten für alte Menschen«. Trotz der äußerst reduzierten Mittel demonstriert auch die Architektur Sinn für Angemessenheit und zurückhaltende Ordnung.

## Längenfeldgasse 14—18, »Lorens-Hof«, E: Otto Prutscher, 1927/28

Otto Prutscher hat diesen Hof, der mit 146 Wohnungen eine gründerzeitliche Block-Randbebauung schließt, mit besonderer Bedachtnahme auf die Wirkung und Gliederung der Baumassen entworfen. So ist die lange Front an der Längenfeldgasse als großstädtische Fassade mit betontem Mittelteil rhythmisch akzentuiert; die Ecken sind abgerundet, mit einem Loggien-Erker-Motiv besonders plastisch herausgearbeitet und die Eingangsbereiche zur Zentralwäscherei und zum Kinderhort besonders detailreich gestaltet. Merkwürdig ist für diese relativ späte Zeit der Dialog zweier Architektursprachen: das expressive Sockelgeschoß (mit Klinkermauerwerk und Spitzbögen) greift mit frei ausgeformten keramischen Pfeilern in die kubisch geschichteten Obergeschosse ein, so als wollte Prutscher Expressionismus und Neue Sachlichkeit in einem Werk vereinen. Sehenswert ist auch der Hof mit Kinderhort und Wäscherei sowie einer signifikant, aber schlicht gestalteten Mauer zur gründerzeitlichen Nachbarschaft hin.

## Längenfeldgasse 19, »Liebknecht-Hof«, E: Karl Krist (MA 22), 1926

## Längenfeldgasse 68, »Fuchsenfeldhof«, E: Heinrich Schmid, Hermann Aichinger, 1922 bis 1925

Der »Fuchsenfeldhof« (481 WE) wurde in zwei Etappen errichtet und stellt zusammen mit dem »Reismann-Hof« (3. Bauetappe) die Überbauung des Fuchsenfeldes dar. Der ältere Bauteil, mit dem fast biedermeierlich wirkenden Erdgeschoß, liegt an der Längenfeldgasse und wurde von den Architekten schon während des Krieges für eine Baufirma geplant. Durch die Geldentwertung konnte der Bau jedoch nicht weitergeführt werden und wurde von der Gemeinde übernommen. Dadurch gehört der Bau, neben dem «Metzleinstalerhof», zu den ersten des Wiener Wohnbauprogramms. Der westliche Teil, mit dem »Gartenhof«, wurde 1924 errichtet.

## Liebenstraße 48, E: Josef Beer, 1929

Beer mußte um diese Zeit schon als ein hoffnungslos konservativer Architekt gelten, der sich jedoch wacker um eine einprägsame Physiognomie des Hauses bemühte.

# 12. BEZIRK

**Malfattigasse 1—5, »Fröhlich-Hof«, E: Engelbert Mang (MA 22), 1928/29**

Die nach außen geschlossen wirkende und nach Südwesten offene Anlage zeigt zum Gartenhof eine starke Bezugnahme durch Loggien; gute funktionale und städtebauliche Lösung der Gebäudeecken.

**Malfattigasse 7, E: Oskar Fayans, 1931**

**Malfattigasse 13, E: Ludwig Zamecznik, 1930**

**Malfattigasse 39, E: Clemens Kattner, 1929**

**Migazziplatz 6, E: Bruno Echerer, 1975—83**

Der im Grundriß komprimierte Vierspänner wirkt trotz der Erker, des betonten Mittelrisalits (mit Eckfenstern) und der freien Behandlung des Dachgeschosses im Platzensemble ruhig, streng und zurückhaltend.

**Rollingergasse 16—20, E: Josef Paul Kleihues, Norbert Hensel, Werner Höfer, Klaus Becker, 1985—89**

Die Anlage mit 180 Wohneinheiten zeigt eine mehrfache Bezugnahme auf historische Elemente und Inhalte des Arbeiterwohnbaus: nicht zu übersehen ist zunächst jene auf den Gemeindebau der Zwischenkriegszeit und damit auf die in ihm enthaltene Auseinandersetzung mit dem »Volkswohnpalast«; eine zweite reagiert auf die Zufälligkeiten der historischen Baustruktur eines Gründerzeitviertels und stellt mit der daraus entwickelten inneren Erschließung (die diese Zufälligkeiten gewissermaßen räumlich sichtbar macht) mit den glasgedeckten Hallen einen weiteren Bezug, diesmal zu einem Schlüsselbau der Sozialutopie, zur Familistére von Jean Baptist Godin, her. Kleihues liefert hier mit seinen Partnern ein Lehrbeispiel einer Auseinandersetzung mit dem konkreten Ort und der Tradition eines Themas. Es ist nur schade, daß man für dieses anspruchsvolle Unternehmen keinen besseren Platz finden konnte, so daß dieser einigermaßen überfordert erscheint. Außerdem hat sich Kleihues von der Art der Durchführung des Baus distanziert.

**Ruckergasse 69, E: Ernst Miksch, 1929**

**Ruttenstockgasse 1, E: Carl Witzmann, 1931 bis 1932**

Für das Temperament Witzmanns eine erstaunlich sachliche, herb-kräftige Architektur, die von einer starken horizontalen Bänderung bestimmt wird. Die Öffnung des Blocks nach Süden brachte gute Verhältnisse für die Wohnungen, die allerdings durch den heutigen Verkehr wieder relativiert werden.

**Steinbauergasse 1—7, »Leopoldine-Glöckel-Hof«, E: Josef Frank, 1931/32**

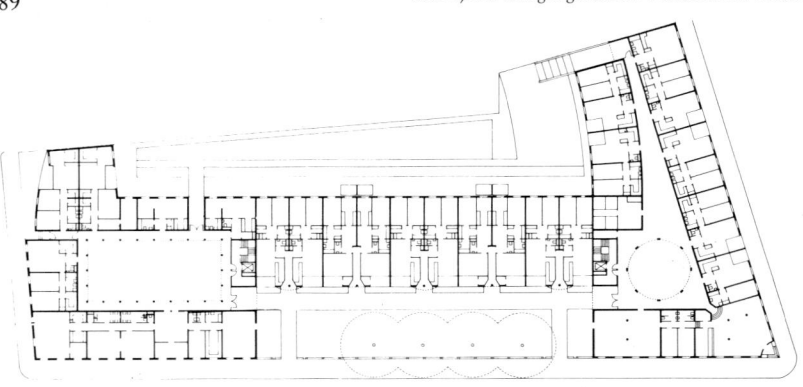

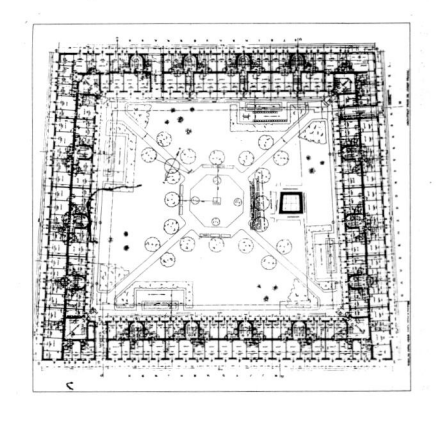

# MEIDLING

Bei dieser rigorosen Block-Randbebauung (318 WE) sind Typus und Topos »Hof« wieder zur Deckung gekommen. Die Anlage mit 12 Vierspännern und 4 Eckhäusern (mit annähernd quadratischen, geräumigen und die Form des Grundstückes wiederholenden Treppenhäusern) verzichtet auf alle traditionellen »architektursprachlichen« Mittel, wurde also von Josef Frank auf die »funktionellen« Elemente reduziert. Diese Grundstruktur wurde jedoch in ein reiches Farbkonzept eingebunden (Bezeichnung »Aquarellhof«), so daß die Themen Reihung und Wiederholung auf einer eigenen Ebene künstlerisch abgehandelt wurden. Die Renovierung hat darauf keine Rücksicht genommen, so daß heute das architektonische Konzept der Anlage nicht mehr verständlich ist.

## Steinbauergasse 36, »Bebel-Hof«, E: Karl Ehn (MA 22), 1925—27

Der nach August Bebel benannte Hof (301 Wohneinheiten) ist mit dem »Leopoldine-Glöckel-Hof« vergleichbar, wobei auch die Kluft zwischen den Anschauungen der Entwerfer sichtbar wird, die mit dem Zeitabstand von fünf Jahren nicht zu erklären ist. Ehn hat als Wagner-Schüler und Architekt des Magistrats gewissermaßen die repräsentative Komponente des kommunalen Wohnbaus voll verinnerlicht. Seine Architektur bedient sich aber nicht nur eines betonten Pathos, sondern sie ist auch in ihrer Gebärde großstädtisch. Gewiß bot die städtebauliche Situation etwas mehr Anlaß, auf das Umfeld zu reagieren, darüber hinaus führten aber die Maßnahmen, die Ehn ergriff, zu einer qualitativ anderen Beziehung zum städtischen Raum. So betont die vorgelagerte Ladenzeile mit Terrassen nicht nur die Front des Baus, sondern schafft auch (zumindest symbolisch) Distanz zur verkehrsreichen Straße. Die Überbetonung der Ecken unterstreicht die solitäre Erscheinung des Blocks, dessen geräumiger Gartenhof zur Zeit der Erbauung in diesem Gründerzeitviertel wie die Verwirklichung einer Utopie gewirkt haben muß.

## Wienerbergstraße 16—20, E: Camillo Fritz Discher, Paul Gütl, Rudolf Fraß, Karl Dorfmeister, Rudolf Perco, 1925—27

Die ausschließlich von Otto-Wagner-Schülern geplante Anlage entstand in zwei Bauetappen. Die erste (Dorfmeister, Fraß, Perco) mit 376 Wohnungen ist axial von der Wienerbergstraße her erschlossen (mit Straßenhof und trapezförmigem Innenhof), die zweite (Discher, Gütl) mit 393 Wohnungen über einen kleinen »Ehrenhof« von der Cothmannstraße her. Auffallend ist die hohe Baudichte. Die Architektur des ersten Bauteils bedient sich eher einer pathetisch-kubischen Formensprache, die des zweiten nähert sich, nicht weniger gestenreich, einer romantischen Heimatschutzarchitektur an.

## Zeleborgasse 7, E: Otto Bauer, 1930

Bauer ist es vermutlich weniger darum gegangen, das nach Norden liegende Eck zu betonen, als für die Wohnungen annehmbare Belichtungsverhältnisse zu schaffen.

323

# 12. BEZIRK

## Aichhorngasse 4, BH + E: Leopold Redl, 1986/87

Umbau und Aufstockung eines alten Hofhauses; nach der Bauklasse III hätte man hier mindestens viergeschossig bauen können, wobei jedoch der historische Maßstab und Charakter der Gasse gekippt wäre. Weil der Eigentümer nicht diese Möglichkeiten nutzte, sich also im Sinne einer Quartiersanierung und Stadtbildpflege richtig verhalten hat, konnte er wegen des Nichteinhaltens eines fragwürdigen Bebauungsplans aus den fünfziger Jahren (Unterschreitung der Bauhöhe, Vorspringen vor die Baulinie) keine Sanierungsförderung und auch keine Wohnbauförderung in Anspruch nehmen. Trost: ein gut bewohnbares, großzügig ausgelegtes Wohn- und Atelierhaus.

## Belghofergasse 37, BH: Karl Dietrich, E + A: Gustav Endl, 1908/09

Eine für Wiener Verhältnisse, besonders aber bei einem Einfamilien-Reihenhaus ungewöhnliche Bekleidung der Fassade mit Keramikplatten. Wenn man vom zeittypischen Jugendstil absieht, wurden jedoch keine neuen gestalterischen Wege versucht.

## Edelsinnstraße 78, BH: Moritz Frankl, E + A: Max Ott, 1908/09

## Gassmannstraße 39, BH: Emanuel Hohenberg, E: Josef Berger, Martin Ziegler, A: Hans Kamenicky, 1931

## Graf-Seilern-Gasse 14—18, BH: I. Wiener Beamtenbau-Verein, E + A: Carl Holzmann, 1905

Der I. Wiener Beamtenbau-Verein hat die Architektur der Heimatschutzbewegung bevorzugt. Diese Häuser wurden nach englischen Vorbildern entworfen.

## Hoffingergasse, Siedlung Hoffingergasse, BH: Gemeinnützige Kleingarten- und Siedlungsgenossenschaft »Altmannsdorf-Hetzendorf«, E: Josef Frank, Erich Faber, 1921

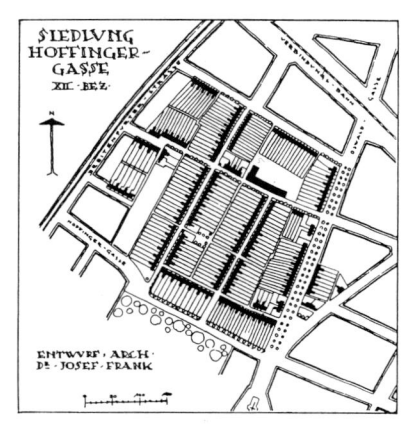

Selbstversorgersiedlung mit 286 Reihenhäusern; die Siedler mußten pro Haus eine Eigenleistung von 2000 Arbeitsstunden erbringen, die Häuser wurden verlost. Die Anlage zeigt deutlich die Frankschen Planungsprinzipien: sensible Adaption einer logischen Grundstruktur an eine gegebene Situation. Der Südhang ließ es sinnvoll erscheinen, möglichst viele Ost-West-Typen zu bauen (ebene, bandartige Gärten mit 400 m$^2$); daraus ergaben sich nord-süd-laufende Gassen, die, abgesehen von der Begrenzung Oswaldgasse als Allee, als schmale Wohnstraßen mit kleinen Vorgärten ausgebildet wurden. Die querlaufenden Gassen sind nur stellenweise bebaut, etwa bei der versetzten Einmündung der Sonnergasse in die Breitenfurter Straße, also wo sich aus örtlichen Bedingungen Abweichungen vom System ergaben. Die einzige durchlaufend einseitig bebaute Quergasse liegt im Süden (gleich zur Hoffingergasse hin), die durch das Einschwenken auf einen rechten Winkel zur Oswaldgasse einen leichten Schwung bekam. Von den einfachen Grundrissen wurden zwei Grundtypen angewendet, wobei der hakenförmige (mit Wirtschaftsräumen zum Garten hin) mit 217 Einheiten bei weitem überwiegt. Die Siedlung wurde komplett saniert, außen mit Wärmeschutz versehen. Ein Haus im ursprünglichen Zustand ist nicht mehr zu finden.

## Kaulbachstraße 8, BH: Friedrich Benesch, E: Otto Prutscher, A: Gustav Endl, 1914

## Kaulbachstraße 14—16, BH + E + A: Adolf Kliment und Jakob Krásny, 1909

## Klimtgasse 1—53, Siedlung Elisabethallee, BH: Gemeinnützige Bau- und Wohnungsgenossenschaft »Gartensiedlung«, E: Franz Kaym, Alfons Hetmanek, 1922

Die Siedlung mit 40 Wohneinheiten wurde in zwei Bauabschnitten errichtet, wobei der zweite Bauabschnitt von Rudolf Werian in konventionellerer Form entworfen wurde. Die ungewöhnliche Anordnung der Häuser in der Mitte des Grundstückes führte zu wechselseitiger Zuordnung der Hausgärten.

# MEIDLING

Rosenhügelstraße, Siedlung Rosenhügel, BH: Gemeinnützige Kleingarten- und Siedlungsgenossenschaft »Altmannsdorf-Hetzendorf«, E: Hugo Mayer, Emil Krause, A: Gemeinnützige Baugesellschaft »Grundstein«, 1921—26

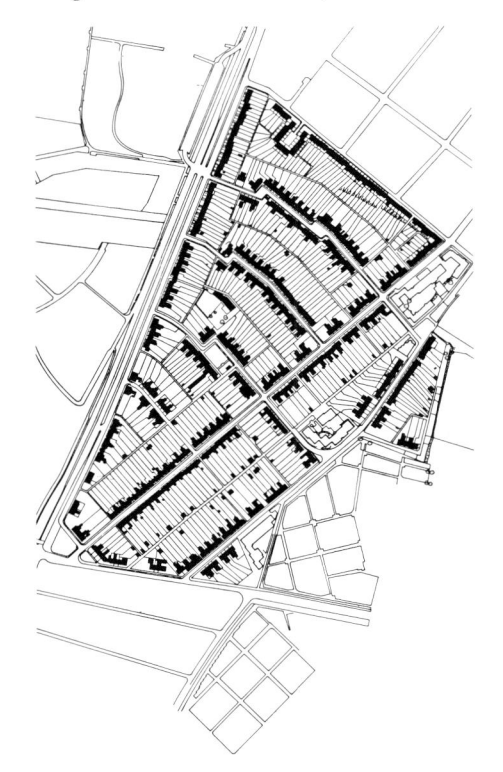

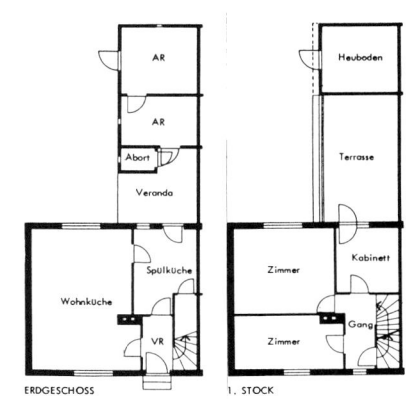

Die Genossenschaftssiedlung stellte neben dem kommunalen Volkswohnungsbau (Blockbau) und der »Gemeindesiedlung« das dritte »wohnungspolitische Modell« (nach Novy) dar. Finanziert über den Bundes-Wohn- und Siedlungsfonds (85—90%), mußte der Siedler 2000 Arbeitsstunden als Eigenleistung erbringen. Die Siedlung Rosenhügel, getragen von der ältesten und größten Genossenschaft der Wiener Siedlerbewegung — die PIONIERE VOM ROSENHÜGEL —, zeigt mit ihren 543 Häusern (5 Grundrißtypen mit 16 Varianten), einer einheitlichen Gartengröße von rund 350 m² und einem bedeutenden Genossenschaftshaus (1968 abgebrannt) ein ausentwickeltes Modell einer Wiener Selbstversorgersiedlung. Vorbild war die »Gartenstadt« nach englischem Muster, konkret dürfte jedoch die Basler Freidorfsiedlung von Hannes Meyer als Modell gedient haben. Der erste Plan der Siedlung (mit mehreren

325

## 12. BEZIRK

Haustypen) wurde von Hugo Mayer verfaßt (ausgeführt von Süden bis etwa zur Dorfmeistergasse); dieser Plan war lapidarer, mehr Siedlung als »Gartenstadt«. Die verkröpften, platzartig ausgebildeten Helfert- und Schurzgasse sowie der Stichplatz an der Defreggerstraße dürften also unter Einfluß von Emil Krause entstanden sein. Diese Tendenz zum Motivisch-Kleinstädtischen wurde etwa von Frank oder Loos bewußt vermieden. Die Bedeutung der Siedlung lag oder liegt ja nicht in ihren architektonischen Ansprüchen, sondern in einem durchdachten Modell der Wohnraumbeschaffung durch Selbsthilfe. Nach Klaus Novy stellte »die Wiener Siedlerbewegung den konsequentesten Versuch vor in ihrer sozialistisch gewendeten Variante der Kleinhaussiedlung dar«. Ihre Stärke lag »in der Konsequenz und Radikalität, mit der sie Alternativen zur teuren privatwirtschaftlichen Versorgung suchte – und fand, und zwar auf allen Ebenen, von der Baustoffbeschaffung bis zur Organisation des Wirtshauses. Ein ganzes System von gemeinwirtschaftlichen Hilfswirtschaften wurde vom Verband oder der Gemeinde errichtet: Baustoffproduktion und -verkauf, z. B. GESIBA; die bezahlte professionelle Bauarbeit wurde von der gewerkschaftlich finanzierten Bauproduktionsgenossenschaft GRUNDSTEIN geleistet, eine Warentreuhand besorgte Möbel und Hausrat zum Selbstkostenpreis; ein eigenes Baubüro, an dem sich die berühmtesten Architekten Wiens (Loos, Frank, Schuster) beteiligten, entwarf Musterpläne.«

Die Siedlung besitzt eine von Süd-West nach Nord-Ost verlaufende Hauptstraße (Rosenhügelstraße); wenn man von der nach Süden einschwenkenden Atzgersdorfer Straße absieht, liegen die Gassen diagonal zu den Haupthimmelsrichtungen, so daß ungefähr die Hälfte der Häuser ihre Gärten nach Nordosten und Nordwesten liegen haben. Mit dem »klassischen« Format der Nutzgärten von 1 : 8 spielt dies jedoch wegen der Beschattung kaum eine Rolle. Die Siedlung erlebte 1986/87 einen »zweiten Aufbruch«, ausgelöst 1983 durch die Ausstellung »Wiener Siedlerbewegung« (von Klaus Novy, Günther Uhlig, Wolfgang Förster); durch die Bündelung von Förderungsmaßnahmen konnte eine Generalsanierung in einem gewissen Rahmen (E: Franz Kuzmich, MA: Erich Müller), die, abgesehen von bauphysikalischen Verbesserungen, eine sinnvolle Einbeziehung der gartenseitigen Wirtschaftsbauten in den Wohnverband zum Ziel hatte (Grundrisse: Typ C, links alt, rechts neu).

Schönbrunner Allee 42, BH: Karl Hoffmann, E: Hubert Gangl, A: Josef Herzberg, Karl Michna, 1910

Schöpfergasse 10, BH + E: Johann Rothmüller, A: Mauthner & Rothmüller, 1925

Frauenheimgasse 2, Wiener Frauenheim, E: Karl Holzer, A: Karl Krepp, Friedrich Mahler, Albrecht Michler, 1906/07

Kastanienallee 2, Obdachlosenheim, E + A: Karl Krepp, Friedrich Mahler, Albrecht Michler, 1908

Obwohl die beiden Heime in kurzem Abstand von denselben Architekten entworfen und erbaut wurden (Mahler und Michler waren Wagner-Schüler), besteht in der Architektur ein bedeutender Unterschied. Während das »Frauenheim« in Material und Typus dem späten Historismus verpflichtet blieb, war das großräumig angelegte »Asyl für Obdachlose« ein moderner Eisenbetonbau mit einer selbstbewußten, stark horizontal geschichteten Putzarchitektur.

Meidlinger Hauptstraße 53, Verkehrsbüro-Filiale, E: Fritz Gerhard Mayr, 1979/80

Den Hintergrund für die durchaus eigenständige Gestaltung des Verkehrsbüros an exponierter Stelle bildete ein von Hans Hollein vorgegebenes «Manuale«, das die signifikanten Gestaltungselemente in einem gewissen Rahmen festlegen sollte, so daß eine Art von »Corporate Identity« zu erwarten war. Da jedoch das Original am Opernring bereits zerstört ist und Hollein an anderen Stellen selbst mit seinen Vorgaben frei verfuhr, blieb nur mehr eine schmale Basis der Anspielungen und Erinnerungen.

Sagedergasse 22, Z-Zweigstelle, BH: Zentralsparkasse und Kommerzialbank Wien, E: Rupert Falkner, MA: Gudrun Artner, 1972—74

Ein haltbares, ja resistentes Provisorium in Holzbauweise, das überzeugend vorführt, daß selbst solide Funktionen und Bedürfnisse einer Bank in vergänglichem Rahmen gut erfüllt werden können. Der überschaubare, von oben belichtete Raum wirkt deshalb auch überzeugend, weil er nicht mehr vorgibt, als er ist, und sich die Aura des Geschäftlichen mit einer Art peripherer Wohnlichkeit mischt.

Flurschützstraße 25—35, Strickwarenfabrik P. M. Glaser, E: Ernst Epstein, A: Carl Korn, 1922/23

Epstein zeigt sich auch hier, bei einem Industriebau, als ein großstädtisch denkender Architekt, der die einfache, viergeschossige Struktur des langen Produktionsgebäudes mit den geringsten Mitteln zu einer harmonischen, in sich ausgewogenen Großform gestaltete. Die Erschließung des Objektes erfolgt über einen neben der Stirnseite liegenden Torbau, über den man einen abgesenkten Hof erreicht. Das Haus Längenfeldgasse 29 entstand im Zusammenhang mit der Fabrik, so daß wir hier ein schönes Ensemble der frühen zwanziger Jahre vor uns haben.

Oswaldgasse 33—35, Kabel- und Drahtwerke AG, um 1900

Der Bau der Anlage wurde kurz nach der Jahrhundertwende begonnen. Sichtbar sind noch einige charakteristische Ziegelrohbauten an der Oswaldgasse, ein dahinterliegendes Heizhaus und eine mit Eisenbindern überspannte Halle. Weitere Bauphasen bis zur Gegenwart.

# MEIDLING

Pottendorfer Straße 25, Schrack Elektrizitäts AG, ab 1913

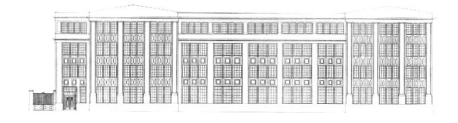

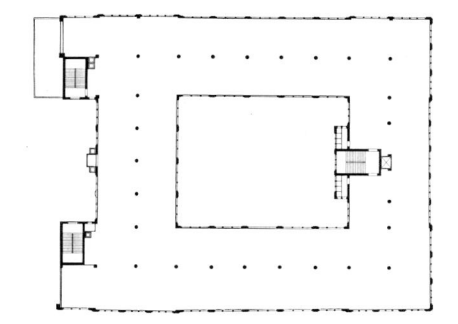

Der hier abgebildete Kernbau wurde für die Firma ERICSSON (Stockholm), die 1912 gegründete Österreichische Elektrizitäts-Aktiengesellschaft (Nachfolgerin v. Deckert & Homolka), 1913 errichtet, in einer Zeit, in der Ericsson »in allen europäischen Zentren solche Fabriken« baute. Architekt war der damals führende Industrieplaner Dr. Bruno Bauer, die Ausführung des Eisenbetonbaus besorgte Stigler & Rous unter der Mitwirkung der Ingenieure Kauf & Brunner. Bauer entwickelte einige außerordentliche Details, so etwa für eine besondere Ausbildung der Setzfugen, vor allem aber ein bemerkenswertes Deckensystem, das die beliebige Anbringung von Transmissionen, Leitungen und anderen Installationen erlaubte, ohne die Struktur angreifen zu müssen. Um die Stützen besonders schlank zu machen, verwendete er ein von Dr. von Emperger entwickeltes System aus »umschnürtem Gußeisen«, eine besondere Art der Betonummantelung von Gußeisenrohren. Bauer verstand es aber auch, in den Fassaden die strukturelle Klarheit in eine ästhetische zu transformieren. Auf dem Fabriksgelände steht noch eine Nagelbinder-Bogenhalle aus dem Jahr 1942 (E: Hans Payer, A: Wenzl Hartl, Viktor Klima), in den sechziger Jahren wurde im Hof ein Trakt von Richard Praun errichtet.

Schönbrunner Straße 297—307, Autoreparaturwerkstätte, BH: Steyr-Fiat GmbH., E: Georg Lippert, Franz Schlacher, 1960—62

In den späten fünfziger Jahren wurde die »Curtain-Wall« (also eine vorgehängte Metall-Glas-Fassade) zum Symbol für technologischen Fortschritt. Vereint mit einem angenehmen Maßstab gehört ihre präzise Ästhetik noch heute zu den positiven Aspekten eines zukunftsgläubigen Jahrzehnts.

Wagenseilgasse 8, Roßhaarspinnerei Heinrich Zeinlinger, E + A: Max Neuwirth, 1910

Ein schlichter, sauberer, herber, fast zeitlos wirkender Industriebau aus dem 19. Jahrhundert, der jedoch mit einiger Verspätung gebaut wurde. Seine Wirkung besteht ausschließlich in der klassischen Ordnung der gereihten Elemente, hergestellt auf einem hohen handwerklichen Niveau.

Hufelandgasse 3, Theresienbad, BH: Stadt Wien, E: Theodor Schöll, A: WIBEBA, 1952—54

Ratschkygasse 26, Städtisches Volksbad, BH: Stadt Wien, E: Josef Bittner, A: Peter Brich, 1923/24

Pottendorfer Straße 30, Umspannwerk Süd, BH: Wiener Stadtwerke, E: Erich F. Leischner, 1913

Der Bau verbindet eine freie Entwicklung der Volumen (mit asymmetrisch sitzendem Treppenturm) mit einem strengen Aufbau der Fassaden, dominanten Kranzgesimsen und spätsecessionistischem, dezentem Putzdekor mit Keramikelementen; also eine eigenwillige Verarbeitung von Einflüssen aus der Wagner-Schule, der Leischner nicht angehörte. Der signifikante Bau wurde leider durch eine unsensible Renovierung entstellt.

327

## 12. BEZIRK

Koppreitergasse 5, Koppreiter Remise, BH: Stadt Wien, A: Janesch und Schnell, 1913

Die Koppreiter-Remise mit ihren Nebenbauten gehört zu den geschlossensten und schönsten Anlagen ihrer Art. Die Hallen sind heute umgewidmet (zum Teil Werkstätten), die äußere Hülle, mit einer beachtlichen Dichte durchgestaltet, ist aber überwiegend erhalten. Der Entwerfer konnte leider nicht ausgeforscht werden, es dürfte sich jedoch mit großer Wahrscheinlichkeit um einen Otto-Wagner-Schüler handeln.

Gaudenzdorfer Gürtel, Wiental-Viadukt (Stadtbahn-Brücke), E: Otto Wagner, A: Union-Baugesellschaft, Eisenkonstruktion: Österreichische-Alpine-Montan-Gesellschaft, 1895—98

Die Brücke überquert nicht nur das »Dreibezirkseck« Gumpendorf—Rudolfsheim—Meidling, sondern auch die alte Kreuzung Wienfluß—Linienwall (Gürtel). Obwohl das Verkehrsbauwerk stadträumlich einen dominanten Eingriff brachte, ist das Umfeld nie zu einem klaren städtebaulichen Abschluß gekommen. Lediglich die Kante von Gumpendorf wurde von bedeutenden öffentlichen Bauten besetzt. Die Grenzen von Meidling/Gaudenzdorf und Rudolfsheim blieben »offen«, ein Umstand, der jedoch die Atmosphäre dieser »Stadtgegend« bestimmt, ein Hauch von Peripherie, der das großstädtische Pathos der Brücke noch steigert. Für Wagner charakteristisch ist, daß er die Brücke nicht nur als Torbauwerk in der Achse des Flusses auffaßt, sondern ebenso als räumliches Element der Bahn. So haben die Pylonen eine stadträumliche Doppelfunktion, einerseits als Markierungen eines Stadttores, andererseits als Portale für das Tragwerk im Sinne der auf Schauerlebnisse (nach Czech) konzipierten Bahn. Einige technische Daten nach Wehdorn/Georgeacopol: Hauptbrücke, Durchlaufträger über zwei Felder mit Stützweiten von 50,568 und 63,189 m; Tragwerk: zwei parallelgurtige, 5,650 m hohe, genietete Fachwerkträger, ca. 8 m über Straßenniveau.

ABKÜRZUNGEN

| | | |
|---|---|---|
| A | = | Ausführung |
| AB | = | Architektonische Beratung |
| AG | = | Architektonische Gestaltung |
| BH | = | Bauherr |
| Bmst | = | Baumeister |
| BL | = | Bauleiter |
| E | = | Entwerfer |
| MA | = | Mitarbeiter |
| Mmst | = | Maurermeister |
| PB | = | Projektbearbeiter |
| PL | = | Projektleiter |
| WB | = | Wettbewerb |
| Zmmst | = | Zimmermeister |

- Zentren
- Amts-, Verwaltungs- und Bürobauten
- Religion, Kult (Kirchen, Säle, Friedhöfe, Grab- und Denkmäler etc.)
- Information (Museen, Ausstellungen, Funk, Fernsehen etc.)
- Kultur und Politik (Theater, Konzerthäuser, repräsentative Staatsbauten etc.)
- Universitätsbauten, Schulen, Kindergärten
- Heilung (Krankenhäuser, Sanatorien, Kuranstalten etc.)
- Sonderbauten
- Städtische Wohnhäuser (und gemischte Nutzungen)
- Wohnbauten der Gemeinde Wien
- Einfamilienhäuser, Villen
- Galerien, Ateliers (Dachaufbauten)
- Hotels, Heime, Klöster
- Kaufhäuser, Läden, Bankfilialen
- Kaffee- und Gasthäuser, Bars etc.
- Industrie
- Sport, Erholung, Bäder
- Gärten, Parks
- Energie (Kraft- und Umspannwerke, Staudämme etc.)
- Verkehr (Straßen, Brücken, U-Bahn, Straßenbahnremisen etc.)

Für Wien wurden zwei neue Symbole für kommunale Wohnbauten (wobei es fließende Übergänge zum Genossenschaftsbau gibt) und für Dachaufbauten eingeführt, soweit sie von allgemeinem Interesse sind. Private Dachausbauten wurden nicht behandelt. Weggelassen wurde das Symbol für den privaten Mehrfamilienhausbau, da es in Wien zu viele Übergänge zum multifunktionalen Stadtwohnhaus gibt. Bei den Banken sind die großen Bankgebäude als Typus bei den Verwaltungs- und Bürobauten, während die in anderen Objekten untergebrachten Filialen unter dem Symbol für Läden zu suchen sind. Es gibt auch das Problem nicht eindeutiger Zuordnungen; die Überschaubarkeit der Bezirke erlaubt aber doch, die Objekte leicht zu finden.

# NACHWORT

An diesem Band wurde seit 1983 kontinuierlich gearbeitet. Die Begehungen von 1965 bis 1968 in Wien waren durch die lange Unterbrechung (das Vorziehen der Bundesländer-Bände) überholt. Da es trotz der Erfahrungen mit den Bänden I und II nicht möglich war, Zeit und Umfang des WIEN-Bandes abzuschätzen, mußte nach dem Abschluß der Arbeiten am 13. Bezirk noch einmal eine Teilung vorgenommen werden, so daß Wien in zwei Bänden erscheint. Ich bin Jochen Jung für diese Lösung sehr dankbar, da einerseits eine Beschränkung des WIEN-Bandes auf 500 Seiten (pro Bezirk rund 20 Seiten) unlösbare Platzprobleme gebracht hätte und andererseits die abgeschlossenen Bezirke noch mindestens zwei Jahre liegen geblieben wären.

Die Erarbeitung der Unterlagen zeigte in Wien spezielle Probleme; die bessere Quellenlage (vor allem durch Periodika) brachte gleichzeitig eine größere Häufigkeit von Fehlerquellen, so wechselte zum Beispiel die Schreibweise der slawischen und ungarischen Familiennamen, durch verschiedene Formen der Eindeutschung oder falsche Schreibweisen, stark. So gibt es etwa vom originalen Dvořák bis zum Dworak verschiedene Übergangsstufen, was auch manchmal biographische Rückschlüsse erlauben würde. Auch die Schreibung von Vornamen zeigt Moden — Karl/Carl — die nicht nur den Launen eines Setzers folgten. Es war natürlich bei den Tausenden von Namen nicht möglich, biographische Einzelforschungen durchzuführen, so wurden die in den Quellen vorkommenden Varianten ins Register aufgenommen. Eine rückgreifende Vereinheitlichung der Schreibweise (nach welchen Kriterien?) hätte vermutlich keine befriedigenden Ergebnisse gebracht.

Ein architekturhistorisch bedeutendes Problem steckt in der sich ändernden Rolle des Entwerfers im Späthistorismus, wo die Autorschaft vielfach in großen Baufirmen verschwindet oder sich nur im Arrangement von Vorlagen oder publizistischen Neuerungen ausdrückt. Obwohl die Listen der Bauten der Wiener Architekten und Baumeister erst nach dem zweiten Teil des Bandes hergestellt werden können, kann man schon jetzt sagen, daß so manches Werk keine »logische Entwicklung« zeigen, sondern vielmehr eine merkwürdige Mischung aus Zeit- und Bauherrngeschmack mit persönlichen Vorlieben darstellen wird. Die Verfügbarkeit von Formen wird so groß, daß man sich bei vielen Entwerfern von der Vorstellung einer zuschreibbaren Autorschaft lösen muß. Dazu kommt noch die Praxis bei Baueinreichungen, daß diese meist von den Baufirmen vorgenommen wurden, so daß der eigentliche Autor im Bauakt nicht aufscheint, jedenfalls nicht auf den Plänen zu finden ist. Es ist hier nicht möglich (wenn überhaupt), alle denkbaren Fehlerquellen aufzuzeigen, es kann nur dem Leser versichert werden, daß es sehr viele gibt und daß in manchen Fällen spezifische Objektforschungen andere Ergebnisse in bezug auf einen Entwerfer bringen können. Auf Grund der Komplexität moderner Bauprozesse kann auch der Zustand eintreten, daß es überhaupt falsch ist, nach einem Autor zu suchen. In den letzten Jahrzehnten nahm auch die Undurchschaubarkeit von Bauträgergesellschaften und Bauausführenden (Generalunternehmer) derart zu, daß in vielen Bereichen der Realisierung von Bauwerken wieder eine hermetische Anonymität eintritt. Die Verwendung von geheimnisvollen Abkürzungen und deren Kombination trägt zu dieser oft anscheinend gewollten Verschleierung bei. Wenn trotzdem versucht wurde, immer wieder nach benennbaren Autoren zu suchen, so mag das in einem gewissen Sinne eine »unbelehrbar rückwärtsgewandte Utopie« sein, die daran glaubt, daß letztendlich architektonische Entwicklungen von einzelnen Personen getragen werden.

Auch für diesen Band habe ich zahlreichen Architekten, Baufirmen, Beamten des Magistrats der Stadt Wien, Archiven und Bibliotheken, vor allem vielen Eigentümern von Objekten für zahlreiche Informationen zu danken, aber auch für das allgemein freundliche Entgegenkommen bei den notwendigen Besichtigungen. Ein großzügig dotiertes Forschungsprojekt des FONDS ZUR FÖRDERUNG DER WISSENSCHAFTLICHEN FORSCHUNG hat es möglich gemacht, für Wien nicht nur eine flächendeckende Begehung und eine fast lückenlose Fotodokumentation der interessanteren Bauten durchzuführen (bei der rund 10.000 Objekte erfaßt wurden), sondern auch die notwendigen Archivarbeiten und Recherchen durchzuführen. Hier habe ich voran Wolfgang Sengelin für die mehr als umfangreichen Aushebungsarbeiten zu danken; weiters haben mir bei den Recherchen und Innenbesichtigungen wertvolle Hilfe geleistet: Géza Hajós (Villen und Landhäuser), Otto Kapfinger (Geschäfte), Erich Kaessmayr (Friedhöfe), Leopold Redl (Industrie und städtische Betriebe), Georg Schöllhammer (Spitäler). Walter Zschokke hat im Rahmen des Projektes eine Studie über Wiener Wohnhaustypologien gemacht. Die Literatur haben Barbara Achleitner, Mara Reissberger und Margit Ulama durchforstet, wobei ich Mara Reissberger zusätzlich für die wache Lektüre aller Manuskripte und Fahnen besonders danken möchte. Das Register hat Matthias Boeckl hergestellt. Die vielen Plandarstellungen stammen von Roman Delugan, Ursula Reuter, Cornelia M. Senn, Margit Tappeiner, Karl Vouk, Torsten Warner, Carmen Wiederin und Michaela Zeman, die auch alle an den Erstbegehungen teilgenommen haben.

Es ist mir auch diesmal ein besonderes Bedürfnis, den Mitarbeitern der Druckerei Sochor in Zell am See für die schwierige und mühevolle Produktion des komplizierten Bandes, Reproduktion der Vorlagen, Herstellung des Satzes und der Montage zu danken. Gleiches gilt natürlich wieder den Mitarbeitern des Residenz Verlages, Günther Bardeck (Lektorat), Friedel Schafleitner (Herstellung), Walter Pichler (Gestaltung), für das anhaltende Interesse und Engagement, die freundschaftliche Arbeitsatmosphäre und die außer Diskussion stehende Hilfe in allen Entscheidungen. Jochen Jung hat von Wolfgang Schaffler, dem ich für die jahrzehntelange Förderung dieses Projektes zu großem Dank verpflichtet bin, die »geduldige Ungeduld« übernommen, den Karren in Bewegung zu halten. Meiner Frau Barbara möchte ich für die manchmal notwendige Aufmunterung und spontane Kritik, nicht zuletzt aber für die vielen geopferten Wochenenden und aufgeschobenen Reisen danken.

*Friedrich Achleitner*

# REGISTER

Im Register scheinen nur jene Namen auf, die mit einer Entwurfsleistung in Verbindung stehen (Architekten, Baumeister, Statiker, Künstler und Autoren). Neben den dauernden und zeitweiligen Arbeitsgemeinschaften wurden auch die einzelnen Mitglieder (auch Mitarbeiter) aufgelistet. Künstler wurden nur soweit registriert, als sie mit einem Bau oder einem architektonischen Thema in Beziehung stehen. Wiederholtes Vorkommen von Namen auf derselben Seite wurde (wegen deren Überschaubarkeit) nicht vermerkt.

Achleitner Friedrich   310f. (Abb.)
Adam Heinrich   58, 104 (Abb.), 162 (Abb.)
Adler Alfred, Schmid Martin Johann   156
Aichinger Hermann   14 (Abb.), 45 f. (Abb.), 114, 134 f. (Abb.), 147, 149 f. (Abb.), 156, 164, 172, 179 (Abb.), 180 f. (Abb.), 182, 207 (Abb.), 308, 318 (Abb.), 321 (Abb.)
Aichinger Hermann jun.   136
Albrecht Friedrich   267
Alphart A.   145, 282
Altenberg Peter   46, 55, 76
Altmann A.   188
Altmann B. und Liebesny E.   170
Alvera Alessandro   74, 201, 215 (Abb.)
Ambor Adolf   153, 171 (Abb.), 222
Anderle F.   281
Anders Emanuel   277 ff. (Abb.)
Appel Carl   49, 66 (Abb.), 87, 89 (Abb.), 114, 116, 122, 140, 236, 254, 267
Appel Carl, Lippert Georg   49
Appelt Werner   33, 118 (Abb.)
Arbeitsgruppe 4 (Holzbauer Wilhelm, Kurrent Friedrich, Spalt Johannes)   164, 167, 201, 215 (Abb.), 272
Architektengruppe U-Bahn (Holzbauer Wilhelm, Marschalek Heinz, Ladstätter Georg, Gantar Norbert)   83 f. (Abb.), 252
Armbruster Ernst   312 f. (Abb.)

Artner Gudrun   326
Artner Otto   139
Atelier 21 (Djafar-Zadeh Khosrow, Polak Norbert)   33
Atelier 4 (Scheufler Peter, Vesselinov Zachari, Hirschler Manfred, Erblich Peter)   210
Atelier Igirien (Appelt Werner, Kneissl Franz E., Prochazka Elsa   33, 114, 118 (Abb.)
Attersee Christian Ludwig   142
Auböck Carl   46, 64, 87, 101 (Abb.), 147, 161, 272
Auböck Carl, Kleyhons Wilhelm   272
Auböck Carl, Lang Friedrich   161
Auböck Carl, Rössler Carl, Hoch Adolf   101 (Abb.)
Augenfeld A.   194, 195 (Abb.)
Augenfeld A., Bronner S.   195 (Abb.)
Augenfeld Felix   52
Augustin Othmar, Jaksch Hans, Jaksch Walter, Kutschera Hermann, Ledwinka Leopold, Perotti Artur, Schröfl Werner, Theiss Siegfried, Tölzer Maria u. Peter   267 f. (Abb.)
Auteried & Co., Hoch Adolf   111 (Abb.)

Bach Theodor   40 (Abb.), 41, 50, 53, 57 (Abb.), 117, 184, 193, 259
Bacher Rudolf   131
Badstieber Karl   136 (Abb.), 164, 171, 202, 308, 317
Badstieber Karl, Reiner K.   171, 317
Baron Arthur   41 (Abb.), 62 (Abb.), 87, 96, 114, 125 (Abb.), 133 (Abb.), 147, 155 (Abb.), 157 (Abb.), 159, 161, 184, 193, 201, 213 (Abb.), 218, 224, 228
Barwig Franz   219
Barz Mathis   59 ff. (Abb.)
Basset Walter B.   94 f. (Abb.)
Baudisch-Wittke   295
Baudys Josef   268
Bauer Bruno   87, 104, 308, 327 (Abb.)
Bauer Erich   318
Bauer F. J.   50

Bauer Leopold   234, 236 (Abb.), 254, 281
Bauer Otto   323
Bauer Wolfgang   240, 312
Bauer Wolfgang, Hoch Adolf   312
Bauer Wolfgang, Nobis Otto, Mayr Otto, Köhler Georg, Lippert Georg, Kässens Felix, Marchart Alexander, Moebius Roland, Lintl Hannes   240
Baumann Ludwig   24 (Abb.), 31 (Abb.), 33, 36, 40 (Abb.), 114, 119 (Abb.), 126, 133, 147, 159, 184, 190, 218, 225, 227 f. (Abb.), 234, 235, 243, 250
Baumann Ludwig, Fellner Ferdinand, Helmer Hermann   119 (Abb.)
Baumfeld Rudolf L., Schlesinger Norbert   64
Baumgarten Wilhelm   74, 114, 120, 254, 269, 311 (Abb.)
Bauqué & Pio   129
Bayer Alfred   143
Bayer Josef   160
Beck Alfred Michael   103, 140
Becker Klaus   322 (Abb.)
Becvar Josef, Ruczka Viktor   66 (Abb.)
Beer Josef   53, 147, 155, 184, 195, 201, 209, 218, 226, 321
Beetz Wilhelm   37 (Abb.)
Behrens Peter   120, 149, 164, 178, 180, 188, 197, 248, 257, 299
Belohlavek August   51, 131, 155, 184, 194, 205, 207, 212, 265
Benirschke Karl   164, 172
Benirschke Karl, Wibhart Rudolf   172
Benirschke Max   172
Benjamin Walter   59
Berehinak Ferdinand   152
Berger Arthur, Berger Josef, Ziegler Martin   137
Berger Eduard   259, 267
Berger Franz   81, 239 f. (Abb.)
Berger Georg   114, 123 (Abb.)
Berger Gottfried   188
Berger Hans   225

Berger Josef  137, 324
Berger Josef, Ziegler Martin  324
Bernhard K.  292
Bertoni Wander  33
Beschorner Karl  110
Biberschick Peter  110
Billek Nikolaus  194
Binder Ludwig  105
Bitterlich Hans  27, 28 (Abb.)
Bittmann Carl (Carl Matthias)  188, 189 f. (Abb.), 224 (Abb.), 240, 242
Bittner Josef  114, 115, 134 f., 218, 219, 236, 308, 327
Blau Luigi  59 (Abb.), 62 (Abb.), 74, 77 (Abb.), 114, 140 f. (Abb.), 218, 229 (Abb.), 289, 292
Bluntschli Alfred Friedrich und Mylius Karl Jonas  291
Bodingbauer Karl  25
Bodzenta Erich  257
Böck Erwin  254, 268
Böck Erwin, Theuer Max, Zotter Friedrich  268
Boeckl Herbert  259
Böhm Dominikus  257
Böhm Gorgona  74
Bolldorf Leo von  26
Boltenstern Erich  14, 22 (Abb.), 23, 33, 35, 58, 87, 88, 90, 101 (Abb.), 114, 116, 143 (Abb.), 234, 236, 243 f. (Abb.), 292
Boltenstern Erich, Schlöss Erich  22 (Abb.)
Boltenstern Erich, Schlöss Erich, Hartl Karl, Hruska Ladislaus, Schlauss Kurt  101 (Abb.)
Boltenstern Erich, Wachberger Eugen  234, 243 f. (Abb.)
Boltenstern Erich, Weinlich Robert  143 (Abb.)
Borkowitz Franz  262 f. (Abb.)
Bormann Willy  36
Boxhorn Albert  156
Bramhas Erich  254, 274 f.
Braun Kurt  274
Brenner Anton  138
Bressler Emil  49 (Abb.)

Bressler & Witti  223
Brettschneider Fritz  161, 244 (Abb.)
Brettschneider Fritz, Fayans Stefan  161
Brodhag Carl  217
Bronner S.  195 (Abb.)
Brossmann Walter  270
Brugger Karl  70
Bublik Jaroslav  314
Buchta Kurt, Frank Sepp, Neumann Heinz, Vana Kurt, Wutscher Harald  297 (Abb.)
Bukovac Stefan  254, 274 f.
Bürgisser und Wininger  290
Busch  149

Canciani A.  98
Castellitz Alfred  211
Caufal Carl  98, 156
Cevela Felix  33
Chalusch Alfred  136, 247, 272
Charoux Siegfried  269 (Abb.)
Chedanne Georges Paul  147, 148 (Abb.)
Christian Max  78
Christl Karl  84 (Abb.)
Coop Himmelblau (Prix Wolf D., Swiczinsky Helmut)  58 f. (Abb.), 59 ff. (Abb.), 66, 77 (Abb.)
Cremer Fritz  292
Czada Franz & Elsner Friedrich  210
Czech Hermann  48, 58, 61, 66, 69, 71, 74 f. (Abb.), 75, 77, 78 f. (Abb.), 84 (Abb.), 114, 128 (Abb.), 141 f. (Abb.), 250, 328
Czech Hermann, Seehof Stephan  66
Czeike Felix  290, 297
Czeipek Konstantin, Edler von  219
Czepa Oskar  44, 201, 205, 212 (Abb.)
Czepa Oskar & Wiesbauer Arnold  201, 205, 212 (Abb.)
Czermak Emilian  103
Czernin Peter  117

Dahinden Justus, Gieselmann Reinhard; Marchart Alexander, Moebius Roland & Partner  152
Daim Wilfried  77
Davidoff Ludwig  99
Decastello Moritz Ritter von  52
Dehm Ferdinand & Olbricht Franz  41, 241
Deininger Julius  51 (Abb.), 57, 114, 143 f. (Abb.), 218, 221 f. (Abb.), 224
Deininger Julius, Deininger Wunibald  221 f. (Abb.)
Deininger Theodor  144
Deininger Wunibald  51, 57, 144, 218, 221 f. (Abb.), 224
Demski Georg  38, 53, 194, 207, 208, 225
Demski (Demsky) Rudolf  57, 210
Diamantstein Philip  156
Dick Rudolf  19 (Abb.)
Didier  31
Diedtel R.  292
Dietz von Weidenberg, Friedrich  304
Dillmann Ludwig  217
Dimmel Herbert  27
Dinklage Gerd  64 f. (Abb.), 70 (Abb.)
Dirnhuber Karl  114, 136, 308, 317 f. (Abb.)
Dirnhuber Karl, Discher Camillo Fritz  317 f. (Abb.)
Discher Camillo Fritz  138, 254, 273, 308, 317 f. (Abb.), 323
Discher Camillo Fritz, Gütl Paul  138, 254, 273
Discher Camillo Fritz, Gütl Paul, Fraß Rudolf, Dorfmeister Karl, Perco Rudolf  323
Diss & Co.  188
Dobek Karl  223
Doderer Heimito von  252
Döring Max  95, 188
Domenig Günther  218, 230 (Abb.), 254, 277 ff. (Abb.)
Donau Emmerich  69, 220
Dorfmeister Karl  323
Doskar Bruno  19, 39, 45, 50

Drach Siegfried C., Osterberger Alexander 114, 122, 127 (Abb.)
Drapala Ignaz 242 (Abb.)
Drexler Anton, Drexler Josef 87, 96 (Abb.), 99, 105, 109, 114, 123, 126, 127 (Abb.), 129, 130 (Abb.), 133, 134, 218, 225
Drexler Josef 87, 96 (Abb.), 99, 105, 109, 114, 123, 126, 127 (Abb.), 129, 130 (Abb.), 133, 134, 164, 170, 218, 225, 254, 264
Driendl Georg 201, 216
Duniecki Artur Paul 62, 69, 141, 231
Dworak Hans (Dvořák; fälschlich: Dvořak, Dworák) 114, 122 f. (Abb.), 126 (Abb.), 128, 131, 170, 201, 202 (Abb.), 218, 224 (Abb.), 317

Ebner Eduard 248 (Abb.)
Ebner Felix 244
Echerer Bruno 66, 161, 322
Eckel Kurt 115, 271
Eder Carl 290
Eder Engelbert 99, 274
Eder Engelbert, Holtermann Anton, Potyka Hugo 99
Eger Josef 194
Egli Ernst 114, 134, 254, 272
Ehn Karl 164, 178, 181, 234, 248 (Abb.), 249, 268, 308, 323 (Abb.)
Ehrlich Emanuel 175
Eichinger Gregor, Knechtl Christian 74, 234, 249 f. (Abb.)
Eisenhofer Erich 291
Eisenmenger Rudolf 32, 33
Eisler Max 38
Eisler Rudolf 117, 182, 236
Eisler Rudolf, Itzinger H. 117
Ekhart Heinz 197
Elsner Friedrich 210
Emperger Dr. von 327
Endisch Adolf 241
Endl Gustav 308, 316, 317, 324

Engel Gudrun 30 (Abb.)
Engelhart Joseph 117 (Abb.), 131
Engelhart Michel 32
Engelmann Paul, Wittgenstein Ludwig 114, 139 f. (Abb.)
Engert Anton 176
Epstein Ernst 23, 103, 114, 115, 124, 125, 129 (Abb.), 131 (Abb.), 147, 153, 157 f. (Abb.), 158 (Abb.), 159, 164, 170, 173 (Abb.), 174, 175, 184, 188, 194, 201, 205 (Abb.), 209 (Abb.), 211, 212 (Abb.), 213, 216 (Abb.), 217, 218, 223, 224, 226, 234, 235 (Abb.), 246, 308, 314, 315, 326
Erblich Peter 210
Erdös Rudolf 53 (Abb.), 124, 134, 161, 172, 208 (Abb.), 234, 247
Erhart P. 231, 246
Ernest Rudolf 161
Ernest & Thalwitzer 156, 189
Ernst Christoph R. 105 (Abb.)
Ernst Karl, Hahn Josef 160
Esriel Richard 102, 226, 254, 266
Eto Shinichi 149 f. (Abb.)
Ettl Friedrich 255
Ettmayr Leopold 297
Euler Friedrich 38, 58, 321
Euler Friedrich, Thurner Herbert, Gehrke Wilhelm, Kolbe Gerhard, Lang Karl Maria, Petter Maria 321
Eustachio Johann 158, 227

Faber Erich 324 (Abb.)
Faber Percy A. 134
Fabiani Max 27, 34 f. (Abb.), 45 (Abb.), 55, 114, 132 (Abb.), 151, 184, 185 (Abb.), 218, 227
Falkenau Artur 116
Falkner Rupert 254, 270 f. (Abb.), 277, 308, 320 (Abb.), 326
Falkner Rupert, Irsigler Ernst, Jiszda Matthäus, Kaminsky Franz, Karabiberoff Stefan, Schröfl Werner,

Schultmeyer Helmut, Wachberger Hedy, Wratzfeld Gunter 270 f. (Abb.)
Fassbender Eugen 184, 185, 234, 239
Fayans Oskar 308, 322
Fayans Stefan 161
Feldhendler Moritz 129
Felgel von Farnholz, Eugen Ritter 41, 49 (Abb.), 50, 57 (Abb.), 147, 156, 164, 175, 176, 201, 210, 234, 241, 245, 310 f. (Abb.)
Fellerer Max 18, 32 f. (Abb.), 38 (Abb.), 156, 254
Fellerer Max, Wörle Eugen 18, 26, 32 f. (Abb.), 38 (Abb.), 149
Fellerer Max, Wörle Eugen, Hasenöhrl Felix 38 (Abb.)
Fellner Ferdinand & Helmer Hermann 114, 119 (Abb.), 187, 218, 228
Fellner Ferdinand III 131 (Abb.)
Fenderl Ettore 117
Fenz Hans 264, 314, 316
Fenzl Victor 316
Ferstel Heinrich von 36
Ferstel Max von 254, 267
Feuerstein Günther 308, 320
Fiala Ludwig 211
Fichtinger Josef ('s Witwe) 223, 226, 315
Fidermutz Ludwig 317 (Abb.)
Fiebiger Max 143, 312
Fiedler Ladislaus, Palumbo Pietro 58
Fink Andrea 69
Fischer Franz 26
Fischer Friedrich 299
Fischer von Erlach Johann Bernhard 141
Fischl-Pirkhänfeld Karl 272
Fleischer Karl 225
Flekseder Erwin 137
Flesch-Brunningen Gustav 164, 168
Foehr Adolf 211
Förster Emil Ritter von 20, 234, 235 (Abb.)
Förster Karl 313
Förster Wolfgang 326

Fonatti Franco 167
Fondi August 38, 51
Forstner Leopold 154, 186
Fraenkel Wilhelm 225
Frank Friedrich 254, 282 (Abb.), 283 (Abb.)
Frank Heinz 61
Frank Josef 38, 71, 178, 229, 268, 289, 296, 300 (Abb.), 308, 322 f. (Abb.), 324 (Abb.), 326
Frank Josef, Faber Erich 324 (Abb.)
Frank Josef, Wlach Oskar 38, 289, 296, 300 (Abb.), 308
Frank Sepp 120, 137, 143, 254, 260 f. (Abb.), 274, 297 (Abb.)
Frank Sepp, Neumann Heinz 120, 260 f. (Abb.)
Frantl Erich 106 ff. (Abb.)
Franz Ludwig 188
Franz Ludwig und Diss & Co. 188
Frass Rudolf 122 (Abb.), 323
Frass Wilhelm 27, 234, 238
Frauenfeld Eduard 155, 173, 195, 290, 303
Frey Rudolf 144
Freyler Fred 254, 261
Friedl Johann 167 (Abb.)
Fröhlich Franz 49, 193
Fuchs Anton 194, 243
Fuchs Ernst 311
Fuchs Leopold 114, 124, 127, 129, 134 (Abb.), 164, 173, 184, 190 (Abb.), 201, 205 f. (Abb.), 207 (Abb.), 208 (Abb.), 209, 210, 211, 212, 213, 216, 217, 218, 222
Fuchsik Ludwig A. 38, 226
Fuhry Karl 103
Fürst Hugo 264

Gabrielli Anton 118
Gach Richard 187, 222
Gach Richard, Schuster Ernst 222
Gälzer Otto 273
Gärber Karl 98, 240 f.
Gallister Reinhard 35 (Abb.)
Gangl Hubert 308, 310 f. (Abb.), 326

Gangl Hubert und Felgel von Farnholz, Eugen Ritter 310 f. (Abb.)
Gantar Norbert 83 f. (Abb.), 274
Gartner Jakob 38, 54, 114, 124, 125, 218, 222, 241, 289, 293
Gatterer Helmut 61
Gaudernak 303
Gebhard Anton 186
Gehrke Wilhelm 321
Georgeacopol-Windishofer Ute 103, 104, 198, 217, 280, 281, 282, 304, 328
Gerger Rudolf Otto 264, 296
Gerl Heinz 52, 182, 311
Gessner Franz 114, 128 (Abb.), 147, 154 f. (Abb.), 156 (Abb.), 164, 182 (Abb.), 185 f. (Abb.), 218, 223, 242, 259, 308, 309 (Abb.)
Gessner Hubert 18, 87, 93 (Abb.), 100 (Abb.), 102, 110 f. (Abb.), 147, 154 f. (Abb.), 164, 172 (Abb.), 178, 179 f. (Abb.), 182 (Abb.), 185 f. (Abb.), 242, 259, 281, 289, 293, 308, 309 (Abb.)
Gessner Hubert, Gessner Franz 154 f. (Abb.), 182 (Abb.), 185 f. (Abb.), 309 (Abb.)
Gessner Hubert, Paar Hans, Schloßberg Friedrich 100 (Abb.)
Gettwert Victor 174
Giencke Volker 277 ff. (Abb.)
Gieselmann Reinhard 152
Giesskann Isidor (J.) 131, 243 (Abb.)
Gindele Walter 202
Gisshammer Andreas 127, 243
Glasauer H. 292
Glaser Ferdinand 182, 236
Glaser Ferdinand, Eisler Rudolf 236
Glaser Hans 161, 206
Glaser Hans & Scheffel Karl 206
Glück Franz 150
Glück Harry (& Partner) 20, 88 (Abb.), 252, 254, 268 f. (Abb.), 274, 319
Glück Harry, Höfer Werner, Neyer Rudolf, Spychala Tadeusz 268 f. (Abb.)

Gnilsen Guido 291
Gnilsen Guido, Eisenhofer Erich 291
Godin Jean Baptist 322
Goebel (Göbl) Rudolf 131, 156, 233, 244
Gödrich Carl 43, 53
Goessler-Leirer Irmtraud 160 (Abb.)
Göth Edgar 274
Götz Konrad von 242
Goldemund Heinrich 87, 92 (Abb.)
Goldner Franz Xaver 290
Goldschläger Julius 38, 40, 41, 51, 155, 156, 194, 245
Goldschläger & Kramer 244
Gorge Hugo 184, 190 (Abb.), 212, 289, 298 (Abb.), 299
Gotthilf(-Miscolzy) Ernst von 12 (Abb.), 19 (Abb.), 20 (Abb.), 21 f. (Abb.), 39, 42, 114, 116 (Abb.), 127, 130, 147, 148, 156, 184, 195, 201, 206, 218, 222
Gotthilf(-Miscolzy) Ernst von und Neumann Alexander 12 (Abb.), 19 (Abb.), 20 (Abb.), 21 f. (Abb.), 116 (Abb.), 130, 222
Graef Alfred 158
Graf Alexander 234, 238, 241 f. (Abb.), 273
Graf Alexander, Krauß Franz Freiherr von 238
Graf Oskar 58 (Abb.), 59 ff. (Abb.)
Grasberger Helmut 70 (Abb.)
Gritzner Johannes 78
Gröger Guido 55, 193, 296
Gropius Walter 48
Gruber Karlheinz 254, 274 f.
Gruß Franz 166
Gruss Walter 78
Gschnitzer Rudolf 249
Gsteu Johann Georg 30 (Abb.), 114, 138 (Abb.), 308, 310 f. (Abb.), 312 (Abb.)
Gsteu Johann Georg, Achleitner Friedrich 310 f. (Abb.)
Gsur Karl 78
Guggenberger Elisabeth 160

Güldner Manfred 232
Gürlich Anton 57, 142 f. (Abb.)
Gutbrod Rolf 114, 115
Gütl Paul 114, 123, 124, 138, 254, 272, 273, 308, 323

Haan Adolf & Co. 205
Haas Friedrich 241
Hackhofer Josef 81 (Abb.), 83 (Abb.), 84 (Abb.), 114, 124 (Abb.), 142
Haerdtl Oswald 19 f. (Abb.), 27, 32, 52, 58, 65 (Abb.), 76 (Abb.), 79 (Abb.), 87, 91, 147, 150 f. (Abb.)
Häuselmayer Otto 82, 254, 274 f. (Abb.)
Hahn Josef 99, 160, 269
Hahn Robert 59 ff. (Abb.)
Haller Roman 187
Hammel Rudolf 187 (Abb.)
Hanak Anton 27, 186, 214 (Abb.), 292
Hansen Theophil 22, 49, 116, 238
Harflinger Richard 78
Hartinger Karl und Mohr Silvio 254, 272, 277
Hartl Karl 101 (Abb.)
Hartl Rudolf 314
Hasenauer Karl von 33, 91, 291
Hasenöhrl Felix 38 (Abb.), 43, 282
Haßmann Karl 78
Hatschek Arnold 55, 62 (Abb.), 87, 98, 184, 188, 195, 201, 207, 210 f. (Abb.), 234, 240 f.
Hatschek Arnold, Gärber Karl 98, 240 f.
Haupt Max 245
Haupt Robert 314 (Abb.)
Haus-Rucker-Co. (Ortner Laurids) 69 (Abb.), 184, 185 (Abb.)
Hauschka Karl 137, 148, 247 f. (Abb.), 267
Hauschulz Carl 153
Hauser August 138, 178, 320 (Abb.)
Hauser Robert 124
Hautmann Hans und Rudolf (Peter) 179, 180
Hautmann Klara und Peter (Rudolf) 289, 302 (Abb.)

Hautmann Klara und Peter (Rudolf), Plojhar Ernst 302 (Abb.)
Havelka Hans 292
Haybäck Carl (Karl) 55, 114, 123, 124, 126 (Abb.), 131 (Abb.), 133, 184, 194, 201, 211
Haybäck Karl, Foehr Adolf 211
Hecht Julius 192, 223, 242
Heffermann Wolfgang 309
Hegele Max 109, 184, 198, 289, 291 (Abb.)
Heger Eugen Robert 272
Hein Anton 38, 40, 41, 211
Heinrich Andreas 142
Heintz Ernst 88
Helmer Hermann 114, 119 (Abb.), 187, 218, 228
Hempel Helmut 167
Hensel Norbert 322 (Abb.)
Hentze Egon 70 (Abb.), 71 (Abb.)
Hermann Theodor 304, 306
Herzmanovsky(-Orlando), Fritz Ritter von 74, 164, 176, 205, 219
Hetmanek Alfons 32, 138, 151, 234, 241, 267, 298 (Abb.), 299, 300 f. (Abb.), 301 (Abb.), 324
Hevesi Ludwig 45
Heymann Arnold 48, 54, 55, 184, 193, 201, 205, 289, 308, 317
Hiesmayr Ernst 22 f. (Abb.), 35 f. (Abb.), 147, 161 (Abb.), 272, 308, 309
Hildebrandt Lukas von 31, 141, 243
Hinterhölzl Josef 274
Hirsch Leo 122
Hirschler Manfred 210
Hlaweniczka Kurt (& Partner) 88 (Abb.), 238, 239, 252, 254, 255, 274, 281
Hlaweniczka Kurt, Krampf Gerhard, Schwanzer Karl 238
Hlaweniczka Kurt, Lintl Hannes 88 (Abb.)
Hoch Adolf 83 (Abb.), 87, 101 (Abb.), 111 (Abb.), 184, 187, 197, 254, 282, 308, 312
Höfer Werner 268 f. (Abb.), 322 (Abb.)
Höniger Josef und Alfred 302

Hofbauer Josef, Baumgarten Wilhelm 74, 254, 269, 308, 311 (Abb.)
Hofbauer Rudolf, Kammel Leo, Lachner Lisl 100
Hofer Lambert Ferdinand 154
Hofer Otto 30 f. (Abb.), 91, 269
Hofer Robert 315
Hoffmann Alfred 299
Hoffmann Ernst O. 172, 203
Hoffmann Johannes 257
Hoffmann Josef 27 (Abb.), 52, 58, 65 (Abb.), 74, 99, 102, 103, 125, 130, 131, 144, 164, 169, 175, 177, 191, 210, 249, 254, 269 f. (Abb.), 317
Hoffmann Josef, Haerdtl Oswald 65 (Abb.)
Hoflehner Rudolf 26
Hofmann Anton 162
Hofmann Karl, Augenfeld Felix 52
Hofmann Otto 254, 282
Hofmann Otto, Hoch Adolf 282
Hofmeier Karl 44
Hofstätter Peter 108
Hoheisl Leopold 164, 170
Hohenberg, Ferdinand Hetzendorf von 18
Hoke Giselbert 167, 295
Holaubek Gustav 133
Holey Karl 114, 151, 290
Holik Franz 245 (Abb.)
Hollabird & Root, Appel Carl, Jaksch Walter 140
Hollein Hans 61, 64 f. (Abb.), 67 (Abb.), 68 f. (Abb.), 70 (Abb.), 71 ff. (Abb.), 73 (Abb.), 326
Holnsteiner Günther 172, 245, 317
Holtermann Anton 99
Holzbauer Wilhelm 69, 82, 83 (Abb.), 88 (Abb.), 114, 140, 215 (Abb.), 234, 235 f. (Abb.)
Holzbauer Wilhelm, Hlaweniczka Kurt, Glück Harry, Lintl Hannes, Lippert Georg 88 (Abb.)
Holzbauer Wilhelm, Windbrechtinger Traude, Windbrechtinger Wolfgang 82
Holzer Karl 235, 326
Holzinger Rudolf 25, 32

Holzmann Carl   153, 154 (Abb.), 190, 324
Holzmeister Clemens   25, 27, 122, 147, 149 f. (Abb.), 156, 218, 230 (Abb.), 257 (Abb.), 289, 294 f. (Abb.)
Holzmeister Clemens, Fellerer Max, Diamantstein Philip   156
Holzmeister Clemens, Schmid Heinrich und Aichinger Hermann   149 f. (Abb.)
Hoppe Dieter S.   309
Hoppe Emil   12, 40 (Abb.), 50, 71 (Abb.), 87, 108 f. (Abb.), 147, 152, 154 (Abb.), 164, 177 (Abb.), 254, 269 (Abb.), 299
Hoppe Emil, Hoppe Paul   50, 152
Hoppe Emil, Kammerer Marcel, Schönthal Otto   12, 40 (Abb.), 71 (Abb.), 87, 108 f. (Abb.), 147, 154 (Abb.), 164, 177 (Abb.)
Hoppe Emil, Schönthal Otto   254, 269 (Abb.), 289, 299
Hoppe Paul   50, 65, 152
Horacek Johann   245
Horn Sepp   36 f. (Abb.)
Hornek Hermann   95
Horta Victor   131, 259
Hranicka Ignaz   189
Hrdlicka Alfred   27
Hrdlicka Heinrich   287
Hrdlicka Ladislaus   58
Hruska Ladislaus   101 (Abb.), 178 (Abb.), 291, 310
Hruska Ladislaus, Schlauss Kurt   178 (Abb.)
Hrzan Albrecht F.   171
Hubatsch Wilhelm   254, 260
Hubatschek Johann   316
Huber Timo   160 (Abb.)
Hübschmann Richard   274
Hülle Hans   25, 255 (Abb.)
Hütter Eduard   210
Hufnagl Viktor   110, 252, 308, 310 (Abb.), 318 f. (Abb.)
Hundertwasser Friedensreich   137 (Abb.), 138
Hutter Wolfgang   187

Intazarin Leutnant (N. A. Inpesarja?)   118
Interconstruct Planungsgesellschaft   311
Irsigler Ernst   270 f. (Abb.)
Itzinger H.   117

Jadrnicek Robert und Boxhorn Albert   156
Jäckel Friedrich   197
Jäger Anton   187
Jäger Franz   187
Jäger Karl   111
Jäger Rudolf   172
Jaeger Theodor   252 (Abb.)
Jagersberger Carl (Karl)   153, 155, 158
Jagersberger Gustav   76
Jahn Christoph   210
Jakowjew Major (S. G. Jokowlew?)   118
Jaksch Hans   23, 25, 39, 43 (Abb.), 89 (Abb.), 99, 103, 124, 152 (Abb.), 202, 215, 222 (Abb.), 254, 266, 267 f. (Abb.), 272 (Abb.), 302
Jaksch Walter   25, 39, 140, 254, 267 f. (Abb.)
Jakubec Emil   88, 186, 255
Jaray Karl   104
Jelinek Wilhelm   18, 57
Jelletz Adolf   159 (Abb.), 180, 193 (Abb.), 213
Jenisch Adolf   118
Jesser Hilda   150
Jiszda Matthäus   69, 270 f. (Abb.)
Jolly Anton   272
Jordan Richard   256
Judtmann Fritz, Riss Egon   114, 120 (Abb.), 147, 151 (Abb.), 164, 177 (Abb.)
Juller Hugo   283
Jung Anton   189 (Abb.)
Jung und Ruß   202
Just Rudolf   149 f. (Abb.)

Kässens Felix   240
Kaindl Ferdinand   102
Kainrath Wilhelm   160 (Abb.)

Kalb Kurt   74
Kalbac Josef   177
Kalesa Robert   179 (Abb.)
Kallinger Adalbert   112
Kaminsky Franz   270 f. (Abb.)
Kammel Leo   100, 130, 187, 201, 213, 218, 220 (Abb.), 234, 247 (Abb.), 259
Kammerer Marcel   12, 40 (Abb.), 71 (Abb.), 108 f. (Abb.), 154 (Abb.), 177 (Abb.)
Kandl Johanna   171
Kanfer Robert   293
Kapaun Franz   304
Kapfinger Otto   28, 30 (Abb.), 61, 65, 66, 70, 139 f.
Karabiberoff Stefan   270 f. (Abb.)
Karau George   276
Kargl Georg   59
Karplus Arnold   18 f., 114, 122, 124, 184, 195, 218, 228, 234, 293
Karrer Cesar   232 (Abb.)
Kassner Karl   263, 265
Kastinger Herbert   164, 165 f., 178, 234, 240 (Abb.)
Kastner Eugen, Waage Fritz   114, 145, 147, 149, 156, 254, 285 ff. (Abb.)
Kastner Hanns   65
Kathrein Hugo   201, 217
Katscher Maximilian   189, 205, 215 (Abb.)
Kattner Clemens   273, 308, 322
Kattner Clemens, Graf Alexander   273
Kattus Wilhelm   184, 188
Katz Robert   293
Katzberger Paul   78
Kaym Franz und Hetmanek Alfons   234, 241, 267, 298 (Abb.), 299, 300 f. (Abb.), 301 (Abb.), 308, 324
Kaym Franz, Hetmanek Alfons, Gorge Hugo   298 (Abb.), 299
Kazda Hans   162
Keller Alfred   20 (Abb.), 165, 235, 254, 270
Keller Alfred, Brossmann Walter   270
Keller Fritz   164, 176, 184, 193 (Abb.), 201, 205, 216, 218, 219 (Abb.)

337

Keller Fritz und Herzmanovsky-Orlando, Fritz Ritter von  176
Keller Fritz und Jelletz Adolf  193 (Abb.)
Kellner Ferdinand  315 (Abb.)
Kély Karl von  171
Kern Alfred  143
Kerndle Karl Maria  218, 227 (Abb.)
Kerner Leo  125, 155, 159
Kessler Adolf  173
Kestel Heinrich  99, 123, 124 f. (Abb.), 126, 158, 167, 174, 195, 228, 244
Kiener Franz, Schuster Manfred  197
Kindermann Franz  81
Kirchem Karl  246
Kirchhofer Helmut  235 f. (Abb.)
Kirstein August  13, 90 (Abb.)
Kitt Ferry  46, 65, 289, 295
Kittel Hermann  35 (Abb.)
Kläger Emil  37
Klaudy Kurt, Liebe Anton, Lippert Georg  58
Kleibl Friedrich  176
Kleihues Josef Paul  308, 322 (Abb.)
Kleihues Josef Paul, Hensel Norbert, Höfer Werner, Becker Klaus  322 (Abb.)
Klement Franz  264
Kleptar Gustav  225
Klette Karl Peter Klaus (Peter)  282, 290
Kleyhons Wilhelm  272
Klima  96
Kliment Adolf und Krásny Jakob  324
Klimt Gustav  224
Klingenberg Wilhelm  280 (Abb.), 303
Kmunke Rudolf  153, 192
Knechtl Christian  74, 234, 249 f. (Abb.)
Kneissl Franz E.  33, 118 (Abb.)
Koblitschek Karl  125
Köchlin Heinrich  143
Köhler Georg  240
König Carl (Karl)  46 (Abb.), 114, 116 (Abb.), 151, 289

König Walter  159, 210(?)
König Wenzl  156, 210(?)
Kohlseisen Josef  148
Kokoschka Oskar  46
Kolbe Gerhard  321
Kolig Anton  295
Kollegger Joe  77
Koller-Buchwieser Helene  258, 309
Koller-Buchwieser Helene, Steineder Hans  309
Korn Carl  122
Korn Otto, Schmid Heinrich & Aichinger Hermann  207 (Abb.)
Korneisl Anton  130
Kornhäusel Josef  25, 77, 220 f.
Kosak Ceno  33
Koss Kurt  35 (Abb.), 105
Koss Kurt und Binder Ludwig AG  105
Kotas Robert  136, 137
Kotoff Grigorij  117
Kotscher Wilhelm  53 (Abb.)
Kotz Norbert  109
Kovar Milosch (Milos)  264, 314
Kramer  244
Kramer Siegfried  51, 53, 54, 126, 127, 130, 227, 228
Krampf Gerhard  238, 252
Kramreiter Robert  25, 114, 117 (Abb.), 254, 256, 257 (Abb.), 308, 310 (Abb.)
Kramreiter Robert, Schmoll Leo  256, 257 (Abb.)
Kramsall Moritz  165, 235
Krapfenbauer Robert  255
Krásny Franz  18 (Abb.)
Krásny Jakob  324
Kraupa Alfred  136, 161, 308, 321
Kraus Karl  46, 155
Krause Emil  308, 325 f. (Abb.)
Krauß  169
Krauß (Krauss) Franz Freiherr von  33, 38, 114, 119, 126, 130 (Abb.), 147, 159 (Abb.), 182, 197, 218, 223, 234, 238, 247
Krauß (Krauss) Franz Freiherr von, Tölk Josef  33,

38, 114, 126, 130 (Abb.), 159 (Abb.), 182, 223, 234, 247
Krauß (Krausz) Rudolf  42 f. (Abb.), 55, 147, 154, 158, 164, 173, 184, 194, 234, 237, 247, 308, 309 (Abb.)
Krawina Josef  27, 32, 236
Krebitz Hans  267
Krenz Ferdinand & Erhart F. (Friedrich)  231 (Abb.), 246
Krepp Carl (Karl)  92 f. (Abb.), 195, 326
Krepp Carl (Karl), Mahler Friedrich, Michler Albrecht  92 f. (Abb.), 326
Krepper Aurel  219
Kreuzinger  243
Krieghammer Rudolf  81
Krier Rob  254, 266 f. (Abb.)
Krisch Günter  274
Krischanitz Adolf  28 ff. (Abb.), 61, 70
Krischanitz Adolf, Kapfinger Otto  70
Krist Karl  234, 248, 254, 273 (Abb.), 289, 298, 299 (Abb.), 308, 314, 321
Krist Karl, Oerley Robert  273 (Abb.)
Kroj Gerhard  274
Krombholz Friedrich & Schalberger Josef  95, 96, 97, 125, 192
Krones Anton  222
Kropf Max  41
Kroupa Wilhelm  186, 282
Krüger Stefan  59 ff. (Abb.)
Kubelka Peter  32
Kühne Claude  80
Kühnel Wendelin  243
Kugelstätter Peter  149 f. (Abb.)
Kuntschik Otto (M.)  124, 138, 171, 201, 210, 229
Kunze Helmut  267
Kupka Franz & Orglmeister Gustav  125, 126, 153, 155, 168, 174, 193, 195, 242, 265
Kurrent Friedrich  164, 181 (Abb.), 213, 215 (Abb.)
Kurrent Friedrich, Spalt Johannes  181 (Abb.)
Kurz Anton  303
Kutschera Hermann  112, 267 f. (Abb.)

Kuzmich Franz  66, 75, 326

Lachner Lisl  100
Ladstätter Georg  83 f. (Abb.), 88, 89, 103, 140, 145, 281, 304
Lagler Walter  268, 274
Lagler Walter, Lamprecht Rudolf  268
Lamprecht Rudolf  268, 274
Lang Anton  98 (Abb.), 128
Lang Friedrich  161
Lang Karl Maria  321
Langer Adolf  226
Langhammer C. (Carl)  216, 282
Langoth Barbara  160 (Abb.)
Laske Oskar (jun.)  39 (Abb.), 164, 176 (Abb.), 201, 210, 282 (Abb.), 313
Laske Oskar (sen.)  282
Laske Oskar & Fiala Viktor  206, 281
Lassmann Edith  249, 311
Latzel C.  187
Lautner Günter  308, 315 (Abb.)
Lautner Günter, Scheifinger Peter, Szedenik Rudolf  315 (Abb.)
Lauzil Karl  144
Le Corbusier  269
Leber Karl und Matha Heinrich  254, 260 (Abb.), 274
Lechner Alfred  152
Lechner Norbert  30 (Abb.)
Ledwinka Leopold  267 f. (Abb.)
Lefler Heinrich  78
Lehmann Friedrich  170
Lehrmann & Walter  129 (Abb.)
Leiker J.  127
Leinfellner Heinz  33
Leischner Erich F. (Franz)  87, 102, 111, 112, 184, 197, 254, 284, 327 (Abb.)
Leitner Bernhard  139 f.
Lemberger Heinz  274
Lemböck Gottfried  317

Lemprecht Rudolf  268
Lenhart Eduard  316
Leonhard Ferdinand  53
Leonhardt Fritz  111
Lepuschitz Ludwig  81
Lernhart Eduard  316
Lesak Frantisek  289, 292
Lichowsky Ernst, Lassmann Edith, Reinthaller Thomas, Requat Franz, Schuster Sepp, Wölfl Hans  311
Lichtblau Ernst  144, 164, 178
Lichtenecker Lucio Philipp  249
Liebe Anton  58
Liebesny E.  170, 188
Liebl Leopold  215
Limbach Karl  19, 169 (Abb.)
Limbach Karl, Tremmel Ludwig  169 (Abb.)
Lindner Friedrich  43
Lindner Peter  137
Lintl Hannes  88 (Abb.), 144, 186, 240, 275
Lintl Hannes, Riedl Ferdinand  186
Lippert Georg  23, 49, 51, 58, 88 (Abb.), 89, 90, 115, 148, 220, 240, 254, 255, 256, 308, 327 (Abb.)
Lippert Georg, Donau Emmerich  220
Lippert Georg, Mayr Otto  148
Lippert Georg, Mittag Viktor  51
Lippert Georg, Schlacher Franz  327 (Abb.)
Lisner Georg  274
Löbl Franz  153
Löschner & Helmer  209
Löw M.  38
Loos Adolf  12, 21, 25, 34, 37, 39, 44, 45, 46 ff. (Abb.), 62 ff. (Abb.), 65, 66, 69 (Abb.), 70, 71, 75, 75 f. (Abb.), 90, 103, 125, 132, 139, 154, 158, 173, 201, 205, 207, 212, 213 f. (Abb.), 218, 226 (Abb.), 229, 230 f. (Abb.), 243, 254, 289, 292, 326
Lorentz Emil (Lorenz)  242, 314
Lorenz Karl Raimund  87, 90
Lorenz Raimund, Orba Oktavian  90
Lotz Arnold  193

Lotz Eduard  51
Loudon Michael  84
Ludwig Alois  188
Ludwig Emil, Ludwig Gustav, Roth Georg  115 (Abb.)
Ludwig Gustav  115 (Abb.)
Luger, Scheiringer  112
Luksch Richard  222
Luntz Viktor  37 (Abb.), 90 (Abb.), 291
Luntz Viktor, Kirstein August  90 (Abb.)
Lux Josef August  309

Machatschek Alois  93
Macher Franz  264
Maculan Roland  287
Mader Emil  241
Magyar Paul  109
Mahler Friedrich  92 f. (Abb.), 122, 187, 254, 281 (Abb.), 308, 326
Maibaum Michael  134
Mandeltort Hugo  176
Mang Engelbert  254, 272, 289, 299, 308, 322
Mang Karl und Eva  25, 48, 66, 67, 198, 249
Manhardt Hugo  244
Manikas Dimitris  198
Manz P. J.  279
Marchart Alexander, Moebius Roland & Partner  152, 240
Marek Alfred  175 (Abb.), 243, 314
Marek Oskar und Richard  241, 247
Marek Richard  241
Marmorek Oskar  87, 95, 97 (Abb.), 102, 164, 170 (Abb.), 184, 196, 201, 206 (Abb.), 211, 218, 226
Marschalek Heinz  83 f. (Abb.), 88, 89, 103, 140, 145, 281, 304
Marschalek Heinz, Ladstätter Georg  88, 89, 103, 140, 145, 281, 304
Marschalek Heinz, Ladstätter Georg, Beck Alfred Michael  103, 140

Marschall J.   123, 224, 241, 243
Mascher Fritz   58 (Abb.)
Matha Heinrich   254, 260 (Abb.)
Matsch Franz von   19
Matuschek Franz   238
Matuschek Hubert   38
Mautner & Rothmüller   118
Mayer Carl   54, 193
Mayer Hugo   100, 136, 254, 261 (Abb.), 267, 308, 311, 325 f. (Abb.)
Mayer Hugo, Krause Emil   325 f. (Abb.)
Mayer Joseph Ernst   311
Mayer Theodor   36, 40, 254, 265 (Abb.)
Mayerhofer Rainer   274
Mayr Fritz Gerhard   326
Mayr Hans, Mayer Theodor   36, 40, 254, 265 (Abb.)
Mayr Otto   58, 148, 240
Mayreder Julius   39, 48
Mayr-Keber Gert M.   70 (Abb.), 71 (Abb.), 148, 249
Medek Reinhard   114, 119 f. (Abb.)
Meidl Johann   127, 222, 223, 224
Meinong   280
Meister Jürg   30 (Abb.)
Meller Ernst   77
Menzel Gustav   154, 157
Metz Peter   109
Metzner Franz   56, 134
Meyer Christian, Kargl Georg   59
Meyer Hannes   325
Meyer Wilhelm   132
Michal Gottlieb   98, 125 f., 184, 188
Micheroli Adolf   165
Michl Walter   84
Michler Albrecht   92 f. (Abb.), 148, 187, 308, 326
Miedel Johann   211, 227
Mies van der Rohe Ludwig   48, 204, 269 (Abb.)
Miksch Ernst   322
Milbacher Erich   285

Miska Hans   158
Missing Link (Kapfinger Otto, Krischanitz Adolf)   61
Mistelbauer Wolfgang   48, 140
Mittag Viktor   51, 137, 148, 247 f. (Abb.), 267
Mittag Viktor, Hauschka Karl   137, 148, 247 f. (Abb.)
Mladoschitz Josef   88
Modern Jakob   234, 243, 247
Modern Richard   87, 98, 126, 147, 154, 155, 164, 170, 175, 218, 224, 227, 234, 241, 243, 246
Moebius Roland   152, 240
Mörth Franz   102
Mörtinger Franz   58
Mogyorosy Arpad   218, 225 (Abb.), 228
Mohr Silvio   254, 272, 277
Mondrian Piet   70
Montessori Maria   36
Moser Kolo(man)   131
Mossbäck Max   231
Mraz Richard   264, 265, 317
Muchar Pauline   274
Mück Arnold   193
Müller Erich   326
Müller Florian   263
Müller Julius   51, 115, 125 f., 133, 134, 157, 314
Müller Ludwig   49, 155, 314
Müller Ludwig & Roth Leopold   49 (Abb.)
Müller Sepp   31, 128 (Abb.), 142, 282
Müller Siegmund   69, 280
Müller-Hartburg Herbert, Albrecht Friedrich, Appel Carl, Kunze Helmut, Neugebauer Kurt, Sturmberger Robert   267

Nadel Otto   87, 99, 138, 284 f. (Abb.)
Nadel Otto, Schmalhofer Karl   284 f. (Abb.)
Nawrath Heinrich   156, 210
Nehrer Kurt   136
Nehrer Manfred   114, 119 f. (Abb.), 254, 274 f.
Nehrer Manfred, Medek Reinhard   119 f. (Abb.)

Nell Julius   39, 193
Nemetschke Rudolf   145 (Abb.)
Nemetschky F.   162 (Abb.)
Neugebauer Kurt   267
Neugebauer Titus   43, 45
Neumann Alexander   12 (Abb.), 19 (Abb.), 20 (Abb.), 21 f. (Abb.), 114, 116 (Abb.), 130, 131, 218, 222, 225, 234, 244 (Abb.), 293
Neumann Franz Ritter von   46, 87, 91, 184, 191, 234, 235, 254, 256 (Abb.)
Neumann Franz Xaver (Franz C.?)   147, 154, 157
Neumann Gustav Ritter von   117, 139, 237
Neumann Heinz   120, 137, 143, 144 (Abb.), 254, 255 (Abb.), 260 f. (Abb.), 274, 297 (Abb.)
Neumann Heinz, Frank Sepp, Schultmeyer Helmut   143
Neumann Heinz, Steiner Eric   144 (Abb.), 254, 255 (Abb.)
Neumann Oskar   147, 157 (Abb.), 158 (Abb.), 161
Neumann Oskar, Baron Arthur   157 (Abb.), 161
Neuwirth Max   316 (Abb.), 327
Newald Robert   223
Neyer Rudolf   268 f. (Abb.)
Niedermoser Otto   32, 35, 58, 169, 187, 221
Niemann Theophil   139
Niernsee   239
Nietschmann Friedrich   126
Nigst Peter   149 f. (Abb.), 264 (Abb.)
Nobile Peter   79
Nobis Otto   240
Noever Peter   31
Nordegg Fritz   32
Norer Günther, Gschnitzer Rudolf   249
Novy Klaus   276, 326
Nowack Wilhelm   170 (Abb.), 314, 317

Oberhofer Günther   274
Oberländer Adolf   102, 129, 169, 225, 254, 265 f. (Abb.)
Oberländer Adolf und Krauß   169

Oberländer Wilhelm  293
Obermann Werner  274
Obsiger Robert  33, 73, 242
Ölzelt  248
Oerley Robert  27 (Abb.), 114, 137 f. (Abb.), 218, 229 f. (Abb.), 234, 241, 273 (Abb.), 293
Ohmann Friedrich  28 (Abb.), 33, 80 (Abb.), 81 (Abb.), 83 (Abb.), 84, 90, 114, 115, 142, 145, 223, 242
Ohmann Friedrich, Baumann Ludwig  33
Ohmann Friedrich, Hackhofer Josef  81 (Abb.), 83 (Abb.), 84, 114, 142
Olbrich Josef Maria  27 ff. (Abb.), 87, 108 (Abb.), 126, 130, 191, 208, 252, 289, 293
Olbricht Franz  41, 241
Orba Oktavian  90
Orglmeister Gustav  125, 126, 153, 155, 168, 174, 193, 195, 242, 265
Ornstein Ernst  129, 222, 225
Ortner Alois  231
Ortner Laurids  69 (Abb.)
Osterberger Alexander  122, 127, 140, 225
Ott Max  129, 324

Paar Adolf, Paar Hans  222
Paar Hans  100 (Abb.), 222
Pabst Peter  255 (Abb.)
Paitl Franz  176, 177
Palumbo Pietro  42, 58
Pangratz Friedrich, Schuster Franz, Simony Stephan, Wörle Eugen  254, 271 f. (Abb.)
Panigl Josef  206
Parenzan Leo  318
Pauli Max  59 ff. (Abb.)
Pauser Alfred  84 (Abb.), 110, 112 (Abb.), 287 (Abb.)
Pauser Alfred, Beschorner Karl, Biberschick Peter, Hufnagl Viktor  110
Payer Hans  302, 327
Pecha Albert H.  57 (Abb.), 188

Peche Dagobert  201, 209, 230
Peichl Gustav  20, 27, 149 f. (Abb.), 254, 261, 264 (Abb.), 272, 274 f., 308, 312 f. (Abb.)
Peichl Gustav, Riccabona Christof  264 (Abb.)
Pelikan Peter  137 (Abb.)
Peller Konstantin  87, 101, 254, 270
Peller-Roubiczek E.  36
Penttilä Timo  184, 196 (Abb.)
Perco Rudolf  87, 97 f. (Abb.), 267, 323
Perotti Artur  117, 267 f. (Abb.)
Perret Auguste  309
Perthen Rudolf  114, 138, 289, 297
Peterhofer Leopold  76
Peterle Wilhelm  218, 229, 234, 247, 308, 320 f. (Abb.)
Petermair Hans (Johann)  58, 167, 256
Petermair Hans (Johann), Niedermoser Otto  58
Peters Joachim  318
Petrucci Mario  27, 272
Petter Maria  321
Petuelli Erich  103
Peyrer-Heimstätt Karl  30 (Abb.)
Pfeffer Fritz  115, 140
Philipp Wilhelm  224, 317
Pichelmann Gustav  71
Pichl Luigi  64
Pichler Bernhard  247, 320
Pichler Ferdinand  159
Pichler Walter  31
Pietschmann Friedrich  45, 49
Piller Wolfgang  160 (Abb.)
Pircher Heinz  108
Pirker Peter  160
Pitsch Hans  140
Pittel & Brausewetter  50
Plaschke Hans  168
Plečnik Josef  44, 55 f. (Abb.), 117 f. (Abb.), 130, 164, 175 (Abb.), 191, 202, 227, 244, 252, 258, 291
Pliwa Ernst  187 (Abb.)
Ploberger Werner  108

Plojhar Ernst  90, 302 (Abb.)
Podgorschek Wolfgang  84
Podrecca Boris  36 f. (Abb.), 56, 61, 184, 185, 198 (Abb.), 218
Podrecca Boris, Schmutzer Ingrid  61
Pointner Fred  73 (Abb.)
Pokorny Franz  31
Pollak Felix Angelo  45, 114, 118 (Abb.), 147, 160
Pontiller Peter  297
Popp Alexander  149, 289, 299 (Abb.)
Popper Alfred  109
Popper Georg  186
Poppovits Cäsar  73, 218, 228 (Abb.), 229
Posch Wilfried  180
Pospischil Adolf  171
Postelberg Viktor  218, 221 (Abb.)
Potyka Anton  25, 308, 321
Potyka Hugo  25, 99, 160 (Abb.), 184, 192 (Abb.), 213, 274
Pozzetto Marco  34, 45, 55, 132
Prader Herbert  177
Prandl Eduard  187, 226, 243
Praun Anna Lülja  61 (Abb.), 254, 276 (Abb.)
Praun Richard  327
Prehsler Herbert  136 (Abb.), 271, 274
Prelovsek Damian  175
Pribitzer Michael  318
Prihoda Robert  39
Prix Wolf D.  58 f. (Abb.), 59 ff. (Abb.), 66, 77 (Abb.)
Probst Wilfried  308, 313 (Abb.)
Prochazka Elsa  33, 118 (Abb.), 70
Prohazka Rudolf  35 (Abb.), 280
Projektteam Planquadrat (Kainrath, Potyka, Goessler-Leirer, Huber, Sanzenbecker, Zabrana, Langoth, Piller, Schwanzer, Stangl)  160 (Abb.)
Prossinger Otto  33
Prutscher Hans  41 (Abb.), 42 (Abb.), 147, 153 (Abb.), 164, 166, 182 (Abb.), 201, 202 (Abb.), 205,

206 (Abb.), 209 (Abb.), 216 (Abb.), 217, 218, 220, 254, 258 (Abb.), 289, 308, 313
Prutscher Otto  87, 99, 102, 164, 181 (Abb.), 184, 197 (Abb.), 308, 311, 321 (Abb.), 324
Pruymann Christiane  261, 312
Puchhammer Hans  23 (Abb.), 152 (Abb.), 234, 248 f. (Abb.), 272
Puchner Günther  317
Purr Fritz  136
Putz Oskar  30 (Abb.), 74

Quidenus Franz  246, 281

Radl Julius  78
Raimann Erwin  87, 99 (Abb.), 133, 218, 225, 234, 242
Rainer Johanna  80
Rainer Roland  13 f. (Abb.), 27, 33, 64, 101, 147, 272, 289, 290 (Abb.)
Ramsauer Leopold  159 f. (Abb.), 198 (Abb.), 254, 263 f. (Abb.), 265
Randhartinger Josef  317
Ranzoni Hans  78
Rapf Manfred  103
Raschka  134
Raunicher Albert P.  108
Rausch Wenzel  99, 171, 172
Redl Leopold  137, 324
Reich  297 (Abb.)
Reiner K.  171, 371
Reinthaller Thomas  92, 252, 274, 311
Reischl Walter  90 (Abb.)
Reiser Hans  102, 164, 171
Reiser Ignaz  14 (Abb.), 46, 87, 99, 132 f. (Abb.), 147, 154, 211, 226, 289, 293, 308, 314
Reisner J.  124
Reiter Viktor  308, 319
Reitmann Emil  124, 245 (Abb.)
Reitstätter Heinrich  136, 302
Reitzer Jakob  91, 96, 97, 153, 177

Renner Friedrich  302 (Abb.)
Requat Franz, Reinthaller Thomas  92, 252, 274, 311
Restel Heinz  246
Reymund Joseph  187
Ribak August  315, 316
Riccabona Christof  264 (Abb.)
Richter Bruno  135 f. (Abb.)
Richter Hans, Renner Friedrich  302 (Abb.)
Richter Helmut, Richter-Gerngroß  78 (Abb.)
Richter Ludwig  51, 127, 234, 245
Richter Otto, Ramsauer Leopold  159 f. (Abb.), 198 (Abb.), 254, 263 f. (Abb.), 265
Ried Heinrich  159, 267
Riedl Ferdinand  136, 137, 144, 186
Riedl Ferdinand, Kotas Robert  137
Riess Karl  55, 169, 195, 196, 241
Riss Egon  114, 120 (Abb.), 147, 151 (Abb.), 164, 177 (Abb.)
Rizzi Georg  230
Rodler Alfred  218, 223
Röben A.  197
Rössler Carl  101 (Abb.)
Rollig Heinz  299
Romano und Schwendenwein  22, 23
Rosenauer Michael  114, 139, 147, 157, 254, 263 (Abb.)
Rosenthal Julius  198
Roth Franz  45, 187
Roth Georg  115 (Abb.)
Roth Leopold  49, 211 (Abb.)
Rothermann Alfred  38, 53 (Abb.)
Rothermann Alfred, Kotscher Wilhelm  53 (Abb.)
Rothmüller Johann  136, 186, 297, 326
Rubin Eva  62
Ruczka Viktor  66 (Abb.)
Rudolf Walter  149 f. (Abb.)
Rudorfer Josef  316
Rukschcio Burkhardt  48, 54, 76
Rupp Günter  76 f.

Rupprecht Georg  136 f. (Abb.), 184, 197, 213, 254, 268
Städtler Richard  246
Saliger Rudolf  43, 106, 182, 280, 294
Sam Franz  59 ff. (Abb.)
Sam Karin  59 ff. (Abb.)
Sant'Elia Antonio  110
Sanzenbecker Ilse  160 (Abb.)
Sauer Felix  40
Schaal Rolf  35 (Abb.)
Schacherl Franz  87, 101, 102, 254, 269, 276 (Abb.)
Schachner Friedrich  44
Schädel Hans  167
Schätz Hans  172
Schalberger Josef  96, 97, 125
Schallinger Wilhelm  42, 43
Scheffel August  97, 184, 195, 223, 226
Scheffel Karl  161, 206
Scheffel Karl, Glaser Hans, Kraupa Alfred  161
Scheibner Hans  77
Scheide Heinz  88
Scheifinger Rudolf  315 (Abb.)
Scheiringer Johann  306, 112
Schemerl Josef Ritter von Leytenbach  151
Scheufler Peter  210
Schickl Rupert  109, 186, 283
Schickl Rupert, Popper Alfred, Metz Peter, Magyar Paul  109
Schieder Johann  198
Schiele Egon  314
Schimitzek Franz  171 f. (Abb.)
Schimitzek Hans  109, 129, 133, 205, 206
Schimitzek W. und Anderle F.  281 (Abb.)
Schimkowitz Othmar  24
Schimming  304, 306
Schindler Ferdinand  206
Schindler Vlastimil  314
Schlacher Franz  327 (Abb.)
Schläfrig Friedrich  123 (Abb.)

Schläfrig Gustav, Reiser Hans 102, 164, 171
Schlager Gerhard 30 (Abb.)
Schlauss Kurt 84, 101 (Abb.), 112, 178 (Abb.), 287
Schlesinger Norbert 39, 50, 64
Schlesinger Norbert, Doskar Bruno 50
Schlögl Gerd 69, 301
Schlöss Erich 22 (Abb.), 151, 201, 203 (Abb.), 254, 285
Schlossberg Friedrich 87, 100 (Abb.), 139
Schloßberger 314
Schluder Michael, Kastner Hanns 65
Schmalhofer Karl 100, 136, 160, 248, 254, 270 (Abb.), 272, 284 f. (Abb.), 289, 299
Schmalzhofer Josef 166
Schmid Heinrich jun. 162
Schmid Heinrich und Aichinger Hermann 14 (Abb.), 45 f. (Abb.), 114, 134 f. (Abb.), 147, 149 f. (Abb.), 156, 164, 172, 178, 179 (Abb.), 180 f. (Abb.), 182, 207 (Abb.), 308, 318 (Abb.), 321 (Abb.)
Schmid Jesser Hilde 33
Schmid Leopold 27
Schmid Martin Johann 156
Schmidl Ludwig 245 f. (Abb.), 282 (Abb.)
Schmidt Karl J. 228
Schmidt Rudolf 38
Schmidt Wilhelm Carl (Carl Wilhelm, Karl) 114, 115, 126, 170, 194, 228
Schmoll Leo 256, 257 (Abb.)
Schmutzer Ingrid 56, 61
Schneider Hans 39, 147, 158, 218, 223, 291
Schneider Josef 314
Schneider Julius 227
Schneider Willibald 246
Schneider Wolfgang 132
Schneider-Manzell Toni 27
Schnitzer E. von 39
Schober Josef 212
Schoderböck Rudolf 308, 315 (Abb.)
Schöfl Wolfgang 71 (Abb.)
Schöll Theodor 87, 105, 106 ff. (Abb.), 308, 327

Schön Friedrich 65, 67 (Abb.), 87, 104 (Abb.), 114, 115, 254, 279
Schön Karl 49, 50, 53, 164, 173, 201, 205, 206, 218, 219 (Abb.)
Schön Karl, Schön Wilhelm 49, 50, 53, 164, 173, 201, 206, 218, 219 (Abb.)
Schön Wilhelm 49, 50, 53, 164, 173, 201, 206, 218, 219 (Abb.), 222
Schönberg Arnold 46
Schöne Ludwig 38, 147, 156, 184, 193, 205, 206, 211
Schöne Ludwig, Fröhlich Franz 193
Schönmann Anton 91
Schönthal Otto 12, 40 (Abb.), 71 (Abb.), 108 f. (Abb.), 149 (Abb.), 154 (Abb.), 164, 177 (Abb.), 254, 268, 269 (Abb.), 299
Schönthal Otto, Baudys Josef 268
Schopper Heinrich, Chalusch Alfred 136, 247, 272
Schottenberger Ludwig 188
Schröfl Werner 89 (Abb.), 267 f. (Abb.), 270 f. (Abb.)
Schüller Raymund, Hasenöhrl Felix 282
Schütte Wilhelm 70, 87, 101, 289, 292
Schütte-Lihotzky Margarethe 101, 296 (Abb.)
Schütte-Lihotzky Margarethe, Schütte Wilhelm 101
Schützenberger Alois 174 (Abb.), 196 (Abb.)
Schützinger Alois 203
Schuhmaier F. 227 (Abb.)
Schuhwerk A. 197
Schultmeyer Helmut 143, 270 f. (Abb.)
Schulz & Kling 280
Schulz Leopold 100
Schumacher Al. 50
Schumm Leopold 317
Schuster Alois 243
Schuster Ernst 222
Schuster Ferdinand 296
Schuster Franz 36 (Abb.), 136, 234, 237 (Abb.), 254, 271 f. (Abb.) 276 (Abb.), 308, 319, 326
Schuster Franz, Schacherl Franz 276 (Abb.)
Schuster Hugo 227
Schuster Manfred 165, 197
Schuster Sepp 311
Schwanzer Karl 13, 25, 26, 36 (Abb.), 66, 114, 118 f. (Abb.), 234, 238, 252, 254, 255 (Abb.), 308, 316
Schwanzer Karl, Krampf Gerhard, Glück Harry, Hlaweniczka Kurt, Requat Franz, Reinthaller Thomas 252
Schwanzer Karl, Wörle Eugen 36 (Abb.)
Schwanzer Martin 160 (Abb.)
Schwartz Ludwig 186
Schwarz Karl 120
Schwarz Maria 167
Schwarz Rudolf 164, 166 f. (Abb.), 310
Schwarz Walter, Bayer Josef 160
Schwefel Jacques 321
Schweger Peter 132, 254, 283
Schweiger H. 136
Schweighofer Anton 46, 254, 283, 296
Schweitzer Johann 263
Schweizer Otto Ernst 87, 105, 106 ff. (Abb.)
Schwendenwein 22
Schwertmann Anton 133 (Abb.)
Scott Baillie 229
Seehof Stefan 66
Seif Ferdinand 131, 155, 170, 176 (Abb.)
Seifert Franz 27 (Abb.)
Sejvel Josef 315
Sekler Eduard F. 65, 136 (Abb.)
Sekyra Otmar 12
Semper Gottfried 33, 103
Servé Moriz 296
Siedek Viktor 38, 51, 127
Siems Franz 225
Simlinger Franz 166
Simlinger Rolf 281
Simona Alois F. 97, 247

Simony Leopold 12, 164, 181 f. (Abb.), 254, 264 f. (Abb.), 267, 308, 321
Simony Stefan (Stephan) 38, 254, 271 f. (Abb.)
Simpson Valerie 59 ff. (Abb.)
Singer Helga 70 (Abb.)
Sinnenberg Josef 95, 153, 265, 316, 317
SITE 31
Sitte Camillo 123, 135, 181
Slama Oswald 316
Slovak Leodegar 243
Snietiwy J.E. 219 (Abb.)
Sobotka Walter 114, 138 (Abb.)
Sommerlatte J. (L.?) & Marschall J. 224, 241, 243
Sonck Lars 153
Sottsas Ettore, Zanini Marco 69
Soulek Alfred 33
Spalt Johannes 65, 66, 71, 164, 181 (Abb.), 215 (Abb.), 254, 258 f. (Abb.)
Spielmann Ernst und Teller Alfred 54 f. (Abb.), 114, 130 (Abb.), 201, 208 (Abb.)
Spielmann Georg 87, 122
Spychala Tadeusz 268 f. (Abb.)
Städtler Richard 190
Stalin Josef W. 316
Stangl Norbert 160 (Abb.)
Steflicek Anton 256
Steidle Otto 274
Stein Gertrude 276
Stein Monika und Sepp 16, 261
Steineder Hans 309
Steiner Eric 144 (Abb.), 254, 255 (Abb.)
Steinhauer Hubert 105
Steinhofer Carl 188, 213
Steinitzer Edmund 90
Steinl Matthias 36
Steixner Gerhard 69, 201, 216
Steixner Gerhard, Driendl Georg 201, 216
Stelzhammer Walter 87, 96 (Abb.)
Stepanek Carl (Karl) 190, 316 (Abb.)
Stepanek Michael 65

Stephann Karl (Carl) 51 (Abb.), 97, 98, 129, 184, 188, 193, 194, 195 (Abb.), 197, 201, 205, 206, 209, 211, 234, 241
Stiassny Wilhelm 45, 187
Stiegholzer Hermann 114, 122, 136, 164, 165 f. (Abb.), 178, 201, 209 (Abb.), 234, 240 (Abb.), 272
Stiegholzer Hermann, Kastinger Herbert 165 f. (Abb.), 178, 234, 240 (Abb.)
Stierlin Hermann 41 (Abb.), 147, 158, 164, 169 (Abb.), 172, 174, 184, 188, 196, 223
Stierlin Hermannn, Jäger Rudolf 172
Stierlin Hermann, Prutscher Hans 41 (Abb.)
Stigler Karl 147, 153, 184, 198, 208, 216
Stöckl Adolf 249 (Abb.), 289, 298
Stöger Adolf 164, 171 (Abb.), 173 (Abb.), 175, 184, 193, 201, 210
Stöger Carl 164, 171 (Abb.), 173 (Abb.), 174, 175, 184, 193, 201, 210
Stöger Carl & Sohn 174
Stöger Carl, Stöger Adolf 164, 171 (Abb.), 173 (Abb.), 175, 184, 193, 201, 210
Stöhr 181
Strang August 224
Strauss Richard 139
Streit Andreas 24 (Abb.), 239
Streit Artur 203
Strnad Oskar 38, 201, 212 (Abb.), 242
Strnad Oskar, Wlach Oskar 201, 212 (Abb.)
Strohmayer Georg 267
Stundl Theodor 238
Sturany Johann 282
Sturmberger Robert 108, 267
Stussig Leo 155
Sulke Erich 283
Summerauer Franz 264
Sundt Elise 274
Suppantschitsch Max 78
Susul Wieslaw 35 (Abb.)
Swiczinsky Helmut 58 f. (Abb.), 59 ff. (Abb.), 66, 77 (Abb.)

Swienty Peter, Pontiller Peter 297
Swoboda A.C. & Konrad Emil 153
Szauer Matthias 236
Szedenik Rudolf 308, 315 (Abb.)
Szyszkowitz Rudolf 25

Tamms Friedrich 87, 91 f. (Abb.), 114, 120 ff. (Abb.), 184, 187, 201, 203
Tamussino Hermann 149
Tasquil Herbert 91
Teller Alfred 54 f. (Abb.), 130 (Abb.), 208 (Abb.)
Tesar Heinz 164, 168 (Abb.), 177 f. (Abb.), 254, 261, 274 f.
Tessenow Heinrich 276, 319
Theiss Siegfried, Jaksch Hans 23, 25, 39, 43 (Abb.), 87, 89 (Abb.), 99, 103, 124, 147, 152 (Abb.), 201, 202, 215, 218, 222 (Abb.), 254, 266, 267 f. (Abb.), 272 (Abb.), 302, 320
Theiss Siegfried, Jaksch Hans, Jaksch Walter 25, 39, 267 f. (Abb.)
Theiss Siegfried, Jaksch Hans, Jaksch Walter, Doskar Bruno, Schlesinger Norbert 39
Theuer Max 268
Thorwaldsen Bertel 302
Thurner Herbert 38, 58, 254, 271, 308, 321
Thurner Herbert, Euler Friedrich 38, 58, 308, 321
Tilgner Viktor 149
Tinhof Leopold 259, 267
Tinhofer Bruno 160, 254, 259, 267, 289, 302
Tinhofer Bruno, Berger Eduard, Tinhof Leopold 259, 267
Tischler Ludwig 40, 51, 53, 55, 57, 98 (Abb.)
Tischler Norbert 140 f. (Abb.)
Tissmann J. 144
Tölk Josef 33, 38, 114, 126, 130 (Abb.), 147, 159 (Abb.), 182, 218, 223, 234, 247
Tölzer Maria 272, 267 f. (Abb.)
Tölzer Maria und Peter 267 f. (Abb.)
Tomas Carl & Wiktora Karl 228
Trakl Georg 46

Traxler Erich  274
Tremmel Adolf  231
Tremmel Ludwig  25 f. (Abb.), 161, 169 (Abb.), 234, 235, 308, 316
Tremmel Ludwig, Wytrlik Otto  25 f. (Abb.)
Tremmel Wilhelm  248
Trisko Mathias jun.  228
Tröster Andreas  104, 283
Tröster Anneliese  279, 283
Tröster Anneliese, Wölfl Hans  279
Tropp Neumann  97, 99, 201, 210 (Abb.), 234, 242
Tropsch Rudolf  308, 313
Tuch Josef  202
Turnovsky Jan  71

Uhl Ottokar  25 (Abb.), 139, 184, 192 (Abb.), 234, 237 f. (Abb.), 254, 256 f. (Abb.), 302
Uhl Ottokar, Potyka Hugo  192 (Abb.)
Uhlig Günther  326
Ullmann Franziska  213
Ullrich Ferdinand  255 f. (Abb.)
Ulrich Christian  19 (Abb.), 48
Ulrich Christian, Dick Rudolf  19 (Abb.)
Ulrich Otto  292
Unger Josef  265 (Abb.)
Unger Oskar  138
Urban Josef  39, 77, 218, 228

Valentin Anton  136, 254, 268, 320
Vana Kurt  297 (Abb.)
Vaugoin August  213, 223
Vaugoin August, Gessner Franz  223
Veith Eduard  44
Vesellinov Zachari  210
Vetter Hans Adolf  87, 102
Voitl Helmut  160
Vorderegger Rudolf  75, 283
Vytiska Josef  43, 166, 212, 283 (Abb.), 309
Vytiska Josef, Hasenöhrl Felix  43

Waage Fritz  58, 87, 145, 156, 186, 254, 285 ff. (Abb.), 303
Waage Fritz und Kroupa Wilhelm  186
Waagner-Biró AG  110 f. (Abb.), 111, 112, 287
Waagner-Biró AG, Gessner Hubert  110 f. (Abb.)
Waagner-Biró AG, Kallinger Adalbert, Schlauss Kurt  112
Wachberger Eugen  234, 236, 243 f. (Abb.)
Wachberger Hedy  174, 270 f. (Abb.)
Waclawek Fritz  103, 143, 254, 261, 274, 318
Wagner A.  282
Wagner Otto  12, 14, 15 ff. (Abb.), 18 (Abb.), 24, 27, 28, 32, 36, 39, 40, 41, 42 (Abb.), 44, 45, 50, 51, 54 (Abb.), 55, 65, 66, 80, 82 (Abb.), 87, 89, 90, 92, 93 f. (Abb.), 97, 105, 108, 114, 115 f., 116 (Abb.), 122, 123, 127, 129, 130, 132, 134 f., 143, 145 (Abb.), 147, 148, 149, 150, 151, 152, 153, 154, 155, 156, 158, 164, 168, 169, 170, 172, 173, 175, 176, 177, 178, 181, 182 (Abb.), 184, 187, 188, 189 (Abb.), 191 f. (Abb.), 195, 196, 199 (Abb.), 201, 203 f. (Abb.), 205, 210, 211, 213, 217, 218, 219, 221, 225, 227, 231 f. (Abb.), 234, 238 (Abb.), 240, 243, 244, 246 (Abb.), 250 ff. (Abb.), 263, 268, 273, 281, 291, 296, 299, 304, 308, 313, 316, 318, 323, 327, 328 (Abb.)
Wagner Otto jun.  147, 153
Wagner Sigmund  30
Walcher Humbert, Ritter von Molthein  74 (Abb.)
Walder Kurt  287
Walland Johann  44 (Abb.)
Walters Otto W.  263
Wanecek-Sommer Fritz  98
Wawrik Gregor  61
Wawrik Gunther  184, 186 (Abb.), 272
Wayss & Freytag AG  280
Weber Fritz  70, 90
Weber Fritz, Plojhar Ernst  90
Weber Rudolf F.  274, 312 f. (Abb.)
Wehdorn Manfred  31, 103, 104, 198, 217, 262, 280, 281, 282, 304, 328

Weigand Franz  155
Weigl Robert  131
Weinlich Robert  143 (Abb.)
Weiser Armand  73, 114, 138
Weiser Rudolf  98, 99
Weisshaar August  19
Welzenbacher Lois  156
Wenz C. und Leiker J.  127
Wernberg  144
Wesecky Rudolf  298
Wesely Ingrid, Puchner Günther, Holnsteiner Günther  317
Wettstein  56
Wibhart Rudolf  172
Wieden Wilhelm  126
Wiegand August jun.  186
Wiesbauer Arnold  205, 212 (Abb.)
Wieser Otto  255, 279
Wiesmann Franz  254, 268, 289, 298 f. (Abb.), 308, 320
Wigang Franz  203
Wilda Karl Gottfried  78
Wildhack Alfred  129, 298
Wilhelm Vinzenz  227
Wimmer Helmut  274
Windbrechtinger Traude  52 (Abb.), 82, 254, 279, 296, 318
Windbrechtinger Wolfgang  52 (Abb.), 82, 164, 244, 254, 272, 279, 296, 318
Windbrechtinger Wolfgang und Traude  52 (Abb.), 82, 254, 279, 296, 318
Wittgenstein Ludwig  114, 139 f. (Abb.)
Witzmann Carl  35, 187, 198, 218, 220 f., 308, 322
Wlach Oskar  212 (Abb.), 254, 268, 269, 300 (Abb.)
Wölfl Hans  279, 311
Wörle Eugen  18, 19, 32 f. (Abb.), 36 (Abb.), 38 (Abb.), 45, 254, 271 f. (Abb.), 289, 295
Wörle Eugen, Doskar Bruno  19, 45
Wörle Eugen, Kitt Ferry  295
Wohlmeyer Wilhelm  211, 234, 241

345

Wohlmeyer Wilhelm, Castellitz Alfred   211
Wohlmuth Julius   223
Wohlschläger Jakob   55, 214 f. (Abb.), 242
Wolff Matthias   129
Wollek Carl   27, 90, 149
Wolscher Karl, Diedtel R.   292
Wondracek Rudolf   26 f. (Abb.)
Worbs Dietrich   64
Wratzfeld Gunter   270 f. (Abb.)
Wünschmann Georg   210, 208 (Abb.)
Würzl Johann   272
Wurm-Arnkreuz Alois von   44 (Abb.), 52, 54, 66, 218, 223, 226 (Abb.)
Wutscher Harald   297 (Abb.)

Wytrlik Otto   25 f. (Abb.), 164, 172, 184, 196
Wytrlik Otto, Hoffmann Ernst O.   172

Zabrana Rudolf   160 (Abb.)
Zabza Franz   101, 270
Zajicek Franz   103
Zamecznik Ludwig   322
Zampis G.   144
Zanini Marco   69
Zbiorzyk   31
Zemler Willibald   108
Zenetti Arnold   58
Zeschitz Ernst   222
Zeymer Fritz   169 (Abb.), 187

Ziegler Martin   137, 324
Ziesel Wolfdietrich   82, 104
Zimmermann Karl   88
Zimmermann Peregrin   266
Zobl Engelbert   90 (Abb.)
Zotter Eduard   87, 90 f. (Abb.)
Zotter Friedrich   254, 268
Zülow Franz   33
Zwerina Adolf   50, 209
Zweymüller Albert   274
Zwick Helmar   314
Zwickle Hubert von   41

# FOTONACHWEIS

Wenn auf einer Seite Fotos verschiedener Autoren sind, so werden sie nach den Spalten a, b, c (von links nach rechts) und mit »oben« oder »unten« bezeichnet. Sind von einem Autor mehrere Fotos auf einer Seite, so wird diese nur einmal angegeben.

ACHLEITNER Friedrich  12, 14, 15, 18—22, 24, 26c, 27, 28, 31c, 32c (unten), 34, 35a, 36, 37b, 38—40, 41c, 44—54, 56, 57, 61, 62b, 63, 64, 65b, 66, 67a, 69b, 71a, 72a, 73b, 74, 75c, 79a,c, 80a (oben), 81, 82, 83b,c, 84, 89a,b, 90—93, 95, 97, 99—101, 103—107, 109—112, 115—117, 118b,c (unten), 120—127, 128a, 129—138, 140c, 142c, 144, 145, 148, 149, 152a, 153—162, 165—167, 169, 170, 172—176, 177a,b, 179, 180, 182, 186—193, 195—197, 198c, 199, 202, 203b, 204—209, 212, 213, 215—217, 219, 221, 222, 224, 226—228, 229a, 230a,c, 231a, 232, 235, 236, 237a, 238, 239, 242—247, 249, 251, 252, 255, 256b, 257c, 258a,b, 259—267, 269, 270, 271a,b, 272, 273, 275—277, 279—284, 286, 287, 291—305, 309, 310, 311b, 315—318, 320—325, 327c, 328c
BAAR Helmut  312
BRANDENSTEIN Gabriela  77b
BMLV. Zl. 13080/183-1.6.80  319
CHMEL Lucca  13, 79b, 94, 203a, 290b, 327c
DAPRA Josef  16a (oben, unten) b,c, 17
FAUST Marina  185
GERLACH  76a
GRÜNZWEIG P.  311a
HARTMANN Ernst  290c
HUBMANN Franz  31a, 65a, 68a, 70b, 231b
KRISCHANITZ Margherita  29, 30, 108, 128b, 139, 140a, 177c, 214, 230b, 250, 274, 278, 328a
KÜHNE Claude  80a,b (unten)
MACK Karin  313
MADENSKY H.  32c (oben)
MARHART August  271c
PLANCK G.  83a
REINHOLD Christoph  248
RICHTER/GERNGROSS  78a
SCHAFLER Ali  150
SCHÖNFELLINGER Harald  78c (oben), 142a
SCHWINGENSCHLÖGL Herbert  119c, 257b
SURWILLO Jerzy  78c (unten)
WÖLFL Maria  89c
ZUGMANN Gerald  59a,c, 60, 67c, 77c, 198a, 229b
Ohne Angaben: 23, 25, 26a, 35c, 37a, 41a, 43b, 62c, 69c, 71b, 72c, 73a, 75a, 76c, 118c (oben), 119a, 152c, 181, 220, 229c, 237c, 256c, 258c, 268, 285

Autor und Verlag danken allen Personen, Firmen und Institutionen, die zum Erscheinen dieses Bandes beigetragen haben, vor allem dem Fonds zur Förderung der wissenschaftlichen Forschung, dem Bundesministerium für Wissenschaft und Forschung und der Gemeinde Wien, Magistratsabteilung 7, Kultur, deren Hilfe das Zustandekommen dieses Bandes erleichtert hat.